BIBLIOTHÈQUE GAULOISE

LE

CYMBALUM MUNDI

PRÉCÉDÉ DES

NOUVELLES RÉCRÉATIONS

ET JOYEUX DEVIS

PARIS. — IMP. SIMON RAÇON ET COMP., RUE D'ERFURTH, 1.

LES NOUVELLES
RÉCRÉATIONS
ET
JOYEUX DEVIS
SUIVIS
DU CYMBALUM MUNDI
DE
BONAVENTURE DES PÉRIERS

NOUVELLE ÉDITION
REVUE ET CORRIGÉE SUR LES ÉDITIONS ORIGINALES
AVEC DES NOTES ET UNE NOTICE
PAR P. L. JACOB
BIBLIOPHILE

PARIS
A. DELAHAYS, LIBRAIRE-ÉDITEUR
4-6, RUE VOLTAIRE, 4-6
—
1860

LE

CYMBALUM MUNDI

PRÉCÉDÉ DES

NOUVELLES RÉCRÉATIONS

ET JOYEUX DEVIS

DE

BONAVENTURE DES PÉRIERS

NOUVELLE ÉDITION

REVUE ET CORRIGÉE SUR LES ÉDITIONS ORIGINALES
AVEC DES NOTES ET UNE NOTICE

PAR

P. L. JACOB

BIBLIOPHILE

PARIS

ADOLPHE DELAHAYS, LIBRAIRE-ÉDITEUR

4-6, RUE VOLTAIRE, 4-6

1858

AVERTISSEMENT DE L'ÉDITEUR

Les *Nouvelles Recreations et Joyeux Devis* de Bonaventure Des Periers n'avaient pas été réimprimés depuis plus d'un siècle, et le *Cymbalum mundi* depuis quatre-vingt-quatorze ans, lorsque nous donnâmes une édition nouvelle de ces deux ouvrages, qui n'étaient plus connus que des bibliophiles, et qui, par conséquent, n'avaient que de bien rares lecteurs. Charles Nodier, il est vrai, avait préparé la voie en publiant une de ces admirables notices littéraires que lui seul savait faire, et que tout le monde lisait avec charme, sans s'apercevoir que c'était toujours une œuvre d'érudition sérieuse, déguisée sous une forme agréable, spirituelle et saisissante. « Pourquoi Des Periers n'est-il pas plus connu? avait dit Charles Nodier en terminant cette étude biographique et critique sur son auteur favori, qu'il regardait comme le talent le plus naïf, le plus original et le plus piquant de son époque. Pourquoi s'est-il passé trois siècles entre le jour de sa mort et le jour où paraît sa première biographie? Pourquoi ce charmant écrivain n'a-t-il jamais eu l'avantage si vulgaire et si sottement prodigué d'une édition complète? Les Italiens ont par douzaine des *quinquecentistes* illustres, et ils les réim-

AVERTISSEMENT DE L'ÉDITEUR.

priment tous les mois. Nous en avons cinq qu'on ne lit plus ou qu'on ne lit guère : Rabelais, Marot, Des Periers, Henri Estienne et Montaigne, et il en est deux dont personne n'a jamais vu tous les ouvrages. Pour se former une collection bien entière des petits chefs-d'œuvre de Des Periers, il faut la patience d'un bouquiniste et la fortune d'un agent de change. Dieu me garde de désapprouver la promiscuité presque fastidieuse des éditions de ces vieux romanciers, dont Villon débrouilla l'art confus, et qui surchargent aujourd'hui de leurs somptueuses réimpressions les brillantes tablettes de Crozet et de Techener ; mais pourquoi Des Periers, qui est un de nos excellents textes de langue, manque-t-il à toutes les bibliothèques ? »

Avec une pareille recommandation et sous l'autorité bibliographique de Charles Nodier, Bonaventure Des Periers ne pouvait manquer d'être réimprimé : nous le réimprimâmes. Mais ce n'est pas tout : il fallait lui faire un public, il fallait recruter ce public surtout parmi la jeunesse impatiente de s'instruire, mais donnant la préférence aux lectures faciles et rapides. Voilà pourquoi nous adoptâmes, dans cette réimpression destinée à devenir usuelle et populaire, l'orthographe moderne, qui n'est pas une altération, mais bien un éclaircissement du texte. « Eh ! messieurs les partisans aveugles de l'ancienne orthographe, disais-je, respectez-vous la véritable orthographe de Corneille et de Molière, de Bossuet et de Fénelon ? Soyez conséquents, et permettez-moi de faire pour Bonaventure Des Periers ce que vous avez fait pour les écrivains du siècle de Louis XIV : on admire mieux un vieux tableau de maître, après avoir essuyé la poussière qui le couvre. »

En dépit de l'orthographe moderne, ou peut-être à cause d'elle, notre tentative réussit : Bonaventure Des Periers eut de nombreux lecteurs, et le jugement presque toujours infaillible de Charles Nodier se trouva ainsi sanctionné. Trois éditions successives des *Nouvelles Recreations* prouvèrent que ce chef-d'œuvre avait repris sa place entre Rabelais et La Fontaine ;

une édition du *Cymbalum*, tirée à un grand nombre d'exemplaires et promptement épuisée, remit en honneur ces dialogues philosophiques qui n'ont rien à envier à ceux de Lucien. Nous avions réimprimé, à la suite de ces dialogues, non-seulement un choix des poésies de Bonaventure Des Periers et sa charmante traduction de l'*Andria* de Térence, mais encore les *Discours non plus melancoliques que divers*, que Charles Nodier avait restitués à notre auteur. Cette édition du *Cymbalum mundi* est aujourd'hui assez rare et encore recherchée des amateurs.

Ce fut donc le succès de ces réimpressions qui engagea l'intelligent éditeur de la *Bibliothèque elzévirienne* à publier une édition complète des *Œuvres françaises* de Bonaventure Des Periers. M. A. Jannet confia le soin de cette édition à M. Louis Lacour, un des jeunes érudits qui doivent marquer avec éclat dans la science des livres. L'estime que nous inspire le mérite réel de M. Lacour ne nous empêchera pas de faire la part de la critique à l'égard de ses travaux sur Bonaventure Des Periers. Nous lui reprocherons, avant tout, de n'avoir pas rendu pleine justice à ses devanciers, en déclarant d'abord, avec une sorte de reconnaissance, qu'il leur devait la bonne fortune de pouvoir faire, en 1856, la première édition complète de l'auteur des *Nouvelles Recreations* et du *Cymbalum mundi*. La reconnaissance ne gâte rien, même en fait d'érudition. Certainement, si Charles Nodier n'eût pas réhabilité et même ressuscité Bonaventure Des Periers, si nous n'eussions pas mis à la disposition du public les pièces justificatives de cette réhabilitation littéraire, en publiant, après un siècle d'oubli, la prose et les vers de ce grand écrivain, M. Louis Lacour n'aurait pas eu la peine de s'occuper de son édition. Nous ne croyons pas d'ailleurs qu'un savant doive prendre à tâche d'immoler et de faire disparaître tous ceux qui ont traité le même sujet que lui et avant lui. Nous reprochons donc à M. Lacour de parler un peu bien légèrement de Charles Nodier et de ses écrits, qu'il est capable plus que personne d'apprécier dignement, car pas une

AVERTISSEMENT DE L'ÉDITEUR.

page sortie de la plume de Charles Nodier, qui ne soit marquée au coin de l'esprit et du goût.

L'importante et curieuse notice que M. Lacour a consacrée à Bonaventure Des Periers serait parfaite, si elle était d'un style plus simple, plus clair, mieux enfin approprié à ce genre d'ouvrage; en revanche, son Histoire bibliographique du *Cymbalum* est irréprochable. Les notes des *Nouvelles Recreations* ne sont peut-être pas telles qu'on pouvait les attendre du docte éditeur, qui n'a fait que résumer très-succinctement celles de La Monnoye. Le Glossaire serait très-utile, s'il était plus exact : il reproduit sans examen beaucoup d'erreurs qui nous appartiennent en propre. Quant au texte, il a été revu pour la première fois sur les éditions originales. Mais pourquoi M. Lacour a-t-il écarté, de parti pris, les *Discours non plus mélancoliques que divers*, que Charles Nodier avait réintégrés avec tant de bonheur dans les œuvres de Des Periers? L'édition de la Bibliothèque elzévirienne offre ainsi une lacune très-regrettable.

Nous n'avons pas eu l'intention de réimprimer, après M. Lacour, une édition des œuvres complètes de Bonaventure Des Periers : nous nous sommes contenté de réunir le *Cymbalum* et les *Nouvelles Recreations*, pour avoir l'occasion de perfectionner ou plutôt de refaire complétement notre travail de 1841, en profitant des utiles recherches et même des fautes de notre jeune émule. Nous avons donc suivi le texte des éditions originales, comme M. Lacour, mais en respectant davantage l'orthographe de ces éditions, et nous pouvons nous féliciter des corrections nombreuses que cette nouvelle révision a introduites dans le texte. On trouvera parmi les notes celles que nous avons empruntées à La Monnoye, à Éloi Johanneau et à M. Lacour lui-même, en les signant de leurs noms ou de leurs initiales. Nous avons pourtant évité de multiplier ces notes et de les allonger, car on ne s'accommoderait plus maintenant de la prolixité de l'érudition du dernier siècle. C'est là ce qui nous a empêché de conserver *in extenso* le commentaire de La Monnoye, ainsi que

AVERTISSEMENT DE L'ÉDITEUR.

nous le conseillait un savant bibliophile. Notre édition, d'ailleurs, n'empêchera pas une réimpression pure et simple de l'édition de La Monnoye, avec rétablissement intégral de tous les passages supprimés.

Nous avouerons que le mystérieux *Cymbalum mundi* nous a préoccupé plus qu'il n'avait fait à l'époque où nous le réimprimâmes pour la première fois: Éloi Johanneau s'était chargé alors de l'expliquer, et nous ne songions pas à lui disputer l'honneur d'expliquer l'énigme, d'autant plus qu'il avait trouvé un point de départ à peu près sûr, en interprétant l'anagramme des noms de *Pierre Tryocan* et de *Thomas du Clevier*. Nous nous étions flatté pourtant de pouvoir établir une clef, plus complète et plus logique que la précédente; mais, après de longues recherches, qui nous amenèrent à quelques découvertes intéressantes, nous avons, du moins quant à présent, renoncé à lever encore le voile qui couvre ce célèbre factum de la philosophie sceptique du seizième siècle.

Nous regrettons de n'avoir pas été autorisé à reproduire la Lettre d'Éloi Johanneau à M. de Schonen. A défaut de ce morceau curieux, quoique rempli de paradoxes inadmissibles, nous nous bornerons à réimprimer la Lettre de Prosper Marchand, laquelle a été trop estimée au dernier siècle pour qu'on puisse désormais la séparer du *Cymbalum mundi*.

Il ne nous reste plus qu'à présenter ici la bibliographie générale des éditions du *Cymbalum* et des *Nouvelles Recreations*. Cette bibliographie sera plus étendue et plus exacte que toutes celles qui ont été publiées jusqu'à présent, car, en fait de bibliographie, le dernier venu est nécessairement le mieux renseigné.

Voici d'abord la liste des éditions des *Nouvelles Recreations*. M. Lacour avait compté dix-neuf éditions avant la sienne; nous avons porté ce nombre à plus de vingt-quatre.

Les Nouvelles Recreations et Joyeux Devis de feu Bonaventure Des Pe-

AVERTISSEMENT DE L'ÉDITEUR.

riers, valet de chambre de la Royne de Navarre. *Lyon, Robert Granjon*, 1558, petit in-4 de 108 feuillets chiffrés. Cette édition, imprimée en caractères dits de *civilité* ou *lettre françoise*, contient 90 nouvelles, avec cette épigraphe : *Ex æquitate et prudentia honos*. Elle est fort rare, comme toutes les éditions données par Granjon.

— Les mêmes. *Lyon, Guillaume Roville*, 1561, in-4 de 140 pages et 4 feuillets de table. Le privilége accordé à Granjon y est reproduit avec le transport de ce privilége à G. Roville. Cette édition, quoique rare, l'est beaucoup moins que la précédente, dont elle est la répétition presque textuelle. On y trouve cependant quelques corrections importantes.

— Les mêmes. *Paris, Galliot du Pré*, 1564, in-16 de 258 feuillets. Reproduction des deux éditions précédentes : « La table est incorrecte, dit M. Lacour, les titres de plusieurs Nouvelles y manquent. »

— Les mêmes. *Paris, id.*, 1565, in-16. Nouveau tirage de l'édition précédente. On n'y trouve pas le sonnet de l'auteur *aux hommes pensifs*.

— Les mêmes. *Paris, id.*, 1565 ou 1568, in-16. Cette édition est augmentée de 32 petites Nouvelles, qui paraissent bien avoir été prises çà et là par les éditeurs mais qui ne sont peut être qu'une restitution posthume faite à Bonaventure Des Periers. Ainsi deux de ces Nouvelles sont tirées des *Discours non plus mélancoliques que divers*, que l'on aura bien de la peine à enlever à notre auteur.

— Les mêmes. *Lyon, Benoît Rigaud*, 1567 ou 1568, in-16.

— Les mêmes, revenues et augmentées outre les précedentes impressions. *Paris, id.*, sans date (1570?), in-16 de 204 feuillets chiffrés. Cette édition présente quelques changements dans l'ordre des contes et comprend toutes les Nouvelles qui ont formé depuis l'ensemble du Recueil; seulement celles qu'on pourrait considérer, jusqu'à un certain point, comme ayant été arrangées, sinon composées, par les éditeurs Nicolas Denisot, Jacques Pelletier et Antoine Du Moulin, sont mises à part sous ce titre : *Additions aux Nouvelles Recreations de Bonaventure Des Periers*. Notre supposition semble d'autant mieux fondée, que l'on trouve, en tête de cette série distincte, la Nouvelle qui figurait à la fin de la première édition. Le nom de l'auteur est écrit *Bon Aventure Des Perriers*, sur le frontispice de cette édition rare.

— Les mêmes. *Lyon, Benoît Rigaud*, 1571, in-16. Édition semblable à la précédente, qui a depuis servi de type à la plupart des réimpressions suivantes.

— Les mêmes. *Paris, Nicolas Bonfons*, 1572, in-16. « Édition faite avec une négligence inouïe, dit M. Lacour. On en conserve deux exemplaires à la Bibliothèque impériale. L'un d'eux, le n° Y² 612, contient les notes de La Monnoye, que l'on a mises au jour en 1735. M. Brunet (*Manuel du libraire*, art. Des Periers) nous apprend qu'il est possesseur d'un manuscrit de l'abbé de Saint-Léger, où celui-ci dit que les éditeurs de 1735 n'ont pas exactement reproduit ces notes et que quelques-unes même ont été oubliées. L'abbé de Saint-Léger se trompe : il n'y a point eu de notes omises sciemment, mais plusieurs ont été tronquées. Celles dont il a remarqué l'absence dans l'exemplaire qu'il conférait avaient été remplacées par des cartons. »

— Les mêmes. *Paris, Claude Bonneval, 1582 ou 1583, in-16.* « Les Nouvelles LXXXI et suivantes jusqu'à la LXXXVIII° inclusivement manquent, dit M. Lacour. La XC° Nouvelle est classée à la suite de huit autres, tirées, en manière d'addition, des *Cent Nouvelles*. »

— Les mêmes, augmentées et corrigées de nouveau. *Paris, Didier Millot, 1588, in-16.*

— Les mêmes. *Rouen, Raphael du Petit-Val, 1598, in-16.*

— Les Joyeuses Adventures et Nouvelles Recreations, contenant plusieurs comptes et facetieux devis de Bonaventure Des Periers. *Ibid., chez F. Mesnier, portier de la Porte Saint-Victor, 1602, in-24.* « Ce petit livre, dit M. Lacour, renferme 58 Nouvelles, dont huit seulement appartiennent à Des Periers. Ce sont : folio 5, la V°; folio 11 verso, la II°; folio 14 verso, la VI°; folio 28, la X°; folio 32, la XI°; folio 46, la XCV°; folio 93 verso, la XCIV°; folio 99, la CXXIII°; le tout avec variantes. » Ce volume, publié effrontément sous le nom de Bonaventure Des Periers, avait paru d'abord à Lyon, sans nom d'auteur, chez Benoît Rigaud, en 1582, et peut-être auparavant, car l'édition de 1582 porte : *Reveu et augmenté de nouveau*.

— Les Nouvelles Recreations... *Rouen, Raphaël du Petit-Val, 1606 et 1608, in-12.* La Monnoye, « qui estimait cette édition, » dit l'imprimeur de celle de 1735, en avait recueilli les variantes sur son exemplaire de l'édition de 1572.

— Les mêmes, reveues, corrigées et augmentées de nouveau. *Rouen, David du Petit-Val, 1613, in-12.*

— Les mêmes..., augmentées de plusieurs autres Nouvelles fort joyeuses et recreatives non encore veues ni imprimées par cy-devant. *Lyon, Noël Brun, 1616, in-16.* Cette édition n'est citée nulle part, excepté dans le *Nouveau Spon* de M. de Montfalcon, qui la décrit d'après le Catalogue Taylor (1849).

— Les mêmes. *Rouen, David du Petit-Val, 1625, in-12.*

— Contes et Nouvelles Récréations et Joyeux Devis, avec des observations sur le *Cymbalum mundi* (par B. de La Monnoye; publ. par Prosper

Marchand). *Amsterdam, Jean-Frédéric Bernard*, ou *Cologne, Gaillard*, 1711, 2 vol. petit in-12, avec un frontispice gravé qu'on retrouve dans l'édition suivante.

— Les Contes ou les Nouvelles Récréations... Nouvelle édition, augmentée et corrigée avec des notes historiques et critiques par M. de La Monnoye. *Amsterdam, Z. Châtelain*, 1735, 3 vol. petit in-12, frontispice gravé. L'imprimeur ou plutôt l'éditeur (Saint-Hyacinthe) dit que La Monnoye avait conféré le texte de l'édition qu'il préparait, avec la première édition de 1558, mais qu'il n'a pas eu le temps d'achever la préface, dans laquelle « il devait discuter principalement si ces Contes sont de Des Periers. » La plupart des exemplaires de cette édition de 1735, imprimée à Paris sous la rubrique d'Amsterdam, pour le libraire Piget, ont été cartonnés à cause des passages libres que contenaient les notes. On trouve cependant des exemplaires qui n'on subi aucune mutilation. M. Lacour critique avec beaucoup trop de sévérité cette édition, qui n'est pas sans doute irréprochable, au point de vue de la correction du texte. Quant à savoir si La Monnoye avait eu réellement sous les yeux l'édition de 1558 en faisant son commentaire, nous voulons le croire, puisqu'il l'affirme ; on peut dire seulement qu'il aurait pu se servir de cette édition originale plus qu'il ne l'a fait. « Plusieurs des notes de La Monnoye ont été tronquées, dit M. Lacour ; ajoutons que l'éditeur anonyme (on a cru reconnaître Saint-Hyacinthe ou Prosper Marchand) en a glissé quelques-unes de sa façon, qu'on aurait d'ailleurs bien reconnues sous le signe qui les précède. »

— Les mêmes. *Amsterdam*, 1740, 2 vol. in-12. Cette édition, que nous n'avons pas vue, est citée dans le Catalogue de la Bibliothèque de l'Arsenal ; mais l'exemplaire manque.

— Les mêmes, avec un choix des anciennes notes de Bernard de La Monnoye et de Saint-Hyacinthe, revues et augmentées par P. L. Jacob, bibliophile, et une notice littéraire, par Charles Nodier. *Paris, Gosselin*, 1841, in-12 « Nous avons abrégé ce commentaire, dit l'éditeur, en modifiant le style et souvent les idées du commentateur ; nous avons incorporé nos propres remarques, sans autres prétentions que de faire mieux comprendre le langage et d'expliquer quelques faits obscurs. Nous nous sommes attaché particulièrement à rendre le texte intelligible par la ponctuation ; mais, suivant notre système, nous ne respectons pas l'ancienne orthographe qui n'est qu'un obstacle inutile à la lecture et à la popularité de notre ancienne littérature. »

Cette édition a été reproduite presque en même temps, sans la notice de Charles Nodier et avec une nouvelle notice, dans les *Vieux conteurs françois* (Paris, A. Desrez, 1841), qui font partie de la collection du *Pan-*

AVERTISSEMENT DE L'ÉDITEUR.

théon littéraire. On l'a réimprimée sur clichés, en 1845, sans aucun changement.

— Les mêmes, dans les *OEuvres françoises* de Bonaventure Des Periers, revues sur les éditions originales et annotées par M. Louis Lacour. Paris, P. Jannet, 1856-57, 2 vol. in-16, Bibliothèque elzévirienne. « La présente édition des *Nouvelles récréations*, dit l'éditeur, est, à ma connaissance, la vingtième. Comme la plupart de mes devanciers se sont copiés les uns les autres et que j'ai pris la peine de remonter à la source, de les comparer entre eux, je crois mettre sous les yeux du lecteur un travail nouveau. » Cette édition offre, en effet, un progrès incontestable comparativement à toutes les éditions précédentes ; car on y trouve le véritable texte de l'auteur, dans lequel un petit nombre de fautes est encore resté ; mais M. Lacour n'a fait qu'emprunter à ses devanciers la plupart de ses notes, pour le fond, sinon pour la forme : il ne s'est pas même toujours permis de corriger leurs erreurs.

Voici maintenant les éditions du *Cymbalum mundi*, jusques et y compris celle publiée par M. Louis Lacour, qui sera suivie assurément d'une foule d'autres.

Cymbalum mundi, en françoys, contenant quatre dialogues poétiques, fort antiques, joyeux et facetieux. *Probitas laudatur et alget.* MD.XXXVII. Au recto du dernier feuillet : *Fin du present livre... imprimé nouvellement à Paris pour Jehan Morin, libraire*, 1537, petit in-8 de 32 feuillets, lettres rondes.

On ne connaît qu'un seul exemplaire de cette édition, qui fut rigoureusement supprimée ; il est aujourd'hui à la Bibliothèque de la ville de Versailles. Cet unique exemplaire, que M. Louis Lacour a véritablement découvert ou retrouvé, provient certainement de quelque riche bibliothèque d'amateur, que la Révolution de 89 avait fait entrer dans ce dépôt littéraire national. Mais on ignore son origine. Quant à l'exemplaire de la Bibliothèque impériale, cité par plusieurs bibliographes, il a disparu depuis longtemps.

« Je n'en connois que deux exemplaires à Paris, écrivait Prosper Marchand en 1711 : l'un à la Bibliothèque du roi, et l'autre qui se trouva parmi les livres de MM. Bigot, de Rouen, qui furent vendus publiquement à Paris en 1706. Cet exemplaire ne se trouve point spécifié en son rang dans le Catalogue de cette bibliothèque, que je dressai pour lors, parce qu'il étoit relié dans un recueil de diverses pièces où l'on ne s'aperçut point qu'il étoit. » Prosper Marchand ne nous dit pas dans quelles heureuses mains avait passé ce rarissime volume, dont on fit plusieurs copies manuscrites, avant qu'il eût été réimprimé par ses soins.

« Le *Cymbalum* de 1537, dit M. Lacour, parut au dix-huitième siècle, dans quatre ventes, dont voici l'ordre : Rothelin (1746), de Boze (1753), Gaignat (1769), La Vallière (1783). L'exemplaire de La Vallière provenait des cabinets de Boze et Gaignat (V. *Catal. de La Vallière*, etc., première partie, t. II, p. 738); mais il n'est pas prouvé que ce fût le même que celui de Rothelin. Je ne saurais, par conséquent, dire si le *Cymbalum* existant à la Bibliothèque de Versailles vient de Rothelin ou de La Vallière. »

Charles Nodier, qui nous apprend que l'exemplaire de La Vallière était celui de Bigot, croyait que cet exemplaire avait été acquis *pour le roi*, à la vente de 1783. On peut donc supposer qu'il est arrivé incognito, en 1793, dans la Bibliothèque publique de Versailles avec tous les livres qui composaient la bibliothèque particulière du château. Son ancien propriétaire, quel qu'il fût, en connaissait bien la valeur, puisqu'il avait fait inscrire sur le dos du volume, par le relieur : *Vray Cymbalum*.

— Le même. Lyon, Benoist Bonyn, 1558, in-8 gothique de 28 feuillets. Seconde édition, dont il existe un exemplaire à la Bibliothèque impériale, côté Z. 1203, Belles-lettres. « On croit, peut-être à tort, dit M. Lacour, que le nom de Benoist Bonyn est le masque de Michel Parmentier, parce que l'estampe (vignette en bois) dont le livre est orné se retrouve sur plusieurs autres édités par ses soins, tels que les épigrammes de Jean Voulté (*Johannes Vulteius*), 1537, in-8, etc. »

On ne connaît guère que deux ou trois exemplaires de cette édition de Lyon, qui fut sans doute supprimée comme celle de Paris. L'exemplaire de Girardot de Préfond a passé successivement dans les bibliothèques de Mac Carthy, de Charles Nodier et de Baudelocque.

— Le même. *Sans lieu*, 1682. Cette édition, indiquée par Placcius (*Theatrum anonymorum*, p. 105), n'a peut-être jamais existé, puisqu'elle ne se rencontre dans aucun catalogue. On pourrait cependant supposer que quelque curieux d'Allemagne l'avait fait imprimer sous ses yeux, d'après une copie manuscrite; car les savants allemands s'étaient préoccupés, plus que les Français, de ce livre alors presque inconnu.

— Le même, ou Dialogues satyriques sur différens sujets, par Bonaventure des Perriers (*sic*), valet de chambre de Marguerite de Valois, reine de Navarre, avec une Lettre critique dans laquelle on fait l'histoire, l'analyse et l'apologie de cet ouvrage, par Prosper Marchand, libraire. *Amsterdam, P. Marchand*, 1711, petit in-12, cinq feuillets non chiffrés, et 144 pages, fig. de Bernard Picart. M. Brunet dit que cette édition fut imprimée à Paris. Elle a été faite sur l'exemplaire de l'édition originale que possédait alors la Bibliothèque du roi. La Lettre critique de Prosper Marchand avait

AVERTISSEMENT DE L'ÉDITEUR.

déjà paru séparément, en octobre 1706, sous le nom de *Félix de Commercy*, comme il nous l'apprend lui-même dans l'Avertissement de l'édition de 1711, où il dit avoir fait quelques additions à cette Lettre.

— Le même, avec une Lettre critique, par Prosper Marchand, nouvelle édition, augmentée de notes et remarques communiquées par plusieurs savants (Falconet, Lancelot, etc.), *Amsterdam* (*Trevoux*), 1732, petit in-12 de 245 pages, avec les fig. de Picart, gravées pour l'édition précédente et reproduites dans toutes les éditions du dix-huitième siècle. La préface est de La Monnoye, qui a supprimé l'Avertissement de Prosper Marchand et qui a joint des notes à celles que lui avaient fournies Falconet, Lancelot, etc. Cette édition, la seule qu'on recherche aujourd'hui (les deux premières étant introuvables), fut vivement critiquée à son apparition. Voy. le *Journal de Verdun*, nov. 1732, p. 350. On a tiré de cette édition plusieurs exemplaires sur vélin.

— Le même. *Amsterdam* (*Paris*), 1735, petit in-12, fig. (Édit. citée par Éloi Johanneau.)

— Le même. *Amsterdam*, 1738, in-16, fig. Nous avons lieu de croire que cette édition, de même que la précédente, a été créée en bibliographie, par une simple erreur de date, dans les notes de la *Bibl. françoise*, de Duverdier, édit. de Rigoley de Juvigny, t. V, p. 535.

— Le même. Nouvelle édition revue, corrigée et augmentée de notes. *Amsterdam et Leipzig*, Arkstée et Merkus, 1755, petit in-12, fig.

— Le même. *Amsterdam*, 1755, petit in-12, fig.

— Le *Cymbalum mundi* et autres œuvres de Bonaventure Des Periers, réunis pour la première fois et accompagnés de notice et de notes, par Paul L. Jacob, bibliophile, avec une Lettre à M. de Schonen, contenant une clef du *Cymbalum*, par M. Éloi Johanneau. *Paris, Ch. Gosselin*, 1841, in-12. Cette édition du *Cymbalum*, imprimée sur celle de 1753, contient un extrait abrégé des notes de La Monnoye, de Prosper Marchand et de Falconet, avec beaucoup de notes nouvelles. On y trouve aussi la Lettre de Prosper Marchand, comme dans les éditions précédentes, avec une notice nouvelle sur Bonaventure Des Periers. « Notre tâche s'est ainsi bornée, dit l'éditeur, à ce choix scrupuleux, à la révision du Texte et à la rédaction des notes. Quant à la révision du texte, elle n'a pas été moins scrupuleusement faite, pour avoir été soumise au système d'orthographe moderne, adopté invariablement dans nos réimpressions d'anciens ouvrages françois. Ce système facilite la lecture, sans altérer le texte; et, de plus, nous avions un singulier embarras à éviter ici, ce volume se composant de plusieurs ouvrages imprimés à différentes époques et chez différents imprimeurs. »

— Le même. — Dans l'édit. des *Œuvres françoises*. de Bonaventure Des

Periers, publiée par J. Louis Lacour pour la Bibliothèque elzévirienne. Cette édition, la seule peut-être dont le texte ait été revu sur l'édition originale, est précédée d'une curieuse *Histoire bibliographique du Cymbalum*. Nous n'avons pourtant pas remarqué de différence notable entre le texte authentique et celui des réimpressions du dix-huitième siècle. M. Lacour n'a fait aucune découverte nouvelle relativement à la clef du Cymbalum : il s'est borné à mettre en présence les opinions des divers commentateurs.

NOTICE

SUR

BONAVENTURE DES PERIERS

Bonaventure Des Periers naquit à Arnay-le-Duc en Bourgogne [1], vers la fin du quinzième siècle. Sa famille pouvait être noble et ancienne, comme le dit M. Lavirotte dans ses *Annales de la ville d'Arnay-le-Duc*, mais, à coup sûr, elle n'avait rien fait pour la fortune du jeune Bonaventure, qui ne rougit pas de parler de sa pauvreté dans ses *rimes*. On doit être certain que la maison patrimoniale de cette famille, maison qui existe encore, offrant sur sa façade un médaillon de pierre où est gravé le nom de *Periers*, n'a jamais appartenu à notre poëte. Il est donc assez probable que Bonaventure Des Periers, qu'on nommait et qui se nommait simplement *Bonaventure* ou *Jean-Bonaventure*, était quelque enfant naturel élevé loin de ses parents.

On ignore, d'ailleurs, presque toutes les circonstances de sa vie, qui fut d'abord cachée dans la retraite et consacrée à l'étude comparée des litté-

---

[1] Étienne Tabourot, dans ses *Bigarrures*; l'abbé Goujet, dans sa *Bibliothèque françoise*, et M. Weiss, dans la *Biographie universelle*, adoptent cette opinion fondée sur un passage des *Commentarii linguæ latinæ* d'Étienne Dolet, qui qualifie son ami Bonaventure : *Heduum portam*. Charles Nodier a pensé que ces mots peuvent vouloir dire que Bonaventure était natif d'Autun même. Mais La Croix Du Maine, dans sa *Bibliothèque françoise*, le fait originaire de Bar-sur-Aube, d'après le témoignage de Guillaume des Autels, et Guy Allard, dans sa *Bibliothèque du Dauphiné*, veut qu'il soit né près d'Embrun. Bayle, dans son *Dictionnaire critique*; Prosper Marchand, dans sa Lettre sur le *Cymbalum*; Le Duchat, dans le *Ducatiana*, etc., s'en réfèrent à l'opinion de La Croix du Maine.

ratures anciennes avant de briller un moment à la cour de Marguerite d'Angoulême, reine de Navarre.

« Le poëte Enrius, dit Guillaume Colletet dans la vie de Bonaventure Des Periers [1], se vantoit d'avoir trois cœurs dans le sein, parce qu'il sçavoit trois langues, puisqu'à sa langue maternelle il avoit encore joint la cognoissance parfaite de la latine et de la grecque; celluy-cy, se glorifiant à peu près du mesme avantage, lorsqu'il se vantoit d'avoir appris de son docte maistre trois choses qui le faisoient cognoistre, en parle en ces termes :

>   Il m'a monstré rythmes, grec et latin.

En effet, ses œuvres diverses, tant de son invention propre que de sa traduction, témoignent assez qu'il n'estoit point comme un tas de rimeurs de son siècle, ignorans dans les sciences et dans les langues... Il eut pour précepteur ou pour compagnie et conversation ordinaire un galand homme, nommé de Mesmes, qui pourroit bien estre celluy dont j'ay desjà fait la vie soubs le nom de Jean-Jacques de Mesmes, car c'est ainsy qu'il en parle dans une de ses épigrammes à la Reyne de Navarre :

>   Tu as trouvé un enquesteur de Mesmes,
>   Qui me cognoist mieux que ne fais moy mesmes,
>   Qui a esté et est mon precepteur.

« Et, par la mesme épigramme, j'aprens que du mesme flambeau qu'il recevoit de son maistre, il en éclairoit en mesme temps d'autres disciples, puisqu'il enseignoit aussy tost aux autres ce qu'il venoit d'aprendre, soit que l'on mit alors beaucoup de gloire d'instruire la jeunesse bien née, soit que le soin de sa petite fortune l'obligeast à ce pénible employ :

>   Je le voyois le soir et le matin
>   Et retournois faire aux enfans lecture, etc.

Et véritablement cette dernière consideration auroit bien pû l'obliger à se captiver ainsi. »

Les derniers vers cités par Colletet ne veulent pas dire que Bonaventure apprenait à lire aux petits enfants, mais qu'il était lecteur, c'est-à-dire professeur dans un collége où les humanités se composaient de lectures publiques, accompagnées de commentaires sur l'auteur grec ou latin qu'on lisait devant les écoliers. Quant à l'Université où Bonaventure fut d'abord maître

---

[1] *Vies des poëtes françois*, ouvrage encore inédit ; le manuscrit autographe est conservé à la Bibliothèque du Louvre.

ès-arts, gagnant à peine assez pour ne pas mourir de faim, nous n'avons que des conjectures à faire valoir, pour avancer que c'était l'Université de Bourges, où se forma, sous l'influence de Calvin, le premier berceau de la Réformation. « Alors aussi (vers 1532), dit Théodore de Bèze[1], résidoit à Bourges un Allemand, nommé Melchior Wolmar, homme de grandes lettres, lequel, estant venu de Paris à Orléans, avoit été finalement choisy par la Royne de Navarre et duchesse de Berry, pour enseigner les lettres grecque et latine en sa ville : ce qu'il faisoit avec singulière dextérité, aiant aussi en charge quelque petit nombre de jeunes enfans de maison, qu'il enseignoit très-heureusement, non-seulement en toutes bonnes disciplines, mais aussy en la piété autant que le temps le pouvoit porter. Calvin donc conféra avec luy et à sa sollicitation s'adonna à la cognoissance de la langue grecque. »

Cette langue était alors bien peu cultivée en France, et ceux qui s'en occupaient avec une sorte de passion appartenaient la plupart (le fait est incontestable) aux novateurs, qui se piquaient d'être plus savants que les bons catholiques, pour avoir le droit de discuter les dogmes de la religion et d'interpréter les livres saints. Wolmar tenait secrètement au luthéranisme, quoiqu'il fît le catholique[2]. Il avait choisi et recommandé les doctes et les lettrés qui entouraient la Reine de Navarre, et qui entretenaient le foyer de l'hérésie, encore vague et confuse, à la cour de France. Lefèvre d'Étaples, dit Fabri; Roussel, dit Ruffi; Jean Calvin, Robert Olivetan, Étienne Dolet, Clément Marot, François Rabelais, et d'autres hommes non moins versés dans les langues grecques et hébraïques, étaient les amis de Wolmar et les protégés de Marguerite d'Angoulême. Or on peut constater, en s'appuyant sur des preuves irrécusables, que Bonaventure Des Periers se trouvait en rapport d'études, de travaux, d'opinions et d'amitié avec tous ces illustres partisans de la rénovation religieuse, avant l'année 1535.

Ce fut vers 1532 que Bonaventure devint aussi le pensionnaire de Marguerite, et, suivant une expression consacrée, se vit *couché en l'état*, avec le titre de valet de chambre. Il nous donne lui-même la date de son entrée dans la maison de la Reine de Navarre, quand il dit à Madame Marguerite, fille du roi de France[3] :

> Mais vostre tante, en qui tout bien consonne,
> Ha un Miroir sans macule ni vice,
> Où maint esprit se voit et se façonne
> Là la congneuz, avant que je la visse.

---

[1] *Histoire ecclésiastique des Églises réformées*, t. I, p. 10.
[2] *Histoire de la naissance, progrez et décadence de l'Hérésie*, par Florimond de Rœmond, p. 852.
[3] *Œuvres françoises*, édit. de M. Lacour, t. I, p. 135.

NOTICE

Le *Miroir de l'eme pécheresse*, poëme mystique composé par Marguerite d'Angoulême, ayant été imprimé pour la première fois en 1531 à Alençon, Bonaventure Des Periers avait lu ce poëme, avant d'être présenté à la Reine de Navarre. Il ne manqua pas sans doute d'appuis auprès de cette généreuse princesse, qui accueillait avec faveur et distinction les gens instruits, et surtout les prosélytes des nouvelles doctrines religieuses ; mais, en sa qualité de poëte, il était bien capable de se présenter lui-même sous les auspices des Muses. Voici une pièce de vers[1] qui semble avoir été faite pour lui servir de lettre de créance vis-à-vis de l'auteur du *Miroir de l'âme pécheresse* :

Si tu me veulx donc pour toy retenir,
Je te diray qu'il en peult advenir :
Servir pourray d'un bien franc aumosnier,
Car je ne sçay point l'aumosne nyer ;
Ou si tu veulx que sois ton secretaire,
Je sçaurois bien le poinct du secret taire ;
Ou bien pourrois estre laquais de court,
Pour bien courir la poste en sale ou court ;
Ou, si j'avois sur moy ton équipage,
Je pourrois estre un tien honneste page,
Ou cuysinier, pour servir (quoy qu'il tarde)
Après disner de saulse ou de moustarde ;
Ou, pour mieulx estre eslongné de la table,
Estre pourrois quelque valet d'estable.
Que si besoing tu n'as de mon service
(Veu que tu as maintz serviteurs sans vice,
Plus de beaucoup que l'eau que Rosne meine),
Courray illec en celle Court romaine,
Au grand lendy, dis-je, des beneflces,
Qui vallent bien autant que point d'offices,
Pour, en servant, gaigner quelque chappelle,
Dont je ne sçay comment le sainct s'appelle.
Là, si me puis en estre depesché,
Au fort aller, j'auray quelque eveschè ;
Si je ne puis impetrer d'estre prebstre,
Je ne pourray qu'au moins cardinal estre.
Ainsy feray, si tu ne me retiens,
Et toutesfois tousjours seray des tiens.

« Il fit tant par ses ardentes sollicitations ou par son propre mérite, dit Guillaume Colletet[2], que la sœur de François Iᵉʳ, Marguerite de Valois, reyne de Navarre, qui estoit l'illustre appuy des bons esprits de son siècle, le retint à son service, en qualité d'un de ses valets de chambre : du moins c'est le titre qu'il prend à l'entrée de ses Oeuvres ; il en exerça la fonc-

[1] *OEuvres françoises*, édit. de M. Lacour, t. I, p. 142.
[2] *Vies des poëtes françois*, manuscrit inédit.

tion véritablement, mais, en la servant à la chambre, il ne laissa pas de luy témoigner aux occasions combien il estoit capable de la servir au cabinet avec la plume, puisqu'il luy dédia de temps en temps plusieurs ouvrages, qui estendirent sa réputation dans le monde, et qui signalerent hautement à la cour le nom de leur autheur. Aussy cette docte princesse eut tant de soin de la conservation de son poëte, qui n'estoit pas le moindre de ceux de son siecle, que dès qu'il estoit malade, elle ne dédaignoit pas au moins de l'envoyer visiter de sa part, comme il le dit luy-mesme en son vieux style épistolaire en ryme qu'il luy adresse [1] :

> Donc, quand ce vint qu'ouystes le propos
> Que de santé n'estoit plus ou repos
> Le sien servant nommé Bonaventure,
> Pour luy un don de doulce confiture
> Donnastes lors à Frotté, secretaire
> (Lequel ne peult des cieulx le secret taire),
> Qui tost à moy, de par vous, l'apporta :
> Lors vostre nom tant me reconforta.... »

Marguerite d'Angoulême avait autour d'elle une espèce d'académie littéraire et d'assemblée religieuse, où l'on traitait tour à tour des questions de haute piété et d'amour platonique, où l'on s'intéressait à la fois aux inventions profanes de la poésie et aux saintes promesses du culte évangélique. Cette belle et gracieuse princesse ne comptait, parmi ses *servans*, que des admirateurs enthousiastes. « Elle estoit, dit Charles de Sainte-Marthe [2], le port et le refuge de tous les désolés. Tu les eusses veus à ce port, les uns lever la teste hors de mendicité ; les autres, comme après le naufrage, embrasser la tranquillité tant désirée ; les autres se couvrir de sa faveur comme d'un bouclier d'Ajax contre ceux qui les persécutoient. » Bonaventure s'était adressé à elle, en désespoir de cause, lorsqu'il se voyait réduit à la dernière misère, lorsqu'il n'avait plus même de quoi se vêtir décemment. Ce n'était pas tout que d'être nourri : encore fallait-il avoir un habit. Il dépeignait en vers son triste équipage de poëte mendiant ; il demandait un secours immédiat :

> Achevez-moy l'evangelique gage
> Qui est avoir la vesture en vivant [3].

Il s'apitoyait ainsi sur son indigence, qui durait depuis des années et qui n'avait fait que s'accroître au service de plusieurs maîtres ou grands seigneurs :

[1] *Œuvres françoises*, édit. de M. Lacour, t. I, p. 75.
[2] *Oraison funebre de Marguerite*, 1550, in-4.
[3] *Œuvres françoises*, édit. de M. Lacour, t. I, p. 106.

NOTICE

> Ayant servy plusieurs par cy-devant,
> Où j'ay esté indigence esprouvant,
> Tant qu'on disoit : Cestuy là perd son aage ! »
> Dieu maintenant, d'un royal personnage,
> Face que sois la grace desservant !
>   Ce m'est assez[1] !

Il avait le brevet et le titre de valet de chambre secrétaire de la Reine, mais ses *gages* ou émoluments n'étaient pas encore fixés ; puis, le trésorier ne se pressait pas de lui donner satisfaction, car, en ces temps-là, comme on le voit dans les poésies de Clément Marot et d'autres contemporains, les poëtes de cour avaient bien de la peine à se faire payer à l'*Épargne* du roi ou des princes. Marguerite d'Angoulême prit à cœur la fâcheuse situation de son nouveau valet de chambre secrétaire ; elle régla le taux de sa pension et elle lui fit don d'une somme d'argent, pour le mettre en état de paraître convenablement à la cour. Le poëte exprime sa reconnaissance dans ce rondeau :

> Trop plus qu'heureux je suis par vous, princesse,
> Car mes soucys langoureux ont prins cesse,
> Puis qu'il vous plaist pour vostre m'avouer :
> J'en rimeray doncques, sans m'enrouer,
> Jusques à tant que vous me disiez : « Cesse ! »
>
> Je ne craindray plus ennuy ne destresse,
> Puisque Dieu m'a donné telle maistresse ;
> Dont ne bien puis jamais assez louer,
>   Trop plus qu'heureux.
>
> Si vous trouvez en moy d'escrire adresse,
> Si me gardez du peché de paresse
> Et que je n'aye appetit de jouer :
> Car au labeur me veulx du tout vouer,
> Pour mieulx servir à la vostre noblesse,
>   Trop plus qu'heureux[2].

Bonaventure Des Periers, qui avait probablement une habile main de calligraphe, fut chargé spécialement de transcrire les ouvrages de Marguerite et d'en préparer plusieurs copies, car le seul livre qu'elle eût fait imprimer, son *Miroir de l'âme pécheresse*, ayant été censuré par la Sorbonne après avoir soulevé un violent orage dans le clergé de Paris, elle ne voulait plus livrer à l'impression les contes qu'elle dictait à ses dames, et les vers qu'elle composait en litière durant ses voyages et ses promenades. Au reste, les fonc-

---

[1] *OEuvres françoises*, édit. de M. Lacour, t. I, p. 166.
[2] *Ibid.*

tions de Bonaventure sont clairement définies dans ce douzain adressé à Marguerite :

> Pour vostre lictiere presente
> Je n'ay rien que je vous presente,
> Sinon ce vostre immortel livre,
> Lequel pour lire je vous livre,
> Par tel si que me le rendrez
> Et mes fautes y reprendrez :
> Mes faultes, dis-je, d'escrivain
> Qui fais souvent maint escript vain,
> Car ceans la mienne escriture
> Fait grand tort à vostre facture,
> Mais du tout me corrigeray,
> Quand temps, loysir et lieu j'auray [1].

Au reste, on peut croire que l'office de Bonaventure ne se bornait pas seulement à faire la copie textuelle du manuscrit; il avait à le revoir au point de vue de la langue et de l'orthographe, car il passait pour un des meilleurs grammairiens de son temps, et les poëtes les plus renommés recherchaient ses conseils. On remarque, dans ses œuvres poétiques, un huitain *à ses disciples*, sur une règle de grammaire [2], et on ne lui attribue pas sans raison un petit traité grammatical très-judicieux, imprimé à la suite du *Miroir de l'âme pécheresse* (édition de Lyon, Le Prince, 1538, pet. in-8), sous ce titre : *Briefve doctrine pour deuement escrire selon la propriété du françois*. Au reste, Bonaventure était un novateur en grammaire comme en religion, car, non content de savoir écrire en prose et en vers avec une supériorité incontestable, il avait eu la malheureuse pensée de créer un nouveau système de versification, en composant des vers mesurés sur le modèle des vers latins : « Bonaventure Des Periers, Arnay-le-Duchois, s'en est voulu mesler en la traduction de quelques vers d'Horace, » dit Étienne Tabourot, dans ses *Bigarrures* (l. I, ch. XVII). Cette tentative, tout à fait contraire au génie de la langue, fut reprise après lui, sans succès, par ses amis Nicolas Denisot et Jacques Pelletier.

Bonaventure, vers ce temps-là, c'est-à-dire en 1533 et 1534, accepta, probablement à l'instigation de la Reine de Navarre, une tâche ardue et difficile qui prouve sa capacité comme linguiste. Robert Olivetan, parent de Calvin, s'était chargé, à la demande des Églises vaudoises de la Suisse, de préparer une version française littérale des Écritures d'après le texte hébreu; et Marguerite s'intéressait particulièrement à cette grande entreprise, qui devait tourner au profit de la cause de l'Évangile, en mettant dans la

---

[1] *Œuvres françoises*, édit. de M. Lacour, t. I, p. 158-9.
[2] *Ibid.*, p. 160.

main des fidèles la *Bible en français*. Le savant Lefèvre d'Étaples consentit à prêter le concours de son érudition au *translateur*, qui fut aidé dans son travail gigantesque par ses amis Jean Calvin et Bonaventure des Periers. Celui-ci, en sa qualité de grammairien, retouchait, corrigeait les rudesses du style du traducteur hébraïsant. Cette Bible, qui s'imprimait à Neufchâtel, en Suisse, dans les ateliers de Pierre de Wingle, dit Pérot Picard, fut en état de paraître le 4 juin 1535; elle forme un volume in-folio gothique à deux colonnes, avec ce titre : *La Bible, qui est toute la saincte Ecriture, en laquelle sont contenus le Vieil Testament et le Nouveau, translatez en françois, le Vieil de l'ebrieu et le Nouveau du grec; aussi, deux amples Tables, l'une pour l'interpretation des propres noms, l'autre en forme d'indice pour trouver plusieurs sentences et matieres*. Ces deux tables attestent le savoir et la patience de Bonaventure des Periers, qui y a coopéré et qui a fait, du moins en grande partie, la *table de tous les mots ebrieux, caldées, grecs*, à la fin de laquelle on remarqué un distique latin signé *Eutychus Dep*. On sait qu'*Eutychus*, qui signifie en grec *Bonaventure*, était le nom d'emprunt que se donnait le savant humaniste dans le monde des érudits; c'est ainsi qu'Étienne Dolet le désigne parmi d'autres savants, affublés également de noms grecs et latins. Cependant Des Periers a signé de son nom *Bonaventure* un acrostiche latin en l'honneur d'Olivetan, placé au commencement du volume, vis-à-vis de l'épitre latine de Jean Calvin. On peut aussi lui attribuer les vers français qui sont à la fin du même volume, et dans lesquels les premières lettres des mots, par un tour de force bizarre, représentent cette devise rimée :

> Les Vaudois, peuple evangelique,
> On mis ce thresor en publique.

Les premiers travaux de Bonaventure des Periers furent donc une œuvre de prosélytisme religieux. On a tout lieu de supposer que, pendant l'impression de la Bible d'Olivetan, il demeurait à Lyon, pour être plus à portée de recevoir les épreuves qu'il corrigeait. Il est possible encore qu'il se soit trouvé compromis dans la grande persécution qui éclata contre les savants et les écrivains suspects d'hérésie, quand des placards blasphématoires qui sortaient des officines de Neufchâtel, où l'on imprimait alors la Bible en français, furent affichés dans les rues et les carrefours de Paris et des principales villes de France, au mois de novembre 1534. Le roi, que sa sœur Marguerite avait en rainé par une pente insensible vers les idées de la Réforme, se montra tout à coup animé d'une telle haine à l'égard des sectaires, confondus sous les noms de *luthéristes*, de *zuingliens* et d'*anabaptistes*, que les hommes les plus notables de la conspiration protestante se hâtèrent d'échapper, par la fuite, aux vengeances de l'inquisition. Calvin n'avait pas été le dernier à sortir de France et à se retirer à Bâle, où il écrivit son traité de l'*Institution chrétienne*. Clément Marot se réfugia en Italie, où il attendit que le danger fût passé.

Bonaventure Des Periers, quoique signalé dès lors par ses liaisons avec tous les chefs de la doctrine du Christ, resta pourtant à Lyon, où s'étaient rassemblés ceux qui fuyaient les poursuites de la Sorbonne et du Parlement de Paris. La plupart de ses poésies furent composées à Lyon, qu'il paraît avoir habité pendant plusieurs années consécutives. Ce fut à cette époque (1535) qu'il mettait au net, de sa propre main, le manuscrit du premier volume des *Commentarii linguæ latinæ*, immense répertoire d'érudition classique, auquel il avait apporté le concours de sa collaboration, comme l'auteur, Étienne Dolet, se plut à le reconnaître, en le citant honorablement dans cet admirable ouvrage, sous le nom d'*Eutychus de Perius, hæduus poeta*. Bonaventure commençait à secouer le joug de ces labeurs pénibles et ingrats; il s'adonnait davantage à la littérature légère, à la poésie surtout, et peut-être à l'alchymie, à l'astrologie, quoiqu'il se soit moqué des folies de ces deux sciences occultes[1]. Dans plusieurs petites pièces de vers[2], il se donne le nom de *Dedalus qui vole* ou *volant*. Ce nom de fantaisie ne semble pas seulement faire allusion à la rapidité merveilleuse avec laquelle il se transportait d'un lieu dans un autre; il indique, il caractérise encore son adresse à créer des inventions qui tenaient de la magie, et aussi son audace à s'envoler en imagination vers la Jérusalem nouvelle des protestants.

Bonaventure vivait tranquille à Lyon, dans la société des savants, des poètes et des artistes, qui faisaient alors de cette grande ville l'Athènes de la France, comme il l'appelle dans la préface du *Cymbalum*. Ses poésies, publiées après sa mort, mentionnent seulement quelques-uns et les moins célèbres de ceux qu'il fréquentait : Jean des Goutes, le premier traducteur de l'Arioste; Antoine Du Moulin, de Mâcon, savant polygraphe, qu'il appelait son maître, et qui était comme lui valet de chambre de la reine de Navarre; Jean de Tournes, imprimeur de Lyon; Claude Lemaistre, poète lyonnais; Benoît Baumet, etc. Mais on est surpris de ne trouver aucune de ses poésies qui fasse mention d'Etienne Dolet, de François Rabelais, de Sébastien Gryphius, de Jean Voulté et de quelques autres illustres contemporains, avec lesquels il fut, vers ce temps-là, en communauté d'idées philosophiques et de goûts littéraires. On est fondé à croire que Bonaventure s'était d'abord associé franchement aux tendances religieuses de la Réforme :

---

[1] Voy. les Nouvelles XII et XIII, où il se sert du langage technique des adeptes, en parlant des vaines opérations de l'alchimie.
[2] *Œuvres françoises*, édit. de M. Lacour, t. I, p. 135.

il étudiant l'Évangile avec l'humilité de la foi; il composait des cantiques en français; il rêvait l'avénement de l'Église du Christ; il avait pris pour devise : *Tout à un*, devise énigmatique qu'il expliquait par cette autre devise analogue et plus explicite : *A Dieu seul honneur et gloire* [1].

Il était alors en bonne intelligence avec Calvin ; mais, durant son séjour à Lyon, sous l'empire de certaines influences de coteries, il se sépara, par degrés, de la secte des fidèles pour se rapprocher de celle des *libertins* c'est-à-dire des libres penseurs. Il cessa bientôt d'envisager du côté purement religieux la Réforme, dont il avait pressenti dès l'origine le mouvement philosophique. De croyant qu'il était, il devint sceptique, puis incrédule : ce fut dans ces dispositions morales, qu'il rédigea son *Cymbalum*, qui ne fut publié qu'au mois de mars 1538. Il avait le caractère léger et badin de Clément Marot, l'esprit investigateur et satirique de Rabelais, l'audace novatrice et turbulente d'Étienne Dolet. Il ne pouvait donc pas demeurer longtemps en bonne harmonie avec Calvin, qui voulait dominer à tout prix et qui ne souffrait pas même la discussion; il s'éloigna de ce grand réformateur, quand il eut reconnu que la philosophie n'avait rien à faire avec la Réforme. De ce moment, de même que ses amis Rabelais, Dolet et Marot, que les protestants rigoristes accusaient d'athéisme et de libertinage, il ne servit plus en aveugle les intérêts du protestantisme. Le ressentiment de Calvin à son égard se révéla plus tard dans le traité *de Scandalis*, où l'on remarque ce passage : « Il est notoire qu'Agrippa, Dolet, ont toujours professé pour l'Évangile un mépris orgueilleux. A la fin, ils en étaient venus à cet excès de démence et de fureur, que, non-seulement ils commirent d'exécrables blasphèmes contre le Fils de Dieu, mais, pour ce qui regarde la vie de l'âme, ils pensaient ne différer en rien des chiens et des pourceaux. D'autres, tels que Rabelais, Des Periers et Govea, après avoir goûté l'Évangile, furent frappés du même aveuglement. »

Bonaventure Des Periers n'hésita pas à prendre la défense de son ami Clément Marot, réfugié alors en Italie, contre les calomnies poétiques de François Sagon, de l'*Indigent de sapience*, de La Hueterie et de leurs adhérents, qui étaient évidemment inspirés et soutenus par le parti de la Sorbonne et de l'inquisition. Marot, accusé de *luthérisme*, ainsi qu'une foule d'autres hommes doctes qui s'étaient enfuis ou cachés, en voyant, à Paris, à Angers, à Mâcon, à Grenoble et ailleurs, se dresser les échafauds et s'allumer les bûchers pour combattre et punir le *crime de religion*; Marot suppliait le roi, dont il était valet de chambre, de lui permettre de revenir en sûreté à la cour de France. Ses ennemis, ses rivaux, s'efforçaient,

---

[1] La première de ces devises se trouve à la fin du *Voyage de l'île Barbe*; la seconde, à la fin de la *Prognostication*.

par leurs clameurs et leurs invectives, d'étouffer la voix de la clémence dans le cœur de François I*r*. Marot, du fond de son exil, répondit aux méchancetés et aux sottises rimées de Sagon, en faisant appel à ses disciples et à ses amis, pour tenir tête à cette croisade de mauvais poètes et de dévots hypocrites. Il mit tout d'abord les rieurs de son côté par une épître composée sous le nom de son valet Frippelippe, auquel il faisait dire, en parlant de Sagon, secrétaire de l'abbé de Saint-Évroul :

> Redressons cest asne qui choppe :
> Qu'il sente de tous la poincture,
> Et nous aurons Bonaventure.
> A mon avis, assez savant
> Pour le faire tirer avant !

Bonaventure entendit cet appel, et lança un factum en vers *pour Marot absent contre Sagon*, factum terminé par une épigramme latine digne de Martial, car Bonaventure écrivait aussi facilement, aussi élégamment en latin qu'en français. Cette pièce fut publiée à Lyon, chez Pierre de Sainte-Lucie, avec d'autres pièces apologétiques en faveur du poète exilé, sous ce titre : *Les disciples et amys de Marot contre Sagon, La Hueterie et leurs adhérens*. Ce recueil eut plusieurs éditions presque simultanées, tant à Paris qu'à Lyon ; une d'elles, composée de pièces imprimées séparément, parut avec le nom de ce libraire, Jean Morin, qui devait bientôt, pour son malheur, publier le *Cymbalum mundi*.

Sagon et ses *adhérens* n'eurent pas l'avantage dans cette querelle, où l'on vit toute l'armée des poètes se diviser en deux camps : le talent vint en aide à la meilleure cause, et Marot, malgré les dénonciations perfides des *sagontins*, obtint la permission de rentrer en France. Bonaventure l'attendait à Lyon, et il lui adressa cette épître de félicitations, dans laquelle les vers étaient déguisés sous l'apparence de la prose :

BONAVENTURE A MAROT, A SON RETOUR DE FERRARE.

Maro en Marot, immortel poëte, l'honneur de ces temps, que veoir tant souhaitte, mes povres versetz, craintifz et doubteux, ne s'osent monstrer (tant ilz sont honteux !) à vous, veu qu'ilz sont sans rithme et raison ; dont je vous salue en simple oraison, priant (comme faict chascun à son tour) qu'il vous soit heureux ce joyeux retour ¹ !

Le retour de Clément Marot était une espèce de triomphe qui devait mettre fin à la guerre rimée qu'on lui avait faite en son absence, car le chef des *marotins* allait bien vite reconquérir les bonnes grâces de son

¹ *Œuvres françoises*, édit. de M. Lacour, p. 110.

royal maître. Bonaventure fut le premier à faire entendre des paroles de conciliation ; c'est un vœu qu'il exprime ainsi dans son *Cymbalum* : « Que les poëtes, dit-il, se dispensent de plus escrire l'ung contre l'autre, ou Minerve les désarmera, car elle n'en ayme ni approuve aucunement la façon [1] ! »

Bonaventure s'occupait à la fois de plusieurs ouvrages de différents genres, mais son goût dominant le portait vers la poésie. Il composa une grande quantité de vers, qu'il ne fit pas imprimer ; il se contentait de les envoyer à la Reine de Navarre, comme un tribut littéraire qu'il lui devait. Il écrit à madame de Saint-Pater, une des dames d'honneur de Marguerite :

> Car tous mes escrits sont passez
> Par vos mains, après que la Royne
> A fait d'iceulx lecture idoyne.

Puis il ajoute :

> Puisque vous voy de près hanter
> La Royne, à vous viens presenter
> Un don des Muses mal nourries ;
> Le voicy : sont Pasques flouries,
> Que, s'il vous plaist, luy baillerez [2]....

Cette pièce de vers n'a pas été conservée, non plus que tant d'autres que la reine avait reçues de l'auteur. Au reste, Bonaventure fut probablement très-peu curieux de publier des livres, à la suite de la mauvaise affaire qu'il se fit en 1538, pour avoir laissé paraître son *Cymbalum*. Les seuls ouvrages de lui qui virent le jour avant sa mort, à Lyon et à Paris, ont été imprimés dans le cours de l'année 1537. Tous les bibliographes s'accordent à dire que la première édition de l'*Andrie*, de Térence, mise en *ryme françoise*, est datée de 1537 ; mais aucun exemplaire de cette édition lyonnaise n'a échappé à une destruction que le nom de l'auteur a pu motiver [3]. On ne connaît que la seconde édition (*Lyon, Thibauld Payan,*

---

[1] Voyez ci-après, dans ce volume, p. 550.
[2] *Œuvres françoises*, édit. de M. Lacour, t. I, p. 147.
[3] M. Lacour (p. LXXXIX de son intéressante Notice sur la vie de Bonaventure Des Periers) a nié l'existence de cette édition, que l'abbé Goujet avait vue, puisqu'il la cite dans le catalogue de sa *Bibliotheque françoise* (t. IV, p. 499). Niceron, qui n'est pas moins exact que l'abbé Goujet, cite également l'édition de 1537 : « Bonaventure Des Periers, a dit le savant auteur du *Manuel du Libraire*, est le traducteur du *Traité des quatre vertus*, qui commence à la page 185 de ce volume (seconde édition de l'*Andrie*), et son nom se trouve sur le titre particulier du livre. A-t-il aussi écrit les vers de l'*Andrie*, qui sont pleins de naïveté et rendent

1558, in-8 de 218 p. et 2 ff. non chiffr.), augmentée des *Quatre princesses de vie humaine, c'est à savoir les quatre Vertus cardinales, selon Sénecque,* traduites aussi *en ryme françoise.* On lit cette note à la fin de l'errata qui termine le volume.

« AUX LECTEURS. »

« Amis lecteurs, il vous plaira prendre en gré le passetemps et esbatement de celuy qui vous a fait voir en vers françois la première comedie de Terence, representée et rendue au mieux, et le plus facilement que luy a esté possible; attendans de brief le reste, c'est assavoir les autres comedies dudict comique Terence, tout d'une mesme main. A Dieu. »

Bonaventure, en effet, avait entrepris une traduction complète de Térence *en ryme françoise,* pour remplacer la vieille traduction en prose : « En quelque endroit de ses œuvres, dit G. Colletet, il temoigne avoir traduit en françois toutes les autres comédies du mesme poète, qui n'ont pas été publiées non plus que ses autres poésies [1]..... » Il avait l'amour et le génie de la traduction des classiques grecs et latins; car, on trouve dans le Recueil de ses œuvres une excellente traduction en prose du *Lysis* de Platon, qu'il avait envoyée à la Reine de Navarre et une paraphrase en vers blancs de la première satire d'Horace, sous ce titre : *Des Mal contens;* ce qui lui a fait attribuer par plusieurs bibliographes une traduction de toutes les épîtres d'Horace, également imprimée en 1537, à Lyon [2].

Ce n'est pas à Lyon, mais à Paris, qu'il fit imprimer la *Prognostication des prognostications, non seulement de cette presente année 1537, mais aussi des aultres à venir, voire de toutes celles qui sont passées: composée par Sarcomoros, natif de Tartarie et secretaire du roy de Cathay, serf des vertus.* Cette pièce de vers, qu'on peut regarder comme le premier coup de cloche du *Cymbalum mundi,* a perdu en partie son caractère dans le *Recueil des Œuvres,* où elle est simplement intitulée :

---

assez exactement le latin? C'est ce dont ne doute nullement l'abbé Goujet... » Le nom de Bonaventure Des Periers ne figure pas, il est vrai, sur le titre de l'*Andrie*; mais il est impossible qu'on ait songé à réunir, en 1555, deux ouvrages aussi disparates que cette comédie de Térence et le traité de Sénèque, si Bonaventure n'avait pas été le traducteur de l'un et de l'autre, d'autant plus que le Traité des *Quatre princesses de vie humaine* avait déjà paru dans ses Œuvres en 1544. Cette édition de 1555 n'est autre que l'édition même de 1537, dont le titre a été refait et le premier feuillet supprimé, lequel contenait sans doute une dédicace.

[1] *Vies des Poètes françois,* ms. de la Bibliot. du Louvre.

[2] Le savant Barbier a cité cette traduction des Épîtres dans la bibliographie des traductions d'Horace, rédigée pour la Collection des Classiques latins de Lemaire.

Prognostication des prognostications, pour tous temps à jamais, sur toutes autres veritable, laquelle descouvre l'impudence des pronostiqueurs. Tel était sans doute le but apparent de ce factum anonyme, qui fut réimprimé alors deux ou trois fois parmi les pièces du *différend* de Marot avec Sagon ; mais le nom du libraire Jean Morin, à qui l'on doit la première édition, indique assez que cette facétie avait une portée beaucoup plus hardie, puisque Jean Morin, qui ne figure pourtant pas dans la liste des libraires de Paris, était l'agent avoué de la secte protestante et l'éditeur de ses écrits en différents genres.

La *Prognostication*, adressée à la Reine de Navarre, pourrait bien avoir été composée par ordre de cette princesse, à qui elle fut présentée par son valet de chambre Antoine Du Moulin. L'auteur ne craint pas de prédire ainsi l'avénement du culte évangélique, quand il dit à la Reine :

> .... Je t'ay veue au milieu de l'eglise
> Où quelque jour faut qu'on evangelise[1].

La pièce entière roule sur les *nouvelles* ou *nouvelletés*, qui tenaient alors en émoi

> Monde mondain, trop mondainement munde,
> Monde aveuglé, monde sot, monde immonde.

Or ce qu'on appelait *nouvelles* et *nouvelletés*, c'étaient les dogmes et les opinions de la Réforme, et déjà les réformés se qualifiaient eux-mêmes de *novateurs*. Quant à ces opinions, quant à ces dogmes, Bonaventure les indique, il les explique le plus clairement possible, quoique avec une réserve apparente, car, à cette époque, les écrits suspects d'hérésie étaient aussitôt déférés à l'inquisition. Voici comment Bonaventure définit les vœux de la nouvelle religion, en invitant le vrai chrétien à déposer la *charge de chair* et à s'élancer sur les ailes de l'âme vers le vrai Dieu de l'Évangile ; c'est ce vol mystique qui justifie son surnom de *Dedalus* :

> Quelle te semble estre des cieulx la voye ?
> A ton advis, fait-il pas meilleur estre
> En ce doulx vol, qu'en ce dur nid terrestre ?
> Montons tousjours ; ne vise jà là bas
> Où l'on triumphe, où l'on faict maintz esbas ;
> Leve la teste et n'entre en phantaisie
> De regarder Europe, Afrique, Asie,
> Où un chascun y domine à son tour ;
> N'y pense point : sera pour le retour.

---

[1] *Œuvres françoises*, édit. de M. Lacour, p. 130.

Or vois-tu là Jésus-Christ en ce lieu,
Qui est assis à la dextre de Dieu,
Lequel doit estre et est ton esperance,
Ton seul appuy et ta ferme asseurance?
Le voy-tu là le Vivant immortel,
Lequel te peult rendre après la mort tel?
Cestuy te soit pour horoscope unique,
Dont tu prendras tout certain prognostique
Pour l'advenir; car Luy est verité.
Sans t abuser à la temerité
De ceulx, lesquelz (pour remplir bourse et panse)
De leurs abus te font belle despense;
Escoute bien de ses ditz l'epilogue.

L'as-tu ouy? Or t'en viens, astrologue,
Et ne crains point, par ces douze maisons [1]
Souffise-nous si au Maistre plaisons,
Lequel sçait mieux ce que nous faict besoing,
Que ne pourrions, avec tout nostre soing,
Songer, prevoir, penser, ne desirer.

Tu eusses bien là voulu demourer,
Je le congnois; mais il n'est pas possible
Jusqu'à la fin de ta chair corruptible.

Or maintenant (si tu es rien discret),
De l'avenir tu entends le secret!

C'était là du protestantisme pur, tel que la Reine de Navarre l'aimait et le comprenait, tel qu'on le retrouve littéralement défini dans les entretiens qui accompagnent les Nouvelles de l'*Heptameron*; c'était, à vrai dire, un écho édifiant des premières assemblées de la religion du Christ; mais ce n'était pas tout à fait la doctrine d'un philosophe aussi sceptique, aussi frondeur, aussi épicurien que Bonaventure. Il avait composé la *Prognostication* pour sa *bonne maîtresse* la Reine de Navarre; il composa le *Cymbalum mundi* pour son propre compte, pour la satisfaction de ses amis, les *libertins*, les libres penseurs.

On lit dans les Registres du Parlement de Paris, à la date du 7 mars 1537, *avant Pâques* (c'est-à-dire 1538, l'année commençant alors à Pâques, et le jour de Pâques tombant le 21 avril en 1538) :

« Ce jour, messire *Pierre Lizet*, premier président en la Cour de céans, a dit à ycelle que mardi dernier, sur le soir, il reçut un paquet où y avoit une Lettre du Roy et une du Chancelier, avec un petit livre en langue françoise, intitulé : CYMBALUM MUNDI, et luy mandoit le Roy qu'il avoit fait veoir ledict livre et y trouvoit de grands abus et hérésies, et que, à ceste

[1] Les douze signes du zodiaque, les douze mois de l'année.

cause, il est à s'enquérir du compositeur et de l'imprimeur, pour l'en avertir, et, après, procéder à telle punition qu'il verroit estre à faire. Suivant lequel commandement, il avoit fait telle diligence, que, hier, il fit prendre ledit imprimeur, qui s'appeloit *Jehan Morin*, et estoit prisonnier : et avoit fait visiter sa boutique, et avoit-l'on trouvé plusieurs fois et erronés livres en ycelle, venant d'Allemagne, mesmes de *Clément Marot*, que l'on vouloit faire imprimer. A dit aussi que aucuns théologiens l'avoient averty qu'il y avoit de présent en ceste ville plusieurs imprimeurs et libraires estrangers, qui ne vendoient sinon livres parmi lesquels y avoit beaucoup d'erreurs, et qu'il y falloit pourvoir promptement, estant certain que l'on feroit service à Dieu, bien à la chose publique, et service très-agréable au Roy, lequel luy escrit que l'on ne luy pouvoit faire service plus agréable que d'y donner prompte provision. Sur ce, la matière mise en délibération, etc. »

Le *Cymbalum mundi, en françois, contenant IV dialogues poëtiques, fort antiques, joyeux et facétieux*, avait été imprimé secrètement chez Jean Morin, demeurant en la rue Saint-Jacques, à l'enseigne du Croissant [1] : l'édition entière, portant la date de 1537, fut saisie au moment où elle allait voir le jour. Jean Morin, qui était, comme on le voit, le correspondant et le compère des *Luthéristes* d'Allemagne, des *Zuingliens* de Suisse et des *Nouvellistes* ou *Novateurs* de France, connaissait l'auteur du *Cymbalum*, mais ne connaissait peut-être pas les *grands abus et hérésies* que renfermait ce livre; quand il se vit prisonnier à la Conciergerie, quand il se trouva menacé d'un de ces procès criminels qui conduisaient presque inévitablement les inculpés à la potence ou au bûcher, il nomma l'auteur du *Cymbalum*, il déclara tout ce qu'il savait sur les menées des sectaires, il fit amende honorable en abjurant ses erreurs, et il demanda grâce de la vie. Voici la supplique qu'il adressa au chancelier Antoine Duprat.

---

[1] Charles Nodier avait dit, dans sa Notice sur Bonaventure Des Periers : « S'il faut en croire Nicolas Catherinot, dont le témoignage, de médiocre valeur, a cependant été accueilli par Beyer et par Voet, la première édition de ce livre fameux sortit des presses de Bourges. » M. Lacour répond ainsi à cette assertion erronée de Charles Nodier : « Au commencement de son opuscule intitulé : *Annales typographiques* (Bourges, Cristo, 1683, in-4), Catherinot avertit le lecteur qu'il va donner chronologiquement les titres des ouvrages imprimés dans le Berry, ou hors du Berry, par des personnes originaires de cette province ou tenant à elle en quelque façon ; et plus loin, aux années 1537 et 1538, il mentionne le *Cymbolum mundi* (sic) et les *Comptes*. Est-ce à dire que le *Cymbolum* et les *Nouvelles Recreations* parurent pour la première fois à Bourges? Nullement ; mais Des periers, étant valet de chambre d'une duchesse de Berry, devait, à ce titre, prendre place dans un catalogue complet des célébrités berruyères. »

« A Monseigneur le chancelier.

» Suplie humblement Jehan Morin, pauvre jeune garson, libraire de Paris, que, comme ainsi soit qu'il ayt, par ignorance, et sans aucun vouloir de mal faire ou méprendre, imprimé un petit livret appelé *Cymbalum mundi*, lequel livre seroit tombé en scandale et reprehension d'erreur : à cause de quoy, ledit suppliant, pour ce qu'il l'a imprimé, auroit esté mis en prison à Paris, et à présent y seroit détenu en grande povreté et dommage à luy insuportable : qu'il vous plaise d'une benigne grace luy faire ce bien de luy octroier lettres et mander à M. le premier président de Paris et à M. le lieutenant criminel, que vous voulez bien qu'il soit relasché, à caution de se représenter toutestois et quantes que le commandement luy en sera fait, attendu que, par sa déposition, il a déclaré l'auteur dudit livre, et que, en ce cas, il est du tout innocent, et qu'il n'y eust mis sa marque ny son nom, s'il y eust pensé aucun mal; ce faisant, ferez bien et justice, et l'obligerez à jamais prier Dieu pour vostre prospérité et santé [1]. »

On ne sait plus quel fut le sort du *pauvre jeune garson* Jean Morin, qui s'excusait d'avoir imprimé le *Cymbalum* « par ignorance et sans aucun vouloir de mal faire ou méprendre. » Selon l'opinion des uns, il fut relâché, après admonition; selon les autres, il resta en prison et y mourut. Quant à l'auteur, on ne pense pas que des poursuites aient été directement contre lui; la protection de la Reine de Navarre assura l'impunité de son valet de chambre, qui en fut quitte pour des remontrances, en cas qu'on l'ait mandé à la barre du Parlement [2]. Les rigueurs de la justice s'exercèrent de préférence sur le livre, qui fut supprimé par arrêt du 19 mai 1538 : l'édition qu'on avait saisie dut être brûlée par la main du bourreau, au bas des degrés du grand escalier du Palais. Cependant les poursuites contre le livre, sinon contre l'auteur, recommencèrent quelques mois plus tard : un second arrêt du Parlement déféra le *Cymbalum*

---

[1] Cette supplique, copiée par Dupuy sur l'original, se trouve en tête du *Cymbalum* de 1538, qui est conservé à la Bibliothèque impériale, n° Z. 1205.

[2] Nous avions espéré approfondir les détails de cette affaire, qui est encore fort obscure, en compulsant les Registres du Parlement et les minutes des procès criminels. Mais le registre de l'année 1538 présente une lacune de plusieurs mois, soit qu'il ait été lacéré, soit que le Parlement ait vaqué pendant ce temps, soit que les originaux aient disparu par suite de quelque accident, avant la transcription faite par les greffiers. Le savant paléographe, M. Duclos, premier employé à la section judiciaire des Archives de l'Empire, a bien voulu faire à cet égard de longues et pénibles recherches, qui n'ont produit aucune lumière nouvelle sur la saisie du *Cymbalum* et sur les poursuites intentées contre l'imprimeur et l'auteur.

à la Faculté de théologie, qui en ordonna la suppression définitive. « Nous le supprimons, disait la Sorbonne dans sa décision, bien qu'il ne contienne pas d'erreurs expresses en matière de foi, mais parce qu'il est pernicieux[1]. »

Il faut supposer que ces nouvelles poursuites avaient été motivées par l'arrivée à Paris d'un certain nombre d'exemplaires de la réimpression du *Cymbalum*, faite à Lyon, chez Benoît Bonyn, très-probablement sous les yeux et par les soins de l'auteur. Bonaventure avait laissé l'affaire s'assoupir, avant de laisser reparaître son ouvrage, qui fut certainement saisi à Lyon, comme il l'avait été à Paris. L'extrême rareté des exemplaires de cette seconde édition est une preuve certaine de sa destruction presque immédiate et presque complète, avant que le livre ait eu le temps de passer entre les mains des protestants de la Suisse et de l'Allemagne[2]. Au reste ce livre *lucianiste*, suivant l'expression usitée alors, n'avait pas été fait pour les protestants purs, mais surtout pour les amis de la vérité, auxquels l'auteur s'adressait déjà dans son poëme mystique des *Quatre Vertus*, « où le nom de la vérité ne peut être prononcé et se cache sous des jeux de mots[3]. » Dans tous les cas, le *Cymbalum* passa presque inaperçu, car il n'en est question nulle part dans les écrits du temps, avant que l'*Apologie pour Hérodote*, publiée en 1566, eût indiqué vaguement que le livre avait existé. On peut donc être certain que les protestants en général et surtout les partisans de Calvin, accueillirent avec indignation cette *lucianistée* où la philosophie impose silence à la religion.

Le *Cymbalum mundi*, que Henri Estienne appelle un *détestable livre*, sans doute parce qu'il ne l'avait pas lu ; que Pasquier aurait voulu jeter au feu avec son auteur[4], et que La Croix du Maine suppose *rempli d'im-*

---

[1] Voyez dans la *France protestante*, de M. Haag, l'article de Des Periers.

[2] Voyez, dans notre Avertissement, tout ce qui concerne la bibliographie de ces deux éditions du *Cymbalum*.

[3] Notice sur Bonaventure, par M. Lacour, p. xxx, en tête de son édit. des *Œuvres françoises*.

[4] « Pasquier, dans le 8ᵉ liure de ses *Lettres meslées*, parlant de ce livre, dit qu'il sent le lucianisme et qu'il meriteroit d'estre jetté au feu auec son autheur, s'il estoit encore vivan ; neantmoins il me semble que c'est estre bien rigoureux, et que c'est aler bien viste pour un docte et franc gaulois, qui n'estoit tellement ennemy des belles hardiesses et de l'ingenieuse raillerie, qu'il en voullust effacer tous les caracteres dans les œuvres de Lucien mesme ; et si le Pantagruel de Rabelais luy ont tant pleu comme luy ont si souvent reproché ses aduersaires, je m'estonne comment il traitte si mal cette Cymbale à sonnettes resonnantes, qui ne depluit pas aux enuieux de son temps et qui fit alors tant de bruit. Il faut que j'aduoüe que les divers eschantillons que j'en ay veus dans la Prosographie et dans la Bibliothèque de Du Verdier ne sont nullement impies ny criminels, et qu'il y a des dialogues dont le plus severe Caton du chritiani-me ne rougiroit point d'estre l'autheur » (*Vies des poëtes françois*, par Guillaume Colletet ; ms. de la Bibl. du Louvre.)

piétés, ne méritait pas plus d'être censuré que les *Métamorphoses* d'Ovide, les *Dialogues* de Lucien et les *livres de folâtre argument et fictions amoureuses*, du moins au dire d'Antoine Duverdier, qui en donne l'analyse dans sa *Bibliothèque françoise*. Les avis se sont partagés ainsi, avec les mêmes divergences d'opinion jusqu'à nos jours, sur le caractère réel de ce célèbre opuscule, impie, exécrable, selon les uns; simplement facétieux et tout à fait inoffensif, selon les autres [1]. On sait maintenant à quoi s'en tenir à cet égard. Le *Cymbalum mundi* aurait été composé d'abord en latin, si l'on en croit plusieurs bibliographes : ce qui n'a rien d'invraisemblable. L'ouvrage est adressé par *Thomas du Clevier à son ami Pierre Tryocan*. C'est Éloi Johanneau qui le premier a découvert, en changeant une lettre douteuse dans le nom de *du Clevier*, une double anagramme qui jette une lumière toute nouvelle sur le vrai sens de ces *dialogues fort antiques*, que Prosper Marchand et La Monnoye lui-même n'avaient pas su expliquer : *Thomas Incrédule, à son ami Pierre Croyant*. C'est Charles Nodier, si habile et si ingénieux à deviner les énigmes littéraires, qui nous fournira à peu près le dernier mot de celle-ci, en nous prouvant que le *Cymbalum* est un chef-d'œuvre de fine et malicieuse plaisanterie qui va droit à l'impiété :

« Le premier Dialogue est à quatre personnages, une hôtesse comprise. Mercure descend à Athènes, chargé par les dieux de différentes commissions, et, entre autres choses, de faire relier tout à neuf le Livre des Destinées, qui tombait en pièces de vieillesse. Il entre au cabaret, où il s'accoste de deux voleurs qui lui dérobent son précieux volume, pendant qu'il est allé lui-même à la découverte pour voler quelque chose, et qui en substituent un autre à la place, » lequel ne vaut de guère mieux. » Mercure revient, boit, et se dispute avec ses compagnons, qui l'accusent d'avoir blasphémé et le menacent de la justice, « parce qu'ils peuvent lui amener de telles gens, qu'il vaudroit mieux pour lui avoir affaire à tous les diables d'enfer, qu'au moindre d'eux. » Ces deux drôles s'appellent *Byrphanes* et *Curtalius*, et La Monnoye croit reconnaître sous ces deux noms les avo-

---

[1] M. Lacour, dans sa Notice sur Bonaventure Des Periers (p. LXIII et suiv.), expose et compare avec infiniment d'esprit et de raison les opinions contradictoires de tous les critiques qui ont formulé un jugement sur la valeur philosophique du *Cymbalum*. M. Lacour nous donne à son tour la quintessence de ce livre (p. LXVIII) et nous n'hésitons pas à reconnaître qu'il a vu clair dans ces ténèbres de l'allégorie, où les plus grands esprits étaient restés aveugles; il résume ainsi ce morceau remarquable de discussion littéraire: « Loin de Bonaventure Des Periers la pensée d'un Dieu créateur: son œuvre est pleine de lui; mais il le veut débarrassé des langes dont les hommes enfants l'ont enveloppé à leur image; il le veut grand et juste, et que tous nos efforts soient d'arriver à sa connaissance par la recherche de la vérité. »

cats les plus célèbres de Lyon, Claude Rousselet et Benoît Court. Quoique le grec et le latin se prêtent assez bien à cette hypothèse d'étymologie ou d'analogie, elle est certainement plus hasardée que les hypothèses du même genre, qui sont fondées sur l'anagramme, et cependant je n'hésiterais pas à l'admettre. L'idée de mettre le dieu des voleurs aux prises avec deux avocats qui s'emparent du Livre des Destinées pour le remplacer par le bouquin de la Loi ; qui font ensuite à ce dieu, qu'ils ont reconnu d'abord, un procès en sacrilége, et qui parviennent à lui faire redouter à lui-même les suites de son impiété, cette idée, dis-je, est tout à fait digne de Des Periers, et je serais désespéré qu'il ne l'eût pas eue ; mais c'est une conviction qu'on ôterait difficilement de mon esprit.

« Prosper Marchand imagine que le second Dialogue est transposé, et qu'il devrait suivre le troisième, qui pourrait, en effet, se rattacher immédiatement au premier ; mais Prosper Marchand se trompe. Ce second Dialogue est un entr'acte, un véritable intermède, dont l'action se passe entre le premier et le troisième. Mercure volé ne s'est pas aperçu d'abord du larcin qui lui avait été fait ; il sortait « de l'hôtellerie du *Charbon blanc*, où il avait bu un vin exquis ; c'était la veille des Bacchanales, il était presque nuit, et puis tant de commissions qu'il avait encore à faire lui troublaient si fort l'entendement, qu'il ne savait ce qu'il faisait. » Il a donné au relieur un livre pour l'autre, sans y prendre garde, et c'est en attendant son livre qu'il s'amuse à parcourir Athènes, dans la compagnie de son ami Trigabus. Parmi les bons tours qu'il a joués autrefois aux habitants de cette ville classique de la sagesse, il en est un qui a produit de graves résultats. Pressé par eux de leur céder la Pierre philosophale, qu'il leur avait fait entrevoir, il a mis la Pierre en poudre et l'a ainsi semée dans l'arène du théâtre, où ils n'ont cessé depuis de s'en disputer les fragments. Il n'y en a cependant pas un qui en ait trouvé quelque pièce, quoique chacun d'eux se flatte en particulier de la posséder tout entière. C'est ici, selon Prosper Marchand, une raillerie des chimistes, c'est-à-dire de ceux qui cherchent la *Pierre philosophale*, et c'est, en effet, le sens propre d'une métonymie dont Des Periers n'a pas pris beaucoup de peine à cacher le sens figuré. Qu'est-ce en effet, selon lui, que cette Pierre philosophale ? « C'est l'art de rendre raison et juger de tout, les cieux, des champs élyséens, de vice et de vertu, de vie et de mort, du passé et de l'avenir. L'un dit que, pour en trouver, il se faut vêtir de rouge et de vert ; l'autre dit qu'il vaudrait mieux être vêtu de jaune et de bleu. L'un dit qu'il faut avoir de la chandelle, et fût-ce en plein midi ; l'autre tient que le dormir avec les femmes n'y est pas bon. » Nous voilà bien loin du Grand-Œuvre des alchimistes. Et qu'importe leur vaine science à l'auteur du *Cymbalum mundi?* La Pierre philosophale de Des Periers, c'est la vérité, c'est la sagesse révélée ; tranchons le mot, c'est la religion ; et cette allégorie impie est si claire, qu'elle ne vaut presque pas la peine d'être expliquée; mais, si elle laissait quelque doute, l'anagramme l'éclaircirait ici d'une manière invincible. Quels sont ces hommes opiniâtres qui contestent entre eux la possession du trésor imaginaire? Ce ne sont vraiment pas des alchimistes, ce sont des théologiens. C'est *Cubercus* ou Bucerus, c'est *Rhetulus* ou Lutherus, les deux chefs, divisés en certains points, de la nouvelle Réforme ; c'est *Drarig* ou Girard, un des écrivains militants de la communion romaine. Tout ceci est d'une évidence qui devait frapper La Monnoye; mais La Monnoye se contente de le faire deviner, sans le dire positivement. L'antiquité n'a certainement point de fiction plus vive et plus ingénieuse. Ajoutons qu'elle n'en a point de plus claire et de mieux exprimée.

« Le troisième Dialogue est moins important, mais il est délicieux. Mercure a reporté dans l'Olympe le prétendu Livre des Destinées, si méchamment remplacé par les *Institutes* et les *Pandectes*. Jupiter vient de renvoyer le messager céleste sur la terre, pour y faire promettre, par un cri public, une récompense honnête à la personne qui aura trouvé « icelui livre, ou qui en saura aucune nouvelle. — Et par mon serment! je ne sais comment ce vieux rassoté n'a honte! Ne pouvoit-il pas avoir vu autrefois dans ce livre (auquel il connoissoit toutes choses) ce qu'il devoit devenir? Je crois que sa lumière l'a ébloui, car il falloit bien que cettuy accident y fust prédit, aussi bien que tous les autres, ou que le livre fust faux. » Une fois ce gros mot lâché, Des Periers oublie son sujet, et le reste du Dialogue n'est qu'une fantaisie de poëte, mais une fantaisie à la manière de Shakspeare ou de La Fontaine, dont la première partie rappelle les plus jolies scènes de la *Tempête* et du *Songe d'une nuit d'été*, dont la seconde a peut-être inspiré un des excellents apologues du fabuliste immortel. Il faut relire, dans l'ouvrage même, pour comprendre mon enthousiasme, et, si je ne m'abuse, pour le partager, la charmante idylle de *Célia vaincue par l'Amour*, et les éloquentes doléances du *Cheval qui parle*.

« L'idée de faire parler des animaux avait mis Des Periers en verve. Son quatrième Dialogue, qui n'a aucun rapport avec les autres, est rempli par un entretien entre les deux chiens de chasse qui mangèrent la langue d'Actéon et qui reçurent de Diane la faculté de parler. Les raisons dont Pamphagus se sert pour se dispenser de parler parmi les hommes contiennent les plus parfaits enseignements de la sagesse, et, quoique *n'étant que d'un simple chien*, elles méritent toute l'attention des philosophes. Il faut remarquer aussi dans ce Dialogue la jolie fiction des *Nouvelles reçues des Antipodes*, où la Vérité menace de se faire jour par tous les points de la Terre, si on ne lui ouvre une issue libre et facile. C'est une de ces inventions familières au génie de Des Periers, comme la vérité disséminée en poudre impalpable dans l'amphithéâtre, comme le livre délabré des lois humaines substitué au livre plus délabré encore des lois divines, et la moindre de ces idées aurait fait chez les anciens la réputation d'un grand homme. »

« La hardiesse de cette satire déguisée ne fut peut-être pas une mauvaise recommandation pour son auteur auprès de la Reine de Navarre, car, si le véritable sens de l'allégorie est au fond antichrétien, sinon athée, rien n'est plus facile que de le rattacher aux idées *nouvelles* de la Réforme ; Calvin ne se méprit pas sur les sentiments de Bonaventure vis-à-vis de la *loi nouvelle*, mais Marguerite put s'y méprendre, car son *Dedalus* lui avait plus d'une fois montré le chemin des excursions ardues dans les espaces vagues du mysticisme. Au reste, il est certain que le poète continua de toucher ses gages de valet de chambre de la reine, et de recevoir quelquefois des gratifications extraordinaires, quoiqu'il eût fixé son séjour à Lyon, ou bien quoiqu'il y revînt souvent. Il était d'ailleurs en relation continuelle, par correspondance, avec ses amis attachés à la personne de la reine et avec Marguerite elle-même.

« C'est probablement au caractère particulier de son esprit, dit Charles Nodier, que Bonaventure Des Periers fut redevable de la faveur de cette grande princesse, dont les premiers penchants inclinèrent vers un scepticisme absolu, et qui finit toutefois, comme tant d'autres incrédules, par mourir dans les visions ascétiques de la mysticité. Marguerite n'avait encore que quarante-cinq ans, et on sait qu'aussi savante que belle, elle aimait à réunir dans sa cour les hommes les plus distingués de son temps. Marot avait été son valet de chambre pendant plusieurs années, et, depuis 1536 seulement, elle avait senti l'impossibilité de le défendre contre ses nombreux accusateurs, sans se compromettre ou se perdre elle-même. Bonaventure Des Periers le remplaça au même titre, et jouit de la protection dont on n'osait plus couvrir son imprudent ami. Le palais reprit son éclat, sa gaieté, ses veillées et ses fêtes. Les Muses y rentrèrent comme dans leur temple, à l'appel de leur dixième sœur, et sous les auspices d'un de leurs plus brillants favoris. Marot y reparaissait de temps à autre, dans les rares intervalles que lui laissaient des persécutions trop souvent méritées. Deux jeunes gens de grande espérance, qui terminaient à Paris d'éclatantes études et qui devaient conserver à Des Periers une amitié bien fidèle, y apportaient en tribut les fruits d'une verve précoce dont toutes les promesses n'ont pas été tenues : c'était Jacques Pelletier, du Mans, l'audacieux grammairien ; c'était le précepteur des belles Seymour, Nicolas Denisot, plus connu depuis sous la maussade anagramme du *comte d'Alsinois*.

« Les soirées de Marguerite ne ressemblaient pas aux soirées vives et turbulentes du dix-neuvième siècle [1]. La danse n'était pas encore en honneur comme elle l'est aujourd'hui. Le jeu n'occupait que les personnes d'un esprit peu élevé. Les belles dames prenaient plaisir à entendre jouer du luth, ou, ainsi qu'on le disait alors, du *luc* ou de la *guiterne*, par quelque artiste habile, et Des Periers excellait à jouer du luth en s'accompagnant de sa voix [2]. Il est presque inutile de dire qu'il chantait ses propres vers et qu'il les improvisait souvent. Ces fêtes rappelaient donc quelque chose du temps des troubadours et des ménestrels, dont le souvenir vivait toujours dans la mémoire des vieillards. Un autre genre de divertissement s'était introduit en France dès le règne de Louis XI, et faisait le charme des veillées : c'était la lecture de ces Nouvelles, quelquefois intéressantes et tragiques, presque toujours galantes et licencieuses, dont il paraît que Boccace avait puisé le goût à Paris. Marguerite y fournissait quelque chose pour sa part, et sa part est facile à reconnaître quand on a fait quelque étude de son style; Pelletier, Denisot, Des Periers surtout, concouraient à cet agréable amusement, avec toute l'ardeur de leur âge et toute la vivacité de leur esprit. Boaistuau et peut-être Gruget, qui sortaient à peine de l'adolescence, tenaient tour à tour la plume [3]...

---

[1] M. Lacour, qui aurait dû chercher dans l'*Heptaméron* le tableau de la cour de Marguerite d'Angoulême, ne veut pas que cette spirituelle princesse ait eu des rapports presque familiers avec ses poètes et les officiers de sa maison : « Elle les admettait à ses soupers, dit-il (p. xxxiv de sa Notice), avec toute la déférence qu'elle devait à leur savoir, mais ils ne soupaient pas; ils restaient debout devant elle et se tenaient pour honorés de répondre aux questions qu'elle daignait leur adresser. On parlait philosophie, médecine, religion; on commentait de belles paroles du Christ, par exemple celle-ci : « Si vous ne ressemblez « pas aux petits enfants, vous n'entrerez jamais au royaume des cieux; » et c'était tout. Quant à les admettre dans les hautes chambres tapissées de l'appartement royal, néanmoins, ils n'en touchaient le seuil que pour recevoir des ordres... » M. Lacour, qui sait mieux que personne son Brantôme, aurait pu se rappeler que le sire de Bourdeille était admis dans l'intimité d'une autre Marguerite, reine de Navarre, comme le furent chez la première beaucoup de poètes et d'écrivains qui n'avaient pas le moindre privilège de noblesse. Le titre de *valet de chambre* équivalait à celui de *gentilhomme de chambre*, à la Cour de Navarre comme à la Cour de France.

[2] M. Lacour, après avoir cité et annoté différents passages des *Nouvelles Recreations*, qui prouvent que Bonaventure Des Periers « aimait la musique et la connaissait » (p. xxxiii de sa Notice), n'est pas disposé à croire que le poëte touchait du luth; car il lui refuse absolument la possession d'un de ses ouvrages posthumes, *Discours non plus melancoliques que divers*, à la fin desquels on trouve : *La manière de bien et justement entoucher les lucs et guiternes*.

[3] Charles Nodier veut rapporter à Bonaventure Des Periers presque tout l'honneur de l'*Heptaméron*, qu'il suppose composé de Nouvelles lues ou racontées par lui et ses amis Denisot, Pelletier, Boaistuau, etc., devant Marguerite, qui en racontait aussi quelques-unes. Papillon avait avancé la même opinion dans sa *Bibliothèque des auteurs de Bourgogne*, en attribuant de plus à Bonaventure Des

« Vers la fin de l'an 1538 ou au commencement de 1539, cette agréable société fut dissoute par un événement qui n'est pas bien expliqué. *Les chants avaient cessé*. Des Periers, longtemps errant, se réfugiait à Lyon, écrivait ses derniers vers et disparaissait tout à coup du monde littéraire, où son nom ne reparait plus qu'en 1544, avec l'édition posthume de ses ouvrages. Constant dans une noble amitié, il adresse à Marguerite les touchants adieux de sa muse, et il est facile de s'apercevoir, à la dernière strophe de son *Voyage de Lyon à Notre-Dame de l'Isle-Barbe*, daté du 15 mai 1539, que Marguerite devait avoir le secret de son asile et de ses chagrins :

>Retirez-vous, petits vers mistes,
>A sûreté, sous les couleurs
>De celle dont (quand êtes tristes)
>L'espoir apaise vos douleurs. »

Cette charmante pièce lyrique, intitulée le *Voyage de Lyon à Notre-Dame de l'Isle*, nous fournit, en effet, la date la plus rapprochée de celle de la mort du poëte; car, parmi les pièces qui composent le *Recueil des œuvres*, on ne peut assigner une date certaine qu'à la *Prognostication*, qui est de 1537, et aux vers sur la mort du Dauphin François, qui sont de 1536. Les autres pièces, adressées la plupart à des Lyonnais, constatent seulement la résidence habituelle de Bonaventure à Lyon, résidence qui ressemblerait presque à un exil. Bonaventure a l'air de s'en plaindre dans une lettre en prose métrique adressée à la reine : « Que diront, dit-il [1], ceulx lesquelz, premier que moy, ains que jamais m'en vinst au cueur l'esmoy, ont veu et sceu envers moy ton vouloir, dont ne me puis repentir ne douloir, qui m'ont nommé *possession royale*? Ilz cuyderont que faulte desloyale se soit trouvée en moy; ce que n'est pas, et Dieu me doint plustost le mien trespas! Or, que de toy je sois loing et remot, je ne croy point que ce contraire mot, ce mot jamais ayt prins en toy naissance, veu ton vouloir, dont j'ay bien cognoissance. »

Cette lettre à la Reine est très-significative : Bonaventure, sans perdre toutefois sa charge de valet de chambre, avait été remplacé comme secrétaire auprès de Marguerite : « Oultre plus, dit-il, dès cette heure, on s'est pourvu d'un, lequel y demeure... » C'est que, malade ou absent, il n'était plus en état de remplir ces fonctions, qu'on attribuait à son successeur.

Periers une part d'auteur considérable dans le recueil des poésies de la Reine de Navarre, où l'on reconnait souvent, en effet, ses habitudes de rhythme et de style. Mais quant à l'*Heptaméron*, cet ouvrage offre bien peu d'analogies, à tous égards, avec les *Nouvelles Recreations et Joyeux Devis*.

[1] *Œuvres françoises*, Édit. de M. Lacour, p. 142.

« Hélas! ajoute-t-il, c'est depuis certain temps, il n'y a plus ni repos ni loisir pour bien escrire, ainsi que j'ay desir et que l'entends. »

Bonaventure tomba donc en disgrâce; il aurait pu dès lors prendre du service chez un gentilhomme, ses amis eux-mêmes l'y engageaient; Marguerite y eût consenti; mais Bonaventure eût rougi de servir un gentilhomme après avoir servi une reine : « Un autre poinct y ha, lequel j'esconte, dit-il dans sa lettre rimée, c'est si je veulx qu'au service on me boute d'un gentilhomme, et c'est mieulx mon profit (ce me dit-on), mais le tien me suffit, puisque je voy aussi qu'il te plaist bien, le tien seray; c'est ou royal ou rien. » Quelle faute avait donc commise le malheureux Bonaventure?

Marguerite était si belle, si noble, si généreuse, si spirituelle, que tous ses officiers l'aimaient comme une mère; quelques-uns comme une *sœur d'alliance;* quelques autres, dont Clément Marot était le moins discret, comme une maîtresse. Bonaventure ne fut peut-être pas moins accessible à cette puissance de la beauté et du génie : il ne prit pas garde que son admiration et son dévouement se transformaient en amour. Dans la lettre en prose rimée qu'il adresse à Marguerite pour se plaindre d'avoir été mis à l'écart, il s'exprime avec un abandon qui *excède quelquefois,* dit M. Charles Nodier, *les bornes de la bienséance requise entre un valet de chambre et sa maîtresse,* entre un poëte et une reine. Cet amour, tout platonique qu'il fût, ne le conduisit-il pas à la folie qui termina sa vie par un suicide, avant l'année 1544?

La misère et le chagrin ne furent pas étrangers à cette triste fin. Il n'avait pas d'autres ressources que les modiques émoluments de sa charge de valet de chambre de la Reine de Navarre, c'est-à-dire cent dix livres tournois par an, qui ne représentent pas plus de quinze cents francs au taux de la monnaie actuelle, et cette faible somme ne lui était pas toujours payée exactement; elle vint même à lui manquer tout à fait, parce que son nom avait été omis sur l'État de la maison de Marguerite. Il réclama contre cette omission; il s'adressa d'abord à Marguerite, puis aux personnes les plus capables d'appuyer sa demande : on ne lui répondit que par des promesses illusoires; Marguerite elle-même semblait l'avoir abandonné; mais le hasard voulut qu'elle arrivât à Lyon, avec le roi son frère, vers la fin de septembre 1541, et Bonaventure eut le bonheur de lui faire remettre une nouvelle requête qui fut agréée. La reine fit ordonnancer le payement des gages de son pauvre valet de chambre : « Octobre 1541, le dernier jour dudit mois, despeché audit lieu ung mandement adressant au trésorier et receveur général d'Alençon, maistre Mathurin Farelle, pour payer des deniers de sa charge de ceste présente année, finissant le derrenier jour de décembre prochainement venant, à Bonnadventure Des Periers, la somme de cent dix livres tournois à luy ordonnée par ladicte dame, pour ses gages de valet de chambre durant ladicte année, en laquelle il a été obmis d'estre couché sur l'Estat[1]. »

Ce payement tardif empêcha peut-être Bonaventure de mourir de faim; mais il avait des créanciers qui l'obsédaient, et les cent dix livres tournois qu'il venait de toucher avec tant de peine furent bientôt dépensées. Il vendit d'abord quelques pièces d'argenterie aux armes de Navarre, qu'il conservait comme un précieux souvenir de *celle*

> Que disois que plus ne verrois[2] !

Il eut recours à la bourse de ses amis de Lyon; il se résigna même à implorer la pitié de Marguerite :

> C'est povreté, de langueurs conrratière,
> Et de la croix de Christ vraye heritière,
> Qui vous fait cy sa supplication
> Pour passetemps[3].

L'assistance qu'il implorait d'une manière si touchante se fit bien attendre, si toutefois elle vint. Bonaventure était aux abois : il eut recours, dans sa détresse, à des travaux manuels[4], peut-être à son talent de musicien et de joueur de guiterne. Il craignait de se voir arrêté et emprisonné pour dettes, comme il l'écrit en ces termes à Marguerite :

> Si le prevost des mareschaux venoit,
> Veu que je suis maintenant sans rien faire,
> S'il me trouvoit vagabond et oyseux,
> Il me prendroit pour un de ces noyseux
> Et me mettroit captif avecques eulx,
> Sans regarder que je suis là le vostre[5].

Pour comble de malheur, il n'avait plus la force de travailler; sa santé, altérée par les privations de toute sorte et minée par la tristesse, ne lui permettait pas même de faire son métier de poëte ; sa *pauvre muse chomme*,

---

[1] Notice sur Marguerite d'Angoulême en tête de l'*Heptaméron*, édit. de M. Leroux de Lincy, t. I, p. 102.
[2] *Œuvres françoises*, édit. de M. Lacour, t. I, p. 155.
[3] *Ibid.*, p. 168.
[4] Il parle ainsi de sa *pauvre muse* p. 118 du t. I*er* des *Œuvres françoises*, édit. de M. Lacour) :

> Ce qu'elle escrit, c'est à la desrobée,
> Car, où j'ey prou besoigne tout le jour,
> Tant que j'en ay la main lasse et courbée,
> Il semble encor que j'aye faict séjour.

[5] *Œuvres françoises*, t. I, p. 152.

dit-il[1]. Alors, il se rappelle avec une amère mélancolie que la reine de Navarre lui avait donné elle-même cette belle devise : *Loisir et liberté;* il prévoit que la mort seule va l'affranchir des servitudes de la vie et lui assurer un repos éternel ; il prend la plume d'une main frémissante, et il écrit :

> Loysir et liberté,
> C'est bien son seul desir
> Ce seroit un plaisir
> Pour traiter *verité.*
> L'esprit inquieté
> Ne se fait que moysir;
> Loysir et liberté,
> S'ilz viennent cet esté.
> Liberté et loysir
> Ils le pourront saisir
> A perpetuité.
> Loysir et liberté[2].

C'en est fait, il faut mourir de faim ou de rage; il faut mourir, en laissant inachevées tant de belles œuvres de littérature, de poésie et de philosophie ! Bonaventure se souvient une dernière fois de la Reine de Navarre : il lègue tous ses papiers, toutes ses *compositions* à cette princesse, qui prenait le titre de *ministre des pauvres* et qui avait cessé de le secourir. Puis, exalté par le désespoir, il tire son épée et se tue.

« Je n'oublierai pas Bonaventure Des Periers, raconte Henri Estienne dans le ch. xviii de l'*Apologie pour Hérodote,* l'auteur du détestable livre intitulé *Cymbalum mundi,* qui, nonobstant la peine qu'on prenoit à le garder (à cause qu'on le voyoit estre désespéré et en délibération de se défaire), fut trouvé s'estant tellement enferré de son espée, sur laquelle il s'étoit jeté, l'ayant appuyée le pommeau contre terre, que la pointe, entrée par l'estomac, sortoit par l'eschine[3]. » Un autre historien renchérit sur cette fin tragique, en disant que Bonaventure des Periers, après s'être ouvert le

---

[1] *Œuvres françoises,* t. I, p. 118.
[2] *Ibid.,* p. 169.
[3] Charles Nodier s'inscrit en faux contre le suicide de Bonaventure Des Periers, qui n'est rapporté, il est vrai, que par un seul auteur contemporain, Henri Estienne ; mais cet écrivain, qui est d'ailleurs une autorité assez respectable, revient deux fois sur ce fait, qu'il répète presque dans les mêmes termes en deux endroits différents de son *Apologie pour Hérodote*; Simon Goulart a cité un de ces passages dans le *Trésor des histoires admirables*; Chassanion en donne la substance dans ses *Histoires mémorables des grands et merveilleux jugemens de Dieu,* et La Croix du Maine dit qu'*il se tua avec une épée qu'il se mit dans le ventre, étant devenu furieux et insensé.* Le genre de mort de Bonaventure Des Periers était donc établi par une tradition généralement acceptée.

ventre avec son épée, déchira sa blessure de ses propres mains, comme Caton, et arracha lui-même ses entrailles.

Après sa mort, ses amis, qui s'étaient partagé ses manuscrits, les firent imprimer à de longs intervalles; les uns avec son nom; les autres, sans nom d'auteur: bien des richesses de cet héritage du poëte et du philosophe furent perdues. Son meilleur ami, Antoine Du Moulin, valet de chambre de la reine de Navarre, publia, peut-être par ordre de cette princesse, un choix des œuvres en vers et en prose, qu'elle avait bien voulu mettre à la disposition de l'éditeur. Ce volume, imprimé avec beaucoup d'élégance par le plus habile typographe de Lyon[1], porte ce titre remarquable : *Recueil des œuvres de feu Bonaventure Des Periers, vallet de chambre de très chrestienne princesse Marguerite de France, royne de Navarre* (Lyon, Jean de Tournes, 1544, in-8° de 197 feuillets). L'épithète de *très chrestienne*, attribuée à la reine de Navarre, sur le frontispice des œuvres de Bonaventure Des Periers, semble placée là pour annoncer qu'on ne trouverait pas dans ce recueil le *Cymbalum mundi*, ni les opuscules qui avaient fait accuser l'auteur d'hérésie. Voici la touchante dédicace que l'éditeur fit imprimer en tête du volume, avec l'approbation de son auguste maîtresse :

A TRÈS ILLUSTRE PRINCESSE MARGUERITE DE FRANCE, ROYNE DE NAVARRE,
ANTOINE DU MOULIN, S.

Ayant ouy plusieurs fois dire à Bonaventure Des Periers, peu de moys avant son trespas, que son intention estoit que vous, très illustre Royne, fussiez heritière des siens petits labeurs; lesquels il ne doubtoit point que ne accepteissiez de celle prompte volunté que vous avez faict les œuvres de maints autres, qui n'ont pensé mieulx employer ailleurs les fruictz de leurs engins; mais, estant advenu en la personne dudit Bonaventure l'effaict du proverbe commun qui dit que l'homme propose et Dieu dispose, Mort implacable, implacable Mort l'a surpris au cours de sa bonne intention;

[1] Jean de Tournes avait été aussi un des amis de Bonaventure Des Periers, qui lui adresse ce joli huitain (*Œuvres françoises*, t. I, p. 149) :

Veulx-tu garder que perte ne t'adviennne,
Ou que n'en soit de regretz morfondu?
Ne le dis point que la chose soit tienne
S'elle se perd, tu n'auras rien perdu;
Et, pour tout dire à un mot entendu,
Tout mal se moule en la forme de dire :
Car, si tu dis, en ton cœur remply d'ire,
Que l'on te hayt, le bien en mal prendras;
Et, si tu dis que chascun te peult nuire,
Le tien amy pour ennemy tiendras.

lorsqu'il estoit après à dresser et à mettre en ordre ses compositions, pour les vous offrir et donner, luy vivant. Il n'a doncques peu voir l'effaict de ses ardens vœux accomply, très illustre Dame; et ce certes j'estime une très grande perte et dommaige au monde, de n'avoir point eu, jusques icy, la lecture de si divines conceptions. Et quant à moy, de tant que j'ay esté de ses plus intimes et familiers amys, les yeux de mon cœur en larmoyent largement toutes fois et quantes (et ce advient très souvent) que la recordation du deffunct me passe par la memoire; voire tant me remplit-elle de desirs, revocans tout à coup l'amy trespassé en vie, que je suis presentement forcé pour ma consolation, et de ceulx qui ont esté ses amys, de mettre en lumière ses elegans et beaulx escriptz, reliques vrayement sacrées (comme l'on pourroit dire) et tirées du buste et feu de leur seigneur; en quoy faisant, très illustre Royne, je donne refrigère à mon ame, et quant et quant je satisfais aux supresmes intentions de vostre serviteur, en vous signifiant et declarant heritière universelle des petitz biens par luy delaissez, lesquels eussent (s'il eut vescu plus longuement) neantmoins esté de bien plus grande estime; parce mesmement qu'il les eust mis en leur entière perfection et grace, puis, à la mode des autres, en eust posé la liste et roolle en l'arc d'éternité, vostre temple en la veuë des hommes et hors neantmoins à jamais du danger et calumnies de l'envie, laquelle n'addresse ses pas où elle entend que vostre haulte vertu seigneurie, où elle congnoist la force de voz rempars, et où elle sent, tant soit peu, l'odeur de ces vertuz et excellences vostres, desquelles est embelly et orné le monde. Recevez doncques, très illustre Royne, la belle presente hoirie telle qu'elle est, et ne prenez garde si elle n'y est toute entière; puisque ce n'est pas le larcin d'autre que de l'envieuse Mort, qui encores taschoit (si je ne fusse) d'ensevelir en eternel oubly les œuvres avec le corps, car j'espère qu'à vostre faveur nous recouvrerons partie de ces nobles reliques, desquelles aussi (à ce que j'ay ouy dire au deffunct) avez bonne quantité rière vous; et partie en y ha d'un mien congneu à Montpellier[1].

De Lyon, ce dernier jour d'aoust, M.D.XLIIII.

Cette dédicace est suivie d'une espèce d'inscription en style lapidaire, qui renferme certainement la dernière pensée de l'auteur, et qui devait se trouver sur le manuscrit autographe légué à la Reine de Navarre.

---

[1] Antoine Du Moulin veut parler certainement du recueil des Contes de Bonaventure Des Periers. M. Lacour pense que c'est Jacques Pelletier qui est désigné ici comme demeurant à Montpellier. Jacques Pelletier, en effet, étudiait alors à la Faculté de médecine de cette ville.

NOTICE

VŒU.

CE 'NATUREL ESPRIT, QUEL QU'IL SOIT, QUE LA BONTÉ DE DIEU A OCTOYÉ A BONAVENTURE DES PERIERS, SOUSTENU DE LA ROYALLE MUNIFICENCE, APPENT REVEREMMENT CE PETIT VŒU AUX HONOREZ PIEDZ DE LA SACRÉE IMAIGE DE TRÈS ILLUSTRE MARGUERITE DE VALOIS, ROYNE DE NAVARRE, LE VRAY APPUY ET ENTRETENEMENT DES VERTUS.

Ce *Recueil*[1] contient le *Discours de la Queste d'amitié*, dit *Lysis de Platon*, traduction en prose; *Queste d'amitié à la Reine de Navarre*, en vers; du *Voyage de Lyon a Nostre-Dame-de-l'Isle, en 1539*[2]; le *Blason du Nombril*; *Victimæ Paschalis laudes*; le *Cantique de la Vierge*; le *Cantique de Siméon*; *Conte nouveau*, petit chef-d'œuvre de narration naïve et délicate; *des Malcontents*, traduction en prose de la première satire d'Horace; le *Cry, touchant de trouver la bonne femme*; les *Quatre princesses de vie humaine*, c'est à sçavoir Senecque, des quatre *Vertus cardinales*, imitation en vers du traité latin *De quatuor virtutibus cardinalibus*; *Prognostication des prognostications, pour tous temps à jamais, sur tous autres véritable, laquelle découvre l'impudence des prognostiqueurs*, imitation en vers de la *Prognostication pantagrueline* de Rabelais; épigrammes, chansons, rondeaux, et *Carême-prenant, en taratantara*. Ce volume porte à la fin pour devise : TOUT A UN, quoique Bonaventure eût pris ailleurs cette autre devise, que la reine de Navarre lui avait donnée : LOISIR ET LIBERTÉ.

L'éditeur, pendant l'impression du *Recueil*, où l'on s'étonne de ne pas rencontrer l'*Apologie pour Marot absent contre Sagon*, ni la traduction de l'*Andria* de Térence, avait recouvré plusieurs poésies inédites de Bonaven-

---

[1] Cette édition, qui est rare, n'a pas été réimprimée au seizième siècle; l'abbé Goujet cite, par erreur, une édition de Rouen sans date, qui n'existe pas. Nous avons publié, à la suite du *Cymbalum mundi*, en 1841, une partie des pièces que contient le *Recueil des Œuvres*. M. Lacour a reproduit le Recueil entier, dans le premier volume des *Œuvres françoises* de Bonaventure Des Periers, Bibliothèque elzévirienne de M. A. Jannet.

[2] Guillaume Colletet, dans la vie manuscrite de Bonaventure Des Periers, fait ainsi l'éloge de cette charmante pièce : « Guillaume des Autels, gentilhomme charolois, dans sa Replique aux fameuses Deffenses de Louis Maigret, avance des paroles très-considérables en faveur de ce poëte, lorsqu'il advertit les François que la Bourgogne leur a produit le premier celuy qui a commencé à bien user de l'Ode : « C'est Bonaventure Des Periers, comme montre son « Voyage de l'Isle, » adjoustant qu'il ne dit pas cela pour diminuer l'honneur deub à celuy qui de son temps en avoit fait un œuvre entier, selon son advis, digne d'estre immortellement leu et loué; par où il entend sans doute désigner Pierre de Ronsard; qui fut effectivement le premier qui donna le nom grec *ode* à la chose qui estoit desja en usage et qui, pour n'estre pas encore si belle ny si élegante, ne laissoit pas de tendre à une mesme fin. »

ture Des Periers, qu'il se proposait de mettre au jour dans une seconde édition, entre autres les *Brandons*, *Mi-carême*, *Pâques fleuries*, *Pâques*, *Quasimodo*, etc.[1]. Mais ces pièces n'ont jamais paru. Jean Poictevin inséra seulement, dans sa traduction des *Cent psalmes de David, en rime françoise* (Poitiers, 1551, in-8°; Rouen, 1554, in-16; Paris, 1558; Lyon, 1559), le *Cantique de Moïse*, traduit en vers, par Des Periers.

On a lieu d'être surpris que le libraire-imprimeur, Jean de Tournes, entre les mains duquel se trouvaient les poésies inédites de Des Periers, son ami, ne les ait pas fait imprimer. Faut-il en conclure que, le *Recueil des œuvres* ne s'étant pas vendu, Jean de Tournes se montra peu jaloux d'entreprendre une nouvelle publication qui ne devait pas être plus heureuse que la première? Il est plus probable que le volume, malgré sa dédicace à la Reine de Navarre, avait éveillé les défiances de la censure religieuse et que le nom seul de l'auteur fit mettre à l'index le reste de ses œuvres posthumes plus ou moins entachées de protestantisme ou de *nouvelleté*. Notre conjecture s'appuie sur l'existence d'un autre petit recueil de vers, publié par le même libraire de Lyon, Jean de Tournes, en 1547, et appartenant aussi à la succession littéraire de Bonaventure des Periers. Ce sont les *Blasons de la Goutte, de l'Honneur et de la Quarte* (in-8 de 50 pages, dont l'impression est tout à fait identique à celle du *Recueil des œuvres*). On remarque, à la suite de ces Blasons que nous attribuons presque avec certitude à l'auteur du fameux *Blason du Nombril*, une chanson protestante qui commence ainsi : *Or Dieu me doint bonne adventure*. C'est bien là une des nombreuses devises que Des Periers avait adoptées, par allusion au nom de Bonaventure, qu'il regardait comme prédestiné, à l'époque de sa grande ferveur, pour la réformation de Calvin.

Antoine du Moulin, qui avait montré tant de sollicitude pour la mémoire de son malheureux ami, et qui rassemblait depuis 1544 les œuvres en vers et en prose de Bonaventure Des Periers, dispersées dans plusieurs mains et restées surtout à la disposition de la Reine de Navarre, ne fut sans doute pas étranger à la première édition des *Contes*. Cette édition, qui parut en même temps que la première édition de l'*Heptaméron*, est in-

---

[1] La note de l'éditeur, relative à ces manuscrits retrouvés, n'est pas placée à la suite du volume, comme le dit Niceron, mais elle occupe le recto du quatrième feuillet de la feuille N; elle est ainsi conçue :

« AU LECTEUR.

» Saches que ayant imprimé ce que tu vois de Bonaventure, ay recouvré depuis plusieurs choses, entre lesquelles sont les Brandons, My-caresme, Pasques flouries, Pasques, Quasimodo et autres plaisantes choses dignes d'estre veues, lesquelles, avec l'ayde de Dieu, j'espere te donner à la seconde edition, ce que j'eusse faict à present, n'eust esté que elles ne sont pas encore mises au net. »

titulée : *les Nouvelles Recreations et Joyeux Devis* (Lyon, Robert Granjon, 1558, petit in-4° imprimé en caractères dits de *civilité*, qu'on appelait autrefois *lettre françoise*) ; elle contient seulement quatre-vingt-dix contes.

La Croix du Maine[1], Duverdier, et, d'après eux, La Monnoye, attribuent la plus grande part de ces Contes à Jacques Pelletier, du Mans, et à Nicolas Denisot[2] ; mais nous sommes loin de penser que la collaboration de ces deux amis de Bonaventure Des Periers ait été fort importante, si toutefois elle est réelle. C'était là, à ce qu'il paraît, une opinion très-répandue à la fin du seizième siècle, car Estienne Tabourot n'avait pas hésité à l'adopter dans ses *Bigarrures* : « Je trouve, lui écrit à ce sujet Etienne Pasquier (livre VIII de ses Lettres), qu'en ceste seconde impression vous approprié à Jacques Pelletier les Facéties de Bonaventure Des Periers ; vous me le pardonnerez, mais je crains que n'ayez de mauvais mémoires. J'estois l'un des plus grands amis qu'eust Pelletier et dans le sein duquel il desploioit plus volontiers l'escrain de ses pensées. Je sçay les livres qu'il m'a dit avoir faits. Jamais il ne me feit mention de cestuy. Il estoit vrayement poëte et fort jaloux de son nom, et vous asseure qu'il ne me l'eust pas caché : estant le livre si recommandable en son sujet, qu'il mérite bien de n'estre non plus desavoué par son autheur, que les Facéties latines de Poge Florentin. Des Periers est celuy qui les a composées et encores un autre livre, intitulé *Cymbalum mundi*, qui est un lucianisme qui mérite d'estre jetté au feu, avec l'autheur, s'il estoit vivant. »

Jacques Pelletier et Nicolas Denisot travaillèrent sans doute de concert avec Antoine du Moulin, à revoir et à compléter l'œuvre inachevée de leur ami[3], puisque ces Contes renferment des interpolations qui ne peuvent

---

[1] « Les *Nouvelles Recreations* de Bonaventure Des Periers est un livre de l'invention dudit Pelletier et de Nicolas Denisot, du Mans, surnommé le Comte d'Alsinois. Je ne veux pas nier qu'il n'y ait quelques contes, en ce livre, de l'invention dudit Bonaventure, mais les principaux auteurs de ce gentil et plaisant livre de facéties sont les susdits Pelletier et Denisot, quoiqu'il ait esté imprimé sous le nom dudit Des Periers. » (*Biblot. françoise*, édit. de Rigoley de Juvigny, t. II, p. 127.)

[2] M. Lacour dit que Nicolas Denisot était mort depuis plusieurs années lors de la publication des *Nouvelles Recreations* ; c'est une erreur : Denisot ne mourut qu'en 1559. Nous croyons, nous, que Nicolas Denisot a été le principal éditeur de ce recueil de Contes et que la préface est de lui.

[3] « Laissons donc à Denisot et à Pelletier, dit Charles Nodier, puisqu'on en est convenu, l'honneur d'une collaboration modeste dans les ouvrages de leur maître, mais gardons-nous bien de pousser cette concession trop loin. Si Pelletier et Denisot avaient pu s'élever quelque part à la hauteur du talent de Des Periers, ils n'auraient pas caché cette brillante faculté dans les *Contes*, eux qui ont vécu assez longtemps pour la manifester dans leurs livres et qui ont fait malheureusement assez de livres pour nous donner toute leur mesure. Il n'y a qu'un Rabe-

avoir été introduites dans le texte que depuis la mort de Bonaventure des Periers, c'est-à-dire après l'année 1544 (voy. les Nouvelles XVII, XXVII, LXVI, etc.[1]. Ce fut probablement Jacques Pelletier, qui ajouta lui-même aux éditions de 1565 ou 1568 plusieurs contes, qui paraissent sortis de la même main que les premiers, et d'autres, qui sont empruntés presque textuellement de divers recueils contemporains, et de préférence à l'*Apologie pour Hérodote*, au *Recueil des plaisantes et facétieuses Nouvelles*, etc.[2].

Cet admirable livre, ainsi augmenté et toujours de plus en plus altéré par les éditeurs[3], fut réimprimé au moins vingt fois jusqu'à l'édition de 1735, où le texte, revu sur les éditions originales, est accompagné d'un commentaire du savant Bernard de La Monnoye. Mais, depuis cette édition, le chef-d'œuvre de Bonaventure Des Periers n'avait pas eu les honneurs d'une seule réimpression, bonne ou mauvaise, lorsque Charles Nodier fit appel à un nouvel éditeur; appel qui fut aussitôt entendu et qui a déjà produit cinq réimpressions de ce charmant recueil de contes et *joyeux devis*[4].

Les rares qualités de Bonaventure Des Periers, comme conteur et comme écrivain, ont été très-finement appréciées par M. Louis Lacour, auquel nous emprunterons cette excellente page de critique : « Ce qui rend si parfait, dit-il, l'homogénéité des *Nouvelles Récréations*, ce qui ne permet

---

lais, qu'un Marot, qu'un Montaigne, qu'un Des Periers, dans une littérature; des Denisot, des Pelletier, il y en a mille. »

[1] « Ces phrases, dit Charles Nodier : *Naguères décède; décédé évesque du Mans*, etc., ne sont autre chose que des incises qu'un éditeur soigneux laisse volontiers tomber dans son texte, pour en certifier l'authenticité ou pour en rafraîchir la date. Il ne serait pas étonnant que des noms propres auxquels Des Periers aime à rattacher ses historiettes eussent été souvent remplacés par des noms plus récents, plus populaires, plus capables de prêter ce qu'on appelle aujourd'hui un intérêt piquant d'*actualité* aux jolis récits du conteur. »

[2] Ne serait-il pas possible que tous les Contes qui semblent empruntés à l'*Apologie pour Hérodote*, aux *Plaisantes Nouvelles*, etc., et qui furent ajoutés successivement par les éditeurs aux quatre-vingt-dix premiers Contes de Bonaventure des Periers, eussent été repris à ces différentes sources, comme appartenant de droit à l'auteur des *Joyeux Devis* et ayant été copiés par des plagiaires d'après ses manuscrits? Il est certain qu'on retrouve son style et sa manière dans quelques-unes de ces Nouvelles imprimées à la suite des siennes.

[3] Gisbert Voet, qui fait une critique très-vive de ces Contes à cause de leur caractère facétieux et libre (voy. ses *Disput. theolog.*, t. I, p. 200), a remarqué que Bonaventure Des Periers ne pouvait pas être l'auteur du premier Conte, qu'on trouve dans l'édition de Rouen, Raphaël du Petit-Val, 1606, car, dans le préambule de ce conte, il est dit qu'on publie les *Nouvelles Recreations*, afin de fournir aux dames une lecture divertissante pendant les guerres civiles.

[4] Voyez, dans notre Avertissement, le Catalogue raisonné des éditions des *Nouvelles Recreations et Joyeux Devis*.

pas d'admettre que plusieurs auteurs y aient travaillé, c'est la façon dont, chez chacune d'elles, les faits sont présentés. Un court exorde, peinture du caractère et de l'extérieur du personnage qu'on va mettre en scène, précède toujours le récit. Celui-ci commence à la manière classique : *Il étoit un jour; Une fois il étoit;* puis, l'intrigue se noue autour d'un cheveu, sur une pointe d'aiguille, qu'on a commencé d'apercevoir par un mot dès les premiers coups de crayon. Pas de lenteurs dans la narration ; tous les mots portent, et leur intention comique, lorsqu'elle est voilée, ne leur donne que plus d'attrait. La fin des devis répond au commencement ; c'est une moralité, mais la forme varie : tantôt courte histoire confirmative de la principale ; tantôt remarque isolée très-drôle ; quelquefois il y a plusieurs réflexions, qui, faites d'une manière précise, brillante, imprévue, se gravent aussitôt dans la mémoire et y fixent profondément toute la fable qu'elles ont suivie. C'est le secret du poëte. Des Periers, ne l'oublions pas, Marot et Rabelais mis de côté, fut le plus remarquable des écrivains de son époque : nul n'a connu cette pureté, pas même la Reine de Navarre, qui trop souvent fait bon accueil à ce « sens allégorique, mystique, fantastique, » honni par son valet de chambre. Tout au plus, pourrait-on lui opposer quelques passages de Noël Du Fail. Les vers du *Recueil des œuvres* sont francs, sans doute ; mais que cette prose vive, rapide, naturelle des *Devis* les laisse loin derrière elle! Quel style a cette délicatesse exquise, cette clarté? »

Charles Nodier, qui regardait avec raison Bonaventure des Periers, *comme le talent le plus naïf, le plus original et le plus piquant de son époque,* a encore augmenté la collection des œuvres de cet ingénieux écrivain, en lui rendant un ouvrage qui lui appartient évidemment, et qui avait été attribué jusqu'à présent, tantôt à Élie Vinet, tantôt à Jacques Pelletier [1] :

---

[1] M. Lacour a essayé de prouver que cet ouvrage était composé de pièces de rapport, appartenant à divers auteurs (p. LXXXVII de sa Notice); il se fonde sur le témoignage de l'imprimeur lui-même, qui dit n'avoir pas « recouvré ceci tout à un coup, mais à pièces et lopins, par long espace d'années, de diverses mains et de maintes parts. » Cette phrase, à notre avis, signifie seulement que l'imprimeur a dû rassembler les manuscrits épars de l'auteur et s'adresser à diverses personnes qui les conservaient. Enguilbert de Marnef avait connu Bonaventure Des Periers ; son père, Jean de Marnef, imprima même une édition de la *Prognostication des Prognosticatians;* toute la famille des Marnef, de Poitiers, était sympathique aux idées et aux efforts des protestants. Mais ce qui est une preuve certaine en faveur de l'attribution de ces *Discours* à Bonaventure Des Periers, c'est qu'on y trouve plusieurs morceaux (voy. le ch. XI) qui ont été depuis transportés dans les *Joyeux Devis,* où l'on eût fait entrer tout le volume, si ce livre d'érudition sérieuse et enjouée avait pu se glisser parmi des contes, sans y paraître déplacé. En outre, M. Lacour n'a pas remarqué que ces mélanges, imprimés en 1557, étaient déjà réunis en corps d'ouvrage dix ans auparavant, puisque le privilége

Discours non plus mélancoliques que divers, de choses mesmement qui appartiennent à notre France, et à la fois la manière de bien et justement entoucher les lucs et guiternes (Poitiers, Enguilbert de Marnef, 1557, petit in-4° de 112 p.). « C'est, dit Charles Nodier, un ouvrage d'examen sceptique, plus particulièrement appliqué aux études historiques et littéraires, à la grammaire et à l'archéologie. L'érudition ne s'était jamais montrée aussi spirituelle et aussi aimable que dans ces vingt chapitres, où le savoir d'Henri Estienne est assaisonné de tout le sel attique de Rabelais. L'étymologie, si mal connue jusque-là, y est traitée avec une pénétration exquise; les traditions héréditaires de ces nombreuses générations de savants, dont l'opinion s'accréditait de siècle en siècle, y sont présentées sous un point de vue moqueur qui en détruit le prestige. Rien ne se rapproche autant, dans les trois grandes époques de notre littérature, du persiflage de Voltaire. Le style même se ressent de cette anticipation sur l'âge de l'esprit français, parvenu à son plus haut degré de raffinement : il est vif, coulant, enjoué, toujours pur, jusque dans son affectation badine. »

Nous ne pouvons mieux terminer cette notice, déjà pleine de citations, qu'en citant encore M. Charles Nodier, qu'on ne se lasse jamais de citer : « La première moitié du seizième siècle est dominée en France par trois grands esprits, auxquels les âges anciens et modernes de la littérature n'ont presque rien à opposer : ce sont ceux-là qui ont fait la langue de Montaigne et d'Amyot, la langue de Molière, de La Fontaine et de Voltaire... De ces trois hommes, le premier, c'est Rabelais; le second, c'est Clément Marot; le troisième (je vous le donne en cent, je vous le donne en mille, vous ne le trouverez pas), c'est Bonaventure Des Periers, et Bonaventure Des Periers n'est, sous aucun rapport, inférieur aux deux autres. »

LETTRE ÉCRITE A MONSIEUR B., P., D., ET G.

SUR LE LIVRE INTITULÉ : CYMBALUM MUNDI.

Je m'acquitte avec plaisir, Monsieur, de la promesse que je vous fis, il y a quelques jours, de vous mander ce que je pensois du *Cymbalum mundi*. C'est un petit ouvrage, plus curieux par la réputation que lui ont donnée

---

est daté du 7 mars 1517; on voit aussi, dans ce privilége, que le *présent livre* devait être intitulé : *Le Discours non plus mélanchol que que divers*, etc., et non pas *les Discours*, comme porte le titre de l'édition de 1557.

les auteurs qui en ont parlé que recommandable par son propre mérite, et par la matière que l'on y traite. On ne peut pas néanmoins disconvenir qu'il ne soit fort agréablement écrit et fort ingénieusement composé pour le temps auquel il a été fait. En effet, on y remarque, en général, une satyre fine et délicate, dont quelques auteurs modernes n'ont pas dédaigné d'emprunter divers traits, sans en avertir leurs lecteurs ; et nous voyons peu d'ouvrages du même temps [1], dont le stile soit aussi épuré, et dans lesquels il entre autant d'art et de génie; tant il est vrai que ce qui vient des personnes d'esprit, de quelque âge qu'il soit, porte toujours avec soi un caractere qui le distingue des écrits médiocres. Je vous envoie donc, comme je vous l'avois promis, les remarques que j'ai faites sur ce petit livre, et, pour le faire avec quelque ordre, je les ai divisées en trois parties. Dans la première, vous verrez ce que l'on pense ordinairement du *Cymbalum mundi*, quel est son auteur, en quelle langue il l'a composé, et les éditions qu'on en a faites. Dans la seconde, afin que vous en puissiez juger par vous-même, j'ai pris soin de vous en faire une analyse. Enfin, dans la troisième, j'essaye de le justifier des accusations mal fondées que l'on fait contre lui; et, après avoir examiné ce qu'en disent différens auteurs qui en ont parlé, je répondrai à ce qu'ils en ont avancé.

I

Ceux qui parlent du *Cymbalum mundi* le nomment presque tous un *livre détestable* [2], *un livre impie* [3], et *un livre qui mériteroit d'être jeté au feu avec son auteur* [4].

C'est une opinion si generalement reçue, qu'il semble qu'on ne puisse raisonnablement s'en éloigner. Je n'examinerai point ici si elle est bien ou mal fondée, et si ceux qui ont parlé si désavantageusement de cet ouvrage ont appuyé le jugement qu'ils en ont porté sur des preuves telles qu'il en falloit pour prononcer sur une affaire de cette nature. C'est ce que nous verrons en son lieu. J'ajouterai seulement ici qu'ils l'ont tellement décrié, qu'il n'y a personne qui ne le croie rempli de libertinage et d'a-

---

[1] Vers l'an 1538.

[2] Henri Estienne, *Apol. pour Hérodote*, édit. sur les Halles, 1607, in-8, p. 249 et 332. La Croix Du Maine, *Bibliothèque françoise*, p. 36. Chassanion, *Histoires memorables des Punitions étranges*, p. 170. L'exemplaire du *Cymbalum mundi* qui est à la Bibliothèque du Roi. Spizelii, *Scrutinium Atheismi*, p. 56, et *Felix Litteratus*, p. 124.

[3] La Croix Du Maine, *Bibliot. franç.*, p. 36. Catherinot, *l'Art d'imprimer*, p. 8. Bayle, *Diction. critique*, édit. de 1702, p. 2380.

[4] Estienne Pasquier, *Lettres*, t. I, in-8, p. 493.

théisme, et, en un mot, aussi pernicieux qu'auroit pu l'être le fameux livre de *Tribus Impostoribus*, s'il avoit jamais existé.

L'auteur du *Cymbalum mundi* est Bonaventure Des Periers, natif de Bar-sur-Aube en Bourgogne [1], valet de chambre de Marguerite de Valois, reine de Navarre, et sœur de François Ier [2].

On a de lui quelques autres ouvrages en prose et en vers, savoir :

L'*Andrienne*, de Térence, traduit en vers, imprimée à Lyon [3].

Le *Cantique de Moïse* (trad. en françois), imprimé avec les Psalmes traduits par Jean Poictevin [4].

Un Recueil de ses Œuvres, imprimé à Lyon, chez Jean de Tournes, en 1544 [5].

Les *Nouvelles Recreations et Joyeux Devis*, impr. à Lyon, chez Robert Granjon, Lettre françoise, en 1558, in-8, et à Paris, chez Galliot du Pré, en 1564, in-16 [6].

Et une *Apologie pour Marot absent contre Sagon* [7], imprimée à Lyon, par Pierre de Sainte-Lucie [8].

Je n'ai rien trouvé de la vie de cet auteur, si ce n'est qu'il périt miserablement et qu'il se tua d'un coup d'épée au travers du corps [9]. On n'est pas certain du temps auquel cet accident est arrivé. Ce qu'on peut dire de

---

[1] Ou de l'Ambrunois, selon Allard, *Bibliothèque du Dauphiné*, p. 172.

[2] Henri Estienne, *Apol. pour Hérodote*, p. 249, 332. La Croix Du Maine, *Bibliot. franç.*, p. 36. Ant. du Verdier, *Bibliot. franç.*, p. 130. Est. Pasquier, *Lettres*, t. 1, p. 493. Catherinot, *l'Art d'imprimer*, p. 8. Bayle, *Diction. critique*, p. 2380. L'exempl. de la Bibliot. du Roi.

[3] La Croix Du Maine, *Bibliot. franç.*, p. 36. Bayle, *Diction. critiq.*, p. 2380.

[4] Du Verdier, *Biblioth. franç.*, p. 131.

[5] Du Verdier, *Biblioth. franç.*, p. 131, où il fait une énumération de toutes les Pièces qui y sont. Bayle, *Diction. critiq.*, p. 2380. Ce Recueil, dont se souvient M. Bayle, est un in-8. Il fut publié par Antoine Du Moulin, ami de Des Periers, auquel il adresse quelques-unes de ses Pièces. Outres ses *Poésies françoises*, il y a dans ce Recueil une traduction du *Lysis* de Platon, avec quelques autres pièces en prose. Il paraît, par un Avis au Lecteur joint à ce Recueil, qu'on avait retrouvé depuis l'impression de son Livre plusieurs autres pièces de sa façon, qu'on promettait de donner dans une seconde édition; mais on n'a pas de connaissance qu'elles aient été imprimées.

[6] La Croix Du Maine, *Bibliot. franç.*, p. 36. Du Verdier, *Bibliot. franç.*, p. 131. Bayle, *Diction. Critiq.*, p. 2380. C'est un Recueil de Contes et de Facéties, qui, selon Pasquier, *Lettres*, t. 1, p. 493, n'est pas moins recommandable que les Facéties latines du *Pogge* Florentin. On l'a encore imprimé diverses fois à Paris, à Lyon, à Rouen, etc.

[7] Allard, *Bibliothèque du Dauphiné*, p. 172. Bayle, *Diction. critique*, p. 2380.

[8] Du Verdier, *Biblioth. franç.*, p. 131.

[9] Henri Estienne, *Apol. pour Hérodote*, p. 249, 332. La Croix Du Maine, *Biblioth. franç.*, p. 37. Chassanion, *Hist. mémor. des l'unit.ons étranges*, p. 170. Catherinot, *l'Art d'imprimer*, p. 8. Bayle, *Diction. critiq.*, p. 2380. L'exemplaire de la Bibliothèque du Roi.

NOTICE

plus assuré là-dessus est qu'il vivoit encore en 1539, comme il paroît par la relation qu'il a écrite en vers d'un voyage que la Cour fit de Lyon à Notre-Dame-de-l'Isle, le 15 mai 1539 [1], et qu'il étoit mort en 1544, le premier jour d'août, lorsqu'Antoine Du Moulin, son ami, dédia à la Reine de Navarre le *Recueil des Œuvres*, qu'il faisoit imprimer à Lyon [2].

Il y a tout lieu de douter si le *Cymbalum mundi* a été composé en latin ou en françois par Des Periers. L'on est assez partagé sur ce point [3]; quelques-uns veulent même qu'il n'en soit pas l'auteur et soutiennent qu'il n'en a fait que la traduction [4].

Quelques recherches que j'aie faites pour le trouver en latin, je n'ai pu y réussir; et de tous ceux à qui j'en ai parlé, il ne s'est trouvé qu'une seule personne qui m'ait dit l'avoir vu et même l'avoir en sa possession. Mais ce témoignage m'est fort suspect; car, outre que l'homme dont je le tiens m'a plusieurs fois avancé des anecdotes qui ne se sont pas trouvées véritables, un de mes amis, que j'avois prié de le voir et de le presser de lui montrer ce livre, m'a rapporté qu'il s'en étoit excusé sur ce que *c'étoit un manuscrit si vieux et si mal écrit, qu'il étoit presque impossible d'y rien connoître*. Cette mauvaise défaite me persuade que c'est mal à propos qu'il s'est vanté de posséder cet ouvrage; et comme je ne doute point que cette Lettre ne vienne à sa connoissance, il est de son intérêt de nous désabuser en donnant ce rare trésor au public.

Ce qu'il y a de certain, c'est qu'on trouve cet ouvrage en françois, avec le titre latin de *Cymbalum mundi*, mots que La Croix Du Maine a rendus en françois par ceux de *Clochette du monde* [5].

Il seroit assez difficile de rendre raison pourquoi l'auteur a donné ce titre à son ouvrage, et encore plus pourquoi l'on trouve un titre latin à la tête d'un livre françois. Peut-être l'auteur manquoit-il d'expressions françoises assez énergiques pour faire sentir aussi fortement qu'il l'auroit souhaité que le but de son ouvrage n'étoit que de se moquer indifférem-

---

[1] *Recueil des Œuvres* de Bonav. Des Periers, imprimé à Lyon, en 1544, in-8, p. 52.

[2] Ibid., *Epître dédic.* d'Antoine Du Moulin à la Reine de Navarre, où il parle ainsi : « Mort implacable l'a surpris au cours de sa bonne intention, lorsqu'il estoit après à dresser et mettre en ordre ses compositions, pour vous les offrir, luy vivant. »

[3] La Croix Du Maine dit qu'il le composa en latin, et qu'ensuite il le traduisit en françois; *Biblioth. franç.*, p. 36. Antoine du Verdier dit qu'il le traduisit en françois, *Biblioth. franç.*, p. 1177. Le Père Mersenne est dans le même sentiment, *Quest. in Genes.*, p. 669, citées par Voetius, *Disput. selectar.* t. I, p. 199.

[4] Mersenni, *Quest. in Genes.*, p. 669, citées par Voetius, *Disput. selectar.* t. I, p. 199. Spizelii, *Scrutinium atheismi*, p. 56, et *Felix litteratus*, p. 121.

[5] La Croix Du Maine, *Biblioth. françoise*, p. 37.

ment de tout le monde, et qu'il a eu recours au latin pour exprimer par les mots de *Cymbalum mundi* ce que nous exprimerions très-bien en françois par la *Tympanisation du monde*, si l'on pouvoit se servir de cette manière de parler.

Ce titre est suivi d'une espèce de préface ou d'épitre dédicatoire de Thomas Du Clevier *à son Ami* Pierre Tryocan. C'est un nom supposé sous lequel l'auteur a voulu se cacher. Il dit, dans cette préface, qu'*il s'acquitte de la promesse* qu'il avoit faite à son ami *de lui rendre en langaige françois le petit traité intitulé* Cymbalum mundi, *contenant quatre dialogues poétiques*[1]. Cela est précis et semble dire assez distinctement que c'est une traduction. Mais, à mon sens, ce pouvoit être une adresse de l'auteur pour mieux se déguiser, ce qui n'est pas sans exemple; et la *vieille librairie d'ung* je ne sais quel *monastère, qui est auprès de la sité de Dabas*[2], dans laquelle il dit avoir trouvé cet ouvrage, me porte facilement à croire.

Il rend compte ensuite à son ami de la manière dont il a traduit cet ouvrage, l'avertissant qu'il ne s'est point assujetti à le rendre servilement mot à mot, mais qu'il a substitué les manières de parler de son temps aux phrases latines qui étoient dans l'original, et qu'il en a usé de même à l'égard des *Chansons* que l'on verra dans le troisième Dialogue. *Il y avoit au texte*, dit-il[3], *certains vers lyriques d'amourettes, au lieu desquels j'ai mieulx aimé mettre des chansons de nostre temps*. Parmi ces Chansons celle qui commence ainsi : *Pourtant que je suis jeunette, etc.*, est, selon toutes les apparences, une imitation, ou, si l'on aime mieux, une parodie de la trente-sixième chanson de Clément Marot[4]; et l'on pourroit conjecturer de là, ce me semble, avec beaucoup de vraisemblance, que c'est encore une précaution et une adresse de l'auteur pour dépaîser ses lecteurs, et que son ouvrage est une composition françoise postérieure aux productions de Marot. L'on peut du moins très-certainement prouver, par le *Carquan de pierreries* des *Cent Nouvelles nouvelles*, qui est cité dans le troisième Dialogue de cet ouvrage, qu'il n'est pas beaucoup plus ancien que ce poëte. En effet, la citation des *Cent Nouvelles nouvelles*, qui ne parurent en public que l'année 1455, si l'on en peut croire la préface[5] jointe

---

[1] Préface du *Cymbalum mundi*.
[2] Ibid.
[3] Ibid.
[4] Œuvres de Clément Marot, La Haye, 1702, t. I, p. 515.

> Pourtant si je suis brunette,
> Ami, n'en prenez esmoy,
> Autant suis ferme et jeunette,
> Qu'une plus blanche que moy, etc.

[5] *Cent Nouvelles nouvelles*, Cologne, 1701. Préface.

à leur dernière édition, bien loin de me convaincre de la *grande antiquité* dont fait parade le titre de l'ouvrage dans lequel on les cite [1] ; cette citation, dis-je, ne sert qu'à me confirmer dans l'opinion où je suis, que cet ouvrage est non-seulement nouveau, mais même composé en françois. C'est ce que je trouve encore appuié par ce que l'auteur ajoute dans sa *Préface à son Ami*. Il lui recommande surtout *de ne bailler aulcune copie* de son ouvrage à qui que ce soit, *à celle fin que de main en main il ne vienne en celles de ceux qui se meslent du fait de l'imprimerie* [2]. La raison qu'il en apporte est que l'imprimerie est devenue trop commune, et que *ce qui est imprimé n'a point tant de grace et est moins estimé que s'il demouroit en sa simple escripture* [3]. Une précaution si extraordinaire et si peu naturelle aux auteurs, qui ne sont que trop curieux de publier leurs productions, ne me confirme pas peu dans le sentiment où je suis que cet ouvrage est une composition françoise. Car, comme je suis persuadé que la prière qu'il faisoit à son ami n'étoit pas serieuse, et que je ne doute point qu'une trop exacte condescendance de sa part ne l'eût extrêmement mortifié; de même je suis porté à croire que la traduction dont il parle n'est qu'un artifice pour éblouir ses lecteurs et pour leur donner à deviner.

Quoi qu'il en soit, cette précaution n'a pas empêché qu'on n'ait imprimé son livre, et même plus d'une fois. La Croix Du Maine dit qu'il le fut à Paris en 1537 [4], ce qui est confirmé par une *Requête* [5] présentée à M. le chancelier par Jean Morin, libraire à Paris, emprisonné pour avoir imprimé ce livre avec son nom et sa marque (c'est de quoi j'aurai à vous entretenir dans la suite de cette Lettre); et l'édition dont je me suis servi est la même que Du Verdier a citée dans sa *Bibliothèque franç.*, p. 1177. C'est un petit in-8, imprimé en caractères demi-gothiques, à Lyon, en 1538 [6], avec ce titre · « *Cymbalum mundi*, en françoys, contenant quatre dialogues poëtiques, fort antiques, joyeux et facetieux. MDXXXVIII. » A la fin du présent livre, on lit : « Fin du présent livre intitulé *Cymbalum mundi*, en

---

[1] Voyez le titre du *Cymbalum mundi*, où l'on dit que ce sont *IV Dialogues fort antiques*.
[2] Préface du *Cymbalum mundi*.
[3] *Ibid.*
[4] La Croix Du Maine, *Bibliothèque françoise*, p. 37.
[5] Cette *Requête* se trouve manuscrite de la main de M. Du Puy, dit-on, à la fin de l'exemplaire du *Cymbalum mundi*, de la Bibliothèque du Roi.
[6] M. Placcius dit que le *Cymbalum mundi* fut encore imprimé en 1582, et il cite pour son garant « *Scrutinium Atheismi* de Spizelius, p. 56, où cependant il ne dit rien de semblable. Il se trompe certainement ; car tous ceux qui ont parlé de ce livre ne font aucune mention de cette édition, de laquelle d'ailleurs il ne marque ni le lieu ni la forme. Voyez son *Theatrum Anonymorum et Pseudonymorum*, p. 105 de l'édition de Hambourg, en 1708, in-folio.

françoys, imprimé nouvellement à Lyon, par Benoist Bouyn, imprimeur, demourant audit lieu, en la rue de Paradis. MDXXXVIII. »

II

Le corps de cet ouvrage est composé de quatre Dialogues. Dans le premier [1], Mercure, chargé par les dieux de différentes commissions, dont il fait le dénombrement, descend du ciel à Athènes pour y faire relier un livre de la part de Jupiter. Il est aperçu par deux hommes prêts à entrer dans le cabaret du Charbon blanc. Mercure, qu'ils feignent de ne pas connoitre, les y vient joindre, et, comme ils lui voient un paquet, ils font complot de le voler, disant que ce sera pour eux une grande gloire de dérober l'auteur de tous les larcins. Pendant qu'on est allé tirer du vin, Mercure s'écarte d'eux pour voler quelque chose dans la maison. Cependant ils délient son paquet, dans lequel ils prennent le livre qu'il apportoit et en remettent un autre à sa place. Après l'avoir ouvert avec impatience, ils le reconnoissent, au titre suivant, pour le livre des Destinées :

> Quæ in hoc libro continentur :
> Chronica rerum memorabilium quas
> Jupiter gessit antequam esset ipse.
> Fatorum præscriptum : sive eorum quæ futura sunt, certæ dispositiones.
> Catalogus Heroum immortalium, qui cum Jove vitam victuri sunt sempiternam.

Mercure, de retour, boit avec eux, et, sur ce qu'il leur dit qu'il trouve le vin aussi excellent que le *Nectar de Jupiter*, ils l'accusent de blasphème. Pour se justifier, Mercure leur dit qu'il a bu des deux ; ce qui les irrite encore davantage. Ils le chassent du cabaret, en le menaçant de le faire arrêter et lui donnant à entendre qu'ils lui ont vu dérober quelque chose. Mercure, qui craint d'être surpris avec une petite image d'argent dont il s'étoit emparé, paie l'hôtesse, avec laquelle il entre en dispute sur une grâce qu'il veut lui faire et qu'elle refuse ; après quoi il sort, résolu d'effacer du livre de Jupiter les noms des deux Athéniens, et les menaçant en lui-même de les recommander à Caron, pour les faire attendre trois mille ans sur le rivage de l'Acheron. Les deux Athéniens restent fort contens de son départ et du livre qu'ils lui ont volé, et ils raisonnent entre eux de la punition que pourroit faire Jupiter d'un semblable larcin

Le second Dialogue est une raillerie des *Chymistes*, c'est-à-dire de ceux qui cherchent la *Pierre philosophale* [2]. Mercure, averti par Trigabus de

---
[1] *Cymbalum mundi*, dialog. I.
[2] *Ibid.*, dialog. II.

l'occupation où se trouvoient les philosophes, depuis le jour qu'importuné par eux pour avoir la Pierre philosophale qu'il leur avoit montrée, il l'avoit mise en pièces et l'avoit jettée dans l'Arène du Théatre, s'y transporte avec lui sous la figure d'un vieillard. Il s'entretient avec les philosophes sur les prétendues parties de la Pierre qu'ils croient avoir trouvées et sur les vertus qu'ils leur attribuent. Après les avoir longtemps raillés sur leur crédulité, il se retire et les laisse dans leur occupation et dans leur égarement.

Dans le troisième Dialogue[1], Mercure, ayant reconnu qu'on lui avoit dérobé le livre des Destinées, redescend du ciel à Athènes pour le faire crier. Il s'étonne de ce que Jupiter ne foudroie pas le monde pour punition de ce vol, vû qu'il le méritoit mieux que le déluge qu'il envoya du temps de Lycaon; les mortels lui ayant non-seulement dérobé son livre, mais en ayant encore, comme pour se moquer de lui, mis un autre à la place, dans lequel étoient contenues toutes ses amourettes et tous ses tours de jeunesse. Il examine ensuite les diverses commissions qu'on lui avoit données, et, voyant passer Cupidon, il s'entretient avec lui et lui demande des nouvelles du livre de Jupiter. Cupidon lui apprend qu'il est entre les mains de deux compagnons qui s'en servent à dire la bonne avanture et qui devinent l'avenir aussi bien que fit jamais Tiresias. Après cela, Mercure, voulant reporter quelques nouvelles au ciel et n'en ayant point, fait parler un cheval, qui reproche, en présence de beaucoup de monde, à celui qui étoit chargé de le gouverner, sa dureté, son avarice et son peu de soin.

Le quatrième Dialogue est entre deux chiens[2]. Ces chiens, qui avoient autrefois appartenu à Actéon, lui ayant mangé la langue, lorsqu'il fut métamorphosé en Cerf par Diane, en avoient obtenu la faculté de parler. Ils s'entretiennent de diverses choses et particulièrement de la différence qu'il y a entre la vie publique et la vie privée, et de la sotte curiosité des hommes pour les choses nouvelles et extraordinaires.

III

Voilà en abrégé tout ce que contient le *Cymbalum mundi*, et j'avoue que je n'y découvre nullement cette *impieté* et *cet atheïsme*, pour lesquels *il mériteroit d'être jeté au feu avec son auteur.*

Je ne sais sur quel fondement on peut avoir formé contre ce livre une accusation si odieuse. Il n'y a nulle apparence que ce soit parce que la fable y est traitée avec assez de liberté. Car, par la même raison, de tous

[1] *Cymbalum mundi*, dialog. III.
[2] *Ibid.*, dialog. IV.

les auteurs qui l'ont employée, il n'y en auroit aucun qui fût exempt du même crime; et c'est ce que personne ne s'est encore mis dans l'imagination. On ne s'est point encore avisé, par exemple, d'accuser d'impiété la *Gigantomachie*, de Scarron[1], quoiqu'il y fasse parler aux dieux le langage des halles. Sorel n'a jamais passé pour athée, quoiqu'il soit auteur du *Berger extravagant*[2], dans lequel il tourne en ridicule toute la Fable et toutes les divinités payennes. Et jusques à présent, l'on n'a point encore condamné au feu les *Comédies* qui se sont jouées à Paris sur le *Théâtre-Italien*, dans la plupart desquelles on expose à la risée de tout le monde ce qui paroît de plus respectable dans la théologie payenne, et dans laquelle Jupiter même est traité avec le dernier mépris[3]. D'ailleurs, si après les auteurs dont je viens de parler, il m'est encore permis de citer ici les Pères de l'Église, ne seroient-ils pas presque tous sujets aux mêmes reproches, eux qui, s'abandonnant presque toujours sans aucune réserve à la véhémence et à l'impétuosité de leur zèle, ont raillé si amèrement toutes les divinités du paganisme, et qui ont traité toute la Fable des anciens d'une manière si dure et si impitoyable?

Je ne vois qu'un prétexte auquel on peut avoir recours pour crier si fort contre le livre dont nous parlons. C'est de nous faire entendre que, sous le voile des divinités payennes, son auteur se soit efforcé d'anéantir absolument le premier Être, et de tourner en ridicule tout ce que l'on croit de la religion; et c'est là le parti qu'a pris le Père Mersenne, Minime, dans ses *Questions sur la Genèse*[4], où il se souvient de cet ouvrage. Mais c'est une accusation vague qui tombe d'elle-même. Car, outre qu'il n'en apporte aucune preuve sensible ni convaincante, c'est être, à mon avis, très-injuste, et choquer directement le principe de la charité, que de vouloir interpréter en un mauvais sens des choses qui d'elles-mêmes ne sont nullement mauvaises. En effet, d'où sait-on que l'intention de l'au-

---

[1] *Œuvres de Scarron*, édition d'Amsterdam, en 1704, t. II, p. 5, etc.

[2] Charles Sorel n'a composé son *Berger extravagant* que pour détourner les personnes de son temps de la lecture des *Romans*, à laquelle l'on étoit extraordinairement attaché pour lors, et qui produisoit de très-mauvais effets. C'est pour cela que, dans quelques éditions, il est intitulé l'*Anti-Roman*. L'endroit où la Fable est le moins épargnée dans cet ouvrage est une pièce du premier volume, intitulée le *Banquet des Dieux*, où il y a certainement du génie. Le second volume de cet ouvrage est de beaucoup inférieur au premier.

[3] Il y a dans le *Théâtre italien* quelques pièces, entre les autres, comme le *Mercure galant*, *Phaéton*, les *Souhaits*, etc., dans lesquelles toutes les divinités du paganisme sont turlupinées de la manière du monde la plus outrageante. Outre cela, il n'y a presque point de pièces dans tout le recueil, où elles ne reçoivent en passant quelques traits de satire.

[4] Mersenni *Quest. in Genes.*, p. 669, citées par Voetius, *Disput. selector.*, t. I, p. 199. Voyez ci-après, note 51.

teur ait été de parler contre la Divinité ? Que peut-on trouver dans son livre, qui prouve une accusation d'une telle conséquence ? Et enfin de quelles raisons se sert-on pour nous en convaincre ? N'est-il pas plutôt de l'équité de prendre en bonne part ce que dit un auteur, lorsque ses paroles sont susceptibles d'un bon tour ? N'est-il pas plus raisonnable de le recevoir dans le sens naturel qui se présente le premier à l'esprit, que d'y donner mal à propos des interprétations mystérieuses et forcées, auxquelles, selon toutes les apparences, il n'a jamais pensé ? Rien n'est plus faux, ni plus injuste, que ce principe ; et, je le répète encore, si l'on vouloit s'en servir pour examiner les ouvrages des Pères de l'Église, qui ont entrepris la défense du christianisme contre les payens, je pose en fait qu'il n'y en a aucun qu'on ne pût expliquer de la même manière, et où l'on ne trouvât, sous les noms de Jupiter ou de Mercure, les impiétés les plus horribles et les plus détestables. En effet, les payens en jugèrent ainsi. Ils traitèrent leurs auteurs *d'impies, d'athées, et d'ennemis de toute religion* : et ces traités, que nous regardons aujourd'hui, sinon comme des démonstrations achevées, mais du moins comme d'excellentes apologies de la religion chrétienne, n'étoient regardés par les payens, qui en jugeoient par cette belle règle, que comme des livres très-dangereux, et comme des ouvrages remplis d'athéisme et d'impiété.

On ne manquera pas de m'objecter que l'auteur de ce livre est mort misérablement, s'étant tué d'un coup d'épée au travers du corps. C'est une chose dont je conviens sur le témoignage des auteurs qui la rapportent, quoi qu'il y ait lieu de suspendre son jugement là dessus, et de ne rien précipiter. Antoine du Moulin, intime ami de Bonaventure Des Periers, et qui prit le soin de faire imprimer ses ouvrages après sa mort, ne parle pas ainsi de sa fin, dans l'épître dédicatoire qu'il fit de ce recueil à la Reine de Navarre. Il dit simplement que *Mort implacable l'a surpris au cours de sa bonne intention, lorsqu'il estoit après à dresser et mettre en ordre ses compositions, pour les luy offrir, luy vivant* [1]. On pourroit conjecturer de là que Des Periers n'est peut-être pas mort comme on l'avance ; mais c'est ce que je n'examinerai pas davantage : me contentant de dire que, quand bien même il auroit eu un pareil sort, cela ne conclut rien pour l'impiété de son ouvrage. En effet, en devient-il plus ou moins mauvais ? Ce seroit penser plaisamment, que de prétendre que la mort d'un homme influât sur ses actions passées. Mais, sans m'arrêter à cette pensée, tous les athées meurent-ils, malheureusement par une nécessité indispensable ? Et n'y a-t-il que les impies qui finissent leur vie d'une manière misérable et tragique ?

Je ne me suis point chargé de faire ici l'apologie de Des Periers, quoi-

---

[1] *Œuvres* de Des Periers, ép. dédic. à la Reine de Navarre.

qu'on pût tirer de ses œuvres, parmi lesquelles il y a plusieurs pièces de piété [1], quelques préjugés favorables à sa mémoire, capables de contrebalancer l'accusation que l'on forme contre lui. Il se peut faire qu'il fust un *fripon d'une impiété achevée*, comme le dit le Père Mersenne [2]: *qu'il fust athée, et indigne de porter le nom d'homme*, comme le dit M. De l'Estoille [3]; et qu'il fust digne *d'être jeté au feu*, comme le dit Pasquier [4] : c'est dequoi je n'ai aucune certitude. Mais je soutiens qu'on ne sauroit le prouver par son livre. Tous ceux qui en parlent comme d'un ouvrage *impie* et *détestable* n'en parlent ainsi que parce qu'ils ne l'ont point vu, comme la plupart en conviennent. Pas un d'eux ne donne aucune raison du jugement qu'il en porte; et ce qu'ils en disent tous n'est absolument fondé que sur un bruit commun. C'est ce qu'il est facile de faire voir, en les examinant tour à tour.

1. Le premier auteur qui parle de Bonaventure Des Periers, et de son *Cymbalum mundi*, est Henri Estienne. Voici ce qu'il en dit dans son traité intitulé : *Introduction au Traité de la conformité des merveilles anciennes avec les modernes, ou Traité prépar. à l'apologie pour Hérodote*. Édition sur les Halles, en 1607, in-8, p. 249, chap. xviii, où il traite *des homicides, et de ceux qui se sont défaits*.

Je n'oublierai pas, dit-il, Bonaventure des Periers, *l'auteur du détestable livre intitulé* Cymbalum mundi, *qui, nonobstant la peine qu'on prenoit à le garder (à cause qu'on le voioit désespéré, et en délibération de se défaire), fut trouvé s'estant tellement enferré de son épée, sur laquelle il s'étoit jeté, l'ayant appuiée le pommeau contre terre, que la pointe, entrée par l'estomach, lui passoit par l'eschine*. Il répète la chose à peu près dans les mêmes termes, pag. 332, chap. xxvi, où il parle *des punitions étranges*.

Ce n'est point à dessein qu'Henri Estienne parle ici du *Cymbalum mundi*. On voit que son unique but est de rapporter la mort malheureuse de Des Periers, comme un exemple mémorable d'une fin tragique, ce qui s'accorde fort bien à son sujet principal, qui est *de ceux qui se sont défaits*. Mais il ne parle de son ouvrage qu'en passant. On objectera sans doute qu'il le nomme cependant *un livre détestable*. J'en conviens; et c'est en cela que je juge qu'il ne l'avoit jamais vu. Car, autrement, il lui

---

[1] Une traduction en vers françois du Cantique de la sainte Vierge, de celui du vieillard Siméon, et de la prose *Victimæ Paschalis*, etc. Œuvres de Des Periers, p. 90, 91 et 87. Voyez la *Bibliothèque de* Du Verdier, p. 131.
[2] Impiissimus nebulo. Mersenni *Quest. in Genes.*, p. 669, citées par Voetius, *Disput. selectarum*, t. I, p. 199. Bayle, *Dict. critique*, p. 2581.
[3] L'exemplaire de la Bibliothèque du Roi.
[4] Estienne Pasquier, *Lettres*, t. I, p. 193.

auroit sans doute rendu plus de justice; surtout le livre, dans lequel il en parle contenant des choses sans comparaison moins pardonnables que celles qui sont dans le *Cymbalum mundi*.

Au reste, je ne sais pourquoi M. Bayle, après avoir dit qu'*il trouve que les protestans ne sont pas moins en colère contre le* Cymbalum mundi *que les catholiques*, cite là-dessus La Croix Du Maine et Henri Estienne [1].

La Croix Du Maine n'étoit certainement pas protestant, comme il est aisé de le remarquer en divers endroits de sa *Bibliothèque* [2]; et le témoignage du seul Henri Estienne ne suffisoit pas pour parler si généralement de la colère des protestans contre ce livre.

II. François Grudé, sieur de La Croix du Maine, auteur d'une *Bibliothèque des Écrivains de France*, parle ainsi de Bonaventure Des Periers : *Il est auteur*, dit-il [3], *d'un livre détestable et rempli d'impiété, intitulé* Cymbalum mundi, *ou* Clochette du monde, *escript premièrement en latin par icelui Des Periers, et depuis traduit par lui mesme en françois, sous le nom de Thomas Du Clevier, imprimé à Paris l'an* 1537.

Je ne sais si le *Cymbalum mundi* a été imprimé à Paris en 1537, comme l'insinue ici La Croix Du Maine; mais il y a lieu de croire qu'il ne l'a jamais vu, non plus qu'Henri Estienne, puisqu'il ne nous apprend, non plus que lui, rien de particulier de ce livre et qu'il ne nous indique aucune de ces *impiétés* dont il prétend qu'il est rempli.

On croira plus volontiers qu'il n'en a parlé que sur le bruit commun, lorsqu'on saura combien il s'est trompé en d'autres choses sur le chapitre de Des Periers. Il ôte mal à propos à cet auteur ses *Nouvelles Recreations*, pour les donner à Jacques Pelletier et à Nicolas Denisot [4]. Pasquier réfute cela dans ses Lettres, où il rapporte qu'*il estoit l'un des plus grands amis de Pelletier, lequel deploioit volontiers dans son sein l'escrein de ses pensées. Je sais*, continue-t-il, *les livres qu'il m'a dit avoir faits. Il ne m'a jamais parlé de cetui. Il estoit vraiment poète et fort jaloux de son nom, et vous assure qu'il ne me l'eust pas caché* [5]...

Si La Croix Du Maine s'est ainsi trompé sur les *Recreations* de Des Periers, livre commun pour lors et imprimé en plusieurs endroits, il n'est pas surprenant qu'il se soit égaré en parlant, sur le bruit commun, du *Cymbalum mundi*, qui étoit un livre rare et connu de très peu de per-

---

[1] Bayle, *Diction. critique*, p. 2581.
[2] Et entre autres en celui-ci : parlant de Jean Morel, libraire à Paris, il dit qu'*il fut brulé à Paris pour son hérésie*. Biblioth. françoise, p. 251. Ce qu'un protestant n'auroit pas assurément exprimé de cette sorte.
[3] *Biblioth. franç.*, p. 56 et 57.
[4] *Ibid.*, p. 56.
[5] Pasquier, *Lettres*, t. I, p. 495.

sonnes. Ainsi le témoignage qu'il rend de l'impiété de cet ouvrage ne doit pas être d'une grande autorité.

III. Le troisième auteur qui ait fait mention du *Cymbalum mundi* est Antoine Du Verdier, sieur De Vauprivas, auteur d'une *Bibliothèque françoise*, de même que La Croix Du Maine, et connu dans la république des lettres par plusieurs autres ouvrages qu'il a mis au jour.

On doit dire à sa louange qu'il n'en a parlé qu'après l'avoir lu ; que c'est celui qui en a parlé avec plus de jugement, et qu'il est le seul qui lui ait rendu justice. Après en avoir exactement rapporté le titre, avec le lieu de l'impression et le nom de l'imprimeur qui l'a publié, il s'en explique ainsi : *Je n'ay trouvé*, dit-il[1], *autre chose en ce livre, qui mérite d'avoir été plus censuré que la Métamorphose d'Ovide, les Dialogues de Lucian et les livres de folastre argument et de fictions fabuleuses*. Il en fait ensuite une espèce d'analyse que je trouve trop longue pour l'insérer ici. On la peut voir dans l'auteur même ou dans le *Dictionnaire critique* de M. Bayle, qui n'avoit jamais vu le *Cymbalum mundi*, lorsqu'il publia la seconde édition de son *Dictionnaire critique*[2], et qui y a inséré cette analyse[3], à la fin de laquelle il reconnoist que Du Verdier *n'a trouvé aucun venin dans cet ouvrage*[4].

Il est étonnant qu'après un semblable aveu, cet illustre critique n'ait pas été plus équitable à l'égard de Des Periers, et qu'il l'ait mis au rang de ceux *qui n'ont point fait de difficulté de contenter leur humeur satyrique aux dépens de la vérité*[5].

IV. Dans le même temps que Du Verdier rendoit ainsi justice à Des Periers, Jean Chassanion, protestant de Monistrol en Velay, le traitoit avec moins d'équité. *Ce malheureux Bonaventure Des Periers*, dit-il[6], *auteur du détestable livre intitulé* Cymbalum mundi, *où il se mocque ouvertement de Dieu et de toute religion, tomba finalement en désespoir et se tua soi-même, maugré toutes ses gardes*. C'est ainsi qu'il en parle dans le livre intitulé *Histoires mémorables des grands et merveilleux jugemens et punitions de Dieu, avenus au monde, principalement sur les grands, à cause de leurs mesfaits contrevenans aux commandemens de la Loi de Dieu*. Ce livre est dedié à Jean Casimir, comte Palatin, duc de Bavière, et imprimé à Genève, pour Jean le Preux, en 1586, in-8.

Il ne faut pas réfléchir beaucoup pour reconnoître que Chassanion n'est

---

[1] Du Verdier, *Biblioth. franç.*, p. 1177.
[2] *Diction. critique*, édit. de 1702, p. 2580.
[3] *Ibid.*, p. 2581.
[4] *Ibid.*, p. 2581.
[5] *Ibid.*, p. 2581.
[6] *Hist. mémor.*, p. 170.

ici que le copiste d'Henri Estienne, et je n'ai besoin, pour prouver qu'il n'a jamais vu le *Cymbalum mundi*, que de ce qu'il dit lui-même que son auteur *s'y moque ouvertement de Dieu et de toute religion*[1].

V. Je mets ensuite Estienne Pasquier, auteur des *Recherches de la France*. Il ne dit que deux mots du *Cymbalum mundi* : *Du Perier*, dit-il[2], *a encore composé un autre livre, intitulé* Cymbalum mundi, *qui est un lucianisme qui mérite d'être jeté au feu avec son auteur, s'il étoit vivant*.

Pasquier étoit trop judicieux pour parler ainsi de ce livre, s'il avoit su ce qu'il contenoit. Il n'est si fort en colère que parce que, sur la foi d'autrui, il le croyoit rempli d'impiété, et son zèle seroit fort louable s'il n'étoit point trop outré. Mais, si on le lui eût fait lire, je ne doute point qu'il n'eût changé de sentiment, et, qu'en faveur de l'ouvrage il n'eût fait grâce à l'auteur, lui surtout qui approuvoit si fort ses *Nouvelles Recreations*[3], qui, selon moi, ne sont pas à beaucoup près si innocentes que son *Cymbalum mundi*.

VI. Le Pere Marin Mersenne, Minime, prend un autre tour que les auteurs dont je viens de rapporter les sentimens, pour accuser le *Cymbalum mundi* d'athéisme et d'impiété.

Bonaventure De Perez[4], dit-il[5], *étoit un monstre et un fripon d'une*

---

[1] Chassanion, *Histoires mémorables*, etc., p. 170.
[2] Estienne Pasquier, *Lettres*, t. I, p. 495.
[3] Voyez ci-dessus, p. xxx, la note 6.
[4] Il s'est trompé, il a voulu dire Des Periers.
[5] Marini Mersenni *Quæstiones in Genesim*, p. 669, citées par Gisbert Voetius, *Disputationum selectar.*, t. I, p. 199 : « Disputatione de atheismo. Bonaventura de Péres, monstrum, et impiissimus nebulo, quem plurimi atheum fuisse asserunt, atque in vitâ fuisse impiissimum, et morte periisse, non fuit autor *Cymbali mundi*; sed in gallicum illud transtulit, et sic edidit anno 1538. Ille liber constat quatuor dialogis, et plurimas fabulas de *Jove*, *Mercurio*, etc., complectitur, per quas fidem catholicam irridere, et ea quæ de Deo verissima esse dicimus et credimus, rejicere velle videtur. »

Ce passage, de même que tout ce que le Père Mersenne a dit du *Cymbalum mundi*, ne se trouve plus aujourd'hui dans la plupart des exemplaires de son ouvrage. On lit bien, dans les lettres C et A, de l'*Index* qui y est joint, ces mots : « Cymbalum mundi, Athei Bonaventura Cymbalum mundi, » renvoyant à la colonne 669. Mais ce renvoi est faux. Il n'y a dans cette colonne, ni dans les suivantes, rien de ce que promet l'*Index*.

Après avoir inutilement feuilleté plusieurs exemplaires de cet ouvrage, et même celui de la bibliothèque des Minimes de Paris, que je croyois trouver plus exact que les autres, j'ai enfin découvert que ce défaut vient de ce qu'on a mis deux cartons dans cet endroit. Le Père Mersenne y faisoit l'énumération des athées de son temps; il y parloit de leurs différens ouvrages, et il y rapportoit leurs sentimens et leurs dogmes. Ce qui se prouve clairement par ces paroles de son *Index* : « Athei plurimi enumerantur, 670, 671. Athei in Gallià, Germanià,

SUR BONAVENTURE DES PERIERS.

impiété achevée[1]; diverses personnes assurant que *c'estoit un athée, qui a mené la vie du monde la plus libertine et qu'il périt misérablement*. Il n'a pas composé le Cymbalum mundi, mais il le traduisit en françois et le mit ainsi au jour en 1538. Ce livre consiste en IV Dialogues et contient diverses fables de Jupiter, de Mercure, etc., sous le voile desquelles il semble vouloir se railler de la foi catholique et rejeter tout ce que nous disons et croyons comme très certain de la Divinité.

L'on a déjà répondu plus haut[2] à cette accusation, et M. Voetius y répond encore mieux, en disant qu'*on peut bien, sous le voile de la Fable, se moquer de la religion, afin d'avoir des échapatoires; mais* aussi que *l'on peut soutenir que ceux qui le prennent de la sorte sont des calomniateurs*[3].

En effet, c'est inutilement qu'on a recours à cette distinction, puisque ceux qu'on accuse sont toujours en état de dire qu'ils n'ont point eu d'autre intention que de se divertir de la Fable et des divinités des payens[4]. D'où je conclus que, quelque intention secrète qu'ait pu avoir Des Periers en composant son ouvrage, et que, quand bien même son dessein caché auroit été d'y attaquer directement le premier être et de s'y moquer avec assurance de toute religion, on ne peut pas néanmoins l'accuser raisonnable-

---

Scotiâ, Poloniâ, etc., 673. Atheorum dogmata horrenda, 675, » et par plusieurs autres qui renvoient inutilement au corps du livre.

On crut apparemment, lorsque le livre fut mis en lumière, que ces endroits pouvoient être de dangereuse conséquence, et il y a beaucoup d'apparence que c'est pour cela qu'on les lui fit retrancher, et qu'on l'obligea de mettre deux *cartons* en place, c'est-à-dire, depuis la colonne 669 jusqu'à la colonne 676 inclusivement. M. Voetius, qui rapporte en substance le sentiment, et même quelques-uns des propres termes du Père Mersenne, s'étoit servi d'un exemplaire où ces *cartons* n'étoient point insérés, et dans lequel on n'avoit rien retranché. Mais tous les autres qui ont cité depuis, et même M. Bayle, qui cite toujours avec beaucoup d'exactitude, ne l'ont fait que sur la foi d'autrui, et sans consulter l'ouvrage même; car autrement ils se seroient aperçus que ce qu'ils citoient n'étoit point dans le Père Mersenne, et sans doute ils en auroient averti les lecteurs. Il en faut cependant excepter Spizelius, qui dans un petit *avertissement*, qu'il a mis à la fin de son *Scrutinium atheismi*, dit du Commentaire du Père Mersenne *sur la Genèse*, qu'on y a beaucoup changé, depuis la colonne 666 jusqu'à 674, et qu'on en a retranché des choses qu'il appelle *notatu dignissima*. « Quo fine, *ajoute-t-il*, quo item autore, cuilibet prudentiori judicandum relinquo. »

[1] C'est ainsi que M. Bayle a traduit l'*impiissimus nebulo* du Père Mersenne.
[2] Pag. 22, 23, 24, etc.
[3] Gisb. Voetii, *Disputationum selectarum*, t. I, p. 199, cité par M. Bayle, *Diction. critique*, p. 2581.
[4] Voetii, *Disputationum selectarum*, t. I, p. 199, 200.

« Si quis pius metuat eos (*authores*) mysterium Trinitatis, et Redemptionis nostræ per sanguinem Christi, velle deridendum proponere; quomodo hoc evincet, cum promptum sit semper effugium, rideri tantum fabulas Gentilium. »

d

ment de libertinage ni d'athéisme, puisqu'il est constant qu'il n'y a rien dans son livre qui puisse servir, je ne dis à prouver, mais seulement à favoriser une telle accusation, et, qu'au contraire, tout ce qu'on y trouve est si nécessairement susceptible d'un bon tour, qu'on ne peut pas absolument le prendre en mauvaise part, à moins qu'on ne le torde et qu'on ne lui fasse une violence extrême [1].

VII. L'exemplaire du *Cymbalum mundi* dont je me suis servi est celui de la Bibliothèque du Roi, qui m'a été prêté par un ami à qui l'on avoit bien voulu le confier. Cet exemplaire, qui est imprimé à Lion en 1538, a appartenu à M. de L'Estoile. Je ne sais si c'est celui qui a été de l'*Académie françoise*, et qui nous a laissé l'*Intrigue des filoux*. Quoi qu'il en soit, ce M. de L'Estoille a écrit son nom en caractères rouges sur la première page de ce livre, avec cette note : *Bonaventure Des Periers, homme meschant et athée, comme il appert par ce détestable livre* [2].

Si celui qui a mis cette note à ce livre ne l'a fait qu'après l'avoir bien lû, il falloit qu'il eût des lumières bien vives et des talens bien particuliers pour reconnoître les athées ; car cela *n'appert* point, comme il le dit, pour la lecture du livre. Au-dessous de cette note, il y en a une seconde que voici : *Telle vie, telle fin, avéré par la mort de ce misérable, indigne de porter le nom d'homme*. Et, comme si cela ne suffisoit pas pour caractériser l'auteur, on voit encore ces mots écrits en rouge, au-dessus du premier Dialogue : *Dixit insipiens in corde suo : Non est Deus*. Ce qui convient aussi bien à ce livre que l'arbre qu'un peintre ignorant plaça dans le milieu de la mer convenoit au naufrage de Simonides, qu'il avoit entrepris de représenter [3].

VIII. Theophile Spizelius, auteur fort connu dans la république des lettres, par la quantité des ouvrages qu'il a mis au jour, s'est aussi souvent

---

[1] Il n'en est pas de même d'un mauvais libelle contre les derniers adversaires de M. Bayle, et particulièrement contre M. Le Clerc, qui parut en 1709, sous le titre de *Molière le critique*, et *Mercure aux prises avec les philosophes*. C'est une satyre allégorique sous les noms des dieux, de la plus mauvaise économie du monde, et dans laquelle il n'y a ni art ni génie. Son auteur y a imprudemment inséré plusieurs pensées, qu'on auroit beaucoup de peine à justifier entièrement d'impiété ; et entre autres celle-ci : *Jupiter, par un effet de sa miséricorde, a envoyé son fils, et a retiré par sa mort un grand nombre d'hommes de la mort éternelle*, p. 23, 45, etc. Je me garderai bien néanmoins de l'accuser d'impiété, et je me contenterai de le taxer d'imprudence, en ce que, n'ayant pas su soutenir le caractère allégorique qu'il avoit choisi, ses expressions sont devenues criminelles, sans qu'il s'en soit aperçu ; et sans comparaison beaucoup plus criminelles qu'aucune de celles du *Cymbalum mundi*, dont l'auteur n'a donné aucune prise sur lui par la manière dont il s'est exprimé.

[2] L'exemplaire de la Bibliothèque du Roi.

[3] Phædri *Fabul.*

du *Cymbalum mundi*, qu'il appelle *un très méchant* et *un exécrable livre*.

Il s'en explique ainsi dans son *Scrutinium atheismi*, imprimé à Ausbourg en 1663, in-8 : *Nequissimum illud* Mundi Cymbalum (dit-il [1]), *quod, latinè primo conscriptum, Bonaventura De Perez (quem teste Mersenno, p. 609, plurimi atheum fuisse asserunt) gallicè vertit. Quatuor ille liber constat dialogis, in quorum primo Mercurius, Byrphanes, Curtalius et Hospita; in secundo Trigabus, Mercurius, Rhetulus, Cubercus, et Drarig; in tertio Mercurius, Cupido, Celia, Phlegan*[2], *Statius et Ardelius*[3]; *in quarto de nique duo canes colloquentes, Hylactor et Pamphagus, introducuntur. Quibus plurimas de Mercurio, Jove,* etc., *fabulas complectitur author, per quas fidem christianam irridere, et ea quæ de Deo verissima esse dicimus et credimus, rejicere velle videtur*[4]. *Hinc non defuerunt, qui initio libri illius hæc verba scripserint :* Dixit insipiens in corde suo : Non est Deus[5].

Il répète à peu près la même chose dans son *Felix litteratus*[6], où il parle ainsi : *Execrabile insuper* Mundi (*ità dictum*) Cymbalum, *quod latinè primo conscriptum Bonaventura De Perez gallicè vertit, quatuor constans dialogis, quorum argumenta recensuimus alibi*[7].

Comme Spizelius ne forme point dans tout ce Discours de nouvelle accusation contre le *Cymbalum Mundi*, dont il ne dit rien de particulier que ce qu'il a pris dans le commentaire du P. Mersenne, dont il paroît entièrement adopter le sentiment, je n'ai point de réponse particulière à lui faire; celle que j'ai faite à ce Père dans l'article 6 de cette troisième Partie servant également pour l'un et l'autre.

IX. Ceux qui ont travaillé à l'augmentation du *Dictionnaire historique* sous le nom de Morery copient simplement au mot DES PERIERS ce qu'avoit dit avant eux La Croix Du Maine; ainsi il n'y a rien à leur répondre.

X. M. Nicolas Catherinot, conseiller au présidial de Bourges, dans un petit traité intitulé *l'Art d'imprimer*, publié à Bourges en 1685, in-4, rapportant les utilités et les abus de l'imprimerie, parle ainsi du *Cymbalum Mundi* : *Mais*, dit-il[8], *les abus de l'imprimerie sont grands, comme quand*

---

[1] Spizelii, *Scrutinium atheismi ætiologicum*. Augustæ Vindeli cor. Jo. Prætorius, 1663, in-8, p. 56, § 14.
[2] Phlegon.
[3] Ardelio.
[4] Paroles prises dans le P. Mersenne, ou dans M. Voetius, excepté le mot *Christianam*, au lieu duquel ils lisent *Catholicam*.
[5] On en vient de voir un exemple dans l'article précédent.
[6] Spizelii, *Felix litteratus, seu Commentationes de Vitiis litteratorum*. Augustæ Vindelicorum, Theophil. Gœbelius, 1676, in-8, p. 124.
[7] Dans son *Scrutinium atheismi*, p. 56. C'est le passage qui précède celui-ci.
[8] *L'Art d'imprimer*, p. 8.

on imprime des ouvrages contre l'Église, comme ces deux livres impies que je n'ai jamais vus et que je ne desire point voir, l'un de Tribus impostoribus, l'autre, Cymbalum Mundi. Ce dernier est de Bonaventure Des Periers, officier de Marguerite de Valois, duchesse de Berri, lequel périt misérablement.

Je ne crois pas qu'on puisse raisonner plus pitoyablement. En effet, condanner un livre comme impie, lorsque, dans le même temps, l'on convient qu'on ne l'a jamais vu, n'est-ce pas donner une marque de petit jugement? Mais s'obstiner à condamner ce livre et protester qu'on ne veut point le voir, ni se désabuser de ce qu'on en croit, c'est être, à mon gré, non-seulement sans jugement, mais encore sans droiture et sans équité, et ne vouloir se soumettre qu'à ses propres fantaisies.

Je ne suis plus surpris, après cela, que cet homme ait si bien apprêté à rire à M. Baillet, qui ne l'épargne pas sur un *Catalogue de ses ouvrages*, dans lequel on remarque une ostentation ridicule et une vanité inexcusable [1].

XI. M. George-Daniel Morhofius se souvient en passant du *Cymbalum mundi*, dans l'excellent traité qu'il publia, en 1688, sous le titre de *Polyhistor*. Voici comme il en parle dans le chap. VIII de cet ouvrage, où il dit ce qu'il pense des *livres impies* [2] : *Il y a plusieurs autres livres en ce genre, comme l'*Art de ne rien croire, *attribué à* Geoffroi Vallée, *dont parle* Voetius *dans sa* Dispute sur l'athéisme, *et un autre, intitulé* Cymbalum mundi, *dont se souvient le même* Voetius, *qui nomme son auteur* Bonaventure Des Periers. Henri Estienne, *dans son* Traité préparatoire à l'Apol. pour Hérodote, *et le* Père Mersenne, *qui le nomme* De Perez *dans son* Comment. sur la Genèse, *s'en souviennent aussi.* Je ne m'arrêterai point sur ce que dit ici M. Morhofius. On voit assez qu'il ne place le *Cymbalum mundi* parmi les *livres d'impiété* que sur le témoignage des auteurs qu'il cite, et qu'il ne dit rien de lui-même qui m'oblige à le réfuter.

XII. M. Bayle a fait, dans son *Dictionnaire critique*, un article exprès pour Bonaventure Des Periers; dans lequel il convient qu'il n'a jamais vu le *Cymbalum Mundi* [3].

Après avoir rapporté les sentimens de différens auteurs sur cet ouvrage, il pose pour règle qu'*il y a deux manières de se moquer des superstitions*,

---

[1] *Jugemens des Savans*, t. I. Préjugés sur les livres, p. 432.
[2] Morhofii *Polyhistor*. Lubecæ, 1688, in-4, p. 74. Hujus generis plures alii sunt libri: ut, *Ars nihil credendi*, qui adscribitur Gothofrido a Valle, cujus mentio fit apud Voetium, *Disput. de atheismo*: et alius cujus titulus *Cymbalum mundi*, cujus itidem mentionem facit Voetius, qui ejus authorem nuncupat Bonaventuram Des Periers; at etiam Henricus Stephanus in Tract. præparatorio ad *Apol. Herodot.* Mersennæs *Comment. in Genesin*, vocat eum De Perez, etc.
[3] Bayle, *Dictionn. critiq.*, p. 2580.

l'une très bonne, l'autre très mauvaise. Les Pères de l'Église, dit-il[1], *qui ont étalé tout le ridicule des fausses divinités, étoient très louables, parce qu'ils se proposoient d'ouvrir les yeux des payens et de confirmer les fidèles. Mais Lucien, qui s'est tant moqué des faux dieux du paganisme.., ne laisse pas d'être digne de détestation, parce qu'au lieu de faire cela par un bon motif, il n'a cherché qu'à contenter son humeur moqueuse et qu'à ouvrir la carrière à son stile satyrique, n'ayant point témoigné moins d'indifférence ou moins d'aversion pour la vérité que pour le mensonge.* Après avoir établi ce principe, il conclut ainsi : *Voilà deux modèles,* dit-il[2], *celui des Pères de l'Église et celui de Lucien. Rabelais doit être regardé comme un copiste de Lucien, et je pense qu'il faut dire la même chose de Bonaventure Des Periers.*

On ne peut nier que le principe que M. Bayle établit ici ne soit très excellent; mais on ne sauroit convenir que l'application qu'il en fait à Des Periers soit juste. On ne peut pas dire de lui qu'*il n'a cherché qu'à contenter son humeur moqueuse, et qu'à ouvrir la carrière à son stile satyrique,* ni qu'il *n'a point témoigné moins d'indifférence ou d'aversion pour la vérité que pour le mensonge.* On ne trouve rien dans son ouvrage à quoi cela puisse convenir, et M. Bayle ne lui est pas, comme on le voit, aussi favorable que l'équité le demandoit de lui. N'ayant point vu son ouvrage, il devoit du moins, ce me semble, suspendre son jugement et ne le pas condamner sur le témoignage d'autrui. Il est d'autant moins excusable en ceci, qu'il en avoit, comme je l'ai déjà dit, inséré l'analyse de Du Verdier dans son *Dictionnaire critique,* et qu'ensuite il avoit reconnu que le même Du Verdier *n'y trouvoit aucun venin*[3].

D'ailleurs, le parallèle qu'il fait de Des Periers avec Rabelais n'est pas juste. Car il s'en faut beaucoup que le *Cymbalum Mundi* ne ressente le libertinage, comme le ressentent les *Œuvres* de Rabelais.

Je conviens qu'il y a dans le *Cymbalum Mundi,* qui a été fait dans un temps où l'on s'exprimoit sans scrupule et sans répugnance sur toutes sortes de sujets, quelques libertés qui ne seroient pas excusables dans ce siècle, où l'on écrit avec plus de retenuë et plus de délicatesse. Mais on n'y remarque point cette quantité prodigieuse d'obscénités, ni cette profanation perpétuelle des passages de l'Écriture sainte, que l'on trouve continuellement dans les *Œuvres* de Rabelais, que l'on ne traite cependant point de *détestables* et que l'on ne *condamne point au feu.*

Jusqu'ici j'avois regardé les sentiments de M. Bayle comme des décisions littéraires desquelles on ne pouvoit pas raisonnablement s'éloigner, et la

---

[1] Bayle, *Dictionn. critiq.,* p. 2381.
[2] *Ibid.*
[3] *Ibid.*

réputation que s'est acquise cet illustre critique dans la république des lettres sembloit mériter cette déférence. Cependant, on voit qu'il est bon de le lire avec quelque précaution, et de semblables exemples d'inexactitude donnés par un homme de cette littérature doivent nous faire sentir avec combien de défiance nous devons lire les ouvrages faits par des auteurs d'un mérite médiocre.

XIII. Le dernier auteur qui ait parlé du *Cymbalum Mundi* et qui soit venu à ma connaissance est M. Burcard Gottelff Struve, qui a publié depuis quelques années plusieurs bons ouvrages de bibliographie. Voici ce qu'il en dit dans son livre intitulé *Introductio ad Notitiam Rei litterariæ*, réimprimé pour la seconde fois à *Jene*, chez *Bailliar*, en 1706, in-8, et augmenté considérablement : *Alius*, dit-il [1], *Bonaventura Des Periers, in numerum atheorum refertur, eo quod scripserit* Cymbalum Mundi, *quem librum impium et blasphemum latinâ linguâ primùm scriptum, dicit in Bibliothecâ francicâ Crucimanius* [2] *Parisiis impressum (fuisse anno)* 1537. *Bælius autem ex (Antonii Du) Verdier Vauprivas Bibliothecâ francicâ, p. 1177, contentorum hujus Cymbali recensionem exhibet, ex quâ videmus irrisorem illum esse paganismi, et forsan etiam aliquot in religione abusuum; licet Mersennus, apud Voetium Dissertationum de atheismo, volum. I, p. 200, velit, authorem eo ipso irridere quoque voluisse ipsi Veritati religionis christianæ. Librum non vidimus, quid sentiant alii exposuisse content*.

Comme M. Struve, bien loin de se déclarer contre le *Cymbalum mundi*, s'est contenté de rapporter les sentimens de quelques auteurs qui en avoient parlé, sans le vouloir condamner, ne l'ayant pas vu lui-même, je me contente aussi de transcrire ce qu'il en a dit, n'oubliant pas néanmoins de donner à son équité et à sa modération les louanges qui lui sont légitimement dues.

Après vous avoir exposé, Monsieur, les sentimens des différens auteurs qui ont parlé du *Cymbalum mundi*, il ne me reste plus qu'un mot à vous dire.

Comme on ne manqueroit pas d'objecter qu'il falloit bien que ce livre fût mauvais, puisqu'il fut supprimé, dès qu'il parut, et que le libraire qui s'en étoit chargé fut enfermé pour en avoir procuré l'impression, je suis bien aise de prévenir là dessus ce que l'on auroit à me dire.

On se sert, pour prouver ce fait, d'une *Requête* [3] présentée à M. le chancelier par Jean Morin, libraire à Paris, emprisonné pour avoir imprimé ou

---

[1] Struvii *Introd. ad Notit. Rei litterar.*, p. 455.
[2] La Croix du Maine.
[3] J'ai déjà dit plus haut (p. XIIX), que cette *Requête* se trouve manuscrite à la fin de l'exemplaire du *Cymbalum mundi* de la Bibliothèque du Roi.

fait imprimer le *Cymbalum mundi*. Cette *Requête* porte que Jean Morin, *pauvre jeune garçon libraire de Paris, par ignorance et sans aucun vouloir de mal faire, auroit imprimé un petit livret appelé* Cymbalum Mundi, *lequel livre seroit tombé en scandale et reprehension d'erreur ; à cause dequoi, le suppliant, pour ce qu'il l'a imprimé, auroit été mis en prison et y seroit détenu,* etc.[1]

Quoique cette *Requête* soit une pièce informe, sans date, sans signature, et sur laquelle on ne peut pas certainement s'assurer, je ne prétens pas néanmoins disputer sur ce point et je crois très aisément qu'on peut avoir supprimé le *Cymbalum mundi*. Je ne vois pas cependant quelle preuve on pourroit tirer de là de l'*athéisme* ou de l'*impiété* de cet ouvrage. Car, outre qu'il y a mille autres raisons qui pouvoient le faire supprimer, une des formalités nécessaires à la publication des livres, négligée mal à propos par l'auteur ou par le libraire, ne suffisoit-elle pas toute seule pour produire le même effet ?

D'ailleurs, Des Periers peut avoir caractérisé dans ses Dialogues quelques personnes de la cour qui s'en soient offensées. Mais, sans m'amuser à rechercher avec plus de soin les motifs de cette suppression, je me contenterai de vous faire observer que ce livre parut dans un temps où l'on se défioit de tout, et que l'on a bien pu s'imaginer pour lors, de même que le Père Mersenne l'a cru dans la suite, que son auteur en vouloit à la Divinité, et qu'il s'étoit servi du voile de la Fable pour mieux couvrir son dessein.

Voilà, comme je le pense, le véritable motif de la suppression du *Cymbalum mundi*. Et, si vous y faites quelque attention, vous le trouverez confirmé par ce qui est dit dans la *Requête* de Morin, *que ce livre étoit tombé en scandale et répréhension d'erreur*[2]. Après tout, je pourrois ne pas toucher au but, et je ne vous donne ceci que comme une conjecture vraisemblable que je soumets, de même que le reste de ma Lettre, à vos lumières et à votre discernement.

Je suis, avec respect, Monsieur,

Votre très-humble et très-obéissant serviteur,

Prosper MARCHAND.

A Paris, ce 10 octobre 1706.

---

[1] Requête de Morin à M. le Chancelier, à la fin de l'exemplaire du *Cymbalum mundi* de la Bibliothèque du Roi.
[2] Requête de Morin à M. le Chancelier, à la fin de l'exemplaire du *Cymbalum mundi* de la Bibliothèque du Roi.

LES NOUVELLES
RECREATIONS
ET
JOYEUX DEVIS

PREMIERE PARTIE

D'APRÈS L'ÉDITION ORIGINALE DE 1558.

EXTRAIT DU PRIVILEGE DU ROY

Il ha pleu au Roy, nostre sire, de donner privilege et permission à Robert Granjon d'imprimer ce present Livre (intitulé: *Les Nouvelles Recreations*) de sa lettre françoise d'art de main, et, pour remuneration de son invention, veult iceluy Seigneur que nul autre (quel qu'il soit) en ce royaume n'ayt à tailler poinssons ne contrefaire ladite lettre françoise d'art de main, ne d'icelle vendre ne distribuer aucune impression, fors celle qui sera imprimée par ledict Granjon, sur certaines et grandes peines contenues aux lettres de privilege dudit Granjon. Et ce, pour le temps et terme de dix ans consequutifs, à compter du jour et date des presentes, quant à l'imitation desdits caracteres d'art de main; et quant à l'impression dudit livre, du jour et date qu'il sera achevé d'imprimer. Et outre ce, ledit Seigneur, tant pour ceste œuvre que pour autres contenues et mentionnées en ses dites lettres, veult et entend que, par l'extraict et inscription qui sera faicte d'iceluy en chacun livre, les deffences et inhibitions mentionnées audit privilege soyent tenues pour suffisamment signifiées à tous imprimeurs et autres qu'il appartiendra, comme plus à plain est contenu aux lettres patentes dudit Seigneur données à Saint-Germain-en-Laye, le xxvie jour de decembre, l'an de grace mil cinq cens cinquante sept. Ainsi signées:

    Par le Roy,

                            Maistre Jehan Nicot,
                        Maistre des requestes de l'hostel, present.

                                        Fizes.

L'IMPRIMEUR[1] AU LECTEUR

SALUT.

1. Temps, glouton devorateur de l'humaine excellence, se rend souventes fois coustumier (tant nous est-il ennemy) de suffoquer la gloire naissante de plusieurs gentilz esprits ou ensevelir d'une ingrate oubliance les œuvres exquises d'iceux ; desquelles si la congnoissance nous estoit permise, ô Dieu tout bon, quel avancement aux bonnes lettres ! De ceste injure les siecles anciens, et noz jours mesmes, nous rendent espreuve plus que suffisante. Et vous ose bien persuader (amy Lecteur) que le semblable fust advenu de ce present volume, duquel demourions privez sans la diligence de quelque vertueux personnage[2] qui n'ha voulu souffrir ce tort nous estre faict, et la memoire de feu Bonaventure Des Periers, excellent poete[3], rester fustrée du los[4] qu'elle merite. Or, l'ayant arraché de l'avare main de ce faucheur importun, je le vous presente avec telle eloquence que chacun congnoist ses autres labeurs estre jouez[5]. D'une chose je m'asseure, que l'envieux pourra abbayer[6] à l'encontre tant qu'il voudra ; mais

---

[1] C'est Robert Granjon, célèbre graveur et fondeur en caractères, qui s'était établi imprimeur à Lyon en 1556, après avoir exercé d'abord à Paris depuis 1551. Il mit cette préface en tête de la première édition des *Nouvelles Recreations et joyeux Devis*, de feu Bonaventure Des Periers, valet de chambre de la Royne de Navarre (Lyon, de l'imp. de Rob. Granjon, 1558, in-4). La Monnoye attribue la rédaction de l'avertissement de l'Imprimeur à Antoine Du Moulin, qui avait publié en 1544 les œuvres poétiques de son ami ; mais nous l'attribuerons plutôt à Nicolas Denisot, qui fut le principal éditeur de ce recueil de contes et qui était lié depuis longtemps avec Robert Granjon, car il fit imprimer chez ce typographe, à Paris, en 1551, le *Tombeau de madame Marguerite de Valois, Royne de Navarre*.
[2] C'est sans doute Nicolas Denisot, dit le comte d'Alsinois, qui eut la plus grande part à la publication de l'ouvrage de Bonaventure Des Periers, quoiqu'on ne doive pas lui faire honneur d'une partie des *Joyeux Devis*, comme le dit La Croix du Maine. Voyez la Notice historique en tête de ce volume.
[3] Les éditions postérieures à celles de 1558 et de 1561 portent : « excellent orateur et poëte. »
[4] Éloge, renommée ; *laus*.
[5] Il y a *douez*, dans les éditions suivantes.
[6] Pour : aboyer.

AU LECTEUR.

y mordre, non. Davantage¹, le front tetrique² icy trouvera dequoy desrider sa severité et rire une bonne fois, tant gentille est la grace que nostre autheur ha à traiter ses faceties. Les personnes tristes et angoissées s'y pourront aussi heureusement recreer, et tuer aisément leurs ennuys. Quant à ceux qui sont exempts de regret et s'y voudront esbatre, ilz sentiront croistre leur plaisir en telle force que le rude chagrin n'osera entreprendre sur leur felicité, se servans de ce discours comme d'un rampart contre toute sinistre³ fascherie. De faire à nostre aage offre de chose tant gentille, je l'ay estimé convenable, mesmement en ces jours tant calamiteux⁴ et troublez. Vostre office sera (debonnaire Lecteur) de le recevoir d'une main affable⁵, et nous sçavoir gré de nostre travail; lequel sentans bien receu, serons excitez à continuer en si louable exercice, pour vous faire jouyr de choses plus arducs et serieuses. Adieu. De Lyon, ce 25 de janvier 1558.

SONNET⁶.

Hommes pensifz, je ne vous donne à lire
Ces miens devis, si vous ne contraignez
Le fier maintien de voz frons rechignez :
Icy n'y ha seulement que pour rire.

Laissez à part vostre chagrin, vostre ire,
Et vos discours de trop loing desseignez⁷.
Une autre fois vous serez enseignez :
Je me suis bien contrainct pour les escrire.

J'ay oublié mes tristes passions,
J'ay intermis⁸ mes occupations.
Donnons, donnons quelque lieu à folie ;

Que maugré nous ne nous vienne saisir,
Et en un jour plein de melancholie,
Meslons au moins une heure de plaisir.

¹ De plus, en outre.
² Triste, chagrin, morose; *tetricus*.
³ Dans les autres éditions : inopinée.
⁴ Dans les autres éditions : calomnieux.
⁵ Dans les autres éditions : courtoise.
⁶ Ce sonnet, qui est de Des Periers plutôt que de son éditeur, Nicolas Denisot, manque dans quelques éditions.
⁷ Pour : dessinés.
⁸ Interrompu.

LES NOUVELLES
RECREATIONS
ET
JOYEUX DEVIS

PREMIERE NOUVELLE

En forme de préambule.

JE vous gardoys ces joyeux propos à quand la paix seroit faicte [1], affin que vous eussiez dequoy vous resjouir publiquement et privément et en toutes manieres; mais, quand j'ay veu qu'il s'en falloit le manche, et qu'on ne sçavoit par où la prendre [2], j'ay mieux aymé m'avancer pour vous donner moyen de tromper le temps, meslant des resjouissances parmy voz fascheries, en attendant qu'elle se face de par Dieu. Et puis je me suis avisé que c'estoit icy le vray temps de les vous donner, car c'est aux malades qu'il faut medecine. Et vous asseurez que je ne fais pas peu de chose pour vous, en vous donnant de quoy vous resjouir,

---

[1] Ce préambule paraît avoir été écrit en 1538, peu de temps après l'entrevue de François Ier et de Charles-Quint à Nice, entrevue dans laquelle les deux souverains devaient conclure la paix sous les auspices du pape Paul III.

[2] C'est-à-dire que les conférences pour la paix aboutirent seulement à une trêve qui ne dura pas longtemps.

qui est la meilleure chose que puisse faire l'homme. Le plus gentil enseignement pour la vie, c'est *bene vivere et lætari*. L'un vous baillera pour ung grand notable [1], qu'il fault reprimer son courroux; l'autre, peu parler; l'autre, croyre conseil; l'autre, estre sobre; l'autre, faire des amis. Et bien, tout cela est bon; mais vous avez beau estudier, vous n'en trouverez point de tel qu'est : bien vivre et se resjouir. Une trop grande patience vous consume; un tairé [2] vous tient gehénné [3]; un conseil vous trompe; une diete vous desseiche; un amy vous abandonne. Et, pour cela, vous faut-il desesperer? Ne vault-il pas mieux se resjouir en attendant mieux, que se fascher d'une chose qui n'est pas en nostre puissance? Voire mais, comment me resjouiray-je, si les occasions n'y sont? direz-vous. Mon amy, accoustumez-vous-y; prenez le temps comme il vient; laissez passer les plus chargez; ne vous chagrinez point d'une chose irremediable : cela ne fait que donner mal sur mal. Croyez-moy, et vous vous en trouverez bien : car j'ay bien esprouvé que pour cent francs de melancholie n'acquiterons-nous pas pour cent solz de debtes. Mais laissons la ces beaux enseignemens. Ventre d'ung petit poisson [4]! rons. Et dequoy? De la bouche, du nez, du menton, de la gorge, et de tous noz cinq sens de nature. Mais ce n'est rien, qui ne rit du cueur; et, pour vous y aider, je vous donne ces plaisans Comptes; et puis nous vous en songerons bien d'assez serieux, quand il sera temps [5]. Mais sçavez-vous quelz je les vous baille? Je vous prometz que je n'y songe ny mal ny malice; il n'y ha point de sens allegorique, mystique, fantastique. Vous n'aurez point de peine de demander comment s'entend cecy, comment s'entend cela ; il n'y fault ny vocabulaire ne commentaire : telz les voyez, telz les prenez. Ouvrez le livre : si ung compte ne vous plait, hay [6] à l'aultre! Il y en ha de tous bois, de toutes tailles, de tous estocz, à tous pris et à toutes mesures, fors que pour plorer. Et ne me venez point demander quelle ordonnance j'ay tenue, car quel ordre faut-il garder

---

[1] Axiome, apophthegme; *notabilis*.
[2] L'action de se taire, de garder le silence.
[3] Gêné, tourmenté.
[4] Parodie du juron : Ventre-bieu !
[5] M. Louis Lacour voit ici une allusion au *Cymbalum mundi*.
[6] Onomatopée dont se servent encore les charretiers pour exciter leurs chevaux. Hav ou haye! signifie : ha, allons!

quand il est question de rire? Qu'on ne me vienne non plus faire des difficultez : « Oh ! ce ne fut pas cestuy-cy qui fit cela. — Oh ! cecy ne fut pas faict en ce cartier-là. — Je l'avoys desjà ouy compter ! — Cela fut faict en nostre pays. » Riez seulement, et ne vous chaille si ce fut Gaultier, ou si ce fut Garguille[1]. Ne vous souciez point si ce fut à Tours en Berry, ou à Bourges en Tourayne[2] : vous vous tourmenteriez pour neant; car, comme les ans ne sont que pour payer les rentes, aussi les noms ne sont que pour faire debatre les hommes. Je les laisse aux faiseurs de contractz et aux intenteurs de procez. S'ils y prennent l'un pour l'autre, à leur dam; quant à moy, je ne suis point si scrupuleux. Et puis j'ay voulu faindre quelques noms tout exprès pour vous monstrer qu'il ne faut point plorer de tout cecy que je vous compte, car peult-estre qu'il n'est pas vray[3]. Que me chaut-il, pourveu qu'il soit vray que vous y prenez plaisir? Et puis je ne suis point allé chercher mes Comptes à Constantinople, à Florence, ny à Venise, ne si loing que cela : car, s'ilz sont telz que je les vous veux donner, c'est-à-dire pour vous recreer, n'ay-je pas mieux faict d'en prendre les instrumens[4] que nous avons à nostre porte, que non pas les aller emprunter si loing? Et, comme disoit le bon compagnon, quand la chambriere, qui estoit belle et galante, luy venoit faire les messages de sa maistresse : « A quoy faire iray-je à Romme? les pardons sont par deçà[5]. » Les nouvelles qui viennent de si loingtain

---

[1] Ces deux noms étaient déjà cités proverbialement, comme on le voit ici, un siècle avant que Hugues Guéru, comédien du théâtre de l'hôtel de Bourgogne, se fit appeler Gautier Garguille, probablement à cause des farces dans lesquelles il jouait le rôle de ce personnage populaire.

[2] Imitation bouffonne de Rabelais, qui, dans la harangue de Janotus de Bragmardo (*Gargantua*, ch. xix) place Londres en Cahors et Bourdeaux en Brie.

[3] Allusion à la naïveté fort équivoque de ce curé, qui, voyant ses paroissiens fondre en larmes à son sermon de la Passion, s'avisa, pour les consoler, de leur dire : « Ne pleurez pas, mes amis; peut-être que ce que je vous dis n'est pas vrai ! » (L. M.)

[4] Actes, mémoires; *instrumenta*. Terme de pratique.

[5] On disait proverbialement : « Les pardons sont à Rome, » parce que c'était à Rome qu'on vendait les indulgences. Voy. les *Propos rustiques* de Noël du Fail, édit. de 1732, p. 105. Dans un poëme de Martial d'Auvergne, l'*Amant rendu cordelier à l'observance d'Amour*, on lit ces deux vers, auxquels Bonav. Des Periers semble ici faire allusion :

Plusieurs gens envoyent à Rome
Qui à leur huis ont leur pardon.

pays, avant qu'elles soyent rendues sus le lieu, ou elles s'empirent[1] comme le safran, ou s'encherissent comme les draps de soye, ou il s'en pert la moitié comme d'espiceries, ou se buffetent[2] comme les vins, ou sont falsifiées comme les pierreries, ou sont adulterées comme tout. Brief, elles sont subjettes à mille inconveniens, sinon que vous me vueillez dire que les nouvelles ne sont pas comme les marchandises, et qu'on les donne pour le pris qu'elles coustent. Et vrayement je le veux bien; et pour cela j'ayme mieux les prendre près, puisqu'il n'y ha rien à gaigner[3]. Ha! ha! c'est trop argué[4]! Riez, si vous voulez; autrement, vous me faites un mauvais tour. Lisez hardiment, dames et damoyselles, il n'y a rien qui ne soit honneste; mais, si d'aventure il y en ha quelques-unes d'entre vous qui soyent trop tendrettes et qui ayent peur de tomber en quelques passages trop gaillars, je leur conseille qu'elles se les facent eschansonner[5] par leurs freres ou par leurs cousins, affin qu'elles mangent peu de ce qui est trop appetissant : « Mon frere, marquez-moy ceux qui ne sont pas bons, et y faictes une croix. — Mon cousin, cestuy-cy est-il bon? — Ouy. — Et cestuy-cy? — Ouy. » Ah! mes fillettes, ne vous y fiez pas; ilz vous tromperont, ilz vous feront lire un *Quid pro quod*[6]! Voulez-vous me croyre? Lisez tout; lisez, lisez! Vous faictes bien les estroictes! Ne les lisez donc pas. A ceste heure verra l'on si vous faictes bien ce qu'on vous defend. O quantes dames auront bien l'eau à la bouche, quand elles orront[7] les bons tours que leurs compagnes auront faictz, et qu'elles diront bien qu'il n'y en ha pas à demy! Mais je suis content que devant les gens elles facent semblant

[1] Dans les autres éditions, on a mis : souspirent, c'est-à-dire s'éventent.
[2] S'altèrent, s'affaiblissent, se gâtent, comme les vins que les voituriers *buffetent* ou boivent au tonneau, en les transportant d'un lieu à un autre et en remplissant sans cesse la pièce avec de l'eau.
[3] Il faut sous-entendre : « à les prendre de loin. »
[4] Argumenté, disputé.
[5] Essayer. Les échansons faisaient l'essai du vin à la table des princes.
[6] Lisez *quid pro quo*. C'est ainsi que les médecins des treizième et quatorzième siècles intituloient les chapitres où, au défaut de telle ou telle drogue, ils en substituoient quelque autre équivalente en vertu; et, comme il étoit aisé de se tromper en cela, étant même arrivé souvent que des apothicaires, au lieu de drogues ordonnées qu'ils n'avoient pas, en substituoient d'autres moins bonnes de leur chef, on a dit de là *qui pro quo*: premièrement, pour une méprise d'apothicaire, et, ensuite, pour quelque méprise que ce soit. (L. M.)
[7] Entendront; du verbe *ouir*.

de couldre ou de filler, pourveu qu'en destournant les yeux elles ouvrent les oreilles, et qu'elles se reservent à rire quand elles seront à part elles. Eh! mon Dieu, que vous en comptez de bonnes, quand il n'y ha qu'entre vous femmes, ou qu'entre vous fillettes! Grand dommage! Ne faut-il pas rire? Je vous dy que je ne croy point ce qu'on dict de Socrate, qu'il fust ainsi sans passion. Il n'y ha ne Platon, ne Xenophon, qui le me fist accroyre. Et quand bien il seroit vray, pensez-vous que je loue ceste grande severité, rusticité, tetricité [1], gravité? Je loueroys beaucoup plus celuy de nostre temps, qui ha esté si plaisant en sa vie, que, par une antonomasie [2], on l'ha appelé le Plaisantin [3] : chose qui luy estoit si naturelle et si propre, qu'à l'heure mesme de la mort, combien que tous ceux qui y estoyent le regretassent, si ne purent-ilz jamais se fascher, tant il mourut plaisamment. On luy avoit mis son lict au long du feu, sus le plastre du foyer, pour estre plus chaudement; et, quand on luy demandoit : « Or ça, mon amy, où vous tient-il? » il respondoit tout foiblement, n'ayant plus que le cueur et la langue : « Il me tient, dit-il, entre le banc et le feu! » qui estoit à dire qu'il se portoit mal de toute la personne. Quand ce fut à luy bailler l'extreme onction, il avoit retiré ses piedz à cartier tous en ung monceau, et le prestre disoit : « Je ne sçay où sont ses piedz? — Et regardez, dit-il, au bout de mes jambes, vous les trouverez! — Et, mon amy, ne vous amusez point à railler, luy disoit-on: recommandez-vous à Dieu. — Et qui y va? dit-il. — Mon amy, vous irez aujourd'hui, si Dieu plaist. — Je voudrois bien estre asseuré, disoit-il, d'y pouvoir estre demain pour tout le jour. — Recommandez-vous à luy, et vous y serez en huy. — Et bien, disoit-il, mais que j'y sois, je feray mes recommandations moy-mesmes. » Que voulez-vous de plus naïf que cela? Quelle plus grande felicité? Certes, d'autant plus grande, qu'elle est octroyée à si peu d'hommes.

---

[1] Tristesse, morosité; *tetricitas*.
[2] Pour : antonomase, figure de rhétorique, emploi de l'épithète pour le nom.
[3] Les facéties du *Plaisantin* ont beaucoup d'analogie avec celles qu'on attribue à Rabelais sur son lit de mort. Mais, pour reconnaitre Rabelais dans ce personnage qui *mourut plaisamment*, il faudrait supposer que ce passage du prologue eût été ajouté postérieurement par l'éditeur des Contes de Des Periers. M. Louis Lacour pense que le *Plaisantin* pourrait bien être Triboulet, « ce bouffon sur lequel Des Periers revient si complaisamment à tant de reprises et dont la mort arriva en

NOUVELLE II.

Des trois folz, Caillette, Triboulet et Polite [1].

Les pages avoyent attaché l'oreille à Caillette [2] avec un clou contre un posteau, et le povre Caillette demouroit là et ne disoit mot, car il n'avoit point d'autre apprehension, sinon qu'il pensoit estre confiné là pour toute sa vie. Il passe un des seigneurs de court qui le voit ainsi en conseil avec ce pillier, qui le fait incontinent desgager de là, s'enquerant bien expressement qui avoit faict cela, et qui l'ha mis là. Que voulez-vous? Un sot l'ha mis là, un sot l'ha là mis [3]. Quand on disoit : « Ce ont esté les pages? » Caillette respondoit bien en son idiotisme: « Ouy, ouy, ce ont esté les pages. — Sçauras-tu congnoistre lequel ce ha esté? — Ouy, ouy, disoit Caillette, je sçay bien qui ç'ha esté. » L'escuyer, par commandement du Seigneur, fait venir tous ses gens de bien de pages en la presence de ce sage homme Caillette, leur demandant à tous l'un après l'autre : « Venez çà! Ha-ce esté vous? » Et mon page de le nier, hardy comme un saint Pierre [4] : « Nenny, Monsieur, ce n'ha pas esté moy. — Et vous? — Ny moy. — Et vous? — Ny moy aussi. » Mais allez faire dire ouy à un page, quand il y va du fouet! Caillette estoit là

1537. » Les réponses du *Plaisantin* sont bien fines pour un fou, *de la tête écorné*, comme dit Jean Marot.

[1] *Voy.* l'Essai historique sur les Fous en titre d'office, en tête du roman du bibliophile Jacob, les *Deux Fous*, édit. de 1859.

[2] Pontanus, dans son Dialogue intitulé *Antonius*, parle d'une folle nommée *Cailletia*, qui était de Gaëte et qui vivait en 1440. La Monnoye, en citant ce fait, ne suppose pas que Caillette, fou en titre d'office de François 1er, ait emprunté son nom à cette folle italienne. Ce nom lui paraît plutôt dérivé de cette tripe de veau ou de mouton, qu'on nomme encore *caillette*. Nous croyons qu'on désignait déjà sous le nom de *caillettes* les femmes qui parlaient follement, comme des cailles qu'on entend caqueter dans les vignes. La mort du fou de François 1er a été célébrée dans une pièce de vers imprimée vers 1520, sous ce titre, la *Vie et le Trespassement de Caillette*.

[3] Jeu de mots sur les notes de musique *sol, la, mi*.

[4] Allusion à la lâcheté de saint Pierre reniant Jésus, qui venait d'être condamné par Pilate.

devant, qui disoit en cailliettois[1] : « Ce n'ha pas esté moy aussi. » Et, voyant qu'ilz disoient tous nenny, quand on luy demandoit : « Ha-ce point esté cestuy-cy ? — Nenny, disoit Caillette. — Et cestuy-cy ? — Nenny. » Et, à mesure qu'ilz respondoyent nenny, l'escuyer les faisoit passer à costé, tant qu'il n'en resta plus qu'un, lequel n'avoit garde de dire ouy, après tant d'honnestes jeunes gens qui avoyent tous dit nenny ; mais il dit comme les autres : « Nenny, Monsieur, je n'y estois pas. » Caillette estoit tousjours là, pensant qu'on le deust aussi interroger si ç'avoit esté luy : car il ne luy souvenoit plus qu'on parlast de son oreille. De sorte que, quand il veit qu'il n'y avoit que luy, il s'en va dire : « Je n'y estois pas aussi. » Et s'en va remettre avec les pages, pour se faire coudre l'autre oreille au pillier qui se trouveroit.

A l'entrée de Rouen[2] (je ne dis pas que Rouen entrast, mais l'entrée se faisoit à Rouen), Triboulet[3] fut envoyé devant pour dire : « Voy les cy venir ! » qui estoit le plus fier du monde d'estre monté sur un beau cheval caparassonné de ses couleurs, tenant sa marotte des bonnes festes. Il picquoit, il couroit, il n'alloit que trop ; il avoit un maistre avec luy pour le gouverner[4]. Et, povre maistre ! tu n'avois pas besogne faicte : il y avoit belle matiere pour le faire devenir Triboulet luy-mesmes. Ce maistre luy disoit : « Vous n'arresterez pas, vilain ? Si je vous

---

[1] C'est-à-dire en son langage de Caillette. G. Bouchet, dans la XIVe Serée, attribue cette naiveté à Triboulet.

[2] Il s'agit sans doute de l'entrée de Louis XII à Rouen, le 28 septembre 1508 ; c'est du moins la seule entrée solennelle dans cette ville que mentionne le Cérémonial françois de Godefroy, antérieurement à l'année 1537, date de la mort de Triboulet

[3] Triboulet, qui était fou en titre d'office de Louis XII, mourut au service de François Ier, en 1537 ; on imprima, sans date, à Paris, une pièce de vers intitulée les Lamentations et Complaintes de Triboulet, fol du Roy, qu'il fait contre la mort. Voici son portrait, composé en 1509 par Jean Marot, dans la relation rimée du Voyage de Venise, où il représente Triboulet tremblant de peur et caché sous un lit de camp pendant la bataille.

> Triboulet fut un fol de la teste escornè,
> Aussi sage à trente ans que le jour qu'il fut né ;
> Petit front et grands yeux, nez grand, taille à vote,
> Estomach plat et long, haut dos à porter hote,
> Chacun contrefaisoit, chanta, dansa, prescha,
> Et de tout si plaisant qu'onc homme ne toucha.

[4] Il y avait un gouverneur des fous, des nains et des singes du roi ; mais officier subalterne n'est pas désigné dans les Etats de la maison de François I

prens... Arresterez-vous?... » Triboulet, qui craignoit les coups (car quelquefois son maistre luy en donnoit), vouloit arrester son cheval; mais le cheval se sentoit de ce qu'il portoit, car Triboulet le picquoit à grands coups d'esperon : il luy haussoit la bride, il la luy secouoit. Et le cheval d'aller. « Meschant, vous n'arresterez pas? disoit son maistre. — Par le sang Dieu, disoit Triboulet (car il juroit comme un homme), ce meschant cheval, je le picque tant que je puis, encores ne veult-il pas demeurer! » Que diriez-vous là, sinon que Nature ha envie de s'esbatre, quand elle se met à faire ces belles pieces d'hommes; lesquelz seroyent heureux, mais ilz sont trop ignoramment plaisans et ne sçavent pas congnoistre qu'ilz sont heureux : qui est le plus grand malheur du monde. Il y avoit un autre fol, nommé Polite, qui estoit à un abbé de Bourgueil[1]. Un jour, un matin, un soir, je ne sçauroye dire l'heure[2], monsieur l'abbé avoit une belle garse toute vive couchée auprès de luy, et Polyte le vint trouver au lict et mit le bras entre les linceux par les piedz du lit, là où il trouve premierement un pied de creature humaine; il va demander à l'abbé : « Moyne, à qui est ce pied? — Il est à moy, dit l'abbé. — Et cestuy-cy? — Il est encore à moy. » Et ainsi qu'il prenoit ces piedz, il les mettoit à part et les tenoit d'une main, et de l'autre main il en print encore un, en demandant : « Et cestuy-cy, à qui est-il? — A moy, ce dict l'abbé. — Ouay, dit Polyte; et cestuy-cy? — Va, va, tu n'es qu'un fol! dict l'abbé; il est aussi à moy. — A tous les diables soit le moine! dict Polite, il ha quatre piedz comme un cheval. » Et bien, pour cela, encores n'est-il fol que de bonne sorte. Mais Triboulet et Caillette estoyent folz à vingt et cinq quarraz, dont les vingt et quatre font le tout[3]. Or ça, les folz ont fait l'entrée. Mais quelz

---

[1] Ce Polite ou Hippolyte n'a pas laissé d'autres traces dans l'histoire des fous. Au reste, la plaisanterie que Des Periers lui attribue est tirée des *Facéties* de Poggio, qui la donne à un fou de l'archevêque de Cologne (*Sacerdotii virtus*). Ce conte, qui a fourni le sujet de la XCIX° des *Cent Nouvelles nouvelles* (la *Métamorphose*), est répété dans le chap. xxxix de l'*Apologie pour Hérodote* et dans le chap. xxvi du *Moyen de parvenir*; Malespini l'a traduit en italien, *Ducento Novelle*, part. II, nov. xxvii.

[2] Ce passage a été reproduit par Béroalde de Verville, dans le chap. xxvi de son *Moyen de parvenir* : « Or un jour, une nuit, un soir, un matin, c'est le commencement d'un conte. »

[3] C'est-à-dire extrêmement fou. Cette définition de la folie de Triboulet est de Rabelais, qui a introduit ce personnage dans le livre III du *Pantagruel*.

folz? Moy tout le premier, à vous en compter, et vous le second, à m'escouter, et cestuy là le troiziesme, et l'autre le quatriesme. Oh! qu'il y en ha¹! Ce ne seroit jamais faict. Laissons-les icy et allons chercher les sages ; esclairez près, je n'y voy goutte ².

NOUVELLE III.

Du Chantre, bassecontre de Saint-Hilaire de Poitiers, qui accompara les chanoines à leurs potages.

EN l'eglise Saint-Hilaire de Poitiers y eut jadis un chantre qui servoit de bassecontre, lequel, parce qu'il estoit bon compagnon et qu'il beuvoit bien (ainsi que volontiers font telles gens), estoit bien venu entre les chanoines, qui l'appeloyent bien souvent à disner et à soupper. Et, pour la familiarité qu'ilz luy faisoient, luy sembloit qu'il n'y avoit celuy d'eux qui ne desirast son avancement ; qui estoit cause que souvent il disoit à l'un et puis à l'autre : « Monsieur, vous sçavez combien de temps il y ha que je sers en l'eglise de ceans ; il seroit desormais temps que je fusse pourveu ³ : je vous prie le vouloir remonstrer en chapitre. Je ne demande pas grand chose : vous autres, Messieurs, avez tant de moyens ⁴! Je me contenterai de l'un des moindres. » Sa requeste estoit bien prise et escoutée, et chascun d'eux en particulier luy faisoit bonne responce, disant que c'estoit chose raisonnable. « Et quand chapitre n'auroit la commodité de te recompenser (luy disoyent-ilz), je t'en bailleray plustost du mien. » Somme, à toutes les entrées et issues de chapitre, où il se trouvoit tousjours pour se ramentevoir à messieurs, ilz luy disoyent à une voix ⁵ : « Atten encores un pe-

---

¹ Allusion à ces paroles de l'Ecclésiaste : *Stultorum infinitus est numerus*.
² Imitation de Rabelais, qui commence ainsi le prologue de son IV° livre : « Gens de bien, Dieu vous saulve et guarde! Où estes-vous? Je ne vous peux veoir. »
³ Il faut sous-entendre : d'un bénéfice.
⁴ Revenus.
⁵ C'est-à-dire : tout d'une voix. Latinisme : *una voce*.

tit; chapitre ne t'oubliera pas : tu auras le premier qui vacquera. » Mais quand ce venoit au fait, il y avoit tousjours quelque excuse : ou que le benefice estoit trop gros, et pourtant l'un des messieurs l'avoit eu ; ou qu'il estoit trop petit et qu'on ne luy voudroit faire present de si peu de chose; ou qu'ilz avoient esté contrainz de le bailler à l'un des neveux de leur frere[1], mais qu'il n'y auroit faute qu'il n'eust le premier vacquant. Et de ces belles parolles ilz entretenoient ce bassecontre, tant que le temps se passoit, et servoit tousjours sans rien avoir. Et cependant il faisoit tousjours quelque present selon sa petite faculté à messieurs tel et tel, de ceux qu'il congnoissoit avoir plus grande voix en chapitre, comme fruitz nouveaux[2], poulletz, pigeonneaux, perdriaux, selon la saison, que le povre chantre acheptoit au marché vieux, ou à la regretterie[3], leur faisant à croire qu'ilz ne luy coustoyent rien. Et tousjours ilz prenoyent. A la fin, le bassecontre, voyant qu'il n'en estoit jamais meilleur ains qu'il y perdoit son temps, son argent et sa peine, se delibera de ne s'y attendre plus ; mais il se proposa de leur monstrer quelle opinion il avoit d'eux, et pour ce faire, il trouva fasson de mettre cinq ou six escuz ensemble, et tandis qu'il les amassoit (car il y falloit du temps), il commença à tenir plus grand compte de messieurs, qu'il n'avoit de coustume, et à user de plus grande discretion. Quand il veit son jour à point, il s'en vint aux principaux d'entre eux, et les pria l'un après l'autre qu'ilz luy voulussent faire cest honneur de disner le dimanche prochain en sa maison, leur disant qu'en neuf ou dix ans qu'il y avoit qu'il estoit à leur service, il ne pouvoit faire moins que de leur donner une fois à disner ; et qu'il les traiteroit, non pas comme il leur appartenoit, mais au moins

---

[1] C'est-à-dire à leurs enfants propres. On sait le conte de l'évêque qui, faisant ses visites, s'arrêta chez un prêtre de son diocèse, dans la maison duquel voyant deux petits enfans, il lui demanda à qui ils appartenoient, lui ordonnant de dire la vérité : « Monseigneur, lui répondit-il, ce sont les neveux de mon frère. » Le bon évêque n'y fit pas autrement réflexion, et ce ne fut que quelques jours après qu'un prêtre de sa suite lui apprit le sens de cette réponse. (L. M.)

[2] Reminiscence de ces vers du *Dialogue de deux amoureux*, par Clém. Marot :

> Je luy ay donné fruictz nouveaux
> acheptez en la Place aux Veaux,
> disant que c'estoit de mon creu.

[3] *Regratterie*; chez les revendeurs ou regrattiers.

mal qu'il luy seroit possible; tousjours usant de telles parolles de respect. Ilz luy promirent; mais ilz ne furent pas si mal soigneux, quand ce vint le jour assigné, qu'ilz ne fissent faire leur cuisine ordinaire chacun chez soy, de peur d'estre mal disnez chez ce bassecontre, se fians plus en sa voix qu'en sa cuisine. A l'heure du disner, chacun envoye son ordinaire chez le chantre, lequel disoit aux varletz qui l'apportoyent : « Comment, mon amy? Monsieur vostre maistre me fait-il ce tort? Ha-il[1] si grand peur d'estre mal traité? Il ne devoit rien envoyer. » Et cependant il prenoit tout, et, à mesure qu'ilz venoyent, il mettoit tous les potages ensemble en une grande marmite qu'il avoit expressement apprestée en un coing de cuisine. Voicy messieurs venuz pour disner, qui s'assirent tous selon leurs indignitez[2]. Le chantre leur presente, de belle entrée de table, les potages de ceste marmite, et Dieu sçait de quelle grace ilz estoyent : car l'un avoit envoyé un chappon aux porreaux, l'autre au safran; l'autre avoit la piece de beuf poudrée[3] aux naveaux[4]; l'autre, un poullet aux herbes; l'autre, bouilly; l'autre, rosty. Quand ilz virent ce beau service, ilz n'eurent pas le courage d'en manger; mais ilz attendoyent chacun que leur potage vinst, sans prendre garde qu'ilz les heussent devant eux. Mon chantre, qui alloit et venoit, faisant bien l'empesché à les servir, regardoit tousjours leur contenance de table. Estant le service un peu long, ils ne se peurent tenir de luy dire : « Oste-nous ces potages, bassecontre, et nous apporte les nostres. — Ce sont bien les vostres, dit-il. — Les nostres! non sont pas[5]. — Si sont bien, » dit-il. A l'un : « Voylà voz naveaux! » à l'autre : « Voilà voz choux! » à l'autre : « Voilà voz porreaux! » Lors ilz commencerent à recongnoistre chacun leurs souppes et à s'entreregarder. » Vrayement! dirent-ilz, nous en avons d'une! Est-ce ainsi que tu traites les chanoines, bassecontre? — Le diable y ayt part! je

---

[1] M. L. Lacour fait observer ici que le *t* se prononçait toujours, quoiqu'on ne l'écrivît pas encore. « Souvent nous prononçons des lettres qui ne s'escrivent pas, comme quand nous disons : *Dis-e-ti? ira-ti?* et escrivons: *dine-il? ira-il?* et seroit chose ridicule si nous les escrivions selon qu'ils se prononcent. » (Pelletier, *de l'Orthographe*, liv. I, p. 57.)

[2] Jeu de mots, pour : dignités.

[3] Pour : saupoudrée.

[4] Pour : navets.

[5] Ce ne sont pas les nôtres.

disois bien que ce fol nous tromperoit, disoit l'un; j'avois le meilleur potage que je mangeay de cest an. — Et moy, disoit l'autre, j'avois tant bien faict accoustrer[1] à disner! Je me doubtois bien qu'il le valloit mieux manger chez moy. Quand la bassecontre les eut bien escoutez : « Messieurs, dit-il, si voz potages estoyent tous si bons, comment seroyent-ils empirez en si peu de temps? Je les ay faict tenir auprès du feu, bien couvertz; il me semble que je ne pouvois mieux faire. — Voire mais, dirent-ilz, qui t'ha appris à les mettre ainsi tous ensemble? Sçavois-tu pas bien qu'ilz ne vaudroyent rien en la sorte? — Et doncq, dit-il, ce qui est bon à part n'est pas bon assemblé? Vrayement, dit-il, je vous en croy, et ne fust-ce que vous autres, messieurs : car, quand vous estes chacun à part soy, il n'est rien meilleur que vous estes; vous promettez montz et vaulx, vous faictes tout le monde riche de voz belles parolles; mais quand vous estes ensemble en vostre chapitre, vous ressemblez à voz potages. » Alors ilz entendirent bien ce qu'il vouloit dire. « A ha! dirent-ilz, c'estoit donc là que tu nous attendois! Vrayement, tu as raison, va! Mais ce pendant, ne disnerons-nous point? — Si ferez, si ferez, dist-il, mieulx qu'il ne vous appartient. » Et leur apporta ce qu'il leur avoit faict accoustrer, dont ilz mangerent très bien, et s'en allerent contens; et conclurent ensemble dès l'heure qu'il seroit pourveu : ce qu'ilz firent. Ainsi son invention de souppes luy valut plus que toutes ses requestes et importunitez du temps passé.

NOUVELLE IV.

Du bassecontre de Reims, chantre, Picard, et maistre ès ars.

Un chantre de Nostre-Dame de Reims en Champagne avoit singulierement bonne voix de bassecontre, mais c'estoit l'homme

[1] Préparer, accommoder; ce mot vient du bas latin *accultrare*, découper, tailler au couteau.

du monde le plus fort à tenir, car il ne passoit jour qu'il ne fist
quelque follie : il frappoit l'un, il battoit l'autre, il jouoit aux
cartes et aux dez, il estoit toujours en la taverne ou après les
garses; dont les plaintes se faisoyent à toutes heures à messieurs
de chapitre, lesquelz le remonstroyent souvent à ce bassecontre,
le menaçans à part et en public, et luy faisoyent assez de fois
promettre qu'il seroit homme de bien ; mais incontinent qu'il
estoit hors de devant eux, messire Jehan ce vin[1] luy remettoit
sa haute game en la teste, qui le faisoit tousjours retourner à ses
bonnes coustumes. Or estoient-ilz contraints d'en endurer pour
deux raisons : l'une, qu'il chantoit fort bien ; l'autre, qu'ilz
l'avoient pris de la main d'un archediacre de l'eglise, auquel ilz
portoient honneur; et ne luy vouloyent pas reprocher les follies
de l'homme, pensans qu'il les sceust aussi bien comme eux et
qu'il l'en deust reprendre, comme à la verité il faisoit quand il
en estoit adverty; mais il n'en sçavoit pas la moitié. Advint un
jour que ce chantre fit une faulte si scandaleuse, que les chanoines furent contraints de le dire pour une bonne fois à monsieur l'archediacre, luy remonstrans comme, pour le respect de
luy, ilz avoient longuement supporté les insolences de cest
homme ; mais, maintenant qu'ilz le voyoient incorrigible et
qu'il alloit tousjours en empirant, ilz ne s'en pouvoient plus
taire. « Il ha, dirent-ilz, ceste nuict passée, batu un prestre, tant
qu'il ne dira messe de plus de deux mois. Si n'eust esté pour
l'amour de vous, long-temps ha que nous l'eussions chassé ;
mais, n'y voyans plus autre remede, nous vous prions de ne
trouver point mauvais si nous vous en disons ce qui en est. »
L'archediacre leur fit responce qu'ilz avoyent raison, et qu'il y
donneroit ordre; et, de faict, envoye incontinent querir ce
bassecontre, lequel se douta bien que ce n'estoit pas pour luy
donner un benefice. Toutefois il y va. Il ne fut pas si tost entré
que monsieur l'archediacre ne luy commençast à chanter une
autre leçon que de matines. « Vien çà ! dit-il ; tu sçais combien
de temps il y a que ceux de l'eglise de ceans endurent de toy et
combien j'ay eu de reproches pour ta vie? Sçaiz-tu qu'il y ha?

---

[1] La Monnoye voit ici une allusion à *Sevin*, nom d'une ancienne famille orléa-
naise, de laquelle étaient Adrien Sevin, traducteur du *Philocope* de Boccace, et
Charles Sevin, chanoine de Saint-Etienne d'Agen et ami de Jules-César Scaliger.

Va t'en, et ne te trouve plus devant moy. Je ne veux plus endurer de reproches pour un homme tel que toy. Tu n'es qu'un fol. Si je faisois mon devoir, je te ferois mettre au pain et à l'eau d'icy à un an. » Il ne faut pas demander si mon chantre fut peneux [1]. Toutesfois, il ne fut pas si estonné, qu'il ne se mist en responce. « Monsieur, dit-il, vous qui vous congnoissez si bien en gens, vous esbahissez-vous si je suis fol? Je suis chantre, je suis Picard et maistre aux arts [2]. » L'archediacre, à ceste responce, ne sçavoit que faire, de s'en fascher ou de s'en rire; mais il se tourna du bon costé, car il appaisa un peu sa colere, et luy fut force de faire comme l'Evesque [3] du *Courtisan* [4], lequel pardonna au prestre qui avoit engrossé cinq nonnains, ses filles spirituelles, pour la soudaine responce qu'il luy fit : *Domine, quinque talenta tradidisti mihi, ecce alia quinque superlucratus sum* [5]. Un Picard ha la teste près du bonnet, un chantre ha tousjours quelques minimes [6] en son cerveau, un maistre aux arts est si plein d'ergotz [7], qu'on ne sçauroit durer auprès de luy. Et vrayement, quand ces trois bonnes qualitez sont en un personnage, on ne se doit pas esmerveiller s'il est un petit coquelineux [8], mais se faudroit bien plus esmerveiller s'il ne l'estoit point.

[1] Pour : *penaud*, honteux, confus. Ce mot, que Borel dérive ridiculement des mots latins *pes nudus* (pied nu), vient de *peine*, qu'on écrivait *pène*.

[2] Pour : maistre ès arts.

[3] Gerardo Landriano, cardinal, évêque de Côme, au dire du Bandello : voy. la *Terza parte de le novelle*. 1554, nov. LVI.

[4] Célèbre ouvrage du comte Balthazar Castiglione : *Il libro di Cortegiano*, publié pour la première fois en 1528, et traduit en français dix ans après, par Jacques Colin d'Auxerre, sous le titre du *Courtisan* (Paris, J. Longis, 1537, in-8).

[5] « Seigneur, vous m'avez donné cinq talents, et j'en ai gagné cinq autres. » (Évangile de S. Matth., ch. xxv, vers. 20.) La Monnoye nous apprend que ce conte est tiré des Fables d'Abstemius, II° part., fable IV ; on le retrouve dans le *Moyen de parvenir*, ch. LXX.

[6] Notes; *minime* est synonyme de *blanche*, note qui vaut deux noires.

[7] Jeu de mots sur *ergo*, formule de l'argumentation scolastique.

[8] Étourdi, peu sensé; selon M. Lacour, irritable, bourru.

NOUVELLE V.

Des trois sœurs nouvelles espouses qui respondirent chacune un bon mot à leur mary la premiere nuict de leurs nopces.

Au pays d'Anjou y eut jadis un gentilhomme qui estoit riche et de bonne maison, mais il estoit un peu suget à ses bons plaisirs. Il avoit trois filles belles et de bonne grace, et de tel age que la plus petite eust bien attendu le combat corps à corps. Elles estoyent demeurées sans mere, jà longtemps avoit; et parce que le pere estoit encores en bon age, il entretenoit tousjours ses bonnes coustumes, qui estoient de recevoir en sa maison toutes joieuses compaignies, là où l'ordinaire estoit de baller[1], jouer, et de faire toutes sortes de bonnes cheres. Et, d'autant qu'il estoit de sa nature indulgent, facile et sans grand soin du faict de sa maison, ses filles avoyent assez de liberté de deviser avec les jeunes gentilz hommes, lesquelz, communement, ne parlent pas de rencherir le pain, ni encores du gouvernement de la republique[2]. Davantage, le pere faisoit l'amour de son costé comme les autres, qui donnoit une hardiesse plus grande aux jeunes damoyselles de se laisser aymer, et, par consequent, d'aymer aussi : car elles, ayans le cueur en bon lieu et sentant leur bonne maison, estimoyent estre chose de reproche et d'ingratitude d'estre aimées et n'aimer point. Pour toutes ces raisons ensemble, estant chacune d'elles prisée, caressée et poursuivie tous les jours et à toutes heures, elles se laisserent gagner à l'amour, eurent pitié de leur semblable et commencerent à jouer au passetemps de deux à deux[3] chacune en leur endroit ;

---

[1] Danser, donner le bal.
[2] Cela revient à ce quolibet des docteurs, que : *Scolasticus cum femina loquens non præsumitur dicere Pater Noster*. (L. M.)
[3] Faire l'amour. Béroalde de Verville, au ch. LXXXIX du *Moyen de parvenir*, dit que *deux à deux sont quatre*. Sedaine n'a fait que rimer un vieux proverbe, dans son air si connu :
  Quand les bœufs sont deux à deux,
  Le labourage en va mieux.

auquel jeu elles exploicterent si bien, que les enseignes[1] en sortirent : car la plus agée, qui estoit meure et drue, ne se print garde que le ventre lui leva, dont elle fut un peu estonnée, car il n'y avoit moien de se tenir couverte, d'autant qu'en un lieu où il n'y ha point de meres, lesquelles se prennent garde que leurs filles ne soient trop tost abusées, ou bien elles sçavent remedier aux inconveniens quand il leur est advenu quelque surprise. Et, la fille n'ayant avis ny moien aucun de se desrober sans le congé de son pere, ce fut force qu'il le sceust.

Quand il eut entendu ceste nouvelle, il en fut fasché de prime face[2] ; mais il ne s'en desespera point autrement, d'autant qu'il estoit de ceste bonne paste de gens qui ne prennent point trop les matieres à cueur. Et, à dire vray, de quoy sert-il de se tourmenter d'une chose, quand elle est faicte, sinon de l'empirer ? Il envoye soudain sa fille aisnée à deux ou trois lieues de là, chez une de leurs tantes, soubs couleur de maladie, et que, par l'avis des medecins, le changement d'air luy estoit necessaire ; et ce en attendant que les petits piedz sortissent[3]. Mais comme une fortune ne vient jamais seule, cependant qu'elle sortoit d'affaires, sa sœur la seconde y entroit, peut-estre par permission divine, pour s'estre en son cueur mocquée de sa sœur aisnée : dont Dieu la voulut punir. Pour faire court, elle s'apperceut qu'elle en avoit dedans le dos, dy-je dedans le ventre ; et le pere le sceut aussi. « Et bien, dit-il, Dieu soit loué ! c'est le monde qui croist : nous fusmes ainsi faitz. » Et là dessus, se doutant de tout, il s'en vint à la plus jeune, laquelle n'estoit pas encore grosse, mais elle en faisoit son devoir tant qu'elle pouvoit. « Et toy, ma fille, comme te portes-tu ? N'as-tu pas bien suivy le train de tes seurs aisnées ? » La fille, qui estoit jeunette, ne se peut tenir de rougir ; ce que le pere print pour une confession. « Or bien, dit-il, Dieu vous doint[4] bonne aventure, et nous garde de plus grande fortune ! » Si se pensa pourtant qu'il estoit temps de pourvoir à ses affaires, ce qu'il congnoissoit fort bien ne pouvoir mieulx

---

[1] Signes.
[2] D'abord.
[3] C'est-à-dire qu'elle accouchât. Noël du Fail dit, dans les *Contes d'Eutrapel* : « Sans difficulté le laict cremera et bientost en sortira les petits pieds et esclats. » On disait aussi, dans le même sens : faire pieds neufs.
[4] Donner ; du vieux verbe *doigner*.

faire qu'en mariant ses trois filles ; mais il le trouvoit un petit
malaisé, car il sçavoit bien que de les bailler à ses voisins, il
n'y avoit ordre, d'autant que le faict de sa maison estoit congneu, ou pour le moins bien suspect. D'autre part, de les faire
prendre à ceulx qui estoyent les faiseurs, ce n'estoit chose qui
se peust bonnement faire, car possible qu'il y en avoit plus
d'un, et que l'un avoit fait les piedz et l'autre les oreilles [1], et
quelque autre encores le nez. Que sçait-on comme les choses de
ce monde vont? Et puis, encores qu'il n'y en eust heu qu'un à
chacune, un homme ne se fie pas volontiers en une fille qui
luy a presté un pain sus la fournée [2]. Et pour ce, le pere trouva
le plus expedient d'aller chercher des gendres un peu à l'escart ;
et comme les hommes de joyeuse nature et de bonne chere à
grand peine jamais finissent-ilz mal, il ne faillit pas à rencontrer ce qui luy faisoit besoin : qui fut au pays de Bretaigne, où
il estoit bien congneu, tant pour le nom de sa maison, que
pour le bien qu'il avoit audit pays, non gueres loin de la ville
de Nantes; au moyen de quoy luy fut facile de causer [3] son
voyage là dessus. Brief, quant il fut audit pays, tant par personnes interposées, que par luy-mesmes, il mit en avant le mariage de ses filles ; à quoy les Bretons ouvrirent assez tost les
oreilles, de sorte qu'il en trouva à choisir. Mais, entre tous, il
trouva une riche maison de gentil homme de Bretaigne, où il y
avoit trois filz de bon age et de belle taille, beaux danseurs de
passe-piedz et de trihoriz [4], beaux luitteurs, et n'en eussent
craint homme collet à collet : de quoy mon gentil homme fut
fort aise; et, par ce que le plustost estoit le meilleur, il conclud
son affaire promptement avec le pere et les trois enfans, qu'ilz

[1] *Voy.* ci-après la Nouvelle IX, que La Fontaine a imitée dans son conte du *Faiseur d'oreilles.*
[2] Expression figurée et proverbiale, qu'on retrouve dans ces vers de La Fontaine :

Après mille façons, cette bonne hypocrite
Un pain sur la fournée emprunta, dit l'auteur.

[3] Motiver, prétexter.
[4] Le *passe-pied* était une espèce de *trihori,* suivant l'*Orchesographie* de Thoinot
Arbeau, anagramme du nom de Jehan Tabourot. « La dance du Trihori, dit Noël
du Fail, dans ses *Contes d'Eutrapel,* est trois fois plus magistrale et gaillarde que
nulle autre. » Noël du Fail parle encore ailleurs de la danse du Trihori, « *saltatio
trichorica,* l'honneur de long-temps acquis à la Basse-Bretagne, combien que par
jalousie les escrivains voisins l'aient ravalé et celé. »

prendroyent ses trois filles en mariage, et mesmes qu'ilz feroyent de trois nopces unes, sçavoir est, qu'ilz espouseroyent tous trois en un jour. Et pour ce faire, les trois freres s'appresterent en peu de temps, et partirent de leur maison pour venir en Anjou avec le pere des trois filles. Or, n'y avoit celuy des trois qui ne fust assez accort : car, combien qu'ilz fussent Bretons, toutesfois ils n'estoyent pas bonnans¹, et s'estoyent meslez de faire bons tours avec ces Bretes², qui sont d'assez bonne volonté, comme l'on dit, toutesfois hors de combat. Quand ilz furent en la maison du gentil homme, ilz se prindrent à regarder la contenance chacun de sa chacune, et les trouverent toutes trois belles, dispostes³, et esveillées; parmy cela, qui faisoyent bien les sages. Les mariages furent concludz, les appretz se firent ; ilz achepterent leurs bancs⁴ et leurs selles de l'evesque. Quand la veille des nopces fut venue, le pere appella ses trois filles en une chambre à part, et leur va dire ainsi : « Venez ça ! Vous sçavez quelle faulte vous avez faite toutes trois, et en quelle peine vous m'avez mis. Si j'eusse esté de la nature de ces peres rigoureux, je vous eusse desavouées pour filles, et jamais n'eussiez amendé⁵ de mon bien; mais j'ay mieux aymé prendre peine une bonne fois pour raccoustrer les choses, que non pas vous mettre toutes trois en desespoir, et moy en perpetuel regret pour vostre follie. Je vous ay icy amené à chacune un mary : deliberez-vous de leur faire bonne chere⁶ ayez bon courage, vous n'en mourrez pas. S'ilz s'apperçoivent de quelque chose, à leur dam ! pourquoy y sont-ilz venus? Il les falloit aller querir. Quand vous faisiez vos estatz, vous ne songiez pas en eux, n'est-il pas vray ? » Elles respondirent toutes trois, en soubzriant, que non. — « Et bien donc, dit le pere, vous ne leur avez point encores faict de faulte. Mais pour l'advenir ne me mettez plus en cest ennuy,

---

¹ C'est-à-dire qu'ils n'étaient pas *Bretons bretonnants* ou de la Basse-Bretagne.

² Jeu de mots, par allusion à la triple signification de *bretes*, qui se disait quelquefois des *Bretonnes* et qui s'entendait aussi des épées et des femmes galantes ou bonnes lames.

³ Vives et légères ; *dispost*, de *dispositus*.

⁴ Jeu de mots imité de Rabelais, liv. III, ch. xxvi, où frère Jean dit à Panurge, en lui conseillant de se marier : « Deshuy au soir, fais-en crier les bancs et le chaslit. » Équivoque sur *ban*, proclamation de mariage, et *banc*, siége.

⁵ Profité, hérité.

⁶ Bon visage, bonne mine ; du bas latin *cara* et de l'italien *ciera*.

par faulte de bien vous gouverner ; gardez-vous-en bien ! Et je vous asseure que je suis deliberé de mettre en oubly toutes les faultes du temps passé. Et si y ha bien plus : pour vous donner meilleur courage, je vous prometz que celle de vous qui dira le meilleur savouret[1] la premiere nuict qu'elle sera avec son mary, je luy donneray deux cents escus d'avantage qu'aux deux autres. Or, allez et pensez bien à vostre cas. » Après ce bon admonestement, il se va coucher, et les filles aussi, lesquelles penserent bien chacune à part soy quel bon mot elles pourroyent dire la nuict des combatz, pour avoir ces deux cents escus ; mais elles se delibererent, à la fin, d'attendre l'assaut, esperant que le bon Dieu leur donneroit sus l'heure ce qu'elles auroyent à dire. Le jour des nopces fut l'endemain[2] : ilz espouserent : ilz font grand chere, ilz ballent ; que voulez-vous plus ? Les lits se font, les trois pucelles[3] se couchent, et les mariz apres. Celuy de la plus grande, en la mignardant, luy met la main sus le ventre et par tout ; qui trouva incontinent qu'il estoit un petit ridé par le bas ; qui luy fit souvenir qu'on la luy avoit belle baillée. « O ho ! dit-il, les oyseaux s'en sont allez ! » La damoiselle luy respond tout contant : « Tenez-vous au nid. » Et une ! Le mary de la seconde, en la maniant, trouva que le ventre estoit un peu rond. « Comment ! dit-il, la grange est pleine ! — Battez à la porte, » luy respondit-elle. Et deux ! Le mary de la tierce, en jouant les jeux, congneut incontinent qu'il n'estoit pas le fol[4]. « Le chemin est batu ! » dit-il. La jeune fille luy dit : « Vous ne vous en esgarerez pas si tost. » Et trois ! La nuit se passe ; le l'endemain elles se trouverent devant leur pere, et chacune

---

[1] Bon mot ; de l'italien *saporetto*, ragoût. Il y a *soubriquet* dans plusieurs éditions.

[2] Il en a été de ce mot comme de *lendit*, *landier*, *luette*, *lierre*, etc., où l'article s'est incorporé. (L. M.)

[3] Dans toutes les éditions qui ont suivi les deux premières, on lit : *pucelles de Marolles*. C'est une expression proverbiale : « Marolles, autrefois *Maroilles*, en latin *Maricolæ*, *Marcolæ* et *Mariliæ*, dit La Monnoye, est un village du Hainaut dépendant d'une abbaye de Saint-Benoît, diocèse de Cambrai. Comme les moines y étoient maîtres, leur familiarité avec les filles du village fit qu'elles eurent mauvais bruit, en sorte que, par une contre-vérité qui a passé en proverbe, on a nommé *pucelles de Marolles* celles qui ne le sont pas. »

[4] Les fous, en toute occasion, s'avancent et marchent les premiers. L'homme dont on parle ici reconnoit qu'il n'étoit pas le *fol*, n'étant pas venu le premier, d'autres y ayant passé avant lui, qui avoient battu le chemin. (L. M.)

luy rapporta ce qui luy estoit advenu et ce qu'elle avoit respondu. *Quæritur*[1] à laquelle des trois le pere devoit donner les deux cents escus. Vous y songerez, et ne sçay si vous serez point des miens, qui suis d'advis qu'elles devoyent toutes trois departir[2] les deux cents escus, ou bien en avoir chacune deux cents, *propter mille rationes, quarum ego dicam tantum unam brevitatis causa* c'estoit que toutes trois estoyent de bonne volonté ; toute bonne volonté est reputée pour le faict : *ergo in tantum*[3] *consequentia est in Barbara*[4], ou ailleurs. Mais cependant, s'il ne vous desplait, je vous feray une question à propos de ceste-cy: « Lequel vous aymeriez mieux estre, cocu en herbe, ou en gerbe? » Et ne respondez pas trop tost, qu'il vault mieux l'avoir esté en herbe, et ne l'estre point en gerbe : car vous sçavez combien c'est chose rare et de grand contentement que d'espouser une pucelle. Et bien, s'elle vous fait cocu après, le plaisir vous demeure tousjours, je ne dis pas d'estre cocu, je dis de l'avoir depucelée. Et puis vous avez mille faveurs, mille avantages, à cause d'elle. Pantagruel[5] le dit bien ; mais je ne veux pas en debatre les raisons d'une part et d'autre, je vous en laisse le pensement à vostre loisir ; puis, vous m'en sçaurez à dire.

---

[1] Formule de philosophie scolastique, signifiant : on demande, on s'enquiert.
[2] Partager.
[3] Les premières éditions portent *intratum*, qui est évidemment une faute.
[4] Terme de logique que Des Periers fait semblant de prendre pour un titre d'ouvrage ou pour un nom d'auteur. C'est une imitation de Rabelais (livre I, ch. xix), qui fait dire à Janotus, citant un texte de loi : « Il est *in tertio primæ*, en Darii ou ailleurs. »
[5] C'est-à-dire le *Pantagruel* de Rabelais, liv. III, ch. xxviii, où Frère Jean dit à Panurge : « Si tu es coquu, *ergo* ta femme sera belle, *ergo* tu seras bien traité d'elle, *ergo* tu auras des amis beaucoup, *ergo* tu seras sauvé. »

NOUVELLE VI.

Du mary de Picardie qui retira sa femme de l'amour, par une remonstrance qu'il luy fit en la presence des parens d'elle [1].

Il y eut jadis un Roy de France [2], duquel le nom ne se sçait point au vray, quant à cest affaire dont nous voulons parler; tant y ha qu'il estoit bon roy et digne de sa coronne. Il se rendoit fort communicatif à toutes personnes, et s'en trouvoit bien, car il apprenoit les nouvelles auprès de la verité, ce qu'on ne fait pas quand on n'escoute. Pour venir à nostre compte, ce bon Roy se pourmenoit par les contrées de son royaume, et mesmes quelquesfois alloit par ville en habit dissimulé pour mieux entendre la verité de toutes sortes d'affaires. Un jour, il voulut visiter son pays de Picardie en personne royale, portant toutesfois sa privauté accoustumée. Estant à Soissons, il fit venir les plus apparens de la ville, et les fit seoir à sa table par signe de grande familiarité, les invitant et enhardissant à luy compter toutes nouvelles, les unes joyeuses, les autres serieuses, ainsi qu'il vint à propos [3]. Entre autres, il y en eut un qui se mit compter devant le Roy la nouvelle qui s'ensuit : « Sire, il est advenu, dit-il, depuis n'ha gueres, en une de voz villes de Picardie, qu'un personnage de robbe longue et de justice, le-

---

[1] Cette Nouvelle semble avoir été inspirée par la LXXI° des *Ce t Nouvelles nouvelles*, intitulée le *Cornard Debonnaire*, laquelle fut depuis imitée en italien par Ludov. Guicciardini, dans ses *Hore di recreazione*, et par Malespini, dans ses *Ducento Novelle*.

[2] C'est sans doute Louis XI, dont le portrait historique ressemble à celui que le conteur nous présente ici; voy. la belle *Histoire de France* de M. Henri Martin, t. VI. p 529 : « Il voulait tout voir, tout savoir, tout faire par lui-même. » Cependant le serment de *Foi de gentilhomme*, que Des Periers lui a mis dans la bouche, est un anachronisme et une allusion à François Ier, qui avait adopté ce juron.

[3] Toutes ces particularités se rapportent bien à Louis XI. « La plus part du temps, rapporte Brantôme dans ses *Dames galantes*, mangeoit en pleine salle avec force gentilshommes de ses plus privez. Et celuy qui luy faisoit le meilleur et le plus lascif conte de dames de joye, il estoit le mieux venu et festoyé, et luy-mesme ne s'espargnoit à en faire, car il s'en enqueroit fort et en vouloit souvent sçavoir, et puis en faisoit part aux autres et publiquement. »

quel vit encores, ayant perdu sa femme après avoir esté assez longuement avec elle, et s'estant assez bien trouvé d'elle, print envie de se marier en secondes nopces à une fille qui estoit belle et jeune, et de bon lieu; non toutesfois qu'elle fust sa pareille en biens, et moins encores en autres choses, car il estoit desjà plus de demy passé, et elle en la fleur de ses ans et gaillarde à l'advenant, tellement qu'il n'avoit pas le fouet pour mener ceste trompe [1]. Quand elle eut commencé à gouster un petit que c'estoit des joyes de ce monde, elle sentit que son mary ne la faisoit que mettre en appetit; et, combien qu'il la traitast bien d'habillemens, de la bouche, de bonne chere, de visage et de parolles, toutesfois cela n'estoit que mettre le feu auprès des estouppes : si bien qu'il luy print fantasie d'emprunter d'ailleurs ce qu'elle n'avoit pas à son gré à la maison. Elle fait un amy auquel elle se tint pour quelque temps; puis, ne se contentant de luy seul, en fit un autre, et puis un autre, de maniere qu'en peu de temps ilz se trouverent si bon nombre, qu'ilz nuysoyent les uns aux autres, entrans à heures deues et indues en la maison pour l'amour de la jeune femme, qui avoit desjà mis à part la souvenance de son honneur pour entendre du tout [2] à ses plaisirs. Cependant que son mary ne s'en advisoit pas, ou par adventure si bien, mais il s'armoit de patience, songeant en luy-mesme qu'il falloit porter la penitence de la follie qu'il avoit faite d'avoir, sus le haut de son age, prins une fille si jeune d'ans. Ce train dura et continua tant, que ceux de la ville en tenoient leurs comptes : dont les parens de luy se fascherent fort; l'un desquelz ne se peut plus tenir, qu'il ne luy vinst dire, luy remonstrant la rumeur qui en estoit, et que, s'il n'y obvioit, il donneroit à penser qu'il seroit de vil courage, et en fin qu'il seroit laissé de tous ses parens et des gens de sorte [3]. Quand il eut entendu ce propos, il fit semblant, devant celuy qui luy tenoit, tel que le cas le requeroit, c'est-à-dire d'un grand desplaisir et facherie, et luy promit que il y mettroit ordre par tous les moyens à luy possibles. Mais quand il fut à part soy, il songea bien ce qui en estoit : qu'il estoit hors de sa puissance

---

[1] Expression proverbiale. La *trompe* est une toupie ainsi nommée à cause du ronflement qu'elle fait en tournant.

[2] Tout à fait, entièrement.

[3] De condition, de qualité.

de nettoyer si bien un tel affaire, que les taches n'en demeurassent tousjours ou long-temps. Il pensoit que la femme se deust garder par un respect de la vertu et par crainte de son deshonneur; autrement toutes les murailles de ce monde ne la sçauroyent tenir, qu'elle ne fist une fois des siennes. Davantage, luy qui estoit homme de bon discours, raisonnoit en soy-mesme, que l'honneur d'un homme tiendroit à bien peu de chose s'il dependoit du faict d'une femme [1]. Ce qui le gardoit d'apprehender [2] les matieres trop avant. Toutesfois, pour ne sembler estre nonchalant de son inconvenient domestique, lequel estoit estimé si deshonneste du commun des hommes, il s'avisa d'un moyen, lequel seul il pensoit estre expedient en tel cas : ce fut qu'il achepta une maison qui estoit joignante au derriere de la sienne, et des deux en fit une, disant qu'il vouloit s'accommoder d'une entrée et d'une issue par deux costez. Ce qui fut executé diligemment, et fut posé un huis de derrière le plus proprement qu'il se peut aviser : duquel il fit faire demie douzaine de clefz, et n'oublia pas à faire faire une gallerie bien propice pour les allans et venans. Cela ainsi appresté, il choisit un jour de commodité pour inviter à disner les principaux parens de sa femme, sans toutesfois appeler ceux du costé de luy pour celle fois. Il les traita bien et à bonne chere. Quand ilz eurent disné, avant que personne se levast de table, il se print à leur dire ainsi en la presence de sa femme : « Messieurs et mes Dames, vous sçavez combien de temps il y a que j'ay espousé vostre parente que voicy; j'ay eu le loisir de congnoistre que ce n'estoit pas à moy à qui elle se devoit marier, d'autant que nous n'estions pas pareilz elle et moy. Toutesfois, quand ce qui est fait ne se peult deffaire, il fault aller jusques au bout. » Puis, en se tournant vers sa femme. luy dit : « M'amie, j'ai eu depuis peu de temps en çà des reproches de vostre gouvernement, lesquelles m'ont grandement despleu. Il m'ha esté dit que vous avez de jeunes gens qui viennent ceans à toutes heures du jour pour vous en-

---

[1] Brantôme, Montaigne et Molière ont répété plusieurs fois la même pensée, que ce dernier formule ainsi dans son *Cocu imaginaire* :

    ... Attacher l'honneur de l'homme le plus sage
    Aux choses que peut faire une femme volage !

[2] On lit dans les autres éditions : d'approcher.

tretenir, chose qui est à vostre grand deshonneur et au mien. Si je m'en fusse apperceu d'heure [1], j'y eusse pourveu plustost et mieux. Si est-ce qu'il vault mieux tard que jamais. Vous direz à ceux qu' vous hantent, que d'icy en avant ilz entrent plus discrettement pour vous venir veoir : ce qu'ilz pourront faire par le moyen d'une porte de derriere que je leur ay fait faire, de laquelle voicy demie douzaine de clefz que je vous baille, pour leur en donner à chacun la sienne ; et s'il n'y en ha assez, nous en ferons faire d'autres : le serrurier est à nostre commandement. Et leur dites qu'ilz trouvent maniere de departir leur temps le plus commodement pour vous et pour eux qu'il sera possible, car, si vous ne vous voulez garder de mal faire, au moins ne pouvez-vous que de faire secrettement, pour garder le monde de parler contre vous et contre moy. » Quand la jeune femme eut ouï ces propos, venans de son mary, et en la presence de ses parens, elle commença à prendre vergoigne de son faict, et luy vint au devant le tort et deshonneur qu'elle faisoit à son mary, à ses parens et à soy-mesmes : dont elle eut tel remors, que deslors en là [2] elle ferma la porte à tous ses amoureux et à ses plaisirs desordonnez, et depuis vesquit avec son mary en femme de bien et d'honneur. » Le Roy, ayant ouy ce compte, voulut sçavoir qui estoit le personnage : « Foy de gentil homme dit-il, voilà l'un des plus froidz et plus patiens hommes de mon royaume. Il feroit bien quelque chose de bon, puis qu'il sçait si bien faire la patience ! » Et dès l'heure luy donna l'estat de procureur general au pays de Picardie. Quant est de moy, si je sçavois le nom de cest homme de bien, je le voudroye honorer d'une immortalité. Mais le temps luy ha faict le tort de suporimer son nom, qui meritoit bien d'estre mis ès croniques, voire d'estre canonizé : car il ha esté vray martir en ce monde, et croy qu'il est maintenant bien heureux en l'autre. Qu'ainsi vous en prenne ! *Amen*, car un prestre ne vault rien sans clerc [3].

---

[1] Au moment même.
[2] Dorénavant, depuis lors.
[3] Proverbe qui n'a pas été recueilli ; nous avions d'abord pensé qu'il signifiait : « Un exemple ne vaut rien, s'il n'est imité. » Mais nous lui donnerons aujourd'hui un sens plus analogue à l'esprit antireligieux de l'auteur, en l'expliquant ainsi : « A quoi bon un prêtre, s'il n'y a pas de fidèle ? »

NOUVELLE VII.

Du Normand allant à Romme qui fit provision de latin pour porter au Saint Pere, et comme il s'en ayda.

Un Normand, voyant que les prestres avoyent le meilleur temps du monde, après que sa femme fut morte, eut envie de se faire d'eglise; mais il ne sçavoit lire ny escrire que bien peu. Toutesfois, ayant ouy dire que pour argent on fait tout, et s'estimant aussi habile homme que beaucoup de prestres de sa paroisse, s'adressa à l'un de ses familliers, auquel il se descouvrit, et luy demanda conseil comment[1] il se devoit gouverner en cest affaire. Lequel, après plusieurs propos debatuz d'une part et d'autre, l'en reconforta, et luy dit que, s'il vouloit bien faire son cas, il falloit qu'il allast à Romme, et que à grand peine en auroit-il la raison[2] de son evesque, qui estoit difficile en cas de faire prestres et de bailler les *A quocunque*[3]; mais que le pape, qui estoit empesché à tant d'autres choses, ne prendroit garde à luy de si près et le depescheroit[4] incontinent. Davantage, qu'en ce faisant il verroit le pays, et que quand il seroit retourné, ayant esté creé prestre de la main du pape, il n'y auroit celuy qui ne luy fist honneur, et qu'en moins de rien il seroit beneficié[5] et deviendroit un grand monsieur. Mon homme trouve ces propos fort à son gré; mais il avoit tousjours ce scrupule sur sa conscience touchant le faict du latin, lequel il declara à son conseiller, luy disant : « Voire, mais quand je seray devant le pape, quel langage parleray-je? Il n'entend pas le normand, ny moy, le latin. Que feray-je? — Pour cela, dit l'autre, ne te fault pas demeurer : car, pour estre

---

[1] Variante des autres éditions : luy demandant comment.
[2] C'est-à-dire : en obtiendrait-il la permission.
[3] Terme de la formule de l'ordination.
[4] C'est-à-dire : le ferait prêtre, expédierait son affaire.
[5] Pourvu d'un bénéfice.

prestre, il suffi- de sçavoir bien sa messe de *Requiem* [1], de *Beata* [2], et du *S. Espri* , lesquelles tu auras assez tost apprinses, quand tu seras de retour. Mais, pour parler au pape, je t'apprendray trois motz de latin si bien assiz, que, quand tu les auras dits devant luy, il croira que tu sois le plus grand clerc du monde. » Mon homme fut très aise et voulut sçavoir tout à l'heure ces trois motz. « Mon amy, ce luy dit l'autre, incontinent que tu seras devant le pape, tu te jetteras à genoulx, en luy disant : *Salve, Sancte Pater*. Puis il te demandera en latin : *Unde es, tu?* c'est-à-dire : D'où estes-vous? Tu respondras : *De Normania*. Puis il te demandera : *Ubi sunt litteræ tuæ ?* Tu luy diras : *In manica mea*. Et incontinent, sans autre delay, il commandera que tu sois expedié [3]. Puis tu t'en reviendras. » Mon Normand ne fut oncq si joyeux, et demoura quinze ou vingt jours avec son homme, pour uy mettre ces trois motz de latin en la teste. Quand il pensa les bien sçavoir, il s'appresta pour prendre le chemin de Romme; et, en allant, ne disoit aultre chose que son latin : *Salve, Sancte Pater. De Normania. In manica mea*. Mais je croy bien qu'il les dit et redit si souvent et de si grande affection, qu'il oublia le beau premier mot, *Salve, Sancte Pater*, et de malheur i estoit desjà bien avant de son chemin. Si mon Normand fut fasché, il ne le fault pas demander, car il ne sçavoit à quel sainct se vouer pour retrouver son mot, et pensoit bien que de se presenter au pape sans cela, c'estoit aller aux meures sans crochet [4], et si ne cuidoit point qu'il fust possible de trouver homme si fidelle enseigneur et qui luy sceust si bien monstrer, comme celuy de sa paroisse, qui le luy avoit appris. Jamais homme ne fut si marry, jusques à tant qu'un samedy matin il entra en une eglise de la ville où il estoit, attendant la grace de Dieu là où il entendit que l'on commençoit la messe de Nostre-Dame en notte : *Salve, sancta parens*. Et mon Normand d'ouvrir l'oreille : « Dieu soit loué et Nostre-Dame ! » dit-il. Il fut si resjouy, qu'il luy sembloit estre revenu de mort à

---

[1] Messe des morts.
[2] Office de la Vierge.
[3] C'est-à-dire : qu'or te délivre des lettres de prêtrise à la chancellerie papale.
[4] Expression proverbiale, signifiant : tenter une entreprise sans avoir pris toutes ses mesures pour réussir : car, si l'on veut cueillir des mûres sans les écraser, il faut d'abord attacher à l'arbre avec un crochet le panier dans lequel on les mettra.

vie. Et incontinent s'estant faict redire ces motz par un clerc qui estoit là, jamais depuis n'oublia *Salve, sancta parens*, et poursuivit son voyage avec son latin. Croyez qu'il estoit bien aise d'estre né. Et fit tant par ses journées, qu'il arriva à Romme. Et fault notter que de ce temps-là il n'estoit pas si malaisé de parler aux papes, comme il est de present. On le fit entrer devers le pape, auquel il ne faillit à faire la reverence, en luy disant bien devotement : *Salve, sancta parens*. Le pape luy va dire : *Ego non sum mater Christi*. Le Normand lui respond : *De Normania*. Le pape le regarde et luy dit : *Dæmonium habes? — In manica mea*, respondit le Normand. Et, en disant cela, il mit la main en sa manche pour tirer ses lettres. Le pape fut un petit surpris, pensant qu'il allast tirer le gobelin [1] de sa manche. Mais quand il veid que c'estoyent lettres, il s'asseura, et luy demanda encores en latin : *Quid petis?* Mais mon Normand estoit au bout de sa leçon, qui ne respondit meshuy rien à chose qu'on luy demandast. A la fin, quand quelques uns de sa nation l'eurent ouy parler son cauchois [2], ilz se prindrent à l'arraisonner [3], ausquelz il donna bien tost à congnoistre qu'il avoit apris du latin en son village pour sa provision, et qu'il sçavoit beaucoup de bien, mais qu'il n'entendoit pas la maniere d'en user [4].

NOUVELLE VIII.

Du procureur qui fit venir une jeune garse du village, pour s'en servir, et de son clerc qui la luy essaya.

Un procureur en parlement estoit demeuré veuf, n'ayant pas encores passé quarante ans, et avoit tousjours esté assez bon

[1] Esprit familier, démon. « Le mot *gobelin*, dit La Monnoye, est ici employé fort à propos, étant usité de toute ancienneté en Normandie sous la signification d'*esprit follet*. Orderic Vital, moine normand du douzième siècle, parlant du démon que S. Taurin, premier évêque d'Evreux, chassa du temple de Diane, et qui ne laissa pas de continuer son séjour dans la même ville, ajoute qu'il y demeuroit encore de son temps et que le peuple le nommoit *gobelin* : *Hunc vulgus gobelinum appellat.* »

[2] Langage du pays de Caux.

[3] Interroger.

[4] Voyez ci-après la Nouvelle XX.

compagnon : dont il luy tenoit tousjours, tellement qu'il ne se pouvoit passer de feminin genre, et luy faschoit d'avoir perdu sa femme si tost, laquelle estoit encores de bonne emploitte¹. Toutesfoys et nonobstant il prenoit patience, et trouvoit façon de se pourvoir le mieux qu'il pouvoit, faisant œuvre de charité; c'est à sçavoir : aymant la femme de son voisin comme la sienne propre, tantost revisitant les procès de quelques femmes veufves et aultres qui venoient chez luy pour le solliciter. Brief, il en prenoit là où il en trouvoit et frappoit soubz luy comme un casseur d'acier². Mais quand il eut faict ce train par une espace de temps, il le trouva un petit fascheux : car il ne pouvoit bonnement prendre la peine d'agueter³ ses commoditez, comme font les jeunes gens; il ne pouvoit pas entrer chez ses voisins sans suspicion, veu qu'il ne l'avoit pas accoustumé. Davantage, il luy coustoit à fournir à l'appointement. Parquoy il se delibera d'en trouver une pour son ordinaire. Et luy souvint qu'à Arqueil, où il avoit quelques vignes, il avoit veu une jeune garse de l'age de seize à dix-sept ans, nommée Gillette, qui estoit fille d'une povre femme gaignant sa vie à filler de la laine. Mais ceste garse estoit encores toute simple et niaise, combien qu'elle fust assez belle de visage. Si se pensa le procureur, que ce seroit bien son cas, ayant ouy autrefois un proverbe qui dit : *Sage amy et sotte amie*. Car, d'une amie trop fine, vous n'en avez jamais bon compte; elle vous joue tousjours quelque tour de son mestier; elle vous tire à tous les coups quelque argent de soubz l'aisle⁴, ou elle veut estre trop brave, ou elle vous fait porter les cornes, ou tout ensemble. Pour faire court, mon procureur, un beau temps de vendanges, alla à Arqueil⁵, demanda cette jeune garse à sa mere pour chambriere, luy disant qu'il n'en avoit point et qu'il ne s'en sçauroit passer; qu'il la traicteroit bien, qu'il la marieroit quand il viendroit à temps. La

---

¹ Pour : emplette, achat, de bon usage.
² Expression proverbiale, qui se rapporte aux grands coups que se portaient les chevaliers couverts d'armures dans les joutes et les tournois.
³ Pour : guetter, épier, attendre aux aguets.
⁴ *Tirer l'argent de dessous l'aile*, c'est le tirer de dessous l'aisselle, parce que c'est là qu'on mettait autrefois la bourse ou le bourson, communément nommé *gousset* : d'où est venu qu'on a dit *sentir le gousset*, pour exprimer la mauvaise odeur que le bourson porté sous l'aisselle y devoit contracter. (L. M.)
⁵ On lit dans les éditions suivantes : alla luy-mesme à Arqueil, et demanda.

vieille, qui entendit bien que vouloyent dire ces parolles, n'en fit pas pourtant grand semblant, et luy accorda aisément de luy bailler sa fille, contraincte par povreté, luy promettant de la luy envoyer le dimanche prochain : ce qu'elle fit. Quand la jeune garse fut à la ville, elle fut toute esbahye de voir tant de gens, parce qu'elle n'avoit encore veu que des vaches. Et, pour ce, le procureur ne luy parloit encores de rien, mais alloit tousjours chercher ses aventures en la laissant un peu asseurer. Et puis il luy vouloit faire faire des accoustremens, afin qu'elle eust meilleur courage de bien faire[1]. Or il avoit un clerc en sa maison, qui n'avoit point toutes ces considerations-là, car, au bout de deux ou de troys jours, estant le procureur allé disner en ville, quand il eut avisé ceste garse ainsi neufve, il commence à se faire avec elle, luy demandant dont elle estoit et lequel il faisoit meilleur aux champs ou à la ville. « M'amie, dit-il, ne vous souciez de rien ; vous ne pouviez pas mieux arriver que ceans, car vous n'aurez pas grand peine ; le maistre est bon homme : il fait bon avec luy. Or çà, m'amie, disoit-il, ne vous ha-il point encores dit pourquoy il vous ha prise ? — Nenny, dit-elle ; mais ma mere m'ha bien dit que je le servisse bien et que je retinsse bien ce qu'on me diroit, et que je n'y perdrois rien. — M'amie, dit le clerc, vostre mere vous ha bien dit vray. Et, pource qu'elle sçavoit bien que le clerc vous diroit tout ce que vous auriez à faire, ne vous en ha point parlé plus avant. M'amie, quand une jeune fille vient à la ville chez un procureur, elle se doit laisser faire au clerc tout ce qu'il voudra ; mais aussi le clerc est tenu de luy enseigner les coustumes de la ville et les complexions de son maistre, afin qu'elle sçache la maniere de le servir ; autrement, les povres filles n'apprendroyent jamais rien, ny leur maistre ne leur feroit jamais bonne chere et les renvoyeroit au village. » Et le clerc le disoit de tel escient, que la povre garse n'eust osé faillir à le croire, quand elle oyoit parler d'apprendre à bien servir son maistre. Et respondit au clerc d'une parolle demy rompue et d'une contenance toute niaise : « J'en seroye bien tenue à vous[2] ! » disoit-elle. Le

---

[1] C'est-à-dire : de faire l'amour.
[2] Béroalde de Verville, au chap. xix du *Moyen de parvenir*, fait dire de même à une autre innocente : « Ardé, monsieur, je vous suis bien attenue ! »

clerc, voyant à la mine de ceste garse que son cas ne se portoit pas mal, vous commence à jouer avec elle ; il la manie, il la baise. Elle disoit bien : « Oh ! ma mere ne me l'ha pas dit. » Mais cependant mon clerc la vous embrasse, et elle se laissoit faire, tant elle estoit folle, pensant que ce fust la coustume et usance de la ville. Il la vous renverse toute vive sus un bahu. Le diable y ait part, qu'il estoit aise ! Et depuis continuerent leurs affaires ensemble à toutes les heures que le clerc trouvoit sa commodité. Et ce pendant que le procureur attendoit que sa garse fust desniaisée, son clerc prenoit ceste charge sans procuration. Au bout de quelques jours, le procureur ayant faict accoustrer la jeune fille, laquelle se faisoit tous les jours en meilleur poin [1], tant à cause du bon traictement que par ce que les belles plumes font les beaux oyseaux, qu'aussi à raison qu'elle faisoit fourbir son bas, eut envie d'essayer s'elle se voudroit renger au montoir [2], et envoya, par un matin, son clerc en ville porter quelque sac, lequel d'aventure venoit d'avec Gillette de desrober un coup en passant. Quand le clerc fust dehors, le procureur se met à follatrer avec elle, luy mettre la main au tetin, puis soubz la cotte. Elle luy rioit bien, car elle avoit desjà appris qu'il n'y avoit pas de quoy pleurer ; mais pourtant elle craignoit tousjours avec une honte villageoise [3] qui luy tenoit encores, principalement devant son maistre. Le procureur la serre contre le lict, et parce qu'il s'apprestoit de faire en la propre sorte que le clerc quand il l'embrassoit, la pressant de fort près, la garse (hé ! quelle estoit sotte !) luy va dire : « Oh ! Monsieur, je vous remercie ; nous en venons tout maintenant, le clerc et moy. » Le procureur, qui avoit la brayette bandée, ne laissa pas à donner dedans le noir [4] ; mais

---

[1] C'est-à-dire : qui s'embellissait tous les jours ; *être en bon point* voulait dire : « être bien faite pour l'amour. »

[2] Expression proverbiale métaphorique, tirée de la docilité routinière avec laquelle les mules des procureurs et des gens de robe venaient d'elles-mêmes se ranger le long des *montoirs* de pierre et présenter l'étrier à leurs maîtres. « On comptait, au milieu du seizième siècle, dit M. Lacour, un fort grand nombre de montoirs dans les rues de Paris. Charles IX, par un édit du 29 décembre 1564, en ordonna la démolition. »

[3] Cette expression est *cicéronienne*, comme on disait alors, car Cicéron s'en est servi dans une de ses lettres familières : *pudor subrusticus*.

[4] Expression proverbiale qui fait allusion au point de mire du tir de l'arc.

il fut bien peneux, sachant que son clerc avoit commencé de si bonne heure à la luy desniaiser. Pensez que le clerc eut son congé pour le moins.

NOUVELLE IX.

De celui qui acheva l'oreille de l'enfant à la femme de son voisin [1].

Il ne se fault pas esbahir, si celles des champs ne sont gueres fines, veu que celles de la ville se laissent quelquesfois abuser bien simplement. Vray est qu'il ne leur advient pas souvent; car c'est ès villes que les femmes font les bons tours. De par Dieu! c'est là, car je veux dire qu'il y avoit en la ville de Lyon une jeune femme, honnestement belle, laquelle fut mariée à un marchand d'assez bonne trafique [2]. Mais il n'eut pas esté avec elle trois ou quatre moys, qu'il ne luy fallust aller dehors pour ses affaires, la laissant pourtant enceincte seullement de trois sepmaines : ce qu'elle congnoissoit à ce qu'il luy prenoit quelquesfois defaillement de cueur, avec telz autres accidens qui prennent aux femmes enceinctes.

Si tost qu'il fut party, un sien voisin, nommé le sire André [3], s'en vint voir la jeune femme comme il avoit de coustume de

---

[1] Boccace paraît avoir le premier mis en œuvre ce sujet, qui a été souvent traité après lui; voyez *Decamerone*, giorn. VIII, nov. VIII. La facétie de Poggio, *Talia*, reproduite dans le *Libro delle origine delli volgari proverbi*, d'Aloyse Cynthio (Veneg., 1526, in-fol.), avait fourni la matière de la troisieme des *Cent Nouvelles nouvelles*, que Des Periers a sans doute imitée. Depuis, d'autres imitateurs n'ont pas fait mieux; voyez *le Piacevoli notti* de Straparole, notte VI, nov. 1; *Ducento Notelle*, de Malespini, nov. XLV; *Apologie pour Hérodote*, de Henri Estienne; *Joyeuses Adventures et nouvelles Récréations*, devis VI; *Contes* de La Fontaine, liv. II, conte II, etc.

[2] C'est-à-dire : d'un commerce assez agréable. « Le mot *trafique*, dit La Monnoye, étoit alors de trois syllabes et féminin. Nicot n'a mis dans son Dictionnaire que *la trafique*. Monet, qui est venu depuis, a mis dans le sien *la trafique* et *le traficq*; mais le masculin, dès le temps de Monet même, avoit prévalu. »

[3] La Fontaine, dans son conte *le Faiseur d'oreilles et le Raccommodeur de moules*, a conservé le nom de ce personnage, qu'il appelle tantôt *le compere André* et tantôt *le sire André*, ce qui prouve qu'il a puisé son sujet dans la Nouvelle de Des Periers.

hanter privéement en la maison par droit de voisiné [1], qui se print à railler avec elle, luy demandant comme elle se portoit en mesnage. Elle luy respond qu'assez bien, mais qu'elle se sentoit estre grosse. « Est-il possible? dit-il ; vostre mary n'auroit pas eu le loisir de faire un enfant depuis le temps que vous estes ensemble? — Si est-ce que je le suis, dit-elle, car la dena [2] Toiny m'a dit qu'elle se trouva ainsi, comme je me trouve, de son premier enfant. — Or, ce luy dit le sire André, sans toutesfois penser grandement en mal, ny qu'il luy en deust advenir ce qu'il en advint, croyez-moy que je me congnois bien en cela, et, à vous veoir, je me doute que vostre mary n'ha pas faict l'enfant tout entier, et qu'il y ha encores quelques oreilles à faire. Sus mon honneur, prenez-y bien garde! J'ay veu beaucoup de femmes qui s'en sont mal trouvées, et d'autres, qui ont esté plus sages, qui se sont faict achever leur enfant en l'absence de leur mary, de peur des inconvéniens. Mais incontinent que mon compere sera venu, faites-le-luy achever. — Comment! dit la jeune femme, il est allé en Bourgoigne; il ne sçauroit pas estre ici d'un moys pour le plustost. — M'amie, dit-il, vous n'estes donc pas bien ; vostre enfant n'aura qu'une oreille [3], et si estes en danger que les autres d'après n'en auront qu'une non plus, car volontiers, quand il en vient quelque faute aux femmes grosses de leur premier enfant, les derniers en ont autant. » La jeune femme, à ces nouvelles, fut la plus faschée du monde. « Eh! mon Dieu, dit-elle, je suis bien povre femme. Je m'esbahy qu'il ne s'est advisé de le faire tout, devant que de partir. — Je vous diray, dit le sire André, il y ha remede par tout, fors qu'à la mort. Pour l'amour de vous, vrayement, je suis content de le vous achever, chose que je ne ferois pas si c'estoit un autre, car j'ay assez d'affaires environ les miens; mais je ne voudroye pas que par faute de secours il vous fust avenu un tel inconvenient que cestuy-là. » Elle, qui estoit à la bonne foy, pensa que ce qu'il luy disoit estoit vray, car il parloit brus-

---

[1] Voisinage.
[2] *Dena*, en patois de Lyon, signifie *dame*, du latin *domina*, qui s'est transformé successivement en *domna*, *dona*, *dena*.
[3] La Fontaine exprime cela par : enfant *monaut*, mot qui n'est dans aucun dictionnaire, qui ne se dit nulle part et qui est de son invention. Il l'a tiré du grec μονωτος, *unauris*. (L. M.)

quement et comme s'il luy eust voulu faire entendre qu'il faisoit beaucoup pour elle, et que ce ne fust qu'une corvée pour luy. Conclusion : elle se fist achever cest enfant : dont le sire André s'acquitta gentiment, non pas seullement pour ceste foys-là, mais y retourna assez souvent depuis. Et, à l'une des fois, la jeune femme luy disoit : « Voire mais, si vous luy faictes quatre ou cinq oreilles, arriere [1], ce sera une mauvaise besoigne. — Non, non, ce dit le sire André, je n'en feray qu'une ; mais pensez-vous qu'elle soit si tost faicte? Vostre mary ha demeuré si long-temps à faire ce qu'il y ha de faict ! Et puis on peult bien faire moins, mais on ne sçauroit en faire plus ; car, quand une chose est achevée, il n'y fault plus rien. » En cest estat fut achevée ceste oreille. Quant le mary fut venu de dehors, sa femme luy dit, la nuict, en folatrant : « Ma figue [2] ! vous estes un beau faiseur d'enfant ! Vous m'en aviez fait un qui n'eust eu qu'une oreille, et vous en estiez allé sans l'achever. — Allez, allez, dit-il, que vous estes folle ! Les enfans se font-ilz sans oreilles ? — Ouy dea, ilz s'y font, dit-elle ; demandez-le à sire André, qui m'ha dit qu'il en a veu plus de vingt qui n'en avoyent qu'une, par faute de les avoir achevez, et que c'est la chose la plus mal-aisée à faire que l'oreille d'un enfant ; et s'il ne la m'eust achevée, pensez que j'eusse fait un bel enfant ! » Le mary ne fut pas trop content de ces nouvelles. « Quel achevement est cecy? dit-il. Qu'est-ce qu'il vous ha fait pour l'achever? — Le demandez-vous ? dit-elle ; il m'ha fait comme vous me faictes. — A ha ! dit le mary, est-il vray? M'en avez-vous fait d'une telle? » Et Dieu sçait de quel sommeil il dormit là-dessus ! Et luy, qui estoit homme cholere, en pensant à l'achevement de ceste oreille, donna par fantasie [3] plus de cent coups de dague à l'acheveur ; et luy dura la nuict plus de mil ans, qu'il n'estoit desjà après ses vengeances. Et, de faict, la premiere chose qu'il fit, quand il fut levé, ce fut d'aller à ce sire André,

[1] En plus, au delà de ce qu'il en faut ; idiotisme usité alors dans le Lyonnais et la Bourgogne.
[2] Bien des femmes, pour éviter de dire *ma foi* en jurant, disent, les unes, *ma fi !* les autres, *ma figue !* et d'autres, *ma figuette !* Figue ni figuette ne sont point une allusion à l'italien *ficu*, comme le disent en raillant le Molza, dans son *Capitolo delle Fiche*, et le Caro son commentateur, mais une simple extension du mot *fi*, dit au lieu de *foi*. (L. M.)
[3] Pour : *fantaisie* ; en italien *fantasia*.

auquel il dit mille outrages, le menassant qu'il le feroit repentir du meschant tour qu'il luy avoit fait. Toutesfois, de grand menasseur, peu ce fait : car, quand il eut bien fait du mauvais, il fut contraint de s'appaiser pour une couverte de Cataloigne [1] que luy donna le sire André, à la charge, toutesfois, qu'il ne se mesleroit plus de faire les oreilles de ses enfans, et qu'il les feroit bien sans luy.

NOUVELLE X.

De Fouquet, qui fit accroire au procureur en Chastellet, son maistre, que le bon homme estoit sourd, et au bon homme que le procureur l'estoit; et comment le procureur se vengea de Fouquet.

Un procureur en Chastellet tenoit deux ou trois clercs soubz luy, entre lesquelz y avoit un apprentif, filz d'un homme assez riche de la ville mesme de Paris, lequel l'avoit baillé à ce procureur pour apprendre le stille [2]. Le jeune filz s'appelloit Fouquet, de l'age de seize à dix-sept ans, qui estoit bien affaicté [3] et faisoit tousjours quelque chatonnie [4]. Or, selon la coustume des maisons des procureurs, Fouquet faisoit toutes les courvées, entre lesquelles l'une estoit qu'il ouvroit quasi tousjours la porte quand on tabutcit [5], pour congnoistre les parties que servoit son maistre, et pour sçavoir ce qu'elles demandoient, pour le luy rapporter. Il y avoit un homme de Bagneux qui plaidoit en Chastellet, et avoit pris le maistre de Fouquet pour son procureur, lequel il venoit souvent voir, et, pour mieux estre servy, luy

---

[1] D'autres éditions ont *Castaloigne*, qui approche davantage de *castelogne*, aujourd'hui le mot d'usage. Furetière dérive ce mot de *casta lana*, parce que, dit-il, on les fait d'ordinaire de la toison des agneaux. D'autres, avec plus de vraisemblance, le dérivent de *Catalogne*, parce que ces couvertures sont venues de Catalogne et qu'elles en retiennent le nom en diverses provinces de France. (L. M.)

[2] Le style du Palais: la procédure.

[3] Ou plutôt : *affetté*, sournois, trompeur.

[4] *Chatonnie* se prend pour : malice, niche, tour de page, tour d'espiègle. Les chats sont malins, et, de là, *chatonnie*; et, plus bas, *chaterie*, dans le même sens. (L. M.)

[5] Tabuter, c'est heurter à petits coups, c'est faire du bruit à la porte avec le heurtoir.

apportant par les fois chappons, beccasses, levrauts, et venoit volontiers un peu après midy, sus l'heure que les clercs disnoyent ou achevoyent de disner : auquel Fouquet alloit ouvrir ; mais il n'y prenoit point de plaisir à une telle heure, car il y alloit du temps pour luy, parce que le bon homme se mettoit en raison avecques luy, tellement qu'il falloit bien souvent que Fouquet allast parler à son maistre et puis en rendre responce : qui faisoit qu'il disnoit quelques foys bien legerement ; et son maistre, d'une autre part, n'avoit pas grand respect à luy, car il l'envoyoit à la ville à toutes heures du jour, vingt fois, et cent fois, ne sçay combien [1], dont il estoit fort fasché. A l'une des fois, voicy ce bon homme de Bagneux qui frappe à la porte et à l'heure accoustumée, lequel Fouquet entendoit assez au frapper. Quand il eut tabuté deux ou trois coups, Fouquet luy va ouvrir, et en allant s'avisa de jouer un tour de chaterie à son homme, qui vient, disoit-il, tousjours quand on disne, et se pensa comment son maistre en auroit sa part. Ayant ouvert l'huis : « Et puis [2], bon homme, que dites-vous? — Je voulois parler à Monsieur, dit-il, pour mon procès. — Et bien, dit Fouquet, dites-moy que c'est, je le luy iray dire — Oh ! dit le bon homme, il faut que je parle à luy, vous n'y feriez rien sans moy. — Bien doncq, dit Fouquet, je m'en vais luy dire que vous estes icy. » Fouquet s'en va à son maistre et luy dit : « C'est cest homme de Bagneux qui veult parler à vous. — Fay-le venir, dit le procureur. — Monsieur, dit Fouquet, il est devenu tout sourd ; au moins il oit bien dur. Il faudroit parler bien haut, si vous vouliez qu'il vous entendist. — Et bien, dit le procureur, je parleray prou haut. » Fouquet retourne au bon homme et luy dit : « Mon amy, allez parler à Monsieur ; mais sçavez-vous que c'est ? Il y ha eu un catherre qui luy est tombé sus l'oreille, et est quasi devenu sourd. Quand vous parlerez à luy, criez bien haut ; autrement, il ne vous entendroit pas. » Cela faict, Fouquet s'en va veoir s'il acheveroit de disner, et, en allant,

[1] Allusion à ces vers de la ballade de *frère Lubin*, dans Clément Marot :

Pour courir en poste à la ville,
Vingt fois, cent fois, ne sçay combien, etc.

[2] Anciennement, *Et puis?* etoit le premier mot qu'on se disoit dans la rencontre ; c'étoit comme l'ouverture du discours. Marot, dans son *Dialogue de deux amoureux*, les fait débuter chacun par un *Et puis*. (L. M.)

il dit en soy-mesme : « Noz gens ne parleront pas tantost en conseil. » Ce bon homme entre en la chambre où estoit le procureur, le salue en luy disant : « Bonjour, Monsieur ! » si haut, qu'on l'oyoit de toute la maison. Le procureur luy dit encores plus haut : « Dieu vous gard, mon amy ! Que dites-vous ? » Lors ilz entrerent en propos de procès, et se mirent à crier tous deux comme s'ilz eussent esté en un bois. Quand ilz eurent bien crié, le bon homme prend congé de son procureur et s'en va. De là à quelques jours, voicy retourner ce bon homme, mais ce fut à une heure que, par fortune, Fouquet estoit allé par ville là où son maistre l'avoit envoyé. Ce bon homme entre, et, après avoir salué son procureur, luy demande comment il se portoit. Il respond qu'il se portoit bien. « Eh ! Monsieur, dit le bon homme, Dieu soit loué vous n'estes plus sourd, au moins ? Dernierement que vins icy, il falloit parler bien haut ; mais maintenant vous entendez bien, Dieu mercy. » Le procureur fut tout esbahy. « Mais vous, dit-il, mon amy, estes-vous bien guery de voz oreilles ? C'estoit vous qui estiez sourd. » Le bon homme luy respond qu'il n'en avoit point esté malade et qu'il avoit tousjours bien ouy, la grace à Dieu. Le procureur se souvint bien incontinent que c'estoit des fredaines de Fouquet ; mais il trouva bien de quoy le luy rendre, car, un jour qu'il l'avoit envoyé à la ville, Fouquet ne faillit point à se jetter dedans un jeu de paume qui n'estoit pas gueres loing de la maison, ainsi qu'il faisoit le plus des fois quand on l'envoyoit quelque part ; de quoy son maistre estoit assez bien adverty, et mesmes l'y avoit trouvé quelques fois en passant. Sachant bien qu'il y estoit, il envoya dire à un barbier, son compere, qui demeuroit là auprès, qu'il luy fist tenir un beau balay neuf tout prest, et luy fit dire à quoy il en avoit affaire. Quand il sceut que Fouquet pouvoit estre bien eschauffé à testonner la bourre [1], il vint entrer au jeu de paume, et appelle Fouquet, qui avoit desjà bandé sa part de deux douzaines d'esteufz et joué à l'acquit. Quand il le vit ainsi rouge : « Eh ! mon amy, vous vous gastez, dict-il ; vous en serez malade, et puis vostre pere s'en prendra à moy. » Et là-dessus, au sortir du jeu

---

[1] Expression proverbiale, signifiant : pousser l'éteuf, balle de paume, faite de bourre étroitement serrée dans une enveloppe de cuir ; *éteuf* ne vient pas de *touffe*, comme le dit La Monnoye, mais de l'italien *stoffa*.

de paume, le fait entrer chez le barbier, auquel il dit : « Mon compere, je vous prie, prestez-moi quelque chemise pour ce jeune filz qui est tout en eau, et le faictes un petit frotter. — Dieu ! dit le barbier, il en a bon mestier; autrement, il seroit en danger d'une pleuresie. » Ilz font entrer Fouquet en une arriere-boutique et le font despouiller au long du feu qu'ilz firent allumer pour faire bonne mine. Et cependant les verges s'apprestoyent pour le povre Fouquet, qui se fust bien volontiers passé de chemise blanche. Quand il se fut despouillé, on apporte ces maudites verges, dont il fust estrillé soubz le ventre et partout ; et, en le fouettant, son maistre lui disoit : « Dea, Fouquet, j'estois l'aultre jour sourd : et vous, estes-vous point punais à ceste heure ? Sentez-vous bien le balay¹ ? » Et Dieu sçait comment il pleut sus sa mercerie² ! Ainsi le gentil Fouquet eut loisir de retenir qu'il ne fait pas bon se jouer à son maistre.

NOUVELLE XI.

D'un docteur en decret, qu'un beuf blessa si fort, qu'il ne sçavoit en quelle jambe c'estoit ³.

Un docteur en la faculté de decret⁴, passant pour aller lire aulx escolles⁵, rencontra une troupe de beufz (ou la troupe

---

¹ Les punais n'ont point d'odorat, et sont privés, par conséquent, de la faculté de sentir les odeurs; mais, quand on demande à Fouquet, en le fouettant, s'il n'est point punais, s'il sent le balai, on équivoque sur le mot *sentir*, par rapport aux odeurs et aux coups de fouet, qui se font sentir, mais fort diversement. (L. M.)

² Expression proverbiale, qui vient de ce que les merciers ambulants portaient sur leur dos la balle contenant leurs marchandises. On disait qu'il pleut sur la mercerie de quelqu'un, pour exprimer les coups de bâton qui lui tombaient dru sur les épaules. Henri Estienne emploie cette expression figurée au chap. xxi de l'*Apologie pour Hérodote*.

³ Voy. Pogge, *Histoire de Florence*, p. 455. « C'était, dit M. Lacour, un cardinal de Bordeaux qui avait raconté ce conte au Pogge, et il le mettait sur le compte d'un bordelais. »

⁴ Docteur en droit canon. *Decretum* est le titre de la première partie du recueil de droit canonique, compilé par Gratianus au douzième siècle.

⁵ Les écoles des Quatre-Nations étaient situées dans la rue du Fouare, qu'on appelait alors rue du *Feurre*, à cause de la paille qui la jonchait, destinée à étouffer le bruit de cette rue, où la Faculté de Décret avait ses classes.

de beufz le rencontra) qu'un valet de boucher menoit devant soy; l'un desquelz quidem beufz, comme monsieur le docteur passoit sus sa mule, vint frayer un petit contre sa robe, dont il se print incontinent à crier : « A l'ayde ! ô le meschant beuf ! il m'ha tué ! je suis mort ! » A ce cry s'amasserent force gens, car il estoit bien congneu, parce qu'il y avoit trente ou quarante ans qu'il ne bougeoit de Paris, lesquelz, à l'ouir crier, pensoyent qu'il fust enormement blessé. L'un le soustenoit d'un costé, l'autre d'un aultre, de peur qu'il ne tombast de dessus sa mule ; et entre ses hauts criz, il dit à son *famulus*[1], qui avoit nom Corneille : « Vien çà. Eh! mon Dieu! va-t'en aux escolles, et leur dy que je suis mort, et qu'un beuf m'ha tué, et que je ne sçaurois aller faire ma lecture, et que ce sera pour une aultre fois. » Les escolles furent toutes troublées de ces nouvelles, et aussi messieurs de la Faculté; et incontinent l'allerent veoir quelques uns d'entre eux qui furent deputez, qui le trouverent estendu sus un lit, et le barbier[2] environ, qui avoit des bandeaux d'huiles, d'onguentz, d'aubins d'oeufs[3] et tous les ferremens en tel cas requis. Monsieur le docteur plaignoit la jambe droite si fort, qu'il ne pouvoit endurer qu'on le dechaussast, mais fallut incontinent descoudre la chausse. Quand le barbier eut veu la jambe à nud, il ne trouva point de lieu entamé ny meurdry[4], ni aucune apparence de blessure, combien que toujours monsieur le docteur criast : « Je suis mort, mon amy ! je suis mort ! » Et quand le barbier y vouloit toucher de la main, il crioit encores plus haut : « Oh ! vous me tuez ! je suis mort ! — Et où est-ce qu'il vous faict le plus de mal, Monsieur? disoit le barbier. — Et ne le voyez-vous pas bien? disoit-il. Un beuf qui m'ha tué, et il me demande où c'est qu'il m'ha blessé ! Eh ! je suis mort ! » Tantost le barbier luy demandoit : « Est-ce là, Monsieur? — Nenny. — Et là? — Nenny. — » Brief, il ne s'y trouvoit rien. « Eh ! bon Dieu ! qu'est cecy? Ces gens icy ne sçauroyent

---

[1] Le *famulus* d'un maitre ès arts n'est pas un valet, comme le dit M. Lacour, mais un *cuistre*, exécuteur des hautes et basses œuvres du pédant.

[2] La profession de barbier n'était point encore séparée de celle de chirurgien, à cette époque.

[3] Blancs d'œufs; *aubin* dérive d'*albus*, dont on a fait *albinus* et *albumen*.

[4] Pour : *meurtri*. Ordinairement, à cette époque, *meurdrir* s'employait dans le sens de *tuer*, sinon *blesser à mort*.

trouver là où j'ay mal. N'est-il point enflé? dit-il au barbier. — Nenny. — Il fault donc, dit monsieur le docteur, que ce soit en l'autre jambe, car je sçay bien que le beuf m'ha heurté. » Il fallut deschausser ceste autre jambe; mais elle se trouva blessée comme l'autre. « Baa! ce barbier icy n'y entend rien : allez m'en querir un autre! » On y va; il vint; il n'y trouve rien. « Eh! mon Dieu, dit monsieur le docteur, voicy grand chose! Un beuf m'auroit-il ainsi frappé, sans me faire mal? Vien çà, Corneille ; quand le beuf m'a blessé, de quel costé venoit-il? N'estoit-ce pas devers la muraille? — Ouy, *Domine*, ce disoit le *famulus;* c'est donc en ceste jambe icy. — Je le leur ay bien dit dès le commencement; mais il leur est advis que c'est mocque [1]. » Le barbier voyant bien que le bon homme n'estoit malade que d'aprehension, pour le contenter, il y mit un appareil legier, et luy banda la jambe, en luy disant que cela suffiroit pour le premier appareil. « Et puis, dit-il, monsieur nostre maistre, quand vous aurez advisé en quelle jambe est vostre mal, nous y ferons quelque aultre chose. »

NOUVELLE XII.

Comparaison des Alquemistes à la bonne femme qui portoit une potée de lait au marché [2].

Chacun sçait que le commun langage des Alquemistes [3], c'est qu'ilz se promettent un monde de richesses, et qu'ilz sçavent

---

[1] Pour : *moquerie*. On lit dans les éditions suivantes : *C'est se mocquer.*

[2] Le sujet de cette Nouvelle était populaire longtemps avant que Des Periers l'eût traité à sa façon, car dans le *Gargantua* de Rabelais, chap. xxxiii, un vieux routier dit au roi Pichrochole qui projetait la conquête du monde : « Toute cette entreprise sera semblable à la farce du *Pot au lait*, duquel un cordouannier se faisoit riche par resverie; puis, le pot cassé, n'eust de quoy disner. » Cette farce du *Pot au lait* est malheureusement perdue. La Fontaine a tiré de là une de ses plus charmantes fables, *la Laitiere et le Pot au lait*. Voyez aussi les *Facetie* du Domenichi, liv. V, etc.

[3] On écrivait alors *alquemie*, pour : alchimie, suivant la manière dont on prononçait ce mot.

des secretz de nature que tous les hommes ensemble ne sçavent pas ; mais à la fin tout leur cas s'en va en fumée, tellement que leur alquemie se pourroit plus proprement dire : *Art qui mine*, ou *Art qui n'est mie* ; et ne les sçauroit-on mieux comparer qu'à une bonne femme qui portoit une potée de laict au marché, faisant son compte ainsi : qu'elle la vendroit deux liards ; de ces deux liards elle en achepteroit une douzaine d'oeufs, lesquelz elle mettroit couver, et en auroit une douzaine de poussins ; cès poussins deviendroient grands, et les feroit chaponner ; ces chapons vaudroyent cinq solz la piece [1] : ce seroit un escu et plus, dont elle achepteroit deux cochons, masle et femelle, qui deviendroyent grands et en feroyent une douzaine d'autres, qu'elle vendroit vingt solz la piece [2] après les avoir nourriz quelque temps ce seroyent douze francs, dont elle achepteroit une jument, qui porteroit un beau poulain, lequel croistroit et deviendroit tant gentil : il saulteroit et feroit *hin* [3]. Et, en disant *hin*, la bonne femme, de l'aise qu'elle avoit en son compte, se print à faire la ruade que feroit son poulain, et, en la faisant, sa potée de lait va tomber et se respandit toute. Et voilà ses oeufs, ses poussins, ses chapons, ses cochons, sa jument et son poulain, tous par terre. Ainsi les Alquemistes, après qu'ils ont bien fournayé [4], charbonné, lutté [5], soufflé, distillé, calciné, congelé, fixé, licuefié, vitrefié, putrefié, il ne faut que casser un alembic pour les mettre au compte de la bonne femme.

[1] Dans un règlement de police fait l'an 1680, à Dijon, un chapon paillé (c'est-à-dire, de paillier) est taxé six sols huit deniers ; il ne coûtoit que deux sols pendant les treizième et quatorzième siècles. (L. M.)
[2] J'ai ouï dire qu'er 1620 et 1030, à Dijon, les plus gros cochons de lait se donnoient encore à 20 sols, les médiocres à 10, et les petits à 5. (L. M.)
[3] La Monnoye cite à ce propos le proverbe espagnol suivant : *Mula que hace hin y muger que parla latin, nunca hizieron buena fin* (Mule qui fait *hin* et femme qui parle latin, jamais ne font bonne fin).
[4] Allumé leurs fourneaux.
[5] Bouché des vases hermétiquement avec du *lut*, enduit chimique.

NOUVELLE XIII.

Du roy Salomon, qui fit la pierre philosophale, et la cause pourquoy les Alquemistes ne viennent au dessus de leurs intentions.

La cause pour laquelle les Alquemistes ne peuvent parvenir au bout de leurs entreprinses, tout le monde ne la sçait pas; mais Marie la prophetesse[1] la met bien à propos et bien au long en un livre qu'elle ha fait de la grande excellence de l'art[2], exhortant les philosophes et leur donnant bon courage qu'ilz ne se desesperent point; et dit ainsi, que la pierre des philosophes est si digne et si precieuse, que, entre ses admirables vertuz et excellences, elle ha puissance de contraindre les espritz[3], et que quiconques l'ha, il les peut conjurer, anathematiser, lier, garrotter, bafouer, tormenter, emprisonner, geheiner, martyrer. Brief, il en joue de l'espée à deux mains, et peut faire tout ce qu'il veut, s'il sçait bien user de sa fortune. Or est-ce, dit-elle, que Salomon eut la perfection de ceste pierre, et si congneut par inspiration divine la grande et merveilleuse proprieté d'icelle, qui estoit de contraindre les gobelins[4], comme nous avons dit. Parquoy, aussi-tost qu'il l'eut faicte, il conclut de les faire venir; mais il fit premierement faire une cuve de cuyvre de merveilleuse grandeur, car elle n'estoit pas moindre que tout le circuit du bois de Vincennes, sauf que, s'il s'en falloit quelque demy pied ou environ, c'est tout un : il ne faut point s'arrester à peu de chose. Vray est qu'elle estoit plus ronde, et la

---

[1] Sœur de Moïse et d'Aaron; les alchimistes, qui en avaient fait une prophétesse et une adepte de la science hermétique, ont donné son nom (*Balnœum Mariæ*) à la préparation si connue que nous appelons encore *bain-marie*.

[2] L'ouvrage apocryphe que les alchimistes attribuaient à cette Marie, qui l'avait écrit, disaient-ils, sous l'inspiration divine, est intitulé : *de Lapide philosophiæ*.

[3] Jacques de Voragine, auteur de la *Legenda aurea*, et Pierre de Natalibus, auteur du *Catalogus Sanctorum*, disent la même chose, dans la vie de sainte Marguerite, car la pierre philosophale était presque un article de foi, au moyen âge.

[4] Esprits, farfadets. Voy. ci-dessus, p. 51, la note de La Monnoye.

falloit ainsi grande, pour faire ce qu'il en vouloit faire ; et par mesme moyen fit faire un couvercle, le plus juste qu'il estoit possible. Et quant et quant ¹, et pareillement, fit faire une fosse en terre assez large pour enterrer ceste cuve, et la fit caver² le plus bas qu'il peut. Quand il veit son cas ainsi bien appareillé, il fit venir, en vertu de ceste saincte pierre, tous les espritz de ce bas monde, grands et petits ³, commençant aux quatre empereurs des quatre coings de la terre ; puis, fit venir les rois, les ducs, les comtes, les barons, les colonnelz, capitaines, caporaux, lancespessades ⁴, soldatz à pied et à cheval, et tous tant qu'il y en avoit. Et, à ce compte, il n'en demoura pas un pour faire la cuisine. Quand ilz furent venuz, Salomon leur commanda, en la vertu susdicte, qu'ilz eussent tous à se mettre dedans ceste cave, laquelle estoit enfoncée dedans ce creux de terre. Les espritz ne sceurent contredire qu'ils n'y entrassent, et croyez que c'estoit à grand regret, et qu'il y en avoit qui faisoyent une terrible grimasse. Incontinent qu'ils furent là dedans, Salomon fit mettre le couvercle dessus, et le fit très bien lutter, *cum luto sapientiæ* ⁵, et vous laisse messieurs les diables là dedans, lesquelz il fit encores couvrir de terre, jusques à ce que la fosse en fust comble. En quoy toute son intention estoit que le monde ne fust pas infecté de ces mechans et maudits vermeniers ⁶, et que les hommes de là en avant ⁷ vesquissent en paix et amour, et que toutes vertus et resjouissances regnassent sur terre. Et, de faict, soudainement après furent les

---

¹ Avec, en outre, de surplus.
² Creuser; de *cavare*.
³ L'auteur anonyme du *Cabinet du Roy de France* (1581, in-8) dit que les magiciens ont fait un inventaire de la monarchie diabolique, avec les noms des soixante-douze princes et de sept millions quatre cent cinq mille neuf cent vingt diables ! Voyez p. 51 de ce singulier livre, attribué à Nicolas Froumenteau.
⁴ *Colonel, caporal, lancespessades* (c'est-à-dire, en italien, *lances rompues*), étaient alors des mots nouveaux importés en France par les Italiens qui vinrent s'y établir après le mariage de Catherine de Médicis avec le Dauphin Henri. Voyez ces mots dans le *Dictionnaire étymologique* de Ménage.
⁵ C'est-à-dire : luter hermétiquement, avec une composition dont les alchimistes attribuaient l'invention à Hermès Trismégiste. Au commencement des *Mille et une Nuits*, il est question d'un génie, que le roi Salomon avait emprisonné dans un vase de plomb scellé de son sceau, pour le jeter au fond de la mer.
⁶ Méchante et maudite vermine, parce que les diables affectent de préférence la forme du serpent.
⁷ Dorénavant.

hommes joyeux, contens, sains, gays, drus¹, hubiz², vioges³, alaigres, esbaudiz, galans, galois⁴, gaillardz, gentz, frisques⁵, mignons, poupins⁶, brusques⁷. O! qu'ilz se portoyent bien! O! que tout alloit bien! La terre apportoit toutes sortes de fruitz sans main mettre⁸; les loups ne mangeoyent point le bestial⁹; les lions, les ours, les tigres, les sangliers, estoient privez comme moutons. Brief, toute la terre sembloit estre un paradis, ce pendant que ces truans¹⁰ de diables estoient en basse fosse. Mais qu'avint-il? Au bout d'un long espace de temps, ainsi que les règnes se changent et que les villes se destruisent et qu'il s'en reedifie d'aultres, il y eut un Roy, auquel il print envie de bastir une ville, et fortune voulut qu'il entreprint de la bastir au propre lieu où estoient ces diables enterrez. Il fault bien que Salomon faillist à y faire entrer quelque petit diable, qui s'estoit caché soubz quelque motte de terre, quand ses compagnons y entrerent; lequel quidam diablotin mit en l'entendement de ce Roy de faire sa ville en cedit lieu, afin que ses compagnons fussent delivrez. Ce Roy donc mit gens en œuvre pour faire ceste ville, laquelle il vouloit magnifique, forte et imprenable; et pour ce, il y falloit de terribles fondemens pour faire les murailles, tellement que les pionniers caverent si bas, que l'un d'entre eux vint tout premier à descouvrir ceste cuve où estoyent ces diables: lequel l'ayant ainsi hurtée, et que ses compagnons s'en furent apperceuz, ilz penserent bien estre tous riches, et qu'il y eust un tresor inestimable là dedans. Helas! quel tresor c'estoit! Eh! Dieu! que ce fut bien en la male heure! O! que le ciel estoit bien lors envieux contre la terre! O! que les dieux estoyent bien courroussez contre le povre genre humain! Où est la plume qui sceust escripre, où est la langue

---

¹ Vaillants, vigoureux.
² Bien nourris, gaillards, selon La Monnoye, qui s'appuie sur les vieux glossaires.
³ Vivaces, bons vivants.
⁴ Amis du plaisir.
⁵ Frais, dispos, gaillards.
⁶ Coquets.
⁷ Forts; de l'italien *brusco*. Cette accumulation d'épithètes qualificatives est tout à fait dans le goût de Rabelais.
⁸ Sans y mettre la main, sans culture.
⁹ Pour: *bétail*.
¹⁰ Gueux, coquins; du bas latin *trutanus* et *trudanus*, qui vient du verbe *trudere*, et du participe *trudens*.

qui sceust dire assez de maledictions contre ceste horrible et malheureuse descouverte? Voilà que fait l'avarice, voilà que fait l'ambition, qui creuse la terre jusques aux enfers pour trouver son malheur, ne pouvant endurer son ayse. Mais retournons à nostre cave et à noz diables. Le compte dit qu'il ne fut en la puissance de ces becheurs de la pouvoir ouvrir si tost, car, avec la grandeur, elle estoit espaisse à l'avenant. Pour ce, il fut force que le Roy en eust la cognoissance, lequel, l'ayant veue, ne pensa pas aultre chose que ce qu'en avoyent pensé les pionniers : car qui eust jamais imaginé qu'il y eust eu des diables dedans, quand mesmes on ne pensoit plus qu'il y en eust au monde, veu le long temps qu'il y avoit qu'on n'en avoit ouy parler? Ce Roy se souvenoit bien que ses predecesseurs roys avoyent esté infiniment riches, et ne pouvoit estimer autre chose, sinon qu'ilz eussent là enfermé une finance incroyable, et que les destins l'avoyent reservé à estre possesseur d'un tel bien, pour estre le plus grand roy de la terre. Conclusion : il employa tant de gens qu'il en avoit environ ceste cuve. Et ce pendant qu'ilz charmilloyent [1], ces diables estoyent aux escoutes et ne savoyent bonnement que croire, si on les tiroit point de là pour les mener pendre, et que leur procès eust esté fait depuis qu'ilz estoyent là. Or, les gastadours [2] donnerent tant de coups à ceste cuve, qu'ilz la fausserent, et quand et quand enleverent une grand piece du couvercle, et firent ouverture. Ne demandez pas si messieurs les diables se battoyent à sortir à la foulle, et quelz criz ilz faisoyent en sortant : lesquelz espouvanterent si fort e Roy et tous ses gens, qu'ilz tomberent là comme morts. Et mes diables, devant et au pied. Ils s'en revont par le monde, chacun en sa chacuniere; fors que par advanture il y en eut quelques uns qui furent tout estonnez de veoir les regions et les pays changez depuis leur emprisonnement. Au moyen de quoy ilz furent vagabonds tout un temps, ne sachans de quel pays ilz estoyent, ne voyans plus le clochier de leur paroisse. Mais, par tout où ilz passoyent, ilz faisoyent tant de maulx, que ce seroit une horreur de les ra-

---

[1] Travaillaient, piochaient.
[2] Pionniers, francs taupins ; de l'italien *guastatori*, parce qu'ils dévastent tout pour faire leurs travaux.

conter. En lieu d'une meschanceté qu'ilz faisoyent le temps jadis, pour tourmenter le monde, ilz en inventerent de toutes nouvelles. Ilz tuoyent, ilz ruoyent, ilz tempestoyent, ilz renversoyent tout cen dessus dessous [1]. Tout alloit par escuelles, mais aussi les diables y estoyent. De ce temps-là, il y avoit force philosophes (car les Alquemistes s'appellent philosophes par excellence), d'autant que Salomon leur avoit laissé par escript la maniere de faire la saincte pierre, laquelle il avoit reduite en art, et s'en tenoit escole comme de grammaire, de mode que plusieurs arrivoyent à l'intelligence; attendu mesmes que les vermeniers [2] ne leur troubloyent point le cerveau, estans enclos. Mais, si-tost qu'ilz furent en liberté, se ressentans du mauvais tour que leur avoit joué Salomon en vertu de ceste pierre, la premiere chose qu'ilz firent, ce fut d'aller aux fourneaux des philosophes et de les mettre en pieces. Et mesmes trouverent façon d'effacer, d'esgraffigner, de rompre, de falsifier tous les livres qu'ilz peurent trouver de ladite science, tellement qu'ilz la rendirent si obscure et si difficile, que les hommes ne sçavent qu'ilz y cherchent, et l'eussent voulentiers abolie du tout; mais Dieu ne leur en donna pas la puissance. Bien eurent-ilz cette permission d'aller et de venir pour empescher les plus sçavans de faire leurs besongnes, tellement que quand il y en ha quelqu'un qui prend le bon chemin pour y parvenir, et que telle foys il ne luy fault quasi plus rien qu'il n'y touche, voicy un diablon qui vient rompre un alembic, lequel est plein de ceste matiere precieuse, et fait perdre en une heure toute la peine que le povre philosophe ha prise en dix ou douze ans, de sorte que c'est à refaire : non pas que les pourceaux y ayent esté, mais les diables, qui valent pis [3]. Voilà la cause pourquoy

---

[1] Les alchimistes, dit M. Lacour, classent ces méchants démons parmi ceux que le sort a condamnés à souffrir. S'il les faut croire, des six genres principaux de démons, « il n'y en a que trois espèces qui souffrent, pâtissent et endurent, à sçavoir les feu-fuyants, aquatiques et terrestres, et sont ceux que l'on appelle volontiers incubes et succubes. » (J. Tahureau, *Dialogues*; Lyon, 1602, p. 231.)

[2] Les diables. On croyait autrefois que la folie ou l'*estre* des poëtes et des savants résultait de la présence d'un ver dans le cerveau : ce ver, qu'on n'avait jamais vu, se nommait *ver coquin*.

[3] Les pourceaux font beaucoup de dégâts dans les champs ensemencés. Allusion aux démons que Jésus fit entrer dans des pourceaux, au sortir du corps d'un possédé.

on voit aujourd'huy si peu d'Alquemistes qui parviennent à leurs entreprises ; non que la science ne soit aussi vraye qu'elle fut oncq, mais les diables sont ainsi ennemis de ce don de Dieu. Et, par ce qu'il n'est pas qu'un jour quelqu'un n'ayt ceste grace de la faire aussi bien que Salomon la fit onques, de bonne aventure s'il advenoit de nostre temps, je le prie, par ces presentes, qu'il n'oublie pas à conjurer, adjurer, excommunier, anathematiser exorcizer, cabalizer, ruiner, exterminer, confondre, abismer ces mechans gobelins, vermeniers, ennemys de nature et de toutes bonnes choses : qui nuisent ainsi aux povres Alquemistes, mais encores à tous les hommes, et aux femmes aussi, cela s'entend : car ilz leur mettent mille rigueurs, mille reffus, et mille fantasies en la teste; voire et eux-mesmes se mettent en la teste de ces vieilles sempiterneuses [1], et les rendent diablesses parfaictes. De là est venu que l'on dit d'une mauvaise femme, qu'elle ha la teste au diable.

NOUVELLE XIV.

De l'advocat qui parloit latin à sa chambriere, et du clerc qui estoit le truchement [2].

Il y a environ vingt-cinq ou quarante ans qu'en la ville du Mans y avoit un advocat qui s'appeloit La Roche Thomas, l'un des plus renommez de la ville, comme de ce temps y en eust bon nombre de sçavans ; tellement qu'on venoit bien à conseil jusques au Mans, de l'Université d'Angers. Celuy sieur de La Roche estoit homme joyeux, et accordoit bien les recreations avec les choses serieuses; il faisoit bonne chere en sa maison, et, quand il estoit en ses bonnes, qui estoit bien souvent, il latinisoit le françois et francisoit le latin, et s'y plaisoit

---

[1] Pour : *sempiternelles*. C'est une locution inventée par Rabelais.

[2] M. Lacour dit que « cette nouvelle a pris naissance dans l'Inde, » et il cite, à l'appui de ce fait un peu hasardé, l'*Hitopadésa*, recueil d'apologues, traduit du sanscrit par M. Ed. Lancereau. La Fontaine, qui ne savait pas le sanscrit, a imité tout honnement la Nouvelle de Des Periers, dans une de ses fables. liv. III, fable xix.

tant, qu'il parloit demy latin à son valet, et à sa chambriere aussi, laquelle il appeloit *Pedisseque*[1]. Et, quand elle n'entendoit pas ce qu'il luy disoit, si n'osoit-elle pas luy faire interpreter ses motz, car La Roche Thomas luy disoit : « Grosse pecore arcadicque[2], n'entends-tu point mon idiome? » Des quelz motz la povre chambriere estoit estonnée des quatre pieds[3], car elle pensoit que c'estoit la plus grande malediction du monde. Et, à la verité, il usoit quelquesfois de si rudes termes, que les poules s'en fussent levées du juc[4]. Mais elle trouva façon d'y remedier, car elle s'accointa de l'un des clercs, lequel luy mettoit par aventure l'intelligence de ces motz en la teste, par le bas, et la secouoit, dis-je la secouroit[5] au besoin : car, quand son maistre luy avoit dit quelque mot, elle ne faisoit que s'en aller à son truchement, qui l'en faisoit sçavante. Un jour, de par le monde, il fut donné un pasté de venaison à La Roche Thomas : duquel ayant mangé deux ou trois lesches[6] à l'espargne[7] avec ceux qui disnerent quand[8] luy, il dit à sa chambriere, en desservant : « Pedisseque, *serve*-moi[9] ce farcime de *ferine*[10], qu'il ne soit point *famulé*[11]. » La chambriere entendit assez bien qu'il luy parloit d'un pasté, car elle luy avoit autrefois ouy dire le mot de *farcime*[12], et puis il le luy monstroit; mais ce mot de *famulé*, qu'elle retint en se hastant d'escouter, elle ne sçavoit encores qu'il vouloit dire. Elle print ce pasté, et, ayant fait semblant d'avoir bien entendu, dit : « Bien, mon-

---

[1] *Pedisequa* se trouve employé dans les comédies de Plaute et de Térence. Ce mot latin s'était francisé, avant que Des Periers eût constaté l'emploi de *pedisseque*, qui se trouve dans les poésies de J. Lemaire, de Belges.

[2] Juvénal, dans sa satire VIII, fait également honneur de la stupidité bestiale à l'Arcadie, en disant *Arcadicus juvenis*.

[3] Allusion à cette expression proverbiale : *déferrée des quatre pieds*. En effet, un cheval qui a perdu tous ses fers n'avance plus qu'en hésitant et trébuche à chaque pas.

[4] Perchoir; du latin *jugum*.

[5] « Le jeu de mots seroit plus complet, si, par exemple, une fille disant à un garçon : *Secourez-*moi ! celui-ci lui répondoit : Oui, je vous *secoûrai* volontiers. » (L. M.)

[6] Pour : léchées, petits morceaux.

[7] Expression proverbiale; avec parcimonie.

[8] Avec.

[9] Garde-moi; du latin *servare*.

[10] Pâté de venaison; de *ferina*.

[11] Livré aux valets; au propre, *valeté*; de *famulus*.

[12] Pâté; de *farcimen*.

sieur. » Et vnt à ce clerc, quand ilz furent à part, lequel d'aventure avoit esté present au commandement du maistre, pour luy demander l'exposition ¹ de ce mot *famulé*. Mais le mal fut que, pour celle fois, il ne luy fut pas fidelle, car il lui dit : « M'amie, il t'ha dit que tu donnasses de ce pasté aux clercs, et puis que tu serrasses le demeurant. » La chambriere le creut, car jamais elle ne s'estoit mal trouvée de rapport qu'il luy eust faict. Elle met ce pasté devant les clercs, qui ne l'espargnerent pas, comme on avoit fait à la premiere table, car ilz mirent la main en si bon lieu, qu'il y parut. Le lendemain, La Roche Thomas, cuydant que son pasté fust bien en nature, appelle à disner des plus apparens du Palais du Mans (qui ne s'appeloit pour alors que la sale) et leur fist grande feste de ce pasté. Ilz viennent, ilz se mettent à table. Quand ce fut à presenter le pasté, il estoit aysé à veoir qu'il avoit passé par de bonnes mains. On ne sçauroit dire si la Pedissèque fut plus mal menée de son maistre d'avoir laissé famuler ce farcime, ou si ledit maistre fut mieux gaudy ² de ceux qu'il avoit conviez, pour avoir parlé latin à sa chambriere en luy recommandant un friand pasté, ou si la chambriere fut plus marrie contre le clerc qui l'avoit trompée; mais, pour le moins, les deux ne durèrent pas tant comme le tiers, car elle fongna ³ au clerc plus d'un jour et une nuict, et le menassa fort et ferme, qu'elle ne luy presteroit jamais chose qu'elle eust. Mais, quand elle se fut bien ravisée qu'elle ne se pouvoit passer de luy, elle fut contrainte d'appointer le dimanche matin, que tout le monde estoit à la grand messe, fors qu'eux deux, et mangerent ensemble ce qui estoit demeuré du jeudy, et raccorderent leurs vielles comme bons amis ⁴. Advint un autre jour que La Roche Thomas estoit

¹ Explication.
² Plaisanté, raillé, turlupiné.
³ Ce mot a été interprété de diverses manières : « *fognare*, en italien, c'est *faire un egout*, dit en italien *fogna* ; en langage d'argot, *fogner*, c'est *chier* : ici, *fogner* ou *fonquer*, c'est *gronder*, *faire la mine*. Le mot *foin!* qu'on dit au lieu d'un autre plus gros, est une interjection qui marque du chagrin, de la colère, du dépit. » La Monnoye a indiqué dans cette observation la véritable étymologie et le véritable sens de *foindre*, qui signifie : dire foin, envoyer au diable.
⁴ Expression proverbiale, signifiant qu'ils se raccommodèrent et se remirent en bonne intelligence. On trouve dans notre conteur, dit M. Lacour, plusieurs comparaisons tirées de l'art musical, qu'il affectionnait. » Voy. Nouvelle LX : « Il fit tant, qu'il accorda ses flutes avec ceste jeune femme, » etc. Ce qui n'empêche pas M. La-

allé disner en la ville chez un de ses voisins, comme la coustume ha tousjours esté en ces cartiers-là de manger les uns avec les autres et de porter son disner et son soupper, tellement que l'hoste n'est point foullé[1], sinon qu'il met la nappe. La Roche Thomas, qui pour lors estoit sans femme, avoit faict mettre pour son disner seulement un poullet rosty, que sa chambriere luy apporta entre deux platz. Il luy dit tout joyeusement : « Qu'est-ce que tu m'afferes[2] là, Pedisseque ? » Elle luy respondit : « Monsieur, c'est un poullet. » Luy, qui vouloit estre veu magnificque, ne trouve pas cette responce bonne, et la note jusques à tant qu'il fut retourné en sa maison, qu'il appela sa chambriere tout fascheusement Pedisseque : laquelle entendit bien à l'accent de son maistre qu'elle auroit quelque leçon, et va incontinent querir son truchement pour assister à la lecture et luy pouvoir rapporter ce que son maistre luy diroit, car il tensoit[3] souvent en latin et tout. Quand elle fut comparue, La Roche Thomas luy va dire : « Viençà, gros animal brutal, idiote, inepte[4], insulse[5], nugigerule[6], imperite[7] ! » et tous les mots du Donat[8]. « Quand je disne à la ville et que je te demande que c'est que tu m'afferes, qui t'a monstré à respondre : Un poullet ? Parle, parle une aultre foys en plurier nombre, grosse quadrupede, parle en plurier nombre ! Un poullet ! voylà un beau disner d'un tel homme que La Roche Thomas ! » La Pedisseque n'avoit jamais esté desjunée[9] de ce mot de *plurier nombre*; parquoy elle se le fit explicquer au clerc, qui luy dit : « Sçaiz-tu que c'est ? Il est marry qu'aujourd'huy, en luy

---

cour de s'étonner, dans sa notice sur la vie et les œuvres de Bonaventure Des Periers, que Charles Nodier ait représenté l'auteur du *Cymbalum* comme sachant toucher du luth et s'occupant de musique.

[1] Mis à contribution, obéré d'un impôt.
[2] *Afferer*, du latin *afferre*, apporter.
[3] Grondait, réprimandait, querellait.
[4] Ce passage nous apprend que ces deux mots, empruntés au latin, n'étaient pas encore admis dans la langue française.
[5] Impertinente, *insulsa*.
[6] Sotte, *nugigerula*.
[7] Ignorante, *imperita*.
[8] La grammaire latine de Donat était la seule en usage dans toutes les Universités. On donnait au livre même le nom de son auteur, Ælius Donatus, en français *Donat*, grammairien du quatrième siècle.
[9] Nourrie, servie.

portant son disner, quand il t'ha demandé que c'estoit que tu luy apportois, que tu luy ayes respondu *un poullet*, et veut que tu dies *des poulletz*, et non pas *un poullet*. Voilà ce qu'il veut dire par plurier nombre, entends-tu ? » La Pedisseque retint bien cela. De là à quelques jours, La Roche Thomas estant encores allé disner chez un sien voisin (ne sçay si c'estoit chez le mesme de l'autre jour), sa chambriere luy porte son disner. La Roche Thomas luy demande, selon sa coustume, que c'est qu'elle afferoit. Elle, se souvenant bien de sa leçon, respondit incontinent : « Monsieur, ce sont des beufz et des moutons. » Dont elle appresta à rire à toute la presence[1], principalement quand ilz eurent entendu qu'il apprenoit à sa chambriere à parler en plurier nombre.

NOUVELLE XV.

Du cardinal de Luxembourg, et de la bonne femme qui vouloit faire son filz prestre, qui n'avoit point de tesmoings : et comment ledict cardinal se nomma Philippot.

Du temps du roy Louys douziesme, y avoit un cardinal de la maison de Luxembourg, lequel fut evesque du Mans[2] et se tenoit ordinairement sus son evesché, homme vivant magnifiquement, aimé et honoré de ses diocesains, comme prince qu'il estoit ; et, avec sa magnificence, avoit une certaine privaulté qui le faisoit encores mieulx vouloir de tout le monde, et mesmes estoit facecieux en temps et lieu ; et, s'il aimoit bien à gaudir, il ne prenoit point en mal d'estre gaudy. Un jour, se presenta à luy une bonne femme des champs, comme il estoit facile à escouter toutes personnes : laquelle, après s'estre agenoillée devant luy et ayant eu sa benediction, comme ilz fai-

[1] L'assistance, l'assemblée.
[2] Philippe de Luxembourg avait été évêque d'Arras et de Boulogne, avant de devenir évêque du Mans et cardinal ; il était né en 1446, et il mourut en 1519. Il joua un rôle politique important sous le règne de Louis XII. « Philippe est fondateur du collége du Mans, en l'Université de Paris, dit La Croix du Maine, dans sa *Bibliographie françoise*, et a basti plusieurs superbes palais et maisons somptueuses et entre autres le chasteau d'Yvray-l'Evesque, à une lieue du Mans, etc. »

soyent bien religieusement de ce temps-là, luy va dire : « Monsieur, ne vous despiese, sa voute gresse ¹, contre vous ne set pas dit : j'ay un fils qui ha des-já vingt ans passez, o reverence! et qui est assez grand quiere; il ha desjà tenu un an les escolles de nostre parroisse : j'en voudras ben faire un prestre, si c'estoit le piesir de Dieu. — Par foy ², dit le cardinal, ce seroit bien faict, m'amie; il le fault faire. — Vere més ³, Monsieur, dit la bonne femme, il y ha quelque chouse qui l'en garde; més en m'ha dict que vous l'en pourriez ben recompenser. » (La bonne femme vouloit dire *dispenser*.) Le cardinal, prenant plaisir en la simplicité de la bonne femme, luy dit : « Et qu'est-ce, m'amie ? — Monsieur, voez-vous bien, il n'ha point... — Qu'est-ce qu'il n'ha point? dit-il. — Eh ! Monsieur, dit-elle, il n'ha point..., je n'ouseras dire, dont vous m'entendez ben, ce que les hommes portant ⁴. » Le cardinal, qui l'entendit bien, luy dit : « Et qu'est-ce que les hommes portent? N'ha-t-il point de chausses longues? — Bo! bo! ce n'est pas ce que je veux dire, Monsieur; il n'ha point de chouses. » Le cardinal fut longtemps à marchander avec elle, pour veoir, s'il luy pourroit faire parler bon françois ; mais il ne fut possible, car elle luy disoit : « Eh! Monsieur, vous l'entendez ben ! A que faire me faites-vous ainsin muser? » Toutefois, à la fin, elle se luy va dire : « Agardez-mon ⁵, Monsieur, quand il estoit petit, il cheut du haut d'une eschele et se rompit ⁶, tant qu'il ha fally le senner (*senner* ⁷, en ce pais-là, est *chastrer*), et sans cela, je l'eussions

---

¹ C'est-à-dire : sauf votre grâce, en patois manceau. Beroalde de Verville, au chapitre LXXIV du *Moyen de parvenir*, fait dire à une paysanne : « C'est vostre gresse. »

² En vérité ; au lieu de *par ma foi*. Les Italiens disent aussi *a fe*.

³ C'est-à-dire, *voire-mais*, oui-da, vraiment oui.

⁴ Le mot françois que cette bonne femme n'osoit dire n'étoit pourtant pas alors un mot sale. On le trouve dans la plupart des livres de physique imprimés de ce temps-là. Le Caro, dans le *Predella*, p. 97, se moque d'une scrupuleuse qui, n'osant dire *Coglione*, en parlant du fameux capitaine de Bergame ainsi nommé, l'appeloit *Bartolomeo di quella cosa che pende dal cazzo*. (L. M.)

⁵ C'est-à-dire : Voyez-vous ça. *Agarder* est synonyme de *regarder*; de l'italien *aguardare*. *Mon* est une conjonction explétive qui vient du latin *modo*, selon La Monnoye.

⁶ Se fit une descente de boyaux, se donna un effort, une hernie. *Rumpantur ut ilia*, dit Virgile dans sa VII⁰ églogue.

⁷ En italien, *sanare* a le même sens, parce que cette opération, suivant La Monnoye, est un remède contre la lèpre, à laquelle les cochons sont sujets.

marié, quer¹ c'est le plus grand de tous mes enfans. » Le cardinal luy dit : « Par foy! m'amie, il ne laissera pas d'estre prestre pour cela, avec dispense, cela s'entend. Que pleust à Dieu que tous les prestres de mon diocese n'en eussent non plus que luy! — Eh! Monsieur, dit-elle, je vous remercie ; il sera ben tenu de prier Dieu pour vous et pour voz amis trespassez. Més, Monsieur, il y ha encores un autre cas que je voudras ben dire, més qui ne vous despiesist. — Et qu'est-ce, m'amie ? — O! regardez-men, Monsieur, je vous voudras bien prier; en m'ha dit que les evesques pouvant ben changer le nom aux gens : j'ay un aultre hardeau² (ainsi appellent-ilz aux champs un garson, et une garce une *hardelle*); ilz ne font que se mocquer de ly. Il ha nom *Phelippes* (sa voute gresse); il m'est avis quand il aira un autre nom, que j'en seray pus à mon ese; quer ilz crient après ly : *Phelipot! Phelipot*³! Vous sçavez ben, Monsieur, qu'il asche ben aux gens, quand les autres se mocquent d'eux. Je voudras ben, si c'estoit voute piesir, qu'il eust un autre nom. » Or est-il que le reverendissime s'appelloit en son propre nom : *Phelippes*. « Par foy! m'amie, dit-il, c'est mal fait à eux d'appeller ainsi votre fils *Phelippot*, il y fault remedier. Mais sçavez-vous bien, m'amie, je ne luy osteray point le nom de *Phelippes*, car je veux qu'il le garde pour l'amour de moy : je m'appelle *Phelippes*, m'amie, entendez-vous ? mais je luy donneray mon nom et je prendray le sien; il aura nom *Phelippes* et j'auray nom *Phelippot*; et qui l'appellera autrement que *Phelippes*, venez-le-moy dire, et je vous donneray congé d'en faire tirer une querimonie⁴. Estce pas bien dit, m'amie ? — En bonne foy, Monsieur, vous nous faictes pus d'hennour qu'à nous n'appartient; je prie à Dieu, par sa gresse, qu'il vous doint bonne vie et longue, et Paradis à la fin! » La bonne femme s'en alla bien contente d'avoir eu ainsi bonne responce de son evesque,

---

¹ Car; du latin *quare*.
² *Hardeau*, diminutif de *hard* ou *hart*, branche d'arbre qu'on tortille pour en faire un lien de fagot.
³ Ce nom, que le peuple prononçait *Flipot*, fait certainement allusion à l'infirmité du jeune homme. Nous croyons qu'on appelait *Phelipot* un chapon ou tout autre animal privé de ses *témoins*.
⁴ Plainte, instance en justice; du latin *querimonia*.

et fit entendre à tous ceux de son village ce que l'evesque luy avoit dit. Et, depuis, ledit seigneur, qui recitoit volontiers telle maniere de comptes, se nommoit *Phelippot* par maniere de passe-temps, et disoit qu'il n'auroit plus nom *Phelippes*. Et y fut depuis souvent appellé : dont il ne se faisoit que rire, à la mode d'Auguste César, lequel gaudissoit volontiers et prenoit les gaudisseries en jeu. Tesmoin l'apophthegme tout commun de luy et d'un jeune filz qui vint à Romme [1] : lequel sembloit [2] si bien à Auguste, qu'on n'y trouvoit quasi rien à dire quand aux tretz du visage, et le regardoit-on par toute la ville en grande singularité pour la grande ressemblance d'entre l'empereur et luy; dequoy Auguste estant averty, luy dit une fois : « Ditesmoy, mon amy, vostre mere ha-elle esté autrefois en ceste ville ? » Le jeune filz, qui entendit ce qu'Auguste vouloit dire : « Sire, dit-il, non pas ma mere, elle n'y fut jamais que je sache, mais mon pere assez de fois. » Et par là rendit à Auguste ce que Auguste avoit voulu mettre sus luy; car il n'estoit pas impossible que le pere du jeune filz n'eust congneu la mere d'Auguste, non plus qu'Auguste celle du jeune filz. Le mesme empereur print encores sans desplaisir que Virgile l'appellast filz d'un boulangier [3], parce qu'au commencement qu'il le cogneut, il ne luy faisoit donner que des pains pour tous presens; mais depuis il luy fit assez d'autres grans biens.

NOUVELLE XVI.

De l'enfant de Paris nouvellement marié, et de Beaufort, qui trouva un subtil moyen de jouyr de sa femme, nonobstant la soigneuse garde de dame Pernette [4].

Un jeune homme enfant de Paris, apres avoir hanté les Universitez de deça et de delà les montz, se retira en sa ville, où il fut

---

[1] Ce fait est tiré des *Saturnalia*, de Macrobe, II, IV.
[2] Pour : ressembloit.
[3] Voyez la *Vie de Virgile*, par Tib. Cl. Donatus, scoliaste du cinquième siècle.
[4] Ce conte est emprunté à la XXXVII° des *Cent Nouvelles nouvelles*, le *Benestreur d'ordures*. Il a été depuis imité dans les *Plaisantes Nouvelles*, édition de 1555,

un temps sans se marier, se trouvant bien à son gré ainsi qu'il estoit : n'ayant point faute de telle sorte de plaisirs qu'il souhaittoit, et mesmes de femmes, encores qu'il ne s'en trouve point à Paris de malheur [1] ! Desquelles ayant congneu les ruses et finesses en tant de pays, et les ayant luy-mesmes employées à son proffit et usage, il ne se soucioit pas trop d'espouser femme, craignant ce maudit et commun mal de cocuage; et n'eust esté l'envie qu'il avoit de se veoir pere, et d'avoir un heritier descendant de luy, il fust volontiers demeuré garson perpetuel. Mais luy, qui estoit homme de discours, pensa bien qu'il falloit passer par là (je dy par mariage), et qu'autant valloit-il y entrer de bonne heure comme attendre plus tard : se proposant qu'il ne faut pas se garder tant qu'on soit usé, pour prendre femme, car il n'est rien qui ouvre la porte plus grande à cocuage que l'impuissance du mary. Et puis il avoit reduict en memoire et par escript les ruses plus singulieres que les femmes inventent pour avoir leur plaisir. Il sçavoit les allées et les venues que font les vieilles par les maisons soubz ombre de porter du fil, de la toile, des ouvrages, des petis chiens. Il sçavoit comme les femmes font les malades, comme elles vont en vendanges, comme elles parlent à leurs amis qui viennent en masque, comme elles s'entrefont faveur soubz ombre de parentage. Et, avec cela, il avoit leu Bocace et Celestine [2]. Et de tout cela deliberoit de se faire sage,

---

nouv. XXXV; dans les *Ducento Novelle* de Malespini, nouv. XLIX; dans les *Joyeuses adventures et nouvelles récréations*, devis XXVIII; dans les *Facetie* de Lud. Domenichi, lib. V, 1 ; dans les *Contes* de La Fontaine, liv. II, conte x : *On ne s'avise jamais de tout*.

[1] « Ce mot porte, dit M. Lacour ; il suffit de se rappeler les proverbes auxquels a donné naissance la conduite des dames de Paris. En voici un peu connu :

Parisius nati non possunt esse beati:
Non sunt felices, quia matres sunt meretrices;

dicton du quatorzième siècle, écrit sur une des feuilles de garde du ms. 7025, Bibl. impér. » Voy. aussi le *Pantagruel* (liv. II, ch. xv), sur une *manière bien nouvelle de bastir les murailles de Paris*.

[2] Le *Decamerone* de Boccace, où l'on voit les bons tours joués par les femmes à leurs maris ; livre qu'Agrippa, dans son *De vanitate scientiarum*, au chapitre *de lenonia*, dit être un excellent maquereau. *Célestine* est une tragi-comédie espagnole, ainsi nommée du nom d'une maquerelle qui en fait un des principaux personnages. Les tromperies des domestiques, les ruses et les pratiques des maquerelles, y sont amplement déduites. L'ouvrage, commencé, dit-on, par Jean de Mena, le plus ancien poëte espagnol au quinzième siècle, ou, selon d'autres, par

NOUVELLE XVI.

faisant ses desseins en soymesme : « Je feray le meilleur devoir que je pourray, pour ne porter point les cornes. Au demeurant, ce qui doibt advenir viendra. » Et, de ceste empeincte [1], se signa de la main droite, en se recommandant à Dieu. Adonc entre les filles de Paris, dont il estoit à mesme, il en choisit une, à son gré la mieux conditionnée, du meilleur esprit et la plus accomplie. Et n'y faillit de guères, car il la print jeune, belle, riche, et bien apparentée ; laquelle il espouse, et la meine en sa maison paternelle. Or il tenoit une femme avec soy assez agée, qui avoit esté sa nourrice, et qui de tout temps demeuroit en la maison, appellée dame Pernette, advisée et accorte femme ; laquelle il presente à sa jeune espouse, d'entrée de mesnage, lui disant : « M'amie, je suis bien tenu à ceste femme icy, c'est ma mère nourisse ; elle ha fait de grandz services à mes pere et mere, et à moy après eux. Je la vous baille pour vous faire compagnie. Elle sçait du bien et de l'honneur ; vous vous en trouverez bien. » Puis, en particulier, il enchargea à dame Pernette de se tenir près de sa femme et de ne l'abandonner, sus les peines qu'il luy dit, et en quelque lieu qu'elle allast. Laquelle luy promit seurement qu'elle le feroit. Et cy diray, en passant, qu'il y ha un meschant proverbe ; je ne sçay qui l'ha inventé, mais il est bien commun : *Casta quam nemo rogavit* [2]. Je ne dy pas qu'il soit vray : je m'en rapporte à ce qu'il en est ; mais je dy bien qu'il n'est point de belle femme qui n'ait esté priée, ou qui ne le soit tost ou tard. « Ah ! je ne suis donc pas belle ? dira ceste-cy. — Ny moy donc aussi ? » dira ceste-là. Et bien, j'en suis content, je ne veux point de noise. Tant y ha que une femme bien apprise se garde bien de dire qu'elle ayt esté

Rodrigue Cota, au commencement du seizième, a été achevé, peu de temps après, par le bachelier Fernan de Roja. (L. M.)

La *Célestine*, traduite en français, par un anonyme et publiée à Paris en 1527 (Galliot Du Pré, in-8, goth.), était alors très-connue en France, du moins à la cour, et les auteurs de ce temps-là l'ont souvent citée.

[1] Mouvement impétueux, selon La Monnoye, qui fait dériver ce mot d'*impingere*, pousser violemment. Nous croyons qu'il faut lire *empreinte*, impression, ou plutôt résolution.

[2] « On ne sait point, dit La Monnoye, l'auteur de cet hémistiche, que bien des gens citent comme d'Ovide. Il n'en est pas, et l'on y a fait cette glose :

Errat qui dixit casta est quam nemo rogavit :
Scilicet, hanc nemo si roget, ipsa rogat. »

priée, principalement à son mary : car, s'il est fin, il pensera de sa femme, que, si elle n'eust donné occasion et audience, elle n'eust pas esté requise. Pour venir à mon compte, il advint qu'entre ceux qui hantoyent en la maison de monsieur le marié (n'attendez pas que je le vous nomme) y avoit un jeune advocat, appelé le sieur de Beaufort, lequel estoit du pays de Berry, hantant la barre pour usiter et practiquer ce qu'il avoit veu aux études : auquel Monsieur faisoit grand familiarité et bonne chere, parce qu'ilz s'entreestoient veuz aux Universitez, et mesmes avoyent esté compaignons d'armes en plusieurs factions [1].

Ce Beaufort n'estoit pas surnommé, car il estoit beau, adroit, et de bonne grace Et, pour ce, la dame lui faisoit bon œil, et luy à elle, tant qu'en moins de rien, par frequens messages des yeux, ilz s'entre donnerent signe de leurs mutuelles volontez. Or le mary, sachant que c'estoit de vivre, ne se monstroit point avoir de froid aux piedz [2], mesmement à la nouveauté, ne se deffiant pas grandement d'une si grande jeunesse qui estoit en sa femme, n de l'honnesteté de son amy, et se contentant de la garde que faisoit dame Pernette. Beaufort, qui de son costé entendoit le tour du baston [3], voyant la grande privauté que luy faisoit le mary, et le gracieux accueil que luy faisoit la jeune femme avec une affection (ce luy sembloit) bien plus ouverte qu'à nul autre, comme il estoit vray, trouve aisement l'occasion, en devisant avec elle, de la conduire au propos d'aimer, d'autant qu'elle avoit esté nourrie en maison d'apport [4], et qu'elle sçavoir suyvre et entretenir toutes sortes de bons propos. A laquelle Beaufort, de fil en aiguille, se print à dire telles parolles : « Madame, il est assez aisé aux dames d'esprit et de vertu à congnoistre le bon vouloir d'un serviteur, car elles ont tousjours le cueur des hommes, encores qu'elles ne veuillent. Pour ce, n'est besoin de vous faire entendre plus expressement l'affection et l'honneur que je porte à l'infinité de voz graces, lesquel-

---

[1] Ce mot semble ici pris dans l'acception de *joutes*, *tournois*, *jeux*, etc. Dans les *pris d'armes*, les combattants se divisaient en plusieurs bandes ou factions.

[2] C'est-à-dire : ne se montroit pas jaloux. La jalousie refroidit, et le froid commence par saisir les pieds, comme la partie la plus éloignée du cœur. (L. M.)

[3] C'est-à-dire : qui étoit adroit. Proverbe tiré du petit bâton avec lequel les joueurs de gobelets font des tours de passe-passe. (L. M.)

[4] De commerce. *L'apport*, c'était le marché ou le champ de foire.

les sont accompagnées d'une telle gentillesse d'esprit, qu'homme n'y sçauroit aspirer, qui ne soit bien né, et qui n'ayt le cueur en bon lieu ; car les choses precieuses ne se desirent que des gentilz courages : qui m'est grande occasion de louer la fortune, laquelle m'ha esté si favorable de me presenter un si digne et si vertueux subject, pour avoir le moyen de mettre en evidence l'inclination que j'ay aux choses de prix et de valleur. Et combien que je sois l'un des moindres de ceux desquelz vous meritez le service, je me tiens pourtant asseuré que voz grandes perfections, les quelles j'admire, seront cause d'augmenter en moy les choses qui sont requises à bien servir : car, quant au cueur, je l'ay si bon et si affectionné envers vous, qu'il est impossible de plus ; lequel j'espere vous faire congnoistre si evidemment, que vous ne serez jamais malcontente de m'avoir donné l'occasion de vous demourer perpetuellement serviteur. » La jeune dame, qui estoit honneste et bien apprise, oyant ces propos d'affection, eust bien voulu son intention aussi facile à executer comme à penser. Laquelle, d'une parolle feminine, assez asseurée pourtant, selon l'age d'elle (auquel communement les femmes ont une crainte accompagnée d'une honte honneste), luy va respondre ainsi : « Monsieur, quand bien j'aurois volonté d'aimer, si n'aurois-je pas encore eu le loisir de songer à faire un autre amy que celuy que j'ay espousé : lequel m'aime tant, et me traite si bien, qu'il me garde de penser en autre qu'en luy. Davantage, quand la fortune devroit venir sus moy pour mettre mon cueur en deux partz, j'estime tant de vostre vertu et de vostre bon cueur, que vous ne voudriez estre la premiere cause de me faire faire chose qui fust à mon desavantage. Quant aux graces que vous m'attribuez, je laisse cela à part, ne les recognoissant point en moy, et les rendz au lieu dont elles viennent, qui est à vous. Mais, pour mes autres defenses, voudriez-vous bien faire ce tort à celuy qui se fie tant en vous, qui vous faict si bonne chere? Il me semble qu'un cueur si noble que le vostre ne sçauroit donner lieu à une telle intention que celle-là. Et puis, vous voyez les incommoditez assez grandes pour vous divertir d'une telle entreprise, quand vous l'auriez. Je suis tousjours accompagnée d'une garde, laquelle, quand je voudrois faire mal, tient l'œil sus moy si continuel, que je ne luy sçauroye rien desrober. » Beaufort se tint bien ayse quand il ouyt ceste responce, et principalement quand il sentit que la dame se fondoit en raisons, dont les premieres estoient un peu fortes, mais par les dernieres la jeune dame les rabatoit elle-mesmes. Ausquelles Beaufort respondit sommairement : « Les trois pointz que vous m'alleguez, Madame, je les avois bien preveuz et pourpensez ; mais vous sçavez que les deux despendent de vostre bonne voulenté, et le tiers gist en diligence et bon avis. Car, quant au premier, puisque l'amour est une vertu, laquelle cherche les espritz de gentile nature, il vous fault penser que quelque jour vous aimerez tost ou tard; laquelle chose devant estre, mieux vault que de bonne heure vous recevez le service de celuy qui vous aime comme sa propre vie, que d'attendre plus longuement à obeir au Seigneur, qui ha puissance de vous faire payer l'usure du passé, et de vous rendre entre les mains de quelque homne dissimulé, qui ne prenne pas vostre honneur en si bonne garde, comme il merite. Quant au second, c'est un point qui ha esté vuydé, long-temps ha, en l'endroit de ceulx qui sçavent que c'est que d'aimer : car, pour l'affection que je vous porte, tart s'en fault que je face tort à celuy que vous avez espousé, que plutost je luy fay honneur, quand j'aime de si bon cueur ce qu'il aime. Il n'y ha point plus grand signe que deux cueurs soient bien d'accord, sinon quand ilz aiment une mesme chose. Vous entendez bien que, si nous estions ennemis luy et moy, ou si nous n'avions point de familiarité l'un à l'autre, je n'aurois pas l'opportunité de vous veoir, ny de vous parler si souvent. Ainsi, le bon vouloir que j'ay vers luy, estant cause de la grand amour que je vous porte, ne doit pas estre cause que vous me laissiez mourir en vous aimant. Quant au tiers, vous sçavez, Madame, que à cueur vaillant rien n'est impossible. Advisez donq que c'est qui pourroit eschapper à deux cueurs soubmis à l'amour, lequel est un seigneur qui faict si bien valloir ses subgetz ! » Pour abreger, Beaufort luy compta si honnestement son cas, qu'honnestement elle ne l'eust sçeu refuser. Et demeurerent les affaires en tel point, que la jeune dame fut vaincue d'une force volontaire [1], si qu'il ne restoit plus qu'à trouver quelque bonne opportunité de mettre leur entreprise à execution. Ilz adviserent des moyens uns et aultres ; mais,

---

[1] Victa est nou vere proditione sua.
(OVID., Amor., 1.)

quand ce venoit à les faire bons, dame Pernette gastoit tout, car elle avoit deux yeux qui valloyent bien tous ceux du gardien de la fille d'Inache [1]. Et puis d'user des finesses que Beaufort avoit autres fois faictes, il n'y avoit ordre, car le mary les sçavoit toutes par cueur. Toutesfois il s'ingenia tant, qu'il en advisa une, qui luy sembla bonne : ce fut que, sachant bien qu'en toutes bonnes entreprises d'amours il y fault un tiers, il se descouvre à un sien amy, jeune homme marchand de draps de soye, et encores non marié, demeurant en une maison que son pere luy avoit n'ha gueres laissée au bout du pont Nostre-Dame ; et mesme estoit bien congneu du mary. Un jour de Toussaintz, comme il avoit esté advisé entre les parties, la jeune femme, que le dieu d'amours conduisoit, partit de sa maison sus l'heure du sermon, pour aller ouir un docteur qui preschoit à Saint-Jehan en Greve [2], et qui avoit grand presse; et le mary demeura en sa maison pour quelque sien affaire. Ainsi que la dame passoit par devant la maison du sire Henry (ainsi s'appelloit le marchand), voicy qu'il luy fut getté (selon que le mistere avoit esté dressé) un plein seau d'eau, qui luy couvrit toute la personne, et fut getté si à point, que tous ceux qui le virent cuiderent bien que ce fust par inconvenient. « O ! lasse [3], dit-elle, dame Pernette, je suis diffamée [4] ! Et que feray-je ? » Le plus viste fut qu'elle se getta dedans la maison du sire Henry, et dit à dame Pernette : « M'amie, courez vistement me querir ma robbe fourrée d'agneaux crespez [5] ; je vous attendray icy chez le sire Henry. » La vieille y va, et la jeune dame monte en hault, où elle trouva un fort beau feu que son amy luy avoit fait apprester : lequel ne luy donna pas le loisir de se devestir, qu'il la gette sus un lict qui estoit là auprès du feu, là où pensez qu'ilz ne perdirent point temps, et si eurent assez bon loisir de bien faire, avant que la vieille fust allée et venue, et pris robbe et tous

[1] Argus, qui gardait Io, fille d'Inachus, métamorphosée en vache.

[2] C'était le fameux Olivier Maillard, de l'ordre des Frères-Mineurs, qui prêchait en langue vulgaire avec une originalité remarquable, et dont les sermons, entremêlés de bouffonneries très-divertissantes, furent arrangés en latin macaronique par ses éditeurs. Il mourut près de Toulouse en 1502. La plupart de ses sermons avaient été prononcés dans l'église de Saint-Jean-en-Grève, sous Louis XI et Charles VIII.

[3] A l'italienne : *Ohime lassa*. (L. M.)

[4] Salie, souillée.

[5] C'est-à-dire : de peaux d'agneaux à poil frisé. (L. M.)

autres accoustremens[1]. Le mary, qui estoit à la maison, entendit que dame Pernette estoit en la chambre de devant, laquelle faisoit son affaire sans luy en dire rien, de peur qu'il se faschast d'aventure. Il vient et trouve la bonne Pernette, et commence à luy dire : « Que faites-vous icy? Où est ma femme? » Dame Pernette luy compte ce qui luy estoit advenu, et qu'elle estoit venue querir des habillemens pour elle. « O! de par le diable! dit-il en fongnant[2], voilà un tour de finesse qui n'estoit point encores en mon papier; je les sçavoye tous, fors celuy-là. Je suis bien accoustré! Il ne fault qu'une meschante heure pour faire un homme cocu! Allez-vous-en à elle, de par Dieu! et je luy envoyeray le reste par le garçon. » Dame Pernette y va, mais il n'estoit plus temps, car Beaufort avoit fait une partie de ses affaires : qui se sauva par un huis de derriere, selon l'advertissement qu'i eut par celuy qui faisoit le guet pour veoir venir dame Pernette : laquelle, quand elle fut venue, n'y congneut rien ; car, combien que la jeune dame fust un petit en couleur, elle pensa que ce fust de la chaleur du feu. Aussi estoit-ce, mais c'estoit d'un feu qui ne s'estaint pas pour l'eau de la riviere.

NOUVELLE XVII.

De l'advocat en parlement qui fit abbatre sa barbe pour la pareille, et du disner qu'il donna à ses amys.

Un advocat en parlement[3], qui estoit bien au compte de la douzaine[4], plaidoit une cause devant monsieur le president

---

[1] On lit dans la seconde édition de 1561 : *Tous les autres chefs d'accoustrement*.
[2] En grondant, en pestant.
[3] Il est nommé plus loin Jaquelot ; il devint conseiller au parlement en 1555. Dans le *Dialogue des avocats*, d'Antoine Loisel, Étienne Pasquier parle en ces termes de ce Jaquelot, qui eut quelque réputation au barreau de Paris : « Je ne vous ai pas mis au nombre de nos advocats, plusieurs de ma connoissance qui, s'estant faits conseillers, y ont acquis du renom et de l'honneur, comme messieurs Jaquelot, Anroux et autres, qui sont aujourd'hui des premiers conseillers du Parlement ; car, encore que maistre Jaquelot eust acquis quelque nom pour avoir plaidé en la cause des Cabrières et de Merindol, si n'estoit-il que du commun, non plus que Anroux et les autres, de sorte qu'on a quasi tousjours connu estre véritable ce que l'on dit communément que, d'un médiocre advocat, on en fait un bon conseiller. »
[4] C'est-à-dire : du commun. Les Italiens disent de même : *da dozzina*, et *dozzinale*, par mépris. (L. M.)

NOUVELLE XVII.

Lizet[1], n'agueres decedé[2] abbé de Saint-Victor *prope muros*[3] ; et, parce que c'estoit une cause d'importance, il plaidoit d'affection ; esquelles causes est tousjours advis aux advocatz, qu'ilz ne sçauroyent trop expressement parler pour le proffit des parties et pour leur honneur ; et, pour ce, il redisoit d'adventure quelque poinct desjà allegué, craignant, possible, qu'ils n'eust pas esté pris de la Court (ce qu'il ne fault pas craindre à Paris) : de sorte que le president se levoit pour aller au conseil. L'advocat, ayant la matiere à cueur, disoit : « Monsieur le president, encor un mot ! » Le president n'oyoit point, mais estoit aux opinions de Messieurs. L'advocat, estant affectionné, va dire : « Monsieur le president, un mot ! Eh ! un mot pour la pareille[4] ! » Quand le president entendit parler de pareille (pour laquelle honnestement on ne se doit rien refuser), il demeure à escouter l'advocat tout à son gré, pour luy faire entendre qu'il vouloit bien faire quelque chose pour luy à la pareille : de quoy il fut bien ris ; et Dieu sçait s'il eust voulu retenir sa pareille ! Toutesfois, il dit ce qu'il vouloit dire ; et s'il gaigna ou perdit pour la pareille, le compte n'en dit rien, mais bien dit que l'advocat dont est question portoit longue barbe, chose, encores qu'elle ne fust plus nouvelle (car assez d'aultres en portoyent, et de l'estat mesme d'advocat), toutesfois ne plaisoit pas à monsieur

---

[1] Pierre Lizet, né à Saint-Flour, en 1482, devint premier président du parlement de Paris en 1529. Victime du ressentiment de la duchesse de Valentinois et du cardinal de Lorraine, sous le règne de Henri II, il fut accusé d'avoir parlé insolemment du roi, et, après s'être démis de sa charge, en 1550, il se retira dans l'abbaye de Saint-Victor, où il composa des livres de piété, que Théodore de Bèze a tournés en ridicule dans son *Passavant* (*Epistola magistri Passavantii ad Petrum Lysetum*).

[2] « Le 7 juin 1554, dit La Monnoye, plus de dix ans après Des Periers, mort, selon le témoignage d'Antoine Du Moulin, avant l'an 1544 ; ce qui ne sert pas peu à confirmer ce qu'a dit La Croix du Maine, que Des Periers n'est pas l'auteur de tous ces contes. » Cette phrase, *n'agueres decedé*, est une interpolation évidente dans le texte de l'auteur, par le fait seul de son éditeur.

[3] Allusion au titre de l'épître macaronique de Bèze, sous le nom de *Passavant* : *Responsio ad commissionem sibi datam a venerabili domino Petro Lyseto, nuper curiæ Parisiensis præsidente, nunc abbate Sancti-Victoris prope muros*.

[4] Bèze, dans son *Passavant*, semble avoir affecté, en parlant du livre du président Lizet, *Contra Pseudo-Evangelicos*, de dire pour la pareille : *O Domine*, dit-il, *pro pari dicatis mihi si vidistis librum domini nuper præsidentis*. Et Guillaume Bouchet, *Serée* XIV, fait le conte d'un criminel qui, étant sur l'échelle, pria les assistans de dire pour lui un *Pater noster* « à la pareille. » (L. M.) Allusion à l'anecdote qui fait le sujet de la Nouvelle précédente.

4.

Lizet, parce que de son regne avoit esté faict l'edict des barbes[1], lequel pourtant n'avoit pas tenu longuement, car on suivit la mode de court, là où chascun portoit barbe indifferemment. Suyvant propos, il advint que de là à quelques jours l'advocat mesme plaidoit une autre cause, ledit seigneur president estant lors en ses bonnes[2] : lequel, quand ce vint prononcer l'arrest, y adjousta une queue en disant : « Et quand et quand, et pareillement. Jaquelot, vous ferez ceste barbe? » Et, avec une petite pausette, dit : « Pour la pareille. » De quoy il fut encores mieux ris qu'il n'avoit esté la premiere fois, car ceste pareille estoit encores de fresche memoire. Il fut contrainct d'abbatre sa barbe; aultrement il n'eust jamais eu patience à monsieur le president, auquel il devoit ceste pareille. Environ ce mesme temps, Jaquelot se trouva en compagnie de gens de bonne chere, faisant le sixiesme, en la maison de l'abbé de Chatelus, là où ilz desjunèrent, mais assez sommairement, parce que possible ne se trouverent pas viandes prestes sus l'heure, et qu'ilz estoyent tous familiers : desquels Chatelus se dispensa privément. Jacquelot, au departir, les convia à disner, et appella encores quelques-uns de ses amis, qui disnerent tous ensemble familierement. Et y estoit entre autres un personnage[3], dont le nom est bien congneu en la France, tant pour son tiltre d'honneur que de son sçavoir : lequel avoit esté au desjuner de Chatelus. Et de sa part je croy bien qu'il se contentoit bien de chacun des traitementz, car les hommes de respect prennent garde à la bonne chere[4] des personnes, plus qu'à l'exquisition des viandes. Tou-

[1] L'an 1521, François 1ᵉʳ étant le jour des Rois à Romorantin, petite ville entre Blois et Bourges, comme il se divertissoit à combattre à boules de neige contre le comte de Saint-Pol, qui se défendoit de même avec sa bande, il arriva qu'un tison, jeté par quelqu'un à l'étourdie, blessa le roi à la tête, ce qui fut cause qu'il fallut lui couper les cheveux. L'histoire ajoute que, comme il avoit le front fort beau, et que les Suisses et les Italiens portoient alors les cheveux courts et la barbe longue, il suivit cette mode, qui devint bientôt celle de toute la France. Elle n'y fut pas tout à fait si universelle sous Henri II, qui porta néanmoins toujours la barbe grande. (L. M.)

[2] « Il faut sous-entendre *humeurs*, » dit La Monnoye. Cette expression, qui revient souvent dans les *Cent Nouvelles nouvelles*, équivaut à celle-ci, qu'on emploie encore : être dans ses bons moments.

[3] C'est Mellin de Saint-Gelais, abbé du Reclus, célèbre poëte français, émule et ami de Clément Marot. Il mourut en 1558, l'année même où parurent les *Nouvelles Recreationst et joyeux Devis*.

[4] Bonne mine; il y a ici un jeu de mots sur *bonne chère*.

tesfois, par maniere de passe-temps, il en fit un epigramme :

> Chatelus donne à desjuner
> A six, pour moins d'un carolus,
> Et Jaquelot donne à disner
> A plus, pour moins que Chatelus.
> Après les repas dissolus,
> Chacun s'en va gay et fallot.
> Qui me perdra chez Chatelus
> Ne me cherche chez Jaquelot [1].

NOUVELLE XVIII.

De Gillet le menuzier, comment il se vengea du levrier qui luy venoit manger son disner.

Un menuzier de Poictiers, nommé Gillet, qui travailloit pour gagner sa vie le mieux qu'il pouvoit, ayant perdu sa femme, qui luy avoit laissé une fille de l'age de neuf à dix ans, se passoit du service d'elle et n'avoit autre valet ny chambriere. Il faisoit sa provision le samedy de ce qu'il luy falloit pour la semaine, et mettoit de bon matin sa petite potée au feu, que sa fille faisoit cuire ; et se trouvoit aussi bien de son petit ordinaire, comme un plus riche du sien. Or il se dit en commun langage, qu'il ne fait pas bon avoir voisin trop povre ny trop riche : car, s'il est povre, il sera toujours à vous demander, sans vous pouvoir secourir de rien ; s'il est trop riche, il vous tiendra en subjection, et vous faudra endurer de luy, et ne l'oserez emprunter de rien. Ce menuzier avoit pour voisin un gentilhomme de ville : lequel estoit un petit trop grand seigneur pour luy, et qui tenoit grand train de valetz et d'allans et venans [2]. Et d'au-

---

[1] Ant. Du Verdier, p. 866 de sa *Bibliotheque*; Guillaume Bouchet, dans sa XXXIe *Serée*, et le P. Garasse, dans sa *Recherche des Recherches de Pasquier*, ont rapporté cette épigramme autrement qu'elle n'est ici, et tous trois différemment. (L. M.)

[2] La Monnoye voit ici un jeu de mots et fait un grand étalage d'érudition pour prouver que les *allans* étaient des chiens anglais (*alans*). Mais ces *allans et venans* sont tout simplement des gens de service fort affairés autour de leur maître. Ce-

tant qu'il aimoit la chasse, il tenoit des chiens en sa maison, pource qu'il ne luy falloit pas sortir loin hors de la ville pour avoir son passe-temps du lievre. Entre ces chiens y avoit un levrier fortmeffaisant [1], qui entroit par tout et ne trouvoit rien trop chault ne trop pesant : pain, chair, fourmage [2], tout luy estoit fourrage, et le povre menuizier en estoit le plus foullé, car il n'y avoit que la muraille entre le gentilhomme et luy. Au moyen de quoy ce levrier se fourroit à toute heure chez luy, et luy emportoit tout ce qu'il trouvoit. Et mesme ce levrier avoit ceste astuce, que de la patte il renversoit le pot qui bouilloit au feu et en prenoit la chair, et s'en alloit à tout [3] : dont bien souvent le povre Gillet estoit mal disné, chose qui lui faschoit fort, qu'après avoir travaillé toute la matinée il fust desservy avant se mettre à table. Et le pis estoit, qu'il ne s'en osoit plaindre ; mais il proposa de s'en venger, quoy qu'il en deust advenir. Un jour qu'il veit entrer ce levrier, qui alloit à sa prise, il s'en va après, sans faire grand bruit, avec une grosse limande [4] carrée en sa main, et le trouve qu'il estoit environ son pot à tirer la chair qui estoit dedans. Il ferme la porte bien à point et vous attrappe ce levrier, auquel en moins de rien donna cinq ou six coups de cette limande sur les reins, et ne s'y faignit point [5]. Et out incontinent il laisse sa limande et print une houssine en la main, qui n'estoit pas plus grosse que le doigt, longue d'une aulne ou environ, et ouvre l'huis au levrier, qui crioit à gueule ouverte, comme errené [6] qu'il estoit. Ce menuzier couroit après, avec sa houssine, dont il le frappoit tousjours, et le poursuivit jusques en la rue en disant : « Vous n'irez pas, monsieur levrier ! Si vous y retournez ! Vous venez man-

---

pendant la seconde édition de 1561 supprime ici le mot *valets* et met seulement : « Grand train d'allans et de venans, » ce qui s'accorderait assez avec l'explication du mot *allans*, donné par La Monnoye ; il s'ensuivrait que le mot *venans* désignerait une espèce de chiens de chasse.

[1] Pour : *malfaisant*.

[2] *Fourmage* et *formage* avoient autrefois plus de cours que *fromage*, qui s'éloigne plus de *forma*, la forme, l'ecclisse, le rayon qui sert de moule au fromage. (L. M.)

[3] Avec.

[4] Pièce de bois, sciée en long et plate, ayant quelque analogie de forme avec une lime, suivant La Monnoye.

[5] C'est-à-dire : ne s'y épargna pas.

[6] Pour : *éreinté*.

ger mon disner! » Faisant semblant qu'il ne l'avoit frappé que
de la verge. Mais ç'avoit esté d'une verge souple comme un
pied de selle¹, dont il avoit accoustré tellement le levrier, si
que le gentilhomme ne mangea depuis lievre de sa prise.

NOUVELLE XIX.

Du savetier Blondeau, qui ne fut oncq en sa vie melancholié que deux fois, et
comment il y pourveut, et de son epitaphe².

A Paris sus Seine trois bateaux y ha³; mais il y avoit aussi un
savetier, qu'on appeloit Blondeau, le quel avoit sa loge près
la Croix du Tiroir⁴, là où il refaisoit les souliers, gaignant sa
vie joyeusement, et aimoit le bon vin sus tout, et l'enseignoit
volontiers à ceux qui y alloyent : car, s'il y en avoit en tout
le cartier, il falloit qu'il en tastat, et estoit content d'en avoir
davantage et qu'il fust bon. Tout le long du jour, il chantoit
et resjouissoit tout le voisiné. Il ne fut onq veu en sa vie marry
que deux fois ; l'une, quand il eut trouvé en une vieille muraille un pot de fer, auquel y avoit grande quantité de pieces
antiques de monnoye, les unes d'argent, les autres d'aloy⁵,
desquelles il ne sçavoit la valleur. Lors il commença à devenir
pensif. Il ne chantoit plus, il ne songeoit plus qu'en ce pot de

---

¹ Chaise; du latin *sella*.
² M. Lacour nous apprend que cette Nouvelle est imitée d'un ouvrage d'Æneas
Sylvius (Piccolomini), qui fut pape sous le nom de Pie II : *Commentarii in dictis
et factis Alphonsi regis*.
³ Ce sont les deux premiers vers d'une vieille chanson.
⁴ La croix du Trahoir, érigée dans la rue Saint-Honoré, au bout de la rue de
l'Arbre-Sec, était la *justice* ou l'échelle patibulaire du For-l'Evêque. L'étymologie du nom de *Trahoir* ou *Tiroir* est incertaine. On trouve dans les actes anciens
Crux Tractorii et *Crux Tiratorii*. « Ce mot vient-il de *tirer* (*trahere*) ou de *trier*?
dit J. de La Tynna, dans son *Dictionnaire des Rues de Paris*? Y tirait-on les draps?
Était-ce un marché où l'on *triait* les animaux? Vient-il du fief de *Therouanne*,
que l'on nommait aussi *Tiroie* par corruption? »
⁵ Alliage ; du bas latin *lega* et *liga*, qui ont été formés de *lex* et de *lis*, parce
que les monnaies de billon étaient faites selon la loi ou l'aloi, *ad litem* ou *ad
legam*.

quinquaille¹. Il fantasioit² en soi-mesme : « La monnoye n'est pas de mise; je n'en sçaurois avoir ny pain ny vin. Si je la montre aux orfevres, ilz me deceleront ou ilz en voudront avoir leur part, et ne m'en bailleront pas la moitié de ce qu'elle vault. » Tantost il craignoit de n'avoir pas bien caché ce pot et qu'on le lui desrobast. A toute heure, il partoit de sa tente³, pour l'aller remuer. Il estoit en la plus grande peine du monde; mais à la fin il se vint à recongnoistre, disant en soy-mesme : « Comment! je ne fais que penser en mon pot! Les gens congnoissent bien à ma fasson, qu'il y ha quelque chose de nouveau en mon cas. Baa⁴! le diable y ait part au pot! il me porte malheur. » En effect, il le va prendre gentiment et le gette en la riviere et noya toute sa melancholie avec ce pot. Une autre fois, il se trouva fasché d'un monsieur qui demeuroit tout vis-à-vis de sa logette; au moins il avoit sa logette tout vis-à-vis de monsieur. Lequel quidam monsieur avoit un singe qui faisoit mille maux au povre Blondeau, car il l'espioit d'une fenestre haulte, quand il tailloit son cuir, et regardoit comme il faisoit; et aussi-tost que Blondeau estoit allé disner ou en quelque part à son affaire, ce singe descendoit et venoit en la loge de Blondeau, et prenoit son trenchet et decouppoit le cuir de Blondeau, comme il l'avoit veu faire; et de cela faisoit coustume à tous les coups⁵ que Blondeau s'escartoit. De sorte que le povre homme fut tout un temps qu'il n'osoit aller boire ny manger hors de sa boutique, sans enfermer son cuir. Et si quelques fois il oublioit à le serrer, le singe n'oublioit pas à le luy tailler en lopins, chose qui luy faschoit fort, et si n'osoit pas faire mal à ce singe par crainte de son maistre. Quand il en fut bien ennuyé, il delibera de s'en venger. Après s'estre bien apperceu de la maniere qu'avoit ce singe, qui estoit de faire en la propre sorte qu'il voyoit faire; car, si Blondeau avoit aguisé son trenchet, ce singe l'aguisoit après luy; s'il avoit poissé du ligneul⁶, aussi

---

¹ C'est de l'argent, dans le style comique. Les mots *quincaille* et *clinquaille*, formés par onomatopée, expriment le bruit que font des pièces de métal quand on les remue. De là *quincaillerie* et *quincaillier*.
² Rêvait, songeait
³ Ouvroir, couvert d'une toile soutenue à bâtons; *tendilla*, en espagnol. (L. M.)
⁴ Exclamation à bouche ouverte, d'où est venu *bailler*, bâiller.
⁵ Toutes les fois.
⁶ Gros fil de lin.

faisoit ce singe; et, s'il avoit cousu quelque carrellure, ce singe s'en venoit jouer des coudes comme il luy avoit veu faire. A l'une des fois Blondeau aguisa un trenchet et le fit couper comme un rasoir, et puis, à l'heure qu'il veid ce singe en aguet, il commença à se mettre ce trenchet contre la gorge et le mener et ramener comme s'il se fust voulu egosiller [1]. Et quant il eut fait cela assez longuement pour le faire adviser à ce singe, il s'en part de la boutique et s'en va disner. Ce singe ne faillit pas incontinent à descendre, car il vouloit s'esbatre à ce nouveau passe-temps, qu'il n'avoit point encores veu faire. Il vint prendre ce trenchet et tout incontinent se le met contre la gorge, en le menant et ramenant comme il avoit veu faire à Blondeau. Mais il l'approcha trop près, et ne se print garde qu'en le frayant contre sa gorge, il se couppe le gosier de ce trenchet, qui estoit bien affilé, dont il mourut avant qu'il fust une heure de là. Ainsi Blondeau fut vengé de son singe sans danger, et se remit à sa coustume premiere de chanter et faire bonne chere, laquelle luy dura jusqu'à la mort; et, en la souvenance de la joyeuse vie qu'il avoit menée, fut fait un epitaphe de luy, qui s'ensuit :

> Ci-dessoubz gist en ce tombeau
> Un savetier nommé Blondeau,
> Qui en son temps rien n'amassa,
> Et puis après il trespassa.
> Marriz en furent les voisins,
> Car il enseignoit les bons vins [2].

NOUVELLE XX.

De trois freres qui cuiderent estre penduz pour leur latin.

Trois freres de bonne maison avoyent longuement demeuré à Paris, mais ilz avoyent perdu tout leur temps à courir, à

---

[1] Égorger, couper la gorge, le gosier.
[2] « L'epitaphe du savetier Blondeau dans Des Periers est gracieux. » (Tabourot, *Bigarrures*, etc., ch. des Epitaphes.)

jouer et à folastrer. Advint que leur pere les manda tous trois pour s'en venir : dont ilz furent fort surpris, car ilz ne sçavoyent un seul mot de latin; mais ilz prindrent complot d'en apprendre chascun un mot pour leur provision. Sçavoir est, le plus grand aprint à dire : *Nos tres clerici*[1]; le second print son theme sur l'argent, et aprint : *Pro bursa et pecunia*[2]; le tiers, en passant par l'eglise, retint le mot de la grand messe : *Dignum et justum est*[3]. Et là dessus partirent de Paris, ainsi bien pourveuz, pour aller veoir leur pere; et conclurent ensemble que par tout où ilz se trouveroient et à toutes sortes de gens ils ne parleroyent autre chose que leur latin, se voulans faire estimer par-là les plus grands clercs de tout le pais. Or, comme ils passoyent par un bois, il se trouva que les brigans avoyent couppé la gorge à un homme et l'avoyent laissé là après l'avoir destroussé. Le prevost des mareschaux estoit après avec ses gens, qui trouva ces trois compagnons près de là où le meurdre[4] s'estoit fait et où gisoit le corps mort. « Venez çà, ce leur dit-il. Qui ha tué cet homme? » Incontinent le plus grand, à qui l'honneur appartenoit de parler le premier, va dire : « *Nos tres clerici*. — O ho! dit le prevost. Et pourquoy l'avez-vous faict? — *Pro bursa et pecunia*, dit le second. — Et bien, dit le prevost, vous en serez penduz. — *Dignum et justum est*, » dit le tiers. Ainsi les povres gens eussent esté penduz à credit[5], n'eust esté que, quand ilz veirent que c'estoit à bon escient[6], ilz commencerent à parler le latin de leur mere[7] et à dire qu'ilz estoyent. Le prevost, qui les veid jeunes et peu fins, congneut bien que ce n'avoit pas esté eux et les laissa aller et fit la poursuite des voleurs qui avoient fait le meurdre. Mais les trouva-il? — Et qu'en sçay-je? mon amy, je n'y estois pas.

[1] Nous, trois clercs.
[2] Pour la bourse et l'argent.
[3] Il est digne et juste.
[4] *Murdrum* est fréquent dans les auteurs latins barbares. *Mord*, expression très-plaisante, qui veut dire en allemand, c'est *meurtre*; *morden*, assassiner; *morder*, meurtrier.
[5] Expression plaisante, qui veut dire : en punition des crimes qu'ils pourraient commettre après.
[6] Pour tout de bon.
[7] C'est-à-dire : parler français.

NOUVELLE XXI.

Du jeune filz qui fit valloir le beau latin que son curé luy avoit monstré [1].

Un laboureur riche et aisé, après avoir tenu son filz quelques années à Paris, le manda querir, par le conseil de son curé. Quand il fut venu, le pere, qui estoit ja vieux, fut joyeux de le veoir, et ne faillit á envoyer incontinent querir monsieur le curé à disner, pour luy faire feste de son filz. Le curé vient, qui veid le jeune enfant, et luy dit : « Vous soyez le bien venu, mon amy; je suis bien aise de vous veoir. Ça, disnons, et puis nous parlerons à vous. » Ilz disnèrent très-bien. Après disner, le pere dit au curé : « Monsieur le curé, vous voyez ce garson ; je l'ay fait venir de Paris, comme vous m'aviez conseillé. Il y aura trois ans à ceste Chandeleur, qu'il y alla. Je voudrois bien sçavoir s'il ha prouffité, mais j'ay grand peur qu'il ne veuille rien valloir. J'en voulois faire un prestre. Je vous prie, Monsieur le curé, de l'interroguer un petit [2] pour sçavoir comment il ha employé son temps. — Ouy dea, mon compere, dit le curé, je le feray pour l'amour de vous. » Et sus le champ, en la presence du bon homme, fit approcher le jeune filz « Or çà, dit-il, voz regens de Paris sont grans latins; que je voye comme ilz vous ont appris. Puisque vostre pere vous veult faire prestre, j'en suis bien aise; mais dites-moy un peu en latin un prestre; vous le devez bien sçavoir? » Le jeune filz luy respondit : *Sacerdos.* « Et bien, dit le curé, ce n'est trop mal dict, car il est escrit : *Ecce sacerdos magnus;* mais *prestolus* [3]

---

[1] Dans les *Notti*, de Straparola, *notte* VI, nov. IV, il y a un conte analogue, qui pourrait avoir été pris à la même source que celui-ci, qu'on retrouve dans les *Discours facétieux et très-récréatifs*, Rouen, 1610, in-12.

[2] Un peu.

[3] Prestolet, terme de mépris pour désigner un pauvre diable d'ecclésiastique ; du bas latin *præsbiteriolus*. « Le curé que Straparole introduit, dit La Monnoye, donne une autre plaisante raison de ce nom: c'est que, lorsqu'on a besoin d'un prêtre la nuit, on court en hâte à sa porte pour le faire lever, en lui criant: *O presto, presto, messere, levate vi su, e venite presto a dar i sacramenti ad uno che se ne more.* » (L. M.)

est bien plus elegant et plus propre, car vous sçavez bien qu'un prestre porte l'estolle. Or çà, dictes-moy en latin un chat? » Le curé voyoit le chat au long du feu. L'enfant respond : *Catus, felis, murilegus* [1]. Le curé, pour donner à entendre au pere qu'il sçavoit bien plus qu'ilz ne sçavoient pas à Paris, dit au jeune filz : « Mon amy, je pense bien que voz regens vous ont ainsi monstré; mais il y ha b en un meilleur mot : c'est *mitis* [2], car vous sçavez bien qu'il n'est rien si privé qu'un chat; et mesmes la queue, qui est si souefve [3] quand on la manie, s'appelle *suavis*. Or çà, comment est-ce en latin du feu? » L'enfant respond : *Ignis*. « Non, non, dit le curé : c'est *gaudium*, car le feu resjouit. Ne voyez-vous pas comme nous sommes ici à nostre aise auprès du feu ? Or çà, de l'eau, comment s'appelle-elle en latin ? » L'enfant lui dit : *Aqua*. « C'est beaucoup mieux dit *abundantia*, dit le curé, car vous sçavez qu'il n'y ha chose plus abondante que l'eau. Or çà, un lict? » L'enfant dit. *Lectus*. « *Lectus?* dit le curé; vous ne parlez que le latin tout vulgaire : il n'y ha enfant qui n'en dist bien autant. N'en sçavez-vous point d'autre? » L'enfant luy respond : *Thorus*. « Encores n'y estes-vous pas, dit le curé; n'en sçavez-vous point d'autre? » L'enfant dit : *Cubile*. « Encores n'y estes-vous pas. » A la fin, quand il n'eut plus rien à luy dire : « Pour le latin d'un lict, Jan [4]! je le vous vois [5] dire, dit le curé : c'est *requies*, mon amy, pource qu'on y dort et qu'on y prend son repos. » Ce pendant que le curé l'interrogeait ainsi avec ses *Or çà* [6], le bon homme de pere ne faisoit pas guières bonne chere [7], et eust volontiers batu son filz, et pensoit qu'il avoit perdu son argent. Mais le curé, le voyant fasché, uy dit : « Non, non, non, compere, il n'ha pas mal proffité; je sçay bien qu'on luy ha ainsi montré comme

---

[1] C'est-à-dire : qui guette les souris. Mais ce mot n'est pas latin et n'a pas même un air de latinité.

[2] De là *chatemite, catamitis* ; on appelle encore, dans le peuple, *miton* et *mitant* un chat avec la peau duquel on fabriquait autrefois des *mitaines* ou gants fourrés.

[3] Douce, molle, délicate; du latin *suavis*.

[4] C'est-à-dire : par Saint-Jean !

[5] Pour : je vais; à l'antique, dit La Monnoye. On disait encore *qu'il s'en voise*, pour : qu'il s'en aille.

[6] Dans Rabelais (liv. V, ch. xii), ce n'est pas un curé, mais un juge personnifié sous le nom de Grippeminaud, qui dit à tout propos *en parole furieuse et enrouée* : Or çà, or çà.

[7] Bon visage ; *chere* vient du bas latin *cara*.

il dit. Il ne respond pas trop mal, mais il y ha latin et latin, dea! Je sçay des motz dont ilz n'ouyrent jamais parler à Paris. Envoyez-le-moy souvent, je luy apprendray choses qu'il ne sçait pas encores; et vous verrez que, devant qu'il soit trois mois, je l'auray rendu bien autre qu'il n'est. » Le jeune enfant ce pendant n'osoit pas replicquer, par ce qu'il estoit craintif et honteux; mais il n'en pensoit pas moins pourtant. De là à quelques jours, le curé fit tuer un pourceau gras et envoya querir à disner le bon homme de pere, pour luy donner des charbonnées [1] et des boudins, et luy manda qu'il ne faillist pas à amener son filz. Ils vindrent et disnerent. Le jeune filz, qui avoit bien retenu le latin que luy avoit enseigné le curé et qui avoit desjà songé la maniere de le mettre en execution pratique, s'estant levé de table de bonne heure, va gentiment prendre le chat, et, lui ayant attaché un bouchon de paille à la queue, met le feu dedans la paille avec une allumette et vous laisse aller ce chat, qui se print à fuir comme s'il eust eu le feu au cul. Le premier lieu où il se fourre, ce fut soubz le lict du curé, là où le feu fut tantost espris. Quand le jeune filz congneut qu'il estoit temps d'adoperer [2] son latin, il s'en vint vistement au curé et luy dit : *Prestole, mitis habet gaudium in suavi : quod si abundantia non est, tu amittis tuum requiem.* Ce fut au curé à courir, voyant le feu desjà grand; et par ce moyen, le jeune filz approufita [3] le latin que luy avoit appris monsieur le curé, pour luy apprendre à ne le faire plus infame [4] devant son pere.

[1] Carbonnades, grillades.
[2] On lit dans plusieurs autres éditions : adapter. Mais *adoperer*, du latin *adoperare*, employer, mettre en œuvre, vaut mieux.
[3] Employa, mit à profit.
[4] C'est-à-dire : à ne plus le déprécier.

NOUVELLE XXII.

D'un prestre qui ne disoit autre mot que Jesus en son Evangile.

EN une parroisse du diocese du Mans, laquelle se demande[1] Saint-George, y avoit un prestre qui autrefois avoit esté marié; et depuis que sa femme fut morte, pour mieux faire son devoir de prier Dieu pour elle, et aussi pour gaigner une messe qu'elle avoit ordonné par son testament estre dite en l'eglise parrochiale[2], se voulut faire d'eglise. Et combien qu'il ne sceust du latin que pour sa provision, encores pas, toutesfois il faisoit comme les autres et venoit à bout de ses messes au moins mal qu'il luy estoit possible. Un jour de bonne feste, vint à Saint-George un gentilhomme, pour quelque affaire qu'il y avoit, et arriva entre les deux messes; et parce qu'il n'avoit bonnement loisir d'attendre la grand messe, voulut en faire dire une basse, et commanda à son homme de luy trouver un prestre pour la luy dire. Lequel s'adressa à cestuy-cy duquel nous parlons, qui estoit prest comme un chandelier[3]. Et combien qu'il ne sceust bien que ses messes de *Requiem*, de Nostre-Dame et du Saint-Esprit, toutesfois il n'en faisoit jamais semblant de rien, de peur de perdre ses six blancs[4]. Il se vest, il commence sa

---

[1] Italianisme, *si domanda*. Il y a dans d'autres éditions : se nomme; ou bien : on appelle.

[2] Paroissiale; en latin, *parochialis*.

[3] Expression proverbiale, par allusion à l'usage qu'on fait d'un chandelier pour aller d'un lieu à l'autre, tandis que les lampes ne se transportent pas aussi facilement.

[4] C'était alors le prix d'une messe. Des Périers y fait encore allusion dans la Nouvelle LXXIII, quand il dit d'un pauvre prêtre : « Ses six blancs n'estoient pas pour luy donner le pain qu'il mangeoit. » Ce tarif des messes resta longtemps le même; le sermonaire jacobin, Guillaume Pepin, disait, en 1524 : *Sacerdos pro missa quam dicit licite potest recipere sex albos monetæ currentis in Francia*. (Tract. II, super *Confiteor*, part. III, chap. IV.) Théodore de Bèze disait aussi, quarante ans plus tard, dans une épitaphe burlesque, qui lui est attribuée par Estienne Tabourot

> Missalia missas cantabat sæpe remissas
> Altas in festis semper, Deus est mihi testis;
> Et pro sex albis sic se ponebat in albis.

messe, il se depesche de l'introïte, combien qu'il luy cousta assez, l'epistre encores plus. Mais le gentilhomme n'y prenoit bonnement garde, estant empesché à dire ses heures, jusques à ce que ce vint à l'evangile, lequel n'estoit pas bien à l'usage du prestre, car il ne l'avoit jamais dit que trois ou quatre fois; au moyen de quoy il estoit fort empesché, sachant bien qu'on l'escoutoit : qui estoit cause que la crainte luy faisoit encores plus fourcher la langue. Il disoit cet evangile si pesamment et vous y trouvoit tant de motz nouveaux et si longs à eppeler, qu'il estoit contraint d'en laisser la moitié, et vous disoit à tous coups Jesus, encores qu'il n'y fust point. A la fin, il s'en tira à bien grand peine et acheva sa messe comme il peut. Le gentilhomme, ayant noté la suffisance [1] de ce bon capelan [2], le fit payer de sa messe et dit à son homme qu'il le fist venir chez le curé, pour disner avec luy, quand la grand messe seroit dite : ce qu'il fit voulentiers, car qui baille six blancs à un homme et luy donne bien à disner, il luy donne la valeur de cinq bons solz à proffit de mesnage. En disnant, le gentilhomme vint en propos de la messe et du service du jour, et se print à dire : « Messire Jean, l'evangile du jourd'huy estoit fort devotieux : il y avoit beaucoup de Jesus. » Lors, messire Jean, qui estoit un petit regaillardy tant pour la familiarité du gentilhomme, que pour la bonne chere qu'il avoit faite, luy dit : « J'enten desjà bien là où vous voulez venir, Monsieur; mais je vous diray, Monsieur, il n'y ha encores que trois ans que je suis prestre, Monsieur; je ne suis pas encore si bien stillé, Monsieur, comme ceux qui l'ont esté vingt ou trente ans, Monsieur. L'evangile du jourd'huy, Monsieur, pour dire verité, je ne l'avois point encores veu, Monsieur, que trois ou quatre fois : comme il y en ha beaucoup d'autres au Messel [3], Monsieur, qui sont un peu malaisez, Monsieur; mais quand je dis la messe, Monsieur, devant les gens, Monsieur, de bien, et qu'en l'evangile il y a de ces motz difficiles à lire, Monsieur, je les saute, Monsieur, de peur de faire la messe trop longue, Monsieur; mais je dy Jesus au lieu, qui vault mieux, Monsieur. — Vray-

---

[1] Valeur, capacité.
[2] Chapelain, prêtre; *capellanus*.
[3] Pour : *missel*. Ce bon prêtre prononce *messel*, comme si ce mot venait de *messe*, et non de *missa*, qu'il ne connait pas.

ment, dit le gentilhomme, messire Jean, vous avez bien cause d'avoir raison. Quand je viendray icy, je veux tousjours ouyr vostre messe. J'en vois boire à vous. — Grand mercy, dit messire Jean, *et ego cum vos*. Prou[1] vous face, Monsieur. Quand vous aurez affaire de moy, Monsieur, je vous serviray aussi bien que prestre, Monsieur, de ceste parroisse. » Et ainsi print congé, gay comme Perot[2].

NOUVELLE XXIII.

De maistre Pierre Faifeu, qui eut des hotes qui ne luy cousterent rien, et du Copieux de la Fiesche en Anjou[3].

N'ha pas encores longtemps que regnoit en la ville d'Angiers un bon affieux de chiendans[4], nommé maistre Pierre Faifeu[5],

---

[1] Profit, grand bien.

[2] C'est ainsi qu'on lit dans la première édition ; mais la plupart des autres, et Ant. Oudin, dans ses *Curiosités françoises*, ont : *gai comme Perrot*. Ce dernier mot écrit de la sorte fait une allusion plus juste à *pet, rot*, les deux choses du monde les plus gaies ; un *jet* et un *rot* chantant l'un et l'autre, du moment de leur naissance jusqu'à celui de leur mort. (L. M.)

On dit encore aujourd'hui proverbialement *gai comme un pierrot*. Nous pensons, en dépit de l'explication drolatique imaginée par La Monnoye, que Pérot était le personnage d'une farce joyeuse et récréative.

[3] Cette Nouvelle est imitée du XXI° chap. de la *Legende joyeuse Maistre Pierre Faifeu, contenante plusieurs singularitez et veritez*, par Charles Bourdigné, imprimée pour la première fois en 1526, in-4 goth., et depuis, à Angers, 1532, in-4. Ce curieux poëme doit faire partie de notre Bibliothèque Gauloise.

« Le nom de *Faifeu*, dit La Monnoye, ne viendroit-il point de ce que, dans les anciens Rudimens de grammaire, *Petre, fac ignem*, étoit un exemple fort usité, comme F. Pierre Doré Cordelier, dans l'épitre dedicatoire de ses *Allumettes du feu divin* à une religieuse de Poissy, le témoigne en ces termes : *Ne sçay comment m'est venu au devant un reverdissement et rafreschissement de mémoire de ce qu'autrefois avoye ouy es principes et premiers rudimens de grammaire* Petre fac ignem, *Pierre faicts du feu. Et tout incontinent, comme de voulenté de là-hault inspirée, ay mis mon estude à cercher nouvelles bottes d'allumettes,* » etc.

[4] *Affieux*, du latin *affigere*, signifie graine, plant ; le chiendent, comme on sait, est une mauvaise herbe, qui pousse partout et qui étouffe les bonnes. Cette expression proverbiale équivaut à *mauvaise graine*, qui s'emploie encore au figuré dans le même sens. La Monnoye dit qu'un *affieux* ou *affieur de chiendent* est un matois qui donne de l'exercice à ceux qui se frottent à lui.

[5] Faifeu, qui étoit un voleur de l'école de Villon, c'est-à-dire fin, malicieux et goguenard, se qualifiait lui-même *disciple de Villon*.

homme plein de bons motz, et de bonnes inventions, et qui ne faisoit pas grand mal, fors que quelques fois il usoit des tours villonniques, car :

> Pour mettre, comme un homme habille,
> Le bien d'aultruy avec le sien,
> Et vous laisser sans croix ne pille,
> Maistre Pierre le faisoit bien [1].

et trouvoit fort bon le proverbe qui dit que tous les biens sont communs et qu'il n'y ha que maniere de les avoir. Vrai est qu'il le faisoit si dextrement et d'une si gentille façon, qu'on ne luy en pouvoit sçavoir mauvais gré, et ne s'en faisoit-on que rire, en s'en donnant garde pourtant, qui pouvoit. Il seroit long à racompter les bons tours qu'il ha faitz en sa vie, mais j'en diray un qui n'est pas des pires, affin que par là vous puissiez juger que les autres devoient valoir quelque chose. Il se trouva une fois entre toutes si pressé de partir de la ville d'Angiers, qu'il n'eut pas loisir de prendre des botes. Comment! des botes? Il n'eut pas le loisir de faire seller son cheval, car on le suivoit un peu de près. Mais il estoit si accort et si inventif, qu'incontinent qu'il fut à deux jetz d'arc de la ville, trouva façon d'avoir une jument d'un povre homme qui s'en retournoit dessus en son village, luy disant qu'il s'en alloit par là et qu'il la laisseroit à sa femme en passant ; et parce qu'il faisoit un peu mauvais temps, il entra en une grange, et, en grande diligence, fit de belles botes de foin toutes neufves, et monte sus sa jument, et picque, au moins talonne tant, qu'il arriva à la Flesche tout mouillé et tout mal en point : qui n'estoit pas ce qu'il aimoit : dont il se trouvoit tout peneux. Encores, pour amender son marché [2], en passant tout le long de la ville, où il estoit congneu comme un loup gris [3] et ailleurs avec, les Copieux [4] (ainsi ont-ilz esté nommez pour leurs gaudisseries) com-

---

[1] Imitation de quatre vers de la célèbre ballade de Clément Marot, sur le *Frère Lubin*.
[2] C'est-à-dire : pour augmenter sa mauvaise chance.
[3] On dit aujourd'hui : comme le loup blanc. « On compare les gens décriés par leurs mauvaises mœurs, dit La Monnoye, à de vieux loups rusés, devenus gris de vieillesse, connus des chasseurs, qui les ont poursuivis sans pouvoir les prendre. »
[4] On disait proverbialement les *Copieux de la Flèche*. Selon La Monnoye, les

mencerent à le vous railler de bonne sorte. « Maistre Pierre, disoient-ilz, il feroit bon à ceste heure parler à vous! Vous estes bien attrempé ¹. » L'autre luy disoit : « Maistre Pierre, ton espée vous chet. » L'autre : « Vous estes monté comme un sainct George à cheval sus une jument². » Mais, par dessus tous les cordouanniers³ se mocquoyent de ses botes. « Ah! vrayement, disoyent-ilz, il sera bon temps pour nous : les chevaulx mangeront les botes de leurs maistres. » Mon maistre Pierre estoit mené, qu'il ne touchoit de pied en terre⁴, et d'autant plus volontiers se prencyent à luy, qu'il estoit celuy qui gaudissoit les aultres. Il print patience et se sauve en l'hostellerie pour se faire traiter. Quand il fut un petit revenu auprès du feu, il commence à songer comment il auroit sa revenche de ses Copieux qui luy avoyent ainsi fait la bien venue. Si luy souvint d'un bon moyen que le temps et la necessité luy presentoyent, pour se venger ces cordouanniers, en attendant que Dieu luy donnast son recours contre les autres. Ce fut qu'ayant faute de botes de cuir, il imagina une invention de se faire boter par les cordouanniers à leurs despens. Il demanda à l'hoste (comme s'il n'eust gueres bien congneu la ville) s'il n'y avoit cordouanniers là auprès, faisant semblant d'estre party d'Angiers en diligence pour quelque affaire qu'il luy dit, et qu'il n'avoit eu

---

habitants de cette ville étaient ainsi nommés du verbe *copier*, dans le sens d'*imiter malignement les manières de quelqu'un*. Cependant Gabr. Chapuis emploie ce mot dans le sens de : *badaud, benet*; voy. ses *Facétieuses Journées*, IV⁰ journée, nouv. VIII. *Copieux* es aussi une des injures que les bergers de Gargantua, liv. I, ch. XXV, adressent aux fouaciers de Lerné. A cette époque, les habitants de chaque ville se trouvaient désignés par un sobriquet. Ainsi les *flûteurs et joueurs de paume de Poitiers*, les *danseurs d'Orléans*, les *braguars d'Angiers*, les *crottés de Paris*, etc. Voy. Chasseneux, *Catalogus gloriæ mundi*, part. X ; Crapelet, *Proverbes et dictons populaires*.

¹ Jeu de mots par allusion au mot *trempé*, qui signifie *mouillé*, tandis que le mot *attrempé* veut dire *posé*, *rassis*, *modéré*, du latin *attemperatus*.

² Cette expression fait souvenir de cet Allemand qui, monté sur un cheval entier, crioit de loin à un François qu'il voyoit galoper droit à lui : « Monsieur, monsieur, si votre cheval est une jument, approchez-vous bien loin de moi. » (L. M.)

³ On disait *cordouanniers* et *cordouenniers* au lieu de *cordoniers*, parce que le meilleur cuir de bouc ou de chèvre venait de Cordoue en Espagne et s'appelait *Cordouan*.

⁴ Parce qu'on le ballottait, selon La Monnoye ; mais il vaut mieux entendre que foule le pressait de toutes parts et le soulevait de terre.

loisir de se houser[1] ny esperonner. L'hoste luy respondit qu'il y avoit des cordouanniers à choisir. « Pour Dieu, ce dit maistre Pierre, envoyez-m'en querir un, mon hoste. » Ce qu'il fit. Il en vient un, lequel, de bonne aventure, estoit l'un de ceux qui l'avoyent ainsi bien lardé[2] à sa venue. « Mon amy, dit maistre Pierre, ne me feras-tu pas bien une paire de botes pour demain au matin ? — Ouy dea, Monsieur, dit le cordouannier. — Mais je les voudrois avoir une heure devant jour. — Monsieur, vous les aurez à telle heure et si bon matin que vous voudrez. — Eh ! mon amy, je t'en prie, despesche-les-moy; je te payeray à tes motz[3]. » Le cordouannier luy prend sa mesure et s'en va. Incontinent qu'il fut departy, maistre Pierre envoye par un autre valet querir un autre cordouannier, faisant semblant qu'il n'avoit pas peu accorder avec celuy qui estoit venu. Le cordouannier vint, auquel il dit tout ainsi qu'à l'autre, qu'il luy fist une paire de botes pour le lendemain une heure devant le jour, et qu'il ne luy chaloit qu'elles coustassent, pourveu qu'il ne luy faillist point et qu'elles fussent de bonne vache de cuir[4], et luy dit la mesme façon dont il les vouloit, qu'il avoit dit à l'autre. Après luy avoir pris la mesure, le cordouannier s'en va. Mes deux cordouanniers travaillerent toute la nuict environ ces botes, ne sachant rien l'un de l'autre. Le lendemain matin, à l'heure dicte, il envoya querir le premier cordouannier, qui apporta ses botes. Maistre Pierre se fait chausser celle de la jambe droite, qui lui estoit faicte comme un gant ou comme de cire[5], ou comme vous voudrez, car les botes ne seroyent pas bonnes de cire. Contentez-vous qu'elle luy estoit moult bien faicte. Mais quand ce vint à chausser celle de la jambe gauche, il fait semblant d'avoir mal en la jambe. « Oh ! mon amy, tu me blesses ! J'ay ceste jambe un petit enflée d'une

---

[1] Se botter, mettre ses *houseaux*, grosses botes de voyage, qu'on portait par-dessus le soulier ou le brodequin.

[2] Raillé d'une manière piquante. On dit encore, dans le même sens, *lardonné*.

[3] C'est-à-dire : sur le mot, aussitôt.

[4] Transposition de mots comique, pour : de bon cuir de vache.

[5] Expression proverbiale, très-usitée alors, qui signifie *souple*, s'étendant facilement, couvrant ou joignant bien, dans le sens du latin *cereus*; comme dans ces vers de Clément Marot :

Monsieur l'abbé et monsieur son valet
Sont faits egaux tous deux comme de cire

humeur qui m'est descendue dessus; j'avois oublié à te le dire. La bote est trop estroite, mais il y ha bon remede. Mon amy, va la remettre à l'embouchoir; je l'attendray plus tost une heure. » Quand le cordouannier fut sorty, maistre Pierre se deschausse vistement la bote droitte et mande querir l'autre cordouannier, et ce pendant fit tenir sa monture toute preste, et compta et paya. Voicy venir le second cordouannier avec ses botes. Maistre Pierre se fait chausser celle de la jambe gauche, laquelle se trouva merveilleusement bien faite; mais, à celle de la jambe droite, il fit telle fourbe comme il avoit fait à l'autre, et renvoye ceste bote droite pour estre eslargie. Incontinent que le cordouannier s'en fut allé, maistre Pierre reprend sa bote de la jambe droite et monte à cheval sus sa jument et va vie[1] avec ses botes, et des esperons, lesquelz il avoit acheptez, car il n'avoit pas loisir de tromper tant de gens à un coup; et de picquer! Il estoit desjà à une lieue loing, quand mes deux cordouanniers se trouverent à l'hostelerie avec chacun une bote en la main, qui s'entredemanderent pour qui estoit la bote. « C'est, ce dit l'un, pour maistre Pierre Faifeu, qui me l'ha fait eslargir, pour ce qu'elle le blessoit. — Comment! dit l'autre, je luy ay eslargie ceste-cy. — Tu te trompes, ce n'est pas pour luy que tu as besoigné. — Si est, si est, dit-il; n'ay-je pas parlé à luy? Ne le congnois-je pas bien? » Tandis qu'ilz estoyent en ce debat, l'hoste vint, qui leur demande que c'estoit qu'ilz attendoyent. « C'est une bote pour maistre Pierre Faifeu, que je luy rapporte, » dit l'un. Et l'autre en disoit autant. « Vous attendrez donc qu'il repasse par icy, dit l'hoste, car il est bien loing s'il va tousjours. » Dieu sçait si les deux cordouanniers se trouverent bien camus! « Et que ferons-nous de nos botes? » disoyent-ilz l'un à l'autre. Ilz s'adviserent de les jouer à belle condemnade[2], parce qu'elles estoyent toutes deux d'une mesme façon. Et maistre Pierre escampe[3] de hait[4] : qui estoit un petit mieux en equipage que le jour devant.

[1] Italianisme, va via, va son chemin, s'en va.
[2] Jeu de cartes à trois personnes, espèce de lansquenet. Ce jeu est cité plusieurs fois dans Rabelais; parmi les épîtres de Clément Marot, il y en a une « qu'il perdit à la condemnade contre les couleurs d'une damoiselle. »
[3] Pour : décampe. On dit encore : prendre de la poudre d'*escampette*.
[4] De grand cœur, joyeusement, gaillardement.

NOUVELLE XXIV.

De maistre Arnaud, qui emmena la hacquenée d'un Italien en Lorraine et la rendit au bout de neuf mois.

Il y en avoit un en Avignon [1]. Je ne sçay s'ilz avoient esté ensemble à mesme escole, maistre Pierre Faifeu et luy; mais tant y ha qu'ilz faisoyent d'aussi bons tours l'un comme l'autre, et si n'estoyent pas loing d'un mesme temps. Cestuy-cy s'appelloit maistre Arnaud, lequel mesme usa en Avignon de la propre practique d'avoir des botes que nous avons dicte; et si n'estoit point si pressé de partir comme maistre Pierre; mais, un jour, voulant faire un voyage en Lorraine, le disoit à tout le monde. Et par ce qu'il ne se tenoit jamais garny de rien, s'asseurant en ses inventions, on pensoit qu'il se mocquast. Quand il avoit un manteau, on lui demandoit où il prendroit des botes; s'il avoit des botes, on luy demandoit où il prendroit un chapeau. Et puis de l'argent, qui estoit la clef du mestier. Mais cependant il trouvoit de tout, tellement que, pour son voyage de Lorraine, il se trouva prest, petit à petit, de tout ce qu'il luy falloit, fors qu'il n'avoit point de cheval. Mais, se fiant bien que Dieu ne l'oublieroit au besoin, il se tenoit tousjours boté comme un messagier, se pourmenant par cy par là, faisant semblant de dire adieu à ses amis. Mais il espioit sa proye, qui estoit à avoir un cheval par quelque bonne fortune. Ceulx qui le congnoissoyent luy disoyent en riant : « Or çà, maistre Arnaud, vous irez en Lorraine, quand vous aurez un cheval; vous estes boté pour coucher en ceste ville. — Et bien, bien, disoit-il, laissez faire, je partiray quand il sera temps. » Mon homme pensoit tout au contraire des gens; car ce qu'on cuidoit qui luy fust le plus malaisé a recouvrer, il l'estimoit le plus facile. Ce qu'il monstra bien ;

---

[1] On lit, dans toutes les éditions qui ont suivi les trois premières : « Il y avoit en Avignon un tel Averlan. » *Averlan*, au propre, maquignon; au figuré, fin matois, rusé compère.

car quand il veid son appoint¹, il s'en vint, environ les neuf heures du matin, devant le Palais ; là où quelques misseres² estoyent entrez le matin pour les affaires de la legation ³, lesquelz sont quasi tous Italiens, qui sur une hacquenée et qui sur une mulle, principallement les vieilles personnes, car les jeunes s'en peuvent bien passer. Or il y en ha tousjours quelqu'une de mal gardée : car les laquais les attachent à quelque boucle contre la muraille et s'en vont jouer ou yvrongner ; en attendant qu'il soit heure de venir querir leurs maistres. A l'heure susdite, maistre Arnaud veid là quelques monteures, parmy lesquelles y avoit une hacquenée bien jolie, qui lui pleut sur toutes les autres, laquelle estoit à un Italien qu'il congnoissoit estre bonne personne. Et voyant que le valet n'y estoit pas, il s'approche de ceste hacquenée, et, en la destachant, luy demanda s'elle vouloit venir en Lorraine. Ceste hacquenée ne dit mot et se laisse destacher Et monhomme, qui estoit legiste, print à son proffit le brocard de droit ⁴ : *Qui tacet, consentire videtur*. Et commence à mener ceste hacquenée par la bride hors de la place du Palais, en tirant sur le pont *où j'ouy chanter la belle* ⁵.

Quand il se veid hors des yeux de ceux qui la luy avoient veu prendre, il monte habilement dessus, et devant ⁶ à Villeneufve, qui est hors de la jurisdition du pape, et de là picque le plus droit qu'il peut le chemin de Lorraine, là où il arriva par ses journées à joye et santé, et y demeura huict ou neuf mois sans envoyer de ses nouvelles à Misser Juliano, qui fut bien esbahy à l'issue du Palais, quand il ne trouva point sa hacquenée, et encore plus quand il n'en oyoit point de nouvelles un jour,

---

¹ Moment opportun.
² *Missere* est un mot lombard. Les Toscans disent *messere*, quand aucun nom ne suit, et *messer*, quand on ajoute le nom : *Messer Antonio*, *Messer Pietro*. Aujourd'hui *messer* ne se dit en Italie qu'aux gens de la lie du peuple. (L. M.)
³ Le comtat d'Avignon, appartenant au saint-siége, était gouverné par un légat ou un vice-légat ; le gouvernement s'appelait *légation* ou *vice-légation*.
⁴ Il y avait un vieux manuel de droit intitulé : *Brocardia juris*. Le Duchat, dans ses notes sur Rabelais, liv. III, chap. xxxix, cite une édition de ce manuel, imprimée à Paris, chez Jehan Petit, sans date, in-16.
⁵ Le pont d'Avignon, comme le dit la vieille chanson que cite Des Périers :

Sur le pont d'Avignon j'ouis chanter la belle,
Qui en son chant disoit une chanson nouvelle.

⁶ Pour : et va devant. Il y a ici un jeu de mots sur *dessus* et *devant*.

deux jours, un mois, deux mois, trois mois ; tellement qu'à la fin il fut contraint d'achepter une mule, car il estoit vieux et malaisé de sa personne. Et ce pendant maistre Arnaud luy entretenoit sa hacquenée et luy faisoit gagner son avoine. Au bout du terme des femmes grosses [1], maistre Arnaud, ayant depesché ses affaires en Lorraine, s'en retourna en Avignon sus la dite hacquenée, et, pour faire son entrée en la ville, il espia justement l'heure qu'il estoit quand il la print : en sejournant quelque peu à Villeneufve pour boire un doigt. Sus le poinct de neuf heures, il se trouva devant le Palais et vint attacher gentiment sa hacquenée à la propre boucle là où il l'avoit prise, et s'en va par ville. Et, de fortune [2], *il Magnifico Misser* [3] estoit ceste matinée au Palais, qui descendit tantost après. Et, quand ce fut à monter dessus sa mule, il jeta l'œil sus ceste hacquenée, qui estoit assez bonne à recongnoistre. Si se pensa en luy-mesme qu'elle ressembloit fort à celle qu'il avoit perdue l'année passée de poil, de taille, et encores au harnois : lequel quidem harnois maistre Arnaud n'avoit point changé. Vray est qu'il n'estoit pas si neuf comme il l'avoit pris, car il l'avoit fait servir ses trois cartiers ; mais l'Italien ne s'en osoit asseurer du premier coup, veu le long temps qu'il l'avoit adiré [4]. Il appelle son garson, qui avoit nom Torneto : *Ven qua ; vede che questo mi par' esser li cavalle ch'io perdi l'an passato*. Le varlet regarde ceste hacquenée : qui la trouvoit toute telle, excepté qu'elle n'estoit pas en si bon poinct ; mais il ne sçavoit bonnement que respondre, car ilz songerent tous deux qu'elle deust appartenir à quelque autre monsieur. Toutesfois, tant plus ilz la regardoyent, et plus ilz trouvoyent certain que c'estoit elle, et demeurerent là tous deux jusques à unze heures et plus : là où en raisonnant toujours ensemble sus ceste hacquenée et voyant que personne ne la prenoit, ilz s'asseurerent pour vray que c'estoit elle [5]. Misser Ju-

---

[1] C'est-à-dire : au bout de neuf mois.

[2] Par hasard, par bonheur.

[3] Ce titre, qui a été autrefois donné en Italie aux seigneurs les plus qualifiés, y dégénéra dans la suite et y est aujourd'hui entièrement aboli. (L. M.)

[4] Egaré, perdu de vue ; du latin *adire*. C'était un terme de Palais.

[5] Le quatre-vingt-dixième conte de Pogge est d'un Vénitien qui, étant dans une hôtellerie à Vienne, avec plusieurs étrangers, ne pouvoit reconnoître son cheval à l'écurie, dans le temps qu'il falloit partir, en sorte qu'il attendit paisiblement que chacun fût monté à cheval, en disant que de tous les chevaux qui étoient là, celui qui demeureroit seroit le sien. (L. M.)

liano commança à Torneto de la prendre et de la mener chez luy en l'estable, là où elle se rengea aussi proprement, comme si elle n'en eust jamais bougé. Il la fit ramener le lendemain en la mesme place, pour veoir se quelqu'un se la vendiqueroit; mais il ne veroit personne, dont il fut fort esbahy, et pensoit que ce fust quelque esprit qui l'eust ramenée. De là à quelque temps, maistre Arnaud s'adresse à Misser Juliano, lequel il trouva monté sur sa hacquenée, et luy dit : « Monsieur, je suis fort aise de sçavoir que cette hacquenée soit à vous, car asseurez-vous qu'elle est bonne : je l'ay essayée. Il y a environ un an que je la trouvay près du pont de Rosne, qu'elle s'en alloit toute seule et qu'un garson la vouloit prendre; mais, congnoissant à sa façon qu'elle n'estoit pas sienne, je la luy ostay et la garday un jour ou deux, sans pouvoir savoir à qui elle estoit; le troisiesme jour je la menay jusques à Villeneufve, où j'ouy dire qu'un gentilhomme françois la cherchoit, et qu'il luy avoit esté dit qu'on l'avoit veue emmener par un garson sus le chemin de Paris. Le gentilhomme alloit après, et moy, sachant cela, je picque après luy pour la luy rendre ; mais je ne le peu jamais atteindre, car il alloit grand train pour atteindre son larron; et allay tant, en le cherchant, que je me trouvay jusqu'en Lorraine : là où voyant que je n'oyois point de nouvelles de ce gentilhomme, je la garday long-temps, et à la fin m'en suis revenu en ceste ville, où l'avois prise, et ay trouvé par quelques uns de mes amis, qu'ils se souvenoient bien l'avoir veue autrefois en ceste ville, mais qu'ils ne sçavoient à qui, sinon que ce fust à quelqu'un de vous autres messieurs de la legation. Sachant cela, je l'ay fait mener en la place du Palais, affin que celuy à qui elle estoit la peust appercevoir; et ce pendant je m'en estois allé d'icy à Nimes, d'où je suis retourné depuis deux jours. Mais Dieu soit loué qu'elle ha retrouvé [1] son maistre, car j'en estois en grand peine. » L'Italien escouta toute la belle harangue de maistre Arnaud, et en fin le remercie, en luy disant : *O valente huomo, io vi ringratio; io faceva conto de l'haver persa, ma Iddio hà voluto che sia casca in buona man. Se voi avete bisogno di cosa che sia ne la possenza mia, io son tutto vostro.* Messire Arnaud le remercie de son costé, et depuis alla souvent veoir

---

[1] Les autres éditions portent : *retourné.*

l'Italien. Et pensez que ce ne fut pas sans luy jouer tousjours
quelque tour de son mestier : lesquelz je vous racompterois volontiers, si je les sçavois, pour vous faire plaisir; mais je vous
en diray d'autres en recompense.

NOUVELLE XXV.

Du conseillier et de son pallefrenier, qui lui rendit sa mule vieille en guise
d'une jeune.

Un conseillier du Palais avoit gardé une mule vingt-cinq ans ou
environ, et avoit eu entre autres un pallefrenier, nommé
Didier, qui avoit pansé cette mule dix ou douze ans; lequel,
l'ayant assez longuement servy, luy demanda congé; et avec sa
bonne grace, se fit maquignon de chevaux, hantant neantmoins
ordinairement en la maison de son maistre, en se presentant
à luy faire service, tout ainsi que s'il eust tousjours été son domestique. Au bout de quelque temps, le conseillier, voyant que
sa mule devenoit vieille, dit à Didier : « Vien ça; tu congnois
bien ma mule : elle m'ha merveilleusement bien porté; il me
fasche bien qu'elle devienne si vieille, car à grand peine en
trouveray-je une telle. Mais regarde, je te prie, à m'en trouver
quelqu'une. Il ne te fault rien dire : tu sais bien quelle il la me
fault. » Didier luy dit : « Monsieur, j'en ay une en l'estable, qui
me semble bien bonne : je la vous bailleray pour quelque temps.
Si vous la trouvez à vostre gré, nous en accorderons bien, vous
et moi; sinon, je la reprendray. C'est bien dit. » Le conseillier
se faict amener ceste mule, et cependant il baille la sienne vieille
à Didier, pour en trouver la deffaicte : lequel luy lime incontinent les dentz; il vous la bouschonne, il la vous estrille, il la
traicte si bien, qu'il sembloit qu'elle fust encores bonne beste.
Tandis[1], son maistre se servoit de celle qu'il luy avoit baillée,
mais il ne la trouva pas à son plaisir, et dit à Didier : « La mule
que tu m'as baillée ne m'est pas bonne; elle est par trop fantas-

[1] Pendant ce temps.

tique ¹. Ne veux-tu point m'en trouver d'autre? — Monsieur, dit le maquignon, il vient bien à point, car, depuis deux ou trois jours en çà, j'en ay trouvé une que je congnois de longue main. Ce sera bien vostre cas, et quand vous aurez monté dessus, s'elle ne vous est bonne, reprochez-le-moy. » Didier lui ámeine cette belle mule au train doré, qu'il faisoit moult bon veoir. Ce conseillier la prend, il monte dessus, il la trouve traictable au possible; il s'en louoit grandement, s'esbahissant comme elle estoit si bien faicte á sa main : elle venoit au montoir le mieux du monde. Somme, il y trouvoit toutes les complexions de la sienne premiere, et, attendu mesme qu'elle estoit de la taille et du poil, il appelle ce maquignon : « Vien çà, Didier. Où as-tu pris ceste mule? Elle semble toute faicte à celle que je t'ay baillée et en ha toute a propre façon. — Je vous promets, dit-il, Monsieur, quand je la vey du poil de la vostre et de la taille, il me sembla qu'elle en avoit les conditions, ou que bien aisément on les luy pourroit apprendre; et pour ce je l'ay acheptée, esperant que vous vous en trouveriez bien. — Vrayement, dit le conseillier, je t'en sçay bon gré; mais combien me la vendras-tu? — Monsieur, dit-il, vous sçavez que je suis vostre et tout ce que j'ay. Si c'estoit un autre, il ne l'auroit pas pour quarante escuz; je la vous laisseray pour trente. » Le conseillier s'y accorde et donne trente escuz de ce qui estoit sien et qui n'en valloit pas dix.

NOUVELLE XXVI.

Des Copieux de la Flesche ², en Anjou : comme ilz furent trompez par Picquet au moyen d'une lamproye ³.

Nous avons cy-dessus parlé des Copieux de la Flesche, lesquelz on dit avoir esté si grans gaudisseurs, que jamais homme

¹ Fantasque. On disoit proverbialement : fantasque, capricieux comme une mule
² Voyez ci-dessus, p. 79, l'explication de ce sobriquet.
³ L'idée de ce conte se trouve dans la cxi* des *Epistolæ* d'Æneas Sylvius, qui raconte la fable d'un renard suivant un âne : *Vidit pendentes aselli testiculos*

n'y passoit qui n'eust son lardon. Je ne sçay pas si cela leur dure encores, mais je dy bien qu'une fois un grand seigneur entreprint d'y passer sans estre copié, et pensa d'y arriver si tard et en partir de si bon matin, qu'il n'y auroit personne qui se peust gaudir de luy. Et, à la verité, pour son entrée, il mesura tellement son chemin, qu'il estoit toute nuict quand il y arriva. Parquoy, estant tout le monde retiré, il ne trouva homme ne femme qui luy dist pis que son nom[1]. Et quand il fut descendu à l'hostelerie, il fit semblant d'estre un peu mal disposé, et se retira en sa chambre, où il se fit servir par ses gens, si bien que la nuict se passe sans inconvenient. Mais il commanda au soir au maistre d'hostel que tout le monde fust prest à partir le lendemain deux heures devant soleil levant : ce qui fut faict, et luy-mesmes le premier levé, car il n'avoit aucune envie de dormir, de grand desir qu'il avoit de passer sans estre copié. Il monte à cheval sus l'heure que l'aube commençoit à paroistre, qu'il n'y avoit encores personne debout par la ville. Il marche jusques aux dernieres maisons de la Flesche, et pensoit bien avoir evité tous les dangers : dont il estoit desjà bien fier; mais voicy qu'il y avoit une vieille accropie au coing d'une muraille, qui luy vint donner sa copie en luy disant en son vieillois[2] : « Matin, matin, de peur des mouches. » Jamais homme ne fut plus marry d'estre ainsi copié au despourveu, et encores d'une vieille. Et si c'eust esté un roy, comme on dit que c'estoit, je croy qu'il eust faict mauvais party à la vieille damnée; mais la plus saine partie croid qu'il n'estoit pas roy, encores que ceux de la Flesche se vantent que si. Or, quel qu'il fust, il eut son lardon comme les autres. Mais comme on dit en commun proverbe, que les mocqueurs sont souvent mocquez, ceux de la Flesche en recepvoyent bien quelquefois de bonnes, comme celle

---

vulpecula, et prope casuros credidit; secuta est prædam, sperans. At postquam diu frustrata est, quia non cadebant testes : O quam nigri sunt! inquit, nunquam illos esse potuissem! Cette facétie a été reproduite par Nevizanus, dans ses *Sylvæ nuptiales*, lib. I, n° 102.

[1] Bèze, dans son *Passavant* : *Et postquam veni, et me debotavi auducter, quia nemo unquam mihi dixit pejus quam meum nomen.* Furetière donne à ce proverbe deux explications opposées, l'une au mot *Nom*, où il dit qu'on *ne sauroit dire pis que son nom à un homme, quand il est connu pour un scélérat;* l'autre au mot *Pis*, où il dit, tout au contraire, que ce mot s'entend d'un homme à qui on ne peut rien reprocher. (L. M.)

[2] Langage de vieille.

que nous avons dicte de maistre Pierre Faifeu[1] : et encores leur en fut donnée une autre bonne par un qui s'appelloit Picquet. Ce fut qu'il achepta une lamproye à Durtal[2], et la mit en un bissac de toille qu'il portoit derriere soy à l'arson de sa selle : laquelle lamproye il attacha fort bien par l'un des trous d'auprès de la teste, avec une fisselle, tellement qu'elle ne pouvoit eschapper de dedans le bissac ; mais il luy fit seulement paroistre la queue par dehors. Quand il fut auprès de la Flesche, ceste lamproye, qui estoit bien vive, demenoit tousjours la queue, tant qu'en passant par la ville les Copieux adviserent qu'en se demenant elle paroissoit tousjours un petit davantage hors du bissac : et mes gens de se tenir près, attendans qu'elle deust cheoir ! Et Picquet passoit tout à son aise par la ville, comme s'il n'eust pas eu grand haste, pour tousjours amasser des Copieux davantage, lesquelz sortoyent des maisons et le suivoyent, pour avoir ceste lamproye quand elle tomberoit ; desquelz y en eut quatre ou cinq des plus frians, qui s'y attendoyent comme à leurs œufz de Pasques[3], disant l'un à l'aultre : « J'en disneron, j'en disneron. » Et Picquet ne faisoit pas semblant de les aviser[4], fors quelquesfois, comme si son cheval ne fust pas bien senglé, il regardoit de costé ses lacquais qui le suivoyent. Quand il fut hors de la ville, il commença à picquer un peu plus fort, et mes Copieux après, cuidans qu'elle ne deust plus demeurer à tomber, car elle paroissoit quasi toute dehors. Il les vous meine un petit quart de lieue tousjours après ceste lamproye. Mais il y en eut deux qui se lasserent de trotter, parce qu'ilz estoyent un petit chargez de cuisine[5]. Les deux autres tindrent bon, et furent bien aises que les deux s'en allassent, et dirent l'un à l'autre : *Tez tay, j'en airon meilleure part.* Quand Picquet eut congneu qu'il n'avoit plus que deux lacquais, lesquelz estoyent assez dispos de leurs personnes, il commence à picquer un peu plus fort, et encores plus fort ; et mes

---

[1] Ci-dessus, Nouv. XXIII.

[2] Durtal, petite ville à trois lieues de La Flèche.

[3] Expression proverbiale, par allusion aux présents qu'on faisait aux enfants, aux domestiques et aux curés, le jour de Pâques, et qui étaient, dans l'origine, des œufs peints de diverses couleurs.

[4] Voir ; *aviser*, dans le même sens, se dit encore parmi le peuple.

[5] C'est-à-dire : de graisse, d'embonpoint.

deux Copieux après, tellement qu'ilz le suyvirent plus d'une grande demye lieue, tousjours courans après, qui pensoyent bien se venger sus la lamproye; et Picquet tousjours picquoit, mais ceste lamproye ne tomboit point : dont ilz commencerent à se fascher : joint que Picquet, qui en avoit son passetemps, se prenoit à rire par les fois si fort, qu'ils s'en apperceurent, et virent bien qu'ilz en avoyent d'une. Toutefois, l'un d'eux, pour faire bonne mine, dit de loing à Picquet : « Hau! Monsieur, vostre lamproye vous cherra. » Picquet se retourne vers eux, en leur disant : « A a! il la vous faut, la lamproye? Venez, venez, vous l'aurez : elle cherra tantost. » Mes gens furent tout camus et dirent : « A tous les diesbs la lamproye! » Puis, quand ilz furent de retour Dieu sçait comment ilz furent copiez de ceux de la ville qui entendirent la fourbe : en leur demandant à quelle sausse ilz la vouloyent. Ainsi les gaudisseries retournent quelquesfois sus les gaudisseurs.

NOUVELLE XXVII.

De l'asne umbrageux qui avoit peur quand on ostoit le bonnet, et de Saint Chelault et Croisé, qui chausserent les chausses l'un de l'autre.

Plusieurs ont ouy le nom de messire René du Bellay, dernierement decedé evesque du Mans[1], lequel se tenoit sus son evesché, studieux des choses de la nature, et singulierement de l'agriculture, des herbes et du jardinage. Il avoit en sa maison de Tonnoye[2] un haraz de jumens, et prenoit plaisir à avoir

---

[1] René Du Bellay, frère puiné des trois frères Du Bellay, Guillaume, Martin et Jean, fut nommé évêque du Mans le 27 novembre 1535, et mourut en 1546, c'est-à-dire deux ans après Bonaventure Des Périers. La Monnoye conclut de là que ce n'est pas Des Périers qui a écrit cette Nouvelle ; mais on peut supposer que c'est son éditeur, Nicolas Denisot, qui aura intercalé cette phrase incidente, *dernierement decedé*, dans le texte de l'auteur.

[2] Son jardin de Tourvoye était, au dire de C. Gesner, le plus beau, le plus riche, non-seulement de la France, mais encore de l'Allemagne et de l'Italie. « Il prit, dit Le Corvaisier, ses divertissemens aux plaisirs de l'agriculture, du jardinage et de la curiosité des plantes rares qu'il faisoit venir de toutes parts pour

des poullains de belle race. Il avoit un maistre d'hostel qui mettoit peine de luy entretenir ce qu'il aymoit, auquel fut donné par quelqu'un de ses amys un asne, par grande singularité, qui estoit si beau et si grand, qu'on l'eust pris à tous coups pour un mulet, et mesmes en avoit le poil ; avec cela, qu'il alloit l'amble aussi bien qu'un mulet. Pour ce, le maistre d'hostel, voyant la bonté de cest asne, bien souvent le bailloit à l'un des officiers: sus lequel il suivoit aussi bien le train, encores que le dit seigneur picquast aussi bien comme pas un des autres. Et à la fin ledit asne demeura pour l'un des aumosniers, lequel on appelloit Saint Chelault[1]. Ne sçay si c'estoit son nom, ou si on luy avoit donné ce soubriquet, ou si c'estoit quelque benefice qu'il eust eu de son maistre. Or, pour ce qu'il n'y ha chose si excellente qui n'ait quelque imperfection, cest asne estoit un petit umbrageux. Que dy-je, un petit? J'entens un petit beaucoup ; car, au moindre remuement qu'il eut senty faire, il gambadoit, il sautoit ; et qui failloit à se tenir bien, il vous terrassoit son homme. Au moyen de quoy Saint Chelault, qui n'estoit pas des plus habiles escuyers du monde, à tous les coups estoit passé chevalier dessus cest asne[2]. Quand à quelque destour il voyoit une souche couchée le long du chemin, ou quand quelque homme se presentoit à la rencontre et au depourveu, ou quand il tomboit à Saint Chelault le breviaire de sa manche, le bruit seul faisoit tressaillir cest asne, qui ne cessoit de tempester qu'il n'eust porté mon aumonnier

en peupler son jardin. » Voyez, dans la *Biographie générale* de Firmin Didot, l'article de René Du Bellay, par M. Hauréau.

[1] Par corruption, pour : sainte Sesaut, vierge du Maine, au septième siècle ; en latin, *sancta Sicildis*. Il y a dans les vocabulaires hagiologiques plusieurs saints dont a fait des saintes. On ne dit aujourd'hui ni *saint Sesaut* ni *saint Chelaut*, mais *sainte Serote*, sous le nom de laquelle il y a une cure au diocèse du Mans. (L. M.)

Ce Saint-Chelaut, qui était aumônier de l'évêque du Mans, a peut-être donné à Rabelais l'idée de l'île de Chely, où il fait aborder Pantagruel, liv. IV, ch. x : « Isle grande, fertile, riche et populeuse en laquelle regnoyt le roy Sainct Panigon. » Aucun des commentateurs de Rabelais n'a pu découvrir ce que c'était que cette île de Chely, où, selon la courtoisie et coutume du pays, les filles et les femmes baisaient les nouveaux venus.

[2] On dit qu'un homme est passé chevalier, quand il tombe de cheval, parce que le cheval le laisse à erre et passe outre. (L. M.)

Cette expression proverbiale signifie plutôt qu'il passait par dessus la tête de l'âne, qui l'envoyait tomber à quelques pas en avant.

par terre. Mais sus tout cest asne se faschoit quand il voyoit oster un bonnet, car, quand on saluoit monsieur du Mans par les chemins, comme telles personnes sont saluées de tout chacun, cest asne au maniement des bonnetz faisoit rage. Il couroit à travers pays, comme si le diammour [1] l'eust porté, et ne failloit point à vous planter le povre Saint Chelault en un fossé ou en quelque tartre bourbonnoise [2]. De sorte qu'il estoit contrainct de demeurer derriere et n'aller point en trouppe, pour eviter les inconveniens des salutations. Et d'aventure si il rencontroit quelqu'un de congnoissance par les chemins venant au devant de luy, il luy crioit tout de loing : « Monsieur, je vous prie, ne me saluez point! ne me saluez point! » Mais bien souvent, pour en avoir passetemps, on luy attiltroit [3] des salueurs qui luy faisoyent de grandes reverences et barretades [4], pour veoir un peu cest asne en son avertin [5] faire ses gambades. Quelquesfois Saint Chelault partoit devant, dont il avoit bien meilleur marché : premierement, pour eviter le danger susdict; secondement, pour aller prendre un avantage de buvettes, specialement les apres-dinées, qu'il ne luy falloit point attendre Monsieur pour dire la messe devant luy. Une fois donc, de par Dieu! qu'il estoit en plein esté, faisant grand chaleur sus l'apresdinée, et que Monsieur attendoit le chault à passer [6], Saint Chelault partit devant, avec un qui estoit solliciteur [7] dudit seigneur, nommé Croisé. Et parce que la traite n'estoit pas trop longue, ilz arriverent de bonne heure au logis : là où ilz se rafreschirent en beuvant et beurent en se rafreschissant [8], et, en attendant le train à venir, donnerent ordre au

---

[1] Contraction, pour : *dieu Amour*. La Monnoye dit : « J'ai cru qu'il falloit lire : *Comme si le diautre l'eust emporté*, et j'ai fait imprimer ainsi. »

[2] C'est un bourbier tel qu'il s'en trouve en divers endroits des chemins du Bourbonnois. Le dehors, qui paroît beau, sec et uni, ressemblant à une grande tarte, invite à passer par dessus ceux qui ne connoissent pas le terrain. Oudin, dans ses dictionnaires, explique *tarte bourbonnoise* par *stronzo*, en italien, et par *cacajou* en espagnol. C'est aussi la signification que lui donne Rabelais, liv. II, ch. xvi. (L. M.)

[3] Dépêchait, adressait, désignait.

[4] Coups de barrette ou de chapeau; de l'italien *berrettate*.

[5] Manie, vertigo. Saint Avertin, qui avait donné son nom à cette maladie de l'esprit, était chargé aussi de la guérir.

[6] C'est-à-dire : attendant que le chaud fût passé.

[7] Mandataire, agent comptable.

[8] L'auteur, en usant de cette répétition par maniere de plaisanterie, a voulu se

soupper. Mais quand ilz veirent que Monsieur ne venoit point si tost, ilz se mirent gentiment à soupper de ce que bon leur sembla ; et mesmes, voyans que rien ne venoit, ilz recommanderent tout à l'hoste et au cuisinier qui estoit venu quand et eux, et eux aussi quand et le cuisinier; et se firent bailler une petite chambre jacopine¹, où ils se coucherent très bien et très beau, et commencerent à jouer à la ronfle². Tantost, voicy Monsieur venir ; et quand ses gens sceurent que mes deux compagnons estoyent couchez, ilz les laisserent jusques après scupper, que deux ou trois d'entre eux trouverent façon d'entrer en la chambre où ilz dormoyent sans faire bruit, et les trouverent en leur premier somme. Or il fault notter que Saint Chelault estoit si maigre que les os luy persoyent la peau ; mais Croisé faisoit bien autant d'honneur à celuy qui le nourrissoit, comme Saint Chelault luy faisoit de deshonneur, car il estoit si gras et si fafelu³, qu'or l'eust fendu d'une areste. Que firent mes gens? Ilz prindrent les chausses des deux dormans et les descousirent par la moitié, et les mespartirent⁴ l'une avec l'autre : rattachans la droite de l'un avec la gauche de l'autre, et la gauche avec la droite, le plus proprement qu'ils peurent, et les remirent en leur place, et vous laisserent dormir mes deux pelerins jusques au lendemain qu'il fut jour et que Monsieur fut prest de monter à cheval, car il vouloit aller à la frescheur⁵. Et sur ce poinct, l'un des pages, qui sçavoit toute la traffique, car telles gens ne se trouvent jamais loing de toutes bonnes entreprises, vint frapper en grand haste à la porte de la chambre où ilz estoyent couchez, disant : « Monsieur Croisé, monsieur

moquer de ceux qui en emploient de pareilles sérieusement. Il faut voir là-dessus Sorel, dans ses remarques sur le liv. IX de son *Berger extravagant*. (L. M.)

¹ C'est-à-dire : bien close et bien tapissée, parce que le froc des frères mineurs était plus chaud que celui des autres moines ; de là l'expression proverbiale : *emmaillotté d'un jacopin*, c'est-à-dire : vêtu d'une bonne douillette. On prononçait *iacopin* au lieu de *jacobin*, à la manière des Toscans, qui disent encore *Iacopo* et *Giacopo*. M. Lacour pense que c'est une chambre nattée, comme celle des Jacobins, qui avaient des mœurs très-relâchées et qui passaient pour des sybarites.

² C'est-à-dire : à dormir. La *ronfle*, en Italie et en France, était une espèce de jeu de cartes, qui est dénommé parmi les jeux de Gargantua. Peut-être avait-on donné à ce jeu le nom de ronfle, parce que le joueur qui avait le plus haut point l'annonçait par une sorte de roulement.

³ Il faut lire *farfeln*, comme l'écrit Rabelais ; ce mot signifie *dodu*.

⁴ Intervertirent, séparèrent.

⁵ On dirait maintenant : à la *fraîche*.

de Saint Chelault, voilà Monsieur à cheval! Voulez-vous pas lever? » Mes deux gens s'eveillent en sursault ; et de prendre leurs vestemens à la haste. Saint Chelault en eut bien meilleur compte que non pas monsieur Croisé, car luy, qui estoit maigre, entra dedans les chausses de Croisé, comme les mariez de l'année passée. Il se chausse, il s'habille, et fut aussi tost prest qu'un chien auroit sauté un eschallier[1]. Il monte à cheval sus son asne, et devant! Mais Croisé, qui d'aventure avoit chaussé la bonne chausse la premiere, quand ce vint à celle de Saint Chelault, le diable y fut, car elle estoit si estroicte, qu'à grand peine y eut-il mis le bras. Il tiroit, il tiroit, mais il y fust encores ; et si ne songeoit point que la chausse ne fust à luy, car il n'eust jamais pensé en telz affaires; et puis il n'estoit pas encores bien esveillé, comme sont gens repletz et qui ont repeu au soir. A la fin, de force de tirer, il esclatta tout : qui fut cause de le reveiller et de le faire entrer en cholere. « Que diable est cecy? » disoit-il. Il regarde à son cas de plus près, et congneut que ce n'estoit pas sa chausse, et n'y peut jamais entrer, sinon qu'il passa toute la jambe et la cuisse par la fendasse qu'il avoit faite, affin au moins que le fessier luy demeurast couvert, en attendant qu'il eust moyen de remedier à son cas, et chausse sa bote de ce costé-là tout à nud sus la jambe, et monte à cheval, galoppant après Monsieur, qui estoit desjà à une lieue de là. Et Dieu sçait comment il fut ris de leurs jeux! Car, quand ilz furent à la disnée, là où de fortune il n'y avoit point de ravaudeurs ny de cousturiers, car c'estoit en une maison de gentilhomme un petit à l'escart, on veid tout à cler le faict comme il estoit passé. Ilz s'entrerendirent chacun sa chausse et se mirent à les rhabille coustrer tandis qu'on disnoit : qui fut en deduction de ce qu'ilz avoient le soir souppé si bien à leur aise. Ce ne fut pas mauvais pour monsieur Croisé, car la diette ne lui estoit que bonne. Mais le povre Saint Chelault en eut mauvais party, car il n'avoit pas affaire de cela; et puis Croisé luy avoit rompu toute sa chausse. Ainsi la mauvaise fortune jamais ne vient, qu'elle n'en apporte une, ou deux, ou trois, avecques elle, Sire. Ouy, ouy, cela est dedans

---

[1] La clôture d'un champ, faite d'échalas.

Marot[1]. Les uns me conseilloyent que je disse que cecy estoit advenu en yver, pour mieulx faire valoir le compte; mais, estant bien informé que ce fut en esté, je n'ay point voulu mentir : car, avec ce qu'un compte froid n'est pas trouvé si bon, je me damnerois, ou pour le moins il m'en faudroit faire penitence. Toutesfois il sera permis à ceux qui le feront après moy de dire que ce fut en yver, pour enrichir la matiere. Je m'en rapporte à vous. Quant à moy, je passe outre.

NOUVELLE XXVIII.

Du prevost Coquillaire, malade des yeux : auquel les medecins faisoyent accroire qu'il voyoit.

Au mesme pays du Maine y avoit n'ha gueres un lieutenant du prevost des mareschaux[2], qu'on appelloit Coquillaire, homme qui faisoit un proces et qui sçavoit bien la ruse du lieutenant Mallard[3] : lequel, ayant un jour entre ses mains un homme qui avoit fait des maux assez, mais il alleguoit qu'il avoit tonsure, le vous laissa refroidir quelque temps en la prison; puis, à heure choisie, le fit venir devant soy, et commença à faire le familier avecques luy. « Vrayement, dit-il, tel (l'appellant par son nom), c'est bien raison que vous soyez renvoyé par devant vostre evesque. Je ne vous veux pas faire

---

[1] C'est une citation empruntée, en effet, à l'épître de Clément Marot : *Au roy, pour avoir esté desrobé* :

La mauvaise fortune
Jamais ne vient, qu'elle n'en apporte une,
Ou deux, ou trois, avecques elle, Sire.

[2] Les prévôts des maréchaux étaient des juges d'épée, qui jugeaient souverainement les voleurs, les vagabonds et les gens de guerre. Il y avait en France cent quatre-vingts maréchaussées ressortissant de la Connétablie, qui avait son siège à la Table de marbre du Palais de Paris.

[3] Gilles Maillard, lieutenant criminel, contre qui Marot a fait la sanglante épigramme intitulée : *Du lieutenant criminel et de Semblançay*. Il avait procédé avec tant de rigueur contre les nouveaux hérétiques, luthériens et calvinistes, que son nom fut voué à l'exécration et au mépris. Clément Marot faillit être une de ses victimes.

tort de vostre privilege, ains vous en voudrois advertir quand vous n'y penseriez pas; mais je vous conseille que d'icy en avant vous vous retirez ès lieux où se font les actes d'honneur. Vous estes beau personnage et vaillant, vous devriez aller servir le roy ; vous vous feriez incontinent congnoistre et seriez pour avoir charge et pour vous faire grand : non pas vous amuser ès villes et par les chemins et vous mettre en danger de vostre vie et vous deshonorer à jamais. » Incontinent le gallant, qui se sentoit loué : « Monsieur, dit-il, je ne suis pas maintenant à congnoistre que c'est du service du roy. J'estois bien devant Pavie quand il fut pris [1], soubz la charge du capitaine Lorge [2], et depuis me trouvay à la suite de monsieur de Lautrec [3] à Millan et au royaume de Naples. » Alors Maillard vous luy achevoit son procès et le vous faisoit pendre hault et court avec sa tonsure, et luy apprenoit que c'estoit de servir le roy. Coquillaire sçavoit bien faire cela et semblables choses, et voyoit assez clair dedans un sac, des yeux de l'esprit ; mais des yeux de la teste il n'y voyoit pas la longueur de quatre doigtz, et ne luy falloit point demander lequel il eust mieux aymé avoir, le nez aussi long que la veue ou la veue aussi longue que le nez [4], car il n'y avoit pas beaucoup à dire de l'un à l'autre. Advint qu'un jour l'evesque du Mans [5], allant visiter par son diocese, le voulut veoir en passant, parce qu'il le congnoissoit bon justicier et que son chemin s'adonnoit par là; lequel il trouva au lict, mallade d'une humeur qui lui estoit tombée sur ses povres yeux. « Et bien, Monsieur le prevost, dit l'evesque, comment vous trouvez-vous? — Monsieur, dit-il, il y ha un mois et davantage que je suis icy. — Vous avez toujours mauvais yeux, dit l'evesque; comment en estes-vous? — Monsieur, dit Coquillaire, j'espere que je m'en porteray mieux. Le me-

---

[1] La bataille de Pavie, où François Ier fut fait prisonnier, eut lieu le 24 février 1525.

[2] Jacques de Lorge, capitaine de la garde écossaise de François II, était le père de Gabriel de Lorge, comte de Montgommery, qui eut le malheur de blesser mortellement Henri II dans un tournois.

[3] Odet de Foix, seigneur de Lautrec, un des plus grands capitaines de son siècle, commanda les armées françaises dans toutes les guerres d'Italie, jusqu'à sa mort devant Naples, qu'il assiégeait, le 16 août 1528.

[4] C'est la seconde des *Questions tabariniques*, 1re part. du recueil de Tabarin.

[5] René Du Bellay, qui est déjà cité dans la Nouvelle XXVII.

decin m'ha dit que je voy. » Pensez que c'estoit un fin homme, de se rapporter au medecin s'il voyoit ou non; mais il ne se rapportoit pas si volontiers au dire des prisonniers pour leur faict propre, comme il faisoit au medecin pour le sien.

NOUVELLE XXIX.

Des finesses et actes memorables d'un regnard qui estoit au bailly de Maine-la-Juhés.

EN la ville de Maine-la-Juhés[1] au bas pays du Maine (c'est ès limites de ce bon pays de Cydnus[2]), y avoit un bailly, homme de bonne chere, selon le pays, et qui se delectoit de beaucoup de gentillesses, et avoit en sa maison quelques animaux apprivoisez : entre lesquelz estoit un regnard qu'il avoit fait nourrir petit, et luy avoit-on couppé la queue, et pour ce on l'appeloit le Fere[3]. Ce regnard estoit fin de pere et de mere; mais il avoit encores passé la nature en conversant avec les hommes, et avoit si bon esprit de regnard, que, s'il eust peu parler, il eust monstré à beaucoup de gens que ce n'estoyent que bestes. Et certainement il sembloit à sa mine que quelquefois il s'efforçast de parler, au plaisant regnardois[4] qu'il

[1] Mayenne, dite la Juhee, parce que Juhel Ier en fit construire le château vers 1150.

[2] Les premières éditions portent : Nus; d'autres : de Nus. — La tradition fabuleuse, introduite par Annius de Viterbe, veut qu'un certain Cydnus, fils de Ligur, ait donné le nom aux anciens peuples du Maine, appelés premièrement, par cette raison, Cydnomans, et de puis Cénomans... Sans recourir à Cydnus, ne pourroit-on pas dire que l'auteur, par ce bon pays Nus, auroit entendu ce pays du Maine où il y a plusieurs fiefs retenus en nuesse, à nu, nuement, de nu à nu, à pur, c'est-à-dire : immédiatement du prince? Je n'en doute nullement. La Croix du Maine, page 452 de sa Bibliotheque, parle d'un Samson Bedouin, moine bénédictin de l'abbaye de la Couture, auteur de plusieurs chansons, et, entre autres, de la Réplique aux chansons des Nueiens ou Nuiois, autrement appelés Ceux de Nuz, ou bas pays du Maine. (L. M.)

[3] La Monnoye dit que, dans les dictionnaires d'Oudin, here est interprété animal sans queue; mais hère, du latin herus, pris en mauvaise part, signifie seulement pauvre diable, pauvre sire.

[4] Langage de renard. Bonaventure Des Périers affectionne beaucoup ce genre de

jargonnoit. Et quand il estoit avec le valet de la maison ou avec la chambriere, pource qu'ilz le traitoyent bien à la cuisine, vous eussiez dit qu'il les vouloit appeller par leur nom. Il sçavoit aussi bien quand monsieur le bailly debvoit faire un banquet, à veoir les gens de là-dedans tous empeschez [1], et principalement le cuisinier. Il s'en alloit chez les poullailliers et ne failloit point à apporter connilz [2], chappons, pigeons, perdris, levraulx, selon les saisons; et les prenoit si finement, que jamais il n'estoit surpris sur le faict, et vous fournissoit la cuisine de son maistre merveilleusement bien. Toutesfois, il alla et retourna si souvent en meffait, qu'il commença à se faire congnoistre des poullailliers et des autres à qui il desroboit les gibiers; mais pour cela il ne s'en soucioit gueres, car il trouvoit tousjours nouvelles finesses, les desrobant tousjours de plus en plus, tant qu'ilz conspirerent de le tuer : ce qu'ilz n'osoyent pas faire apertement, pour la crainte de son maistre, qui estoit le grand Monsieur de la ville, mais se delibererent chacun de leur part de le surprendre de nuict. Or mon here, quand il vouloit aller quester, entroit tantost par le souspiral de la cave, tantost par une fenestre basse, tantost par une lucarne ; tantost il attendoit que l'on vinst ouvrir la porte sans chandelle et entroit secrettement comme un rat. Et s'il avoit des intentions d'entrer, il en avoit bien autant de sortir avec sa proye. O quantesfois le poullaillier parloit de luy pour le tuer, qu'il estoit tout auprès à escouter la conspiration, pensant en soymesme : « Tu ne me tiens pas ! » On luy tendoit quelque gibier en belle prise, et là-dessus le pouillailler veilloit avec une arbaleste bandée et le garrot [3] dessus, pour le tuer. Mais mon regnard sentoit cela comme si c'eust esté la fumée du rosty, et ne s'approchoit jamais tandis qu'on veilloit; mais l'homme n'eust sceu si tost avoir les yeulx clos pour sommeiller, que mon hère ne croquast son gibier, et devant ! Si on luy tendoit quelques trebuchetz ou repoussoirs [4], il s'en sçavoit garder comme si

néologisme ; il dit *cailletois, vjeillois, villenois*, etc., pour : langage de caillette, de vieille, de vilain.

[1] Occupés, affairés.

[2] Lapins ; du latin *cuniculus*.

[3] Flèche ; de *verutum*, dit La Monnoye.

[4] Espèce de piége qui se débande dès qu'on le touche, et qui décharge un coup terrible sur l'animal qu'on veut repousser.

luy-mesme les eust mis ; tellement qu'ilz ne sçavoient jamais estre si vigilans de le pouvoir attraper, et ne trouverent d'autre expedient, sinon tenir leur gibier serré en lieu où le here ne peust attaindre. Encores, pour cela, il ne manquoit pas d'en trouver tousjours quelqu'un en voye, mais c'estoit peu souvent. Dont il commença à se fascher, partie pour n'avoir plus si grands moyens de faire service au cuisinier, partie aussi qu'il n'en estoit point si bien de sa personne comme il souloit. Et pour ce, tendant desjà sur l'aage, il devint soupsonneux, et luy fut advis qu'on ne tenoit plus compte de luy, et peut-estre aussi qu'on ne luy faisoit pas tant de caresses que de coustume, car c'est grand pité que de vieillesse. Et, pour ces causes, il commença à devenir meschantement fin, et se print à manger les poullailles de la maison de son maistre ; et, quand tout estoit couché, il s'en alloit au jouc[1], et vous prenoit tantost un chappon, tantost une poulle. Et ne se doutoit-on point de luy ; on pensoit que ce fust la bellette ou la fouyne. Mais, à la fin, comme toutes meschancetez se descouvrent, il y alla tant de fois, qu'une petite garse qui couchoit au buscher, pour l'honneur de Dieu, s'en apperçeut : qui declara tout. Et, dès lors, le grand malheur tomba sur le here, car il fut rapporté à monsieur le bailly que le here mangeoit les poullailles. Or mon regnard se trouvoit partout pour escouter ce qu'on disoit de luy, et avoit de coustume de ne perdre gueres le disner et le soupper de son maistre, pource qu'il luy faysoit fort bonne chere, et l'aymoit, et luy donnoit tousjours quelque morceau de rosty. Mais, depuis qu'il eut entendu qu'il mangeoit les poulles de la maison, il luy changea de visage, tant qu'une fois, en disnant, que le here estoit à derriere les gens en tapinois, monsieur le bailly va dire : « Que diriez-vous de mon here qui mange mes poulles ? J'en feray bien la justice avant qu'il soit trois jours. » Le here, ayant ouy cela, congneut qu'il ne faisoit plus bon à la ville pour luy, et n'attendit pas les trois jours à passer, qu'il ne se bannist de luy-mesme et s'enfuit aux champs avec les autres regnardz. Pensez que ce ne fut pas sans faire la meilleure derniere main qu'il peust. Mais le povre here eut bien affaire à

---

[1] *Juc.* juchoir, poulailler ; Ducange dérive *joucher* de *jocare* ; Ménage écrit *jucher* et le fait venir de *jugare.*

s'appointer avec eux; car, du temps qu'il estoit à la ville, il avoit appris à parler bon cagnesque[1], et les façons des chiens aussi, et alloit à la chasse avec eux, et soubz umbre de comperage, trompoit les povres regnardz sauvages et les mettoit en la gueule des chiens; dont les regnardz se souvenans, ne le vouloyent point recevoir avec eux et ne s'y fioyent point. Mais il usa de rhetorique, et s'en excusa en partie, et en partie aussi leur demanda pardon; et puis il leur fit entendre qu'il avoit le moyen de les faire vivre aises comme roys, d'autant qu'il sçavoit les meilleurs poullailliers du pays et les heures qu'il y failloit aller; tant qu'à la fin ilz creurent en ses belles parolles et le firent leur capitaine : dont ilz se trouverent bien pour un temps, car il les menoit ès bons lieux, où ilz trouvoyent de butin assez. Mais le mal fut qu'il les voulut trop accoustumer à la vie civile et compagnable[2], leur faisant tenir les champs et vivre à discretion, de sorte que les gens du pays, les voyans ainsi par bandes, menoyent les chiens après, et y demeuroit tousjours quelqu'un de mes comperes les regnardz. Mais cependant le here se sauvoit tousjours, car il se tenoit à l'arriere garde, affin que, tandis que les chiens estoyent après les premiers, il eust loisir de se sauver; et mesmes il n'entroit jamais dedans le terrier, sinon en compagnie d'autres regnardz; et quand les chiens estoyent dedans, il mordoit ses compagnons et les contraignoit de sortir, affin que les chiens courussent après et qu'il se sauvast. Mais le povre here ne sçeut si bien faire, qu'il ne fust attrapé à la fin : car, d'autant que les paysans sçavoyent bien qu'il estoit cause de tous les maux qui se faisoient là autour, ilz ne cherchoyent que luy et n'en vouloyent qu'à luy, tant qu'ilz jurerent tous une bonne fois qu'ilz l'auroyent. Et, pour ce faire, s'assemblerent toutes les parroisses d'alentour, qui deputerent chacun un marguillier pour aller demander secours aux gentilzhommes du pays, les prians que, pour la communauté, ilz voulussent prester chacun quelques chiens pour despescher[3] le pays de ce meschant garniment[4] de regnard. A quoy volontiers s'accorderent lesditz gentilzhommes, et fi-

[1] Langage de chien; de l'italien *cagnesco*.
[2] Commune, sociable.
[3] Délivrer, débarrasser.
[4] Pour : *garnement*.

rent bonne responce aux ambassadeurs; et mesmes, la plupart d'entre eux, long-temps avoit qu'ilz en cherchoyent leurs passe-temps sans y avoir peu rien faire. En somme, on mit tant de chiens après, qu'il y en eut pour luy et pour ses compagnons; lesquelz il eut beau mordre et harasser, car quand ilz furent pris, encores fallut-il qu'il y demourast, quelque bon corps qu'il eust. Il fut empoigné tout en vie, et fut trayné, acculé en un coin de terrier à force de creuser et de bescher, car les chiens ne le peurent jamais faire sortir hors du terrier, ou fust qu'il leur jouast tousjours quelque finesse, ou, qui est mieux à croire, qu'il leur parloit en bon cagnesque et appoinctoit à eux, tellement qu'il y fallut aller par autres moyens. Or le povre here fut pris et amené ou apporté tout vif en la ville du Maine, où fut faict son procès, et fut sacrifié publiquement pour les volleries, larrecins, pilleries, concussions, trahisons, deceptions, assassinementz et aultres cas enormes et torsionnaires par luy commis et perpetrez; et fut executé en grande assemblée, car tout le monde y accouroit comme au feu, parce qu'il estoit congneu à dix lieues à la ronde pour le plus mauvais garson de regnard que la terre porta jamais. Si dit-on pourtant que plusieurs gens de bon esprit le plaignoyent, parce qu'il avoit tant fait de belles gentillesses et si dextrement, et disoyent que c'estoit dommage qu'il mourust un regnard de si bon entendement; mais à la fin ilz ne furent pas les maistres, quoyqu'ilz missent la main aux armes pour luy sauver la vie, car il fut pendu et estranglé au chasteau du Maine. Voilà comment n'y ha finesse ne mechanceté qui ne soit punie en fin de compte.

NOUVELLE XXX.

De maistre Jean du Pontalais; comment il la bailla bonne au barbier d'estuves qui faisoit le brave.

Il y ha bien peu de gens de nostre temps qui n'ayent ouy parler de maistre Jean du Pontalais[1], duquel la mémoire n'est pas en-

---

[1] M. Lacour a rectifié et complété ainsi la note de La Monnoye : « Maitre Jean

core vieille, ny des rencontres, brocardz et sornettes qu'il faisoit et disoit, ny des beaux jeux qu'il jouoit, ny comment il mit sa bosse contre celle d'un cardinal, en luy montrant que deux montagnes s'entre-rencontroyent bien, en despit du commun dire. Mais pourquoy dy-je ceste-là, quand il en faisoit un million des meilleures? Mais j'en puis bien dire encore une ou deux. Il y avoit un barbier d'estuves, qui estoit fort brave[1], et ne luy sembloit point qu'il y eust homme en Paris qui le passast en esprit et habileté. Mesmes estant tout nud en ses estuves, povre comme frere Croiset qui disoit la messe en pourpoint[2], n'ayant que le rasoir en la main, disoit à ceux qu'il estuvoit : « Voyez-vous, monsieu, que c'est que d'esprit. Que pensez-vous que ce soit de moy ? Tel que vous me voyez, je me suis avancé moy-mesmes. Jamais parent ni amy que j'eusse ne m'ayda de rien. Si j'eusse esté un sot, je ne fusse pas où je suis. » Et s'il estoit bien content de sa personne, il vouloit que l'on tinst encores plus grand compte de luy. Ce que congnoissant maistre Jean du Pontalais, en faisoit bien son proffit, l'employant à toutes heures à ses farces et jeux, et fournissoit de luy quand il vouloit : car il luy

de l'Epine du Pont-Alais, dit Songe-Creux, s'est rendu célèbre à Paris, du temps de François I*, par la représentation des moralités, mystères et farces, qu'il faisoit jouer en public, soit de sa composition, soit de celle d'autrui. M. Ed. Fournier (*Variétés historiques*, t. III, p. 142) dit fort justement « qu'il devoit son nom au petit *pont des Halles* (pont Alais) jeté sur l'égout près de la Pointe-Saint-Eustache, et à deux pas duquel il dressoit ses tréteaux et faisoit tapage de paroles grasses et de tambourins. » Clément Marot et Regnier font mention de Jean du Pont-Alais; Bèze aussi, dans son *Passavant : Omnes riderent sicut Johannes magister de Ponte Alezio*. Du Verdier et ses copistes l'ont confondu avec ce Jean Alais que les auteurs qui ont traité des antiquités de Paris disent avoir commencé la fondation de l'église Saint-Eustache. Dans un recueil de Noels nouveaux, imprimé à Paris pour J. Ollivier (in-16 goth.), il y a des noels sur l'air : *Maistre Jehan du Pont-Alais*. Ce farceur eut quelquefois l'honneur de jouer devant François I*. Des Comptes de ce monarque conservés aux Archives de l'Empire nous extrayons ce qui suit : « A Jehan de l'Espine du Pont-Alletz, dit Songe-Creux, qui a par cy-devant suyvy ledit seigneur avec sa bande et joué plusieurs farces devant luy pour son plaisir et recreation, en don... 225 liv. tournois ».

[1] Orgueilleux, qui s'en fait accroire, qui ne doute de rien.

[2] « *En pourpoint* ne signifie pas *n'ayant que le pourpoint*, mais *n'ayant que la chemise*. Aussi, *mettre un homme en pourpoint*, c'étoit le dépouiller de son bien ; et, quand on dit à quelqu'un qu'on se mettra volontiers pour lui en pourpoint, on lui témoigne par là qu'on est prêt à mettre pourpoint bas, afin de mieux travailler pour lui. C'est ce qu'a entendu Marot dans l'épigramme à une fille de quinze ans, où il dit que, pour lui apprendre le cinquième point d'amour, *il se mettra volontiers en pourpoint, voire tout nud.* » (L. M.).

disoit qu'il n'y avoit homme dedans Paris qui sceust mieux jouer son personnage que luy. « Et n'ay jamais honneur, disoit Pontalais, sinon quand vous estes en jeu. » Et puis on me demande : « Qui estoit cestuy-là qui jouoit un tel personnage? O qu'il jouoit « bien! » Lors je dis vostre nom à tout le monde, pour vous faire congnoistre. Mon amy, vous serez tout esbahy que le roy vous voudra veoir : il ne fault qu'une bonne heure. » Ne demandez pas si mon barbier estoit glorieux. Et, de faict, il devint si fier qu'homme n'en pouvoit plus jouir. Et mesmes il dit un jour à maistre Jean du Pontalais : « Sçavez-vous qu'il y ha, Pontalais? Je n'entendz pas que d'icy en avant vous me mettez à tous les jours, et ne veulx plus jouer si ce n'est en quelque belle moralité où il y ayt quelques grands personnages comme roys, princes, seigneurs. Et si veulx avoir tousjours le plus apparent qui soit[1]. — Vrayement, dit maistre Jean du Pontalais, vous avez raison, et le meritez ; mais que m'en advisiez-vous plustost? J'ay bien faute d'advis, que je n'y ay pensé de moy-mesmes ; mais j'ay bien dequoy vous en contenter d'icy en avant, car j'ay des plus belles matieres du monde, où je vous feray tenir la plus belle place de l'eschaufault[2]. Et pour commencement, je vous prie ne me faillir dimanche prochain, que je dois jouer un fort beau mistere, auque je fais parler un Roy d'Inde la Majeur[3]. Vous le jouerez, n'est-ce pas bien dit? — Ouy, ouy, dit le barbier; et qui le joueroit, si je ne le jouois? Baillez-moy seulement mon rolle. » Pontalais le luy bailla dès le lendemain. Quant ce vint au jour des jeux[4], mon barbier se representa en son trosne avec son sceptre, tenant la meilleure majesté royale que fit onques

---

[1] C'est-à-dire : le premier rôle, ou le plus beau rôle. Pour la représentation d'un mystère qui comptait souvent plus de cent acteurs, sans compter les personnages muets, le *maître de jeu* faisait appel à la bonne volonté des amateurs et recrutait sa troupe dans les corporations de métiers. On a conservé « l'ordre de la triomphante et magnifique monstre du Mystère des saincts Actes des Apostres, faicte à Bourges, le dimanche dernier jour d'avril 1536. »

[2] Pendant la représentation, les acteurs, revêtus de leurs costumes, attendaient le moment de paraître en scène, rangés sur des gradins, de chaque côté du théâtre, qui se divisait en trois étages, représentant l'enfer, la terre et le ciel.

[3] Dans le Mystère des *Actes des Apôtres*, composé au quinzième siècle par Arnoul et Simon Greban, retouché au seizième siècle par Pierre Curet et imprimé pour la première fois, en 1537, à Paris, on voit figurer, parmi les personnages, *Migdeus, roi d'Inde la Majour*.

[4] C'est-à-dire : de la représentation.

barbier. Maistre Jean du Pontalais cependant avoit fait ses apprestz pour la donner bonne à monsieur le barbier. Et pource que luy-mesmes faisoit volentiers l'entrée [1] des jeux qu'il jouoit, quand le monde fut amassé, il vint tout le dernier sur l'eschaufault, mais il commença à parler tout le premier, et va dire :

> Je suis des moindres le mineur,
> Et si n'ay targe ny escu ;
> Mais le Roy d'Inde la Majeur
> M'ha souvent ratissé le cu.

Et disoit cela de telle grace qu'il falloit pour faire entendre la braveté dudit ratisseur. Et si avoit faict son jeu de telle sorte, que le Roy d'Inde ne devoit quasi point parler, mais seulement tenir bonne mine, affin que, si le barbier se fust despité, que le jeu n'en eust pas moins vallu. Et Dieu sçait s'il n'apprint pas bien à monsieur l'estuvier à jouer le Roy, et s'il n'eust pas voulu estre à chauffer ses estuves. On dit du mesme Pontalais un compte, que d'autres attribuent à un autre ; mais quiconques en soit l'aucteur, il est assez joly. C'estoit un monsieur le curé [2], lequel, un jour de bonne feste, estoit monté en chaire pour sermonner, là où il estoit fort empesché à ne dire gueres bien ; car quand il se trouvoit hors propos (qui estoit assez souvent) il faisoit des plus belles digressions du monde. « Et que pensez-vous, disoit-il, que ce soit de moy ? On en trouve peu qui soyent dignes de monter en chaire ; car, encores qu'ilz soyent sçavans, ilz n'ont pas la maniere de prescher. Mais à moy, Dieu m'a faict la grace d'avoir tous les deux ; et si sçay de toutes sciences ce qu'il en est. » Et en portant le doigt au front, il disoit : « Mon amy, si tu veux de la grammaire, il y en ha icy dedans ; si tu veux de la rethorique, il y en ha icy dedans ; si tu veux de la philosophie, il y en ha icy dedans ; de la theologie, je n'en crains docteur qui soit en la Sorbonne ; et si n'y ha que trois ans que je n'y sçavois rien, et toutesfois vous voyez comment je presche : mais Dieu fait ses graces à qui il luy plaist. » Or est-il que maistre Jean du Pontalais, qui avoit à jouer ceste après-disnée là quel-

---

[1] Le prologue, compliment aux spectateurs.
[2] Henri Estienne (*Apologie pour Hérodote*, ch. xxxvi) nous fait connaître que c'était le curé de Saint-Eustache ; ce qui est confirmé par Agrippa d'Aubigné, dans son *Baron de Fœneste*, liv. II, ch. xiii, et liv. IV, ch. x.

que chose de bon, et qui cognoissoit assez ce prescheur pour tel qu'il estoit, faisoit ses monstres [1] par la ville; et par fortune luy falloit passer par devant l'eglise où estoit ce prescheur. Maistre Jean da Pontalais, selon sa coustume, fit sonner son tabourin au carrefour, qui estoit tout vis à vis de l'eglise, et le faisoit sonner bien fort et longuement tout exprès pour faire taire ce prescheur, affin que le monde vinst à ses jeux. Mais c'estoit bien au rebours, car tant plus il faisoit de bruit, et plus le prescheur crioit hault; et se battoyent Pontalais et luy, ou luy et Pontalais (pour ne faillir pas), à qui auroit le dernier. Le prescheur se mit en cholere, et va dire tout hault par une auctorité de predicant [2] : « Qu'on aille faire taire ce tabourin! » Mais, pour cela, personne n'y alloit, sinon que, s'il sortoit du monde, c'estoit pour aller veoir maistre Jean du Pontalais, qui faisoit tousjours battre plus fort son tabourin. Quand le prescheur veid qu'il ne se taisoit point et que personne ne luy en venoit rendre responce : « Vrayement, dit-il, j'iray moy-mesmes! » Et descend de la chaire en disant : « Que personne ne bouge; je reviendray à ceste heure. » Quand il fut au carrefour, tout eschauffé, il va dire à Pontalais : « Et qui vous fait si hardy de jouer du tabourin, tandis que je presche? » Pontalais le regarde et luy dit : « Et qui vous fait si hardy de prescher, tandis que je joue du tabourin? » Alors le prescheur, plus fasché que devant, print le cousteau de son famulus qui estoit auprès de luy, et fit une grande balaffre à ce tabourin [3] avec ce cousteau; et s'en retournoit à l'eglise pour achever son sermon. Pontalais print son tabourin, et courut après ce prescheur, et l'en va coiffer comme d'un chapeau d'Albanois [4], le luy affublant du costé qu'il estoit rompu. Et lors le prescheur, tout en l'estat qu'il estoit, vouloit remonter en chaire,

[1] Promenade processionnelle des acteurs en costume, au son de la musique, avant la représentation d'un Mystère. Cet usage s'est conservé dans les villes de province, où, chaque matin, pour annoncer le spectacle du jour, la troupe parcourt les rues en habits de théâtre.

[2] *Prédicant* ne s'est dit depuis que des prédicateurs huguenots, surtout de ceux qui prêchoient dans les campagnes. (L. M.)

[3] *You bous fandray lou parchemin*, dit le baron de Fœneste, liv. II, ch. XIII; et ailleurs cette allusion à la Nouvelle de Des Periers : « Nous bous mettrons la caisse dans la teste, comme au curé de Saint-Eustache. » *Fœneste*, p. 105, édit. de la Bibliothèque Elzevirienne.

[4] Chapeau de forme conique, tel que le portaient alors les soldats albanais qui servaient, comme stipendiaires, dans toutes les armées de l'Europe.

pour remonstrer l'injure qui luy avoit esté faicte, et comment la parolle de Dieu estoit vilipendée. Mais le monde rioit si fort, le voyant avec ce tabourin sus la teste, qu'il ne sceut meshuy avoir audience, et fut contrainct de se retirer et de s'en taire, car il luy fut remonstré que ce n'estoit pas l'acte d'un sage homme de se prendre à un fol.

NOUVELLE XXXI.

De madame la Fourriere, qui logea le gentilhomme au large.

Encores n'y ha pas longtemps qu'il y avoit une dame de bonne volonté, qu'on appelloit la Fourriere[1], laquelle suyvoit quelquesfois la court, qui estoit quand son mary estoit en quartier. Mais le plus du temps elle estoit à Paris : car elle s'y trouvoit bien, d'autant que c'est le paradis des femmes, l'enfer des mules et le purgatoire des soliciteurs. Un jour, elle estant audit lieu, à la porte du logis où elle se retiroit, va passer un gentilhomme par là devant, accompagné d'un sien amy, auquel il dit tout haut, en passant auprès de ladite dame, affin qu'elle l'entendist : « Par Dieu, dit-il, si j'avois une telle monture pour ceste nuict, je ferois un grand pays[2] d'icy à demain matin. » La dame Fourriere, ayant entendu ceste parolle du gentilhomme, qu'elle trouvoit à son gré, car il estoit dispos, dit à un petit poisson d'avril[3] qu'elle avoit auprès de soy : « Va t'en suivre ce gentilhomme que tu vois ainsi habillé, et ne le perds point que tu ne sçaches où il entrera; et fay tant que tu parles à luy, et luy dis que la dame qu'il ha tantost veue à la porte d'un tel logis se recommande à sa bonne grace, et que, s'il veut la venir veoir à ce soir, elle luy donnera la collation entre huit et neuf heures. » Le gentilhomme accepta le message, et, r'envoyant ses recommandations, manda à

---

[1] Son nom et son surnom estoient, comme je l'ai appris d'une vieille épigramme citée plus loin, p. 108, *Marguerite Noiron*. (L. M.)

[2] C'est-à-dire : je ferais bien du chemin, je battrais l'estrade.

[3] C'est-à-dire : un maquereau, parce que c'est en avril qu'on pêche ce poisson-là

la dame qu'il s'y trouveroit à l'heure. Et fault entendre que les deux logis n'estoyent pas loing l'un de l'autre. Le gentilhomme ne faillit pas à l'assignation : qui trouva madame la Fourriere qui l'attendoit. Elle le receut gracieusement, et le festoya de confitures. Ilz deviserent un temps; il se fait tard, et cependant la chambriere apprestoit le lict proprement comme elle sçavoit faire, là où le gentilhomme s'alla coucher selon l'accord fait entre les parties, et madame la Fourriere auprès de luy. Le gentilhomme monta à cheval, et commença à picquer et puis repicquer. Mais il ne sçeut onq en tout faire que trois courses, depuis le soir jusques au matin[1], qu'il se leva d'assez bonne heure pour s'en aller; et laissa sa monture en l'estable. Le lendemain, ou quelque peu de jours après, la Fourriere, qui avoit tousjours quelque commission par la ville, vint rencontrer le gentilhomme, et lequel elle salua, en luy disant : « Bonjour, monsieur de Deux et As[2] ! » Le gentilhomme s'arresta en la regardant, et luy va dire : « Par corps bieu, Madame, si le tablier eust esté bon, j'eusse bien faict ternes[3]. » Et ayant sceu le nom d'elle, le jour de devant (car elle estoit femme bien congnue) luy dit : « Madame la Fourriere, vous me logeastes l'autre nuict bien large. — Il est vray, dit-elle, Monsieur; mais je ne pensois pas que vous eussiez si petit train[4]. » Bien assailly, bien deffendu.

---

[1] C'est à ces trois courses que la traite d'un galant homme est limitée dans cet ancien reglement d'amour :

Pour un seul coup, sans y faire retour,
C'est proprement d'un malade le tour ;
Deux bonnes fois à son aise le faire,
C'est d'homme sain suffisant ordinaire :
L'homme galant donne jusqu'à trois fois,
Le moine quatre, et cinq d'aucunes fois ;
Six et sept fois, ce n'est point le mestier
L'homme d'honneur : c'est pour un muletier. (L. M.)

M. Lacour ajoute « Charles-Quint était scrupuleux observateur de ce réglement, au dire de Brantôme : « Lorsqu'il couchoit avec une belle dame (car il aimoit l'amour, et trop pour sa goutte), il n'en eust jamais party, qu'il n'en eust jouy trois fois. » (Vie de Charles-Quint.)

[2] Terme de trictrac, pour dire trois.

[3] Autre terme de trictrac, lorsque les dés amènent six ou double trois.

[4] La Monnoye cite un vieux huitain, sous ce titre : De la réponse de Margot Noiron à un gentilhomme qui avoit couché avec elle :

Quelque mignon, en prenant conge d'une
Qui luy avoit la nuit presté son cas ;
« Mille mercys, dist-il, ma gente brune,

NOUVELLE XXXII.

Du gentilhomme qui avoit couru la poste, et du coq qui ne pouvoit chaucher [1].

Un gentilhomme, grand seigneur, ayant esté absent de sa maison par quelque temps, print le loisir de venir veoir sa femme, laquelle estoit jeune, belle et en bon point. Et pour y estre plustost, il print la poste environ de deux journées de sa maison, là où il arriva sus le tard, que sa femme estoit desjà couchée. Il se met auprès d'elle; laquelle fut incontinent resveillée, bien joyeuse d'avoir compagnie, s'attendant qu'elle auroit son petit picotin pour le fin moins [2]. Mais sa joye fut courte, car monsieur se trouva si las et si rompu de sa course, que, quelque caresse qu'elle luy fist, il ne se peut mettre en debvoir, et s'endormit sans rien faire : dont il s'excusa vers elle : « M'amie, dit-il, la grand amour que je vous porte m'ha faict haster de vous venir veoir, et suis venu en poste tout le long du chemin ; vous m'excuserez pour ceste fois. » La dame ne trouva pas cela bien à son gré : car l'on dit qu'il n'est rien qu'une femme trouve plus mauvais, et non sans cause, que quand l'homme la met en appetit sans la contenter. Et ha esté souvent veu par experience

> Loge m'aver au large hault et bas. »
> Elle feignit n'entendre telz esbatz,
> Jusques à tant qu'il eust garny la main :
> « Pardonnez-moy, car je ne pensois pas,
> Dit-elle alors, qu'eussiez si petit train. »

par R. V., extrait d'un petit volume publié chez Est. Grouleau, en 1554, sous ce titre : *Traductions du latin en françois, et inventions nouvelles, tant de Clément Marot que des plus excellens poètes du temps.*

[1] Il y a, dans les autres éditions : *caucher* et *cheraucher*. On écrit maintenant *côcher*, pour exprimer l'action du coq qui couvre une poule.

[2] Expression figurée, très-usitée alors, témoin cette chanson de Clément Marot

> En entrant dans un jardin,
> Je trouvay Guillot Martin
> Avecques s'amie Heleine,
> Qui vouloit pour son butin
> Son beau petit picotin,
> Non pas d'aveine.

qu'un amoureux, après avoir long-temps poursuivy une dame, s'il advient qu'elle prenne quelque soudaine disposition de l'accepter, et que luy se trouve surprins de sorte qu'il soit impuissant, ou par trop grande affection, ou par crainte, ou par quelque aultre inconvenient, jamais depuis il n'y recouvrera, si ce n'est par grande adventure. Toutesfois la dame print patience, moitié par force et moitié par cizeaulx[1], et n'en eut autre chose pour celle nuict. Elle se leva le matin d'auprès de monsieur, et le laissa reposer. Au bout d'une heure ou deux qu'il se voulut lever, en s'habillant, il se met à une fenestre qui regardoit sus la basse cour, et madame à costé de luy. Il advise un coq qui muguetoit une poulle, puis la laissoit, puis refaisoit ses caresses assez de fois, mais il ne faisoit autre chose. Monsieur, qui le regardoit faire, s'en fascha, et va dire : « Voyez ce meschant coq, qu'il est lasche ! Il y ha une heure qu'il est à mugueter ceste poulle, et ne luy peut rien faire : il ne vault rien ; qu'on le m'oste et qu'on en ayt un aultre ! » La dame luy respond : « Eh ! Monsieur, pardonnez-luy : peut-estre qu'il ha couru la poste toute la nuict. » Monsieur se teut à cela, et n'en parla plus, sachant bien que c'estoit à luy à qui ces lettres s'addressoyent.

NOUVELLE XXXIII.

Du curé de Brou[2], et des bons tours qu'il faisoit en son vivant.

Le curé de Brou, lequel en d'aucuns lieux ha esté nommé *curé de Briosne*[3], tant ha faict d'actes memorables en sa vie, que qui les voudroit mettre par escrit il s'en feroit une legende plus

---

[1] Jeu de mots, qu'on appelait *équivoque*, sur *force*, violence, et *forces*, grands ciseaux.

[2] Ancienne ville du Perche-Gouet, contrée qui faisait partie du diocèse de Chartres, aujourd'hui dans le département d'Eure-et-Loir, à vingt-cinq lieues de Paris.

[3] Probablement parce qu'il avait été d'abord curé à Brionne, petite ville de Normandie, sur la Rille, chef-lieu de canton, au département de l'Eure, à cinq lieues de Pont-Audemer.

grande que d'un Lancelot ou d'un Tristan [1]. Et ha esté si grand bruit de luy, que, quand un curé ha faict quelque chose digne de memoire, on l'attribue au curé de Brou. Les Limosins ont voulu usurper cest honneur pour leur curé de Pierre Buffere [2]; mais le curé de Brou l'ha emporté à plus de voix : duquel je reciteray icy quelques faictz heroïques, laissant le reste [3] pour ceux qui voudront un jour exercer leur stile à les descrire tout du long. Il faut sçavoir que ledit curé faisoit unes choses et autres d'un jugement particulier qu'il avoit, et ne trouvoit pas bon tout ce qui avoit esté introduict par ses predecesseurs, comme les *Antiennes*, les *Respons*, les *Kyrie*, les *Sanctus*, les *Agnus Dei*. Il les chantoit souvent à sa mode; mais surtout ne luy plaisoit point la façon de dire la Passion, à la mode qu'on la dit ordinairement par les eglises, et la chantoit tout au contraire : car, quand Nostre-Seigneur disoit quelque mot aux Juifz ou à Pilate, il le faisoit parler hault et cler, que chacun l'entendist. Et quand c'estoyent les Juifz ou quelque aultre, il parloit si bas, qu'à grand peine le pouvoit-on ouyr. Advint qu'une dame de nom et d'autorité, tenant son chemin à Chasteaudun pour y aller faire ses festes de Pasques, passa par Brou le jour du Vendredy-Saint environ les dix heures du matin, et, voulant ouyr le service, s'en alla à l'eglise, là où estoit le curé qui le faisoit. Quant ce vint à la Passion, il la dit à sa mode, et vous faisoit retentir l'eglise, quand il disoit : *Quem quæritis ?* Mais quand c'estoit à dire : *Jezum Nazarenum*, il parloit le plus bas qu'il pouvoit. Et en ceste façon continua sa Passion. Cette dame, qui estoit devotieuse, et pour une femme estoit bien entendue en la saincte Escripture, et notoit bien les ceremonies ecclesiastiques, se trouva scandalisée de ceste maniere de chanter, et eust voulu ne s'y estre point trouvée; mais elle en voulut parler au curé, et luy en dire ce qu'il luy en sembloit. Elle l'envoya querir après le service faict, pour venir parler à elle. Quand il fut venu, elle

---

[1] Lancelot du Lac et Tristan de Léonnois sont les plus fameux chevaliers de la Table-Ronde; leur *légende* a été écrite en vers au treizième siècle et en prose au quinzième siècle. Cette version en prose remplit trois volumes in-folio pour Lancelot, et un gros volume in-folio en deux parties pour Tristan.

[2] C'est un gros bourg à trois lieues de Limoges. H. Estienne, ch. xxxii de son *Apologie pour Hérodote*, parle de ce curé.

[3] On lit : *la reste*, dans d'autres éditions.

luy dit : « Monsieur le curé, je ne sçay pas où vous avez appris à officier, à un tel jour qu'il est aujourd'huy, que le peuple doit estre tout en humilité ; mais, à vous ouyr faire le service, il n'y ha devotion qui ne se perdist. — Comment cela, madame? dit le curé. — Comment ! dit-elle, vous avez dit une Passion tout au contraire de bien. Quand Nostre-Seigneur parle, vous criez comme si vous estiez en une halle ; et quand c'est un Caïphe, ou un Pilate, ou les Juifz, vous parlez doux comme une espousée. Est-ce bien dit à vous? Est-ce à vous à estre curé? Qui vous feroit droict, on vous priveroit de vostre benefice, et vous feroit-on congnoistre votre faute. » Quand le curé l'eut bien escoutée : « Est-ce cela que me vouliez dire, ma dame? ce luy dit-il. Par mon ame, il est bien vray ce que l'on dit, qu'il y a beaucoup de gens qui parlent des choses qu'ilz n'entendent pas. Madame, je pense aussi bien sçavoir mon office comme un autre, et veux que tout le monde sache que Dieu est aussy bien servy en ceste parroisse selon son estat, qu'en lieu qui soit d'icy à cent lieues. Je sçay bien que les autres curez chantent la Passion tout autrement. Je la chanterois bien comme eux si je voulois; mais ilz n'y entendent rien. Car appartient-il à ces coquins de Juifz de parler aussi hault que Nostre-Seigneur ? Non, non, madame, asseurez-vous qu'en ma parroisse je veux que Dieu soit le maistre, et le sera tant que je vivray ; et que les autres facent en leur parroisse comme ilz l'entendront. » Quand ceste bonne dame eut congneu l'humeur de l'homme, elle le laissa avec ses opinions bigarrées[1], et luy dit seulement : « Vrayement, monsieur le curé, vous estes homme de bon esprit; on le m'avoit bien dit, mais je ne l'eusse pas creu si je ne l'eusse veu. »

[1] La Monnoye pense qu'on doit lire *bizarres*, extraordinaires, fantasques. Il y a *bigarrées* dans la plupart des éditions.

NOUVELLE XXXIV.

Du mesme curé et de sa chambrière, et de sa lexive [1] qu'il lavoit, et comment il traicta son evesque et ses chevaux, et tout son train.

Ledit curé avoit une chambriere de l'aage de vingt et cinq ans, laquelle le servoit jour et nuict, la povre garse! dont il estoit souvent mis à l'office [2], et en payoit l'amende; mais, pour cela, son evesque n'en pouvoit venir à bout. Il luy deffendit une fois d'avoir chambrieres qui n'eussent cinquante ans pour le moins. Le curé en print une de vingt ans, et l'autre de trente. L'evèsque, voyant que c'estoit erreur *pejor priore*, lui deffendit qu'il n'en eust point du tout; à quoy le curé fut contrainct d'obeir; au moins, il en fit semblant. Et parce qu'il estoit bon compagnon et de bonne chere, il trouvoit tousjours des moyens assez pour appaiser son evesque, lequel mesmes passoit souvent par chez luy: car il luy donnoit de bon vin, et le fournissoit quelquesfois de compagnie françoise [3]. Un jour l'evesque luy manda qu'il vouloit aller soupper le lendemain avec luy, mais qu'il ne vouloit que viandes legieres, parce qu'il s'estoit trouvé mal les jours passez, et que les medecins les lui avoyent ordonnées pour luy refaire son estomac. Le curé luy manda qu'il seroit le bienvenu, et incontinent s'en va achepter force courées [4] de veau et de mouton, et les mit toutes cuire dedans une grande oulle [5], deliberé

---

[1] Pour : *lessive*. Quelques éditions écrivent *laiscive*.

[2] Traduit au ban de l'official, sorte de juridiction ecclésiastique, qu'on appelait *Cour d'Église*.

[3] Synonyme de *galloise*, dans le sens de *joyeuse*. Beroalde de Verville équivoque aussi sur ce mot, au ch. LX du *Moyen de parvenir*. On devine aussi qu'il est question de femmes dans cette *compagnie française*, qui fait un honneste contraste avec la *compagnie italienne*.

[4] *Courées* pour *corées*, comme *chouse* pour *chose*, *couté* pour *côté*, suivant que plusieurs Parisiens prononçoient alors : c'est le cœur, le foie, la rate, le poumon, soit du mouton, soit du veau; le tout s'appelle autrement *fressure*, de *frixura*, parce qu'on en fait des fricassées. Voy. Borel, aux mots *corée*, *courade* et *couraille*. (L. M.)

[5] Mot gascon, *oulo* (*olla*, en espagnol), pot de terre, de fer, ou de fonte.

d'en festoyer son evesque. Or il n'avoit point lors de chambriere, pour la deffence qui luy en avoit esté faite. Que fit-il ? Tandis que le soupper de son evesque s'apprestoit, et environ l'heure qu'il sçavoit que ledit seigneur devoit venir, il oste ses chausses et ses souliers, et s'en va porter un faiz de drapeaux[1] á un douet[2] qui estoit sus le chemin par où devoit passer l'evesque, et se mit en l'eau jusqu'aux genoulz, avec une selle, tenant un batoir en la main, et lave ses drapeaux bien et beau; et s'y faisoit de cul et de poincte[3], comme une corneille qui abat noys. Voicy l'evesque venir; ceulx de son train qui alloyent devant vindren à descouvrir de loing mon curé de Brou qui lavoit sa buée[4], et, en haussant le cul, monstroit par fois tout ce qu'il portoit. Ilz le monstrent à l'evesque : « Monsieur, voulez-vous veoir le curé de Brou qui lave des drapeaux ? » L'evesque, quand il le veid fut le plus esbahy du monde, et ne sçavoit s'il en devoit rire ou s'il s'en devoit fascher. Il s'approcha de ce curé, qui batoit tousjours à tour de bras, faisant semblant de ne veoir rien : « Et vien-ça, gentil curé; que fais-tu ici ? » Le curé, comme s'il fust surpris, luy dit : « Monsieur, vous voyez, je lave ma lexive. — Tu laves ta lexive ? dit l'evesque. Es-tu devenu buandier ? Est-ce l'estat d'un prestre ? Ah ! je te feray boire une pippe d'eau en mes prisons, et t'osteray ton benefice. — Et pourquoy, Monsieur, dit le curé : vous m'avez deffendu que je n'eusse point de chambriere, il fault bien que je me serve moymesmes, car je n'ay plus de linge blanc. — O le meschant curé ! dit l'evesque : va, va, tu en auras une ; mais que soupperons-nous ? — Monsieur, vous soupperez bien, si Dieu plaist; ne vous souciez point, vous aurez des viandes legieres. » Quand ce fut à soupper, le curé servit l'evesque, et ne luy presenta d'entrée que ces courées bouillies; auquel l'evesque dit : « Qu'est-ce que tu me bailles icy ? Te moques-tu de moy ? — Monsieur, dit-il, vous me mandastes hier que je ne vous apprestasse que viandes legieres ; j'ay essayé de toutes sortes de viandes ; mais, quand ce ha esté à les appreste, elles alloyent toutes au fons du pot, fors qu'à la fin j'ay trouvé ces courées, qui sont demourées sus l'eau : ce

---

[1] Linges.
[2] Petit ruisseau; du bas latin *duva*.
[3] On disoit plutôt, suivant La Monnoye, *de cul et de téte*.
[4] Lessive ; de l'italien *buca*.

sont les plus legieres de toutes. — Tu ne valuz de ta vie rien, dit l'evesque, ny ne vaudras! Tu sçaiz bien les tours que tu m'as faict! Et bien, bien, je t'apprendray à qui tu te dois addresser. » Le curé pourtant avoit fort bien faict apprester le soupper, et de viandes d'autre digestion, lesquelles il se fit apporter, et traita bien son evesque, qui s'en trouva bien Après soupper, il fut question de jouer une heure au flus[1]. Puis l'evesque se voulut retirer. Le curé, qui congnoissoit sa complexion, avoit appresté un petit tendron pour son vin de coucher[2], et d'autre costé aussi à tous ses gens chacun une commere : car c'estoit leur ordinaire, quand ilz venoyent chez luy. L'evesque, en se couchant, luy dit : « Va, retire-toy, curé, je me contente assez bien de toy pour ceste fois. Mais sçaiz-tu qu'il y ha? J'ay un pallefrenier qui n'est qu'un yvroigne : je veux que mes chevaux soyent traictez comme moy-mesmes, prends-y bien garde. » Le curé n'oublie pas ce mot; il prend congé de son evesque jusqu'au lendemain, et incontinent envoye par toute sa parroisse emprunter force jumentz, et en peu de temps il en trouva autant qu'il luy en falloit : lesquelles il va mettre à l'estable auprès des chevaux de l'evesque. Et chevaux de hennir, de ruer, de tempester environ ces jumentz ; c'estoit un triomphe de les ouyr. Le pallefrenier, qui s'en estoit allé estriller sa monture à deux jambes, se fiant au curé de ses chevaux, entend ce beau tintamarre, qui se faisoit à l'estable, et s'y en va le plus soudainement qu'il peut pour y donner ordre. Mais ce ne peut jamais estre si tost, que l'evesque n'en eust ouy le bruit. Le lendemain matin l'evesque voulut sçavoir qu'avoyent eu ses chevaux toute la nuict à se tormenter ainsi. Le pallefrenier le vouloit faire passer pour rien, mais il fallut que l'evesque le sçeut : « Monsieur, dit le pallefrenier, c'estoyent des juments qui estoyent avec les chevaux. » L'evesque, songeant bien que c'estoit des tours du curé, le fit venir et luy dit mille injures. « Malheureux que tu es, te joueras-tu toujours de moy? Tu m'as gasté mes chevaux; ne te chaille[3], je te!... » Mon curé luy repond : « Monsieur, ne me distes-vous pas au soir que vos chevaux fussent traictez comme vous-mesmes?

---

[1] Jeu de cartes à quatre. On donne quatre cartes à chacun : celui qui a le plus de cartes d'une même couleur, a le *flus* et gagne l'enjeu.
[2] On appelait ainsi le vin qu'on buvait avant de se mettre au lit.
[3] En italien, *non ti caglia*. C'est le verbe latin *calere*.

Je leur ai faict du mieux que j'ay peu. Ils ont eu foin et avoine ; ilz ont esté en la paille jusques au ventre : il ne leur falloit plus qu'à chacun leur femelle : je la leur ai envoyé querir. Vous et voz gens n'en aviez-vous pas chacun la vostre ? — Au diable le meschant curé ! dit l'evesque ; tu m'en donnes de bonnes. Tais-toy, nous compterons, et je te payeray des bons traictemens que tu me fais. » Mais à la fin il n'y sceut autre remede, sinon que de s'en aller jusques à une autre fois. Je ne sçay si c'estoit point l'evesque Milo [1], lequel avoit des procès un million, et disoit que c'estoit son exercice; et prenoit plaisir à les veoir multiplier, tout ainsi que les marchans sont aises de veoir croistre leurs denrées. Et dit-on qu'un jour le Roy les luy voulut appointer; mais l'evesque ne prenoit point cela en gré, et n'y voulut point entendre, disant au Roy que, s'il luy ostoit ses procès, il luy ostoit la vie. Toutesfois, à force de remonstrances et de belles parolles (car il y falloit aller de sorte), il consentit à ses appointemens ; de mode qu'en moins de rien luy en furent, que vuidez, que accordez, que amortiz, deux ou trois cents. Quand l'evesque veid que ses procès s'en alloyent ainsi à neant, il s'en vint au Roy, le suppliant à jointes mains qu'il ne les luy ostast pas tous, et qu'il luy pleust au moins luy en laisser une douzaine des plus beaux et des meilleurs pour s'esbatre.

NOUVELLE XXXV.

Du mesme curé, et de la carpe qu'il achepta pour son disner.

Pour revenir à nostre curé de Brou, un dimenche matin qu'il estoit feste, se pourmenant autour de ses courtilz [2], il veid venir un homme qui portoit une belle carpe. Si se pensa que le lendemain estoit jour de poisson [3], c'estoyent possible les Roga-

---

[1] Milon ou Miles d'Illiers, évêque de Chartres, grand chicaneur, mort à Paris en 1493, durant un de ses procès. Rabelais en parle, liv. III, ch. v.
[2] Jardin ; du latin *curtis*, *curtillum* ; de là le nom de la *Courtille* de Paris.
[3] C'est-à-dire : jour maigre.

tions; il marchanda ceste carpe et la paya. Et parce qu'il estoit seul, il print ceste carpe et l'attache à l'aguillette de son sayon ¹, et la couvre de sa robe; et, en ce poinct, s'en va à l'eglise, où ses parroissiens l'attendoyent pour dire la messe. Quand ce fut à l'offerte ², le dit curé se tourne devers le peuple avec la plataine ³ pour recepvoir les offrandes. La carpe, qui estoit toute vive, demenoit la queue fois à fois, et faisoit lever l'amict ⁴ de monsieur le curé : de quoy il ne s'appercevoit point; mais si faisoyent bien les femmes, qui s'entreregardoyent et se cachoyent les yeux à doigtz entr'ouverts. Elles rioyent, elles faisoyent mille contenances nouvelles. Et ce pendant le curé estoit là à les attendre. Mais il n'y avoit celle qui osast venir la premiere, car elles pensoyent de ceste carpe, que ce fust la très douce chose que Dieu fit croistre. Le curé et son assistant avoyent beau crier : « A l'offrande, femmes, qui aura devotion ! » elles ne venoyent point. Quand il veid qu'elles rioyent ainsi, et qu'elles faisoyent tant de mines, il congneut bien qu'il y avoit quelque chose, tant qu'à la fin il se vint adviser de ceste carpe qui remuoit ainsi la queue. « Ah! ah ! dit-il, mes parroissiennes, j'estois bien esbahy que c'estoit qui vous faisoit ainsi rire? Non, non, ce n'est pas ce que vous pensez; c'est une carpe que j'ay au matin acheptée pour demain à disner ⁵. » Et en disant cela, il recoursa ⁶ sa chasuble et son amict et sa robe, pour leur monstrer ceste carpe : autrement, elles ne fussent jamais venues à l'offrande. Il se soucioit du lendemain, le bon homme de curé, nonobstant le mot de l'Evangile : *Nolite solliciti esse de crastino*. Lequel pourtant il interpretoit gentiment à son advantage. Car, quand quelqu'un luy dit : « Comment, Monsieur le curé! Dieu vous ha deffendu de vous soucier du lendemain, et

---

¹ Pourpoint à basques, attaché aux chausses avec des aiguillettes. « Il n'y a guères qu'un siècle, disait La Monnoye en 1737, que les bonnes gens aiguilletoient aussi leur haut-de-chausses. »
² Pour : *offerio* ou de la messe.
³ Tour : *patène*.
⁴ Chape et surplis ; du latin *amictus*.
⁵ Guillaume Bouchet, qui a reproduit cette anecdote dans la sixième de ses *Serées*, fait dire au héros, qu'il transforme en cordelier : « Tenez, regardez, friandes ! Vous croyez que c'est de la chair, et c'est du poisson ! »
⁶ Retroussa. Cette expression, dit La Monnoye, « est fort usitée à Dijon, où les femmes du peuple disent qu'elles se *recursent*, quand, après avoir troussé leur robe, elles la rattachent par derrière. »

toutesfois vous acheptez une carpe pour vostre provision ? — C'est, dit-il, pour accomplir le precepte de l'Evangile : car, quand je suis bien pourveu, je ne me soucie pas du lendemain. » Les uns veulent dire que ce fut un moyne[1] qui avoit caché un pasté en sa manche[2], estant à disner à certain banquet. Mais tout revient à un. On dit encore tout plein d'autres choses de ce curé de Brou, qui ne sont point de mauvaise grace, comme, entre autres, celle qui s'ensuit.

NOUVELLE XXXVI.

Du mesme curé, qui excommunia tous ceux qui estoyent dedans un trou.

Un dimanche qu'il estoit feste solennelle, et à l'heure du prosne, le curé de Brou monte en une chaire pour prescher ses paroissiens : laquelle estoit auprès d'un pillier, comme elles sont volontiers. Tandis qu'il preschoit, vint à luy le clerc du presbitere[3], qui luy presenta quelques memoires de querimonies[4], selon la coustume, qui est de les publier les dimenches. Le curé prend ces memoires et les met en un trou qui estoit au pilier tout exprès pour semblables cas, c'est-à-dire pour y mettre tous les brevetz qu'on luy apportoit durant le prosne. Quand ce fust à la fin de son presche, il voulut r'avoir ces memoires, et met le doigt dedans le trou; mais ilz estoyent un peu bien avant, pource qu'en les y mettant il estoit possible ravy à exposer quelque poinct difficile de l'Evangile. Il tire, il tourne le doigt, il y

---

[1] Ce conte est reproduit dans la xv° des Serées de Guillaume Bouchet, d'après la Mensa philosophica, de l'Irlandais Thibaud Anguilbert, qui le rapporte en ces termes : « Cum rex Franciæ Philippus quosdam pauperes clericos coram se in mensa haberet, vidi quod unus in fine mensæ abscondit caponem. Quem vocans, secretò, interrogat quam scientiam audiret. Ait : Theologiam. Nonne, inquit Rex, dicitur ibi : Nolite sollicitari de omni cibo ? Respondit : Immo ego volui deponere omnem sollicitudinem et certus esse. »

[2] Les capucins ont une poche destinée à cet usage particulier. Ils le nomment la Galerie, et c'est une de leurs douze ou seize poches. (L. M.)

[3] Ecclésiastique, servant le curé pour les affaires de la cure. (L. M.)

[4] Termes de Cour d'Eglise; c'est une requête ou plainte présentée au juge d'Eglise pour obtenir la permission de publier monitoire. (L. M.)

fait tout ce qu'il peut; il n'en sceut jamais venir à bout, car, au lieu de les tirer, il les poussoit. Quand il y eut bien ahanné [1], et qu'il veid qu'il n'y avoit ordre: « Mes paroissiens, dit-il, j'avois mis des papiers là-dedans que je ne sçaurois avoir; mais j'excommunie tous ceux qui sont en ce trou-là [2]. »

Les uns attribuent cela à un autre curé, et disent que c'estoit un curé de ville [3]. Et, de faict, ilz ont grande apparence, car ès villages n'y ha pas communement des chaires pour faire le prosne; mais je m'en rapporte à ce qui en est. Si celuy qui c'est pretend que je luy aye faict tort en donnant cest honneur au curé de Brou pour le luy oster, m'en advertissant, je suis content d'y mettre son nom. Au pis aller, il doit penser qu'on en ha bien faict autant des Jupiters et des Hercules [4] : car ce que plusieurs ont faict, on le refere tout à un pour avoir plus tost faict, d'autant que tous ceux du nom ont esté excellentz et vaillantz. Aussi il n'y auroit point d'inconvenient de nommer par antonomasie [5] *curez de Brou* tous prestres, vicaires, chanoines, moynes et capellans [6], qui feront des actes si vertueux comme il ha faict.

---

[1] Soufflé, fait des efforts, poussé des *ahan*, comme un bûcheron qui fend du bois et qui fait *han* à chaque coup de cognée.

[2] Dans l'édition de 1572, cette Nouvelle finit ici par la réflexion suivante : « Voilà pas un homme d'un bon esprit et de bon sens assez pour gouverner une republique? »

[3] Ce curé de Saint-Eustache, dont on a tant parlé ci-dessus, Nouvelle XXX. H. Estienne (*Apologie pour Hérodote*, chap. xxxvi) ajoute qu'après avoir dit qu'il excommunioit tous ceux qui étoient dans le trou, entendant tous ceux dont les noms étoient sur les papiers qu'il n'avoit pu retirer du trou, il se reprit, et, ayant fait réflexion que parmi ces noms étoient ceux de l'evêque de Paris et de son official, il déclara qu'il exceptoit ces deux-là. (L. M.)

[4] Cicéron, au liv. III de son traité *de Natura deorum*, compte trois Jupiter et six Hercule.

[5] Pour : *antonomase*, figure de rhétorique qui consiste à désigner quelqu'un par un autre nom que son nom propre.

[6] Chapelains; en bas latin, *capellani*.

NOUVELLE XXXVII.

De Teiran, qui, estant sus sa mule, ne paroissoit point par dessus l'arçon de la selle.

En la ville de Montpeslier y avoit n'ha gueres un jeune homme qu'on appelloit le prieur de Teiran, lequel estoit homme de bon lieu et d'assez bonnes lettres; mais il estoit malaisé [1] de sa personne, car il avoit une bosse sus le doz et l'autre sus l'estomac, qui luy faisoyent mal porter son bois [2], et qui l'avoyent si bien gardé de croistre, qu'il n'estoit pas plus haut que d'une coudée. Attendez, attendez, j'entendz de la ceinture en sus. Un jour, en s'en allant de Montpeslier à Thoulouse, accompagné de quelques siens amis de Montpeslier mesmes, ilz se trouverent à S. Tubéry [3] à l'une de leurs disnées; et, parce que c'estoit en esté et que les jours estoient longs, ses compagnons après disner ne se hastoyent pas beaucoup de partir et attendoyent la chaleur à s'abaisser [4]; et mesmes quelques-uns d'entr'eux se vouloyent mettre à dormir : ce que Teiran ne trouva pas bon, et fit brider une mule qu'il avoit, tout en cholere (n'entendez pas que sa mule fust en cholere: c'estoit luy), et monte dessus, en disant : « Or dormez tout vostre saoul, je m'en vois [5]! » Et picque devant tout seul tant qu'il peut. Quand ses compagnons le veirent deslogé, ne le voulant point laisser, se despeschent d'aller après. Mais Teiran estoit desjà bien loing. Or il portoit un de ces grands feultres d'Espagne pour se deffendre du soleil, qui le couvroit

---

[1] Infirme.

[2] Expression proverbiale qui veut dire : avoir mauvais air, mauvaise tournure. Cette expression vient de ce que les lances des anciens chevaliers, appelées *bois*, n'étaient pas faciles à porter avec grâce, à cause de leur longueur et de leur lourdeur.

[3] Depuis Saint-Thiberge, et maintenant Saint-Thiberi, petite ville du département de l'Hérault, entre Agde et Pézénas.

[4] C'est-à-dire : que la chaleur diminuât.

[5] A l'antique, pour *je m'en vais*. Ceux qui disent *je m'en vas* tiennent de la prononciation de ceux dont se moque H. Estienne, lesquels, pour *je fais, je vais*, disent *je fons, je vons*. (L. M.)

quasi luy et toute sa mule, sauf toutesfois à en rabattre ce qui sera de raison. Ceux qui alloyent après veirent un païsant en un champ assez près du chemin, auquel ilz demanderent : « Mon amy, as-tu rien veu un homme à cheval icy devant, qui s'en va droit à Narbonne? » Le païsant leur respond : « Nenny, dit-il, je n'ay point veu d'homme ; mais j'ay bien veu une mule grise qui avoit un grand chapeau de feultre sur la selle et couroit à bride abbattue. » Mes gens se prindrent à rire, et congneurent bien que c'estoit leur homme, qui picquoit d'une telle cholere, qu'ilz ne le peurent oncques atteindre, qu'ilz ne fussent à Narbonne. Aucuns ont voulu dire que la mule n'estoit pas grise, et qu'elle estoit noire. Mais il y ha des gens qui ont un esprit de contradiction dedans le corps; et qui voudroit contester avec eux, ce ne seroit jamais faict.

NOUVELLE XXXVIII.

Du docteur qui blasmoit les danses, et de la dame qui les soustenoit, et des raisons alleguées d'une part et d'autre.

EN la ville du Mans y avoit n'ha gueres un docteur en theologie, appelé nostre maistre d'Argentré, qui tenoit la prebende doctorale [1], homme de grand sçavoir et de bonne vie ; et n'estoit point si docteur, qu'il n'entendist bien la civilité et l'entregent : qui le faisoit estre bien venu en toutes compagnies honnestes. Un jour, en une assemblée des principaux de la ville qui avoyent souppé ensemble, luy estant du nombre, il y eut d'aventure des danses après soupper, lesquelles il regarda pour un peu de temps, pendant lequel il se print à parler avec une dame de bien bonne grace appellée la baillive de Sillé [2], femme, pour sa

---

[1] Cette prébende, appelée plutôt théologale, établie dans chaque église cathédrale ou collégiale depuis le quatrième concile de Latran, sous Innocent III, était affectée à un docteur en théologie qui prêchait tous les dimanches.

[2] Sillé-le-Guillaume, petite ville située entre Mayenne et le Mans. Cette baillive était femme du bailli Taron et mère de plusieurs savants personnages, que La Croix du Maine a cités dans sa Bibliotheque françoise : « Elle estoit, dit-il,

vertu, bonne grace et bon esprit, très bien venue entre les gens d'honneur, et avenante en tout ce qu'elle faisoit, et, entre autres, à baller, là où elle prenoit un grandissime plaisir. Or, en devisant de propos et autres, ilz commencerent à parler des danses. Surquoy le docteur dit que, de tous les actes de recreation, il n'y en avoit point un qui sentist moins son homme[1] que la danse. La baillive luy va dire tout au contraire qu'elle ne pensoit qu'il y eust chose qui reveillast mieux l'esprit que les danses, et que la mesure ny la cadence n'entreroit jamais en la teste d'un lourdault : lesquelles sont tesmoignage que la personne est adroicte et mesurée en ses faitz et desseins. « Il y en ha mesmes, disoit-elle, de jeunes gens qui sont si pesans, que l'on auroit plustost appris à un beuf à aller la hacquenée[2], qu'à eux à danser ; mais, aussi, vous voyez quel esprit ilz ont ! Des danses, il en vient plaisir à ceux qui dansent et à ceux qui voyent danser, et si ay opinion, si vous osiez dire la verité, que vous-mesmes y prenez grand plaisir à les regarder : car il n'y ha gens, tant melancholiques soyent-ilz qui ne se resjouissent à veoir si bien manier le corps et si alaigrement. » Le docteur, l'ayant ouye, laissa un peu reposer les termes de la danse, entretenant neantmoins tousjours ceste dame d'autres propos, qui estoyent divers, mais non pas tant eslongnez, qu'il n'y peust bien retomber quand il voudroit. Au bout de quelque espace qui luy sembla estre bien à poinct, il va demander à la dame baillive : « Si vous estiez, dit-il, à une fenestre ou sus une gallerie, et vous veissiez de loing en quelque grande place une douzaine ou deux de personnes, qui s'entretinssent par la main et qui sautassent, qui virassent d'aller et de retour, en avant et en arriere, ne vous sembleroyent-ilz pas folz ? — Ouy bien, dit-elle, s'il n'y avoit quelque mesure. — Je dy encores qu'il y eust mesure, dit-il, pourveu qu'il n'y eust point de tabourin ny de fluste. — Je vous confesse, dit-elle, que cela pourroit avoir mauvaise grace. — Et donc, dit le

---

estimée l'une des plus belles, sages et apprises dames de son temps et qui avoit un jugement et esprit des plus esmerveillables, comme mesmes l'on peut voir par le livre de Jacques Pelletier, du Mans, et de Nicolas Denisot, sous le nom de Bonadventure Des Periers, intitulé les *Nouvelles Recreations*. »

[1] C'est-à-dire : qui fît moins valoir son homme ; qui fût moins digne d'un homme.

[2] C'est-à-dire : aller l'amble, comme les haquenées que montoient les dames.

docteur, un morceau de boys persé et une seille¹ estouppée de parchemin par les deux boutz, ont-ilz tant de puissance, que de vous faire trouver bonne une chose qui de soy sent sa follie? — Et pourquoy non? dit-elle. Ne sçavez-vous quelle puissance est la musique? Le son des instrumens entre dedans l'esprit de la personne, et puis l'esprit commande au corps, lequel n'est pour autre chose que pour monstrer par signes et mouvemens la disposition de l'ame à joye ou à tristesse. Vous sçavez que les hommes marris font une autre contenance que les hommes gays et contens. Davantage², en tous endroitz fault considerer les circonstances, comme vous-mesmes preschez tous les jours. Un tabourineur, qui fleusteroit tout seul, seroit estimé comme un prescheur qui se mettroit en chaire sans assistans. Les danses sans instrument ou sans chansons seroyent comme les gens en un lieu d'audience sans sermonneur. Parquoy vous avez beau blasmer noz danses, il faudroit nous oster les piedz et les oreilles. Et vous asseure, dit-elle, que, si j'estois morte et j'ouysse un violon, je me leverois pour baller. Ceux qui jouent à la paulme se tourmentent bien encor davantage pour courir apres une petite pelote de cuir et de bourre, et y vont de telle affection, que quelquefois il semble qu'ilz se doivent tuer : et si n'ont point d'instrument de musicque comme les danseurs et ne laissent pas d'y prendre une merveilleuse recreation. Pensez-vous oster les plaisirs de ce monde? Ce que vous preschez contre les voluptez, si vous vouliez dire vray, n'est pas pour les abolir, sinon les deshonnestes, car vous sçavez bien qu'il est impossible que ce monde dure sans plaisir ; mais c'est pour empescher qu'on n'en prenne trop. » Le docteur vouloit replicquer, mais il fut environné de femmes qui le mirent à se taire³, craignant qu'à un besoing elles ne l'eussent pris pour le mener danser; et Dieu sçait si ce eust bien esté son cas!

¹ Seau. Il y a, dans les autres éditions, *feuille*, qui n'a pas de sens, à moins qu'on prenne ce mot dans l'acception de petit tonneau ; on dit encore *feuillette*.
² En outre, de plus.
³ Latinisme : *ad metam non loqui*.

NOUVELLE XXXIX.

De l'Escossois et de sa femme qui estoit un peu trop habile au maniement.

UN Escossois, ayant suivy la court quelque temps, aspiroit à une place d'archer de la garde[1], qui est le plus haut qu'ilz desirent estre, quand ilz se mettent à servir en France, car lors ilz se disent tous cousins du roy d'Escosse. Cest Escossois, pour parvenir à ce haut estat, avoit fait tout plein de services, pour lesquelz, entre autres, il eut ceste faveur d'espouser une fille qui estoit damoiselle d'une bien grand' dame : laquelle fille estoit d'assez bon aage. Elle n'eut gueres esté en mariage, qu'elle ne se souvinst des commandemens que l'on donne aux jeunes espousées : premierement, que la nuict elles tiennent leur couvrechef à deux belles mains, de peur que leur mary les descoiffe ; qu'elles serrent les jambes comme un homme qui descend en un puiz sans cordes ; qu'elles soyent un peu rebelles, et que, pour un coup qu'on leur baille, qu'elles en rendent deux. Cette jeune damoiselle commence à observer de bonne heure ces beaux et sainctz enseignemens l'un après l'autre, jusques à ce qu'elle en fit une leçon et les pratiqua tous à la fois : dont cest Escossois ne fut pas trop content, specialement du dernier poinct ; et, voyant qu'elle s'en sçavoit ayder de si bonne heure, il sembla à ce povre homme qu'elle avoit appris ces tordions[2] d'un autre maistre que de luy[3],

---

[1] On les appeloit *archers*, quoiqu'ils portassent la hallebarde, parce qu'auparavant c'étoit un arc qu'ils portoient. La garde écossoise a été en considération auprès de nos rois, depuis les services que les Écossois rendirent à Charles VII contre les Anglois. (L. M.)

[2] *Tordion* ou *tourdion*, diminutif de *tour*, petit mouvement de reins lascif ; c'était ce qu'on appelait, au figuré, les *basses danses*.

[3] Allusion à un vieux conte qui a été rimé par un contemporain de Des Periers, et que Lenglet-Dufresnoy a recueilli dans son édition de Clément Marot, in-4°, t. III, p. 185 :

> L'espousée, à la nuict premiere,
> Son mary dessus elle estant,
> Remuoit bien fort le derriere
> Et puis disoit, en s'esbattant :
> « Mon doulx amy, que j'aime tant,

de mode qu'il luy fongna ¹ bien gros, en luy disant : « Ah ! vous culy² ? » qu'oncques puis ne dormit de bon somme. Et mesme, à toutes heures qu'il estoit avec elle, il luy disoit : « Ah ! vous culy, ah ! vous culy ? C'est un putain qui culy ! » Et s'y fonda bien si fort, qu'il ne pouvoit regarder sa femme de bon œil, ny la nuict mesme il ne la baisoit point de bon cueur. Elle, de son costé, se retira petit à petit et se garda de là en avant d'estre trop fretillante. Et, voyant que cest Escossois avoit tousjours froid aux piedz et mal à la teste, et qu'il fongnoit tousjours, elle devint toute melancholique et pensive : dont Madame sa maistresse³ s'apperceut et luy demandoit souvent : « Qu'avez-vous, m'amie ? Vous estes enceinte ? — Savetre grace ⁴, Madame, disoit-elle. — Qu'avez-vous doncq ?. Il y ha quelque chose. » Elle la pressa tant, qu'il fallut qu'elle sceust ce qu'il y avoit, ainsi que les femmes veulent tout sçavoir. Je peux bien dire cela icy, car je sçay bien qu'elles ne liront pas ce passage. Elle luy compta le cas ; quand ma dame l'eut entendue : « Et n'y ha-il que cela ? dit-elle. Taisez-vous ; vrayement je parleray bien à luy. » Ce qu'elle fit de bonne heure, et appella cest Escossois à part, et luy commença à demander comment il se trouvoit avec sa femme. « Ma dam, dit-il, je trouvy bien, grand mercy vous. — Voire-mais, vostre femme est toute faschée ; que luy avez-vous faict ? — J'aury pas rien faict, ma dam ; je sçavoy pas pourquoy faict-il mauvais cher. — Je le sçay bien, moy, dit-elle, car elle m'ha tout dit. Sçavez-vous qu'il y ha, mon amy ? Je veux que la traictez bien, et ne faites pas le fantastique ⁵. Comment estes-vous bien si neuf

<blockquote>
Fais-je pas bien en ceste sorte ?
— Ouy, dit-il, de colere espris,
Trop bien ! Que le grand diable emporte
Ceux qui vous en ont tant appris ! »
</blockquote>

¹ *Fongner* ou *foigner*, qui signifie *gronder, faire la moue, injurier*, dérive, suivant La Monnoye, du mot *foin*, interjection d'impatience, de dépit et de dédain, qu'on employait alors fréquemment.

² Le pauvre homme vouloit dire : « Ah ! vous culetez ! » *Culeter, culetage, culetis*, ce sont des mots que Marot a bien fait valoir dans son épitaphe d'Alix ; je crois même les deux derniers de son invention. Le *crissare* des Latins étoit pour les femmes ; *cevere*, pour les hommes. Le françois *culeter* se dit des hommes et des femmes. (L. M.)

³ Ce doit être quelque princesse ou la reine elle-même, au service de laquelle était attachée sans doute la femme de l'Ecossais.

⁴ Pour : *Sauf votre grâce*, par contraction.

⁵ Pour : *fantasque*, maniaque, fou.

de penser que les femmes ne doivent avoir leur plaisir comme les hommes ? Pensez-vous qu'il faille aller à l'escolle pour l'apprendre ? Nature l'enseigne assez. Et que pensez-vous que vostre femme ne se doive remuer non plus qu'une souche de bois ? Or ça, dit-elle, que je n'en oye plus parler, et luy faites bonne chère. » Mon Escossois se contenta, moitié par force et moitié par amour, et incontinent Madame fit sçavoir à la damoiselle ce qu'elle avoit dict à l'Escossois. Et peut bien estre que la damoiselle estoit en la garderobe à l'escouter, sans que l'Escossois en sceust rien. Mais elle ne fit pas semblant à son mary d'en rien sçavoir et faisoit tousjours de la faschée le jour et la nuict, et ne se revengeoit plus des coups qu'elle recepvoit, jusques à ce qu'une des nuictz il lui dit en la reconfortant : « Culy, culy, ma dam, le vouly bien. » De quoy elle se fit un peu prier ; mais à la fin elle se rapprivoisa, et l'Escossois ne fut plus si fascheux.

NOUVELLE XL.

Du prestre et du masson qui se confessoit à luy.

Il y avoit un prestre de village, qui estoit tout fier d'avoir veu un petit plus que de son Caton [1]. Car il avoit leu *De syntaxi* [2], et son *Fauste precor gelida* [3]. Et, pour cela, il s'en faisoit croire,

---

[1] Ce petit ouvrage, intitulé *Disticha de moribus*, et composé par un grammairien du quatrième siècle, Dionysius Cato, était le premier livre qu'on mettait dans les mains des écoliers au moyen âge. L'Université de Paris l'avait fait traduire en français à la fin du quinzième siècle, et cette traduction, souvent réimprimée, s'appelait dans les classes le *Catonet*. Il existe un grand nombre d'éditions latines et françaises de ces distiques moraux.

[2] La Syntaxe latine de Jean Despautères, grammairien flamand, fut publiée en 1513, mais on ne l'adopta dans les écoles de Paris que quinze ou vingt ans plus tard, et Robert Etienne réunit, sous le titre de *Commentarii grammatici*, en 1537, tous les ouvrages du savant professeur de rhétorique.

[3] C'est ainsi que commence la première églogue de Mantuanus (Spagnuolo Battista), fameux poëte du quinzième siècle. Les poésies du Mantuan, qu'on lisait alors publiquement dans les écoles, étaient si célèbres à cette époque, qu'on n'hésitait pas à les comparer aux chefs-d'œuvre de l'antiquité. Farnabe, dans la préface de son édition de Martial, dit que les pédants de collège ne faisaient nulle difficulté de préférer le *Fauste precor gelida* à l'*Arma virumque cano*, c'est-à-dire les églogues du Mantuan à l'*Enéide* de Virgile.

et parloit d'une braveté grande, usant des motz qui remplissoyent la bouche, à fin de se faire estimer un grand docteur. Et mesmes en confessant il avoit des termes qui estonnoyent les povres gens. Un jour il confessoit un povre homme manouvrier, auquel il demandoit : « Or ça, mon amy, es-tu point ambitieux? » Le povre homme disoit que non, car il pensoit bien que ce mot-là appartenoit aux grands seigneurs, et quasi se repentoit d'estre venu à confesse à ce prestre, lequel il avoit ouy dire qui estoit si grand clerc, et qu'il parloit si hautement, qu'on n'y entendoit rien, ce qu'il congneut à ce mot *ambitieux* : car, encores qu'il l'eust possible ouy dire autrefois, si est-ce qu'il ne sçavoit pas que c'estoit. Le prestre, en après, luy va demander : « Es-tu point fornicateur? — Nenny. — Es-tu point glouton? — Nenny.— Es-tu point superbe? » Il disoit tousjours nenny. « Es-tu point iraconde[1]? — Encore moins. » Ce prestre, voyant qu'il luy respondoit tousjours nenny, estoit tout admirabonde. « Es-tu point concupiscent? — Nenny. — Et qu'es-tu donc? dit le prestre. — Je suis, dit-il, masson; voicy ma truelle. » Il y en eut un autre qui respondit de mesme à son confesseur, mais il sembloit estre un peu plus affaité[2]. C'estoit un berger, auquel le prestre demandoit : « Or ça, mon amy, avez-vous bien gardé les commandemens de Dieu? — Nenny, disoit le berger. — C'est mal fait. Et les commandemens de l'Eglise? — Nenny. — Lors, dit le prestre, qu'avez-vous doncq gardé? — Je n'ay gardé que mes brebis, » dit le berger.

Il y en ha un autre qui est si vieil comme un pot à plume[3]; mais il ne peut estre qu'il ne soit nouveau à quelqu'un. C'estoit un, lequel, après qu'il eut bien compté tout son affaire, le prestre luy demanda : « Et bien, mon amy, qu'avez-vous encores sus vostre conscience? » Il respond qu'il n'y avoit plus rien, fors qu'il luy souvenoit d'avoir desrobé un licol. « Et bien,

---

[1] Colérique. On voit, dans le chap. vi du liv. II de *Pantagruel*, que les pédants seuls se servaient alors de ces mots forgés du latin; mais Rabelais dit *amorabond* au masculin, tandis que Des Periers écrit *iraconde* (*iracundus*) et *admirabonde* (*admirabundus*).

[2] Dressé, façonné, expérimenté. Ce mot est formé, suivant La Monnoye, de *ad* et de *factitare*. On dit, en termes de fauconnerie, que l'oiseau est *affaité*, quand il est accoutumé à voir les hommes, les chiens et les chevaux.

[3] Parce que les pots dont on se sert pour mettre la plume sont toujours de vieux et méchants pots ébréchés. (L. M.)

mon amy, dit le prestre, d'avoir desrobé un licol n'est pas grand chose : vous en pourrez aysement faire satisfaction. — Voire mais, dit l'autre, il y avoit une jument au bout. — A, ha! dit le prestre, c'est autre chose. Il y ha bien difference d'une jument á un licol. Il fau_ doncq que vous rendiez la jument, et puis, la premiere fois que vous reviendrez à confesse à moy, je vous absoudray du licol. »

NOUVELLE XLI.

Du gentilhomme qui crioit la nuict après ses oiseaux et du charretier qui fouettoit ses chevaux.

IL y ha une maniere de gens qui ont des humeurs cholericques, ou melancolicques, ou flegmathicques (il fault bien que ce soit l'une de ces trois, car l'humeur sanguine est tousjours bonne, ce dit-on), dont la fumée monte au cerveau, qui les rend fantasticques, lunaticques, erraticques, phanaticques, scismaticques, et tous les aticques qu'on scauroit dire : ausquelz on ne trouve remede, pour purgation qu'on leur puisse donner. Pour ce, ayant desir de secourir ces povres gens, et de faire plaisir à leurs femmes, parens, amys, bienfaicteurs, et tous ceux et celles qu'il appartient, j'enseigneray icy, par un brief exemple advenu, comment ilz feront quand ilz auront quelqu'un ainsi mal traicté, principalement des resveries nocturnes : car c'est un grand inconvenient de ne reposer ny jour ny nuict. Il y avoit un gentilhomme au pays de Provence, homme de bon aage et assez riche et de recreation ; entre autres il aymoit fort la chasse, et y prenoit si grand plaisir le jour, que la nuict il se levoit en dormant; il se prenoit a crier ny plus ny moins que le jour: dont il estoit fort desplaisant, et ses amys aussi; car il ne laissoit reposer personne qui fust en la maison où il couchoit, et resveilloit souvent ses voisins, tant il crioit haut et long-temps après ses oyseaux. Autrement il estoit de bonne sorte et estoit fort congneu, tant à cause de sa gentilesse que pour ceste imperfection qu'il avoit ainsi fascheuse, pour laquelle tout le monde l'appelloit l'Oyseleur. Un jour, en suivant ses oyseaux, il se trouva en un lieu escarté, où la nuict le surprint, qu'il ne sçavoit où se retirer, fors que il tourna et vira tant par les bois et montagnes, qu'il vint arriver tout tard en une maison qui estoit bien sus le grand chemin toute seule, là où l'hoste logeoit quelquesfois les gens de pied qui estoyent en la nuict, parce qu'il n'y avoit point d'autre logis qui fust près. Quand il arriva, l'hoste estoit couché; lequel il fit lever, luy priant de luy donner le couvert pour ceste nuict, pource qu'il faisoit froid et mauvais temps. L'hoste le laisse entrer, et luy met son cheval en l'estable aux vaches, et luy monstre un lict au sou [1], car il n'y avoit point de chambre haulte. Or y avoit là dedans un charretier voicturier, qui venoit de la foire de Pesenas, lequel estoit couché en un autre lict tout auprès; lequel s'esveilla à la venue de ce gentilhomme : dont il luy fascha fort, car il estoit las, et n'y avoit gueres qu'il commençoit à dormir; et puis telles gens de leur nature ne sont gracieux que bien à point. Au resveil ainsi soudain, il dit à ce gentilhomme : « Qui diable vous ameine si tard? » Ce gentilhomme, estant seul et en lieu incongneu, parloit le plus doulcement qu'il pouvoit : « Mon amy, dit-il, je me suis icy traisné en suyvant un de mes oyseaux ; endurez que je demeure icy à couvert, attendant qu'il soit jour. » Ce charretier s'esveilla un peu mieulx, et, en regardant le gentilhomme, vint à le recongnoistre ; car il l'avoit assez veu de fois à Aix en Provence, et avoit souvent ouy dire quel coucheur   stoit. Le gentilhomme ne le congnoissoit point; mais, en se deshabillant, luy dit : « Mon amy, je vous prye, ne vous faschez point de moy pour une nuict ; j'ay une coustume de crier la nuict après mes oyseaux, car j'ayme la chasse, et m'est advis toute la nuict que je suis après. — O! ho! dit le charretier en jurant; par le corpbieu! il m'en prend ainsi comme à vous, car il me semble que toute la nuict je suis à toucher mes chevaulx, et ne m'en puis garder. — Et bien, dit le gentilhomme, une nuict est bien tost passée; nous supporterons l'un l'autre. » Il se couche; mais il ne fut gueres avant en son premier somme, qu'il ne se levast tout grand, et commença à crier par la place : « Vola, vola, vola [2] ! » Et à ce cry mon charretier s'esveille, qui

---

[1] La loge aux pourceaux; du latin, *suile*. Toutes les éditions portent *sau*, que La Monnoye traduit par *sol*, qu'on prononçait *so* en Provence.

[2] Cri des fauconniers provençaux, en lâchant l'oiseau. (L. M.)

vous prend son fouet, qu'il avoit auprès de luy, et le vous meine à tort et à travers, là par où il sentoit mon gentilhomme, en disant : « Dya, dya, houioh, hau dya¹ ! » Il vous sengle le povre gentilhomme, il ne fault pas demander comment : lequel se resveilla de belle heure aux coups de fouet, et changea bien de langage ; car, en lieu de crier *vola !* il commença à crier à l'ayde et au meurtre ; mais le charretier fouetoit tousjours, jusques à tant que le povre gentilhomme fut contraint de se jeter soubz la table sans dire plus mot, en attendant que le charretier eust passé sa fureu¹ : lequel, quand il veid que le gentilhomme s'estoit saulvé, se remit au lict et fit semblant de ronfler. L'hoste se leve, qui allume du feu, et trouve ce gentilhomme mussé² soubz le banc : qui estoit si petit, qu'on l'eust mis dans une bourse d'un double³ et avoit les jambes toutes frangées⁴, et toute la personne affolée des coups de fouet : lesquelz certainement firent grand miracle, car oncques puis il ne luy advint de crier en dormant, dont s'esbahirent depuis ceux qui le congnoissoyent ; mais il leur compta ce qui luy estoit advenu. Jamais homme ne fut plus tenu à autre que le gentilhomme au charretier, de l'avoir ainsi guery d'un tel mal, comme celuy-là, comme on dit qu'autrefois ont esté gueris les malades de sainct Jehan⁵. Et aux chevaux restifz, on dit qu'il ne fault que leur pendre un chat à la queue, qui les esgratignera tant par derrière, qu'il faudra qu'il aille, de par Dieu ou de par l'autre⁶, et perdra sa restiveté, en le continuant trois cent soixante et dix-sept fois et demie et la

---

¹ C'est pour faire avancer les chevaux : *houois* et *hau* qui se prononce *hauauau*, pour les arrêter. Je trouve, dans quelques éditions, *houoih, hau, dia*, ce qui me fait croire qu'il faut lire *houoi, hurhau, dia*; savoir : *houoi*, pour arrêter ; *hurhau*, pour tirer à droite ; *dia*, pour aller à gauche. D'où vient le proverbe : *Il n'entend ni à dia ni à hurhau*, contre ceux qui n'entendent pas de raison (L. M.)

² Caché ; du latin *mus*, rat.

³ C'est-à-dire : dans le plus petit espace ; le *double* était une petite monnaie de cuivre valant deux deniers.

⁴ Les marques des coups qu'il avait reçus sur les jambes y faisaient des espèces de franges.

⁵ L'épilepsie est appelée le *mal de Saint-Jean*, parce que saint Jean guérit ce mal ; mais on ne dit pas si c'est le Précurseur ou l'Évangéliste. (L. M.) — Les épileptiques, la plupart du temps, n'avoient pas recours à ce moyen extrême ; ils se contentoient de prendre pieusement, pendant la nuit du 23 au 24 juin, des bains froids à des fontaines consacrées. Voy., dans le tome VIII des *Mémoires de la Société des antiquaires de Picardie*, la dissertation intitulée : *Du culte de saint Jean-Baptiste et des usages profanes qui s'y rattachent*. (M. LACOUR.)

⁶ C'est-à-dire : le diable.

moitié d'un tiers¹; car dix-sept solz et un onzain, et vingt et cinq solz moins ung trezain, combien vallent-ils?

NOUVELLE XLII

De la bonne femme vefve qui avoit une requeste à presenter, et la bailla au conseillier lay pour la rapporter.

UNE bonne vefve avoit un procès à Paris, là où elle estoit allée pour le solliciter; en quoy elle faisoit grand diligence, combien qu'elle n'entendist gueres bien ses affaires; mais elle se fioit que Messieurs de Parlement auroyent esgard à sa vieillesse, à son vefvage et à son bon droict. Un matin, de bonne heure avant le jour², plus tost que de coustume, elle n'entra pas en son jardin pour cueillir la violette, mais elle print sa requeste en sa main, en laquelle requeste estoit question de certains excès faictz à la personne de son feu mary. Elle s'en va au Palais, à l'entrée de Messieurs³, et s'addressa au premier conseillier qu'elle veid venir, et luy presente sa requeste pour la rapporter. Lequel la print, et, en la luy baillant, la femme luy fait ses plaintes pour luy donner bien entendre son cas. Quand le conseillier, qui d'adventure estoit des ecclesiastiques, ouyt parler de crimes, il dit à la bonne femme : « M'amie, ce n'est pas à moy à rapporter vostre requeste : il fault que ce soit un conseillier lay⁴ qui la rapporte. » La bonne femme, ne sçachant que vouloit dire un conseillier lay, entendit que ce deust estre un conseillier laid, parce qu'elle veid que cestuy-là d'adventure estoit beau personnage et de belle taille. Elle commence à vous regarder de près ces conseilliers qui entroyent pour veoir s'ilz seroyent beaux ou laidz : en quoy elle estoit fort empeschée. A la fin, en voicy venir un qui n'estoit pas des plus beaux hommes

---

¹ C'est-à-dire : une fois par jour, pendant un an.
² La Monnoye pense que c'est le commencement de quelque chanson de ce temps-là.
³ On qualifiait ainsi les conseillers du Parlement.
⁴ Laïque.

du monde, au moins au gré de la bonne femme, parce (peut estre) qu'il portoit une grande barbe et estoit tondu. La bonne femme pensa bien avoir trouvé son homme : auquel elle bailla sa requeste, et luy dit : « Monsieur, on m'ha dit qu'il fault que ce soit un conseillier bien laid, qui rapporte ma requeste : j'ay bien regardé tous ceux qui sont entrez, mais je n'en ay point trouvé de plus laid que vous; s'il vous plaist, vous la rapporterez? » Le conseillier, qui entendit bien ce qu'elle vouloit dire, trouva bonne la simplicité d'elle, et print sa requeste, et, en la rapportant, ne faillit pas à en faire le compte à ceux de sa Chambre : lesquelz expedierent la bonne femme.

NOUVELLE XLIII.

De la jeune fille qui ne vouloit point d'un mary, pource qu'il avoit mangé le doz de sa premiere femme.

A propos de ambiguité de motz qui gist en la prolation [1], les François ont une façon de prononcer assez douce, tellement que de la pluspart de leurs parolles on n'entend point la derniere lettre, dont bien souvent les motz se prendroyent les uns pour les autres, si ce n'estoit qu'ilz s'entendent par la signification des autres qui sont parmy. Il y avoit en la ville de Lyon une jeune fille qu'on vouloit marier à un homme qui avoit eu une autre femme, aquelle luy estoit morte, à l'aide de Dieu, depuis un an ou deux. Cest homme icy avoit le bruict de n'estre gueres bon mesnagier : car il avoit vendu et despendu [2] le bien de sa premiere femme. Quand il fut question de parler de ce mariage, la jeune fille s'y trouva en cachettes derriere quelque porte, pour ouÿr ce qu'on en diroit. Ilz parlerent de cest homme en diverses sortes, desquelz y en eut un entre autres qui vint dire : « Je ne serois pas d'advis qu'on la luy baillast; c'est un homme de

---

[1] Prononciation, débit.
[2] Pour : *dépensé*. On trouve encore *dependre*, au lieu de *dépenser*, dans les Satires de Regnier.

mauvais gouvernement : il ha mangé le dot[1] de sa premiere femme. » Ceste jeune fille ouyt ceste parolle, qu'elle n'entendoit point telle que l'autre l'entendoit, car elle estoit jeune et n'avoit point encores ouy dire ce mot de *dot*, lequel ilz disent en certains endroitz de ce royaume, et principalement en Lyonnois, pour *douaire;* et pensoit qu'on eust dict que cest homme eust mangé le dos ou l'eschine de sa femme. Et la fille bien marrie qui va faire une mauvaise chere[2] devant sa mere, et luy dit franchement qu'elle ne vouloit du mary qu'on luy vouloit donner. Sa mere luy demande : « Et pourquoy ne le voulez-vous, m'amie? » Elle respond : « Ma mere, c'est le plus mauvais homme; il avoit une femme qu'il ha faict mourir : il luy ha mangé le dos. » Dont il fut bien ris, quand on sceut là où elle le prenoit. Mais elle n'avoit point du tout tort de n'en vouloir point : car, combien qu'un homme ne soit pas si affamé de manger le dot d'une femme, comme s'il luy mangeoit le dos, si est-ce qu'ilz ne vallent gueres ny l'un ny l'autre pour elles.

NOUVELLE XLIV.

Du bastard d'un grand seigneur qui se laissoit pendre à credit, et qui se faschoit qu'on le sauvast[3].

Il y avoit un bastard d'un grand seigneur, ou pour le moins fils putatif, qui n'estoit sage que de bonne sorte : encores pas; car il luy sembloit que tout chacun luy devoit faire autant d'honneur qu'à un prince, parce qu'il estoit bastard d'une si grand maison; et luy estoit advis encores que tout le monde estoit tenu de savoir sa qualité, son lieu[4] et son nom; de quoy il ne donnoit pas grande occasion aux gens, car le plus souvent il s'en

---

[1] Ce mot a été masculin jusqu'au milieu du dix-septième siècle; on trouve encore *le dot*, dans Vaugelas.
[2] Mine, figure; du bas latin, *cara*.
[3] Cette Nouvelle a quelque analogie, quant aux détails, avec la LXXV° des *Cent Nouvelles nouvelles*, intitulée la *Musette*.
[4] Origine, naissance.

alloit vagant par le pays, avec un equipage de peu de valeur, et se mettoit en toutes compagnies, bonnes et mauvaises ; tout luy estoit un. Il jouoit ses chevaux, quand il estoit remonté, et ses accoustremens, par les hostelleries, et maintefois alloit à beau pied sans lance [1]. Un jour qu'il estoit demeuré en fort mauvais ordre [2], il passoit par le pays de Rouergue, s'en revenant vers la France pour se remonter, et se trouve à passer par un bois où quelques volleurs tout freschement avoyent tué un homme. Le prevost qui poursuyvoit les brigans vint rencontrer ce bastard, habillé en souldard, auquel il demande d'où il venoit. Le bastard ne luy respond autre chose, sinon : « Qu'en avez-vous affaire, d'où je vien ? — Si ay dea, j'en ay affaire, dit le prevost : estes-vous point de ceux qui ont tué cet homme ? — Quel homme ? dit-il. — Il ne fault point demander quel homme, dit le prevost ; je vous pendrois bien, pour en sçavoir quelques nouvelles. » Il respond : « Qu'en voulez-vous dire ? » Le prevost le print au mot et au collet ; qui estoit bien pis, et le fait mener. En allant, tousjours ce bastard disoit : « Ah ! vous vous prenez doncq à moy, monseigneur le prevost ? Je vous auray laissé faire. » Le prevost, pensant qu'il le menaçast de ses compagnons, se tint sus sa garde, et le meine droit au prochain village, là où il luy fait sommairement son procès ; mais, en luy demandant qui il estoit et comment il s'appeloit, il ne respondoit autre chose : « On le vous apprendra, qui je suis ; ah ! vous pendez les gens ! » Sus ces menaces, le prevost le condamne par sa confession mesme, et le fait très bien monter à l'eschelle. Ce bastard se laissoit faire, et ne disoit autre chose jamais, sinon : « Par le corps bieu, monseigneur le prevost, vous ne pendistes jamais homme qui vous coustast si cher ! Ah ! vous estes un pendeur de gens ! » Quand il fut au haut de l'eschelle, y eut par fortune, ainsi que tant de gens se trouvent à telles executions, un Rouerguois [3] qui avoit autresfois esté à la court, lequel congnoissoit bien ce bastard pour l'avoir veu assez de fois à la court et en autres lieux. Il le recongneut incontinent, et encores s'approche plus près de l'eschelle, pour ne faillir point, et tant plus congneut-il, que

---

[1] Expression proverbiale, signifiant : sans suite ; car un homme d'armes était toujours suivi d'une *lance* ou d'un écuyer.
[2] En piteux équipage.
[3] Les autres éditions portent *Rouergueis, Rouergeys*, et *Rouerguis*.

c'estoit luy. « Monseigneur le prevost, dit-il tout haut, que voulez-vous faire? C'est un tel. Regardez bien que c'est que vous ferez. » Le bastard, entendant ce Rouerguois, dit : « Mot! mot! De par le diable, laisse-luy faire, pour luy apprendre à pendre les gens! » Le prevost, quand il l'eust ouy nommer, le fit promptement descendre; auquel le bastard dit encores : « Ah! vous me vouliez pendre! On vous en eust faict souvenir, par Dieu! monseigneur le prevost. Mais que ne le laissois-tu faire? » dit-il au Rouerguois, en se faschant. Pensez le grand sens d'où il estoit plein, de se laisser pendre, et qu'il en eust esté bien vengé! Mais qui croira que cela fust filz d'un grand seigneur, mesme un gentilhomme? Le povre homme ne sembloit[1] pas à celuy que le roy vouloit envoyer par devers le roy d'Angleterre, qui estoit pour lors bien mauvais François[2] : lequel gentilhomme respondit au roy : « Sire, dit-il, je vous dois et ma vie et mes biens, et ne feray jamais difficulté de les exposer pour vostre service et obeissance; mais, si vous m'envoyez en Angleterre en ce temps icy, je n'en retourneray jamais : c'est aller à la boucherie, et pour un affaire qui n'est point si fort contraint, qu'il ne se puisse bien differer à un autre temps, que le roy d'Angleterre aura passé sa cholere; car, maintenant qu'il est animé, il me fera trencher la teste. — Foy de gentilhomme[3]! dit le roy, s'il l'avoit faict, il m'en cousteroit trente mille pour la vostre, avant que je n'en eusse la vengeance. — Voyre mais, Sire, dit le gentilhomme, de toutes ces testes y en auroit-il une qui me fust bonne? C'est un povre reconfort à un homme, que sa mort sera bien vengée. » Vray est que, aux executions vertueuses, l'homme de bien y va la teste baissée, sans autres circonstances que pour le respect de son honneur, et pour le service de la republicque.

---

[1] Pour: *ressemblait*.
[2] C'est-à-dire : ennemi de la France. Il faut reconnaître ici Henri VIII.
[3] C'était là le serment ou juron de François Ier, qui est évidemment mis en scène dans cette Nouvelle.

NOUVELLE XLV.

Du sieur de Rasciault, qui alloit tirer du vin, et comment le fausset lui eschappa dedans la pinte.

En la ville de Poytiers y avoit un gentilhomme de bien riche maison et de bon cueur, homme de bonne entreprinse ; mais il avoit un grandissime deffault naturel, qui estoit de la langue, car il n'eust sceu dire trois motz sans begueyer, et encores demeuroit-il une heure à les dire, et à la fin il ne pouvoit se faire entendre. Et ne troussoit bien gentiment la parolle la premiere qu'il disoit, comme un *sang Dieu* et une *mort Dieu*[1], quand il estoit en sa cholere, qui est signe qu'un tel vice ne provient que d'une humeur cholerique, abondante extremement en l'homme, laquelle l'empesche de moderer sa parolle. Je devrois payer l'amende pour m'apprendre à philosofer. Dont son père, le voyant ainsi vicié[2], le recommanda, dès sa petitesse[3], au vicaire de Sainct-Didier, qui le faisoit psalmodier à l'eglise, chanter des leçons de matines, vigiles, et *Benedicamus*, pour luy façonner sa langue ; là où pourtant il ne proffita, sinon que, quand il chantoit, il prononçoit assez distinctement ; car, quant à son langage quotidien, en parlant il retint tousjours ceste imperfection. Il fut marié à une damoiselle de bonne maison, vertueuse et sage, qui le sçavoit bien gouverner. Un jour qu'il estoit l'une des quatre bonnes festes[4], ainsi que tout le monde estoit empesché aux devotions, ce bon gentilhomme, ayant faict les siennes, s'en vint à la maison avec un sien valet, pour desjeuner de quelque pasté de venaison que ma damoiselle avoit fait. Mais, quand ce fut à bien faire, il se trouva qu'elle emportoit la clef, qui luy fascha fort, car il n'y avoit ordre d'empescher les devo-

---

[1] Louis XII avait renouvelé les ordonnances draconiennes de saint Louis contre les blasphémateurs et renieurs du nom de Dieu.
[2] Atteint de ce vice.
[3] Dès son enfance.
[4] Ce sont Pâques, la Pentecôte, la Toussaint et Noël.

tions de la damoiselle et de la faire venir de l'eglise pour un pasté. Mais, ayant appetit, il envoya son homme, deçà, delà, querir quelque chose pour desjeuner. Toutesfois, quand il avoit de l'un, il luy failloit [1] de l'autre : beurre pour fricasser, un œuf pour faire la sausse ; oignons, vinaigre, moustarde ; ilz estoyent tous deux bien empeschez en l'absence des femmes, qui entendent cela, principalement ès maisons mesnageres, lesquelles (non pas les maisons, mais les femmes) n'estoyent pas pour venir de l'eglise, que la grand'messe ne fust achevée. Mon gentilhomme, estant impatient de faire un mestier qu'il n'entendoit pas, et voyant que son valet ne faisoit pas bien à son appetit [2], le vous chasse de la maison et l'envoye au diable. Quand il se veid ainsi destitué d'ayde, il se trouva bien esbahy ; toutesfois, si ne voulut-il perdre son desjeuner, lequel estoit prest, que de bond, que de vollée [3] ; excepté que le mot de l'Évangile estoit en pays : *Vinum non habent* [4]. Que fit-il ? Il n'avoit pas la clef de la cave, mais il se prend à belle serrure de Dieu [5] et la rompt très bien à grands coups de marteau et de ce qu'il trouva ; et prend un pot et s'en va tirer du vin, mais il s'y entendoit encores moins qu'à fricasser : car tout premierement il oublia à porter de la chandelle ; secondement, il ne sçavoit de quel tonneau il devoit tirer ; toutesfois il tastonna tant par ceste cave environ ces tonneaux, qu'il en trouva un qui avoit un fausset. Et mon homme environ [6] ; mais il ne se print garde qu'en tirant le vin le fausset luy eschappa dedans le pot : le voylà puny à toutes rigueurs,

---

[1] La plupart des éditions ont : *falloit*; mais quelques-unes, d'ailleurs peu correctes, ont : *failloit*, que j'ai retenu, parce que c'est *failloit* qui convient ici, et non *falloit*; c'est le *decrat* latin, et non *oportebat*. (L. M.)

[2] À son desir, à son intention.

[3] Expression proverbiale, signifiant : Tant bien que mal.

[4] Jésus, aux noces de Cana, entendant dire autour de lui : *Vinum non habent* changea l'eau en vin, comme dit l'Évangile.

[5] Expression du petit peuple, qui rapporte pieusement tout à Dieu. L'auteur en use ici à propos, pour donner à entendre que la *digne serrure*, la *belle serrure de Dieu*, ne fut nullement respectée. Rien n'est plus commun, dans la bouche des bonnes vieilles, que ces espèces d'hébraisme : « Il m'en coûte un bel écu de Dieu ; il ne me reste que ce pauvre enfant de Dieu ; donnez-moi une bénite aumône de Dieu. » Quelquefois aussi, dans un sens tout ironique, on dira : « Je n'ai gagné à son service qu'une belle sciatique de Dieu... Savez-vous comment il a été reçu ? A beau caillou de Dieu. » (L. M.)

[6] Veut-il dire, par ellipse, que l'homme tâtonnait *environ* le fosset, ou bien est-ce une faute d'impression, au lieu de *vire*, retire ce fosset ?

car le vaisseau estoit si estroit, qu'il ne pouvoit mettre la main dedans, et peut-estre encores que le fausset estoit tombé en terre. O povre homme! que feras-tu? Il n'eut rien plus près que de mettre le doigt au devant du pertuis du tonneau, car il ne vouloit pas laisser gaster¹ son vin, et demeura là tout un temps; mais cependant c tapet ben do pé², il grinsoit les dentz, il ronfloit, il petilloit, il juroit à toutes restes, il maugreoit Colin Brenot³ et ses quittances. A la fin, tandis qu'il prenoit ainsi bonne patience en enrageant, voicy venir madamoiselle, de l'eglise, qui trouva les huys ouvertz, entre autres celuy de la cave, et la serrure et les crampons par terre: qui se songea bien incontinent que monsieur de Raschault avoit faict ce beau mesnage. Tantost elle l'entendit par le souspiral de la cave, qui disoit ses kirielles. auquel elle se print à dire : « Eh! monsieur! que faictes-vous là bas, monsieur de Raschault? » Il luy respondoit en un langage jurois, tantost en beguois⁴, tantost en tous deux; et, s'il estoit en peine, si estoit-elle aussi bien : car elle n'osoit pas descendre en la cave, à cause qu'elle estoit en ses beaux drappeaux⁵, et puis, n'entendant point ce qu'il disoit, ne songeoit jamais qu'il fust ainsi engagé. A la parfin, voyant qu'il ne venoit point, elle pensa qu'il y devoit avoir quelque chose, et s'advisa, pour le faire parler, de luy dire : « Chantez, monsieur de Raschault, chantez! » Mon homme, encore qu'il n'eust pas envie, ayma mieux pourtant le faire que de demeurer toujours là. Si se print à chanter le grand *Maledicamus*⁶ en haulte note : « Et çà, de par le diable, çà, dit-il, le douzil⁷ est en la pinte! » Quand madamoiselle l'eut entendu, elle l'envoya desgager par sa chambriere. Mais pensez qu'en chaude cole⁸

¹ Perdre; du latin, *vastare*.
² Patois poitevin; c'est-à-dire : *Il frappait bien du pied*.
³ Homme riche, mais de mauvaise foi. Il avoit le secret d'une encre qui en quinze jours s'effaçoit d'elle-même et tomboit en poudre. On dit qu'ayant donné, pendant le cours d'une année, des quittances écrites de cette encre pour des sommes considérables, il s'en fit payer une seconde fois par ses débiteurs, qui, ne pouvant justifier du premier payement, eurent tout loisir de donner au diable Colin Brenot et ses quittances. (L. M.)
⁴ C'est-à-dire : tantôt en jurant, tantôt en bégayant.
⁵ Habits, accoutrements.
⁶ *Maledicamus*, le contraire de *Benedicamus*, quoique, en plus d'un endroit de l'Ecriture, *benedico* signifie *maledico*. (L. M.)
⁷ Fausset; du bas latin, *ducillus*.
⁸ Colère; du grec, χολή, bile.

monsieur de Raschault luy donna des à doz[1] pour son desjeuner, encores qu'il ne fust pas jour de poisson, et qu'elle n'en peust mais.

NOUVELLE XLVI.

<small>Du tailleur qui se desroboit soy-mesmes, et du drap gris qu'il rendit à son compere le chaussetier.</small>

Un tailleur de la mesme ville de Poytiers, nommé Lyon, estoit bon ouvrier de son mestier et accoustroit fort proprement un homme et une femme et tout : excepté quelques fois il tailloit trois cartiers de derriere en lieu de deux, ou trois manches en un manteau, et n'en cousoit que deux : car aussi bien les hommes n'ont que deux bras ; et avoit si bien accoustumé à faire la banniere[2], qu'il ne se pouvoit garder d'en faire de toutes sortes de drap et de toutes couleurs. Voyre, quand il tailloit un habillement pour soy, il luy estoit advis que son drap n'eust pas esté bien employé, s'il n'en eust eschantillonné quelque lopin et caché en la liette[3] ou au coffre des bannieres ; comme l'autre qui estoit si grand larron, que, quand il ne trouvoit que prendre, il se levoit la nuict[4] et se desroboit l'argent de sa bourse. Non pas que je veuille dire que les tailleurs soyent larrons,

---

[1] Ados ou adots, en poitevin, signifie : coups dans le dos, bourrades.

[2] Pelletier, auteur de ce conte, a dit la même chose, en ces termes, dans sa lettre à Thomas Corbin, à la fin de ses *Dialogues de l'Orthographe*. On appelle *banniere* la pièce d'étoffe qu'on accuse les tailleurs de dérober en coupant un habit, parce qu'il y a dans cette pièce de quoi faire une banderole... On dit aussi, par manière de proverbe, que *les tailleurs marchent les premiers à la procession*, parce qu'ils portent la bannière. On lit, dans le *Piovano Arlotto*, le conte plaisant d'un tailleur qui vit en songe une vaste bannière que le diable produisoit contre lui au jour du Jugement, bannière composée de tous les morceaux d'étoffe qu'il avoit volés autrefois. (L. M.)

[3] Layette, boîte.

[4] Jovien Pontan et d'autres ont écrit que le cardinal Angelot (Angelotto) avait coutume d'aller la nuit, par une porte secrète, en son écurie dérober l'avoine de ses chevaux, et qu'une fois, étant pris sur le fait, il fut vertement étrillé incognito par un de ses palefreniers. (L. M.)

car ilz ne prennent que cela qu'on leur baille, non plus que les meuniers ; et comme la bonne chambriere qui disoit à celle qui l'allouoit¹ : « Voyez-vous, madame, je vous serviray bien, mais... — Que mais? disoit la dame. — Agardez mon²! disoit la garse; j'ay les talons un petit cours³, je me laisse cheoir à l'envers, je ne m'en sçaurois tenir; mais je n'ay que cela en moy, car en toutes les aultres choses vous me trouverez aussi diligente qu'il sera possible. » Aussi nostre tailleur faisoit fort bien son mestier, mais il avoit cette petite fautette⁴. Dont, de par Dieu, il avoit une fois faict un manteau d'un gris de Rouan à un sien compere chaussetier, qui s'en vouloit aller bientost dehors pour quelque sien affaire; duquel gris il avoit retenu un bon quartier. Ce compere s'en apperceut bien, mais il ne voulut pas autrement s'en plaindre, car il sçavoit bien par son faict mesme qu'il falloit que tout le monde vesquist de son mestier. Un matin que le chaussetier passoit par devant la boutique du tailleur avec son manteau vestu, il s'arreste à cacqueter avec luy. Le tailleur luy demande s'il vouloit desjeuner d'un haran, car c'estoit en caresme; il le voulut bien. Ils montent en haut pour cuire ce haran; le tailleur crie d'en haut à l'apprentis : « Apporte-moy ce gril qui est là bas! » L'apprentis pensoit qu'il demandoit ce drap gris qui estoit resté du manteau, et qu'il le voulust rendre à son compere le chaussetier. Il print ce drap et le porte en haut à son maistre. Quand le compere veid ce grand lopin de drap : « Comment, dit-il, voilà de mon drap! Et n'en prens-tu que cela? Ah! par la corbieu, ce n'est pas assez. » Le tailleur, se voyant descouvert, luy va dire : « Et penses-tu que je te le voulsisse retenir, toi qui es mon compere? Ne voiz-tu pas bien que je l'ay faict apporter pour le te rendre? On luy espargne son drap, encores dit-il qu'on le luy desrobe! » Le compere chaussetier fut bien content de cette responce; il desjeune et emporte son gris. Mais le tailleur fit bien la leçon à l'ap-

---

¹ On lit, dans les autres éditions : la louoit.

² Les Italiens ont dit *aguardare* pour *regarder*. Le menu peuple de France a dit aussi *agarder*; témoin l'impératif *agardez*; d'où ensuite, par le retranchement de quelques lettres, on a fait *aga*, de même, à peu près, etc. *Mon*, dans « *ardez-mon*, vient de *modo*, comme le lombard *mo : redi mò*. (L. M.)

³ On dit proverbialement, d'une femme facile et sujette à faire des faux pas, qu'elle a les talons courts.

⁴ Ou *fautelette*, comme on lit dans les autres éditions.

prentis, qu'il fust une autre fois plus sage. La faute vint que l'apprentis avoit toujours ouy dire *grille* en feminin [1], et non pas *gril* : qui fut ce qui descouvrit le pasté [2].

NOUVELLE XLVII.

De l'abbé de Sainct Ambroyse et de ses moines, et d'autres rencontres dudit abbé.

Maistre Jacques Colin [4], n'ha gueres mort abbé de Sainct-Ambroyse [5], estoit homme de bon sçavoir et de bon cerveau,

---

[1] On parlait ainsi dans la province, surtout en Bourgogne ; mais, à Paris et à la cour, on écrivait *gril*, au masculin, comme on le trouve écrit dans le dictionnaire de Nicot.

[2] La Monnoye raconte en ces termes, d'après Ortensio Lando (*Commentario d'Italia*), l'origine de ce proverbe : « Il vient, dit-il, d'une femme qui, voulant régaler sa commère, fit un pâté à l'insu de son mari. Une pie babillarde, nourrie en cage dans la chambre où le pâté venoit d'être fait, ne manqua pas, lorsque le maître rentra, de répéter plusieurs fois : *Madame a fait un pâté.* « Oh ! oh ! dit-il ; et où est donc ce pâté ? N'y a-t-il pas moyen de le voir ? — Prenez-vous garde, répondit la femme, à ce que dit une bête ? Il n'y a point ici de pâté ; vous devez m'en croire plutôt qu'une pie. » Le mari, prenant cela pour argent comptant, sortit ; mais il ne fut pas plutôt sorti, que la femme court à la cage, prend la pie et lui pèle en colère toute la tête. Le lendemain, un frère quêteur, étant venu à la porte demander l'aumône, capuchon bas, la pauvre pie, qui lui vit la tête rase, crut qu'on la lui avoit ainsi pelée pour avoir parlé de pâté. « Ah ! ah ! lui cria-t-elle, tu as donc parlé de pâté ? » lui chantant et rechantant cette gamme, tant qu'il fut là.

[3] Bons mots, boutades. On dit encore, d'une personne qui a la repartie prompte et juste, qu'elle *rencontre* bien.

[4] Jacques Colin, d'Auxerre, a passé pour l'homme de son temps qui savait le mieux sa langue. En sa qualité de secrétaire de François Ier, il eut beaucoup de crédit auprès de ce roi, et, comme il affectionnait les lettres, il put favoriser ceux qui en faisaient profession. Cependant il se vit disgracié en 1537, et sa mort arriva peu de temps après. Il fut le protecteur d'Amyot, de Melin de Saint-Gelais, de Clément Marot, etc. Ce dernier exprime ainsi sa reconnaissance :

> Aussi l'abbé de Saint Ambroys, Colin,
> Qui tant a beu au ruisseau Caballin,
> Que l'on ne sçait s'il est poète ne,
> Plus qu'orateur à bien dire ordonné,
> Est, du grand Roy, qui les siens favorise
> Et les lettres advance et authorise,
> Non-seulement voulentiers escoute,
> Mais tant plus plaist, que plus il est gouste.

[5] L'abbaye de Saint-Ambroise ou Saint-Ambrois était à Bourges.

comme il l'ha assez faict congnoistre, tandis qu'il ha vescu ; et avoit une grande asseurance de parler, de quelques propos que ce fust, et rencontroit singulierement bien ; tellement que ces parties toutes ensemble le firent fort bien venir vers la personne du feu roy François, devant lequel il ha leu longuement. On dit de luy tout plain de bons comptes, lesquelz seroyent longs à reciter ; mais parmy tous j'en compteray un ou deux, qui sont de bonne grace, qu'il dit devant ledit seigneur. Il estoit en picque contre ses moines, lesquelz luy faisoyent tout du sanglant pis qu'ilz pouvoyent, et luy faisoyent bien souvenir du proverbe commun, qui dit : « Qu'il se fault garder du devant d'un beuf, du derriere d'une mule et de tous les costez d'un moine [1]. » Vray est qu'il se revanchoit [2] bien, et en toutes les sortes dont il se pouvoit adviser, dont la plus fascheuse pour les povres moines estoit, qu'il les faisoit jeusner ; ce qu'ilz ne prenoyent point en gré toutesfois, et s'en plaignirent à tant de gens et en tant de lieux, que, par le moyen des uns et puis des autres, il fut rapporté jusques aux oreilles du roy, lequel, voulant sçavoir la verité du faict, dit un jour à maistre Jacques Colin : « Sainct-Ambroyse, voz moines se plaignent de vous, et disent que vous ne les traictez pas ainsi que porte leur reigle, et que vous les faites mourir de faim. — Qu'en est-il, Sire ? respondit Sainct-Ambroyse ; il vous ha pleu me faire leur abbé, ilz sont mes moines, et, puis que je represente la personne du fondateur de leur reigle, raison veut que je leur face maintenir selon l'intention de luy, qui estoit qu'ilz vesquissent en humilité, povreté, chasteté et obedience. J'ay advisé et consulté tous les moyens qu'il ha esté possible ; mais je n'en ay point trouvé de plus expedient que par la sobrieté : car elle est cause de tous biens, comme la gourmandise de tous maux. Je croy que David enten-

---

[1] Tabourot, dans ses *Bigarrures*, au chapitre des *Entend-trois*, dit qu'un avocat ayant allégué ce précepte, qu'il attribuoit à saint Ambroise : « Il faut se garder du devant d'une femme, du derriere d'une mule, et d'un moine de tous côtés ; » à l'issue de l'audience, la partie adverse, qui étoit un abbé, lui soutint que saint Ambroise n'avoit rapporté ce passage nulle part. L'avocat maintint vraie sa citation ; l'abbé gagea qu'elle étoit fausse et perdit, l'avocat lui ayant fait voir dans les *Contes* de Des Periers le proverbe, qui n'est pas, il est vrai, de saint Ambroise, docteur de l'Eglise, mais bien de l'abbé de Saint-Ambroise, Jacques Colin. (L. M.)

[2] Se revengeait, prenait sa revanche.

doit Dieu, quand il disoit : *Si non fuerint saturati, murmurabunt*[1].
Et interpretoit ce mot au roy, selon son office de lecteur. « Et
depuis, dit-il, le Nouveau Testament ha parlé d'eux tout apertement, là où il est escript en S. au chapitre[2] : *Hoc genus dœmoniorum non ejicitur, nisi oratione et jejunio.* — *Hoc genus dœmoniorum*, dit-il, c'est-à-dire ce genre de moines. »

A une autrefois, il avoit perdu un procès à la Court ; et peut estre que ce fut contre ces moines sus-dits, qui fut du temps que les arrestz se delivroyent en latin. En l'arrest contre luy donné y avoit, selon le stille : *Dicta Curia debotavit et debotat dictum Colinum de sua demanda.* » Et ce Sainct-Ambroyse, ayant receu le double de ses arrestz par son solliciteur, se trouva devant le roy, et luy dit à une heure qu'il sceut choisir : « Sire, je ne receuz jamais si grand honneur que j'ay fait depuis trois jours en çà. — Et comment? dit le roy. — Sire, dit-il, vostre Court de Parlement m'ha deboté. » Le roy, ayant entendu là où il le prenoit, le trouva bien bon, après avoir congneu leur elegance de ce beau latin, ferré à glace. Mais depuis on ha mis les arrestz en bon françois[3]. Dequoy on dit, par railleure[4], que maistre Jacques Colin en avoit esté cause, à fin qu'on ne dist plus que la Court se meslat de deboter les gens, mais debouter tant qu'on voudroit, et plus que beaucoup ne voudroyent bien. On dit encores tout plain de bons motz venans de luy.

Estant à table, un maistre d'hostel, en assoyant les platz, luy respandit un potage sus un saye de velours qu'il portoit. Il trouva occasion de mettre en propos un personnage qui estoit à table auprès de luy, nommé *Fundulus*[5], homme de bonnes

---

[1] Dans le psaume LVIII.

[2] Ce texte tronqué est complété ainsi dans les éditions modernes : « En Sainct Mathieu, au chap. XVII, v. 20. »

[3] Depuis le mois d'octobre 1539, date de l'ordonnance de François 1ᵉʳ, pour la rédaction des arrêts judiciaires en français.

[4] Pour : *raillerie*.

[5] Jérôme Fondulo, ou Fonduli, étoit de Crémone. Longœuil parle de lui, dans ses Lettres (p. 267), et lui en a écrit trois. Jean Lascaris lui adresse une épigramme grecque ; *Salmonius Macrinus* (en françois, *Salomon Maigret*) une ode latine. Il a demeuré longtemps en France, tantôt à Paris, tantôt à Lyon, où Jean Vouté de Reims (*Jo. Volteius*) dit l'avoir familièrement pratiqué en 1537. Voyez, à propos de la maigreur du Fondulo, le *Capitolo* du Berni, qui commence :

Post scritta, Io ho saputo che voi sete
Col cardinal Salviati a Passignano, etc.

On voit, de ce Jérôme Fondulo, deux assez mauvaises épigrammes à l'honneur

lettres, mais tout extenué, partie de sa naturelle complexion, et partie de l'estude. Auquel l'abbé Sainct-Ambroyse dit : « Monsieur *Fundulus*, vous estes tout maigre! Il semble que vous portez mal. — Je me porte, dit *Fundulus*, tousjours ainsi; je ne puis engraisser pour temps qui vienne. — Je vous enseigneray, dit Sainct-Ambroyse, un bon remède. Il ne fault que parler à monsieur le maistre que voilà, il ne vous engraissera que trop. » Il y en ha de luy assez de telz; mais tout cela appartient aux apopthegmes.

NOUVELLE XLVIII.

De celuy qui renvoya ledit abbé avec une responce de nez.

LE mesme personnage dont nous parlions estoit de ceux que l'on dit qui ont esté allaictez d'une nourrice ayant les tetins durs [1], contre lesquelz le nez rebouche [2] et devient mousse [3]; mais cela ne luy advenoit point mal, car il estoit homme trappe [4], bien amassé [5], et mesmes qui sçavoit bien jouer des cousteaux [6]. Au moyen de quoy se congnoissoit en luy ce que disoit une dame en comparant les hommes contre les femmes. « Nous autres femmes, disoit-elle, ne nous faisons pas beaucoup estimer, sinon par l'ayde de la beauté; et pour ce, il nous fault songneusement entretenir et nous faire valoir, ce pendant que nous en avons la commodité, car, quand nostre beauté est passée, on ne tient plus de compte de nous. Quant est des hommes, je n'en voy point de laids : je les trouve tous beaux. » Suivant propos, Sainct-Ambroyse [7], un jour, estant accoudé sus une

---

d'André Guarna : l'une, de six vers latins, au devant du *Bellum grammaticale*; l'autre, de quatre, à la fin du livre, dans les anciennes éditions. (L. M.)

[1] Cette plaisanterie est empruntée à Rabelais, liv. I, ch. XL.
[2] Rebrousse, repousse.
[3] Pour : *émoussé, écrasé*.
[4] Pour : *trapu*. On lit *trapé*, dans les éditions modernes.
[5] Pour : *ramassé*.
[6] Au propre : savait bien se servir de ses armes. Au figuré, équivoque érotique.
[7] François Ier n'appelait pas Jacques Colin autrement que *Saint-Ambroise*, à cause du nom de son abbaye, et tout le monde, à la cour, le désignait ainsi.

gallerie, estant à Fontainebleau avec quelques siens familiers, advisa en la court basse un homme, qu'il pensa bien congnoistre, lequel estoit seul de compaignie¹ et avoit la contenance d'un nouveau venu. Sainct-Ambroyse ne se trompoit point, car il l'avoit assez veu de fois et mesmes frequenté du temps qu'il faisoit la rustrerie². « Par Dieu! dist-il à ceux qui estoyent avecques luy, c'est un tel, c'est mon homme! Je le vois un petit accoustrer. » Il descend et s'en vint faire congnoissance à son homme, toutesfois d'une autre façon qu'il n'avoit faict jadis : car il y alloit à la reputation³, laquelle les courtisans ne peuvent pas bonnement desguiser, quand bien ilz voudroyent. Cest homme, voyant la mine de Sainct-Ambroyse, luy tint assez bonne de son costé : car, encores qu'il ne hantast gueres la cour, si en sçavoit assez bien les façons. Après quelques salutations, Sainct-Ambroyse luy va dire : « Or çà, que faictes-vous en ceste court? Vous n'y estes pas sans cause? — Par ma foy, dit l'autre, je n'y fay pas grande chose pour ceste heure ; je regarde qui ha le plus beau nez. » Maistre Jacques Colin luy va monstrer le Roy, lequel d'adventure estoit à une fenestre à deviser. « Voicy doncq, ce dit-il, celuy-là que vous cherchez. » Car, de faict, le roy Françoys, avec ce qu'il estoit royal de toute façon⁴, avoit le nez beau et long⁵ autant que maistre Jacques Colin l'avoit court et trousse⁶. Par ce, il entendit bien que

---

¹ Façon de parler ridicule, employée peut-être ici pour se moquer de ceux qui en usoient. (L. M.)

² Il y a, dans les éditions suivantes, *rusterie* et *rustrie*. La Monnoye dit que *faire la rusterie*, c'est visiter les filles de joie. Nous croyons que *faire la rustrerie*, c'est vivre avec les paysans, les rustres.

³ L'auteur ayant écrit apparemment *reputation*, en abrégé, pour *représentation*, c'est-à-dire : air, mine ; on a lu *réputation*, qui ne fait ici nul bon sens. (L. M.)

⁴ C'est une allusion à *De façon suis royal*, anagramme de François de Valois, faite par Marot. (L. M.)

⁵ Le nez *beau et long* de François Iᵉʳ laissa de tels souvenirs dans le peuple, qu'on disait encore, au dix-septième siècle, le *roi François grand nez* ou le *roi grand nez*. Louis Alleaume, lieutenant général d'Orléans à la fin du seizième siècle, a célébré ce nez historique, dans ce beau vers de son poëme intitulé *Obscura claritas* :

Occupat immenso qui tota numismata naso.

⁶ Ce nez-là figure dans un joli dizain de Mellin de Saint-Gelais :

Pour faire veoir en un tableau
Cytherée à la blonde tresse,
Zeuxis print jadis le plus beau

ces lettres ne s-addressoyent point à autre que à luy-mesme. Et luy tarda qu'il ne fust hors de là, pour en aller faire le compte à ceux qu'il avoit laissez, ausquelz il dit : « Par le corbieu! mon homme m'ha payé tout comptant. Je luy ay demandé qu'il faisoit de bon icy ; il m'ha respondu qu'il regardoit qui avoit le plus beau nez. » On dit que le mesme personnage, que l'on dit avoir esté le receveur Eloin de Lyon, en donna d'une semblable à un cardinal qui luy demandoit : « Or çà, dit-il, que faites-vous maintenant de bon? Vous n'estes pas sans avoir quelque bonne entreprise? — Ma foy, monsieur, respondit-il, sauve vostre grace, je ne faiz rien, non plus qu'un prestre. »

NOUVELLE XLIX.

De Chichouan, tabourineur, qui fit adjourner son beau-pere pour se laisser mourir, et de la sentence qu'en donna le juge [1].

N'HA pas trop longtemps qu'en la ville d'Amboise y avoit un tabourineur qui s'appeloit Chichouan, homme recreatif et plein de bons motz, pour lesquelz il estoit aussi bien venu par toutes les maisons comme son tabourin. Il print en mariage la fille d'un homme vieulx, lequel estoit logé chez soy en la ville mesme d'Amboise : homme de bonne foy, sentant la preud'-

> Des plus belles filles de Grèce.
> Si tu veulx avoir de Lucresse
> Le visage un peu masculin,
> Prens le teint du banquier Melin,
> Et de Rohan la bouche humaine,
> Le beau nez de Jacques Colin
> Et l'œil de La Roche du Maine.

[1] Cette histoire étoit sans doute très-connue alors, car Noel du Fail la raconte aussi dans ses *Contes d'Eutrapel* (édit. de 1732, t. I, p. 258), sans citer Bonaventure Des Periers : « Chichouan, qui estoit tabourineur à Saumur, en fit ainsi, quand, le jour de ses noces, il alla baudement et gaillardement querir sa femme à-tout son tambourin et fluste, la conduisant en grand'joliveté jusques au monstier; puis retourna à sa maison se querir luy-mesme avec son bedondon, alleguant que sa femme, pour ce jour, n'auroit aucun avantage sur luy; que *non licet actori, quin licet et reo*; qu'il vouloit estre privilegié aussi bien que sa femme, mesme en ce commencement de maladie, *ubi sero medicina paratur*. »

hommie du vieulx temps, et se passoit aisément n'avoir autre enfant que ceste fille. Et pource que Chichouan n'avoit pas d'autre moyen que son tabourin, il demandoit à ce bonhomme quelque argent comptant, en mariage faisant, pour soustenir les frais du nouveau mesnage. Mais ce bonhomme n'en vouloit point bailler, disant pour ses deffences à Chichouan : « Mon amy, ne me demandez point d'argent, je ne vous en puis bailler pour ceste heure ; mais vous voyez bien que je suis sus le bord de ma fosse ; je n'ay autre heritier ni heritiere que ma fille : vous aurez ma maison et tous mes meubles ; je ne sçaurois plus vivre qu'un an ou deux au plus. » Le bonhomme luy dit tant de raisons, qu'il se contenta de prendre sa fille sans argent, mais il luy dit : « Escoutez, beau sire : je fais sus vostre parole ce que je ne voudrois pas faire pour un autre ; mais m'asseurez-vous bien de ce que vous me dites ? — Ehem ! dit le bonhomme, je ne trompay jamais personne ; jà Dieu ne plaise que vous soyez le premier. — Et bien doncq, dit Chichouan : je ne veux point d'autre contract que vostre promesse. » Le jour des espousailles vint ; Chichouan part de sa maison et va querir sa femme chez le pere, et luy-mesmes la meine à l'eglise avec son tabourin. Quand elle fut là : « Encores n'est-ce pas tout, dit-il ; Chichouan est allé querir sa femme, à ceste heure il se va querir. » Et s'en retourne à son logis. Et tout incontinent voi-le cy[1] qu'il se rameine luy-mesme à-tout[2] son tabourin à l'eglise, là où il espouse sa femme, et puis la rameine ; et estoit le marié et le menestrier, et gagnoit son argent luy-mesmes. Il fit bon mesnage avec elle, vivant tousjours joyeusement. Au bout de deux ans, voyant que son beau-pere ne mouroit point, il attend encores un mois, deux mois ; mais il vivoit tousjours. Il se advise, pour son plaisir, de faire adjourner son beau-pere, et, de faict, lui envoya un sergent. Ce bonhomme, qui n'avoit jamais eu affaire en jugement et qui ne sçavoit que c'estoit que d'ajournementz, fut le plus estonné du monde de se veoir adjourné, et encores à la requeste de son gendre, lequel il avoit veu le jour de devant, et ne luy en avoit rien dict. Il s'en va incontinent à Chichouan, et luy fait sa plaincte, luy remonstrant qu'il avoit grand tort de

[1] Pour : *le voici*.
[2] Avec. Cette expression était déjà vieille et presque inusitée du temps de Des Periers.

l'avoir faict adjourner, et qu'il ne sçavoit pourquoy c'estoit.
« Non ! non ! dit Chichouan ; je le vous diray en jugement. »
Et n'en eut autre chose, tellement qu'il fallut aller à la Court.
Quand ilz furent devant le juge, voicy Chichouan qui proposa
sa demande luy-mesme. « Monsieur, dit-il, j'ay espousé la fille
de cest homme icy, comme chascun sçait ; je n'en ay point eu
d'argent, il ne dira pas le contraire ; mais il me promit, en me
baillant sa fille, que j'aurois sa maison et tout son bien, et qu'il
ne vivroit qu'un an ou deux, pour le plus. J'ay attendu deux ans
et plus de trois mois davantage ; je n'ay eu ny maison, ni autre chose. Je requiers qu'il ayt à se mourir, ou qu'il me baille
sa maison, ainsi qu'il m'ha promis. » Le bonhomme se fit deffendre par son advocat, qui respondit en peu de plaid ce qu'il
debvoit respondre. Le juge ayant ouy les parties et les raisons d'une part et d'autre, congnoissant la gaudisserie[1] (in-
tentée par Chichouan) de sa demande, et pour le fol adjournement, le condamna ès despens, dommages et interestz du bonhomme, et outre cela en vingt livres tournois envers le roy.
Incontinent Chichouan va dire : « Ah ! monsieur, Chichouan en
appelle ! — Attendez ! attendez ! dit le juge en se tournant vers
Chichouan : je modere[2], dit-il, à un chapon et sa suite[3], que
le bon homme payera demain en sa maison ; et en irez tous
manger vostre part ensemble[4], comme bons amys ; et une au-
bade que vous luy donnerez tous les ans, le premier jour du
moys de may[5], tant qu'il vivra. Et puis après sa mort,
vous en aurez sa maison, s'elle n'est vendue ou aliénée, ou tombée en fortune de feu. » Ainsi l'appoinctement du juge fut
de mesmes[6] la demande de Chichouan[7], auquel il fit une peur

---

[1] Plaisanterie, comédie.
[2] C'est-à-dire : je réduis l'amende.
[3] La partie retranchée au chapon, les testicules. On dit encore, dans le même sens, les *suites* d'un sanglier ou d'un chevreuil.
[4] Il y a, dans les autres éditions : *ensemblement*.
[5] De temps immémorial, on célébrait en France la fête de mai ou le retour du printemps, par des aubades ou des sérénades en l'honneur des dames et de l'a-mour ; car le mois de mai était surnommé le mois amoureux. Il y a, dans les poésies de Clément Marot, une épigramme qui commence ainsi :

Moys amoureux, moys vestu de verdure,
Moys qui tant bien les cœurs fait esjouyr.

[6] C'est-à-dire que la sentence fut une *gaudisserie*, de même que la demande de Chichouan.
[7] « Je ferai remarquer, dit M. Lacour, que l'un des tifres du roi François Ier,

de commencement; mais il modera sa sentence, ainsi que peut faire un juge, pourveu que ce soit sus le champ, comme il estoit noté¹ *In l. nescio, ff. ubi et quando; per Bartholum, Baldum, Paulum, Salicetum, Jasonem, Felinum, et omnes tormentatores juris* ².

NOUVELLE L.

Du Gascon qui donna à son pere à choisir des œufz.

Un Gascon, après avoir esté à la guerre, s'estoit retiré chez son pere, qui estoit un homme des champs desjà vieulx et qui estoit assez paisible; mais son filz estoit escarabilhat³, et faisoit du soudart à la maison, comme s'il eust esté le maistre. Un vendredy, à disner, il disoit à son pere : « Pai, dit-il, nous avons assez de pinte pour vous et pour moy, encores que n'en beviez point. » Son pere et luy avoyent mis cuire trois œufs au feu, dont le Gascon en prend un pour l'entamer et tire l'autre à soy, et n'en laisse qu'un dedans le plat; puis, il dit à son père : « Choisissez, mon pere. » Auquel son pere dit : « Eh! que veux-tu que je choisisse? il n'y en ha qu'un. » Lors le Gascon lui dit : « Cap de bieu! encores avez-vous à choisir : à prendre ou à laisser. » C'estoit faict un bon party à son pere. Et, quand son pere esternuoit, il luy disoit : « Dieu vous ayde! mon pere; » et un peu après : « S'il le veut, car il ne fait rien par

---

pendant les années 1522 et suivantes, s'appelait Chichouan; serait-ce le nôtre? Un bon fifre cumulait généralement l'emploi de tambourineur. Voyez le montant de ses gages dans l'*Heptameron*, édité par la *Société des Bibliophiles*, 1854, t. III, p. 251, 288. »

¹ « Je crois qu'il faut lire : comme il est noté ff., *in L. nescio ubi et quando...*» (L. M.)

² Jeu de mots sur *commentatores juris*. Ce sont des noms de jurisconsultes anciens et modernes : il y a trois ou quatre Paulus et autant de Baldus; mais un seul Barthole, un seul Saliceto, un seul Felino Sandei.

³ En patois toulousain, terme populaire, par lequel on entend un homme non-seulement allègre et dispos, mais étourdi, trop vif, remuant, jusqu'à en être incommode; de l'espagnol, *escarapelar*, qui signifie : se remuer avec véhémence, s'agiter. (L. M.)

force. » Il estoit honteux comme une truye qui emporte un levain, car il n'osoit pas maudire son pere, mais il disoit : « Vienne le cancre ¹ à la moitié du monde! » Et quand il disoit à un sien compagnon : « Donne, dit-il, le cancre à l'autre moitié, afin que mon pere en ayt sa part. »

NOUVELLE LI.

Du clerc de finances qui laisse cheoir deux detz de son escriptoire devant le roy.

Le roy Louis onziesme estoit un prince de grande deliberation et d'une execution de mesme ; lequel, entre autres siennes complexions, aymoit ceux qui estoient accortz et qui respondoyent promptement ², et si ne faisoit, comme on dit, jamais plus grand present que de cent escuz à une fois. Un jour, entre autres, qu'il falloit signer quelques lettres et qu'il n'y avoit point de secretaire de commandemens present, le roy commanda à un jeune homme de finances qui estoit là (car il n'estoit point autrement difficille), lequel, en ouvrant son escriptoire pour signer, laissa tomber deux detz sur la table, qui estoyent dans le calemart ³. « Comment! dit le roy, quelle dragée est-ce là? A quoy est-elle bonne? — *Contra pestem*, Sire, dit le clerc. — *Contra pestem!* dit le roy. Tu es un de mes gens. » Et commanda qu'on luy donnast cent escus. Un jour, les Genevoys ⁴,

---

¹ Pour *chancre*; en latin, *cancer*. « C'est, dit M. Lacour, un gros juron que l'on retrouve plus loin (Nouvelle LXX), et qui étoit familier aux gens de la basse classe. » La terreur qu'inspirait alors le chancre vénérien l'avait introduit dans la grande famille des jurons et des imprécations; Rabelais n'a eu garde de l'oublier.

² « Le bon prince, dit Brantôme, aymoit fort les bons mots et les esprits subtils. » Voy. la vie de Louis XI, dans les *Grands Capitaines françois*.

³ Ecritoire, cornet à mettre de l'encre ; du latin, *calamus*. Ce mot s'est corrompu, et l'on dit, dans le peuple, *galimard*. « Gallemart, dit Brantôme, qui raconte aussi cette anecdote (dans la vie de Louis XI, *Grands Capitaines françois*), que l'on appeloit jadis ainsi, et encore aujourd'huy aucuns l'appellent tel à la vieille françoise. » Nous croyons que Brantôme a tiré son récit d'une autre source que les Contes de Bonaventure Des Periers.

⁴ Au lieu de *Génois*, on disoit anciennement *Generois* par une composition

desquelz il est escript : *l'ane ligur*[1], voyans que le Roy s'en alloit au dessus de ses affaires et qu'il rangeoit ses ennemis à la raison, pensans preoccuper[2] sa bonne grâce, luy envoyerent un ambassadeur, lequel, avec sa belle harangue, s'efforçoit de faire trouver bon au Roy que les ennemis estoyent si prestz et appareillez de luy obeyr, et que, de leur bon gré et franche volonté, ilz se donnoyent à luy plus tost qu'à autre prince de la terre, pour la grandeur de son nom et de ses prouesses. « Ouy! dit le Roy; les Genevoys se donnent-ilz à moy? — Ouy, Sire. — Ilz sont doncq à moy, sans repentir? — Ouy, Sire.— Et je les donne, dit le Roy, à tous les diables!» Il faisoit un aussi beau present comme il l'avoit receu, et si ne donnoit rien qui ne fust à luy : car on dit communement qu'il n'est point de plus bel acquest que de don.

NOUVELLE LII.

De deux poinctz pour faire taire une femme.

Un jeune homme, devisant avec une femme de Paris, laquelle se vantoit d'estre maistresse, luy disoit : « Si j'estois vostre mary, je vous garderois bien de faire à vostre teste. — Vous! disoit-elle; il vous faudroit passer par là aussi bien comme des autres. — Ouy! dit-il; asseurez-vous que je sçay deux poinctz pour avoir la raison d'une femme. — Dites-vous? fit-elle. Et qui sont ces deux poinctz-là[3]? » Le jeune homme, en fermant la main : « En voylà un! » dit-il; puis, tout soudain en fermant l'autre main : « Et voilà l'autre! » De quoy il fut bien ris, car la femme

---

bizarre du françois *Gênes* et de l'italien *Genovesi*. (L. M.) — On lit dans les premières éditions : *vane ligue*; ce qui est une faute évidente.

[1] Ces mots, que la reine des Volsques adresse au Ligurien Aunus dans l'*Enéide* (vers 715 du liv. XI), étaient appliqués proverbialement à tous les Liguriens ou Génois, en général.

[2] Accaparer.

[3] Tabourot, ch. vii de ses *Bigarrures du seigneur des Accords*, et Guill. Bouchet, dans la IIIᵉ de ses *Serées*, ont reproduit cette équivoque, qui est probablement plus ancienne que les Contes de Des Periers.

attendoit qu'il luy allast descouvrir deux raisons nouvelles pour mettre les femmes à la raison, prenant poinctz de poinct; mais l'autre entendo t poings de poing. Et, mon ame, je croy qu'il n'y ha ny poing ny poinct qui sceust assager la femme, quand elle l'ha mis en sa teste.

NOUVELLE LIII.

La maniere de devenir riche.

D'un petit commencement de marchandise, qui estoit de contre-porter [1] des eguillettes, ceintures et espingles, un homme estoit devenu fort riche, de sorte qu'il acheptoit les terres de ses voisins, et ne se parloit que de luy tout autour du pays; de quoy s'esbahissant un gentilhomme qui alloit avec luy de compagnie par chem n, luy va dire : « Mais, venez ça, tel! » le nommant par son nom. « Qu'avez-vous faict pour devenir ainsi riche comme vous estes? » — Monsieur, dit-il, je vous le diray en deux motz : c'est que j'ay faict grand'diligence et petite despence. » Voylà deux bons motz; mais il faudroit encores du pain et du vin, car il y en ha qui se pourroyent rompre le col qu'ilz n'en seroyent pas plus riches. Pour le moins si sont-ilz mieulx à propos, que de celuy qui disoit que, pour devenir riche, il ne fallo t que tourner le dos à Dieu cinq ou six bons ans [2].

[1] Colporter; c'étaient des merciers ambulants qui vendaient ces sortes de marchandises; on les nommait *bisouarts* ou *porte-balles*.
[2] Furetière a eu cet endroit en vue, lorsqu'au sujet des divers sens où l'on prend le mot *tourner*, il donne cet exemple : « Les avares tournent le dos à Dieu pour s'enrichir. » (L. D.)

NOUVELLE LIV.

D'une dame d'Orleans qui aymoit' un escolier qui faisoit le petit chien à sa porte, et comment le grand chien chassa le petit.

Une dame d'Orleans, gentile et honneste, encores qu'elle fust guespine [1], femme d'un marchand de draps, après avoir esté assez longuement poursuyvie d'un escolier, beau jeune homme et qui dansoit de bonne grâce, car il y avoit de ce temps-là Danseurs d'Orleans, Flusteurs de Poytiers, Braves d'Avignon, Estudians de Thoulouse [2]. Cest escolier estoit nommé Clairet, auquel la femme se laissa gaigner, comme pitoyable et humaine qu'elle estoit, et le mit en possession du bien amoureux, duquel il jouissoit assez paisiblement, au moyen des advertissemens, propos et messages qu'ilz s'entrefaisoyent. Ilz avoient de petites intelligences ensemble qui estoyent jolies, desquelles ilz usoyent par ordre, des unes et puis des autres; entre lesquelles l'une estoit que Clairet venoit sus les dix heures de nuict à la porte d'elle, et jappoit comme un petit chien; à quoy la chambriere estoit faicte, qui luy ouvroit incontinent la porte sans chandelle et sans lanterne, et se faisoit tout le mistere sans parler. Il y avoit un autre escolier, logé tout auprès de la jeune dame, qui en estoit fort amoureux, et eust bien voulu estre en part avec Clairet; mais il n'en pouvoit venir à bout, ou fust qu'il n'estoit pas au gré d'elle, ou qu'il ne sçavoit pas s'y gouverner, ou, qui est mieux à croire, que les dames, qui sont un peu fines,

---

[1] Médisante. *Guespin, guespine,* était le sobriquet générique des habitants d'Orléans, auxquels on attribuait ainsi le caractère des guêpes. Théodore de Bèze disait, dans une épigramme, du temps de Des Periers :

Aureliae vocare muscas suevimus.

[2] Chasseneuz, part. X de son *Catalogue de la gloire du monde,* dit que, de son temps (c'est-à-dire au commencement du seizième siècle), on donnoit aux Universités de droit les épithetes suivantes : les *Flâteux et Joueux de paume de Poitiers,* les *Danseurs d'Orleans,* les *Brayars d'Angiers,* les *Crottés de Paris,* les *Brigueurs* (c'est-à-dire querelleurs) *de Parie,* les *Amoureux de Turin.* A quoi il ajoute : « *De Tholosanis tamen dicitur :* les bons estudians de Tholose. » (L. M.)

ne se donnent pas voulentiers à leurs voisins, de peur d'estre trop tost descouvertes. Toutesfois, estant bien adverty que Clairet avoit entrée, et l'ayant veu aller et venir ses tours, et entre autres l'ayant ouy japper et veu comme on luy ouvroit la porte, que fit-il? L'une des fois que le mary estoit dehors, après s'estre bien accertené [1] de l'heure que Clairet y entroit, il se pensa qu'il avoit bonne voix pour faire le petit chien comme Clairet, et qu'il ne tiendroit à abbayer [2], que la proye ne se print. Adonc il s'en vint un peu avant les dix heures, et fit le petit chien à la porte de la dame : *Hap! hap!* La portiere, qui l'entendit, luy vint incontinent ouvrir: dont il fut fort joyeux, et, sachant bien les addresses [3] de la maison, ne faillit point à s'aller mettre tout droict au lict, auprès de la jeune dame, qui cuidoit que ce fust Clairet; et pensez qu'il ne perdit pas temps auprès d'elle. Tandis qu'il jouoit ses jeux, voicy Clairet venir selon sa coustume, et se mit à faire à la porte : *Hap! hap!* Mais on ne lui ouvrit pas, combien que la dame en eust bien entendu quelque chose; mais elle ne pensoit jamais que ce fust luy. Il jappe encores une fois : dont la dame commença à soupçonner je ne sçay'quoy, et mesmement parce que celuy qui estoit avec elle luy sembloit avoir une autre guise et un autre maniment que non pas Clairet. Et pour ce, elle se voulut lever pour appeler sa chambriere et sçavoir que c'estoit. Quoy voyant l'escolier, et voulant avoir ceste nuit franche où il se trouvoit si bien, se leve incontinent du lict, et, se mettant à la fenestre, ainsi que Clairet faisoit encores : *Hap! hap!* luy va respondre en un abbay de ces clabaux [4] de village : *Hop! hop! hop!* Quand Clairet entendit ceste voix : « Ah! ah! dit-il, par le corps bieu! c'est la raison que le grand chien chasse le petit. Adieu, adieu, bonsoir et bonne nuict! » Et s'en va. L'autre escolier se retourne coucher, et appaisa la dame le mieux qu'il peut, à laquelle il fut force de prendre patience; et depuis il trouva façon de s'accorder avec le petit chien, qu'ilz iroyent chasser aux connilz [5] chacun en leur tour comme bons amys et compagnons.

[1] Assuré, rendu certain.
[2] Pour : *aboyer*.
[3] Les êtres, la distribution intérieure de la maison.
[4] Chiens de chasse criards, qui nous ont donné le verbe *clabauder*.
[5] Lapins. Il y a là une équivoque licencieuse.

NOUVELLE LV.

De Vaudrey et des tours qu'il faisoit.

Il n'y ha pas longtemps qu'estoit vivant le seigneur de Vaudrey[1], lequel s'est bien faict cognoistre aux princes, et quasi à tout le monde, par les actes qu'il ha faictz, en son vivant, d'une terrible bigearre[2], accompaignez d'une telle fortune, que nul, fors luy, ne les eust osé entreprendre, et, comme l'on dit en commun langage, un sage homme en fust mort plus de cent fois. Comme quant il print une pie en la Beausse à course de cheval, laquelle il lassa tant, qu'enfin elle se rendit. Et quand il estrangla un chat à belles dentz, ayant les deux mains liées derriere. Et quand une fois, voulant esprouver un collet[3] de buffle qu'il avoit vestu, ou un jacques de maille[4], ne scay lequel, fit planter une espée toute nue contre une muraille, la poincte devers luy, et se print à courir contre l'espée de telle roydeur, qu'il se persa d'oultre en oultre, et toutesfois il n'en mourut point. Il fault dire qu'il avoit bien l'ame de travers. Entre toutes ses folies, il y en eut encores une qui merite bien d'estre racomptée. Il passoit à cheval sus les ponts de Sey près d'Angiers[5], lesquelz sont bien haultz de l'eau pour ponts de boys[6], et portoit en croupe un

---

[1] Les Vaudrey, ancienne et illustre famille de la Franche-Comté, ont passé la plupart pour intrépides. Gilbert Cousin (Gilbertus Cognatus) les traite de héros, et leur histoire, effectivement, de même que celle des héros, a été mêlée de beaucoup de fables, témoin le Vaudrey, quel qu'il soit, dont il est ici parlé; témoin encore les amours romanesques de Charles de Vaudrey et de la dame de Vergy, dans le quatrième volume des Nouvelles du Bandel. (L. M.)

[2] Bizarrerie.

[3] Il faut lire sans doute *corset* ou *corselet*, pourpoint en peau de buffle à l'épreuve de la balle.

[4] Cotte de mailles, haubergeon. Dès le quatorzième siècle, les soldats étaient armés de *jaques* en mailles de fer.

[5] On ne dit plus que *le pont de Cé*, au singulier. Ce qui a fait dire *les ponts*, est qu'il se rencontre quelques îles entre deux, qui interrompent le pont. Il tire son nom du bourg voisin, nommé dans les vieux titres Saium, Seium, Saeium, Sageum. (L. M.)

[6] Ce pont gigantesque a été reconstruit en pierre au dix-septième siècle.

jeune gentilhomme, qui luy dit en riant : « Vien ça, Vaudrey ! toy qui as tant de belles inventions et qui sçais faire de si bons tours, si tu voyois maintenant les ennemys aux deux boutz de ce pont qui t'attendissent à passer, que ferois-tu? » Lors dit Vaudrey : « Que je ferois? Mort bieu! voilà, dit-il, que je ferois! » Et, ce disant, il donne de l'esperon à son cheval et le fait saulter par dessus les accoudieres[1] dedans Loyre, et se tint si bien, qu'il eschappa avec le cheval. Si son compagnon eschappa comme luy, il fut aussi heureux que sage pour le moins; car c'estoit grand'folie à luy de se mettre en crouppe derrière un fol, veu que, quand on en est à une lieue, encores n'en est-on pas trop loin.

NOUVELLE LVI.

Du gentilhomme qui couppa l'oreille à un coupeur de bourses[2].

En l'eglise de Nostre-Dame de Paris, un gentilhomme, estant en la presse[2], sentit un larron qui luy couppoit des boutons d'or qu'il avoit aux manches de sa robbe, et, sans faire semblant de rien, tira sa dague et print l'oreille de ce larron, et la luy couppa toute necte; et en la luy monstrant : « Aga[3], dit-il, ton oreille n'est pas perdue, la vois-tu là? Rendz-moi mes boutons, et je la te rendray. » Il ne luy faisoit pas mauvais party, s'il eust pu recoudre son oreille, comme le gentilhomme ses boutons[4].

---

[1] Pour : *accoudoirs*, parapets.

[2] Henri Estienne, dans son *Apologie pour Hérodote* publiée sept ou huit ans après la première édition des *Nouvelles Récréations et joyeux Devis*, a raconté la même anecdote (ch. xvi); il dit que ce fut Jean du Bellay qui coupa l'oreille au larron.

[3] Interjection populaire, signifiant : regarde, tiens. Théod. de Bèze, dans son traité *de francicæ linguæ recta Pronunciatione*, a dit : « Il est d'usage d'employer l'apocope dans certaines locutions : *A' vous* pour *aves-vous*; *sa' vous*, pour *savez-vous*; mais *aga* pour *regarde*, *agardez* pour *regardez*, sont des formes abandonnées à la populace de Paris. »

[4] Henri Estienne (*Apologie pour Hérodote*, ch. xvi) complète l'anecdote en ces termes : « Mais ce gentilhomme ne fut pas longtemps sans s'en repentir, non pas

NOUVELLE LVII.

De la damoiselle de Thoulouse qui ne souppoit plus, et de celuy qui faisoit la diette.

Une damoiselle de Thoulouse, au temps de vendanges, estoit à une borde[1] sienne, et avoit pour voisine une autre damoiselle de la ville mesme; lesquelles entendoyent à faire leur vin, et s'entrevoyoient souvent, et quelques fois mangeoyent ensemble. Mais y en avoit une qui avoit prins coustume de ne soupper point, et disoit à sa voisine : « Ma damoiselle, j'ay veu le temps que je me trouvois quasi tousjours malade, jusques à tant que j'ay prins coustume de ne soupper plus, et de faire seullement un petit[2] de collation au soir. — Et de quoy collationnez-vous, ma damoiselle? disoit l'autre. — Sçavez-vous, dist-elle, comment j'en use ? Je fais rostir deux cailles entre belles feuilles de vigne (comme ilz les accoustrent en ce pays-là pour les faire cuyre avec leur graisse, car elles sont fort grasses), et fais mettre une poire de rateau entre deux braises. (Ces poires sont grosses comme le poing, et, mieux.) Je fais collation de cela, dit-elle, et quand j'ay mangé cela et beu une jaste de vin (qui vault loyaument la pinte de Paris) avec un pain d'un hardy[3], je me trouve aussi bien de cela comme si j'avois mangé toutes les viandes du monde. — Sec[4]! ce dit

de l'avoir puny, mais de l'avoir puny de telle sorte : car, au lieu que s'il luy eust donné un coup de dague, il n'en eust point esté molesté, pour ce qu'il luy avoit coupé l'oreille, le bourreau de Paris forma complainte contre luy, comme estant troublé en sa possession. »

[1] Métairie; du bas latin *borda*.
[2] Un peu.
[3] Ou *ardit*, liard, en patois toulousain. « Les liards, dit La Monnoye, fabriqués sous Louis XI, en 1467, portoient, comme le remarque Du Cange, une croix entre deux fleurs de lys, et de ces deux lys ils prirent vraisemblablement le nom de *liards*; d'où les Toulousains, qui prononçaient *liardi*, ont ensuite, par le retranchement de la première syllabe, fait *ardi*. »
[4] Ancienne exclamation, qui peut venir du latin *sic*. Rabelais dit : *Sec, au nom des diables!* Depuis, par corruption, de *sec*, on a fait *pec! peste!* qui se dit encore.

l'autre, le diable vous en feroit bien mal trouver. » Et quand le temps des cailles estoit passé, à belles peringues¹, à belles palombes², à belles pellixes³ : pensez que la povre damoiselle estoit bien à plaindre. J'aimerois autant celuy qui disoit à son valet : « Recommande-moy bien à monsieur le maistre⁴, et luy dy que je le prie qu'il m'envoye seulement un potage, un morceau de veau, une aisle de chapon et de perdris, et de quelque autre petite chose, car je ne veux gueres manger, à cause de ma diette. » Et l'autre, cuidant estre estimé sobre en demandant à boire, après qu'il eust esté interrogé duquel il vouloit : « Donnez-moy, dit-il, du blanc cinq ou six coups, et puis du clairet tant qu'il vous plaira. » Mais il ne sembloit pas à celle qui plaignoit l'estomac : « J'ay, dit-elle, mangé la cuisse d'une allouette, qui m'ha tant chargé l'estomac, que je ne puis durer. » Il n'y eust pas entré le pointe d'un jonc.

NOUVELLE LVIII.

Du moyne qui respondoit tout par monossyllabes rymez⁵.

Quelque moyne, passant pays, arriva en une hostellerie sus l'heure du soupper. L'hoste le fit asseoir avec les autres qui avoyent desjà bien commencé, et mon moine, pour les attaindre, se met à bauffrer d'un tel appetit comme s'il n'eust veu de trois jours pain. Le galant s'estoit mis en pourpoint⁶, pour mieux

---

¹ Pigeons sauvages, bizets.
² Ramiers ; du latin *palumba* ou *palumbes*.
³ La Monnoye dit que ce sont peut-être des perdrix ; mais nous croyons plutôt que ces *pellixes*, du latin *pellices*, sont des coucous.
⁴ Pour : *maitre d'hôtel*, majordome.
⁵ La Monnoye recherche curieusement si le moine dont il est question dans cette Nouvelle doit être considéré comme l'original ou la copie du frère Fredon, qui parle de même par monosyllabes dans le cinquième livre du *Pantagruel*. Ce cinquième livre, composé certainement par Rabelais, ne fut publié qu'en 1562, dix ans après la mort de son auteur ; mais Bonaventure Des Periers n'existait plus depuis l'année 1544, et son recueil de Nouvelles, qui ne parut qu'en 1558, se trouvait manuscrit entre les mains de ses amis, au nombre desquels on peut compter Rabelais.
⁶ C'est-à-dire : avait mis bas son froc.

s'en acquiter; ce que voyant l'un de ceux qui estoyent à table, luy demandoit force choses : qui ne luy faisoit pas plaisir, car il estoit empesché à remplir sa poche[1]. Mais, affin de ne perdre gueres de temps, il respondoit tout par monossyllabes rymez; et croy bien qu'il avoit apprins ce langage de plus longue main, car il estoit fort habile. Les demandes et les responses, c'estoyent. L'autre luy demande : « Quel habit portez vous? — Fort[2]. — Combien estes-vous de moines? — Trop. — Quel pain mangez-vous? — Bis. — Quel vin bevez-vous? — Gris. — Quelle chair mangez-vous? — Beuf. — Combien avez-vous de novices? — Neuf. — Que vous semble de ce vin? — Bon. — Vous n'en bevez pas de tel? — Non. — Et que mangez-vous les vendredy? — OEufs. — Combien en avez-vous chascun? — Deux. » Ainsi, ce pendant, il ne perdoit pas un coup de dent; et si satisfaisoit aux demandes laconicquement. S'il disoit ses matines aussi courtes, c'estoit un bon pillier d'eglise.

NOUVELLE LIX.

De l'escolier legiste et de l'apothicaire qui luy apprint la medecine[3].

Un escolier, après avoir demeuré à Thoulouse quelque temps, passa par une petite ville près de Cahors en Quercy nommée Sainct-Anthonin, pour là repasser ses textes de loix : non pas qu'il y eust grandement prouffité, car il s'estoit tousjours tenu aux lettres humaines, esquelles il estoit bien entendu; mais il se songea[4], puis qu'il s'estoit mis en la profession de droit, de ne s'en debvoir point retourner esgarant[5], et qu'il n'en sceust respondre comme les autres. Soudain qu'il fut à Sainct-Antho-

[1] C'est-à-dire : son estomac, par allusion à la poche énorme où un moine mendiant faisait disparaitre tout ce qu'on lui donnait.
[2] Les autres éditions portent *froc*. Cette leçon est préférable.
[3] Voyez le chap. xx de la *Légende de maistre Pierre Faifeu*, par Charles Bourdigné.
[4] Il s'imagina.
[5] La Monnoye croit qu'il faut lire *égarément*, c'est-à-dire : à la volée, inconsidérément.

nin, comme en ces petites villes on est incontinent veu et remarqué, un apothicaire le vint aborder, en lui disant : « Monsieur, vous soyez le bien venu ! » Et se met à deviser avec luy, auquel, en suivant propos, il eschappa quelques motz qui appartenoyent à la medecine, ainsi qu'un homme d'estude et de jugement ha tousjours quelque chose à dire en toutes professions. Quand l'apothicaire l'eut ouy parler, il luy dit : « Monsieur, vous estes doncq medecin, à ce que je puis congnoistre? — Non suis point autrement, dit-il ; mais j'en ay bien veu quelque chose. — Je pense bien, dit l'apothicaire, que vous ne le voulez pas dire, parce que vous n'avez pas proposé de vous arrester en ceste ville ; mais je vous asseure bien que vous n'y feriez pas mal vostre proufit. Nous n'avons point de medecin pour le present ; celuy que nous avions n'ha gueres est mort riche de quarante mille francs. Si vous y voulez demeurer, il y fait bon vivre; je vous logeray, et vivrons bien, vous et moy, mais que [1] nous nous entendions bien. Venez-vous en disner avec moy » L'escolier, oyant parler cet apothicaire, qui n'estoit pas beste, car il avoit esté par les bonnes villes de France pour apprendre son estat, se laisse emmener à disner et se pensa en soy-mesme : « Il fault essayer a fortune, et si cest homme icy fera ce qu'il dit; aussi bien ay-e bon mestier : voicy un pays esgaré [2], il ny ha homme qui me congnoisse. Voyons que ce pourra estre. » L'apothicaire le meine disner en son logis. Après disner, ayant tousjours continué ses premiers propos, ilz furent incontinent cousins. Pour abreger, l'apothicaire luy fit accroire qu'il estoit medecin, et lors l'escolier luy va dire premierement : « Sçavez-vous qu'il y ha? Je praticquay encores jamais en nostre art, comme vous pouvez penser; mais mon intention estoit de me retirer à Paris, pour y estudier encores quelque année, et pour me jetter à la praticque en la ville d'où je suis ; mais, puisque je vous ay trouvé et que je congnois que vous estes homme pour me faire plaisir, et moy à vous, regardons à faire nos besongnes; je suis content de demourer. — Monsieur, dit l'apothicaire, ne vous souciez, je vous apprendray toute la praticque de medecine en moins de quinze jours. Il y ha longtemps que j'ay esté soubz

---

[1] Pourvu que.
[2] Dans les autres éditions : escarté.

les medecins, et en France, et ailleurs; je sçay leurs façons et leurs receptes toutes par cueur. Davantage, en ce pays-cy, il ne fault que faire bonne mine et sçavoir deviner : vous voylà le plus grand medecin du monde. » Et deslors l'apothicaire commence à luy monstrer comment s escripvoit une once, une drachme, un scrupule, une pongnée¹, un manipule²: et un autre demain³, il luy apprint le nom des drogues les plus vulgaires, et puis à dozer, à mixtionner, à brouiller, et toutes telles besongnes. Cela dura bien dix ou douze jours, pendant lesquelz il gardoit la chambre, faisant dire par ledit apothicaire, qu'il estoit un peu mal disposé. Lequel apothicaire n'oublia pas à dire par toute la ville, que cest homme estoit le meilleur medecin et le plus sçavant que jamais fust entré en Sainct-Anthonin. Dequoy ceulx de la ville estoyent fort aises, et commencerent à le caresser incontinent qu'il fut sorty de la maison, et se battoyent à qui le convieroit : et eussiez dict qu'ilz avoyent desjà envie d'estre malades pour le mettre en besongne, à fin qu'il eust courage de demeurer. Mais l'escolier (que dis-je, escolier! docteur passé par les mains d'un apothicaire) se faisoit prier, ne frequentoit que peu gens, tenoit bonne mine, et sur toutes choses ne partoit gueres d'auprès de l'apothicaire, qui luy rendoit ses oracles en moins de rien. Voicy venir urines de tous costez. Or, en ce pays-là, il falloit deviner par les urines si le patient estoit homme ou femme, et en quelle part il sentoit mal et quel age il avoit. Mais ce medecin faisoit bien plus, car il devinoit qui estoit son pere et sa mere, s'il estoit marié ou non, et depuis quel temps, et combien il avoit d'enfans. Somme, il disoit tout ce que en estoit, depuis les vieulx jusques aux nouveaux, et tout par l'ayde de son maistre l'apothicaire : car, quand il voyoit quelqu'un qui apportoit une urine, l'apothicaire alloit le questionner, ce pendant que le medecin estoit en hault, et luy demandoit de bout en bout toutes les choses susdites, et puis le faisoit un peu attendre, tandis qu'il alloit advertir secrettement son medecin de tout ce qu'il avoit appris de ce porteur d'urines. Le medecin, en les prenant, les regardoit incontinent hault et bas, mettoit la main entre l'urinal et le jour, et le baissoit et le

¹ Pour : *poignée*.
² Pincée.
³ Le surlendemain.

viroit avec les mines en tel cas requises; puis il disoit : « C'est une femme. — *O par ma fé! segni! bien disez vertat*[1] ! — Elle ha une grand douleur au costé gauche au dessoubz de la mamelle, ou de teste, ou de ventre, selon que luy avoit dict l'apothicaire. Il n'y ha que trois mois qu'elle ha faict une fille. » Ce porteur devenoit le plus esbahy du monde, et s'en alloit incontinent compter par tout ce qu'il avoit ouy de ce medecin; tant que de bouche en bouche le bruit court, qu'il estoit venu le premier homme du monde. Et si d'adventure quelquefois son apothicaire n'y estoit pas, il tiroit le ver du nez[2] à ces Rouerguoys, en disant par une admiration : « Bien malade! » A quoy le porteur respondoit incontinent : *il* ou *elle*. Au moyen de quoy il disoit, après avoir un petit consideré ceste urine : « N'est-ce pas un homme ? — *O certes! be es un homme*[3], disoit le Rouerguoys. — Ha! Je l'ay bien veu incontinent, » disoit le medecin. Mais, quand ce venoit à ordonner devant les gens, il se tenoit tousjours près de son magister, lequel lui parloit le latin medicinal, qui estoit en ce temps-là fin comme bureau teint[4]. Et soubz cette couleur-là l'apothicaire luy nommoit le recipé[5] tout entier, faisant semblant de parler d'autre chose; en quoy je vous laisse à penser s'il ne faisoit pas bon veoir un medecin escripre soubz un apothicaire. En effet, ou fust pour l'opinion qu'il fit concevoir de soy, ou par quelque autre adventure, les malades se trouvoyent bien de ses ordonnances, et n'estoit pas filz de bonne mere qui ne venoit à ce medecin, et se faisoyent à croyre qu'il faisoit bon estre malade, ce pendant qu'il estoit là, et que, s'il s'en alloit, ilz n'en recouvreroyent jamais un tel. Ilz luy envoyoient mille presens, comme gibiers ou flascons de vin, et ces femmes luy faisoyent des *moucadous*

---

[1] C'est-à-dire, en gascon : O par ma foi, seigneur, vous dites bien la vérité.
[2] On dit aujourd'hui : *tirer les vers du nez*; mais il serait régulier de dire comme autrefois : *t rer le ver du nez*, parce que le proverbe vient des charlatans qui faisoient accroire, quand ils voyoient quelqu'un atteint de folie, que cela lui venoit d'un ver qu'il avoit dans la tête, lequel ils s'offroient à lui tirer. C'est ce qu'anciennement on appeloit le *ver coquin*. (L. M.)
[3] C'est-à-dire : Oui, certes, c'est bien un homme.
[4] C'est-à-dire : tres-grossier, car le bureau était une grosse étoffe de laine que la teinture rendait encore plus épaisse.
[5] Toutes les ordonnances des médecins commençaient alors par ce mot : *Recipe* (prenez), dont on avait fait le nom générique des prescriptions médicales.

et des *camises*[1]. Il estoit traicté comme un petit cocq au panier[2], tellement qu'en moins de six ou sept mois il gaigna force escuz, et son apothiaire aussi, par le moyen l'un de l'autre ; dequoy il se mit en equipage pour s'en aller de Saint-Anthonin, faisant semblant d'avoir receu lettres de son pays, par lesquelles on luy mandoit nouvelles qu'il falloit qu'il s'en alast, mais qu'il ne failliroit à retourner bien tost. Ce fut à Paris qu'il s'en vint, là où depuis estudia en la medecine, et peut-estre que oncques puis il ne fut si bon medecin comme il avoit esté en son apprentissage ; j'entendz qu'il ne fit point si bien ses besongnes : car quelquefois la fortune ayde plus aux advantureux que non pas aux trop discretz, car l'homme sçavant est de trop grand discours : il pense aux circonstances, il s'engendre une crainte et une doubte, par laquelle l'on donne aux hommes une deffiance de soy, qui les descourage de s'adresser à vous ; et, de faict, on dit qu'il vault mieulx tomber ès mains d'un medecin heureux que d'un medecin sçavant. Le medecin italien entendoit bien cela, lequel, quand il n'avoit que faire, escripvoit deux ou trois centz receptes pour diverses maladies, desquelles il prenoit un nombre qu'il mettoit en la facque[3] de son saye ; puis, quand quelqu'un venoit à luy pour urines, il tiroit l'une de ces receptes à l'advanture, comme on fait à la blanque[4], et la bailloit au porteur, en luy disant seulement : *Dio te la daga buona*[5]! Et, s'il s'en trouvoit bien : *In buôna hôra*. S'il s'en trouvoit mal : *Suo dannô*. Ainsi va le monde.

---

[1] C'est-à-dire : des mouchoirs et des chemises.

[2] On dit maintenant : *coq en pâte*. Cette expression vient de ce qu'on met sous un panier la volaille qu'on veut engraisser ou empâter avec de la mie de pain et du son.

[3] C'est-à-dire : en la poche de son justaucorps. On écrivait plutôt *fasque*, qui vient du bas latin *fascia*.

[4] A la loterie. C'est ainsi que, dans le *Pantagruel*, le juge Bridoye rendait ses arrêts en consultant le sort des dés.

[5] *Daga* pour *dia* sent le village de Lombardie. Le médecin de qui Pogge fait ce conte disoit au premier qui se présentoit pour avoir ses drogues : *Prega Dio te la mandi buona*. Voy. aussi la *Carabinerie et Matoiserie soldatesque*, ch. vi, et Garasse, p. 352 de sa *Doctrine curieuse*. (L. M.)

NOUVELLE LX.

De messire Jehan, qui monta sus le mareschal, pensant monter sus sa femme [1].

Un mareschal, demeurant en un village qui estoit un lieu de passage, avoit une femme passablement belle, au moins au gré d'un prestre qui demeuroit tout auprès de luy, appelé messire Jehan, lequel fit tant, qu'il accorda ses fleustes [2] avec ceste jeune femme, et s'entendoit tellement avec elle, que, quand le mareschal s'estoit levé pour forger ses fers (ce que le prestre congnoissoit bien, quand il entendoit battre à deux, car c'estoit signe que le mareschal y estoit avec le valet), messire Jehan ne failloit point à entrer par un huys derriere, dont elle luy avoit baillé la clef, et se venoit mettre au lict en la place du mareschal, qu'il trouvoit toute chaude, là où il forgeoit de son costé sus une enclume, mais on ne l'oyoit pas de si loing faire sa besongne, et, quand il avoit faict, il se retiroit gentiment par l'huys où il estoit entré. Mais ilz ne sceurent pas faire leur cas si secrettement, que le mareschal ne s'en apperceust, au moins qu'il n'en eust une vehemente presumption, ayant ouy ouvrir et fermer cest huys; tant qu'il s'en print un jour à sa femme, et la menassa, et la pressa tant et avec une cholere telle qu'ont volontiers ces gens de feu, qu'elle luy demanda pardon et luy confessa le cas, et luy dit comme messire Jehan se venoit coucher auprès d'elle, quand il oyoit battre à deux. Le mareschal ayant ouy ces nouvelles, après que sa femme luy eust bien crié mercy, ce luy fut force de demeurer là; mais pensez que ce ne fust pas sans luy donner dronos et chaperon de mesme [3]. De là

---

[1] Le sujet de cette Nouvelle, tiré d'un vieux fabliau, le *Forgeron de Creil* (voy. le Recueil de Legrand d'Aussy, t. IV, p. 160), avait déjà été mis en œuvre par Sacchetti dans ses *Novelle*, et par Ant. de La Sale dans les *Cent Nouvelles nouvelles*; voy. la LXXXV°, le *Curé cloué*. Il a été imité depuis par Malespini. *Ducento Novelle*, nov. XCIII, et par Ludov. Domenichi, dans ses *Facetie e Motti arguti*; voy. p. 57 de l'édit. de 1564.

[2] Expression proverbiale, signifiant qu'il se mit d'accord avec elle.

[3] Expression proverbiale qui veut dire : sans l'avoir battue de la bonne ma-

à quelques jours, le mareschal trouva le prestre, auquel il dit :
« Messire Jehan, vous venez veoir ma femme, quand vous avez
le loisir? » Le prestre le nia fort et ferme, luy disant qu'il ne
luy voudroit pas faire ce tour-là et qu'il aymeroit mieux estre
mort. « Vous estes mon compere, disoit le prestre. — Et bien,
bien ! dit le mareschal, je m'en rapporte à vous ; chevauchez-la à
vostre aise, quand vous y serez ; mais gardez-vous bien de me
chevaucher : car, s'il vous advient, le diable vous aura bien
chanté matines¹. » Le prestre, congnoissant que ce mareschal
estoit un mauvais fol, se tint deslors sus ses gardes et ne voulut
plus venir à la forge ; mais le mareschal dit à sa femme : « Sçavez-vous qu'il fault que vous faciez? Mais gardez-vous bien de
faire la borgne ny la boiteuse, car vous sçavez bien que vostre
marché n'en seroit pas meilleur. Refaites congnoissance à messire Jehan et l'entretenez de parolles, et, puis, un matin, je vous
diray ce que vous aurez à faire. » Elle fut fort contente de luy
promettre tout ce qu'il voulut, de peur de la malle adventure.
Et fault entendre qu'elle sçavoit bien battre et de bonne mesure, car elle avoit appris à battre avec le valet, pour faire la
besongne quand le mareschal n'y estoit pas. Adonc elle se mit
à faire bon semblant à messire Jehan, ainsi que son mary
l'avoit instruicte, luy donnant entendre que le mareschal n'y
pensoit point et que ce n'estoit qu'une opinion qui luy avoit
passé par l'entendement ; et le vous asseura par de belles parolles, luy disant : « Venez, venez demain au matin à l'heure
accoustumée, quand vous orrez qu'ilz batteront à deux. » Messire Jehan la creut, le povre home ! Quand le matin fut venu,
le mareschal dit à sa femme, en la presence du valet : « Levez-
vous, et allez battre en ma place, car je me trouve un peu mal. »
Ce qu'elle fit, et se mist à la forge avec ce valet. Incontinent
que messire Jehan entendit battre à deux, il ne fut pas endormy ;
il se leva avec sa grosse robbe de nuict, et entre par l'huys ac-

---

tiere. *Donner dronos et le chaperon de même*, signifiait, selon La Monnoye : fouetter
et mitrer un coupable. Suivant un commentateur de Rabelais, *dronos* est une
expression particulière à l'Anjou et au Languedoc, pour dire des coups, des ho-
rions. Cette expression doit prendre place parmi les onomatopées. On veut qu'elle
soit celtique ; mieux vaudrait la dériver du latin *pronus*.

Cette phrase proverbiale s'employait, selon M. Lacour, pour exprimer le
manque de chance. Ainsi, dans la bouche d'un marchand : « Le diable m'a chanté
matines. » c'est : « Je n'ai rien vendu. »

coustumé et se vient coucher auprès de ce mareschal, pensant estre auprès de sa femme; et parcequ'il y avoit longtemps qu'il n'avoit donné ès gauffriers¹, il estoit lors tout prest à bien faire, et ne fust pas si-tost au lict, que de plain sault il ne se ruast dessus ce mareschal, lequel le vous commença à serrer à deux belles mains, en luy disant : « Eh! vertu bieu! (pensez que c'estoit par un D²) messire Jehan, qui vous ha icy faict venir? Je vous avois tant dict que vous ne me chevauchissiez point, et que j'estois mauvaise beste, et vous n'en avez rien voulu croire! » Le prestre se vouloit deffaire³; mais le mareschal le vous tenoit à deux bons bras, et se print à crier à son valet, qui estoit en bas : lequel monta incontinent et apporta du feu ; et Dieu sçait comment monsieur le prestre fut estrillé à beaux nerfs de bœuf, que le mareschal tenoit tous prestz et expressement pour battre à deux sur le dos de messire Jehan, à la recreue⁴ du maistre et du valet. Et, ce pendant, il n'osoit pas crier au secours, car le mareschal le menassoit de le mettre en la fournaise, pour ce qu'il aymoit mieux endurer les coups que le feu. Encores en eut-il bon marché au pris de celuy qui eut les deux tesmoings⁵ enfermez au coffre et le feu allumé au derriere, tellement qu'il fut contrainct de se les coupper luy-mesmes avec le rasoir qui luy avoit esté baillé en la main.

NOUVELLE LXI.

De la sentence que donna le prevost de Bretaigne, lequel fit pendre Jehan Trubert et son fils⁶.

Au pays de Bretaigne y eut un homme, entre autres, qui ne valloit gueres, nommé Jehan Trubert, lequel avoit faict plu-

¹ C'est-à-dire, en termes couverts : faire le petit métier, prendre le déduit, par allusion à la pâte liquide que l'on jette dans le gaufrier ou moule à gaufres.
² C'est-à-dire : qu'il jurait le nom de Dieu.
³ Débarrasser, délivrer.
⁴ Fatigue.
⁵ Testicules ; en latin *testes*.
⁶ Le sujet de cette Nouvelle est rapporté dans le chap. xvii de l'*Apologie pour Hérodote*, de Henri Estienne.

sieurs larrecins, pour lesquelz il avoit esté reprins assez de fois, et en avoit esté à l'une fois frotté, et l'autre estrillé, qui estoit assez pour s'en souvenir. Toutefois, il y estoit si affriandé, qu'il ne s'en pouvoit chastier; et mesmes il commençoit à apprendre le train à un filz qu'il avoit, de l'aage de quinze à seize ans, et le menoit avecques luy en ses factions[1]. Advint un jour que luy et son fils desroberent une jument à un riche païsant, lequel se doubta incontinent que ce avoit esté Jehan Trubert; dont il ne faillit à faire telle poursuite, qu'il se trouva, par bons tesmoings, que Jehan Trubert avoit mené vendre ceste jument à un marché qui avoit esté le mercredy de devant à cinq ou à six lieues de là. Jehan Trubert et son filz furent mis entre les mains du prevost des mareschaux[2] : lequel Jehan Trubert ne tarda gueres que son procès ne luy fust faict et son dicton[3] signifié, qui portoit entre autres ces motz : *Jehan Trubert, pour avoir prins, robé*[4] *un grand jument, seroit pendu et estranglé, le petit ovecques luy.* Et là dessus fit livrer Jehan Trubert et son filz à l'executeur de haulte justice, auquel il bailla son greffier, qui n'estoit pas des plus scientifiques du monde. Quant ce fut à faire l'execution, le bourreau pendit le pere hault et court, et puis il demanda au greffier que c'est qu'il falloit faire de ce jeune gars. Le greffier va lire la sentence, et, après avoir bien examiné ces mots : « *le petit ovecques,* » il dict au bourreau qu'il fist son office : ce qu'il fit, et pendit ce povre petit tout pendu, et l'estrangla, qui estoit bien pis. L'execution ainsi faicte, le greffier s'en retourna au prevost, lequel luy va dire : « Et puis, Jehan Trubert? — Et le petit? dit le prevost. — Par Dieu! et le petit, dit le greffier. — Comment, tous les diables! dit le prevost, seroit pendu, le petit? — Par Dieu! ouy, le petit, disoit le greffier. — Comment! dit le prevost, j'avois pas dict cela. » Et là dessus debattirent longtemps le prevost et le greffier; disant le greffier, que la sentence portoit que le petit seroit pendu, et le prevost au contraire : lequel, après longs debatz, va dire : « Lisez la sentence. Par Dieu! je n'aurois pas entendu que le petit se-

---

[1] Forfaits, entreprises criminelles.
[2] Voy. ci-dessus la Nouvelle XX et la note sur les prévôts des maréchaux
[3] Arrêt.
[4] Pour : *dérobé*; du latin *robare*.

roit pendu. » Le greffier luy va lire ceste sentence, et ces motz substantielz : *Jehan Trubert, pour avoir prins, robé un grand jument, seroit pendu et estranglé, le petit ovecques luy*. Par lesquelz motz : *ovecques luy*, le prevost vouloit dire que Jehan Trubert seroit pendu et que son filz seroit present pour veoir faire l'execution, affin de se chastier de faire mal par l'exemple de son pere. Ce prevost vouloit applicquer ces motz ; mais il estoit bien tard pour le povre petit, et le greffier, d'un autre costé, se deffendoit, disant que ces motz : *ovecques luy*, signifioyent que le petit debvoit estre pendu avec son pere. A la fin, le prevost ne sceut que dire sinon que son greffier avoit raison ou cause de l'avoir, et dit seulement : « Pien le petit, pien, seroit pendu. Par Dieu! dit- I, ce seroit une belle deffaicte, que d'un jeune loup! » Voyla toute la recompense qu'eut le povre petit, excepté que le prevost le fit despendre, de peur qu'il en fust nouvelles.

NOUVELLE LXII.

D'un jeune garson qui se nomma Thoinette, pour estre receu à une religion[1] de nonnains ; et comment elle fit sauter les lunettes de l'abbesse qui la visitoit toute nue[2].

Il y avoit un jeune garson de l'aage de dix-sept à dix-huict ans, lequel, estant, à un jour de feste, entré en un couvent de religieuses, en veid quatre ou cinq qui luy semblerent fort belles et dont n'y avoit celle[3] pour laquelle il n'eust trop voulentiers rompu son jeusne ; qu'il y pensoit en sa fantasie[4], qu'il y pensoit à toutes heures. Un jour, comme il en parloit à quelque bon compaignon de sa congnoissance, ce compaignon luy dit : « Sçaistu que tu feras? Tu es beau garson : habille-toy en fille et te va rendre à l'abbesse ; elle te recevra aisément ; tu n'es point congneu en ce pays icy. » Car il estoit garson de mestier, et alloit

---

[1] Couvent, abbaye, communauté.
[2] Cette Nouvelle a été imitée par La Fontaine dans ses *Contes*, liv. IV, xii, les *Lunettes*.
[3] C'est-à-dire : dont il n'y avoit pas une.
[4] Imagination.

et venoit par pays. Il creut assez facilement ce conseil, se pensant qu'en cela n'avoit aucun danger qu'il n'evitast bien quand il voudroit. Il s'habille en fille assez povrement, et s'advisa de se nommer Thoinette. Dont de par Dieu s'en va au couvent de ces religieuses, où elle trouva façon de se faire veoir à l'abbesse, qui estoit fort vieille, et, de bonne adventure, n'avoit point de chambriere. Thoinette parla à l'abbesse et luy compta assez bien son cas, disant qu'elle estoit une povre orfeline d'un village de là auprès, qu'elle luy nomma. Et, en effect, parla si humblement, que l'abbesse la trouva à son gré, et, par maniere d'aumosne, la voulut retirer, luy disant que, pour quelques jours, elle estoit contente de la prendre, et que, s'elle vouloit estre bonne fille, qu'elle demeureroit là dedans. Thoinette fit bien la sage et suyvit la bonne femme d'abbesse, à laquelle elle sceut fort bien complaire, et quant et quant[1] se faire aymer à toutes les religieuses; et mesmes en moins de rien elle apprint à ouvrer[2] de l'aiguille (car peut-estre qu'elle en sçavoit desjà quelque chose), dont l'abbesse fut si contente, qu'elle la voulut incontinent faire nonne de là-dedans. Quand elle eut l'habit, ce fut bien ce qu'elle demandoit, et commença à s'approcher fort près de celles qu'elle voyoit les plus belles, et, de privauté en privauté, elle fut mise à coucher avec l'une. Elle n'attendit pas la deuxieme nuict, que par honnestes et amyables jeux elle fit congnoistre à sa compagne qu'elle avoit le ventre cornu, luy faisant entendre que c'estoit par miracle et vouloir de Dieu. Pour abreger, elle mit sa cheville au pertuis de sa compagne, et s'en trouverent bien, et l'une et l'autre; laquelle chose, en la bonne heure, il (dy-je elle) continua assez longuement, et non seulement avec celle-là, mais encores avec trois ou quatre des autres, desquelles elle s'accointa. Et quand une chose est venue à la congnoissance de trois ou quatre personnes, il est aise que la cinquiesme le sache, et puis la sixiesme; de mode qu'entre ces nonnes, y en ayant quelques unes de belles, et les autres laydes, ausquelles Thoinette ne faisoit pas si grande familiarité qu'aux autres, avec maintes autres conjectures, il leur fut facile de penser je ne sçay pas quoy; et y firent tel guet, qu'elles

---

[1] En même temps, à la fois.
[2] Travailler; en latin, *operare*.

les congneurent assez certainement, et commencerent à en murmurer si avant, que l'abbesse en fut advertie; non pas qu'on luy dit que nommément ce fust seur Thoinette, car elle l'avoit mise là dedans, et puis elle l'aymoit fort et ne l'eust pas bonnement creu; mais on luy disoit par parolles couvertes, qu'elle ne se fiast pas en l'habit et que toutes celles de leans n'estoyent pas si bonnes qu'elle pensoit bien, et qu'il y en avoit quelqu'une d'entre elles qui faisoit deshonneur à la religion et qui gastoit les religieuses. Mais, quand elle demandoit qui c'estoit et que c'estoit, elles respondoyent que, s'elle les vouloit faire despouiller, elle le congnoistroit. L'abbesse, esbahie de ceste nouvelle, en voulut sçavoir la verité au premier jour, et, pour ce faire, fit venir toutes les religieuses en chapitre. Seur Thoinette estant advertie par ses mieux aimées de l'intention de l'abbesse, qui estoit de les visiter toutes nues, attacha sa cheville par le bout avec un filet qu'elle tira par derriere, et accoustra si bien son petit cas, qu'elle sembloit avoir le ventre fendu comme les autres, à qui n'y eust regardé de bien près; se pensant que l'abbesse, qui ne voyoit pas la longueur de son nez, ne le sçauroit jamais congnoistre. Les nonnes comparurent toutes. L'abbesse leur feit sa remonstrance et leur dit pourquoy elle les avoit assemblées, et leur commanda qu'elles eussent à se despouiller toutes nues. Elle prend ses lunettes pour faire sa revue, et, en les visitant les unes après les autres, il vint au reng de seur Thoinette, laquelle, voyant ces nonnes toutes nues, fraisches, blanches, refaictes [1], rebondies, elle ne peut estre maistresse de ceste cheville, qu'il ne se fist mauvais jeu. Car, sus le poinct que l'abbesse avoit les yeux le plus près, la corde vint rompre, et, en desbandant tout à un coup, la cheville vint repousser contre les lunettes de l'abbesse et les fit saulter à deux grandz pas loing. Dont la povre abbesse fut si surprise, qu'elle s'ecria : « *Jesu Maria!* Eh! sans faulte, dit-elle, et est-ce vous! Mais qui l'eust jamais cuidé estre ainsi! Que vous m'avez abusée! » Toutesfois, qu'y eust-elle faict, sinon qu'il fallut y remedier par patience, car elle n'eust pas voulu scandalizer la religion. Seur Thoinette eut congé de s'en aller avec promesse de sauver l'honneur des filles religieuses.

---

[1] Grasses, potelées.

NOUVELLE LXIII.

Du regent qui combatit une harangere du Petit Pont, à belles injures [1].

Un martinet [2] s'en alla, un jour de caresme, sus le Petit Pont, et s'addressa à une harangere, pour marchander de la moulue [3]; mais, de ce qu'elle luy fit deux liardz, il n'en offrit qu'un : dont ceste harangere se fascha et l'appella injure [4], en luy disant : « Va, va, Joannes [5] ! Porte ton liard aux tripes. » Ce martinet, se voyant ainsi outragé en sa presence, la menasse de le dire à son regent. « Et va, marmiton ! dit-elle, va le luy dire, et que je te revoye icy, toy et luy ! » Ce martinet ne faillit pas à s'en aller tout droit à son regent, qui estoit bon frippon,

---

[1] Le récit qu'on voit dans Bruscambille, de la querelle d'un pédant avec une harangère, ne vaut pas celui-ci à beaucoup près. (L. M.)

[2] On appeloit autrefois, dans l'Université de Paris, *martinets* les écoliers qui changeoient souvent de collége, par rapport vraisemblablement à ces oiseaux nommés *martinets*, qui changent tous les ans de demeure, venant au mois de mars et s'en retournant à la Saint-Martin, ce qui leur a fait donner le nom de *martinets*. (L. M.)

[3] Pour : *morue*.

[4] Equivoque sur *in jure*. La Monnoye met en note : « *Appeler injure*, pour *chanter injure*, est une façon de parler inconnue, mais qui néanmoins tient un peu de *parler procès, parler Balzac*. » etc. M. Lacour croit tout simplement que l'adjectif est mis pour l'adverbe, et qu'on doit lire : « et l'appela injurieusement. »

[5] *Joannes* est le nom qu'on donne aux valets des régents de collége. Le nom de *Jean*, respectable dans son origine, est devenu méprisable dans la suite, pour avoir été trop commun. Voyez le *Capitolo* du Casa sur son nom *Giovanni*, dont il paroissoit fort malcontent. En Italie, *fare il Zanni*, c'est faire le bouffon bergamasque sur le théâtre ; ce que les praticiens de ce pays-là, dans les actes qu'ils expedient en latin, expriment par *facere Joannem*, parce que *Zanni*, en bergamasque, c'est *Jean*. Les Espagnols ont aussi dans leurs farces *un bobo*, c'est-à-dire un benêt, qu'ils appellent *Bobo Juan*. En françois, un *Jean*, un *Joannes*, un *Jannin*, est celui dont la femme se gouverne mal. (L. M.) — Voici le *Capitolo* de Jean de la Case, dont La Monnoye vient de parler :

S'io havessi manco quindici a vent'anni,
Messer Gandolfo, i mi sbattezzerei,
Per non haver mai più nome *Giovanni*.

et luy dit : « *Per diem*¹, *Domine !* il y ha la plus fausse² vieille sus le Petit Pont ! Je voulois achepter de la moulue : elle m'a appellé *Johannes*. — Et qui est-elle ? dit le regent ; la me montreras-tu bien ? — *Ita, Domine*, dit l'escolier ; et encore m'ha-elle dict que, si vous y alliez, qu'elle vous renvoyeroit bien. — Laisse faire, dit le regent ; *per dies*³ *!* elle en aura. » Ce regent se pensa bien que pour aller vers une telle dame, qu'il ne falloit pas estre despourveu, et que la meilleure provision qu'il pouvoit faire, c'estoit de belles et gentilles injures, mais qu'il luy en diroit tant, qu'il la mettroit *ad melam non loqui*⁴, et en peu de temps il donna ordre d'amasser toutes les injures dont il se peut adviser, y employant encores ses compagnons : lesquelz en composerent tant, en choppinant, qu'il leur sembla qu'il y en avoit assez. Ce regent en fit deux grands rolletz et en estudia un par cueur ; l'autre, il le met en sa manche pour le secourir au besoing, si le premier luy failloit. Quand il eut bien estudié ses injures, il appella ce martinet pour le venir conduire jusques au Petit Pont et luy monstrer ceste harangere, et print encores quelques autres galochers⁵ avec luy : lesquelz, *in primis et ante omnia*, il mena boire à la Mule⁶ ; et quand ilz eurent bien choppiné, ils s'en vont. Ilz ne furent pas si tost sus le Petit Pont, que la harangere ne recongneust bien ce martinet, et quand elle les veid ainsi en trouppe, elle congneut à qui ilz en vouloyent. « Ah ! voy-les là ! dit-elle ; voy-les là, les gourmands !

---

¹ Au lieu de *per diem*, jurement déguisé. Un bon curé disoit que c'étoit le jurement de David et le prouvoit par le verset 6 du psaume cxx : *Per diem sol non uret te*. A quoi Bèze, dans son *Passavantius*, a fait allusion en ces termes : *Per diem, sicut dixit David. Ce* qui en cet endroit signifie : *Pardieu, comme dit David*. Nous avons inventé dans notre langue une infinité de correctifs à ce jurement, tous plus ridicules les uns que les autres : *Pardi, pardienne, pargué, parguienne, parguieu, parbieu, parbleu, pardigues, pardille, pargoi*. (L. M.)

² Méchante, fourbe.

³ L'écolier n'avoit juré que *per diem* ; le régent, croyant, comme La Roche Thomas (voy. ci-dessus, Nouvelle XIV) que le pluriel avoit plus de force, jure *per dies*. (L. M.)

⁴ La Monnoye dit que c'est une phrase d'Olivier Maillard ou de Michel Menot, sermonnaires bouffons de la fin du quinzième siècle.

⁵ Les écoliers externes, c'est-à-dire ceux qui ne demeuroient pas dans le collège, nommés alors *galocuers*, et depuis *galoches*, parce que en y allant ils portoient des galoches par le mauvais chemin, pour se tenir le pied sec et garantir leurs souliers de la crotte. (L. M.)

⁶ C'était sans doute l'enseigne d'un cabaret renommé dans le quartier de l'Université.

L'escole est effondrée. » Le regent s'approche d'elle et luy vient heurter le bacquet où elle tenoit ses harens, en disant : « Et que fault-il à ceste vieille dampnée? — Oh! le clerice! dit la vieille; es-tu venu assez tost pour te prendre à moy? — Qui m'ha baillé ceste vieille macquerelle? dit le regent. Par la lumiere! c'est à toy voyrement à qui j'en veux. » Et, en disant cela, il se plante devant elle, comme voulant escrimer à beaux coups de langue. La harangere, se voyant defliée : « Mercy Dieu! dit-elle; tu en veulx donc avoir, magister crotté[1]? Allons, allons, par ordre, gros baudet, et tu verras comment je t'accoustrerai. Parle! c'est à toy. — Allez, vieille sempiterneuse! dit le regent. — Va, ruffien[2]! — Allez, villaine! — Va, maraud! » Incontinent qu'ilz furent en train, je m'en vins, car j'avois affaire ailleurs. Mais j'ay bien ouy dire à ceux qui en sçavoyent quelque chose que les deux personnages combatirent vaillamment et s'entredirent chascun une centaine de bonnes et fortes injures d'arrachepied : mais il advint au regent d'en dire une deux fois, car on dit qu'il l'appela *villaine* pour la seconde fois. Mais la harangere luy en feit bien souvenir. « Mercy Dieu! dit-elle, tu l'as desjà dict, filz de putain que tu es! — Et bien! bien! dit le regent, n'es-tu pas bien villaine deux fois, voyre trois? — Tu as menty, crapaut infaict! » Il fault croire que le champion et la championne furent tout un temps à se battre si vertueusement, que ceux qui les regardoyent ne sçavoyent qui devoit avoir du meilleur. Mais, à la fin, le regent, estant au bout de son premier rollet, va tirer l'autre de sa manche, lequel il ne sçavoit pas par cueur comme l'autre, et, pour ce, il se troubla un petit, voyant que la harangere ne faisoit que se mettre en train, et se va mettre à lire ce qui estoit dedans, qui estoyent injures collegiales, et luy vouloit despescher tout d'une traicte, pour penser estonner la vieille en luy disant : « Alecto, Megera, Thesiphone, detestable, execrable, infande[3], abominable! » Mais la harangere le va interrompre : « Ha! mercy Dieu!

---

[1] « Au dix-huitième siècle, dit M. Lacour, le mot de *crotté* est entré dans les qualifications injurieuses dont on accablait les jésuites. C'était l'héritage que leur avaient légué les pauvres élèves de l'Université, connus dans toute l'Europe sous le surnom de *Crottés*. »

[2] Maquereau; de l'italien *rufiano*.

[3] C'est le latin *infanda*, qui signifie une chose dont on ne peut parler sans horreur.

dit-elle, tu ne sçais plus où tu en es? Parle bon françois, je te respondray bier, grand niaiz! parle bon françois! Ah! tu apportes un rollet. Va estudier, maistre Jean! va, tu ne sçais pas ta leçon! » Et, comme à un chien, la deesse abbaye [1], et toutes ces harangeres se mettent à crier sus luy et le presser tellement, qu'il n'eut rien meilleur que se sauver de vitesse, car il eust esté accablé, le povre homme. Et pour certain, il ha esté trouvé que, quand il eust eu un Calepin [2], un vocabulaire, un dictionnaire, un promptuaire, un tresor d'injures, il n'eust pas eu le dernier de cette diablesse. Par ainsi, il s'en alla mettre en franchise [3] au college de Montaigu [4], courant tout d'une allenée, sans regarder derrière soy [5].

NOUVELLE LXIV.

De l'enfant de Paris qui fit le fol pour jouyr de la jeune vefve, et comment elle, se voulant railler de luy, receut une plus grand'honte.

Un enfant de Paris, d'assez bonne maison, jeune, dispos, et qui se tenoit propre de sa personne, estoit amoureux d'une

[1] Cette phrase est certainement altérée. La Monnoye croit pouvoir lire : « Et là-dessus comme à un chien abbaye. » Nous proposons de mettre : « Et comme un chien à la deesse abbaye, » c'est-à-dire : comme un chien aboie à la lune.

[2] Le grand dictionnaire polyglotte de Calepinus avait fait donner le nom générique de *Calepin* à toute espèce de vocabulaire, eût-il paru sous le titre de *promptuarium* ou de *thesaurus*.

[3] C'est-à-dire : en sûreté, comme un criminel poursuivi se réfugiait dans certains lieux d'asile inviolable.

[4] Ce collége, fondé en 1314 par Gilles Aiscelin, archevêque de Rouen, et situé sur la montagne Sainte-Geneviève, au coin de la rue des Sept-Voies, était célèbre par la pédanterie de ses régents et par la malpropreté de ses écoliers, qu'on appelait *Capetes*; voy. ce qu'en dit Rabelais dans son *Gargantua*. La bibliothèque de Sainte-Geneviève occupe aujourd'hui l'emplacement de ce collége, qui a subsisté jusqu'à la Révolution.

[5] Ici le régent est obligé de céder à la harengère; mais, dans le petit livre macaronique imprimé à Genève, in-8, 1556, et intitulé *Censura Theolog. Paris. in Rob. Cœnalem*, p. 68, on voit un exemple tout contraire d'un pédant, qui, ayant d'abord eu la patience de laisser cracher à ces harengères tout leur venin, prit son temps de leur chanter pouilles, lorsqu'elles étoient épuisées et n'en pouvoient plus; et, victorieux (dit l'auteur, que je crois être Bèze), *reportavit unum bonum bombycinum de Satino, pro quo deposuerat nisi ipsas vinceret*. (L. M.)

femme vefve bien jolie et qui estoit fort contente de se veoir aymée, donnant tousjours quelques nouveaux attraitz¹ à ceux qui la regardoyent, et prenant plaisir à faire l'anatomie des cueurs des jeunes gens; mais elle ne faisoit compte sinon de ceux que bon lui sembloit, et encores des moins dignes, et par sus tous elle vous sçavoit mener ce jeune homme, dont nous parlons, de telle ruse, qu'elle sembloit tout vouloir faire pour luy. Il parloit à elle seul à seule ; il manioit le tetin et baisoit voyre, et touchoit bien souvent à la chair, mais il n'en tastoit point, tellement qu'il mouroit tout en vie² auprès d'elle. Il la prioit, il la conjuroit, il luy presentoit³, mais il n'en pouvoit rien avoir, fors qu'une fois, ainsi comme ilz devisoyent ensemble en privé⁴ et qu'il luy comptoit bien expressement son cas, elle luy va dire : « Non, je n'en feray rien, si vous ne me baisez derriere, » disant le mot tout outre, mais pensant en elle qu'il ne le feroit jamais. Le jeune homme fut fort honteux de ce mot; toutesfois, luy, qui avoit essayé tant de moyens, se pensa qu'il feroit encores cela, et qu'aussi bien personne n'en sçauroit rien ; et luy respondit, s'il ne tenoit qu'à cela pour luy complaire, qu'il n'en feroit point de difficulté. La dame, estant prinse au mot, l'y print aussi et se fait baiser le derriere sans fueille. Mais, quand ce fut à donner sus le devant, point de nouvelles; elle ne fit que se rire de luy et luy dire les plus grandes mocqueries du monde : dont il cuida desesperer, et s'en departit le plus fasché que fut jamais homme, sans toutesfois se pouvoir departir d'alentour d'elle, fors qu'il s'absenta pour quelque temps, de honte qu'il avoit de se trouver non seulement devant elle, mais devant les gens, comme si tout le monde eust deu congnoistre ce qu'il luy estoit advenu. Une fois, il s'adressa à une vieille qui congnoissoit bien la jeune dame, et luy dit sus le propos de son affaire : « Vien çà ! N'est-il pas possible que j'aye cette femme-là ? Ne sçaurois-tu inventer quelque bon moyen pour me tirer de la peine où je suis? Asseure-toy, si tu la me veux mettre en main, que je te donneray la meilleure robbe que tu vestis de ta vie. » La vieille l'en reconforta et luy promit d'y faire tout ce qu'elle

---

¹ Amorces, appâts.
² Equivoque libre très-populaire.
³ C'est-à-dire : il lui faisoit des présents.
⁴ En particulier; du latin *privatim*.

pourroit, luy disant que s'il y avoit femme en Paris qui en vinst à bout, qu'elle en estoit une. Et, de faict, elle y fit ses efforts, qui estoyent bons et grans; mais la vefve, qui estoit fine, sentant que c'estoit pour ce jeune homme, n'y voulut entendre en sorte quelconque, peut-estre l'esperant avoir en mariage, ou pour quelque autre respect [1] qu'elle se reservoit : car les rusées ont celle façon de tenir tousjours quelqu'un des poursuivantz en langueur, pour faire couverture à la jouissance qu'elles donnent aux autres. Tant y ha que la vieille n'y sceut rien faire et s'en retourra à ce jeune homme, luy disant qu'elle y avoit mis toutes les Ierbes de la Sainct-Jean [2], mais dit qu'il n'y avoit ordre, sinon qu'à son advis, s'il vouloit se desguiser, comme s'habiller en povre, et aller demander l'aumosne à la porte de sa dame, qu'il en pourroit jouir. Il trouva cela faisable. « Mais quel moyen me faudra-il tenir? disoit-il. — Sçavez vous qu'il fault vous faire? dit la vieille; il fault que vous vous barbouilliez le visage, de peur qu'elle vous congnoisse, et puis que vous faciez le fol, car elle est merveilleusement fine. — Et comment feray-je le fol? dit le jeune homme. — Que sçay-je, moy? dit-elle. Il fault tousjours rire et dire le premier mot que vous adviserez, et ne dire que cela, quelque chose qu'on vous demande. — Je feray bien ainsi. » Et adviserent la vieille et luy, qu'il riroit tousjours et ne parleroit que de formage. Il s'habille en gueux et s'en va à la porte de sa dame, à une heure du soir que tout le monde commençoit à se retirer; et faisoit assez froid, combien que ce fust après Pasques. Quand il fut à la porte, il commença à crier assez hault, en riant : « Ha! ha! formage! » jusques à deux ou trois fois, et puis il se pausoit un petit [3], recommençoit son : « Ha! ha! formage! » Tant que la vefve, qui avoit sa chambre sus la rue, l'entendit et y envoya sa chambriere pour sçavoir qui il estoit et qu'il vouloit; mais il ne res-

---

[1] Considération, dans le sens propre du latin *respectus*. (L. M.)

[2] « Les bonnes gens, dit La Monnoye, attribuent des vertus merveilleuses aux herbes cueillies la veille de la Saint-Jean. » M. Lacour n'interprète pas ainsi ce passage. « A la Saint-Jean, dit-il, le plus grand nombre de plantes officinales est arrivé à l'état de maturité et peut être recueilli, ce qui a donné lieu au proverbe. N'oublions pas d'ajouter que, dans différentes villes du Midi, entre autres à Marseille, la vente des plantes médicinales a lieu le jour de la Saint-Jean. »

[3] Il faisait une petite pause.

pondit jamais, sinon : « Ha, ha, formage! » La chambriere s'en retourne à la dame et luy dit : « Mon Dieu! ma maistresse, c'est un povre garson qui est fol; il ne fait que rire et ne parle que de formage ¹. » La dame voulut sçavoir que c'estoit, et descend, et parle à luy : « Qui estes-vous, mon amy? » Et ne luy dit autre chose, que : « Ha! ha! formage! — Voulez-vous du formage? dit-elle. — Ha! ha! formage! — Voulez-vous du pain? — Ha! ha! formage! — Allez-vous-en, mon amy; retirez-vous? — Ha! ha! formage! » La dame, le voyant ainsi idiot : « Perrette, il mourra de froit ceste nuict; il le fault faire entrer : il se chauffera. — Mananda², dit-elle; c'est bien dict, Madame. Entrez, mon amy, entrez? Vous vous chaufferez — Ha! ha! formage! » disoit-il. Et entra cependant, en riant et de bouche et de cueur, car il pensa que son cas commençoit à se porter bien. Il s'approcha du feu, là où il monstroit ses cuisses à descouvert, charnues et refaictes, que la dame et la chambriere regardoyent d'aguignettes³. Elles l'interroguoyent s'il vouloit boire ou manger; mais il ne disoit que : « Ha! ha! formage! » L'heure vint de se coucher. La dame, en se deshabillant, disoit à sa chambriere : « Perrette, il est beau garson; c'est dommage dequoy il est ainsi fol. — Mananda, disoit la garse, c'est mon ⁴, Madame; il est net comme une perle. — Mais, si nous le mettions coucher en nostre lict, dit la dame; à ton advis? » La chambriere se print à rire. « Et pourquoy non? Il n'ha garde de nous deceler, s'il ne sçait dire autre chose. » Somme, elles le font deshabiller, et n'eut point besoin de chemise blanche, car la sienne n'estoit point salle, sinon par advanture deschirée, et le firent coucher gentiment entr'elles deux. Et mon homme dessus sa dame, et à ce cul, et vous en aurez! La chambriere en eut bien quelque coup; mais il monstra bien que c'estoit à la dame à

---

¹ Pour : *fromage*; du latin *forma*.

² Il y a ici *manda*, dans les premières éditions. Exclamation, serment de femme, que La Monnoye veut faire venir du grec et qu'on ferait mieux dériver du latin; nous croyons que c'est une corruption de *Mana dea*, invocation à la déesse qui présidait aux accouchements. Les femmes s'écriaient souvent aussi : *Enda!* qui paraît être une ellipse de *mananda* ou *manda*.

³ C'est-à-dire : en les *quignant* de l'œil. La vieille tour d'Étampes se nomme *tour de Guignette*, parce que, placée sur un monticule, elle *guignait*, pour ainsi dire, les environs.

⁴ Oui-da, or donc, vraiment.

qui il en vouloit; et cependant n'oublioit jamais son : « Ha! ha! formage! » Le lendemain, elles le mirent dehors de bon matin, et s'en va vie[1]; et depuis il continua assez de fois à y retourner pour le pris, dont il se trouva fort bien, et ne se fit oncq congnoistre, par le conseil de la vieille. De jour, il reprenoit ses habits ordinaires et se trouvoit auprès de sa dame, devisant avec elle à la mode accoustumée, la poursuivant comme devant, sans faire autre semblant nouveau. Le mois de may vint, pour lequel ce jeune homme se voulut habiller d'un pourpoint verd, disant à sa dame que c'estoit pour l'amour d'elle : ce qu'elle trouva fort bon, et luy dit que, en faveur de cela, elle le mettroit en bonne compaignie de dames le premier jour qu'il viendroit à propos. Estant en cet estat, se trouva en une compaignie de dames, entre lesquelles estoit la sienne, et aussi y estoyent d'autres jeunes gens, lesquelz estoyent en un jardin, assis en rond, hommes et femmes entremeslez un pour une : et ce jeune homme estoit auprès de sa dame. Il fut question de faire des jeux de recreation, par l'advis mesmes de la jeune vefve, laquelle estoit femme inventive et de bon esprit; et avoit d'assez longue main pensé en soy-mesme par quel moyen elle se gaudiroit[2] de son jeune homme, qu'elle cuidoit bien avoir trompé à ceste fois-là : car elle ordonna un jeu, que chacun eust à dire quelque brief mot d'amour, ou d'autre chose gentille, selon ce qu'il luy conviendroit le mieux, et que luy viendroit en fantasie : ce qu'ils firent tous et toutes en leur reng. Quand il toucha à la vefve à parler[3], elle vint dire, d'une grace affaittée, ce qu'elle avoit premedité dès le paravant :

    Que diriez-vous d'un verd vestu,
    Qui ha baisé sa dame au cu
    En lui faisant hommage?

Chacun jetta les yeux sur ce jeune homme, car il fut aysé à congnoistre que cela s'adressoit à luy; mais il ne fut pas pourtant fort esgaré; ainçois, tout remply d'une fureur poëtique, vint respondre promptement à la dame :

    Que diriez-vous d'un verd vestu,

[1] Italianisme, que nous avons déjà remarqué dans la Nouvelle XXIII.
[2] Se moquerait.
[3] C'est-à-dire : quand ce fut au tour de la veuve de parler.

Qui ha damé sur vostre cu,
Disant : Ah ! ah ! formage ?

Si la dame fut bien peneuse, il ne le fault point demander, car, quelque rusée qu'elle fust, ce luy fut force de changer de couleur et de contenance, laquelle se rendit assez coulpable devant toute l'assistance, dont le jeune homme se trouva vengé d'elle, à un bon coup, de toutes les cautelles du temps passé. C'est exemple est notable pour les femmes mocqueuses et qui font trop les difficiles et les asseurées : lesquelles le plus souvent se trouvent attrappées à leur grand'honte. Car les dieux envoyent leur aide et faveur aux amoureux qui ont bon cueur, comme il se peult veoir de ce jeune homme, auquel Phœbus donna l'esprit poèticque pour respondre promptement, en se deffendant, contre le blason [1] que sa dame avoit si finement et deliberement songé contre luy.

NOUVELLE LXV

De l'escolier d'Avignon et de la vieille qui le print à partie.

Il y avoit en Avignon une bande d'escoliers, qui s'esbattoyent à la longue boulle hors les murailles de la ville : l'un desquelz, en faisant son coup, faillit à bouller droict et envoya sa boulle dedans un jardin. Il trouva façon de saulter par dessus le mur pour l'aller chercher. Quand il fut saulté, il trouva au jardin une vieille qui plantoit des choux, laquelle se print incontinent à crier sus luy : « Et que diable venez-vous faire icy ? Vous me venez desrober mes mellons ! » Mais l'escolier ne s'en soucioit pas, cherchant tousjours sa boulle, en luy disant seulement : « Paix, vieille dampnée ! » La vieille commença à luy dire mille maux [2]. Quand l'escolier la veid ainsi entrer en injures, pour en avoir son passetemps, il luy va parler le premier langage dont

---

[1] « Le blason, dit Thomas Sibilet, ch. x de son *Art poétique*, est une perpétuelle louange ou continu vitupère de ce qu'on s'est proposé blasonner. »
[2] Pour : *maudissons*, malédictions.

il s'advisa, en lui disant : « *Cum animadverterem quam plurimos homines*[1] », et luy faisant signes de menasses pour la faire encores mieux batailler. Et la vieille de crier, mais c'estoit en son avignonnois[2] : « O! ce meschant, ce volleur, qui saulte par dessus les murailles! » L'escolier continuoit à luy dire ces beaux preceptes de Caton : « *Parentes ama.* — Allez de par le diable! disoit la vieille à l'escolier. Que le lansi[3] vous esclatte! » Et l'escollier : « *Cognatos cole.* — Ouy, ouy, à l'escolle, de par le diable! » Et l'escollier : « *Cum bonis ambula.* — Je n'ay que faire de ta boulle[4], disoit-elle. Que maugré n'aye bieu de toy[5]! Tu parles italien, je t'entens bien. — Et voire, voire, dit l'escolier : *Foro te para.* » Mais, s'il l'eust voulu entretenir, il eust fallu dire tout son Caton, tout son *quos decet*[6] : encores, n'en eust-il pas eu le bout. Mais il s'en vint achever sa partie.

NOUVELLE LXVI

D'un juge d'Aiguesmortes, d'un pasquin, et du Concile de Latran.

En la ville d'Aiguesmortes y avoit un juge, nommé *De Alta Domo*[7], lequel avoit un cerveau faict comme de cire[8], et

[1] Ce sont les premiers mots de l'épître qui sert de préface aux fameux *Disticha de Moribus*. Les autres phrases latines citées dans cette Nouvelle sont extraites du même livre, que tous ces écoliers savaient par cœur. Voy. ci-dessus la première note de la Nouvelle XL.
[2] Patois d'Avignon.
[3] Pour : *esquinancie* ; en espagnol *esquilencia*, dont les Languedociens avaient fait *lansi*.
[4] L'écolier avait prononcé *amboula*, à l'italienne, et la vieille avait saisi le mot *boule*.
[5] C'est-à-dire : que Dieu ne te prenne pas en mauvais gré!
[6] Ce sont les premiers mots d'un petit poëme moral à l'usage des enfants, écrit par Sulpice de Veroli au quinzième siècle, sous ce titre : *de Moribus in mensa servandis*.
[7] En français : de Hautmanoir. C'est celui dont on fait le conte suivant. Un jour, vantant sa noblesse : « Il suffit qu'on sache, disait-il, que je suis sorti de Hautmanoir. — Vous! lui répondit un rieur, vous, sorti de Hautmanoir! Et comment cela pourrait-il être? Votre mère était une Angloise de la maison de Bacon. »
[8] C'est-à-dire : recevant toutes les influences et se modelant à volonté. Voyez ci-dessus, Nouvelle XXIII, une note sur cette expression proverbiale.

donnoit en son siege des appointemens tous cornus¹, et hors son siege faisoit des discours de mesmes. Advint un jour qu'il entra en dispute d'un passage de la Bible avec un bon apostre, qui estoit bien ayse de faire batteler² monsieur le juge. Le different estoit assavoir-mon si, de toutes les bestes qui sont aujourd'huy au monde, y en avoit deux de chascune en l'arche de Noé. L'un disoit qu'il n'y avoit point de souris, et qu'elles s'engendrent de pourriture, ainsi que depuis ha bien confermé maistre Jehan Buter³, de l'ordre de saint Antoine en Dauphiné, en son traicté *De Arca Noe*. L'aultre disoit qu'il n'y avoit qu'un lievre, et que la femelle eschappa à Noé et se perdit en l'eau ; et pour cela que le masle porte comme la femelle. L'un disoit de l'un, l'autre de l'autre⁴. Mais, à la fin, monsieur le juge, qui vouloit tousjours avoir du bon, se faschoit que ce bon marchand tinst ainsi fort contre luy, auquel il va dire : « Vous ne sçavez de quoy vous parlez ! Où l'avez-vous veu ? — Où je l'ay veu ? dit l'aultre ; il est escript en Genese. — Genese ! dit le juge ; vraiment, vous me la baillez belle ! C'est un griffon griffault⁵ ; il demeure à Nismes : je le congnois bien. Il n'y entend rien, ne vous avec⁶. » Et, de faict, y avoit un greffier à Nismes qui s'appelloit Genese ; et le povre juge pensoit que ce fust celuy dont

---

¹ Sentences biscornues.

² On dit encore dans le même sens : *faire poser quelqu'un*, lui faire jouer la parade à son insu.

³ C'est *Buteo*, comme je l'ai corrigé, qu'il faut lire. Cet auteur (Jean Borrel, religieux de Saint-Antoine de Vienne) a, entre autres ouvrages, fait un *Traité de l'Arche de Noé*, imprimé pour la première fois à Lyon, in-4, en 1554, plus de dix ans après la mort de Des Periers, qui par conséquent n'a pu le citer ni avoir écrit ce conte. Voici les paroles de Joannes Buteo, p. 19 : *Quanquam sunt qui putent mures in Arca non fuisse, et id genus similia, propterea quod ex corruptione nascantur.* (L. M.) — Le traité de Jean Borrel (et non *de Boteon*, comme l'appelle La Monnoye), dit Buteo, intitulé : *de Arca Noe, cujus formæ capacitatisque fuerit libellus*, ne fut publié qu'en 1554, mais il était composé longtemps auparavant, et l'auteur résistait aux sollicitations de ses amis, qui le pressaient d'imprimer cet ouvrage. D'ailleurs, on peut supposer que cette phrase a été interpolée dans le texte de Des Periers par ses éditeurs, surtout par Jacques Pelletier, qui avait composé aussi un Traité sur l'Arche de Noé.

⁴ C'est-à-dire : l'un disait d'une façon, et l'autre d'une autre.

⁵ On a dit *griffon griffaut*, comme *moine moinant*, *breton bretonnant*, etc. Dès ce temps-là, *griffon* était le synonyme vulgaire de *greffier*. Ainsi Marot, dans sa réplique à certain greffier : *Prince, ce griffon qui me gronde*, et dans son épitre sous le nom de Fripelippes : *Tesmoing le griffon d'Angouesme*. (L. M.)

⁶ « Ce juge, dit M. Lacour, est le prototype de celui que Furetière a si comiquement mis en scène dans son *Roman bourgeois*. »

l'autre entendoit. Il fault dire qu'il sçavoit toute la Bible par cueur, fors le commencement, le milieu et la fin. Il sembloit quasi à celuy que l'on dit, que devant le roy François, ainsi qu'on parloit d'un pasquin¹ qui avoit esté nouvellement faict à Romme, voulant aussi en dire sa ratelée², dit au roy : « Sire, je l'ay bien veu, Pasquin ; c'est un des plus galans hommes du monde. » Adoncq le roy, qui s'apperceut bien de l'humeur de l'homme, luy va dire : « Vous l'avez veu? Où l'avez-vous veu? — Sire, dit-il, je le veis dernierement à Romme, qu'il estoit bien en ordre. Il portoit une cappe à l'espagnole, bendée de velours, et une chaîne au col, d'un quatre-vingts ou cent escus³, et avoit deux valletz après luy. Mais c'estoit l'homme du monde qui rencontroit le mieux⁴ et estoit tousjours avec ces cardinaux. — Allez ! allez ! dit le roy, allez querir les platz ; vous avez envie de m'entretenir. » C'estoit encores un bon homme, qui estoit produit pour tesmoing en une matiere beneficiale où il estoit question d'une certaine decision du Concile de Latran⁵. Le juge disoit à ce bon homme : « Venez çà, mon amy ; sçavez-vous bien de quoy nous parlons? — Ouy, Monsieur, vous parlez du Concile de Latran. Je l'ay assez veu de fois ; il avoit un grand chapeau rouge et estoit tousjours ceinct, et portoit voulentiers une grande gibeciere de velours cramoysi. Et si ay bien encore congneu sa femme, ma dame la Pragmatique⁶. » Voila ce qu'il en sembloit au bon homme ; je ne sçay pas si vous m'en croyez, mais il n'est pas damné, qui ne le croit.

---

¹ On appelait ainsi les épigrammes et les satires en vers ou en prose qu'on attachait à la statue de Pasquin, à Rome, et qui couraient ensuite de bouche en bouche.
² On dit aujourd'hui dans le même sens : défiler son chapelet. *Ratelée* s'entend de ce qu'on a sur le cœur et de ce qu'on peut débiter tout d'une haleine.
³ C'est-à-dire : valant quatre-vingts ou cent ecus.
⁴ C'est-à-dire : qui trouvait les meilleures reparties.
⁵ C'est le concile commencé en 1512 sous Louis XII et fini en 1517 sous François Iᵉʳ. Dans la onzième session de ce concile fut approuvé le Concordat entre le roi de France et le pape Léon X, pour révoquer et abroger la Pragmatique sanction.
⁶ Cette naïveté se retrouve dans le chap. xxxix du *tiers livre* du Pantagruel, qui ne parut qu'en 1547, trois ans après la mort de Des Periers ; mais il ne s'ensuit pas que Rabelais aurait imité la Nouvelle encore inédite, ou que plus tard les editeurs des *Nouvelles Récréations* auraient pris dans Rabelais l'idée de ce conte. Rabelais et Des Periers n'ont fait que recueillir simultanément un fait, qui était alors bien connu à la cour.

NOUVELLE LXVII

Des gensdarmes qui estoyent chez la bonne femme de village.

Au temps que les soudars vivoyent sus le bon homme [1], ilz vivoyent aussi sus la bonne femme, car il en passa une bande par un village, là où ilz ne faisoyent pas mieux que ceux du proverbe qui dit : « Un advocat en une ligne, un noyer en une vigne, un pourceau en un blé, une taupe en un pré et un sergent en un bourg, c'est pour achever de gaster tout. » Car ilz pilloyent, ilz ruinoyent, ilz destruisoyent tout. Il y en avoit deux, ou trois, ou quatre, je ne sçay combien, chez une bonne femme, lesquelz luy mettoyent tout par escuelles; et comme ilz mangeoyent ses poulles, qu'ilz luy avoyent tuées, elle faisoit une chiere pitrasse [2], disant la patenostre du singe [3]. Mais ces gensdarmes faisoyent les galans, en disant à la vieille : « Ah! ah! bonne femme de Meudon, vous vous en allez mourir; avez-vous regret en vos poulles? Sus, sus, faites bonne chere; dites après moy : *Au diable soit chicheté!* Direz-vous? » La bonne femme, toute maudolente, luy dit : « Au diable soit le dechiqueté [4]! » Elle avoit bien raison, car,

> Depuis que decrets eurent alles [5]
> Et gensdarmes porterent malles.
> Moines allerent à cheval :
> Toutes choses allerent mal [6].

[1] On nommait ainsi le peuple, depuis la terrible et sanglante révolte des *Jacques Bonhomme*, sous Charles V.
[2] Piètre, piteuse mine.
[3] C'est-à-dire : grommelant et remuant les babines, comme un singe en colère.
[4] Allusion au costume *déchiqueté, tailladé*, des gendarmes ou lansquenets. Cette équivoque est reproduite dans la XXV° des *Serées* de Bouchet.
[5] Mauvais jeu de mots sur les *décrétales*.
[6] Ce vieux dicton a été recueilli d'abord par Pierre Gresnet, qui écrivait en 1556; c'est de là que Des Periers l'a tiré. Longtemps après, Rabelais citait ces quatre vers dans le ch. LII de son liv. IV, en disant : « Ce sont petis quolibets des heretiques nouveaux. »

NOUVELLE LXVIII

De maistre Berthaud, à qui on fit accroire qu'il estoit mort [1].

Jadis en la vi le de Rouen, je ne sçay doncq où c'estoit, y eut un homme qui servoit de passe-temps à tous allans et venans, quand on le sçavoit gouverner, cela s'entend. Il s'en alloit par les rues, tantost habillé en marinier, tantost en magister, tantost en cueilleur de prunes [2], et tousjours en fol ; et l'appeloit-on maistre Berthaud. C'estoit possible celuy qui comptoit vingt et onze, et estoit fier de ce nom de *maistre*, comme un asne d'un bast neuf ; et qui eust failly à l'appeler, on n'en eust point tiré de plaisir ; mais, en luy disant : « Maistre Berthaud ! » vous l'eussiez fait passer par le trou au chat [3]. Et ce qui le faisoit ainsi niaiz fol, c'estoit que quelques bons maistres de mestier [4] l'avoyent veillé onze nuicts tout de suite, luy fichans de grosses espingles dedans les fesses [5] pour le garder de dormir : qui est la vraye recepte de faire devenir un homme parfaict en la science de follie, par becarre et par bemol [6]. Vray est qu'il fault qu'il y ait de la nature, comme pensez qu'il y avoit en maistre Ber-

---

[1] Il y a, dans cette Nouvelle, plusieurs traits imités de la VIe des *Cent Nouvelles nouvelles*, intitulée *l'Ivroigne au Paradis*.

[2] *Cueilleur de prunes* ou plus communément *cueilleur de pommes*, se dit d'un homme délabré qui a un tablier sale troussé autour de lui : « *Ita quod in brevi tempore*, dit Menot au sermon de l'Enfant prodigue, mon galand fut mis en cueilleur de prunes *meus galandus fuit positus sicut collector pomorum*. » (L. M.)

[3] Chatière ; ouverture qu'on laisse dans les portes des caves et des greniers, pour que les chats puissent y passer.

[4] Marchands, maîtres dans les corps de métier.

[5] C'était, suivant le cardinal Du Perron, un des supplices que les écoliers faisaient subir à leurs régents dans les Universités d'Italie : « Les professeurs sont esclaves des escoliers, disait-il, et, lorsque M. le docteur est en chaire, s'il prend un avertin aux escoliers, ils luy feront mille indignitez, luy jetteront leur pantoufle à la teste *et luy ficheront des pointes dans les fesses*, ce qu'il est contraint d'endurer. » (Ess. *de Courart*, t. IV, p. 454, du Recueil in-4.)

[6] Quand on dit qu'un homme est *fou par bémol et par bécarre*, on entend qu'il l'est par nature, parce que, dans les termes de l'ancienne gamme, *chanter par nature*, c'est passer de bémol en bécarre, par nature. (L. M.)

thaud[1]. Or est-il qu'il tomba un jour entre les mains de quelques gens de bien, qui le menerent aux champs : lesquelz, par les chemins, après en avoir prins le plus de passe-temps qu'ilz peurent, luy commencerent à faire accroire qu'il estoit malade, et le firent confesser par un qui fit le prestre, luy firent faire son testament, et en fin luy donnerent à entendre qu'il estoit mort, et le creut, par ce principalement qu'en l'ensevelissant ilz disoyent : « Hé! le povre maistre Berthaud, il est mort. Jamais nous ne le verrons ; hélas! non. » Et le meirent en une charrette qui revenoit de la ville, chantans tousjours *Libera me, Domine!* sur le corps de maistre Berthaud, qui faisoit le mort au meilleur escient qu'il eust. Mais il y en avoit quelques uns d'entr'eux qui luy faisoyent bien sentir qu'il estoit vif, car ilz luy picquoyent les fesses avecq des espingles, comme nous disions tantost; dont il n'osoit pourtant faire semblant, de peur de n'estre pas mort; et mesmes luy faschoit bien quelquefois de retirer un peu la cuisse, quand il sentoit les coups de poincte. Mais, à la fin, il y en eut un, qui le picqua bien si fort, qu'il n'en peut plus endurer, et fut contrainct de lever la teste, en disant tout en cholere au premier qu'il regarda : « Par Dieu! meschant, si j'estois vif aussi bien comme je suis mort, je te tuerois tout à ceste heure. » Et tout soudain se remit à faire le mort, et ne se resveilla plus pour chose qu'on luy fist, jusques à tant que quelqu'un vint dire : « Ah! le povre Berthaud qui est mort. » Alors mon homme se leva. « Vous en avez menty, dit-il ; il y a bien du maistre, pour vous[2]. Or sus, je ne suis pas mort, par despit. » Voila comment maistre Berthaud ressuscita, pour ce qu'on ne l'appelloit pas *maistre*.

Il se fait un autre compte d'un maistre Jourdain, mais qui s'estimoit un peu plus habille que cestui-cy, combien qu'il n'y eust gueres à dire. Il y eut quelque crocheteur, en portant ses faiz par ville, qui le heurta assez indiscrettement, c'est-à-dire assez lourdement, et puis il luy dit gare[3]; il estoit temps ou

[1] Ce maître Berthaud est copié sur le *Nigniaca*, de Pogge, Facétie CCLXVIII. Les rieurs ont pris de là occasion de soutenir que ce n'étoit pas *résolu comme Bartole* qu'il falloit dire, mais *résolu comme Berthaud*; sur quoi l'on peut voir les *Illustres proverbes historiques*, liv. II, ch. III, où l'auteur décide pour *résolu comme Bartole*. (L. M.)

[2] C'est-à-dire : on vous appelle bien *maître*, vous !

[3] On sait la réponse de Caton en pareille rencontre. Un homme qui portoit un

jamais; auquel maistre Jourdain va dire : « Vien çà! Pourquoy fais-tu cela, ange de Greve¹ ? Par Dieu ! si je n'estois philosophe, je te romprois la teste, gros sot que tu es! » Tous deux en tenoyent : vray est que l'un estoit fol, et l'aultre philofole².

NOUVELLE LXIX.

D'un Poytevin qui enseigne le chemin aux passans.

Il y ha beaucoup de manieres de s'exercer à la patience, comme font les femmes qui tencent un valet qui caquette, ou qui gronde, ou qui n'oyt goutte, et qui vous apporte des pantoufles quand vous demandez vostre espée, ou vostre bonnet en lieu de vostre ceinture, et pare³ un bois verd dedans un feu quand vous mourez de froid, là où il fault brusler toute la paille du lict, avant qu'il s'allume; un cheval encloué ou defferré par les chemins, ou qui se fait picquer à tous les pas, et cent mille aultres malheurs qui arrivent. Mais ceulx-là sont trop fascheux, ils sont pour souhaitter à quelques ennemys. Il y en ha d'autres qui ne sont pas si forts à endurer, parce qu'ilz ne durent pas tant, et mesmes sont de telle sorte, qu'on est plus ayse par après de les avoir pratiquez et d'en faire ses comptes. Telles adventures sont bonnes à ces jeunes gens, pour leur faire rasseoir un peu leur cholere; entre lesquelles est la rencontre d'un Poytevin, quand on va par pays : comme, prenez le cas que vous ayez à faire une diligence et qu'il face froid ou quelque mauvais temps; en somme, que vous soyez fasché de quelque autre chose, et par fortune vous ne sachiez vostre chemin; vous advisez un Poytevin assez loing de vous, qui laboure en un champ; vous vous prenez à luy demander : « Et hau! mon amy, où est

---

coffre le heurta, et, tout en le heurtant, lui dit : Gare! « Est-ce, lui demanda Caton, que tu portes autre chose que ce coffre? » Cicér., liv. II, de Oratore. (L. M.)
¹ Crocheteur de la place de Grève, à qui ses crochets tiennent lieu d'ailes. (L. M.)
² On a mis philosophe, dans les éditions suivantes.
³ Il y a met, dans les éditions modernes.

le chemin de Parthenay? » Le picque-beuf[1], encores qu'il vous entende, ne se haste pas de respondre; mais il parle à ses beufs : « Garea, Frementin, Brichet, Castain[2], ven après moay, tu ves bien crelincoutant[3]! » ce dit-il à son beuf, et vous laisse crier deux ou trois fois bonnes et haultes. Puis, quand il void que vous estes en cholere et que vous voulez picquer droit à luy, il sible[4] ses beufs pour les arrester, et vous dit : « Qu'est-ce que vous dites? » Mais il ha bien meilleure grace au langage du païs : « Quet o que vo disez? » Pensez que ce vous est un grand plaisir, quand vous avez si longuement demeuré à vous estuver[5] et crié à gorge rompue, que ce bouvier vous demande que c'est que vous dites; et bien, si fault-il que vous parliez. « Où est le chemin de Parthenay? Dy! — De Parthenay, Monsieur? ce vous dira-il. — Ouy, de Parthenay. Que te viengne le cancre! — Et dont venez-vous, Monsieur? dira-il. » Il faut resver ou de cueur ou de bouche: Dont je vien! « Où est le chemin de Parthenay? — Y voulez-vous aller, Monsieur? Or sus prenez patience. — Ouy, mon amy, je m'y en vais. Où est le chemin? » Adonc il appellera un autre picque-beuf qui sera là auprès, et luy dira : « Micha, icoul homme demande le chemin de Parthenay; n'et o pas per qui aval[6]? » L'autre repondra (s'il plaist à Dieu) : « O m'est avis qu'ol est par deçay[7]. » Pendant qu'ilz sont là tous deux à debatre de vostre chemin, c'est à vous à adviser[8] si vous deviendrez fol ou sage. A la fin, quand ces deux Poyctevins ont bien disputé ensemble, l'un d'eux vous va dire : « Quand vous serez à iceste grand cray,

---

[1] Cette expression vient de ce que, dans certaines provinces, le laboureur aiguillonnait ses bœufs avec une espèce de longue pique, à la manière des anciens.

[2] Ce sont des noms que les paysans du Poitou donnent à leurs bœufs, par rapport à la couleur du poil de ces animaux. *Garea*, de *varius*; Ménage remarque, au mot *bigarrer*, qu'au Maine, en Anjou et en quelques lieux des environs de Paris, on appelle *garce* une vache pie, et *garreau* un taureau pie. *Frementin*, pour *fromentin*, de couleur de froment. *Brichet*, pour *bourrichet*, d'un gris tirant sur le roux; du latin *burrus*, qui vient du grec πυρρός. *Châtain* n'a pas besoin d'explication. (L. M.)

[3] C'est-à-dire : « Viens après moi; tu vas bien clopin-clopant. »

[4] Pour : *siffle*, en bourguignon; du latin *sibilare*.

[5] A vous mettre en sueur, à vous échauffer le sang.

[6] C'est-à-dire : « Michel, cet homme demande le chemin de Parthenay; n'est-ce pas de ce côté-ci en descendant? »

[7] C'est-à-dire : « Il m'est avis qu'il est par deçà. »

[8] On lit *deviner*, dans la plupart des éditions.

tournez à la bonne main, et peu allez tout dret : vous ne sçauriez faillir[1]. » En avez-vous à ceste heure? Allez hardiment, meshuy vous ne ferez mauvaise fin estant si bien adressé[2]. Puis, quand vous estes en la ville, s'il est d'advanture jour de marché et que vous alliez acheter quelque chose, vous aurez affaire à bons et fins marchands : « Mon amy, combien ce chevreau? — Iquou chevreau[3], monsieur? — Ouy. — Le voulez-vous avec la maire? Dè, ol est bon iquou chevreau[4]! — C'est mon! il est bien bon. Combien le vendez vous? — Sopesez. Monsieur, col est gras! — Voyre mais, combien? — Monsieur, la maire n'en ha encores porty que doux[5]. — Je l'entens bien; mais combien me coustera-il? — Ne voulez-vous qu'une parolle? I sçay ben que ne vous o fault pas surfaire, non. — Mais combien en donneray-je? — Ma foay! o ne vous cousterat pas may de cinq sou e dimé[6]. Voyla voustre marché. Prenez ou laissez. »

NOUVELLE LXX.

Du Poytevin et du sergent qui mit sa charette et ses beufs en la main du roy.

JE ne m'amuseray icy à vous faire les autres comptes des Poytevins, lesquelz sans point de faulte sont fort plaisantz; mais il fauldroit sçavoir le courtisan du pays[7], pour les faire

---

[1] C'est-à-dire : « Quand vous serez à cette grande croix, tournez à droite, et puis allez tout droit : vous ne pouvez vous perdre. »
[2] D'Ouville (Contes, III* partie, p. 54) raconte une aventure à peu près semblable arrivée à deux jésuites qui demandaient le chemin de Pamperou à un laboureur poitevin.
[3] C'est-à-dire : « Ce chevreau. »
[4] C'est-à-dire : « Da, il est bon, ce chevreau ! »
[5] C'est-à-dire : « La mère n'en a encore porté que deux ! »
[6] C'est-à-dire : « Ma foi, il ne vous coûtera pas moins de cinq sous et demi. »
[7] C'est-à-dire : Savoir le fin de la langue du pays. Cette expression proverbiale : *savoir le courtisan*, fait allusion à l'ouvrage de Balthazar Castiglione : *Il libro del Cortegiano*, qu'on regardait alors comme le catéchisme des gens de cour, et que Jacques Colin, d'Auxerre, secrétaire de François, avait traduit en français, par ordre du roi, sous le titre du *Courtisan* (Paris, J. Longis, 1537, in-8).

trouver telz, et puis la grace de prononcer vault mieux que tout; mais je vous en puis bien dire encores un, tandis que j'y suis. Il y avoit un Poytevin, qui, par faute de payer la taille, avoit esté executé par un sergent, lequel, faisant son exploict par vertu de son mandement, mit la charette et les beufz de ce povre homme en la main du roy : dont il fut assez marry; mais si fallut-il qu'il passast par là. Advint au bout de quelque temps que le roy vint à Chasteleraut. Quoy sçachant, ce paysant, qui estoit de La Tricherie[1], y voulut aller pour veoir l'esbat[2], et fit tant, qu'il veid le roy comme il alloit à la chasse. Mon paysant, incontinent qu'il l'eut veu, n'ayant plus rien à faire à la court, s'en retourna au village. Et, en souppant avec ses comperes picque-beufz, il leur dit : « La mairdé ! j'ay veu le roay d'aussi près qu'iquou chein; ol a le visage comme in homme; mais i parleray bien à iqueo bea sergent qui mit avan hier ma charette et mon beuf en la main du roay. La mairdé ! o na pas la moin pu gran que moay[3] ! » Il estoit advis à ce Poytevin, que le roy devoit estre grand comme le clocher Sainct Hilaire[4], et qu'il avoit la main grande comme un chesne, et qu'il y devoit trouver sa charette et ses beufz. Mais pourquoy ne vous en compteray-je bien encor un ?

NOUVELLE LXXI.

D'un autre Poytevin et de son filz Micha.

C'ESTOIT un homme de labeur, assez aysé, qui avoit mené deux siens filz à Poytiers, pour estudier en grimaulde[5], lesquelz se

[1] Village à douze kilom. de Châtellerault et autant de Poitiers.
[2] Chasse au courre et au vol.
[3] C'est-à-dire : « La merdé ! j'ai vu le roi d'aussi près qu'aucun; il a le visage comme un homme; mais je parlerai à ce beau sergent qui mit avant-hier ma charrette et mon bœuf en la main du roi. La merdé ! il n'a pas la main plus grande que moi. »
[4] C'est une des principales églises de Poitiers, qui compte saint Hilaire au nombre de ses premiers évêques.
[5] A l'Université, avec ou comme les *grimauds*. Les autres éditions portent *grimauderie*, qui est resté dans la langue familière.

mirent avec d'autres patrias[1] cameristes[2], près du *Beuf couronné*. L'aisné avoit nom Michel, et l'autre Guillaume. Leur pere, les ayan logez, retint l'endroit où ilz demeuroyent, et les laisse là, où i z furent assez longtemps sans luy rescripre : et mesme il se contentoit d'en sçavoir des nouvelles par les paisans qui alloyent quelquesfois à Poytiers, par lesquels il envoyoit quelquesfois à ses enfans des formages, des jambons et des souliers bien bobelinez[3]. Advint que tous deux tomberent malades, dont le petit mourut, et l'aisné, qui n'estoit pas encores guery, n'avoit la commodité d'escripre à son pere la mort de son frere. Au bout de quelque temps, ce pere fut adverti qu'il estoit mort un de ses enfans ; mais on ne luy sceut pas dire lequel c'estoit. Dequoy estant bien fasché, fit faire une lettre au vicaire de la parroisse, laquelle portoit en la suscription : *A mon fils Micha, demeurant au Roay do beu, ou iqui prés*; et au dedans de ceste lettre y avoit, entre autres bons propos : « Micha, mande-moay loquau ol est qui est mort, de ton frere Glaume o1 de toay, car i en seu en un gran emoay. Au par su i te veu bein averti qu'o disant que noustre avesque est à Dissay[4]. Va t'y en per prendre couronne, et la pren bonne et grande, afin qu'o n'y faille point torné à deu foay[5]. » Maistre Micha fut si aysé d'avoir receu ceste lettre de son pere, qu'il en guerit incontinent tout sain, et se leve pour faire la response, qui estoit pleine de rhetorique qu'il avoit apprise à *Poyté*[6], laquelle je ne diray icy à cause de brieveté ; mais entre autres y avoit : « Mon pere, i vous averti qu'o n'est pas moay qui suis mort, mais ol est mon frere Glaume ; ol est bien vray qu'i estay pu malade que li, car la pea me tombet comme à in gorret[7]. »

[1] Compatriotes, en patois poitevin.
[2] *Caméristes*, c'est-à-dire : en chambre, à l'enseigne du *Bœuf couronné*.
[3] Rapetassés ; *bobein*, du bas latin *bobulinum*, signifiait un morceau de cuir de bœuf.
[4] Château sur le Clain ; aujourd'hui bourg à vingt kilomètres de Poitiers.
[5] C'est-à-dire : « A mon fils Michel, au Roy des bœufs, ou auprès. Michel, mande-moi lequel c'est qui est mort, de ton frère Guillaume ou de toi, car j'en suis en une grande peine. Du reste, je veux bien t'avertir qu'on dit que notre évêque est à Dissai : vas y pour prendre couronne (tonsure), et la prens bonne et grande, afin qu'il n'y faille pas retourner à deux fois. »
[6] Poitiers, en langage poitevin.
[7] C'est-à-dire : « Mon père, je vous avertis que ce n'est pas moi qui suis mort ; mais c'est mon frère Guillaume : il est bien vrai que j'étois plus malade que lui, car la peau me tombait comme à un cochon. »

N'estoit-ce pas vertueusement respondu ? Vrayement, qui voudroit dire le contraire, il auroit grande envie de tencer [1].

NOUVELLE LXXII.

Du gentilhomme de Beausse et de son disner.

Un des gentilz-hommes de Beausse [2], que l'on dit qu'ilz sont deux à un cheval quand ilz vont par pays, avoit disné d'assez bonne heure, et fort legerement, d'une certaine viande qu'ilz font en ce pays-là, de farine et de quelques moyeux d'œufz; mais, à la verité, je ne sçaurois pas dire de quoy elle se fait, par le menu : tant y ha que c'est une façon de bouillie, et l'ay ouy nommer *de la caudelée* [3]. Ce gentilhomme en fit son disner. Mais il la mangea si diligemment, qu'il n'eut loisir de se torcher les babines, là où il demeura de petis gobeaux [4] de ceste caudelée, et en ce poinct s'en alla veoir un sien voisin, selon la coustume qu'ilz avoyent de voisiner en leurs maisons, comme de baudouiner [5] par les chemins. Il entre privément chez ce voisin, lequel il trouva qu'il se vouloit mettre à table, et commença à parler galamment. « Comment, dit-il, n'avez-vous pas encores disné ! — Mais vous, dit l'autre, avez-vous desjà disné ? — Si j'ay disné ! dit-il, ouy, et fort bien, car j'ay faict une gorge chaude d'une couple de perdris, et n'estions que madamoiselle ma femme et moy; je suis marry que n'estes venu en manger vostre part. » L'autre, qui sçavoit bien de quoy il vivoit le plus du temps, luy respondit : « Vous dites vray, vous avez mangé

---

[1] Contredire, disputer, quereller ; du latin *contendere*.

[2] Les anciens proverbes n'étaient pas trop favorables aux gentilshommes de cette province : « Les gentilshommes de Beauce desjeunent de baisler et s'en trouvent fort bien et n'en crachent que mieux. » (Rabelais, liv. 1, ch. XLVII.) « Un monsieur de trois au boisseau ou trois à une espée, comme en Beauce. » (Noël du Fail, *Contes d'Eutrapel*.) « Gentilhomme de la Beauce qui vend ses chiens pour avoir du pain. » (Oudin, *Curiosités françoises*). « En gentilhomme de la Beauce, garder le lit faute de chausse, » etc. Voyez le *Livre des Proverbes français*, par M. Le Roux de Lincy, t. I, p. 208.

[3] Ou *chaudelée*; de *chaudeau*.

[4] Morceaux ; de *gob*, qui s'est dit pour *cop*, coup.

[5] Peter comme un baudet.

de bons perdreaux; voi l'en là encores de la plume! » en luy montrant ce morceau de caudelée qui luy estoit demeuré à la barbe. Le gentilhomme fut bien penaut, quand il veid que sa caudelée luy avoit descouvert ses perdreaux.

NOUVELLE LXXIII.

Du prestre qui mangea à desjeuner toute la pitance des religieux de Beau-Lieu [1].

En la ville du Mans y avoit un prestre que l'on appelloit messire Jehan Melaine, lequel estoit un mangeur excessif, car il devoroit la vie de neuf ou dix personnes pour le moins à un repas. Et luy fut sa jeunesse assez heureuse : car, jusques à l'aage de trente ou trente-cinq ans, il trouva tousjours gens qui prenoyent plaisir à le nourrir, principalement ces chanoines, qui se battoyent à qui auroit messire Jehan Melaine, pour avoir le passetemps de le saouler. De sorte qu'il estoit aucunes fois retenu pour une semaine à disner et à souper par ordre, chez les uns et puis chez les autres. Mais, depuis que le temps commença à s'empirer, ilz commencerent aussi à se retirer, et laisserent jeusner le povre messire Jehan Melaine, lequel devint sec comme une busche, et son ventre creux comme une lanterne; et vesquit trop longuement le povre homme, car ses six blancs n'estoyent pas pour luy donner le pain qu'il mangeoit [2]. Or, du temps qu'il faisoit encores bon pour luy, il y avoit un abbé de Beaulieu qui le traittoit assez souvent, et, une fois entre autres, il entreprint de le faire mettre si bien à son ayse, qu'il en eust assez. Il se faisoit un anniversaire en l'abbaye, là où se trouverent force prestres, desquelz messire Jehan Melaine estoit l'un. L'abbé dit

---

[1] Cette Nouvelle a quelque analogie avec la LXXXIII° des *Cent Nouvelles nouvelles*, le *Carme glouton*, qui a été aussi imitée par Malespini, dans ses *Ducento Novelle*.

[2] Voyez, sur le prix des messes, une note de la Nouvelle XXII. La Monnoye pense que Ménage avait en vue ce passage, lorsqu'il dit dans son épître au docteur de Paris :

Pour les messes que vous devez
Aux prieures que vous avez,
J'apprends que, dans tout le haut Maine

NOUVELLE LXXIII.

à son pitancier¹ : « Sçavez-vous que c'est? Qu'on donne à desjeuner à messire Jehan, et qu'on le face tant manger, qu'il en demeure devant luy. » Et là dessus il dit luy-mesme au prestre : « Messire Jehan, incontinent que vous aurez chanté messe, allez-vous-en à la despence² demander à desjeuner, et faites bonne chere, entendez-vous. J'ay dit qu'on vous traitast à vostre plaisir. — Grand mercy, Monsieur, » dit le prestre. Il despesche sa messe, laquelle il dit en chasse³, ayant le cueur à la mangerie. Il s'en va à la despence, là où luy fut attaint⁴ d'entrée une grande piece de beuf, de celles des religieux, et un gros pain de levriers⁵, et une bonne quarte de vin⁶, mesure de ce pays-là. Il eut despesché cela en moins qu'un horologe auroit sonné dix heures, car il ne faisoit qu'estourdir ces morceaux. On luy en apporte encores autant, qu'il despesche aussi tost. Le pitancier, voyant le bon appetit de l'homme, et se souvenant du commandement de l'abbé, luy fait apporter deux autres pieces de beuf tout à la fois, lesquelles il eut incontinent mises en un mesme sac avec les autres. Somme, il mangea tout ce qui avoit esté mis pour le disner des religieux : car il fut tiré, comme fit le roy devant Arras⁷, jusqu'à la dernière pièce⁸, tant qu'il fut

Et dans le bas, on en aura
A six blancs, tant qu'on en voudra.

¹ Cellerier; du bas latin *pictantia*, parce que la pitance était autrefois une portion alimentaire, de la valeur d'une pite, *picta*, petite pièce de monnaie valant deux liards.

² Cuisine, office.

³ Les autres éditions portent : *en chasseur*. Dire la messe en chasse, c'est-à-dire avec l'impatience d'un chasseur qui entend le son du cor et les cris des chiens. Au reste, il y avait une sorte de messe, sans doute plus courte que les autres, laquelle s'appeloit *messe des chasseurs*; voy. le chap. XXXIX de l'*Apologie pour Hérodote*.

⁴ Présenté, mis en avant. *Atteindre* signifiait au figuré : mettre la main au plat. La Monnoye regarde ce verbe comme synonyme d'*aveindre*. « Nicot, dit-il, produit cet exemple : *Atteindre pour en manger*, qu'il rend en latin, avec Budé : *Promere in usus*. »

⁵ Un pain, non pas de la qualité, mais de la grosseur de ceux qu'on distribue aux lévriers, par morceaux. (L. M.)

⁶ Mesure à vin appelée *quarte*, parce qu'elle tient quatre chopines. (L. M.)

⁷ Nous disons plutôt : *comme fit le roi François devant Pavie*. Au lieu de ce proverbe, qu'on n'avoit peut-être pas encore introduit, on disoit alors : *comme fit le roi devant Arras*, par où on entendoit Louis XI, qui, indigné contre les habitans d'Arras, fit tirer jusqu'à la dernière pièce de son artillerie sur leur ville, pour les détruire et se venger de leurs insolences. Ce fut au mois d'avril de l'an 1477. (L. M.)

⁸ Il vaut peut-être mieux lire *pierre*, comme portent plusieurs éditions. On

force d'en mettre cuire d'autres à grand haste. L'abbé ce pendant se pourmenoit par les jardins, en attendant que messire Jehan eust desjeuné, lequel, ayant bien repeu, sortit pour s'en aller. L'abbé, qui le veid en s'en allant, luy demanda : « Et puis, messire Jehan, avez-vous desjeuné ? — Oui, Monsieur, Dieu mercy et vous, dit le prestre ; j'ay mangé un morceau et beu une fois, en attendant le disner. » A vostre advis, ne pouvoit-il pas bien attendre un bon disner, pourveu que il ne demeurast gueres ?

Une autre fois qu'il estoit vendredy, on luy donna à desjeuner d'une saugrenée de poys[1] pleine une grande jate de bois, avec de la souppe assez pour six ou sept vignerons. Mais celuy qui la luy appresta, cognoissant le patient, mit parmy ces pois deux grandes poignées de ces osselets ronds de moulue[2], qu'on appelle *patenostres*, avec force beurre et verjus, et la presente à messire Jehan, qui la vous despescha en forme commune[3], et mangea patenostres[4] et tout. Et croy qu'il eust mangé l'*Ave Maria* et le *Credo*, s'il y eust esté. Vray est que ces os luy crocquoyoient par fois soubz les dentz ; mais ilz passoyent nonobstant. Quand il eut faict, on luy demande : « Eh bien, Messire Jehan, ces poys estoyent-ilz bons ? — Ouy, Monsieur, Dieu mercy et vous ; mais ilz n'estoyent pas encores bien cuitz. » N'estoit-ce pas bien vescu pour un prestre ? Dieu fit beaucoup pour ce bas monde, de le faire d'Église : car, s'il eust esté marchand, il eust affamé tout le chemin de Paris, de Lyon, de Flandres, d'Allemaigne et d'Italie. S'il eust esté bouchier, il eust mangé tous ses beufz et ses moutons, cornes et tout. S'il eust esté advocat, il eust mangé papiers et parchemins, dont ce n'eust pas esté grand dommage ; mais il eut bien pis faict, car il eust mangé ses cliens, combien que les autres les mangent aussi bien. S'il eust esté soudart, il eust mangé brigandines, morrions, hacquebutes[5], et toutes les

---

appelait *pierre* toute espèce de boulet, parce que les premiers boulets de canon furent, en effet, des pierres de grès arrondies.

[1] Furetière et Richelet disent que ce sont des pois cuits seulement avec de l'eau et du sel. Ils ont oublié l'huile. (L. M.)

[2] Pour : *morue*.

[3] C'est-à-dire qu'il ne lui fit point de grâce, parce que, en termes de chancellerie romaine, quand on dit qu'une provision est expédiée *en forme commune*, on entend qu'elle est expédiée sans grâce, sans privilège. (L. M.)

[4] Allusion au *Pater noster*, qu'on nommait la *patenôtre*.

[5] *Brigandine*, cuirasse de brigand ; *morion*, casque, de sa couleur noire ; *hac-*

cacques de poudres. Et s'il eust été marié avec tout cela, pensez que sa povre femme n'eust pas eu meilleur marché de luy qu'eut celle de Cambles, roy des Lydes, qui mangea la sienne une nuict, toute mangée¹. Dieu nous ayde! quel roy! il en devoit bien manger d'autres!

NOUVELLE LXXIV

De Jehan Doingé, qui tourna son nom par le commandement de son pere.

A Paris la grand'ville², y avoit un personnage de nom et de qualité, homme de grand sçavoir et de jugement, qu'on appelloit monsieur Doingé³; mais, comme il advient que les hommes sçavans ne font pas voulentiers des enfans des plus spirituelz du monde (je croy que c'est parce qu'ilz laissent leur esprit en leur estude, quand ilz vont coucher avec leurs femmes), celuy dont nous parlons avoit un filz desjà grand d'aage, nommé Jehan Doingé, lequel en la chose qu'il ressembloit le moins à son pere, estoit l'esprit. Un jour que son pere estoit empesché à escrire ou à estudier, ce vertueux filz estoit planté devant luy comme une image à regarder son pere sans rien faire, sinon une contenance d'un homme qui ha sa journée payée. De quoy, à la

---

quebute, arquebuse; cacque, quart de muid : cadus, selon Ménage, cadicus, et par syncope cacus. (L. M.)

¹ Camblite ou Camblete, roi de Lydie, qui régnait quatorze cents ans avant Jésus-Christ, ayant offensé les dieux, fut affligé d'une faim tellement insatiable, qu'il se jeta une nuit sur sa femme et la dévora tout entière. Voy. Elien, *Historiæ variæ*.

² Ce sont les premiers mots d'une chanson, selon La Monnoye; dans la chanson du *Misanthrope*, en effet, on reconnaît une allusion à ce vieux refrain :

Si le roi m'avoit donné
Paris sa grand'ville...

³ Le vrai nom de cette famille étoit *Gédoin*. Voyez Tabourot, au chap. *Des anagrammes*. Jean Gédoin étoit fils de Robert Gédoin, seigneur du fief nommé *Le Tour*. Clément Marot, dans son livre intitulé *Cimetière*, a fait l'épitaphe de *M. Du Tour Me Robert Gedoin*, qui avoit été secrétaire de quatre rois, Louis XI, Charles VIII, Louis XII et François Iᵉʳ. Augustin Justinien, évêque de Nebbio, lui dédia en 1520 le petit ouvrage de Mathieu de Luna : *de Rerum Inventoribus*. (L. M.)

fin, son pere, ennuyé, luy va dire : « Et, mon amy, de quoy sers-tu icy le roy? Que ne vas-tu faire quelque chose? — Monsieur, dit-il à son pere, que voudriez-vous que je fisse? Je n'ay pas rien à faire. » Le pere, voyant cest homme de si bon cueur, luy dit : « Tu ne sçais que faire, povre homme! Et va tourner ton nom. » Maistre Jehan print ceste parolle à son avantage et bon escient, laquelle son pere luy avoit dicte comme on ha coustume de la dire à un homme qui ayme besongne faicte. Et, de ceste empeinte¹, s'en va enfermer en son estude, pour mettre son nom à l'envers. Tantost il trouvoit *Doingé Jehan*, tantost *Jehan Gedoin*, tantost *Gedoin Jehan*. Et puis il va monstrer toutes ces pièces de nom à quelque jeune homme de ses familliers, luy demandant s'il estoit bien tourné ainsi; mais l'autre luy dit que, pour tourner son nom, ce n'estoit pas assez de le mettre par les syllabes c'en devant derriere, mais qu'il falloit mesler les lettres les unes parmy les aultres et en faire quelque bonne devise. Mon homme se retourne incontinent enfermer et vous recommence à decouper son nom tout de plus belle : là où il fut deux ou trois jours, qu'il en perdoit le boire et le manger, ne s'osant trouver devant son pere, que ce nom ne fust tourné. A la fin, il le tourna et vira tant, qu'il en trouva deux sortes les plus propres du monde : dont il fut si ayse, qu'il en rioit tout seul en allant et venant, et luy duroit mille ans, qu'il ne trouvoit l'heure de le dire à son pere : laquelle ayant bien espiée, luy vint dire tout à haste, comme s'il l'eust voulu prendre sans verd² : « Monsieur, dit-il, je l'ay tourné. » Son pere, qui pensoit en tout, fors qu'en ce tournement de nom, fut tout esbahy, tant pource qu'il ne l'avoit veu de tous ces deux jours, que aussi pour l'ouyr ainsi parler sans propos. « Tu l'as tourné? dit-il; et qu'est-ce que tu as tourné? — Monsieur, vous me distes lundy que j'allasse tourner mon nom. Je n'ay cessé d'y travailler depuis; mais, à la fin, j'en suis venu à bout. — Vrayement! je t'en sçay bon gré, dit le pere; tu l'as

---

[1] Ce mot, que nous avons déjà vu ci-dessus, dans la Nouvelle XVIe, où nous avons proposé de lire *empreincte*, dans le sens d'*impression*, équivaut peut-être à la locution usitée aujourd'hui : *de ce pas*. On pourrait lire *emprinse*, entreprise.

[2] C'est-à-dire : prendre au dépourvu. Allusion à un vieil usage, selon lequel il ne fallait pas se montrer sans un rameau ou une feuille verte, le premier jour de mai, sous peine de payer l'amende aux plaisants et de recevoir des avanies. Il y a une comedie de La Fontaine, intitulée : *Je vous prends sans vert*.

donc tourné, et qu'as-tu trouvé, povre homme? — Monsieur, dit-il, je l'ay tourné en beaucoup de sortes, mais je n'en ay trouvé que deux qui soyent bonnes. J'ai trouvé *Janin Godé* [1] et *Angin d'oye*. — Vrayement! dit son pere, je t'en croy; tu n'has pas perdu ton temps, va! » N'estoit-ce pas là un gentil filz? Bohemiennes luy pourroyent bien dire : « Vous estes d'un bon pere et d'une bonne mere, mais l'enfant ne vault gueres. » Quelqu'un me dira : « Voyre-mais nous n'escripvons pas engin par *a*! » Non ; mais que voulez-vous? qu'un homme perde une si belle devise comme celle-là, pour le changement d'une seule lettre?

NOUVELLE LXXV.

De Janin, nouvellement marié.

JANIN s'estoit marié à la sienne fois [2], et avoit pris une femme qui jouoit des manequins [3], laquelle ne s'en cachoit point pour luy, ne voulant point faire de tort au beau nom de son mary. Quelque jour, un des voisins de Janin luy faisoit des demandes, et luy faisoit les responses, en forme d'une assez plaisante farce [4]. « Or çà, Janin, vous estes marié? » Et Janin respondit : « O voire ! — Cela est bon, disoit l'autre. — Pas trop bon pourtant, disoit Janin. — Et pourquoy? — Elle ha trop mauvaise teste. — Cela est mauvais. — Pas trop mauvais pourtant. — Et pourquoy? — Et pourquoy? C'est une des belles de nostre paroisse. — Cela est bon. — Pas trop bon aussi. — Et pourquoy? — Il y ha un mon-

---

[1] La Monnoye dit que, « à Dijon, *godé* est la même chose que *guedé*, saoul, plein de vin. » Mais, comme c'est ici une anagramme de Paris, et non de Dijon, nous préférons interpréter *godé* par *godet*, et même par *godemiché* (*gaude mihi*) qui commençait à être en usage.

[2] *La sienne fois*, suivant l'ancienne édition, ou *à la sienne fois*, comme ont toutes les autres, signifie que : *Janin voulut aussi se marier, lui*, ou, comme on dit souvent, *une fois en sa vie*. (L. M.)

[3] Le Duchat, dans ses notes sur Rabelais (liv. 1, ch. LIII), dit que cette expression burlesque exprime la souplesse des reins des débauchés et des filles de joie. Mais il est plus simple de voir dans le mot *manequins* le synonyme d'*hommes*, ce qui se dit encore dans le langage trivial.

[4] On lit : *face*, dans les éditions suivantes.

sieur qui la vient veoir à toute heure. — Cela est mauvais. — Pas trop mauvais pourtant. — Et pourquoy? — Il me donne tousjours quelque chose. — Cela est bon. — Pas trop bon aussi. — Et pourquoy? — Il m'envoye tousjours deçà, delà. — Cela est mauvais. — Pas trop mauvais pourtant. — Et pourquoy? — Il me baille de l'argent, dequoy je fais grand chere par les chemins. — Cela est bon. — Pas trop bon aussi. — Et pourquoy? Je suis à la pluye et au vent. — Cela est mauvais. — Pas trop mauvais pourtant. — Et pourquoy? — Je y suis tout accoustumé. » Achevez le demeurant, si voulez : ceste-cy est à l'usage d'estrivieres[1].

NOUVELLE LXXVI.

Du legiste qui se voulut exercer à lire, et de la harangue qu'il fit à sa premiere lecture.

Un legiste estudiant à Poytiers avoit assez bien profité en sa vaccation de droict; et en sçavoit non pas trop aussi; et n'avoit pas grand'hardiesse, ny moyen d'expliquer son sçavoir. Et, parce qu'il estoit filz d'un advocat, son pere, qui avoit passé par là, luy manda qu'il se mist à lire, afin qu'il se fist la memoire plus prompte en s'exerceant. Pour obeir au commandement de son pere, il se delibere de lire à la Ministrerie[2]. Et, à fin de mieux s'asseurer, il s'en alloit tous les jours en un jardin qui estoit assez secret[3], pour estre loing des maisons, auquel y avoit des choux beaux et grands. Il fut long-temps, qu'à mesure qu'il avoit estudié, il alloit faire sa lecture devant ces choux, les ap-

---

[1] C'est-à-dire : cette histoire est de celles qu'on diminue ou qu'on étend à volonté.

[2] La salle de l'Ecole de droit à Poitiers, où se lisent les Institutes, s'appelle la *Ministrerie*. A propos de quoi, Florimond de Ræmond (liv. VII, chap. xi, de son *Histoire de l'heresie de ce siècle*), en parlant d'Albert Babinot, un des premiers disciples de Calvin, après avoir dit qu'il se fit appeler le Bonhomme, ajoute que, parce qu'il avoit été lecteur des Institutes en cette Ministrerie de Poitiers, Calvin et d'autres le sommèrent *M. le ministre*; d'où ensuite le même Calvin prit occasion de donner le nom de *ministres* aux pasteurs de son Eglise. (L. M.)

[3] Retiré, solitaire.

pellant *domini*, et leur allegant ses paragrafes, tout ainsi que si c'eussent été escoliers auditeurs. S'estant ainsi bien appresté par l'espace de quinze jours ou trois semaines, il luy sembla bien qu'il estoit temps de monter en chaire, pensant qu'il diroit aussi bien devant les escoliers comme il faisoit devant ses choux. Il se presente et commence à faire sa harangue. Mais, avant qu'il eust dit une douzaine de motz, il demeura tout court, qu'il ne sçavoit plus où il en estoit ; tellement qu'il ne sceut que dire autre chose, sinon : *Domini, ego bene video quod non estis caules*, c'est-à-dire (car il y en ha qui en veulent avoir leur part en françois) : « Messieurs, je voy bien que vous n'estes pas des choux. » Estant au jardin, il prenoit bien le cas que les choux fussent des escoliers ; mais, estant en chaire, il ne pouvoit prendre le cas que les escoliers fussent des choux.

NOUVELLE LXXVII.

Du bon yvrongne Janicot et de Jannette sa femme.

DEDANS Paris, où il y ha tant de sortes de gens, y avoit un cousturier [1] nommé Janicot, lequel ne fut jamais avaricieux, car tout l'argent qu'il gaignoit, c'estoit pour boire. Lequel mestier il trouva si bon, et s'y accoustuma de telle sorte, qu'il luy fallut quitter celuy de cousturier : car, quand il revenoit de la taverne, et qu'il se vouloit mettre sus sa besongne, en enfillant son aiguille, il faisoit comme les nouveaux mariez, il mettoit auprès ; et puis luy estoit advis d'un filet que c'en estoyent deux, et cousoit aussi tost une manche par derriere comme par devant : tout luy estoit un. De sorte qu'il renonça du tout à ce fascheux cousturage, pour se retirer au plaisant mestier de boire, lequel il entretint vaillamment : car, depuis qu'il estoit au fons d'une taverne, il n'en bougeoit jusques au soir, fors quand quelquefois sa femme le venoit querir, qui luy disoit mille in-

[1] Tailleur, mot dont l'usage ne remonte pas au delà de 1554, suivant La Monnoye.

jures ; mais il les avalloit toutes avec un verre de vin. Bien souvent il la flattoit tant, qu'il la faisoit asseoir auprès de soy, en luy disant : « Taste un peu de ce vin-là, m'amie ; c'est du meilleur que tu beuz jamais. — Je n'ay que faire de boire, disoit-elle ; c'est yvrongne, icy ! verras-tu[1] ? — Eh ! Jannette, tu ne bevras[2] que tant petit que tu vourras. » A la fin, elle se laissoit aller, car la bonne dame disoit en soy-mesme : « Aussi bien, c'est moy qui paye tout ; il fault bien que j'en boive ma part. » Vray est qu'elle avoit un peu plus de discretion que Janicot, car elle ne se chargeoit pas[3] tant, qu'elle ne le ramenast à la maison ; mais croyez que c'estoit une dure departie, que du pot et de Janicot. Une autre fois, quand elle faisoit la fascheuse, il luy disoit : « Jannette, tu sçais bien que c'est que je vey hier : ce monsieur, tu m'entends bien ? Je n'en diray mot, Jannette ; mais laisse-moy boire ; va t'en, m'amie, je seray aussi tost au logis que toy. » Et de reboire ; puis, en s'en retournant, qui n'estoit jamais qu'il n'eust sa charge, hardiment, qu'il estoit plus aysé à sçavoir d'où il venoit, que non pas où il alloit (car la rue ne luy estoit pas assez large), il alloit chancelant, dandinant, tresbuchant. Il heurtoit tousjours à quelque ouvroir, ou, quand il estoit nuict, à quelque charrette, et se faisoit à tous coups une bigne au front ; mais elle estoit guerie, avant qu'il s'en apperceust. Il se laissoit maintefois tomber du hault d'un degré, ou en la trappe d'une cave ; mais il ne se faisoit point de mal : Dieu lui aydoit tousjours. Et, si vous me demandez où il prenoit dequoy payer ; je vous respons qu'il n'y avoit plat ny escuelle qui ne s'y en allast. Les nappes, les couvertes[4] de lict, il vendoit tout cela : quand sa femme estoit quelque part en commission, son demy-ceint[5], s'il le povoit avoir, ses chapperons, sa robbe, à un besoin. Mais pourquoy n'eust-il engagé tout cela, quand il eust engagé sa femme mesme à qui luy eust voulu donner dequoy boire ? Et puis il y avoit tousjours quel-

---

[1] Il y a dans les autres éditions : *Viendras-tu ?* ou : *Venras-tu ?*

[2] La Monnoye écrit *beuras*, qui se prononçait *buras* ; c'est, selon lui, un parisianisme.

[3] C'est-à-dire : elle ne se chargeait pas tant de boisson.

[4] Pour : *couvertures*.

[5] Ceinture qui était ordinairement de cuivre doré ou d'argent ; de là l'expression *demi-ceint d'orfèvrerie*.

que payeur : car ce que le pertuis d'en hault[1] despendoit, celuy d'embas en respondoit. A propos, Janicot avoit tousjours sa bouteille de trois choppines, laquelle il tenoit toute la nuict auprès de soy, et l'esgouttoit toutes les fois qu'il s'esveilloit; et, en dormant mesme, il ne songeoit qu'en sa bouteille, et y avoit une telle addresse, que tout endormy il y portoit la main, et la prenoit pour boire tout ainsi que s'il eust veillé. Quoy congnoissant, sa femme bien souvent le prevenoit, et luy beuvoit le vin de sa bouteille, laquelle elle remplissoit d'eau, que le povre Janicot beuvoit en dormant. Et bien souvent il se resveilloit à ce goust aquatique, qui luy affadissoit toute la bouche; mais il se rendormoit sus ceste querelle, sans faire grand bruict. Et le plus souvent mesmes y avoit un tiers couché en mesme lict, qui dansoit la dance trevisaine[2] avec sa femme; mais tout cela ne luy faisoit point de mal. Quelquefois il s'advisoit de mettre de l'eau en son vin ; mais c'estoit avec la poincte d'un cousteau, lequel il mouilloit dedans l'aiguiere, et en laissoit tomber une goutte en son voirre[3] et non plus. Vous ne l'eussiez jamais trouvé sans un ossellet de jambon en sa gibeçiere. Il aymoit uniquement les saucisses, le formage de Milan, les sardines, les harens sors, et tous semblables esguillons à vin. Il hayssoit les pommes et les salades comme poison; les flannetz[4], les tartelettes, quand il les entendoit crier par les rues, il bouschoit ses oreilles. Il avoit les yeux bordez de fine escarlatte, et, un jour qu'il y avoit mal, sa femme luy fit deffendre par un medecin d'eau douce qu'il ne beust point de vin; mais on eust faict avec luy tous les marchez plustost que celuy-là, car il aymoit

---

[1] C'est-à-dire : la bouche.

[2] Ce proverbe est ancien dans la langue italienne, d'où il est tiré. Il est dans Boccace, journ. VIIIe de son *Décaméron*, nouv. VIII, où Antoine Le Maçon a rendu *la danza trivigiana*, par *la danse de l'ours*, proverbe françois équivalent, au lieu duquel on a dit depuis plus communément, et peut-être par corruption : la *danse du loup*, en ajoutant, par forme d'explication : la *queue entre les jambes*. A l'égard de la danse de l'ours, je croirois que cette façon de parler seroit venue de ce que l'ours, dans l'action, garde une situation toute pareille à celle de l'homme. Pour *la danza trivigiana*, Ménage, qui rapporte ce proverbe dans ses *Modi di dire italiani*, n'en marque point l'origine. Quelques-uns la tirent de la complexion amoureuse des naturels du pays, tant de l'un que de l'autre sexe. (L. M.)

[3] Pour : *verre*.

[4] Petits flans.

mieux perdre les fenestres que toute la maison[1]. Et, quand on luy disoit qu'il se pouvoit bien laver les yeux de vin blanc : « Eh! disoit-il, que sert-il de s'en laver par dehors? C'est autant de gasté. Ne vault-il pas mieux en boire tant, qu'il en sorte par les yeux, et s'en laver dedans et dehors ? » Quand il gresloit, il se jettoit à genoux, et ne plaignoit que les vignes à haute voix. Et quand on luy disoit : « Et, Janicot, les blez, quoy? — Les blez? disoit-il : avec un morceau de pain gros comme une noix, je bevray une quarte de vin : je ne me soucie pas des blez; il y en aura bien peu, s'il n'y en ha assez pour moy. » Et cecy estoit, quand il estoit en son meilleur sens : car les uns disent, quand il eut prins son ply, que depuis il ne desenyvra; et mesme tiennent que tout son sang se convertit en vin. Aussi ne parloit-il que de vin, et, s'il eust esté prestre, il n'eust chanté que de vin, tant il avoit sa personne bien animée. Il est bien vray qu'il fallut qu'il mourust en son reng. Pour ce, deux ou trois jours avant sa mort, on luy osta le vin : ce qu'il fit au plus grand regret du monde, en disant qu'on le tuoit, et qu'il ne mouroit que par faute de boire. Et, quand ce fut à se confesser, il ne se souvenoit point d'avoir faict aucun mal, sinon qu'il avoit beu, et ne sçavoit parler d'autre chose à son confesseur, que de vin. Il se confessoit combien de fois il en avoit beu qui n'estoit pas bon, dont il se repentoit et en demandoit à Dieu pardon. Puis, quand il veid qu'il falloit aller boire ailleurs, il ordonna par son testament, qu'il fust enterré en une cave, soubz un tonneau de vin, et qu'on luy mist la teste soubz le degouttoir, afin que le vin luy tombast dedans la bouche, pour le desalterer[2] : car il avoit bien veu au cimetiere Sainct-Innocent que les trespassez ont la bouche bien seche. Advisez s'il

---

[1] Boutade d'ivrogne, souvent répétée en prose et en vers. Voyez le XVIIe Vaudevire d'Olivier Basselin, dans notre édition de la *Bibliothèque gauloise*.

[2] C'est là un souvenir historique qui a été consacré dans cette chanson populaire, du dix-septième siècle, laquelle se chante encore avec de nombreuses variantes :

> Si je meurs, que l'on m'enterre
> Dans la cave où est le vin,
> Les deux pieds à la muraille,
> Et le nez sous le robin;
> Car, si le tonneau degoutte,
> Mon teint se rafraîchira,
> Et pour recevoir sa goutte,
> Ma bouche encor s'ouvrira.

n'estoit pas bon philosophe, de penser que les hommes avoyent encore après la mort le ressentiment de ce qu'ilz ont aymé en leur vie¹. C'est le vin qui fait ainsi l'homme, qu'il ne luy est rien impossible. Les autres dient qu'il voulut estre enterré au pied d'un sep de vigne, lequel sep ne cessa oncques puis de porter de plus en plus : tellement qu'on ha veu toute la vigne greslée, que le sep s'est defendu et ha porté autant ou plus que jamais. Je vous laisse à penser s'il est vray, et comment il en va.

NOUVELLE LXXVIII.

D'un gentilhomme qui mit sa langue en la bouche d'une damoiselle, en la baisant.

En la ville de Montpelier y eut un gentilhomme, lequel, nouvellement venu audit lieu, se trouva en une compaignie où l'on dansoit. Entre les dames qui estoyent en celle assemblée², estoit une damoiselle de bien bonne grace, laquelle estoit vefve et encores jeune. Je croy qu'ilz danserent la piemontoise, et fut question de s'entrebaiser ; et advint que ce gentilhomme se print à ceste jeune vefve. Quant ce vint à baiser, il en voulut user à la mode d'Italie, où il avoit esté : car, en la baisant, il luy mit sa langue en la bouche. Laquelle façon estoit pour lors bien nouvelle en France, et est encores de present, mais non pas tant qu'alors : car les François commencent fort à ne trouver rien mauvais, principalement en telles matieres. La damoiselle se trouva un peu surprise d'une telle pigeonnerie³, et, com-

---

¹ C'était la croyance des anciens. Voy. la description de l'enfer, dans l'*Enéide* de Virgile :

> Quæ gratia currûm
> Armorumque fuit vivis, quæ cura nitentes
> Pascere equos, eadem sequitur tellure repostos.

² On lit dans les éditions suivantes : *en ceste tant honneste assemblée*.

³ Béroalde de Verville, dans le *Moyen de parvenir*, emploie le verbe *pigeonner*, pour dire : s'entrebaiser à la manière des pigeons ; c'est le verbe latin *columbari*. Le mot *pigeonnerie* nous paraît être de l'invention de Des Periers.

bien qu'elle ne sceust pas prendre les choses en mal, si est-ce qu'elle regarda ce gentilhomme de fort mauvais œil ; et si ne s'en peut pas taire ; car, bien peu après, elle en fit le compte en une compaignie où elle se trouva : à laquelle un personnage qui estoit là, et cui peut-estre luy appartenoit en quelque chose, dit ainsi : « Comment avez-vous souffert cela, madamoiselle ? C'est une chose qui se fait à Romme et à Venise en baisant les courtisanes. » La damoiselle fut fort faschée, entendant par cela, que le gentilhomme la prenoit pour autre qu'elle n'estoit. Tant qu'avec l'instance que luy en faisoit ledit personnage, elle se mit en opinion que, s'elle laissoit cela ainsi, elle feroit grand tort à son honneur. Surquoy, après avoir songé des moyens uns et autres d'en rechercher[1] le gentilhomme, il ne fut point trouvé de meilleur expedient que de le traicter par voye de justice, pour mieux en avoir la raison et à son honneur. Pour abreger, elle obtint incontinent un adjournement personnel contre son homme, pour les moyens[2] qu'elle avoit en la ville : lequel ne s'en doubtoit point autrement, jusques à tant que le jour luy fut donné. Et, parce qu'il n'estoit pas de la ville, combien qu'il ne fust de loing de là, ses amys luy conseillerent de s'absenter pour quelque temps, luy remontrans qu'il n'auroit pas du meilleur, et qu'elle, qui estoit apparentée des juges et des advocatz, luy pourroit faire telle poursuyte qu'il en seroit fasché ; car, de nier le faict, il n'y avoit point d'ordre, d'autant que luy-mesme l'auroit confessé en quelques compaignies où il s'estoit depuis trouvé. Mais, luy, qui estoit assez asseuré, n'en fit pas grand cas, et respondit qu'il ne s'enfuiroit point pour cela, et qu'il sçavoit bien ce qu'il avoit à faire. Le jour de l'assignation venu, il se presenta en jugement, où y avoit assez bonne assemblée pour ouyr debattre ce different, qui estoit tout divulgué par la ville. Il luy fut demandé d'unes choses et autres : Si un tel jour il n'estoit pas en une telle danse ? Il repondit que ouy. S'il ne congnoissoit pas bien la dame complaignante ? Il respondit qu'il ne la congnoissoit que de veue et qu'il voudroit bien la congnoistre mieux. S'il vouloit dire ou maintenir qu'elle fust autre que femme de bien ? Respondit que non. S'il estoit pas

---

[1] Poursuivre, actionner en justice.
[2] C'est-à-dire : les influences qui lui donnaient du crédit.

vray qu'un tel soir il l'eust baisée? Respondit que ouy. « Voyremais, vous luy avez faict un deshonneur grand, ainsi qu'elle se plaint? » Et luy, de le nier. « Vous luy avez mis vostre langue en sa bouche? — Eh bien, quand ainsi seroit? dit-il. — Cela ne se fait (dit le juge) qu'aux femmes mal notées; ce n'estoit pas là où vous deviez addresser. » Quand il se veid ainsi pressé, alors il respondit : « Elle dit que je luy ay mis la langue en la bouche; quant à moy, il ne m'en souvient point, mais pourquoy ouvroit-elle le bec, la folle qu'elle est? » Comme à dire : « S'elle ne l'eust ouvert, je ne luy eusse rien mis dedans. » Mais à ceux qui entendent le langage du pays, il est un peu de meilleure grace. *Et per che badave, la bestia?* C'est-à-dire : « Pourquoy bridoit-elle [1], la beste? » Voyre-mais, qu'en fut-il dict? Il en fut ris, et les parties hors de Court et de procès, à la charge pourtant que une autre fois elle serreroit le bec, quand elle se lairoit baiser.

NOUVELLE LXXIX.

Du couppeur de bourse et du curé qui avoit vendu son bled.

Il n'y ha pas mestier au monde qui ayt besoing de plus grande habileté que celuy des couppeurs de bourses, car ces gens de bien ont affaire à hommes, à femmes, à gentilzhommes, à advocatz, à marchantz et à prestres, que je devois dire les premiers; brief, à toutes sortes de personnes, fors par aventure aux cordeliers; encores y en ha-il qui ne laissent pas de porter argent, nonobstant la prohibition francisquine [2]. Mais ilz la tiennent si

---

[1] Toutes les éditions, hors celle d'Amsterdam, ont : *Pourquoi bridoit-elle*. Mais, pour le coup, celle d'Amsterdam, qui a *bailloit*, doit être suivie. *Bada* en languedocien, de même que *badare* en italien, c'est *bailler*, ouvrir la bouche, et l'auteur apparemment n'a pas écrit *bridoit*, lui qui cinq ou six lignes plus haut avoit dit : *Pourquoi ouvroit-elle le bec, la folle?* ce qui est la vraie explication de : *perche bavada, la bestia?* Voy. la vIIIe Épitre du liv. VI des *Épitres* de Campanus. (L. M.)

[2] La règle de Saint-François défendait aux cordeliers de porter de l'argent sur eux.

cachée, que les povres coupe-bourses n'y peuvent aveindre. Lesquelz, avec ce qu'ilz ont affaire à tous les susnommez, le pis et le plus fort, qu'ilz vous desrobent en votre presence, et ce que vous tenez le plus cher. Et puis ilz sçavent bien de quoy il y va pour eux; et, pour ce, vous laisseray à penser comment il fault qu'ilz entendent leur estat et en quantes manieres. Je vous racompteray seulement deux ou trois de leurs tours, lesquelz j'ay ouy dire pour assez subtilz, ne voulant nier toutesfois qu'ilz n'en facent bien d'aussi bons, voyre de meilleurs, quand il y affiert[1]. Je dy donc qu'en la ville de Thoulouse fut pris l'un de ces bons marchans dont nous parlons. Je ne sçay pas s'il estoit des plus fins d'entre eux; mais je penserois bien que non, puisqu'il se laissa prendre et pendre, qui fut bien le pire; mais la cruche va si souvent à la fontaine, qu'à la fin elle se rompt le col. Tant il y ha, que, estant en la prison, il encusa[2] ses compaignons, soubz ombre qu'on luy promit impunité, et se met à declarer tout plain de belles practiques du mestier, desquelles ceste-cy estoit l'une : qu'un jour les couppeurs de pendans[3], lesquelz estoyent bien dix ou douze de bende, se trouverent en la ville susdite, à la Paire[4], à un jour de marché, où ilz veirent comme un curé avoit receu quarante ou cinquante francs en beau payement, pour certain blé qu'il avoit vendu : lesquelz deniers il mit en une gibeciere qu'il portoit à son costé (vous pouvez bien penser qu'il ne la portoit pas sus sa teste); de quoy ces galans furent fort rejouis, car ilz n'en eussent pas voulu luy tenir un denier moins. Et, parce que le butin estoit bon, ilz commencerent à se tenir près les uns des autres, car c'estoit là qu'ilz se devoyent entendre, ou ailleurs non ; et se mirent à presser ce curé de plus près qu'ilz peurent, lequel estoit jaloux de sa gibeciere, comme un coquin de sa poche[5] : car, estant en la presse, il avoit tousjours la main dessus, se doubtant bien des inconveniens, et luy estoit advis que tous ceux qu'il voyoit estoyent couppeurs de bourses et de gibecieres.

[1] C'est-à-dire : quand il le faut.
[2] Pour : *accusa*; du latin *incusare*.
[3] Bourses, escarcelles, qu'on portait suspendues à la ceinture par des cordons ou des chainettes de métal.
[4] A Toulouse, la place où se tient le marché s'appelle *la Pierre*, et en langage du pays *La Peyre*. (L.: M.)
[5] Gueux, mendiant chargé d'une *poche* ou besace.

Ces compaignons, cependant, le serroyent, le tournoyent, le viroyent en la foule, faisant semblant d'avoir haste de passer, pour trouver moyen de crocquer ceste gibeciere; mais, pour tourment[1] qu'ilz sceussent faire, ce curé ne partoit point la main de dessus sa prise, dont ilz se trouverent fort faschez et esbahis, de ce que un curé leur donnoit tant de peine; et, de faict, celuy qui le racontoit dit au juge qui l'interroguoit, qu'il s'estoit trouvé en une centaine de factions[2], mais qu'il n'avoit point veu d'homme plus obstiné à se donner garde que ce curé, ni qui eust moins d'envie de perdre sa bourse. Or si avoyent-ilz juré qu'ilz l'auroyent. Que firent-ilz, en le pourmenant ainsi parmy la foule? Ilz firent tant, qu'ilz le firent approcher d'un grand monceau de souliers de buche, *alias* des sabots, qu'ilz disent en ce païs-là des esclops[3] (si bien m'en souvient), lesquelz esclops ilz font pointus par le bout, pour la braveté[4]. (Voyez, encores se fait-il de braves sabotz!) Quoy voyant, l'un d'entre eux, comme ilz sont tous accorts de faire leur profit de tout, vint pousser avec le pied l'un de ces esclops, et en donne un grand coup contre la greve[5] de ce curé; lequel, sentant une extreme douleur, ne se peust tenir qu'il ne portast la main à sa jambe, car un tel mal que cestuy-là fait oublier toutes autres choses; mais il n'eut pas plustost lasché la gibeciere, que cest habile hillot[6] ne la luy eust enlevée. Le curé, avec tout son mal, voulut reporter la main à ce que il tenoit si cher; mais il n'y trouva plus rien que le pendant : dont il se print à crier plus fort que de sa jambe; mais la gibeciere estoit desjà en main tierce, voire quarte, si besoing estoit, car, en telles executions, ilz s'entresecourent merveilleusement bien. Ainsi le povre curé s'en alla mauvais marchand de son blé, estant blessé en la jambe et

---

[1] La Monnoye pense avec raison qu'il faut lire ici *tournement*.

[2] Vols, entreprises, complots.

[3] « Les Toulousains prononcent ainsi, dit La Monnoye, et appellent *escloupet* un petit sabot. On pourroit croire que le bruit qu'on fait en marchant avec ces esclops leur auroit fait donner ce nom, du latin *st/opus*, depuis écrit *sc'opus*, mot qui, outre le bruit que font les joues enflées quand on les frappe, a encore servi à exprimer d'autres bruits. » Ce mot est formé du latin *claudus*, qu'on prononçait *claupus*; nous avons encore *écloppé*, qui en vient aussi.

[4] Élégance, parade.

[5] Le devant, l'os de la jambe.

[6] Pour : *fillot*, à la gasconne; de là *filou*.

ayant perdu sa gibeciere et son argent. Il y en ha qui sont si scrupuleux, qui diroyent que c'estoit de peché[1] de vendre lés biens de l'Eglise ; mais je ne dy rien de cela, j'ayme mieux vous faire un autre compte.

NOUVELLE LXXX.

Des mesmes couppeurs de bourses, et du prevost La Voulte[2].

Il faut entendre que le meilleur advis qu'ayent pris les couppeurs de bourses ha esté de se tenir bien en ordre[3] : car, quand ilz estoyent habillez chetivement, ilz n'eussent pas osé se trouver parmy les gens d'apparence, qui sont les lieux où ilz ont le plus grand affaire; ou, s'ilz s'y trouvoyent, on se donnoit garde d'eux ; car les hommes mal vestus, quand ilz seroyent plieurs de corporaux[4], si sont-ilz à tous coups prins pour espies. A propos, un jour, estant le roy François à Bloys, se trouverent de ces bons merchans[5] dont est question, qui estoyent tous habillez comme gentilzhommes : desquelz y en eut un qui se laissa surprendre en la basse court de Bloys, faisant son estat; il fut incontinent representé devant monsieur de La Voulte, homme qui ha fait passer les fievres en son temps à maintes personnes[6]. Je faux[7] : il donnoit la fievre, mais il avoit le me-

---

[1] La variante des autres éditions est plus conforme au sens de la phrase : *que c'estoit peché*.

[2] François Dupatant, sieur de La Voulte, prévôt de l'hôtel du roi en 1545. Il est parlé de ce terrible homme dans les *Annales d'Aquitaine*, de J. Bouchet, et dans l'*Apologie pour Hérodote*, chap. xvii, t. I, p. 370. édit. de 1735.

[3] Ou *bien en point*, habillés comme il faut. On dit encore, dans le même sens, qu'une personne est *bien ordonnée*.

[4] C'est-à-dire : gens dévots, qui servent volontiers des messes, plient les chasubles, les corporaux, parent les autels, etc. (L. M.)

[5] Cette expression s'entend de ces gens qui ont la mine trompeuse et qui cherchent à tromper le monde comme de vrais marchands.

[6] C'est-à-dire : *la peur*. On disait proverbialement : *La fièvre de Saint-Vallier*, en mémoire de celle qui fit blanchir en une seule nuit les cheveux du seigneur de Saint-Vallier, condamné à mort, comme étant un des complices du connétable de Bourbon, sous François Ier. *Rech. de la France*, par Pasquier, liv, VIII, ch. xxxix.

[7] Je fais erreur, je me trompe.

NOUVELLE LXXX.

decin[1] quant et luy, qui en guerissoit. Estant ce couppebourse devant le prevost, s'amasserent force gens à l'entour de luy, ainsi qu'en tel cas chascun y court comme au feu, et ce tant pour congnoistre cest homme de mestier, que pour veoir la façon du prevost, qui estoit un mauvais et dangereux fol, avec son col tors. Or les autres couppebourses se tindrent aussi là auprès, faisans mine de gens de bien, pour ouyr les interrogatoires que feroit ce prevost à leur compagnon, et aussi pour praticquer quelque bonne fortune, s'elle se presentoit, comme en tel lieu les hommes ne se donnent pas bien garde : car ilz ne pensent point qu'il y ait plus d'un loup dedans le bois; et il y en ha, peut-estre, plus de dix. Et puis, qui penseroit qu'il y en eust de si hardis de desrober au propre lieu où se fait le procès d'un larron? Mais il y en eut bien de trompez. Or devinez qui ce fut; vous ne le devinerez pas du premier coup. Jan[2]! ce fut monsieur le prevost : car, ce pendant qu'il examinoit celuy qu'il avoit entre ses mains, touchant la bourse qui avoit esté couppée, il y en eut un en la foule, qui luy couppa la sienne dedans sa manche[3], et la bailla habilement à un sien compagnon et amy. Le prevost, quelque ententif[4] qu'il fust environ ce prisonnier, si sentit-il bien qu'on luy fouilloit en sa manche. Il taste et trouve sa bourse à dire[5] : dont il fut le plus despité du monde; et, ne voyant autour de soy que des gens de bien, au moins bien habillez, il ne sçavoit à qui s'en prendre. Mais à la chaude[6] vint saisir un gentilhomme le plus prochain de luy, en luy disant : « Est-ce vous qui avez prins ma bourse? — Tout beau, monsieur de La Voulte, luy dit le gentilhomme; retournez vous cacher, vous n'avez pas bien deviné[7];

---

[1] C'est-à-dire : le bourreau.
[2] Jurement affirmatif, qui se disait de différentes manières : *Par saint Jean!* ou : *Saint Jean!* ou : *Jean!* ou : *Ah! Jean!* ou : *A Jean!*
[3] On mettait à cette époque l'argent sous l'aisselle gauche, « dessous l'aile, » dit comiquement notre conteur, dans une sorte de poche attachée à un lacet; celui du prévôt était trop long, et sa bourse pendait. Quelquefois aussi, comme on le verra dans la Nouvelle suivante, une fente etait pratiquée dans la manche, pour en rendre l'usage plus facile. Cette bourse, nommée communément *gousset*, contractait, à cet endroit du corps, une fort mauvaise odeur, d'où est venue l'expression : *Sentir le gousset*. (M. LACOUR.)
[4] Pour : *attentif*.
[5] Il faut lire : *adirée*, perdue, enlevée.
[6] Tout à coup, à l'improviste; de l'italien *caldamente*.
[7] Allusion au jeu qu'on appelle *du métier deviné*, où, quand on n'a pas deviné

prenez-vous-en à un autre qu'à moy. » Le prevost cuida desesperer. Et le bon fut que, pendant qu'il estoit empesché à questionner de sa bourse, celuy qu'il tenoit luy eschappe et se sauve parmy le monde. Dont La Voulte, par un beau depit, en fit pendre une douzaine d'autres qu'il tenoit prisonniers, et puis leur fit faire leur procès.

NOUVELLE LXXXI.

D'eux-mesmes encores, et du coutelier à qui fut couppée la bourse.

A Moulins, en Bourbonnois, y en avoit un qui avoit le renom de faire les meilleurs couteaux de tout le pays: duquel bruit esmeu, un de ces venerables couppeurs de cuir [1] s'en alla jusques à Moulins trouver ce coutelier, pour luy faire faire un coulteau, se pensant qu'en voyant le pays, il pourroit gaigner son voyage, tant par les chemins que sur les lieux. Estant arrivé à Moulins (car je ne dy rien de ce qu'il fit en allant), il va trouver ce coutelier et luy dit : « Mon amy, me ferez-vous bien un couteau de la façon que je vous deviseray? » Le coutelier luy respond qu'il le feroit, s homme de Moulins le faisoit. « Mon amy, dit cet homme de bien, la façon n'en est point autrement difficile: le plus fort est qu'il couppe bien, car je le voudrois fin comme un rasoir. — Et bien, dit le coutelier, l'appelant *Monsieur* (car il le voyoit bien en ordre), ne vous souciez point du trenchant; dites-moy seulement de quelle sorte vous le voulez. — Mon amy, dit-il, je le veux d'une telle grandeur et d'une telle façon.» Et n'oublia pas à le luy desseigner [2] tout tel qu'il le luy falloit, en luy disant : « Mon amy (car il le falloit amieller [3]),

---

juste, on s'en retourne se cacher, en attendant qu'on prépare la représentation d'un autre métier. (L. M.)

[1] Coupeurs de bourses, parce que la plupart des bourses étaient faites de cuir et attachées à des courroies.

[2] On a dit *desseigner* pour *dessiner*, jusqu'au milieu du dix-septième siècle. Ici, *desseigner* est pris pour *désigner*.

[3] On dit maintenant *emmieller*.

faites-le-moy seulement, et ne vous souciez du pris, car je le vous payerai à vostre mot. » Il s'en va. Le coutelier se met après ce couteau, qui fut prest à heure nommée. L'autre le vint querir et le trouva bien faict à son gré et à son besoin. Il tire un teston [1] de sa faque et le baille au coutelier; et, comme tels gens ont tousjours l'œil au guet pour espier si fortune leur envoyera point quelque butin, il veid que ce coutelier tira sa bourse de sa manche pour mettre ce teston, ainsi qu'on la portoit en ce temps-là, et la mettoit-on par une fente qui estoit en la manche du sayon ou du pourpoint. Incontinent que le galant veid ceste bourse à descouvert, il commence à presser ce coutelier de quelques propos apostez [2], et l'embesongna tellement, qu'il luy fit oublier de remettre sa bourse en sa manche et la laissa pendre sans y prendre garde. Estant ceste bourse en si beau gibier, le galant se tenoit tousjours près de sa proye, entretenant fort familierement et de près le coutelier, duquel il estoit desjà cousin. De propos en propos, ce coutelier s'adventure de luy dire : « Mais, Monsieur, vous desplaira-t-il point si je vous demande à quoy c'est faire ce couteau? J'en ay fait en ma vie de beaucoup de façons; mais je n'en fis jamais de semblable. — Mon amy, dit-il, si tu pensois à quoy il est bon, tu en serois esbahy. — Et à quoy? Dites-le-moy, je vous en prie. — Ne le diras-tu point? dit le couppebourse. — Non, dit le coutelier; je le vous prometz. » Le couppebourse s'approche comme pour luy parler à l'oreille, et luy dit tout bas : « C'est pour coupper des bourses. » Et, en disant cela, fit le premier chef-d'œuvre de son couteau, car il ne faillit à luy coupper ceste bourse ainsi pendante; puis, après luy avoir couppé la bourse, il luy couppe la queue [3], et s'en va chercher praticque, deçà, delà, par la ville, là où il fit plusieurs belles executions de son mestier avec ce couteau; mais je croy bien qu'il s'affrianda tant en ce lieu, qu'il fut surpris en un sermon, couppant la bourse

---

[1] Petites pièces de monnaie que l'on commença de fabriquer sous Louis XII; appelées ainsi à cause de la tête du roi qui y était représentée; un demi-siècle après, elles étaient tombées dans un grand discrédit : « Il est plus d'escus, qu'il n'y avoit en vostre beau siècle de *testons*. » (*Contes d'Eutrapel.*) Cependant, jusqu'au dix-huitième siècle, le mot resta en usage. (M. LACOUR.)

[2] Mis en avant pour tromper; suborneurs.

[3] Il tranche court, il finit la conversation. *Couper la queue* se disait aussi du joueur qui ne vouloit pas donner la revanche au perdant.

à un jeune homme de la ville; ainsi que font ceux du mestier, tousjours attrapez tost ou tard, car les regnards se trouvent tous à la fin chez le peletier. Quand il eut esté quelques jours en prison, on luy promit (selon la coustume) qu'il n'auroit point de mal, s'il vouloit parler rondement et dire les veritez en tel cas requises : sus laquelle promesse il commença à se declarer et à dire tout ce qu'il sçavoit. En ses interrogatoires estoit compris le cas de ce coutelier, d'autant que il, ayant ouy dire que ce couppeur de bourses estoit pris, s'estoit venu rendre partie et se plaindre à la justice; sur quoy le prevost (car telles personnes ne sont pas voulentiers renvoyées devant l'evesque [1]) luy dit, en riant, mais c'estoit un ris d'hostelier [2] : « Vien ça! Tu estois bien mauvais de coupper la bourse à ce coutelier qui t'avoit faict l'instrument pour gaigner ta vie? — Eh! Monsieur, dit-il, qui ne la luy eust couppée? Elle luy pendoit jusques aux genoux. » Mais le prevost, après tous jeux, l'envoya pendre jusques au gibet.

NOUVELLE LXXXII.

Du bandoulier Cambaire et de la responce qu'il fit à la Court de parlement [3].

Dedans le ressort de Thoulouze y avoit un fameux bandoulier [4], lequel se faisoit appeller Cambaire, et avoit autresfois esté au service du roy avec charge de gens de pied, là où il avoit acquis le nom de vaillant et hardy capitaine; mais il avoit esté cassé avec d'autres, quand les guerres furent finies : dont, par despit et par necessité, s'estoit rendu bandoulier des montaignes

---

[1] C'est-à-dire : devant le tribunal de l'évêque, l'officialité.
[2] « L'hôtelier rit aux dépens de son hôte, » dit La Monnoye.
[3] C'est probablement d'après cette Nouvelle que Bouchet rapporte le même fait dans la XIVe de ses *Serées*.
[4] C'était le nom qu'on donnait originairement aux bandits ou plutôt aux contrebandiers qui habitaient dans les Pyrénées. Voyez le prologue de l'*Heptaméron* de la Reine de Navarre. Mais ici le mot *bandoulier*, pris en bonne part, signifie : chef de bande, capitaine de gens de pied, de vieilles bandes, comme on appelait autrefois l'infanterie mercenaire.

et des environs. Lequel train il fit à l'avantage, qu'il se fit si incontinent congnoistre pour le plus renommé de ses compagnons. Contre lequel la Court de parlement fit faire telle poursuitte, qu'à la fin il fut pris et amené en la conciergerie, où il ne demeura gueres que son procès ne fust faict et parfaict : par lequel il fut sommairement conclud à la mort, pour les cas enormes par luy commis et perpetrez. Et, combien que par les informations il fust chargé de plusieurs crimes et delicts, dont le moindre estoit assez grand pour perdre la vie, toutesfois la Court n'usa pas de sa severité accoustumée. (Car on dit : « Rigueur de Thoulouze, humanité de Bordeaux, misericorde de Rouen, justice de Paris, beuf sanglant, mouton bellant et porc pourry, et tout n'en vault rien, s'il n'est bien cuit.») Mais elle eut certain respect à ce Cambaire, qu'elle luy voulut bien faire entendre, avant qu'il mourust. Et, l'ayant faict venir, le president luy va dire ainsi : « Cambaire, vous devez bien remercier la Court pour la grace qu'elle vous fait; qui avez merité une bien rigoureuse punition pour les cas dont vous estes attainct et convaincu; mais, parce qu'autresfois vous vous estes trouvé ès bons lieux où vous avez faict service au roi, la Court s'est contentée de vous condamner seulement à perdre la teste. » Cambaire, ayant ouy ce dicton, respondit incontinent en son gascon : « Cap de Diou; be vous donni la reste per un viet d'aze [1]. » Et, à la verité, le reste ne valloit pas gueres, après la teste ostée, attendu mesme que le tout n'en valloit rien. Mais si est-ce que pour ceste response il luy en print fort mal : car la Court, irritée de ceste arrogance, le condamna à estre mis en quatre quartiers.

NOUVELLE LXXXIII.

De l'honnesteté de monsieur Salzard.

JE vous veux faire un beau conte d'un honneste monsieur, qui s'appelloit Salzard. Sçavez-vous quel homme c'estoit? Pre-

---

[1] Au propre, visage d'âne; mais le peuple donnait un sens obscène à ce terme injurieux, parce que le vieux mot *ris*, en gascon *viet*, n'était plus usité dans le sens de *visage*.

mierement, il avoit la teste comme un pot à beurre, le visage froncé comme un parchemin brullé; les yeux gros comme les yeux d'un beuf, le nez qui luy degoutoit, principalement en hyver, comme la poche d'un pescheur, et alloit tousjours levant le museau comme un vendeur de cinquailles [1], la gueule torte comme je ne sçay quoy, un bonnet gras pour luy faire une potée de choux, sa robe avallée [2], que vous eussiez dict qu'il estoit espaulé [3], une jacquette ballant jusques au gras de la jambe, des chausses dechicquetées au talon, tirans par le bas comme aux amoureux de Bretaigne. (Je faulx : ce n'estoyent pas des chausses, c'estoit de la crotte bordée de drap.) Sa belle chemise de trois sepmaines, encores estoit-elle desja salle ; ses ongles assez grands pour faire des lanternes ou pour bien s'egraffigner [4] contre celuy qui est soubz les piedz de Saint-Michel [5]. A qui le marierons-nous, mes damoiselles? Y ha-il point quelqu'une d'entre vous qui soit frappée des perfections de luy ? Vous en riez! Or n'en riez plus. Luy donne une femme, qui en sçaura quelqu'une qui luy soit bonne ; quant à moy, je n'en congnoy point pour luy, si je n'y pensois. Non, non ; ne differez point à l'aymer, car l est gracieux en recompense, car, quand on luy demandoit : « Monsieur, comme vous portez-vous ? » Il respondoit en villenois [6] : « Je ne me porte jà. — Qu'avez-vous, Monsieur ? — J'ay la teste plus grosse que le poing. — Monsieur, le disner est prest. — Mangez-le — Monsieur, ils sont onze heures [7]. — Ilz en seront plustost douze. — Voulez-vous le poisson frit, ou bouilly, ou rosty? ou quoy ? — Je le veux quoy. » Et qui estoit cest honneste homme-là? Voire, allez-le luy dire, pour engendrer noise! Ne vous enquerez point de luy, si vous ne le voulez espouser.

---

[1] On lit, dans d'autres éditions : *quinquailles* et *clinquailles*; c'est-à-dire : un mercier ambulant ou bien un vendeur de vieille ferraille.

[2] Tombant *à val*, à bas, descendue.

[3] Bossu.

[4] Pour : *égratigner*.

[5] C'est-à-dire : le diable. Voy. la XIe des *Cent Nouvelles nouvelles*, intitulée l'*Encens au diable*.

[6] En langage de vilain ou de vilenie.

[7] Italianisme et non pas gasconisme, comme le dit La Monnoye. Ménage (*Observations sur la langue françoise*, Ire partie, ch. CCLIII) nous apprend que de son temps on parlait encore ainsi à la Chambre des Comptes.

NOUVELLE LXXXIV.

De deux escolliers qui emporterent les cizeaux du tailleur.

En l'Université de Paris y avoit deux jeunes escolliers qui estoyent bons fripons et faisoyent tousjours quelque chatonnie [1], principalement en cas de remuement de besongnes [2]. Ilz prenoyent livres, ceinctures, gans : tout leur estoit bon ; ilz n'attendoyent point que les choses fussent perdues pour les trouver, et falloit qu'ils prinssent, et n'eussent-ilz deu emporter que des souliers. Mesmes estans en vostre chambre, tout devant vous, s'ilz eussent veu une paire de pantouffles soubz un coin de lict, l'un d'eulx les chaussoit gentiment sur ses escarpins et s'en alloit à-tout. Et à ce compte, pour se donner garde d'eulx, il leur falloit regarder aux piedz et aux mains, combien que le proverbe ne nous advertisse que des mains. Somme, ilz avoyent fait serment, qu'en quelque lieu qu'ilz entreroyent, ilz en sortiroyent tousjours plus chargez, ou ilz ne pourroyent, et s'entendoyent bien ensemble : car, tandis que l'un faisoit le guet, l'autre faisoit la prise. Un jour, ilz se trouverent tous deux chez un tailleur (car ilz n'estoyent quasi jamais l'un sans l'autre), là où l'un d'eux se faisoit prendre la mesure de quelque pourpoint: et, comme ilz jettoyent les yeux deçà, delà, pour voir ce qu'ilz emporteroyent, ilz ne veirent rien qui fust bonnement de leur gibier, sinon que l'un d'eux advisa une paire de cizeaux en assez belle prise, dont son compaignon estoit le plus près : auquel il dit en latin, en le guignant de la teste : « *Accipe.* » Son compaignon, qui entendoit bien ce mot, et le sçavoit bien mettre en usage, prend tout doulcement ces cizeaux et les met soubz son manteau, tandis que le tailleur estoit amusé ailleurs, lequel ouyt bien ce mot *Accipe;* mais il ne sçavoit qu'il vouloit dire, n'ayant jamais esté à l'escolle; jusques à tant que, les deux

---

[1] Voy. ci-dessus, p. 58, l'esplication de ce mot.
[2] Déménagement, enlèvement de meubles, d'objets divers.

escolliers estans departis, il eut affaire de ses cizeaux, lesquelz ne trouvant point, il fut fort esbahy et vint à penser en soy-mesme, qui estoit venu en sa boutique : dont ne se peust douter que de ces deux jeunes gens ; et mesme, se reduisant en memoire la contenance qu'il leur avoit veu faire, se souvint aussi de ce mot *Accipe :* dont luy commença à croistre suspicion. Il vint tantost un homme en sa boutique, auquel, en parlant de ses cizeaux (car il souvient tousjours à Robin de ses fleutes [1]), il demanda : « Monsieur, dit-il, que signifie *Accipe?* » L'autre luy respond : « Mon amy, c'est un mot que les femmes entendent ; *Accipe* signifie *Pren.* — O ! de par Dieu (je croy qu'ils dist bien le diable), si *Accipe* signifie *Pren*, mes cizeaux sont perdus. » Aussi estoyent-ilz, sans point de faute, pour le moins estoyent-ilz bien esgarez.

NOUVELLE LXXXV.

Du cordelier qui tenoit l'eau auprès de soy à table et n'en beuvoit point.

Un gentilhomme appelloit ordinairement à disner et à soupper un cordelier qui preschoit le caresme en la parroisse, lequel cordelier estoit bon frere et aymoit le bon vin. Quand il estoit à table, il demandoit tousjours l'aiguiere auprès de soy, et toutesfois il ne s'en servoit point, car il trouvoit le vin assez fort sans eau, beuvant *sicut terra sine aqua ;* à quoy le gentilhomme

[1] M. Lacour pense que ce proverbe, qui se retrouve partout au seizième siècle, doit être une allusion à quelque passage ou jeu de scène de l'ancienne farce de *Robin et Marion*, par Adam de La Hale. Mais nous persistons à croire qu'il en faut chercher plutôt l'origine dans la LXXVI° des *Cent Nouvelles nouvelles*, intitulée la *Musette*. Quant à l'opinion de Le Duchat, dans son commentaire de Rabelais, où il imagine un bon biberon nommé Robin, qui, devenu goutteux, ne pouvait plus boire et se souvenait des grands verres appelés *flûtes* qu'il vidait autrefois, c'est une invention ridicule. Beroalde de Verville (*Moyen de parvenir*, ch. xxi) interprete aussi à sa façon ce proverbe, qu'il change ainsi, pour avoir occasion de lui donner une origine facétieuse : « *Il souvient toujours à Martin de sa flûte.* » Bèze, dans son *Passavant*, l'a traduit en latin macaronique : « *Semper subvenit Robino de suis fistulis.* » Voyez le *Livre des Proverbes françois*, par M. Leroux de Lincy, t. II, p. 51.

ayant pris garde, lui dist une fois : « Beau pere, d'où vient cela, que vous demandez tousjours de l'eaue, et que vous n'en mettez point en vostre vin? — Monsieur, dit-il, pourquoy est-ce que vous avez tousjours vostre espée à vostre costé et si n'en faites rien? — Voyre-mais, dit le gentilhomme, c'est pour me deffendre si quelqu'un m'assailloit. — Monsieur, dit le cordelier, l'eau me sert aussi pour me deffendre du vin s'il m'assailloit, et pour cela je la tiens tousjours auprès de moy; mais, voyant qu'il ne me fait point de mal, je ne luy en fais point aussi. »

Un cordelier qui est ceinct [1] homme
Boit du vin comme un autre homme.

NOUVELLE LXXXVI.

D'une dame qui faisoit garder les coqs sans congnoissance de poulles.

Une grande dame de Bourbonnois avoit appris, par l'enseignement d'un personnage qui sçavoit que c'estoit de vivre friandement, que les jeunes cochetz[2] sans estre chartrez, pourveu qu'ilz n'eussent point congnoissance de poulles, avoyent la chair aussi tendre et plus naturelle que les chappons, et que ce qui faisoit les coqs devenir ainsi durs estoit l'amour des gelines[3], comme font tous les masles avec les femelles : car, sans point de faute, celuy parloit bien en homme experimenté, qui disoit que qui le moins en faict, trompe son compagnon; que les apprentis en sont maistres; que les plus grands ouvriers en vont aux potences; que les hommes en meurent, et que les femmes en vivent, et autres bons motz appartenans à la matiere. Toutesfois, je m'en rapporte à ce qui en est; ce que j'en dis n'est pas pour appaiser noise. A propos de nos cochetz, ceste dame dont nous parlons les faisoit garder à part des poulles, pour servir à table en lieu de chappons : dont elle se trouvoit

---

[1] Jeu de mots sur *ceint* et *saint*. On lit *saint* dans plusieurs éditions.
[2] Petits coqs.
[3] Poules; du latin *gallina*, dont la basse latinité avait fait *gelina*.

218   LES NOUVELLES RECREATIONS.

bien. Un jour, la vint veoir (comme sa maison estoit grande et principalle) un grand seigneur, auquel elle fit tel et si honorable raccueil [1] qu'elle sçavoit faire. Luy voulut faire veoir les singularitez de sa maison une pour une [2], entre lesquelles elle n'oublia point ses cochetz, luy en faisant grand feste et luy promettant de luy en faire veoir l'expérience à soupper. Ce seigneur print cela pour une grande nouveauté; mais il eut pitié de ces povres cochetz, lesquelz il veid ainsi punis à la rigueur, d'estre privez du plus grand plaisir que Nature eust mis en ce monde, et se pensoit en soy-mesme qu'il feroit œuvre de misericorde de leur donner quelque secours: qui fut que, s'estant mis à part d'avec madame, il fit appeler l'un de ses gens, auquel il commanda secretement que tout à l'heure il luy recouvrast trois ou quatre poulles en vie, et qu'il ne faillist à les aller mettre dedans le poullaillier où estoient ces cochetz, sans faire bruict : ce qui fut incontinent faict. Aussi-tost que ces poulles furent là-dedans et mes cochetz environ, et de se battre; jamais ne fut telle guerre; comme l'un montoit, l'autre descendoit. Ces pauvres poulles furent affollées [3], car on dit que :

Gallus gallinaceus ter quinque sufficit unus.
Ter quinque viri non sufficiunt mulieri [4].

Mais je croy que ce dernier est faux, car j'ai ouy dire a une dame, qu'elle se contentoit bien de trois fois la nuict : l'une à l'entrée du lict, l'autre entre deux sommes, et la tierce au poinct du jour; mais, s'il y en avoit quelqu'une extraordinaire, qu'elle la prenoit en patience. De moy, je dirois ceste dame assez raisonnable, et qu'une fois n'est rien, deux font grand bien, trois c'est assez, quatre c'est trop, cinq est la mort d'un gentilhomme, sinon qu'il fust affamé; au dessus, c'est à faire à charretiers [5]. Vray est qu'il y avoit un gentilhomme qui se van-

[1] Pour : recueil, accueil.
[2] Il faut lire : une par une.
[3] Blessées. La Monnoye croit que le mot affollées est pris ici pour affoulées, foulées, c'est-à-dire : éreintées, estropiées.
[4] La Monnoye a corrigé dans ces vers deux fautes qui les défigurent; il faut lire : Gallus gallinis ter et At ter quinque viri.
[5] Clément Marot semble avoir mis en vers ce passage dans une épigramme du Jeu d'amour, qui a été publiée pour la première fois, l'année même de la mort de son ami Des Periers, dans un recueil intitulé : Traductions de latin en fran-

toit de la dix-septieme fois pour une nuict : dont chacun qui l'oyoit s'en esmerveilloit; mais, à la fin, quand il eut bien faict valloir son compte, il se declara en disant qu'il y avoit une faute qui valloit quinze; c'estoit bien rabattu. Mais, qu'est-ce que je vous compte? Pardonnez-moy, mesdames : ce ont esté les cochetz qui m'ont faict cheoir en ces termes. Par mon ame ! c'est une si douce chose, qu'on ne se peut tenir d'en parler à tous propos. Aussi n'ay-je pas entrepris, au commencement de mon livre, de vous parler de rencherir le pain.

NOUVELLE LXXXVII.

De la pie et de ses piaux.

C'EST trop parlé de ces hommes et de ces femmes : je vous veux faire un compte d'oyseaux. C'estoit une pie qui conduisoit ses petits piaux par les champs, pour leur apprendre à vivre; mais ilz faisoyent les besiatz [1] et vouloyent tousjours retourner au nic [2], pensans que la mere les deust tousjours nourrir à la bechée; toutesfois, elle, les voyant tous drus [3] pour aller par toutes ter-

---

çois, *imitations et inventions nouvelles, tant de Clément Marot que d'autres poëtes* (Paris, Etienne Groulleau, 1554, in-16). Voici cette épigramme :

<blockquote>
Pour un seul coup, sans y faire retour,
C'est proprement d'un malade le tour ;
Deux bonnes fois à son aise le faire,
C'est d'homme sain suffisant ordinaire ;
L'homme galant donne jusqu'à trois fois,
Le moine quatre, et cinq d'aucunes fois ;
Six et sept fois, ce n'est point le mestier
D'homme d'honneur : c'est pour un muletier.
</blockquote>

[1] *Besiat* ou *beziat* est un mot languedocien qui signifie *douillet, mignard*. *Faire le besiat*, c'est faire le mignard. Je le dérive de l'italien *vezzo*, qui vient de *viso*. visage. *Vezzoso* ou *chi fa vezzi*, est celui qui fait de petites mines ; d'où vient *miniardise*, qu'on écrit *mignardise*, et le mot nouveau *minauderie*. (L. M.)

[2] Pour : *nid*; de *nic* on a fait *nichée*.

[3] Prompts, forts, pressés. Le mot *dru* ne vient pas de *dur*, par transposition, comme le dit La Monnoye; encore moins de *deusus*, comme le dit Ménage; nous préférons le tirer du nom de ces démons (*Drusi*) qui faisaient la terreur des Gaules au cinquième siècle.

res, commença à les laisser manger tous seulz petit à petit en les instruisant ainsi : « Mes enfans, dit-elle, allez-vous-en par les champs; vous estes assez grans pour chercher vostre vie; ma mere me laissa que je n'estois pas si grande de beaucoup que vous estes. — Voire-mais, disoyent-ilz, que ferons-nous? Les arbalestriers nous tueront. — Non feront, non, disoit la mere; il faut du temps pour prendre la visée. Quand vous verrez qu'ilz leveront l'arbaleste et qu'ilz la mettront contre la joue pour tirer, fuyez-vous-en. — Et bien! nous ferons bien cela, disoyent-ilz; mais, si quelqu'un prend une pierre pour nous frapper, il ne faudra point qu'il prenne de visée. Que ferons-nous, alors? — Et vous verrez bien tousjours, disoit la mere, quand il se baissera pour amasser la pierre.— Voire-mais, disoyent les piauz, s'il portoit d'adventure la pierre tousjours preste en la main, pour ruer [1]? — Ah! dit la mere, en sçavez-vous bien tant! Or pourvoyez-vous, si vous voulez. » Et, ce disant, elle les laisse et s'en va. Si vous n'en riez, si n'en ploureray-je pas.

NOUVELLE LXXXVIII.

D'un singe qu'avoit un abbé, qu'un Italien entreprint de faire parler.

Un monsieur l'abbé avoit un singe, lequel estoit merveilleusement bien né : car, outre les gambades et les plaisantes mines qu'il faisoit, il congnoissoit les personnes à la phisionomie; il congnoissoit les sages et honnestes personnes à la barbe, à l'habit, à la contenance, et les caressoit; mais un page, quand bien il eust esté habillé en damoiselle, si l'eust-il discerné entre cent autres : car il le sentoit à son pageois [2], incontinent qu'il entroit en la salle, encores que jamais plus il ne l'eust veu. Quand on parloit de quelque propos, il escoutoit d'une telle discretion, comme s'il eust entendu les parlans, faisant signes assez certains pour montrer qu'il entendoit; et, s'il ne disoit

[1] C'est-à-dire : pour la lancer.
[2] Air de page.

mot, asseurez-vous qu'il n'en pensoit pas moins. Brief, je croy qu'il estoit encores de la race du singe de Portugal qui jouoit si bien aux eschetz[1]. Monsieur l'abbé estoit tout fier de ce singe et en parloit souvent en disnant et en souppant. Un jour, ayant bonne compaignie en sa maison, et estant pour lors la Court en ce pays-là, il se print à magnifier[2] son singe. « Mais n'est-ce pas là, dit-il, une merveilleuse espece d'animal? Je croy que Nature vouloit faire un homme, quand elle le faisoit, et qu'elle avoit oublié que l'homme fust faict, estant empeschée à tant d'autres choses. Car, voyez-vous, elle luy fit le visage semblable à celuy d'un homme, les doigtz, les mains et mesmes les lignes escartées dedans les paulmes comme à un homme. Que vous en semble? Il ne luy fault que la parolle, que ce ne soit un homme; mais ne seroit-il possible de le faire parler? On apprend bien à parler à un oyseau, qui n'ha pas tel entendement ny usage de raison comme ceste beste-là. Je voudrois, dit-il, qu'il m'eust cousté une année de mon revenu, et qu'il parlast aussi bien que mon perroquet; et ne croy point qu'il ne soit possible : car, mesme quand il se plaint ou quand il rit, vous diriez que c'est une personne et qu'il ne demande qu'à dire ses raisons; et croy, qui voudroit ayder à ceste dexterité de nature, qu'on y parviendroit. » A ces propos, par cas de fortune, estoit present un Italien : lequel, voyant que l'abbé parloit d'une telle affection et qu'il estoit si bien acheminé à croire que ce singe deust apprendre à parler, se presente d'une asseurance (qui est naturelle à la nation) et va dire à l'abbé, sans oublier les Reverences, Excellences et Magnificences : « Seigneur, dit-il, vous le prenez là où il le

---

[1] L'histoire de ce singe se trouve au livre II du *Cortegiano* de Balthazar Castiglione. Un gentilhomme, à qui ce singe appartenait, jouant un jour aux échecs contre lui, en présence du roi de Portugal, perdit la partie; ce qui le mit si fort en colère, que, s'emparant d'une pièce de l'échiquier, il en donna un coup sur la tête du singe. L'animal fit un cri et se retira dans un coin, où il semblait, en remuant les babines, demander justice au roi. A quelque temps de là, le maître du singe voulut avoir sa revanche : le singe se fit beaucoup prier pour y consentir; enfin, il se remit au jeu, où, de même que la première fois, il eut l'avantage. Mais, jugeant à propos de prendre ses sûretés, il saisit de la main droite un coussin et s'en couvrit la tête, pour parer le coup qu'il appréhendait de recevoir, tandis que de la main gauche il donnait *échec et mat* à son adversaire; après quoi il alla gaillardement faire une cabriole devant le roi, en signe de victoire.

[2] Exalter.

fault prendre, et croyez, puisque Nature ha faict cet animal si approchant de la figure humaine, qu'elle n'ha point voulu estre impossible que le demeurant ne s'achevast par artifice, et qu'elle l'ha privé de langage pour mettre l'homme en besongne et pour montrer qu'il n'est rien qui ne se puisse faire par continuation de labeur. Ne lit-on pas des elephans qui ont parlé ¹, et d'un asne semblablement²? (Mais plus de cent, eusse-je dict voulentiers.) Et suis esmerveillé qu'il ne se soit encores trouvé roy, ny prince, ny seigneur, qui l'ait voulu essayer de ceste beste; et dy que celui-là acquerra une immortelle louange, qui premier en fera l'experience. » L'abbé ouvrit l'oreille à ces raisons philosophales, et principalement d'autant qu'elles estoyent italicques, car les François ont tousjours eu cela de bon (entre autres mauvaises graces) de prester plus voulentiers audïence et faveur aux estrangers qu'aux leurs propres ³. Il regarde cest Italien de plus près avec ses gros yeux, et luy dist : « Vrayement, je suis bien aise d'avoir trouvé un homme de mon opinion, et y ha long-temps que j'estois en ceste fantasie. » Pour abreger, après quelques autres argumens alleguez et deduicts, l'abbé, voyant que cest Italien faisoit profession d'homme entendu, avec une mine ⁴ qui valloit mieux que le boisseau, luy va

---

¹ Oppien (liv. II. *De la Chasse*, attribue aux éléphants un langage articulé, φθογώ μεροπηΐδα, qu'avec Turnebe et Bodin on peut interpreter *voix humaine*. Christophe Acosta dit à peu près la même chose de ceux du Malabar, citant même l'exemple d'un, qui, étant invité par le gouverneur de la ville de Cochin à vouloir aider à mettre en mer une galiote du roi de Portugal, répondit très à propos et très intelligiblement : *Hoo! hoo!* ce qui, dans la langue du pays, signifioit qu'il le vouloit bien. (L. M.)

² On voit dans Hygin (liv. II, de son *Astronomique poétique*, ch. xxiii) que l'âne sur lequel Bacchus passa certain marais de Thesprotie eut pour récompense de ce service le don de la parole. (L. M.)

³ Il semble que cela regarde ce Jules Camille (Giulio Camillo Delminio), inventeur de je ne sais quel Amphithéâtre ou Art de mémoire, en vertu duquel il se faisoit fort de rendre, en moins de trois mois, un homme capable de traiter en latin quelque matière que ce fût, avec toute l'éloquence de Cicéron. François Iᵉʳ, auprès de qui, en 1533, il trouva moyen d'avoir accès, lui fit donner six cents écus et le chargea de rédiger son invention par écrit; ce que Jules, mort en 1544, n'a exécuté que fort imparfaitement dans ces deux petits traités assez confus qu'il a laissés ; l'un intitulé *Idea del Theatro*, l'autre, *Discorso in materia di esso Theatro*. Etienne Dolet, dans ses lettres et dans ses poésies, a parlé de cet Italien comme d'un escroc qui avait pris le roi pour dupe. Jérôme Mutio en a parlé autremen.. (L. M.)

⁴ Jeu de mots : la *mine* étoit une mesure de grains, contenant six boisseaux de Paris.

dire : « Venez çà; voudriez-vous entreprendre ceste charge de le faire parler? — Ouy, Monseigneur, dit l'Italien, je le voudrois entreprendre. J'ay autresfois entrepris d'aussi grandes choses, dont je suis venu à bout. — Mais en combien de temps? dit l'abbé. — Monsieur, respondit l'Italien, vous pouvez entendre que cela ne se peut pas faire en peu de temps. Je voudrois avoir bon terme pour une telle entreprise que celle-là et si incongneue : car, pour ce faire, il le faudra nourrir à certaines heures, et de viandes choisies, rares et precieuses, et estre environ [1] nuict et jour. — Et bien, dit l'abbé, ne parlez point de la despense : car, quelle qu'elle soit, je n'y espargneray rien; parlez seulement du temps. » Conclusion, il demanda six ans de terme; à quoy l'abbé se condescendit et luy fait bailler ce singe en pension : dont l'Italien se fait avancer une bonne somme d'escus, et prend ce singe en gouvernement. Et pensez que tous ces propos ne furent point demenez sans apprester à rire à ceux qui estoyent presens, lesquelz, toutesfois, se reservoyent à rire pour une autre fois tout à loisir, n'en voulans pas faire si grand semblant devant l'abbé. Mais les Italiens, qui estoyent de la congnoissance de cet entrepreneur, s'en porterent pour bien faschez, car c'estoit du temps qu'ilz commençoyent à avoir vogue en France [2], et, pour ceste singepedie [3], ilz avoyent peur de perdre leur reputation. A ceste cause, quelques-uns d'entre eux blasmerent fort ce magister, luy remontrans qu'il deshonoroit toute la nation par ceste folle entreprise, et qu'il ne devoit point s'adresser à monsieur l'abbé pour l'abuser; et que, quand il seroit venu à la congnoissance du roy, on luy feroit un mauvais party. Quand cest Italien les eust bien escoutez, il leur respondit ainsi : « Voulez-vous que je vous die? Vous n'y entendez rien, tous tant que vous estes. J'ay entrepris de faire parler un singe en six ans; le terme vaut l'argent, et l'argent, le terme; Ilz viennent beaucoup de choses en six ans : avant qu'ilz soyent passez, ou

---

[1] Environ le singe, auprès de lui.

[2] Ce fut quelques années après le mariage de Catherine de Médicis, qui avait épousé, en 1533, le duc d'Orléans, second fils du roi, et qui devint Dauphine en 1536, par suite de la mort subite du frère aîné de son mari.

[3] Education de singe. Ce mot a été forgé par Des Periers, à l'imitation de l'ouvrage de Xénophon, Κυρουπαιδεία, Institution de Cyrus, laquelle fut traduite en français sous le nom de *Cyropédie*, par Jacques de Vintimille, en 1547, après la mort de notre auteur.

l'abbé mourra, ou le singe, ou moy-mesme par adventure; ainsi j'en demeureray quicte¹. » Voyez que c'est que d'estre hardy entrepreneur! On dit qu'il advint le mieux du monde pour cest Italien. Ce fut que l'abbé, ayant perdu ce singe de veue, se commença à fascher: de mode qu'il ne prenoit plus plaisir en rien, car il faut entendre que l'Italien le print avec condition de luy faire changer d'air, avec ce qu'il se disoit vouloir user de certains secretz que personne n'en eust la veue ny la congnoissance. Pour ce, l'abbé, voyant que c'estoit l'Italien qui avoit le plaisir de son singe, et non pas luy, se repentit de son marché et voulut ravoir son singe. Ainsi l'Italien demeura quicte de sa promesse, et cependant il fit grand chere des escus abbatiaux.

NOUVELLE LXXXIX.

Du singe qui beut la medecine.

Je ne sçay si ce fut point ce mesme singe dont nous parlions tout maintenant, mais c'est tout un : si ce ne fut luy, ce fut un autre. Tant y ha que le maistre de ce singe devint malade d'une grosse fiebvre: lequel fit appeler les medecins, qui luy ordonnerent tout premierement le clistere et la saignée à la grand'mode accoustumée, puis des syrops par quatre matins, et tandis² une medecine : laquelle l'apothicaire luy apporte de bon matin au jour nommé. Mais, ayant trouvé son patient endormy, ne le voulut pas resveiller, d'autant mesme qu'il n'avoit

---

¹ M. Lacour pense avec raison que cette Nouvelle pourrait bien être empruntée à Pogge, qui raconte l'apologue suivant dans son *Histoire de Florence* : « Un tyran, qui ne cherchoit qu'à saigner ses sujets, en exigeoit des choses impossibles, sous de grosses peines. Il commanda à l'un d'eux d'apprendre à lire à un âne; l'autre, n'osant refuser, demanda dix ans de terme pour pouvoir exécuter cet ordre; il les obtint. Comme on se moquoit de lui d'avoir entrepris une chose aussi impossible : « Laissez-moi faire, dit-il, je n'ai rien à craindre. Avant ce « temps-là, ou je mourrai, ou l'âne ou mon maître mourront. »

² Pendant ce temps ; expression employée jusqu'au dix-septième siècle ; du latin *tam diu*.

reposé long-temps avant. Mais il laisse la medecine dedans le gobelet dessus la table, couvert d'un linge, et s'en alla, en attendant que le patient se resveillast, comme il fit au bout de quelque temps : et veid sa medecine sus la table ; mais il n'y avoit personne pour la luy bailler, car tout le monde estoit sorty pour le laisser reposer. Et par fortune avoient laissé l'huys de la chambre ouvert : qui fut cause que le singe y entra pour venir veoir son maistre. La premiere chose qu'il fit fut de monter sus la table, où il trouve ce gobelet d'argent auquel estoit la medecine. Il le descouvre, et commence à porter ce breuvage au nez, lequel il trouva d'un goust un petit fascheux, qui luy faisoit faire des mines toutes nouvelles. A la fin il s'adventure d'y taster, car jamais ne s'en fust passé. Mais, pour ceste amertume succrée, il retiroit le museau, il demenoit les babines, il faisoit des grimasses les plus estranges du monde. Toutesfois, parce qu'elle estoit doulceastre, il y retourna encores une fois, et puis une autre. Somme, il fit tant, en tastant et restastant, qu'il vint à bout de ceste medecine et la beut toute; encores s'en leschoit-il ses barbes. Ce pendant le malade, qui le regardoit, print si grand plaisir aux mines qu'il luy veid faire, qu'il en oublia son mal, et se print à rire si fort et de si bon courage, qu'il guerit tout sain. Car, au moyen de la soubdaine et inopinée joye, les espritz se revigorerent, le sang se rectifia, les humeurs se remirent en leur place, tant que la fiebvre se perdit. Tantost le medecin arrive, qui demanda au gisant comment il se trouvoit, et si la medecine avoit faict operation. Mais le gisant rioit si fort, qu'à grand'peine pouvoit-il parler [1] : dont le medecin print fort mauvaise opinion, pensant qu'il fust en resverie, et que ce fust faict de luy. Toutesfois, à la fin, il respondit au medecin : « Demandez, dit-il, au singe, quelle operation elle ha faicte. »

[1] Joubert, dans son *Traité du Ris*, fait un conte à peu près semblable d'un médecin qui avoit un singe. Il dit que ce médecin étant dangereusement malade, ses domestiques crurent qu'il n'en reviendroit pas. Dans cette pensée, craignant peut-être qu'ils ne fussent mal payés de leurs gages, ils délibérèrent de se payer eux-mêmes par leurs mains. L'un s'empara d'une courte-pointe, l'autre, d'un tapis ; l'autre, d'un paquet de linge ; chacun se munit de quelque pièce. Le singe, attentif à leurs mouvemens, prit de son côté la robe rouge et le bonnet de son maître, qui, le voyant se carrer dans cet équipage, trouva la chose si plaisante, qu'il ne put s'empêcher d'en rire aux éclats; en suite de quoi, une chaleur bienfaisante venant à se répandre dans tout son corps, nature reprit ses forces, et peu de temps après le malade guérit entièrement. (L. M.)

226   LES NOUVELLES RECREATIONS.

Le medecin n'entendoit point ce langage, jusques à tant que, luy ayant demouré quelque espace de temps, voicy ce singe qui commença à aller du derriere tout le long de la chambre et sus les tapisseries : il saultoit, il couroit, il faisoit un terrible mesnage. A quoy le medecin congneut bien qu'il avoit esté le lieutenant du malade [1] : lequel à peine leur compta le cas comme il estoit advenu, tant il rioit fort; dont ilz furent tous resjouis, mais le malade encores plus, car il se leva gentiment du lict et fit bonne chere, Dieu mercy et le singe.

NOUVELLE XC.

De l'invention d'un mary, pour se venger de sa femme [2].

Plusieurs ont esté d'opinion que, quand une femme fait faute à son mary, il s'en doibt plustost prendre à elle que non pas à celuy qui y ha entrée, disant que qui veult avoir la fin d'un mal, il en faut oster la cause, selon le proverbe italien : *Morta la bestia, morto è veneno;* et que les hommes ne font que cela à quoy les femmes les invitent, et qu'ilz ne se jettent volentiers en un lieu auquel ilz n'ayent quelque attente par l'attraict des yeux ou du parler, ou par quelque autre semonce [3]. De moy [4], si je pensois faire plaisir aux femmes en les deffendant par leur fragilité, je le ferois volentiers, qui ne cherche qu'à leur faire

---

[1] On trouve souvent l'expression de *lieutenant du mari* dans les *Cent Nouvelles nouvelles*.

[2] Cette Nouvelle est imitée de la XLVII° des *Cent Nouvelles nouvelles*, où la scène se passe en Provence; cependant on racontait, du temps de Bonaventure Des Periers, que Geoffroy Carles, président au Parlement de Grenoble en 1505 et précepteur de la princesse Renée de France, avait usé de pareille *invention* pour se venger de sa femme, qu'il avait surprise en adultère. Voyez à ce sujet notre édition de l'*Heptameron* de la Reine de Navarre, p. 261. Selon Des Periers, le fait aurait eu lieu à Toulouse. Quoi qu'il en soit la même histoire a été reproduite, avec des détails différents, dans les *Ducento Novelle* de Malespini (part. II, nov. xxi), et dans les *Hore di recreazione* de Lud. Guicciardini, traduites par Fr. de Belleforest (p. 28 de l'édit. de 1592).

[3] Invitation, sollicitation.

[4] Quant à moi.

service; mais j'aurois peur d'estre desadvoué de la pluspart d'entre elles, et des plus amyables de toutes, desquelles chacune dira : « Ce n'est point legiereté qui le me fait faire, ce sont les grandes perfections d'un homme, qui merite plus que tous les plaisirs qu'il pourroit recevoir de moy; je me tiens grandement honorée et m'estime très heureuse, me voyant aymée d'un si vertueux personnage comme celuy-là. Et certes, ceste raison là est grande et quasi invincible; à laquelle n'y ha mary qui ne fust bien empesché de respondre. Vray est que, si d'advanture il se pense honneste et vertueux, il ha occasion de retenir sa femme toute pour soy; mais, si sa conscience le juge qu'il n'est pas tel, il semble qu'il n'ayt pas grand'raison de tancer ny de deffendre à sa femme d'aymer un homme plus aymable qu'il n'est; sinon, qu'on me respondra qu'il ne la doibt voirement ny ne peut empescher d'aymer la vertu et les hommes vertueux ; mais il s'entend de la vertu spirituelle, et non pas de cette vertu substantifique et humorale; et qu'il suffit de joindre les espritz ensemble, sans approcher les corps l'un de l'autre [1], car

> Le berger et la bergere
> Sont en l'umbre d'un buisson,
> Et sont si près l'un de l'autre,
> Qu'à grand'peine les veoid-on [2].

D'excuser les femmes par la force des presens qu'on leur fait, ce seroit soustenir une chose vile, sordide et abjecte. Plustost les femmes meritent griefve punition, qui souffrent que l'avarice triomphe de leur corps et de leur cueur, combien que ce soit la plus forte piece de toute la batterie, et qui fait la plus grand' bresche. Mais sur quoy les excuserons-nous donc? Si fault-il trouver quelques raisons (sinon suffisantes, à tout le moins recevables, par faute de meilleur paiement). Certes, mon advis est qu'il n'y ha point de plus vallable deffence que de dire qu'il n'est place si forte que la continuelle et furieuse batterie ne mette par terre. Aussi n'est-il cueur de dame si ferme, ne si preparé à resistance, qui à la fin ne soit contrainct de se rendre

---

[1] On trouve cette variante dans plusieurs éditions : *Sans approcher le corps si près l'un de l'autre.*

[2] Ce couplet est emprunté à quelque chanson du temps.

à l'obstinée importunité d'un amant. L'homme mesme qui s'attribue la constance pour une chose naturelle et proprietaire [1] se laisse gaigner plus souvent que tous les jours, et s'oublie ès choses qu'il doibt tenir pour les plus deffensables, exposant en vente ce qui est soubz la clef de la foy. Donc la femme, qui est de nature douce, de cœur pitoyable, de parolle affable, de complexion delicate, de puissance foible, comment pourra-elle tenir contre un homme importun en demandes, obstiné en poursuites, inventif en moyens, subtil en propos et excessif en promesses ? Vrayement, c'est chose presque difficile jusques à l'impossibilité; mais je n'en resoudray rien pourtant en ce lieu-cy, qui n'est pas celuy où se doibt terminer ce different. Je diray seulement que la femme est heureuse, plus ou moins, selon le mary auquel elle a affaire, car il y en ha de toutes sortes : les uns le sçavent et n'en font semblant, et ceux-là ayment mieux porter les cornes au cueur que non pas au front; les autres le savent et s'en vengent, et ceux-là sont mauvais folz et dangereux. Les autres le sçavent et le souffrent, qui pensent que patience passe science, et ceux-là sont povres gens; les autres n'en sçavent rien, mais ilz s'en enquierent, et ceux-là cherchent ce qu'ilz ne voudroyent pas trouver. Les autres ne le sçavent ny ne tendent à le sçavoir, et ceux-cy de tous les cocus sont les moins malheureux, et mesmes plus heureux que ceux qui ne le sont point et le pensent estre. Tous ces cas ainsi premis [2], nous vous compterons d'un monsieur qui en estoit; mais certainement ce n'estoit pas à sa requeste, car il s'en faschoit fort. Mais il estoit de ceux du premier rang, dissimulant tant qu'il pouvoit son inconvenient, en attendant que l'opportunité se presentast d'y remedier, fust en se vengeant de sa femme ou de l'amy d'elle, ou de tous deux, s'il luy venoit à poinct. Et, parce qu'il estoit mieux à main de se prendre à sa femme, le premier sort tomba sur elle, au moyen d'une invention qu'il imagina. Ce fut qu'au temps de vaccation de Court [3], il s'en alla esbattre à une terre qu'il avoit à deux lieues de la ville

---

[1] Qui lui est propre.

[2] Mis en avant. Nous avons perdu le verbe prémettre; mais nous avons gardé le substantif *prémisses*, terme de logique. On lit *permis* dans plusieurs éditions.

[3] C'est-à-dire : les vacances de la Cour. Ce mari, que Des Periers ne nomme pas, était donc un magistrat ou un avocat.

ou environ, et y mena sa femme avec un semblant de bonne chere¹, la traittant tousjours à la maniere accoustumée tout le temps qu'ilz furent là. Quand vint qu'il s'en fallut retourner à la ville, un jour ou deux avant qu'ilz deussent partir, il commanda à un sien valet (lequel il avoit trouvé fidelle et secret) que, quand ce viendroit à abrœuver sa mule sus laquelle montoit sa femme, qu'il ne la menast pas à l'abreuvoir, mais qu'il la gardast de boire tous les deux jours ; avec cela, qu'il mist du sel parmy son avoine, ne luy disant point pourtant à quelle fin il faisoit faire cela ; mais il se congneut par l'evenement qui depuis s'en ensuivit. Ce valet fit tout ainsi que son maistre luy commanda, tellement que, quand il fut question de partir, la mule n'avoit beu de tous les deux jours. La damoiselle monte sus ceste mule et tire droit le chemin de Thoulouse, lequel s'adonnoit ainsi qu'il falloit aller trouver la Garonne et cheminer au long de la rive quelque temps, qui estoit la premiere eau qu'on trouvoit par le chemin. Quand ce fut à l'approcher de la riviere, la mule commence de tout loing à sentir l'air de l'eau, et y tira tout droict, pour l'ardeur qu'elle avoit de boire. Or les endroicts estoyent creux et non gueables, et falloit que la mule, pour boire, se jettast en l'eau tout de secousse, dont la damoiselle ne la peut jamais garder, car la mule mouroit d'alteration. Tellement que ladicte damoiselle, estant surprinse de peur, empeschée d'accoustremens, et le lieu estant difficile, tomba du premier coup en l'eau : dont le mary s'estoit tenu loing tout expressement avec son valet, pour laisser venir la chose au poinct qu'il avoit premedité ; si bien qu'avant que la povre damoiselle peust avoir secours, elle fut noyée, suffoquée en l'eau. Voyla une maniere de se venger d'une femme, qui est un peu cruelle et inhumaine. Mais que voulez-vous ? Il fasche à un mary d'estre cocu en sa propre personne. Et si se songe que, s'il ne se prenoit qu'à l'amy, son mal ne sortiroit pas hors de sa souvenance, voyant tousjours auprès de soy la beste qui auroit faict le dommage ; et puis elle seroit toute preste et appareillée à refaire un autre amy. Car une personne qui ha mal faict une fois (si c'est mal faict que cela toutesfois) est tousjours presumée mauvaise en ce genre-là de mal faire.

¹ C'est-à-dire : en feignant de lui faire bonne mine.

Quant est de moy, je ne sçaurois pas qu'en dire. Il n'y ha celuy qui ne se trouve bien empesché, quand il y est. Parquoy j'en laisse à penser et à faire à ceux à qui le cas touche.

SUR LE DISCOURS DES NOUVELLES RECREATIONS ET JOYEUX DEVIS CONTENUS EN CE PRESENT LIVRE.

SONNET DE L'AUTHEUR[1] AUX LECTEURS.

Or çà, c'est faict. En avez-vous assez?
Mais, dites-moy, estes-vous saoulz de rire?
Si ne vient-il pour le moins à escrire.
Ces gris devis j'ay pour vous amassez.

J'ay jeune et vieux pesle-mesle entassez :
Hay[2] au meilleur, et me laissez le pire ;
Mais rejectez chagrin qui vous empire.
Tant plus songeards, en resvant ravassez.

Assez, assez, les siecles malheureux
Apporteront de tristesse entour eux ;
Donq au bon temps prenez esjouyssance ;

Puis, quand viendra malheur vous faire effort,
Prenez un cueur... Mais quel? Hardy et fort,
Armé sans plus d'invincible constance.

---

[1] Dans quelques éditions, ce sonnet est suivi de ces mots : ATTENDANT MIEUX. Ce serait donc une devise de Bonaventure Des Periers, devise que ne nous fait pas connaître le Recueil de ses Œuvres posthumes, publié en 1544, dans lequel on trouve d'autres devises. Voy. notre Notice.

[2] Cri des charretiers, pour encourager les chevaux ; c'est-à-dire : *Va, allons !* Dans la *Farce de Pathelin*, il y a :

Je ne sçay : tousjours hay, avant !

LES NOUVELLES
RECREATIONS
ET
JOYEUX DEVIS

DEUXIÈME PARTIE
NOUVELLES ATTRIBUÉES A DES PERIERS
D'APRÈS LES ÉDITIONS POSTÉRIEURES A CELLE DE 1558.

LES NOUVELLES
RECREATIONS

ATTRIBUÉES A

BONAVENTURE DES PERIERS

NOUVELLE XCI.

De l'assignation donnée par messire Itace, curé de Baignolet, à une belle vendeuse de naveaux, et de ce qui en advint.

Messire Itace [1], curé de Baignolet, combien qu'il fût grand homme de bien, docteur en theologie, *ergo* il estoit homme, *ergo* naturel par argumens pertinens, *ergo* aymoit les femmes naturelles comme un autre [2]; si bien que, voyant un jour une belle vendeuse de naveaux, simple et facile à toutes bonnes choses faire, il l'arraisonna un peu en passant, luy demandant comme se portoit marchandise [3], et si ses naveaux estoyent bons et sains, parce qu'il en aymoit fort le potaige. A ceste occasion, luy monstra son Joannes [4], auquel commanda luy enseigner son

---

[1] Pour: *Eustache*, suivant la prononciation du peuple de Paris.

[2] Le conteur se moque de la dialectique des écoles, qui procédait par *ergo*, pour arriver aux démonstrations les plus absurdes. Ce passage est imité de Rabelais (liv. III, ch. xxviii), où frère Jean dit à Panurge: « Si tu es coqu, *ergo* ta femme sera belle; *ergo* seras bien traité d'elle; *ergo* tu auras des amys beaucoup; *ergo* tu seras saulvé. Ce sont topicques monachales. »

[3] C'est-à-dire: comment allait le commerce.

[4] Son *famulus*, valet, sacristain, clerc: par allusion à saint Jean, l'apôtre bien-aimé de Jésus-Christ.

logis, pour luy en apporter d'ores-en-avant, dont elle seroit
bien payée, et *reliqua*, car il estoit charitable et davantage res-
pectif d'adresser ses charitez et aumosnes en lieu qui le meritoit.
Elle luy promet d'y aller, et Joannes, par provision, en emporte
sa fourniture, la payant au double par le commandement de
son maistre. La marchande de naveaux ne fait faute au premier
jour de passer par devant le logis et demander si on vouloit des
naveaux ; il luy fut dit qu'elle vînt le soir parler secretement à
Monsieur, afin de recevoir une liberalité honneste, laquelle
fournye de la main dextre, il ne vouloit pas (selon que dict
l'Evangile) que la main senestre en sentist rien; à l'occasion de
quoy, il assignoit la nuict prochaine. La jeune femme s'y accorde. Le curé demeure en bonne devotion, sur le soir, l'attendant, et commandant à Joannes, son *famulus*, de soy coucher de
bonne heure en la garde-robe, et, s'il oyoit d'aventure quelque
bruit, de ne s'en resveiller, ne relever, ne formaliser aucunement.
Cependant le bon Itace se pourmene, descend, remonte, regarde
par la fenestre si ceste marchande vient point ; brief, il est reduit
en semblable agonie que Roger en l'attente d'Alcine, au roman
de *Roland furieux*[1]. Finalement, estant lassé de tant descendre
et monter par son escalier, assis en une chaire en sa chambre,
ayant toutesfois laissé la porte de son logis entr'ouverte pour
recevoir la marchande sans en faire oyr aucun bruit aux voisins,
de peur de scandale, qui seroit plus grand procedant de sa qualité
que des autres, à cause de la vie qui doit estre exemplaire, voicy
arriver la chalande[2] qui monte droit en haut : « Bon soir,
Monsieur, dit-elle. — Vous soyez la très bien venue, m'amye,
respond-il. Vrayement, vous estes femme de promesse et de tenue[3]. » Et, s'approchant pour la tenir et accoller amoureusement,
survint un quidam qui les surprend, et s'escrie à la femme : « O,
meschante! Je me doutois bien que tu allois en quelque mauvais
lieu, quand tu te robbois[4] ainsi sur la brune. » Et, ce disant,
avec un gros baston et à tour de bras commença à ruer sus sa drap-

---

[1] Voyez l'Arioste, *Orlando furioso*, chant VII.
[2] On appelait *chaland* un bateau plat qui amenait les denrées à Paris. De là le nom de *chaland* ou *chalande*, appliqué aux personnes qui apportaient du plaisir et de la bonne chère dans les endroits où elles se rendaient.
[3] C'est-à-dire : tenant ce qu'elle promet.
[4] Pour : *dérobais*, esquivais.

perie¹, quand le bon Itace s'y oppose et se met entre deux, disant : « Holà! tout beau ! » et tout ce qui luy pouvoit venir en la teste et en la bouche, comme à personne bien estonnée du basteau ². « Comment, Monsieur ! replique l'homme, subornez-vous ainsi les femmes mariées que vous faictes venir de nuict en vostre logis ? Et vous preschez que qui veut mal faire suit les tenebres et fuit la lumiere. » La femme alors luy dit : « Mon mary ! mon amy ! vous n'entendez pas nostre cas. Le bon seigneur que voicy, adverty de nostre pauvreté honteuse, m'a fait dire, par ses gens, qu'il nous vouloit faire une liberalité, mais qu'il n'en pretendoit aucune vaine gloire et ne vouloit qu'elle fust veue ne sceue. Et, pour ce que nous couchons mal, en faveur de lignée et generation, il s'est resolu de nous donner son lict, que vous voyez bel et bon, à la charge seulement de prier Dieu pour luy, chose qu'il ne pouvoit bonnement executer qu'à telle heure pour les raisons que dessus ; pour ce, mon mary, passez votre colere, et, au lieu de faire ainsi l'Olybrius ³, remerciez messire Itace. » Adonc se print le mary à s'excuser grandement du peché d'ire envers son bon curé et confesseur, luy en demandant pardon et mercy. Ceste bonne et subtile invention de femme resjouit aucunement messire Itace, lequel estoit en voye d'estre testonné ⁴ par ledict mary irrité et en danger d'estre scandalisé des voisins, chose qui eust esté grandement enorme pour un homme de son estat. Le mary, avec fort gracieuses paroles de remerciement, tire le lict de plume en la place, sans oublier les draps mesmes, qui y estoient tout blancs, attendant l'escarmouche. Il monte après, defait le beau pavillon de sarges ⁵ de diverses couleurs, qui y estoit, print sa charge du plus lourd fardeau, et sa femme, du reste, avec très humbles actions de graces. Eux ainsi departis, messire Itace, non trop con-

---

¹ Expression proverbiale souvent employée à cette epoque et analogue à celle-ci : *pleuvoir sur sa mercerie*, qui se trouve dans la Nouvelle X de Des Periers « Il n'avoit pas encore tant plu sur leur mercerie, comme il a plu depuis. » (H. Estienne, *Apologie pour Hérodote*, ch. xxi.)

² Jeu de mots sur *bâton* et *bateau*.

³ Le nom d'Olybrius, qui fut empereur d'Occident en 472 et qui persécuta les chrétiens, devint synonyme de *tyrannique, bizarre, original*, etc. On peut considérer ce personnage, qui figure dans plusieurs mystères du quinzième siècle, comme le précurseur du Matamore de la comédie du temps de Louis XIII.

⁴ Au figuré : peigné, frotté, battu.

⁵ On disait encore *sarge* au lieu de *serge*, à la cour, du temps de Vaugelas.

tent, tant de la proye qui luy estoit si facilement eschappée que du butin qu'on luy avoit enlevé, appelle Joannes, qui avoit assez ouy le bruit et entendu la pluspart du jeu, auquel dit, de mine fort faschée : « Aga, *famule*, le villain, comme il a emboué ma paillace de ses pieds! Au moins, s'il eust osté ses souliers avant que monter sur mon lict! » Le Joannes, voulant d'une part consoler son maistre et d'autre part estant fasché qu'il n'avoit eu sa part au butin, luy dit : « *Domine*, vous sçavez le bon vieil latin : *Rustica progenies nescit habere modum*, c'est-à-dire : *Oignez villain, il vous poindra* [1]. Si vous m'eussiez appellé, quand les souillons sont venus ceans, je les eusse chassez à coups de baston, et ne seriez maintenant fasché de veoir vostre chambre desgarnie sans l'aide des sergens. »

NOUVELLE XCII.

Des moyens qu'un plaisantin donna à son Roy, afin de recouvrer argent promptement [2].

Puis que Tribolet [3] a eu credit ès meilleures compaignies, et que ses faceties tiennent lieu en ce present livre, il nous a semblé bon de luy donner pour compaignon un certain plaisant des mieux nourris en la court de son Roy ; et, pour ce qu'il le voyoit en perplexité de recouvrer argent pour subvenir à ses guerres, luy ouvrit deux moyens (dont peu d'autres que luy se fussent advisez) : « L'un, dit-il, Sire, est de faire vostre office alternatif, comme vous en avez faict beaucoup en vostre royaume. Ce faisant, je vous en ferai toucher deux millions d'or

---

[1] C'est la première partie d'un proverbe populaire qui remonte au treizième siècle. (Voy. le *Livre des Proverbes français*, par M. Leroux de Lincy, t. II, p. 82.)

        Oignez vilain, il vous poindra;
        Poignez vilain, il vous oindra.

[2] Cette Nouvelle se retrouve presque mot pour mot dans le ch. xxi de l'*Apologie pour Hérodote*, qui a paru vers 1565.

[3] Voy. ci-dessus, dans la Nouvelle II, une note qui concerne ce fou du roi, en titre d'office.

et plus. » Je vous laisse à penser si le Roy et les seigneurs qui y assistoient rirent de ce premier moyen : desquelz, pensant mettre ce fol en sa haute game [1], luy demanderent : « Et bien, maistre fol, est-ce tout ce que tu sçais de moyens propres à recouvrer finances? — Non, non, respond le fol (se presentant au Roy), j'en sçay bien un autre aussi bon et meilleur : c'est de commander, par un edit, que tous les licts des moines soyent venduz par tous les pays de vostre obeissance, et les deniers apportez ès coffres de vostre espargne. » Sur quoy le Roy luy demanda en riant : « Où coucheroyent les pauvres moines, quand on leur auroit osté leurs licts? — Avec nonnains. — Voire-mais, repliqua le Roy, il y a beaucoup plus de moines que de nonnains. » Adonc le compaignon eut sa response toute preste, et fust qu'une nonnain en logeroit bien une demy-douzaine pour le moins. « Et croyez, disoit ce fol, qu'à cette fin les roys vos predecesseurs, et autres princes, ont fait bastir en beaucoup de villes les couvents des religieux vis-à-vis de ceux des religieuses [2]. »

NOUVELLE XCIII.

D'un larron qui eust envie de desrober la vache de son voisin [3].

Un certain accoustumé larron, ayant envye de desrober la vache de son voisin, se leve de grand matin, devant le jour, et, estant entré en l'estable de la vache, l'emmene, faisant semblant de courir après elle. A tel bruit le voisin s'estant esveillé et ayant mis la teste à la fenestre : « Voisin, dit ce larron, venez-moy ayder à prendre ma vache, qui est entrée en vostre court, pour avoir mal fermé vostre huis? » Après que ce voisin luy eut

---

[1] C'est-à-dire : l'exciter à dire encore plus de folies.
[2] Les expédients si nombreux auxquels recourut le gouvernement, au seizième siècle, pour remplir ses coffres, rendent très-vraisemblables ces propositions d'un esprit en délire. M. E. Fournier, dans ses *Varietés historiques*, a donné plusieurs pièces fort curieuses sur la matière. (M. LACOUR.)
[3] Cette Nouvelle, qui a paru pour la première fois dans l'édition de 1565, est imitée presque textuellement dans le ch. xv de l'*Apologie pour Hérodote*, qu'on publiait à Genève vers la même époque.

aydé à ce faire, il luy persuada d'aller au marché avec luy (car, demourant en la maison, il se fust apperceu du larrecin.) En chemin, comme le jour s'esclaircissoit, ce pauvre homme, recongnoissant sa vache, luy dit : « Mon voisin, voilà une vache qui ressemble fort à la mienne. — Il est vray, dit-il, et voilà pourquoy je la meine vendre, pource que tous les jours vostre femme et la mienne s'en debattent, ne sçachans laquelle choisir. » Sur ces propos, ilz arriverent au marché; alors, le larron, de peur d'estre descouvert, fait semblant d'avoir affaire parmy la ville, et prie sondict voisin de vendre ceste vache le plus qu'il pourroit, uy promettant le vin. Le voisin donc la vend et puis luy apporte l'argent. Sur cela, s'en vont droict à la taverne, selon la promesse qui avoit esté faicte ; mais, après y avoir bien repeu, le larron trouve moyen d'evader, laissant l'autre pour les gaiges. De là s'en vint à Paris, et là se trouvant, une fois entr'autres, en une place du marché où il y avoit force asnes attachez (selon la coustume) à quelques fers tenans aux murailles, voyant que toutes les places estoyent remplies, ayant choisy le plus beau, monte dessus, et, se promenant par le marché, le vendit très bien à un incongneu, lequel achepteur, ne trouvan. place vuyde que celle dont il avoit esté osté, le rattache au lieu mesme. Qui fut cause que celuy qui estoit le vray maistre de l'asne, et auquel on l'avoit desrobé, le voulant puis après detacher pour l'emmener, grosse querelle survint entre luy et l'achepteur, tellement qu'il en fallut venir aux mains. Or le larron qui l'avoit vendu, estant parmy la foule et voyant ce passe-temps, nesmement que l'achepteur estoit par terre, chargé de coups de poing, ne se peut tenir de dire : « Plaudez [1], plaudez-mcy hardiment ce larron d'asnes ! » Ce qu'oyant ce pauvre homme, qui estoit en tel estat et ne demandoit pas mieux que de rencontrer son vendeur, l'ayant recongneu à la parolle : « Voila, cit-il, celuy qui me l'a vendu ! » Sur ce propos, il fut empoigné, et, toutes les susdictes choses averées par sa confession, fut executé par justice, comme il meritoit.

[1] Pour : *pelaudez* ; c'est-à-dire : battez, écorchez, prenez au poil et à la peau.

NOUVELLE XCIV.

D'un pauvre homme de village qui trouva son asne, qu'il avoit esgaré, par le moyen d'un clistere qu'un medecin lui avoit baillé [1].

Es pays de Bourbonnois (où croissent mes belles oreilles [2]) fut jadis un medecin très fameux, lequel, pour toutes medecines, avoit accoustumé bailler à ses patiens des clisteres, dont de bonheur il faisoit plusieurs belles cures; et, pour ce, en estoit-il plus estimé, en maniere qu'il n'y avoit enfant de bonne mere qui ne s'adressast à luy en sa maladie. Advint qu'au mesme temps un pauvre homme de village avoit esgaré son asne par les champs, dont il estoit fort troublé; et, ainsi qu'il alloit par les destroicts [3] querant cest asne, il rencontra en son chemin une bonne vieille femme, qui luy demanda qu'il avoit à se tourmenter ainsi; à laquelle il feit responce qu'il avoit perdu son asne, et qu'il en estoit si fort courroucé, qu'il en perdoit le boire et le manger. Alors la vieille luy enseigna la maison de ce medecin, auquel elle l'envoya seurement, l'advertissant que de toutes choses perdues il en disoit certaines nouvelles, sans faute: dont le bon homme fut très aise; et, pour ce, print son chemin vers ledit medecin. Et quand il fut en son logis, il veit tant de gens à l'entour de luy qui l'empeschoyent d'approcher, qu'il fut fort ennuyé, et, pour ce, il commença à crier : « Helas! monsieur, pour Dieu, rendez-moy mon asne! C'est toute ma vie; je vous prie, ne le cachez point (on m'ha dict que vous l'avez), ou me l'enseignez? » Et reitera telles parolles par plusieurs fois, criant tousjours plus haut, dont le medecin fut ennuyé. Et, pour

---

[1] Cette Nouvelle, qui se trouve dans le *Recueil des plaisantes Nouvelles* de 1555, est imitée des *Facéties* de Poggio (*Circulator*) et des *Cent Nouvelles nouvelles* (LXXIX⁰, *l'Asne retrouvé*); on la voit reparaitre dans les *Ducento Novelle* de Malespini (Nov. LXXXI), dans les *Serées* (X⁰) de Bouchet, et dans quelques autres conteurs de la fin du seizième siècle.

[2] Rabelais dit, dans son *Pantagruel*, liv. II, ch. 1 : « Autres croissent par les oreilles, lesquelles tant grandes avoient, que de l'une faisoient pourpoint. »

[3] Défilés, vallons.

ce, le regard en face, et, cuydant qu'il fust hors de son entendement, il commanda à ses serviteurs qu'ilz luy baillassent un clistere, ce qui fut tost faict. Puis, le pauvre homme sortit de leans, esperant trouver son asne en sa maison, et, quand il fut á my-chemin, il fut pressé de vuyder son clistere, et, pour ce, incontinent se retira dedans une petite masure, où il opera très bien; et ainsi qu'il estoit en telz affaires, il entendit la voix de son asne, qui hannissoit[1] parmy les champs: dont le pauvre homme fut très-joyeux, et n'eut pas le loysir de lever ses chausses pour courir après son asne, lequel recouvert[2], il feit grande feste, et puis monta dessus et s'en retourna en la ville bien vistement pour remercier le medecin; et, ce pendant, par les chemins publioit le grand sçavoir et prudence de sondict medecin, et comment, par son moyen, il avoit retrouvé son asne: dont le medecin fut encores prisé davantage et plus estimé que jamais n'avoit esté.

NOUVELLE XCV.

D'un superstitieux medecin qui ne vouloit rire avec sa femme, sinon quand il pleuvoit, et de la bonne fortune de ladicte femme après son trespas[3].

En la ville de Paris est recentement advenu qu'un medecin se fonda tellement en raisons superstitieuses jouxte la quinte essence[4], qui estoit par astrologie, que rire et prendre le deduit[5] avecques sa femme en temps sec luy fust très contraire, et, pour ce, il s'en abstenoit totalement; et encores, et quand il veoit le temps humide, observoit-il le cours de la lune:

---

[1] Équivoque sur *âne*, qui brait, en faisant *hian, han*; de là *hannir* pour *hennir*.
[2] Pour: *recouvré*.
[3] Cette Nouvelle, qui a paru d'abord dans l'édition de 1565, est empruntée aux *Plaisantes Nouvelles*, publiées à Lyon en 1555, in-16; voyez, dans ce Recueil, la Nouv. XIV*.
[4] C'est-à-dire: jusqu'à la philosophie occulte, hermétique, divinatoire et astrologique. Rabelais, comme on sait, s'intitulait *abstracteur de quinte essence*.
[5] Faire l'amour, rendre le devoir conjugal.

ce qui ne plaisoit gueres à sa femme, laquelle souvent le requeroit du deduit, et, par necessité qu'elle avoit, s'efforçoit à le faire joindre; mais elle ne gaignoit gueres, et, pour toute resolution, il luy donnoit à entendre que le temps n'estoit disposé, et que telle chose luy seroit plus nuysible qu'à son profit [1]. Ainsi rapaisoit sa pauvre femme à rien ne faire. Advint que familierement la medecine [2] compta son affaire à une sienne voisine : laquelle luy conseilla qu'incontinent qu'elle seroit couchée, elle fist porter trois ou quatre seaux d'eau en son grenier, et les fist verser en un bassin de plomb qui estoit jouxte [3] la fenestre dudict grenier, et servoit à recevoir les eaux des esgoutz de la pluie, pour la faire distiller par un tuyau ou canal de plomb jusques au bas de la court (ainsi que l'on a accoustumé faire aux bonnes maisons); et dit à la voisine, qu'incontinent qu'elle ouyroit le bruit de ladite eaue, qu'elle en advertist son mary. Ce que la bonne dame medecine feit très volontiers; et, combien que la journée eust esté chaulde et seche, neantmoins elle executa son entreprise. Et quand tous deux furent couchez en leur lict, la chamberiere, instruicte, laisse peu à peu decouller l'eaue par ledict canal : ce qui rendoit bruit, auquel la dame esveilla son medecin, le conviant à faire le deduit; ce que le medecin executa à son pouvoir, non toutesfois qu'il ne fust esbahy comment le temps estoit si tost changé. La dame continua par aucuns jours à telle subtilité, dont elle se trouva bien aise. Depuis advint que le medecin mourut, et pource que ladite dame estoit une très belle femme, jeune et riche, plusieurs la demandoient en mariage; mais oncques ne voulut accorder à aucun, tant riche fust-il, qu'elle n'eust parlé à luy. De medecins, elle n'eut plus cure, et demandoit aux autres s'ils se congnoissoyent aux estoilles et à la lune; et plusieurs d'iceux, ignorans du faict, luy respondoyent qu'ilz en avoient fort bien apris tout ce qu'il en falloit sçavoir, lesquels pour cela elle esconduisoit. Advint qu'un bon compaignon, assez lourdaut, luy demanda s'elle le vouloit pour mary; et ainsi qu'ilz devisoient joyeusement, elle l'interrogea s'il se congnoissoit aux estoilles ;

---

[1] Voyez, dans les Contes de La Fontaine, le *Calendrier des Vieillards*, imité du *Décaméron* de Boccace (giorn. XI, nov. 1).
[2] Femme du médecin.
[3] Près de ; en latin, *juxta*.

lequel feit responce qu'il ne se congnoissoit au soleil, ny aux estoilles, n'à la lune, et ne sçavoit quand il se falloit aller coucher, sinon quand il ne veoit plus goutte. Cette parolle plut à la dame, et, pour ce, elle print à mary, dont elle fut très bien labourée et à profit, et se vanta depuis qu'elle avoit trop de ce qu'elle avoit eu trop peu auparavant.

NOUVELLE XCVI.

D'un bon compaignon hollandois qui fit courir après luy un cordouannier qui luy avoit chaussé des botines [1].

Ce ne sera chose hors de propos de reciter icy l'habilité d'un bon compaignon se promenant parmy une assez bonne ville de Hollande, lequel entré en la boutique d'un cordouannier, le maistre luy demande s'il y a quelque chose qui luy duise [2]. Or, l'ayant apperceu jetter la veue sur des botines qui estoient là pendues, luy demande s'il avoit envie d'en avoir une paire. Quand il eut respondu et dit ouy, il luy choisit celles qui luy sembloyent le mieux venir à ses jambes, et les luy chaussa. Quand il les eust, il se feit aussi essayer des souliers, lesquels luy semblerent venir bien à ses pieds, comme les botines à ses jambes. Après cecy, au lieu de faire marché et de payer, il vint à demander au cordouannier, par maniere de jaserie : « Dites-moy par vostre foy, ne vous advint-il jamais que quelqu'un que vous auriez si bien equippé pour courir, s'en soit fuy sans payer ? — Jamais, dit-il. — Et, si d'adventure il advenoit, que feriez-vous ? — Je courrois après, dit le courdouannier. — Dites-vous cecy à bon escient [3] ? — Je le dy en verité, et ne ferois point autrement, respondit le gentil cordouannier. — Il en fault veoir l'experience, dit l'autre. Or sus, je me mettray le premier à courir ; courez après moy. » Et, sur cecy,

---

[1] Cette Nouvelle, qui a paru d'abord dans l'édition de 1565, est imitée d'Érasme (Convivium fabulosum), et se retrouve dans l'*Apologie pour Hérodote*, ch. xv.
[2] On lit *plaise* dans d'autres éditions.
[3] Variante des autres éditions : *en bon escient*.

commença à fuir tant qu'il peut. Alors le cordouannier de courir après et de crier : « Arrestez le larron ! arrestez le larron ! » Mais l'autre, voyant qu'on sortoit des maisons, et, de peur qu'il avoit qu'on ne meit la main sur luy, faisant bonne mine comme celuy qui ne faisoit cecy que pour son passe-temps : « Que personne, dit-il, ne m'arreste, car il y a grosse gaigeure. » Ainsi s'en revint le cordouannier, grandement fasché d'avoir perdu son temps, son argent et sa peine¹, car l'autre avoit gaigné le prix quant à courir. Or, combien qu'en ce joyeux devis il soit usé de ce mot *botines*, si est-ce qu'il ne faut pas entendre des botines faictes à la façon des modernes nostres, puis qu'elles se mettent en des souliers².

NOUVELLE XCVII.

De l'escollier qui feuilleta tous ses livres pour sçavoir que signifioient *ramon, ramonner, hart, sur peine de la hart*³, etc.

Un meschant mot, *hart*, fort renommé et presché en France en temps de paix, avoit autresfois fasché un jeune escollier de ce qu'il n'en pouvoit rendre l'interpretation à ceux qui luy demandoyent (encore qu'il l'eust demandé mille fois aux clercs de son village); mais c'estoit un mot plus que hebreu pour eux. De quoy plus qu'auparavant irrité, l'escollier n'espargna frere⁴ *Calepinus auctus* et *recognitus*, *Cornucopiæ*, *Catholicon magnum*

---

¹ Cette phrase est différente dans d'autres éditions : *Ainsi s'en revint en la maison le povre cordouannier, bien fasché d'avoir perdu son temps et son argent et encore sa peine.*

² La bottine était alors une sorte de pantoufle que l'on chaussait sur les bas et qui ne tenait pas quitte des souliers. On cite plusieurs hommes de guerre qui durant des assauts combattirent en bottines, c'est-à-dire les pieds libres de toute entrave. (M. Lacour.)

³ Cette Nouvelle, ou plutôt ce *joyeux Devis*, est emprunté au chap. x des *Discours non plus mélancoliques que divers* (Poitiers, Enguilbert de Marnef, 1557, in-4¹), qui sont certainement de Bonaventure Des Periers, malgré les dénégations de M. Lacour. Les anciens éditeurs des *Nouvelles Récréations et joyeux Devis* ont placé ici cet extrait avec quelques légers changements; ainsi Bonaventure ne parle plus lui-même; il est remplacé par un *gentil escollier*.

⁴ Il vaut mieux lire *guère*.

et parvum ¹, où il ne cherchast; mais pour neant, car il n'y estoit pas. Toutesfois, après qu'il eut bien ruminé à part luy, il se souvint qu'environ dix ans auparavant une chamberiere qui se disoit Picarde (combien qu'elle fust de Normandie) luy apprint que c'estoit, un soir qu'il estoit à Paris, sans y penser, faisant collation ² d'une bourrée, devant qu'aller au lict, et de laquelle il avoit aprins, un peu auparavant, que *ramon* estoit un balay, et *ramonner*, balier ³, en la chansonnette :

> Ramonnez-moy ma cheminée ⁴.

« *Hart*, doncques, disoit-il, en discourant à part luy, est le lien d'un fagot ou d'une bourrée à Paris, qu'on appelle une *riotte* en mon benoist païs; parquoy j'entens que quand on crie : « De « par le roy, sur peine de la hart (hart *est fœminini generis*) ! » vault autant à dire que « sur peine de la corde, » jadis qu'on s'aydoit des branches des arbres pour espargner le chanvre. Ainsi s'acquitta de sa promesse le gentil escollier, ayant leu ce qui est escript en une epistre de Clement Marot au roy, « que sentir la hart » vault autant à dire que « chatouilleux de la gorge : »

> Ainsi s'en va chatouilleux de la gorge,
> Ledi valet, monté comme un sainct George ⁵.

¹ Titres des dictionnaires latins en usage à cette époque dans les Universités. Le *Calepinus*, dictionnaire latin d'Ambrosius Calepinus, qui avait paru pour la première fois en 1502, avait été réimprimé plus de vingt fois, *auctus et recognitus*; il y avait plusieurs livres sous le titre de *Cornucopiæ*: le plus connu était *Nicolai Perotti Cornucopia, seu commentarii latinæ linguæ* (Venet., Aldus, 1513, in-fol.); quant au *Catholicon magnum*, c'est le grand ouvrage de Joannes de Janua, dont la première édition est sortie des presses naissantes de Gutenberg (1460, gr. in-fol.). On avait fait des abrégés de ce gros livre, sous le titre de *Catholicon parvum*.

² C'est-à-dire : apportant, présentant un fagot ; mauvais jeu de mots sur le latin *collatio*.

³ Pour : *balayer*

⁴ On chante encore dans le peuple :

> Ramonez ci, ramonez là,
> Ramonez-la jusques en bas.

⁵ Cette *Epistre au roi pour avoir esté desrobé*, petit chef-d'œuvre de narration malicieuse et adroite, fut adressée en 1531 à François I⁴ʳ par Clément Marot, dont le valet s'était enfui avec le cheval, les hardes et l'argent de son maître.

NOUVELLE XCVIII.

De Triboulet, fol du roy François premier, et de ses facetieux actes [1].

LE defunct roy François premier du nom (que Dieu absolve !) fut très vertueux prince et magnanime, lequel nourrissoit un pauvre idiot, pour aucunes fois en avoir quelque esbatement (après son travail ès affaires du royaume de France), et le faisoit voulentiers marcher devant luy, quand il chevauchoit par les chemins. Advint quelque jour, ainsi que Triboulet marchoit devant le Roy, devisant tousjours de quelque sornette emmanchée au bout d'un baston [2], son cheval fit six ou huict pets : dont Triboulet fut fort courroucé; et, pour ce, il descendit incontinent de la selle de son cheval, et prend la selle sur son dos, et dit au Roy : « Cousin, vous m'avez ce jour d'huy baillé le plus meschant cheval qui fut oncques. C'est un yvrogne; après qu'il a bien beu, il ne fait que peter. Par Dieu ! il ira à pied. Ha ! ha ! il a peté devant le Roy ! » Et, de sa massue [3], frappoit son cheval, et, luy, estoit tousjours chargé de la selle. Ainsi fit environ demye lieue à pied. Une autre fois, advint que le Roy entra en sa Sainte-Chappelle, à Paris, pour ouyr vespres, et Triboulet le suivoit; et d'entrée, il veid le plus grand silence leans qu'il estoit possible. Peu de temps après, l'evesque [4] commença *Deus in adjutorium* assez bellement; et incontinent après, tous les chantres respondirent en musique, en sorte que l'on n'eust pas ouy tonner

---

[1] Cette Nouvelle, qui est la LXVIIIe des *Plaisantes Nouvelles*, publiées à Lyon e 1555, se trouve pour la première fois dans l'édition de 1565 des *Nouvelles-Récréations et joyeux Devis*.

[2] C'est-à-dire sans doute : quelque folie dont il assommait ses auditeurs. Cette expression équivaut peut-être à celle-ci, qu'on emploie encore dans le langage familier : bêtise qui n'a ni queue ni tête.

[3] Marotte, sceptre de la Folie.

[4] Le Domenichi, dans son recueil imprimé à Florence en 1548 (*Facetie e motti Arguti di excellentissimi ingegni*), rapporte le même fait, sans toutefois nommer Triboulet : « Un matto sendo in chiesa, e sentendo imporre l'Ufitio de un prete, e dipoi dopo lui tutti gli altri sgridare disse a quel primo una cessata, dicendo : Se tu non havesti cominciato, quest' altri si sarebbono stati cheti. »

leans. Alors Triboulet se leva de son siege et s'en alla droict à l'evesque, qui avoit commencé l'office, et à grands coups de poing il lorgnoi. dessus luy. Quand le Roy l'eut apperceu, il l'appella et luy demanda pourquoy il frappoit cet homme de bien, et il dit : « Da, da, mon cousin, quand nous sommes entrez ceans, il n'y avoit point de bruit, et cestuy-cy a commencé la noyse. C'est concques luy qu'il faut punir. » Une autre fois, Triboulet vendit son cheval pour avoir du foin; autre fois vendoit son foin pour avoir une massue. Et ainsi vescut tousjours folliant jusques à la mort [1], qui fut bien regrettée, car on dit qu'il estoit plus heureux que sage [2].

NOUVELLE XCIX.

Des deux plaideurs qui furent plumez à propos par leurs advocats [3].

Un païsan, assez resolu en ses affaires, s'estant advisé, en mengeant ses choux, du tort et dommage que luy faisoit un sien voisin, le meit en procès en la Court, et, par l'advis d'aucuns siens amys, choisit un advocat, lequel il pria vouloir prendre sa cause en main : ce qu'il accepta. Au bout de deux heures après, vient la partie adverse, qui estoit un homme riche, et le prie semblablement d'estre son advocat en ceste mesme cause : ce qu'il accepta aussi. Le jour approchant que la cause se devoit plaider, le païsan s'en vint à son advocat (duquel il se pensoit asseuré qu'il ne fauldroit à ce qu'il luy avoit promis), et ce, pour l'advertir de se tenir prest à plaider le lendemain : dont il fut aucunement honteux, attendu la charge qu'il avoit prise pour sa partie adverse. Toutesfois, pour contenter le païsan, il luy remonstra et fit accroire qu'il ne luy avoit promis s'em-

---

[1] Sa mort eut lieu vers 1537, puisque son épitaphe est dans les poésies latines de Jean Vouté (*Vulteius*), publiées en 1538.

[2] Voy. une note de la Nouvelle II.

[3] Cette Nouvelle, dont le sujet se trouve dans le 20° sermon de l'*Adventus*, par Olivier Maillard, est reproduite et abrégée dans le chap. vi de l'*Apologie pour Hérodote*.

ployer pour luy, et, pour mieux se descharger, luy disoit : « Mon amy, l'autre fois que vous vintes, je ne vous dis rien, pour raison, des empeschemens que j'avois; maintenant je vous advertis que je ne puis estre vostre advocat, estant celuy de vostre partie adverse; mais je vous bailleray lettres addressantes à un homme de bien, qui deffendra vostre cause. » Alors, mettant la main à la plume, escripvit à l'autre advocat ce qui s'ensuit : « Deux chappons gras sont venuz entre mes mains, desquels, ayant choisy le meilleur et le plus gras, je vous envoye l'autre. » Puis, sous secret [1] estoit escript : « Plumez de vostre costé, et je plumeray du mien. » Ceste lettre, ainsi expediée, fut baillée par le susdit advocat à ce païsan, lequel (ne s'asseurant mieux de celuy à qui il devoit porter les recommandations que à l'advocat qui les envoyoit) s'enhardit de les ouvrir; et, icelles leues, après avoir long-temps plaidé, sans avoir rien avancé, et se voyant deceu par les trop grandes faveurs et authoritez de sa partie, delibera d'appoincter avec luy, ayant esté par plusieurs fois sollicité de ce faire par ses amys propres.

NOUVELLE C.

Des joyeux propos que tenoit celuy qu'on menoit pendre au gibbet de Montfaucon [2].

UN bon vault-rien, ayant par ses merites esté monté de reculon [3] jusques au bout d'une eschelle pour descendre par une corde (disent les bons compaignons), faisoit là merveilles de prescher : durant lequel sermon, le maistre des hautes œuvres, affutant son cas [4], passoit souvent la main soubs et autour la gorge dudit prescheur, tant qu'à la fin il le vous regarde : « Hé! mais-

---

[1] En souscription, en post-scriptum.
[2] Cette Nouvelle, ou plutôt ce joyeux l'evis, qu'on a vu paraître pour la première fois dans l'édition de 1565, est tiré presque textuellement des *Discours non plus mélancoliques que divers*, ch. x; mais les anciens éditeurs du recueil de Des Periers ont mis ici sur le compte du même *bon vaurien* ce que l'auteur des *Discours* attribue à trois pendards différents.
[3] On dit maintenant : à reculons.
[4] C'est-à-dire : préparant la corde.

tre, mon amy, dit-il, ne me passe plus là la main. Je suis plus chatouilleux de la gorge que tu ne penses. Tu me feras rire, et puis que diront les gens? Que je suis mauvais chrestien et que je me mocque de justice. » Puis, sentant l'heure approcher qu'il debvoit faire le guet à Montfaulcon [1], et que, pour ce, il passoit par la porte de la ville, il se print à hucher à pleine teste le portier par plusieurs fois : lequel l'entendit bien dès la première; mais, à cause qu'il se sentoit autant ou plus chatouilleux de la gorge que celuy qu'on menoit pendre, se remue bel et beau de là, en lieu de venir parler à cet homme, de peur qu'il ne l'encusast à la justice (comme telles gens disent plus aucunes fois qu'on ne leur demande). Ainsi s'adresse, à la parfin, ce pauvre alteré à son confesseur, et luy dit : « Mon pere, je vous prie dire au portier, qu'il ne laisse hardiment de fermer la porte de bonne heure, car je n'ay pas deliberé de retourner aujourd'huy coucher à Paris. » Et comme son confesseur, entre autres consolations. luy disoit : « Mon amy, en ce monde n'y a rien que peines et ennuys; tu es heureux de sortir aujourd'huy hors de tant de miseres. — Ha! ha! frere. dit-il, pleust à Dieu que fussiez en ma place, pour ouir tost de l'heur que me preschez! » Le pater ne faisoit semblant d'entendre cela, et, passant outre, luy disoit : « Pren courage mon amy; quelques maux que tu ayes faicts, demande pardon à Dieu de bon cœur : tout te sera pardonné, et iras aujourd'huy soupper là-haut en paradis avec les anges, etc. — Soupper aujourd'huy en paradis, beau pere! Ce seroit beaucoup si j'y pouvois estre demain à disner; et, pource qu'un homme se fasche fort par les chemins quand il est seul, je vous prie, venez-moy tenir compagnie jusques là. Faites-moy cest œuvre de charité et mesmement si sçavez le chemin. » Plusieurs autres petits devis faisoit le gentil fallot, lesquels seroient trop longs à reciter.

---

[1] Le gibet de Montfaucon, bâti par Enguerrand de Marigny, ministre de Philippe de Valois, qui l'y fit pendre lui-même. était situé à peu de distance de l'église de Saint-Laurent, laquelle se trouvait alors assez éloignée des murs de la ville; il a subsisté dans son état primitif jusqu'au commencement du dix-septième siècle. Voy. une savante et curieuse dissertation sur ce gibet, par M. de La Villegille.

NOUVELLE CI.

Du souhait que fit un certain conseiller du roy François premier du nom [1].

Un conseiller du roy François premier de ce nom, homme qui avoit l'esprit naturellement fertil de faceties, s'estant trouvé un jour qu'on tenoit propos au Roy des moyens qu'il debvoit choisir pour faire teste à l'Empereur, qu'on disoit venir avec grandes forces, et ayant ouy l'un souhaitter au Roy tant de nombre de bons Gascons, l'autre tel nombre de lansquenetz, les autres faisans quelque autre bon souhait : « Sire, dit-il, puis que il est question de souhaitter, je feray aussi, s'il vous plaist mon souhait; mais je souhaitterois une chose à laquelle il ne vous faudroit faire aucune despense, au lieu que ce qu'ilz ont icy souhaitté vous cousteroit beaucoup. » Le Roy luy ayant demandé quelle estoit ceste chose, respondant d'une promptitude d'esprit : « Sire, dit-il, je souhaitterois seulement de devenir diable pour l'espace d'un quart d'heure. — Et que feriez-vous? dit le Roy. — Je m'en irois droit rompre le col à l'Empereur. — Vrayement, dit le Roy, vous estes un grand fol de dire cela; comme s'il n'y avoit pas de l'eau benoiste au païs de l'Empereur, comme au mien, pour faire fuir les diables! » Alors, comme bien deliberé de faire rire le Roy, il repliqua : « Sire, vous me pardonnerez, s'il vous plaist; je croy bien que si c'estoit quelque jeune diable qui n'entendist pas bien son mestier, il s'enfuiroit; mais un diable tel que je m'estime ne s'enfuiroit pas. » Il disoit cela de telle grace, qu'il provoquoit un chascun de la compaignie à rire, tant il estoit copieux [2] en dits et faits.

---

[1] Cette Nouvelle, qui a paru dans l'édition de 1565, figure aussi avec peu de différences dans l'*Apologie pour Hérodote*, ch. xxxix. Henri Estienne nomme ce conseiller *Godon*.

[2] Qui copie, imite, contrefait plaisamment les autres, comme les *copieux de la Fleche*, dont il est question dans la XXIIIe Nouvelle.

NOUVELLE CII.

De l'escollier qui devint amoureux de son hostesse, et comment ilz finerent leurs amours [1].

Du temps qu'on portoit souliers à poulaine [2], que on mettoit potz sur table, et que pour prester argent on se cachoit, la foy des femmes vers les hommes estoit inviolable; et n'estoit aussi loisible aux hommes, fors de jour ou de nuict, vers leurs preudes femmes l'enfreindre [3]. Ainsi estoit une coustume reciproquement observée, dont n'estoient moins à louer merveilleuse admiration; au moyen de quoy jalousie n'estoit en vigueur, fors celle qui provient de mal aimer, et de laquelle les janins [4] meurent. A l'occasion de ceste merveilleuse confidence, couchoient indifferemment tous les mariez, ou à marier, en un grand lict [5], fait tout à propos [6], sans peur ou crainte de quelque desmesuré pensement [7], et n'aymoient les hommes et femmes l'un l'autre, que pour compter leurs pensées. Toutesfois, le monde estant venu mauvais garçon, chascun a voulu avoir son

---

[1] Cette Nouvelle, qui n'avait pas été publiée avant l'édition de 1565, est extraite presque mot à mot des sixième et quatorzième chapitres des *Propos rustiques* de Leon Ladulfi (Noël Du Fail), qui furent imprimés pour la première fois en 1547, à Lyon, chez Jean de Tournes, l'éditeur du *Recueil des OEuvres* de Bonaventure Des Periers.

[2] Cette mode étrange date du commencement du règne de Charles VI, vers 1390 C'étaient des souliers dont l'extrémité s'allongeait en pointe ou se recourbait en bec, comme nos patins.

[3] Cette phrase a été ainsi rétablie d'après le véritable texte de Du Fail (éd. Groulleau, Paris, 1548, in-16); car elle est inintelligible dans les éditions anciennes des *Nouvelles Récréations*, où on lit : « *La foy des femmes vers les hommes et des hommes vers les femmes estoit inviolable (fors de jour ou de nuict). Aucune fois celuy des hommes vers leurs preudes femmes l'enfreindre : ainsi,* » etc.

[4] Oies mâles; au figuré : sots, innocents, puceaux. Il y a *les amis* dans plusieurs éditions de Des Periers.

[5] Du Fail revient à plusieurs reprises sur ces grands lits : « Ne vous souvient-il de ces grands lictz où 'on couchoit tous ensemble sans difficulté? » dit-il dans ses *Propos rustiques*, chap. v.

[6] L'auteur des *Propos rustiques* ajoute ici cette parenthèse : « (de trois toises de long et de neuf pieds de large). »

[7] Dans les *Propos rustiques*, l'auteur ajoute : « Ou effaict lourd. »

lict à part, pour cause, et ce, pour obvier à tous et un chascun des dangers qui en eussent peu sourdre[1]. Pour exemple de cecy, sera mis en jeu ce jeune escollier, lequel, n'ayant attaint le dixhuictiesme an de son aage, commença à pratiquer les bonnes graces de son hostesse, et, passant plus outre, à hanter les compagnies joyeuses, non sans pratiquer quelque cas avec les garses. Dequoy aucunement eschaudé, se rengea du tout à son hostesse, et se fourra si avant en son amour, qu'il jetta au loin toutes dialectiques, logiques, physiques, et toutes autres telles resveries à tous les diables, après partie de son argent, pour mieux obtemperer à ses passions et entretenir ses fantasies; si bien que, de sophiste et fol logicien, il devint l'un des plus sotz amans du monde, comme il se feit congnoistre à l'endroit de son hostesse, car, voulant luy manifester ses passions, disoit : « Helas! principale et seule regente de mes entrailles, que n'ay-je le moyen de vous en faire anatomie sans mort! Vous verriez comme mon cœur s'eschauffe! le foye fume[2]; mon poulmon rotist, et l'espine me brusle si ardamment, que j'en ay la vie[3] gastée! Dont je suis perdu, s'il ne vous plaist me consoler[4]. » Puis, se souvenant de la sentence du poete souspirant, disoit : « Helas! mon Dieu, que de peines à celuy qui commence à aymer! Il n'en peut menger sa souppe sans engresser sa jaquette. Ah! ah! Amour, quand je pense en vostre assiette, je conclude qu'il y fault entrer de nature, en B dur, car le mol n'y vaut rien. » (C'est à propos de musique, durant qu'il y aprenoit.) Puis, se recordant du moyen que feu son oncle luy avoit delaissé pour tromper ses ennuiz, se met à contrepointer une chanson, dont advertie, son amye, doubtant qu'il ne publiast ses angoisses douloureuses et passions nocturnes, où il estoit par elle detenu, luy pria de chanter, disant : « Amy, refermez vostre bouche; j'ay advisé le coing du memorial où vous l'avez enfermée en vostre cerveau pour la garder seurement. » Pensant, par ces allusions, le divertir de son propos. Toutesfois, par trop longuement passionné, il commença :

---

[1] Tout ce début est emprunté au sixième chapitre des *Propos rustiques*; le reste est tiré du quatorzième chapitre du même ouvrage.
[2] Plusieurs éditions portent *fenist*, sèche comme le foin.
[3] Il y a dans d'autres éditions : *la teste* ou *la rate*.
[4] Dans les autres éditions : *retrouver*.

CHANSON.

Ce refuz tout oultre me passe,
Et peu s'en fault que n'en trespasse.
Las! il fault endurer beaucoup,
Pour aymer un seul petit coup.

Ah! vous avez grand tort, voisine.
Je vous pensois doulce et benigne;
Mais j'ay bien cogneu, en effect,
Que vous vous mocquez de mon faict.

Je vous ay declaré ma peine,
Et que c'est qui vers vous m'ameine;
J'en souffre trop de la moytié,
Et n'en avez point de pitié.

Or fault-il bien faire autre chose,
Car l'amour qu'est dans moy enclose
Ne me lairroit point en repos,
Si vous n'avez autre propos.

Toutes les fois que vous voy rire,
Je vous voudrois volontiers dire :
« Dictes-moy, belle, si m'aymez.
Je vous ayme ! Ne m'en blasmez.

Visage avez de bonne grace,
Comme moy estes grosse et grasse;
Aymez-moy donq', dame, aymez-moy,
Et mon cueur jettez hors d'esmoy !

Si mon mal-aise vous peult plaire,
Mon heur vous pourra-il desplaire?
Qui du mal d'autruy s'esjouist,
Le sien faict qu'on s'en resjouist.

Tous les jours en la patenostre
Pardonnons à l'Ennemy nostre ;
Point ne suis-je vostre enuemy,
Mais vostre langoureux amy.

Si de m'aymer n'avez envie,
Pardonnez au moins à ma vie,
Et en ayez quelque remord,
Ou serez cause de ma mort.

Je ne sçaurois me plaindre au vivre,
Languissant tousjours à poursuivre;
Il ne vault trop mieux m'aymer point,
Qu'attendre sans venir au poinct.

Aymez donc, puis qu'estes aymée¹,
Vous en serez mieux estimée;
Vostre grace, vostre maintien,
Me gisent en vostre entretien.

Mon las cœur² commença dimenche,
N'est-il pas temps que vous emmenche?
J'ay desjà trois jours attendu,
C'est trop pour un homme entendu.

Je ne puis bonnement comprendre
Quel plaisir c'est de tant attendre;
Du temps perdu je suis marry,
N'en desplaise à vostre mary.

NOUVELLE CIII.

Du curé qui se coleroit en sa chaire de ce que ses semblables ne faisoyent le debvoir comme luy de prescher leurs parroissiens³.

Un curé⁴, de par le monde, assez remarqué par ses faceties et insuffisance de la charge à luy commise, se met, un jour qu'il preschoit à ses parroissiens, à jurer de par Dieu, en despit des lutheriens de son temps, et voulant prouver qu'ilz estoyent pires que les diables : « Le diable, disoit-il, s'enfuiroit, incontinent que je luy aurois fait le signe de la croix ; mais si je faisois le signe de la croix à un lutherien, par Dieu ! il me sauteroit au col et m'estrangleroit. Parquoy je vous conseille, mes parroissiens, que vous fuyez, du tout en tout, leurs compagnies. » Puis, se colerant en luy-mesme de ce que plusieurs autres curez ne faisoyent le debvoir de prescher comme luy, commença à s'exclamer en chaire : « Et ilz disent qu'ils ne sont assez sçavans ! Qu'ils estudient, de par Dieu ou de par tous les diables ! Et, s'ilz

---

¹ Variante d'une autre édition : *Aimez, puisqu'estes tant aimée.*
² Variante : *Mon amour.*
³ Cette Nouvelle, qui est pour la première fois dans l'édition de 1565, se trouve aussi dans l'*Apologie pour Hérodote*, ch. xxxvi.
⁴ La Monnoye dit que ce curé de Saint-Eustache, qui se nommait Le Coq, était un docte théologien ; il fut aussi chanoine de Notre-Dame de Paris et vécut jusqu'en 1569.

ne le sont, ilz le deviendront comme moy. » Et, observant diligemment les contenances de ses parroissiens, leur disoit : « Eh ! vous sçavez bien, Messieurs et Dames, qu'il n'y a qu'un an que je ne sçavois rien, et maintenant vous voyez comment je presche ! » Mil et nil autres petits comptes faisoit ce copieux [1] curé à ses parroissiens, afin de les engarder de dormir en ses sermons.

NOUVELLE CIV.

D'un tour de villon [2] joué dextrement par un Italien à un François estant à Venise [3].

Il advint à Venise, en l'hostellerie de l'Estourgeon, qu'un François, nouvellement arrivé, fut adverty par un Italien, lequel y estoit aussi logé, qu'en leurs païs il n'estoit seur à ceux qui avoyent de l'argent de monstrer qu'ilz en avoyent ; et pourtant l'advisa que, quand il auroit des escuz à peser ou quelque somme à compter, il ne fist comme il avoit accoustumé, mais qu'il fermast la chambre sur soy. Le François, prenant cest advertissement comme estant procédé d'un cœur debonnaire, l'en remercia bien fort, et, dès lors, fit cognoissance avec luy. L'Italien, incontinent qu'il eut senty qu'il y faisoit bon, luy vint dire que, s'il lui plaisoit de changer des escuz-au-soleil contre des escuz pistolets [4], il feroit cest eschange avec luy. « Et, au lieu, disoit-il, que vos escuz-au-soleil ne vous vaudroyent icy non plus que des pistolets, je les vous feray valloir quelque chose davantage. » Le François, luy ayant fait response que c'estoit le moindre plaisir qu'il luy vouldroit faire, luy pria de se souvenir de ce qu'il luy

---

[1] Plaisant, goguenard, railleur.
[2] Fripon. Les biographes et les critiques ont prétendu, sur la foi de Pasquier dans ses *Recherches de la France*, que le nom de Villon n'était qu'un sobriquet que le poëte François Corbueil devait à ses larcins ou *villonneries*.
[3] Cette Nouvelle se trouve aussi dans l'*Apologie pour Hérodote*, ch. xv.
[4] Demi-pistoles. On trouve, dans l'*Adieu du plaideur à son argent*, facétie du dix-septième siècle : « Adieu, mes gentils pistolets ! » Voy. le t. II des *Variétés littéraires*, recueillies et annotées par Edouard Fournier.

avoit dit peu de jours auparavant. « Quant à tenir secret l'argent qu'on a, pourtant, dit-il, je serois d'opinion que nous nous meissions en une gondole, portant avec nous un tresbuchet, et, en nous promenant par le grand Canal, nous pezissions nos escuz et feissions notre eschange. » Le François respond d'estre prest à faire tout ce que bon luy sembleroit. Le lendemain, donc, ilz entrent en une gondole, et là le François desploye ses escuz, lesquelz l'Italien serra, les ayant toutesfois prealablement pesez pour faire meilleure mine. Après les avoir serrez, ce pendant qu'il fait semblant de chercher sa bourse où estoyent ceux qu'il debvoit bailler en eschange, se fait mettre à bord par le barquerolle [1], auquel il avoit donné le mot du guet; et d'autant qu'il aborda en un lieu de la ville où il y a plusieurs petites ruelles d'une part et d'autre, il fut si bien perdu pour ledit François, qu'il est encores pour le jourd'huy (comme il est à presupposer) à ouyr des nouvelles de luy et de ses cent escuz. Et croy fermement que le proverbe des Italiens pratiqué en plusieurs nations luy debvoit servir d'advertissement, à l'advenir, de ne s'adjoindre à tels changeurs, ayant (pour authoriser leur renommée, signant leur front), cette sentence en usaige : *Zara a chi tocca*: donnans facilement à entendre que malheureux est celuy qui s'y fie.

NOUVELLE CV.

Des facetieuses rencontres et façons de faire d'un Hybernois, pour avoir sa vie en tous païs.

Un Hybernois [2], homme d'assez bon esprit, se proposa de congnoistre les manieres de faire des nations estrangeres et leur usage de parler ; tant qu'il voyagea en plusieurs contrées, où, encore que son argent fust esgaré dedans les semelles de ses souliers, pour cela il ne perdit à disner, tant il se sçavoit bien entregenter [3] en toutes compaignies ; et, comme peu convoiteux

---

[1] C'est encore le nom générique des gondoliers à Venise.
[2] Irlandais ; *hibernus*, en latin.
[3] Avoir de l'entregent, se faire bien venir.

des honneurs de ce monde, ne se soucioit d'injures qu'on luy fist, aymant trop mieux pratiquer la maniere de faire des Mycioniens[1] (gens pauvres et famelics, qui, pour leur indigence et pouvreté, s'ingeroyent d'eux-mesmes aux banquets et conviz[2]) que perdre son temps en procès. Un jour, ce gentil frerot, estant entré en la maison du roy à l'heure du disner, ne voulant point perdre l'occasion de se souler[3], ayant veu, d'autre part, la table preparée pour le disner des officiers du roy, attendit qu'on s'assist, puis s'assist avec eux, et disne très bien, sans sonner aucun mot : dequoy esmerveillez, aucuns de la compagnie, qui n'avoyent point accoustumé de veoir cette oye estrangere disner avec eux, luy demanderent de quel païs il estoit, et à qui il appartenoit, et eur rendit responce tout de mesmes, sans qu'il perdist un seul coup de dent. Puis, luy demanderent s'il avoit quelque charge en la court : « Non, dit-il, mais j'y en voudrois bien avoir. » Lors, luy feirent commandement de se lever de leur table et gaigner au trot, sur peine de recepvoir bien tost le payment de sa trop grande temerité et hardiesse. « Ouy, dea, dit-il, Messieurs, je le feray ; mais que j'aye disné. » Et cassoit[4] toujours. Ce qu'ayans longuement observé ceux qui luy avoient fait cette peur, et, se sentans offencez, furent contrains de quicter leur colere et rire comme les autres. Or, pour en tirer davantage de passe-temps et plaisir, ilz luy demanderent comment il avoit esté si hardy (estant estranger du païs et sans adveu) d'entrer en la maison et sommelerie du roy. « Pource, dit-il, que je sçavois bien que le roy estoit assez riche pour me donner à disner. » Par ceste gaillardise et promptitude d'esprit, il captivoit le plus souvent la bonne grace de ceux qui, en le regardant seulement, l'eussent du tout rejetté.

---

[1] Lisez *Myconiens* habitants de l'île de Mycone. Voyez le proverbe *Myconius vicinus*, dans Érasme, qui fait un portrait plaisant de ces parasites.
[2] Festins, assemblées joyeuses ; du latin *convivium*.
[3] Se rassasier, manger tout son saoul.
[4] Mangeait. On dit encore familièrement *casser la croûte* ou *des croûtes*.

NOUVELLE CVI.

Des moyens dont usa un medecin, afin d'estre payé d'un abbé malade, lequel il avoit pansé [1].

Un medecin, assez recommandé envers plusieurs pour sa bonne reputation et doctrine, fut mandé par un abbé, afin de le secourir en sa maladie : ce qu'il accepta volontiers, et en fit si bien son debvoir, qu'en peu de jours il l'avoit remis debout. Or, apperceut-il qu'au lieu que l'abbé (estant au fort de sa maladie) luy promettoit chiens et oyseaux [2], et, quand il recommençoit à revenir en convalescence, il ne le regardoit pas de bon œil, et ne faisoit aucune mention de le contenter de ses peines, et doubtoit fort qu'enfin il ne toucheroit aucuns deniers ; il s'advisa d'user d'un moyen pour se faire payer : c'est qu'il feit entendre à son abbé, qu'il craignoit fort une recheute, pire que la maladie, et qu'il en avoit de grandes conjectures ; et pourtant qu'il luy falloit encores prendre une medecine : laquelle il luy feit faire telle, que, deux heures après l'avoir prise, il trouva qu'il avoit compté sans son hoste, et qu'il avoit plus grand besoin de son medecin que jamais. Se trouvant donc en tel estat, envoye messagers l'un sur l'autre vers son medecin ; mais, comme auparavant il avoit fait de l'oublieux à le contenter, aussi faisoit alors le medecin de l'empesché. Enfin l'abbé luy envoya un sien serviteur, qui luy garnit très bien la main, et luy dit que son maistre le prioit, pour l'honneur de Dieu, qu'il l'allast visiter, et qu'il ne pensoit pas reschapper de sa maladie. Ce serviteur donq, ayant usé du vray moyen pour faire cesser tous les empeschemens du medecin, feit tant, qu'il alla visiter l'abbé, lequel il rendit gay comme Perot [3] au bout de trois jours; au bout des-

---

[1] Cette Nouvelle se trouve aussi, avec des différences, dans le chap. xvi de l'*Apologie pour Hérodote*.

[2] Expression proverbiale tirée de la chasse. On dit dans le même sens : *promettre monts et merveilles*.

[3] Il semblerait que l'on a dû dire *perot* pour *perroquet*, qui se nommait autrefois *papegai* ; mais *perot* doit plutôt s'entendre d'un de ces moines gaillards, qu'on

quelz il eut derechef la main garnie. Par ce moyen, ce gentil medecin fut payé de son abbé, lequel il avoit, en peu de temps, deliberé faire vivre et mourir, ou mourir et vivre, en vray medecin.

NOUVELLE CVII.

De l'apprenty larron, qui fut pendu pour avoir trop parlé [1].

Un apprenty larron, estant entré par le toict en une maison, pour veoir s'il ne trouveroit point quelque bonne adventure, fut descouvert par ceux qui estoyent dedans, à raison du bruit qu'il avoit mené, y entrant : qui fut occasion que les voisins d'entour s'assemblerent pour veoir que c'estoit ; mais le larron, voyant que chascun entroit à foulle pour le chercher, descendit, par quelques adresses [2] qu'il avoit remarquées, et se vint rendre parmy la foulle du peuple qui entroit pour le chercher, et, par ce moyen, se garda d'estre descouvert. Un peu après qu'il eust veu le bruict appaisé, et qu'on ne cherchoit plus le larron, d'autant qu'on pensoit qu'il fust eschappé, se delibera de sortir par la porte, feignant estre demeuré seul pour le chercher, ne craignant aucunement d'estre congneu ; mais, par faute d'estre maistre de sa langue, il se donna luy-mesme à congnoistre, et se mist la corde au col : car, ainsi qu'il pensoit sortir, ayant rencontré plusieurs à la porte qui devisoient du larron en le maudissant, vint à le maudire aussi, disant qu'il luy avoit fait perdre son bonnet. Or faut-il noter que, pendant que ce rustre taschoit à se sauver, fuyant tantost çà et tantost là, son bonnet luy estoit tombé, lequel on avoit gardé en esperance qu'il donneroit des enseignes du larron. Quand donq on luy eut ouy dire cela, on entra incontinent en soupçon ; tellement qu'il fut prins et incontinent pendu, pour avoir trop parlé.

appelait avec tant de raison *pères* et *beaux-frères*. Rabelais dit de même *frerot* au lieu de *frere*.
Cette Nouvelle est aussi dans le ch. xv de l'*Apologie pour Hérodote*.
[2] Issues, escaliers dérobés.

NOUVELLE CVIII.

De celuy qui se laissa pendre soubs ombre de devotion [1].

UN certain prevost de par le monde, voulant sauver la vie à un larron qui estoit tombé entre ses mains, à l'intention qu'il participeroit au butin (comme aussi ilz en estoyent d'accord), en considerant d'autre part qu'il en seroit reprins et que le murmure seroit grand s'il n'en faisoit justice, et mesme qu'il se mettoit en grand danger, usa de ce moyen : c'est qu'il fit prendre un pauvre homme, auquel il dit qu'il y avoit long-temps qu'il le cherchoit, et que c'estoit luy qui avoit fait un tel acte et un tel. Cest homme ne faillit à luy nyer fort et ferme, comme celuy qui avoit la conscience nette de tout ce qu'on luy mettoit à sus [2]. Mais ce prevost, estant resolu de passer outre, luy fit remonstrer qu'il gaigneroit bien mieux de confesser (puisqu'aussi bien, ainsi qu'en çà, il luy falloit perdre la vie), et que, s'il le confessoit, le prevost s'obligeroit, par son serment, de luy faire tant chanter de messes, qu'il pourroit estre asseuré d'aller au paradis; au lieu qu'en ne confessant point, il ne laisseroit d'estre pendu et iroit à tous les diables, d'autant qu'il n'y auroit personne qui fist chanter pour luy une seule messe. Ce pauvre homme, oyant parler d'estre pendu et puis aller à tous les diables, se trouva fort estonné, et ayma mieux estre pendu et aller en paradis. Tellement qu'en la fin il vint à dire qu'il ne se souvenoit point d'avoir faict ce de quoy on le chargeoit; toutesfois, que, si on s'en souvenoit mieux que luy et on en estoit bien asseuré, il prendroit la mort en gré; mais qu'il prioit qu'on luy tinst promesse touchant les messes. Et n'eust plus tost dit le mot, qu'on le mena tenir la place de l'autre qui avoit merité la mort. Mais, quand il fut à l'eschelle et que la fievre commença à le

---

[1] Cette Nouvelle est de même dans le chap. xvii de l'*Apologie pour Hérodote*.
[2] On disait plutôt : *mettre sus*; on dit encore : *mettre sur le compte de quelqu'un*.

saisir, il entra en des propos par lesquelz il donnoit à entendre qu'il se repentoit, nonobstant ce qu'on luy avoit promis. Pour à quoy remedier, le prevost, qui craignoit qu'il ne le decelast au peuple, fit signe au bourreau qu'il ne luy laissast achever : ce qui fut faict. Et ainsi fut pendu soubs ombre de devotion ce pauvre homme.

NOUVELLE CIX.

<small>D'un curé qui n'employa que l'authorité de son cheval, pour confondre ceux qui nyent le purgatoire [1].</small>

Un curé, voulant donner à congnoistre combien il avoit l'esprit aigu et gaillard (encore qu'il n'eust longtemps versé [2] en bonnes lettres), n'employa que l'authorité de son cheval, pour confondre ceux qui nyent le purgatoire, au lieu que les autres (pour ce faire) ont employé et employent ordinairement les authoritez de tant de bons et sçavans docteurs. Parlant donc ce bon personnage des lutheriens, qui ne vouloyent croire qu'il y eust un purgatoire : « Je vay, dit-il, vous faire un compte, par lequel vous congnoistrez combien ilz sont meschans de nyer le purgatoire. Je suis fils de monsieur d'E... (comme vous sçavez), et nous avons un assez beau lieu [3] en un village d'icy entour [4]. Y allant un jour, ainsi que la nuict nous avoit surprins, mon malier [5] (notez, disoit-il, que je veux que vous sçachiez que j'ay un fort beau et bon malier, au commandement et service de toute la compaignie) s'arresta contre sa coustume et commença à faire pouf, pouf. Je dy à mon varlet : « Picque, picque. — Je picque, dit-il, Monsieur ; mais vostre malier voit quelque chose pour certain. » Alors il me souvint de ce que j'avois ouy dire un jour à ma dame ma mere, qu'il y avoit eu autrefois quelque apparition

---

[1] Cette nouvelle est également dans le chap. xxxvi de l'*Apologie pour Hérodote*.
[2] Etudié, travaillé ; du latin *versatus*.
[3] Château, manoir, résidence seigneuriale.
[4] Henri Estienne ajoute : au pont d'Antony.
[5] Gros cheval pour porter une malle ou valise.

en ce lieu-là ; parquoy je me mis à dire mon *Pater* et *Ave Maria*, qu'elle m'avoit apprins, la bonne dame, et commande derechef à mon varlet de picquer : ce qu'il fait. Mais le cheval, ayant marché deux ou trois pas en avant, s'arresta de plus beau et fait encore pouf, pouf (estant, par adventure, trop sanglé), et, m'ayant encore asseuré mon varlet que ce cheval voyoit quelque chose, j'adjoustay mon *De profundis*, que feu mon pere m'avoit apprins, et incontinent ne faillit mon cheval à passer outre. Mais, s'estant arresté pour la troisiesme fois, je n'euz pas plustost dit *Avete omnes*, etc., et *Requiem*, etc., qu'il passa franchement, et depuis n'en fit difficulté. » (Peut-estre qu'il ne l'y remena point depuis.) Or maintenant il disoit à ses parroissiens : « Que ces meschans dient qu'il n'y a point de purgatoire et qu'il ne faut point prier pour les trespassez! Je les renvoiray à mon malier, voire, à mon malier, pour apprendre leur leçon. »

NOUVELLE CX.

Du bastelleur qui gagea contre un duc de Ferrare qu'il y avoit plus grand nombre de medecins en sa ville que d'autres gens, et comment il fut payé de sa gageure [1].

Un plaisant bastelleur [2], assez bien receu en plusieurs des bonnes maisons d'Italie, se presenta un jour au marquis de Ferrare, Nicolas, prince vertueux et fort recreatif [3], qui, pour

[1] Cette Nouvelle, qui a paru pour la première fois dans l'édition de 1565, est imitée de Jean Jovien Pontanus (*de Sermone*, III) ou de Chassaneus, qui l'a reproduite dans son *Catalogus gloriæ mundi*, part. XI, consider. XLVIII, ainsi que Ludovico Domenichi, dans ses *Facetie e motti arguti*, lib. II, p. 86 de l'édition de 1548.
[2] Chapuis (*Facétieuses Journées*), Favoral (*Plaisantes Journées*), et d'autres auteurs, l'appellent *Gonelle*. Ce nom a beaucoup de rapport avec celui de maître Gonin, charlatan et sorcier qui s'était insinué dans les bonnes grâces de François I*er*, et qui, au dire de Brantôme, laissa la réputation d'un fourbe audacieux. Des Periers en parla dans son épître préliminaire du *Cymbalum*.
[3] Chapuis le nomme Borso, duc de Ferrare, mort en 1471. — Suivant la Nouvelle de Des Periers, ce serait le prédécesseur de Borso, Nicolas III, marquis d'Este et de Ferrare, un des princes les plus distingués du quinzième siècle, mort en 1441.

experimenter ce plaisant, luy demanda en riant quel plus grand nombre il estimoit qu'il y eust de personnes exerçans un mesme estat et vacation en la ville de Ferrare. Le bastelleur, cognoissant l'humeur du marquis, se proposa d'attirer à soy de son argent soubs couleur de gaigeure, et, luy rendant responce à ce qu'il luy avoit demandé, luy dit : « Eh! qui est celuy qui doute que le nombre des medecins ne soit plus grand en ceste ville que de tous austres estats? — O pauvre sot! dit le marquis, il appert bien que tu n'as pas beaucoup frequenté en ceste ville, veu qu'à grand peine y pourroit-on trouver deux medecins, soyent naturelz ou estrangers. » Le bastelleur repliqua et luy dit : « O! qu'un prince est empesché en grans et urgens affaires, qui n'a visité ses villes et ne sçait quels subjects et vassaux il ha! » Alors le marquis dit au bastelleur : « Que veux-tu païer si ce que tu m'as asseuré n'est trouvé veritable? — Mais, dit le bastelleur, que me donnerez-vous s'il vous en apparoist, et qu'il soit veritable? » Dèslors accorderent le marquis et le bastelleur de ce que le perdant donneroit au gaignant. Parquoy, le lendemain au matin, le bastelleur vint à la porte de la maistresse eglise de la ville, vestu de peaux, ouvrant la bouche et toussant le plus fort qu'il pouvoit : faisoit à croire qu'il estoit bien malade. Et, comme chascun qui entroit en l'eglise l'avoit apperceu, plusieurs luy demandoyent quelle maladie le tourmentoit, et leur disoit que c'estoit le mal de dents, pour lequel guarir plusieurs luy donnoient des remedes, desquelz il prenoit leurs noms et remedes et les escrivoit en une petite tablette ; et, afin de mieux asseurer sa gageure, il se traînoit par la ville et prioit les personnes qu'il rencontroit en son chemin de luy enseigner quelque remede à son mal ; et, par ce moyen, remarqua plus de trois cens personnes qui luy avoient enseigné des remedes, desquels il escrivoit les noms et surnoms en ses tablettes. Ce qu'ayant fait, entra en la maison du marquis, lequel il veit à table comme il disnoit, et se presenta à luy ainsi embeguiné qu'il estoit, faisant semblant d'estre bien tourmenté de maladie ; et, comme le marquis l'eust apperceu, ne pensant aucunement que ce fust son bastelleur, et qu'il luy dit qu'il commençoit un peu à se bien porter de ses dents : « Prens, dit le marquis, la medecine que je t'ordonne, et prie monsieur saint Nicolas, et tu seras incontinent guary. » Le bastelleur, ayant entendu ceste recepte, s'en retourna en sa maison, print une feuille de papier et escrivit tous et un chascun les remedes et les noms des personnes qui les luy avoient donnez, et meit en premier lieu le marquis, et consequemment les uns et les autres en leurs rangs. Trois jours après, faisant semblant d'estre quasi guary, s'estant noué la gorge et embeguiné comme auparavant, s'en vint trouver le marquis, luy monstrant la feuille de papier où il avoit escript tous les remedes qu'on luy avoit donnez, et requiert qu'il luy face delivrer sa gageure. Le marquis ayant leu ce qui estoit escript en ceste feuille de papier et apperceu qu'il tenoit le premier lieu entre les medecins, il se print à rire avec toute sa compaignie, qui estoit informée de ce fait, et, se confessant vaincu par le bastelleur, commanda qu'on luy delivrast ce qu'il luy avoit promis.

NOUVELLE CXI.

Des tourdions [1] jouez par deux compaignons larrons, qui depuis furent pendus et estranglez [2].

Un bon frippon, natif de la ville d'Yssouldun en Berry, ayant commis un infiny nombre de larrecins et ayant esté souvent menacé, en la fin fut condamné à estre pendu et estranglé ; mais, ainsi qu'on le menoit pendre, advint qu'un seigneur [3] passa par là : par le moyen duquel il obtint sa grace du Roy, pour avoir craché quelques mots de latin rosty [4], lesquels, encor qu'ils ne fussent entenduz, feirent penser que c'estoit quelque homme de service : et, de faict, comme tel, après avoir eu sa grace, fut en-

[1] Tours de passe-passe. On appelait ainsi les danses vives et pétulantes, accompagnées de beaucoup de *passes* ou figures.
[2] Cette Nouvelle est aussi dans le ch. xv de l'*Apologie pour Hérodote*.
[3] Henri Estienne nous apprend que c'était *M. de Nevers;* sans doute François de Clèves, premier du nom, en faveur de qui le comté de Nevers fut érigé en duché ; il avait épousé Marguerite de Bourbon, fille du duc de Vendôme ; il mourut en 1566, âgé de cinquante et un ans.
[4] Henri Estienne a supprimé ce mot, qui donne seul un sens convenable à la phrase ; ce *latin rôti* est la *formule* de l'amende honorable que le condamné prononçait en tenant à la main une torche allumée.

voyé par le roy aux Terres Neufves, avec Roberval[1], lequel voyage servit de ce qui est allegué d'Horace :

> Cœlum, non animum, mutant qui trans mare currunt.

C'est-à-dire :

> Ceux qui vont delà la mer
> Changent le ciel, non leur amer[2].

Car, estant de retour, il poursuyvit plus fort que paravant son mestier de desrober; tellement qu'estant surpris pour la seconde fois, il passa le pas qu'il avoit autrefois failly. Or, à dire la verité, je croy que cestuy-cy n'en fust pas eschappé à meilleur marché, d'autant qu'il est vraysemblable qu'il avoit esté maintes autres fois surpris, n'estant possible qu'en faisant les larrecins par douzaines, il y procedast par art en un chascun d'iceux, car, si on veit jamais homme auquel on peust considerer que c'est que d'une nature encline à desrober, cestuy-cy en estoit un très beau miroüer; lequel, pour recompense de la peine qu'avoit prins un sien ami de luy sauver la vie par plusieurs fois, il luy emporta une robe longue toute neufve et plusieurs autres hardes : avec laquelle il fut surprins, l'ayant vestue, et encore une autre par dessus, qu'il avoit pareillement desrobbée ailleurs. Aussi luy furent trouvées trois chemises vestues l'une sur l'autre ; et, bien peu auparavant, il en avoit fait autant d'un saye de velours de quelqu'un qui luy avoit fait ce bien de le loger. Mais le plus insigne larrecin de luy en matiere d'habillemens, ce fut quand il desrobba tous ceux qui avoient esté faicts pour un certain espoux et espouse : lesquels luy semblerent bien valoir les prendre, pour ce que la pluspart estoient de soye; et ce qui faisoit s'esbahir davantage de ce larrecin estoit que, pour tout emporter (comme il avoit faict), il luy avoit convenu faire six ou sept voyages.

---

[1] Le *capitaine* Roberval, dont les biographes ne parlent pas, quoiqu'il ait joué un rôle important dans l'histoire maritime du règne de François I*er*, est cité honorablement dans la LXVII* Nouvelle de l'*Heptaméron* de Marguerite de Navarre; voyez notre édition, p. 597 On lit, dans le grand *Dictionnaire géographique* de La Martinière, t. II, p. 84 : « En 1541, Jean-François de La Roque, sieur de Roberval, gentilhomme picard, accompagné de Jacques Cartier, fit un établissement dans l'Ile Royale et envoya un de ses pilotes, nommé Alphonse de Saintonge, reconnaitre le Nord du Canada, au-dessus du Labrador. »

[2] Fiel, cœur.

Or les avoit-il emportez en un logis qu'on luy prestoit au monastere des dames de Sainte-Croix de Poictiers, auquel logis il estoit pour lors qu'on vint pour luy faire rendre compte desdits habillemens, d'autant qu'on n'avoit soupçon que sur luy. Mais, ayant veu par la fenestre ceux qui le venoyent trouver, ne les attendit pas, ains s'enfuyt, ayant très bien fermé la porte. Neantmoins on trouva moyen d'entrer en ce logis, auquel (outre ces habillemens qu'on cherchoit) on trouva ce qu'on ne cherchoit pas, à sçavoir environ quarante paires de souliers de toutes sortes et façons et plusieurs paires de chausses, aussi plusieurs pieces de drap taillé, avec plusieurs livres qu'il avoit emportez aux escholiers. Mais ce gallant accoustra bien mieux sesdictes hostesses, qu'il n'avoit fait ses hostes : car, au lieu qu'il ne leur avoit emporté que quelques habits, il emporta à ces dames leurs plus belles reliques, pour recongnoissance du plaisir. Toutesfois, le plus notable tour que joua ce subtil larron fut celuy qu'il commit en la prison où il estoit detenu pour ses forfaits : en laquelle estant logé par fourrier [1], ne peut toutesfois attendre qu'il en fust sorty, pour retourner à son mestier; mais leans mesmes empoigna très bien le manteau du geolier, et là mesme le vendit, l'ayant passé à travers des treilliz de ladite prison qui estoyent sur la rue. Toutesfois, quelque subtilité qu'il exerçast, il ne peut éviter qu'il ne fust mors [2] d'une mule, et puis pendu et estranglé.

NOUVELLE CXII.

D'un gentilhomme qui fouetta deux cordeliers pour son plaisir [3].

Un gentilhomme de Savoye [4], exerçant ses brigandages dedans ou auprès de sa maison, avoit quelque humeur particulier [5] :

[1] « C'est-à-dire, selon M. Lacour, qu'il y étoit pour peu de temps, ayant été ramassé par une patrouille pour une contravention de police. » Nous croyons donc qu'il faut lire ici *par fourriere*, remise préventive sous la garde de la justice.
[2] Pour : *mordu*. Locution proverbiale signifiant qu'un malheur lui arriva.
[3] Cette Nouvelle est intercalée dans le chap. xviii de l'*Apologie pour Hérodote*.
[4] M. d'Avenchy de Vineil, d'après Henri Estienne.
[5] Henri Estienne écrit *particuliere*.

et ores qu'il fust brigand de meilleure grace qu'aucuns qui s'en
meslent, toutesfois il se contentoit le plus souvent de partir[1]
avec ceux qu'il destroussoit, quand ilz se rendoyent de bonne
heure et sans attendre qu'il se fust mis en colere. Mais ce dont
au contraire on luy vouloit plus de mal pour lors, c'estoit qu'il
en vouloit fort aux moynes et moynesses, et prenoit son passe-
temps à leur jouer plusieurs tours qui estoyent (comme on dit
en proverbe) jeux de prince, c'est-à-dire jeux qui plaisent à ceux
qui les font : entre lesquels sera icy parlé d'un sien ayde, ou
plustost d'un divisé en deux parties, par lesquelz il rendit deux
cordeliers premierement (ce luy sembloit) bien joyeux, et puis
bien faschez. C'est que, ayant receu ces deux cordeliers en son
chasteau, et leur ayant faict bonne chere, leur dict que, pour
parachever le bon traictement, il leur vouloit donner des garses,
à chascun la sienne; dequoy eux ayant faict refuz, il leur pria de
se monstrer prirez en son endroict, d'autant qu'il consideroit
bien qu'ilz estoient hommes comme les autres, et enfin les en-
ferma de faict et de force en une chambre avec les garses, où,
les retournant trouver au bout d'une heure ou environ, leur demanda comment ilz s'estoient portez en leurs nouveaux mesnages ; et, leur voulant faire à croire qu'ilz avoient fait l'execution, les contraignoit de le confesser malgré eux, et, les intimi-
dant, leur disoit : « Comment, meschans hypocrites! Est-ce ainsi
que vous surmontez la tentation ? » Et là dessus furent les deux
pauvres cordeliers despouillez nuds comme quant ilz vindrent
du ventre de leurs meres ; et, après avoir esté tant fouettez que
les bras de monsieur et de ses varlets pouvoyent porter, furent
renvoyez ainsi nuds. Or, si cela estoit bien faict ou non, j'en
laisse la decision à leurs sçavans juges.

[1] Partager ; du latin *partiri* ; l'auteur équivoque sur ce mot.

NOUVELLE CXIII

Du curé d'Onzain, près d'Amboyse, qui se feit chastrer à la persuasion de son hostesse [1].

Un curé d'Onzain, près d'Amboyse, persuadé par une sienne hostesse (laquelle il entretenoit) de faire semblant d'oster, disoitelle, tout soupçon à son mary, se fit chastrer (qu'on dit plus honnestement tailler), et se meit en la misericorde [2] d'un nommé maistre Pierre des Serpens, natif de Vil-Antrois en Berry. Et envoya ce prince curé querir tous ses parens et amys; et, après qu'il leur eut dit qu'il n'avoit jamais osé leur declarer son mal, mais qu'enfin il se trouvoit reduict en telz termes qu'il luy estoit force d'en passer par là, feit son testament. Et, pour faire encore meilleure mine, après avoir dit à ce maistre Pierre (auquel toutesfois il avoit baillé le mot du guet [3] de ne faire que semblant, et, pour ce, il avoit baillé quatre escuz) qu'il luy pardonnoit sa mort de bon cœur, si d'adventure il advenoit qu'il en mourust, se meit entre ses mains, se laissa lier, et du tout accoustrer comme celuy qu'on vouloit tailler vrayement. Or faut-il noter que, comme ce curé avoit donné audit maistre Pierre le mot du guet de ne faire que semblant, aussi le mary de l'hostesse, de son costé (après avoir entendu ceste farce), avoit donné le mot du guet de faire à bon escient [4], avec promesse de luy donner le double de ce qu'il avoit receu du prestre pour faire la mine [5]. Tellement que maistre Pierre, persuadé par le mary,

---

[1] Le sujet de cette Nouvelle, tiré d'un ancien fabliau, le *Prêtre crucifié* (voy. le recueil de Legrand d'Aussy, t. IV, p. 100), est imité des *Novelle* de Sachetti et des *Cent Nouvelles nouvelles* (voy. la LXIV*, le *Curé rasé*). On trouve aussi la même histoire dans les *Notti piacevoli* de Straparola et dans les *Ducento Novelle* de Malespini (nov. XCIII). La Nouvelle attribuée à Des Periers est reproduite en abrégé dans le chap. xv de l'*Apologie pour Hérodote*.

[2] À la merci, à la discrétion.

[3] C'est-à-dire : il l'avait averti en particulier. On dit encore dans le même sens : il lui a donné le mot.

[4] C'est-à-dire : de le tailler pour tout de bon.

[5] Pour : jouer cette comédie.

et tenant le pauvre curé en sa puissance, après l'avoir bien attaché, lié et garotté, executa son office realement[1] et de fait, et puis le paya de ceste raison qu'il n'avoit point accoustumé de se mocquer de son mestier, et que, s'il s'en estoit une seule fois mocqué, son mestier se mocqueroit de luy. Voila comment le pauvre curé se trouva de l'invention de ceste femme, et comment, au lieu que, suivant ceste finesse, il se preparoit à tromper le mary mieux que jamais, il fut trompé luy-mesme d'une tromperie beaucoup plus prejudiciable à sa personne.

NOUVELLE CXIV.

D'une finesse dont usa une jeune femme d'Orleans, pour attirer à sa cordelle[2] un jeune escollier qui luy plaisoit[3].

Une jeune femme d'Orleans, ne voyant aucun moyen par lequel elle peust advertir un jeune escollier qui luy plaisoit sur tous, usa, pour parvenir à son intention, qui estoit de l'attirer à sa cordelle, de la debonnaireté de son beau pere confesseur, qu'elle vint trouver dedans l'eglise, où le jeune escollier se promenoit ; et, faisant la desolée, compta (sous pretexte de confession) à ce beau pere qu'il y avoit un jeune escollier qui la pourchassoit incessamment de son deshonneur, en se mettant, luy et elle aussi, en très grand dangier, lequel elle luy monstra (par cas fortuit) au mesme lieu, ne pensant aucunement à elle; le pria affectueusement de luy faire telles remonstrances qu'il sçavoit estre requises en tel cas. Et, sur cela, comme celle qui faignoit tout cecy afin de faire venir à soy celuy qu'elle accusoit faussement d'y venir, elle disoit quant et quant à ce pere confesseur (par le menu) tous les moyens desquelz l'escollier usoit, racomptant qu'il avoit accoustumé de passer au soir par dessus une

---

[1] Pour : réellement.
[2] Dans ses lacs.
[3] Imité du *Decameron* de Boccace. giorn. III, nov. v, et reproduit dans le ch. xv de l'*Apologie pour Hérodote*. Cette Nouvelle a quelque analogie avec le conte de La Fontaine intitulé le *Magnifique*.

telle muraille, à telle heure, pource qu'il sçavoit que son mary n'y estoit pas alors ; et qu'il montoit sur un arbre, pour puis après entrer par la fenestre : bref, qu'il faisoit ainsi et ainsi, et usoit de tels moyens, qu'elle avoit grande peine à se defendre. Le beau pere parle à l'escollier, et luy fait les remonstrances qu'il pensoit estre les plus propres. L'escollier, qui sçavoit en sa conscience qu'il n'estoit rien de tout ce que ceste femme disoit, et qu'il n'y avoit jamais pensé, fit toutesfois semblant de recevoir ses remonstrances comme celuy qui en avoit besoin et en remercia le beau pere ; mais, comme le cœur de l'homme est prompt au mal, il eut bien de l'esprit jusques là pour congnoistre que ceste femme l'avoit accusé de ce qu'elle desiroit qu'il fist, veu mesmes qu'elle luy donnoit toutes les adresses et tous les moyens dont il devoit user. Sur ceste occasion, le jeune homme allant de mal en pis, ne faillit à tenir le chemin qu'on luy enseignoit ; de sorte qu'au bout de quelque temps, le pauvre beau pere (qui y avoit esté à la bonne foy), se voyant avoir esté trompé par la ruse de ceste femme, ne se peut tenir de crier en pleine chaire : « Je la voy, celle qui a faict son maquereau de moy ! » Et, ayant esté decelée, n'osa depuis retourner à confesse à luy.

NOUVELLE CXV.

La maniere de faire taire et dancer les femmes, lors que leur avertin [1] les prend [2].

Un quidam, assez paisible et rassis d'entendement, espousa une femme qui avoit une si mauvaise teste, qu'encore qu'il print toute la peine de la maison et de faire la cuysine, où qu'il fust, à table, en compaignie, il ne pouvoit eviter qu'il ne fust d'elle tourmenté et maudit à tous coups, et que, pour belles remonstrances et gracieux accueil qu'il luy sceust faire, elle ne s'en voulsist garder, encor que le plus souvent Martin Baston

---

[1] Vertigo, ver-coquin, maladie d'esprit ; voy. ci-dessus, p. 126, une note sur l'*avertin*.
[2] Cette Nouvelle est imitée des *Facetie e motti arguti* de Ludov. Domenichi, qui en avait pris le sujet dans les *Facetiæ* de Bebelius.

l'accolast. De quoy le bon homme fort estonné se delibera d'user d'un autre moyen, qui fut tel qu'à chascune fois qu'elle pensoit le fascher et maudire; il se prenoit à jouer d'une fleute qu'il avoit : de laquelle il ne sçavoit non plus l'usage que de bien aymer. Toutesfois, pour cela, sa femme ne laissa de continuer ses maudiçons, jusques a ce que, s'estant apperceue et estant indignée de ce qu'il ne s'en soucioit si fort qu'auparavant, elle se print à dancer de colere, et, s'estant aucunement lassée au son d'icelle, luy arracha d'entre les mains. Mais le bon homme, ne voulant perdre les moyens par lesquelz il trompoit ses ennuiz, se pendit d'une main à son col pour recouvrir sa fleute, et dès lors recommença plus beau que devant à sifler et en jouer. Tellement que ceste mauvaise femme, se sentant offensée par l'importunité que luy faisoit cette fleute, sortit de la maison, se promettant de n'endurer à l'advenir de telles complexions, et, dès le lendemain qu'elle fut retournée, elle reprint ses maudiçons mieux qu'auparavant. Toutesfois le mary ne delaissa à jouer de sa fleute comme il souloit et, ce voyant, sa femme, vaincue par luy, luy promit qu'à l'advenir elle luy seroit plus qu'obeissante en toutes choses honnestes pourveu qu'il mist la fleute reposer et n'en jouast plus, « pource, disoit-elle, qu'elle se sentoit estourdie du son. Par ce moyen, le bon homme adoucit sa femme, et congneut que le proverbe ne fut jamais mal faict, qui dit qu'il y a plusieurs moyens pour abbaisser l'orgueil des femmes et les faire taire sans coup frapper.

NOUVELLE CXVI.

De celuy qui s'ingera de servir de truchement aux ambassadeurs du roy d'Angleterre, et comment s'en acquitta, avec grande honte qu'il en receut [1].

UN personnage, assez remarqué pour les grands honneurs esquelz il estoit entretenu en France [2], monstra bien qu'il avoit du sça-

[1] Cette Nouvelle est insérée aussi dans le ch. xvi de l'*Apologie pour Hérodote*.
[2] Henri Estienne dit que c'était le cardinal Du Prat, chancelier de France; mais on a de la peine à croire que, dans un temps où tout le monde parlait latin.

voir en la teste (mais non pas plus qu'il luy en falloit pour sa provision) : car, quand il eut leu la lettre que le roy d'Angleterre, Henry huictiesme, escrivoit au roy François premier de ce nom, où il y avoit, entre autres choses : *Mitto tibi duodecim molossos*, c'est-à-dire : *Je vous envoye une douzaine de dogues;* il interpreta : *Je vous envoye une douzaine de mulets.* Et, se fiant à ceste interpretation, s'en alla avec un autre seigneur trouver le Roy pour le prier de leur donner le present que le roy d'Angleterre luy envoyoit. Le Roy, qui n'avoit encore ouy parler de cecy, fut esbahy comment d'Angleterre on luy envoyoit des mulets, disant que c'estoit grande nouveauté, et, pour ce, il les vouloit veoir. Or, ayant voulu veoir pareillement la lettre et la faire veoir aussi à autres, on trouva *duodecim molossos*, c'est-à-dire : *douze dogues.* De quoy ledict seigneur, se voyant estre mocqué (et faut penser de quelle sorte), trouva une eschappatoire qui le fit estre encores davantage, car il dit qu'il avoit failly à lire, et qu'il avoit pris *molossos* pour *muletos*. Toutesfois, pour cela, ceux qui estoyent autour du Roy ne laisserent à bien rire, ne se voulans aucunement formalizer de son latin.

NOUVELLE CXVII.

Des menuz propos que tint un curé au feu roy de France, Henry deuxiesme de ce nom [1].

Un certain curé [2], faisant sermon à ses parroissiens, ouyt plusieurs petits enfans crier, qui luy empeschoyent à dire et

même les femmes, un personnage aussi considérable qu'Antoine Du Prat ait pu commettre une pareille ânerie. Il est donc permis de la regarder comme une invention des réformés, qui avaient répandu le bruit que le cardinal mangeait de la chair d'ânon; plaisanterie que de graves historiens ont prise au sérieux.

[1] Cette Nouvelle est abrégée dans le chap. xxxvii de l'*Apologie pour Hérodote;* Noël Du Fail en avait donné la substance dans le ch. iii des *Propos rustiques*. Il est clair que Des Periers, mort en 1544, n'a pu parler ainsi de Henri II, qui succéda en 1547 à son père, et qui mourut en 1559; mais le fait se rapporte peut-être à François Ier, que les éditeurs auraient ici remplacé par son fils.

[2] Henri Estienne dit que c'était le facétieux curé de Brou, que Des Periers nous a déjà fait connaître dans ses Nouvelles XXXIIIe, XXXIVe, XXXVe et XXXVIe; mais Noël Du Fail attribue ces *menus propos* à tout autre qu'à ce personnage.

expliquer ce qu'il avoit en l'entendement : dont il fut courroucé ; et, se souvenant que quelques autres enfans alloyent par la ville chantans vilaines chansons : « Un taz de petits fils de putains, disoit-il, s'en vont chantans une telle chanson : *Vous aurez sur l'oreille!* etc. Je voudrois estre leur pere : Dieu sçait comment je les accoustrerois ! » Aussi bien rencontra-il, une autre fois, en parlant au roy Henry deuxiesme de ce nom, qui l'avoit fait appeller pour en tirer du plaisir : car, le roy luy ayant demandé des nouvelles de ses parroissiens, il luy dit qu'il ne tenoit pas à les bien prescher, qu'ilz ne fussent gens de bien. Et le roy l'ayant interrogué s'ilz se gouvernoyent pas bien : « En ma presence, dit-il, ilz font bonne mine et mauvais jeu, et sont prets de faire tout ce que je leur commande ; mais, si tost que j'ay le cul tourné, souflez, Sire ! » Ce qui fut pris en bonne part de luy, comme n'y allant point à la malice, non plus qu'ès rencontres qui luy estoyent coustumieres en ses presches : car, si on eust apperceu qu'il eust equivoqué de propos deliberé sur ce mot de *souflez* (qui, outre sa premiere signification, se prend, en langage du commun peuple, pour cela aussi qui dit autrement : « De belles, » c'est-à-dire : « Il n'en est rien »), on luy eust appris à soufler d'une autre sorte. Et puis sonnez, tabourin [1] !

NOUVELLE CXVIII.

De celuy qui presta argent sur un gaige qui estoit à luy, et comment il en fut mocqué [2].

Un bon frippon [3], ayant convié à disner deux siens compaignons, lesquels il avoit rencontrez par la ville, et voyant

---

[1] Cette derniere phrase est imitée des bateleurs et des charlatans, qui, après avoir annoncé leurs marchandises ou leurs tours, ordonnent à leurs musiciens de sonner une fanfare : *En avant la grosse caisse!* disent encore les banquistes d'aujourd'hui.

[2] Le sujet de cette Nouvelle a été recueilli dans le ch. xv de l'*Apologie pour Hérodote*.

[3] H. Estienne lui donne le nom d'Antoine.

au retour qu'en sa maison il n'y avoit rien plus froid que l'atre, et que tous les prisonniers[1] s'en estoyent fuiz de sa bourse, s'advise incontinent de cet expedient pour tenir promesse à ceux qu'il avoit conviez. Il s'en va en la maison d'un quidam avec lequel il avoit quelque familiarité, et, en l'absence de la chamberiere, prend un pot de cuyvre dedans lequel cuysoit la chair, et, l'ayant mis soubs son manteau, l'emporte chez soy. Estant arrivé, commande à sa chamberiere de verser le potage avec la chair en un autre pot de terre, et, après que ce pot de cuyvre fut vuidé (l'ayant très bien fait escurer), envoya un garson à celuy auquel il appartenoit, pour le prier de luy prester quelque somme d'argent en retenant ce pot pour gaige. Le garson rapporte bonne responce à son maistre, à sçavoir une piece d'argent, qui vint fort bien à point pour fournir à table du reste qu'il y falloit, et un petit mot de cedule par laquelle ce crediteur[2] confessoit avoir receu le pot de cuyvre en gaige sur ladite somme; lequel, se voulant mettre à table, trouva faute d'un de ses pots qui avoyent esté mis au feu; et alors ce fut à crier. La cuysiniere asseure que, depuis qu'elle l'avoit perdu de veue, n'estoit entré que ce bon frippon; mais on faisoit conscience de le soupçonner d'un tel acte. Toutesfois, enfin, on va veoir si on l'appercevroit point chez luy, et, pource qu'on n'en oyoit point de nouvelles, on le demande à luy-mesme. Il respond qu'il ne sçait que c'est, et, quand il se sentit pressé (d'autant qu'on luy maintenoit qu'autre que luy n'estoit entré vers le temps qu'il avoit esté prins): « Il est bien vray, dit-il, que j'ay emprunté un pot; mais je l'ay renvoyé à celuy duquel je l'avois emprunté. » Ce qu'ayant esté nié par le crediteur: « Voyez, Messieurs, dit ce frippon, comme il se fait bon fier aux gens de maintenant, sans bonne cedule! Il me voudroit incontinent accuser de larrecin, si je n'avois cedule escripte et signée de sa main. » Alors il monstra la cedule que luy avoit apportée le garson : tellement que, pour payement, le crediteur receut de la moquerie par toute la ville, le bruict estant couru incontinent qu'un tel (en le nommant) avoit presté argent sur un gaige qui estoit à luy.

[1] C'est-à-dire : les pièces de monnaie.
[2] Créancier; du latin *creditor*.

NOUVELLE CXIX.

De la cautelle dont usa un jeune garson, pour estranger [1] plusieurs moynes qui logeoient en une hostellerie [2].

Au diocese d'Anjou fut une bonne femme, vefve hostesse, laquelle, par bonne devotion, avoit accoustumé loger les cordeliers et de les bien traicter selon son pouvoir : dont un sien fils en fust marry, voyant qu'ilz despendoyent [3] beaucoup du bien de sa mere sans espoir de recompense, et, pour ce, delibera les estranger. Advint que, trois ou quatre jours après, deux cordeliers arriverent leans pour y heberger, ausquelz le fils ne voulut faire semblant de malveillance, de peur d'offenser [4] sa mere. Mais, quand un chascun se fut retiré en sa chambre, sur la my-nuict, ledit filz apporta un jeune veau de trois sepmaines ou un mois en la chambre des freres cordeliers, et ce sans qu'il fust apperceu aucunement. Or, sitost que ce maistre veau eut senty qu'il n'avoit sa nourrice près de luy, il se traîna par toute la chambre, cherchant à repaistre, et de fortune se mit soubs le lict où les cordeliers estoyent fort endormiz. Et ainsi comme ce pauvre veau furetoit, il rencontra la teste du plus jeune, qui pendoit du costé de la ruelle du lict, et ce veau commença à leicher le pauvre moyne, qui suoit comme un pourceau : de sorte qu'il s'esveilla en sursaut et appella en ayde son compaignon cordelier, auquel il dit qu'il y avoit des esprits leans qui l'avoyent attouché par le visage, le suppliant de le vouloir conforter Et, en disant [5] telles paroles, il trembloit si fort, qu'il estonna son compaignon : lequel luy commanda, sur peine d'inobedience, de se lever et aller allumer du feu : ce que le pauvre frere refusoit faire, craignant l'esprit. Toutesfois,

[1] Écarter, éloigner.
[2] Cette Nouvelle, qui fut introduite pour la première fois dans l'édition de 1565, est prise des *Plaisantes Nouvelles*, publiées dix ans auparavant.
[3] Pour : *dépensaient*.
[4] Variante : *craignant irriter*.
[5] Variante : *marmonnant*.

nonobstant les requestes qu'il feit, il se leva du lict et se retira vers le foyer pour allumer de la chandelle. Quand le veau entendit marcher, cuydant que ce fust sa mere, s'approcha et mit le museau entre les jambes dudict cordelier, et l'empoigna par ses dandrilles (car les cordeliers sont court vestuz par dessoubz leurs grandes robbes). Adonc le pauvre cordelier commença à crier hautement : « Misericorde! » et incontinent s'en retourna coucher, implorant la grace de Dieu, disant ses Sept Pseaumes et autres oraisons. Ce veau, ennuyé de perdre la tette de sa nourrice, couroit par la chambre, et enfin cria un haut cry de voix argentine (comme pouvez sçavoir), dont les moynes furent encores plus estonnez. Le lendemain, devant les quatre heures, le filz retourna aussi secrettement qu'il avoit fait auparavant et emmena son veau. Quant les pauvres cordeliers furent levez, ilz annoncerent à l'hostesse de leans ce qu'ilz avoyent ouy la nuict, et luy donnoyent à entendre que c'estoit un trespassé qui faisoit leans sa penitence, et ainsi descrierent tant ceste hostellerie, en le racomptant à [1] tous les freres, qu'ilz rencontroyent qu'onc depuis n'y logea cordelier ny autre moyne.

NOUVELLE CXX.

Du larron qui fut apperceu fouillant en la gibbeciere du feu cardinal de Lorraine [2], et comment il eschappa [3].

Il advint, au temps du roy François premier du nom, qu'un larron, habillé en gentilhomme, fouillant en la gibbeciere du

[1] Variante : *par-my*.
[2] Il y a eu au seizième siècle plusieurs princes de la maison de Lorraine qui ont porté le titre de *cardinal de Lorraine*. Celui dont il est question dans cette Nouvelle, publiée la première fois en 1565, ne peut être que Jean, cardinal de Lorraine, archevêque de Reims, mort le 18 mai 1550 ; il était fils de René II, duc de Lorraine et comte de Vaudemont. Des Periers, étant mort en 1544, n'a pu dire *feu* en parlant de ce cardinal; mais ses éditeurs ont dû constater la mort d'un personnage qui n'existait plus depuis quinze ans à l'époque où ils publièrent cette Nouvelle.
[3] Le fait raconté dans cette Nouvelle se trouve aussi dans le chap. xv de l'*Apologie pour Hérodote*.

feu cardinal de Lorraine, fut apperceu par le Roy estant à la messe viz-à-viz du cardinal. Le larron, se voyant estre apperceu, commença à faire signe du doigt au Roy, qu'il ne sonnast mot et qu'il verroit bien rire. Le Roy, bien ayse de ce qu'on luy apprestoit à rire, le laissa faire, et, peu de temps après, vint tenir quelque propos audict cardinal, par lequel il luy donna occasion de fouiller en sa gibbeciere. Luy, n'y trouvant plus ce qu'il y avoit mis, commença à s'estonner et à donner du passetemps au Roy, qui avoit veu jouer ceste farce. Toutesfois ledict seigneur. après avoir bien ry, voulut qu'on luy rendist ce qu'on luy avoit prins, comme aussi il pensoit que l'intention du preneur avoit esté telle; mais, au lieu que le Roy pensoit que ce fust quelque honneste gentilhomme et d'apparence, à le veoir si resolu et tenir si bonne morgue [1], l'experience monstra que c'estoit un très expert larron desguisé en gentilhomme, qui ne s'estoit point voulu jouer, mais, en faisant semblant de se jouer, fit à bon escient. Et alors ledict cardinal tourna toute la risée contre le Roy, lequel, usant de son serment accoustumé, jura, Foy de gentilhomme, que c'estoit la premiere fois qu'un larron l'avoit voulu faire son compaignon [2].

NOUVELLE CXXI.

Du moyen dont usa un gentilhomme italien, afin de n'entrer au combat qui luy avoit esté assigné, et de la comparaison que fit un Picard des François aux Italiens [3].

Un gentilhomme italien, voyant qu'il ne pouvoit eviter honnestement un combat qu'il avoit entreprins contre un de sa qualité, sans qu'il alleguast quelque raison peremptoire, l'avoit accepté; mais, s'estant depuis repenty, n'allegua autre raison (quand l'heure du combat fut venue), sinon qu'il dit à son

[1] Contenance, maintien, mine.
[2] Complice.
[3] Cette Nouvelle est tirée d'une anecdote véritable qu'Henri Estienne a consignée également dans le chap. xviii de son *Apologie pour Hérodote*.

ennemy qu'il estoit prest à combattre et l'attendoit à grande devotion, disant : « Tu es desesperé, toy; moy, je ne le suis pas, et pourtant je me garderay bien de combattre contre toy. » Il est bien vray que quelqu'un pourra responder que pour un il ne faut pas faire jugement de tous, et que, si cela avoit lieu, on pourroit (à bon droit) tourner à blasme à tous les François ce qui fut dit par un Picard rendant tesmoignage de sa prouesse : car, se vantant d'avoir esté quelques années à la guerre sans desgaisner son espée et estant interrogué pourquoy : « Pource, dit-il, que je n'entrois mie en colere; mais, toutes et quantes fois, disoit-il en continuant son propos, on voudra confesser verité, on dira haut et clair que les Italiens ont plus souvent porté les marques des François colerez, que les François n'ont porté les marques des Italiens desesperez ; et que, quand il n'y auroit un seul Picard qui sceust entrer en colere, pour le moins les Gascons y entrent assez, voire y sont quelques fois assez entrez, pour faire trembler les Italiens dix piedz dedans le ventre, s'ilz l'avoyent si large[1]. » Combien que sept ou huit ineptes et sots termes de guerre que nous avons empruntés d'eux mettent en danger et les Gascons et toutes les autres contrées de France, d'estre reputez autres qu'ilz n'estoyent auparavant.

NOUVELLE CXXII.

De celuy qui paya son hoste en chansons [2].

UN, voyageant par païs, sentant la faim le presser [3], se meit en un cabaret, où il se rassasia si bien pour un disner, que aisement il pouvoit attendre le soupper [4], pourveu qu'il eust été bien tost près. Or, comme le tavernier, son hoste, visitant ses

---

[1] Expression tirée, ainsi que celle ci : *Donner du cœur au ventre*, du lexique militaire de ces temps. Brantôme et Montluc l'emploient souvent. Ce dernier dit que les Suisses donnoient du cœur au ventre à notre infanterie. (M. Lacour.)
[2] Cette Nouvelle est imitée de la CCLIX° des *Facetiæ* de Poggio.
[3] Variante : *qui le pressoit*.
[4] Variante : *qu'il eust bien attendu le soupper*.

tables, l'eust prié de payer ce qu'il avoit despendu[1] et faire place aux autres, il luy fit entendre qu'il n'avoit point d'argent, mais que, s'il luy plaisoit, il le payeroit si bien en chansons, qu'il se tiendroit content de luy. Le tavernier, bien estonné de ceste responce, luy dit qu'il n'avoit besoin d'aucune chanson, mais qu'il vouloit estre payé en argent contant, et qu'il advisast à le contenter et s'en aller. « Quoy! dit le passant au tavernier, si je vous chante une chanson qui vous plaise, ne serez-vous point content? — Ouy dea, vrayement, » dit le tavernier. A l'instant le passant se print à chanter toutes sortes de chansons, excepté une qu'il gardoit pour faire la bonne bouche ; et, reprenant son haleine, demanda à son hoste s'il estoit content : « Non, dit-il, car le chant d'aucune de celles que vous avez chantées ne me peut contenter. — Or bien, dit le passant, je vous en vay dire une autre, que je m'asseure qui vous plaira. » Pour mieux le rendre ententif au son de ceste nouvelle chanson, il tira de son aisselle[2] un sac plain d'argent, et se print à chanter ceste chanson assez bonne et plus que usitée à l'endroit de ceux qui vont par païs : Mitt' la mano all' bursa, et paga l'hoste; qui est à dire : « Metz la main à la bourse et payes l'hoste. » Quand il eust mis fin à cette chanson[3], demanda à son hoste si elle luy plaisoit et s'il estoit content. « Ouy, dit-il, ceste me plaist bien. — Or donc, dit e passant, puis que vous estes content et que je me suis acquitte de ma promesse, je m'en vay. » Et, à l'instant, se departit sans payer et sans que son hoste l'en requist[4].

---

[1] Pour : dépensé.

[2] Les gens du peuple portaient alors leur bourse de cuir attachée sous l'aisselle avec une courroie.

[3] Variante : Et ayant icelle finie.

[4] Pogge, dans son Histoire de Florence, rapporte qu'un batelier ayant demandé son paiement à certain passager, celui-ci répondit qu'il n'avait pas un sou, mais qu'il lui donnerait un conseil qui lui vaudrait de l'argent : « Bon! dit le batelier, ma emme et mes enfants ne vivent pas de conseil! » N'en pouvant tirer d'autre raison, il demanda quel était ce conseil : « C'est, dit-il, de ne jamais passer sans vous faire payer par avance. » (M. Lacour.)

NOUVELLE CXXIII.

Du procès meu entre une belle-mere et son gendre pour n'avoir pas depucelé sa fille le premier jour de ses nopces ¹.

Au païs de Limosin fut faicte une nopce entre une jeune fille aagée de dix-huict ans, ou environ, et un bon garçon de village très bien emmanché. Or il advint que le compagnon, dès la premiere nuict, se mit en devoir d'accomplir l'œuvre de son mariage, et, pour gratifier ² à sa tendre espousée, il luy bailla auparavant son manche ³ à tenir, pour luy faire envie de le secourir à son affaire. Mais, quand la pauvre fille l'eust tenu et apperceu qu'il estoit si gros, elle ne voulut oncques que le marié luy mist en son estuy, de peur qu'il ne la blessast, et tousjours craignoit la lutte : dont le marié fut fort ennuyé, et, quoyqu'il peust faire, jamais ne peust persuader à la mariée de luy faire beau jeu : au moyen de quoy il fut contrainct, pour la nuict, s'en passer. Et, quand le jour fut venu, la mere s'en alla devers sa fille pour sçavoir comment elle s'estoit portée avec son mary et comment il luy avoit fait. Elle luy fit responce qu'ilz n'avoyent rien fait. « Comment! dit la mere, vostre mary est donq chastré! » Alors, comme furieuse, s'en alla au Conseil de l'Eglise ⁴, afin de faire desmarier sa fille, donnant à entendre à tous que son gendre n'estoit habile à engendrer. Sur cette colere, elle le fit citer, afin qu'il luy fust permis de marier sa fille à un autre : dont le pauvre mari fut très mal content, considerant qu'il n'avoit offensé ne donné occasion pour estre ainsi deshonoré. Or, quand ilz furent tous devant monsieur l'official

---

¹ Cette Nouvelle, qui se trouve pour la première fois dans l'édition de 1565, figurait déjà dans les *Plaisantes Nouvelles* de 1555, p. 198. Elle est, au reste, imitée de la LXXXVI⁰ des *Cent Nouvelles nouvelles*, la *Terreur panique, ou l'official juge*, que Malespini a traduite dans ses *Ducento Novelle* (part. II, nov. LXXXII).
² C'est-à-dire : être agréable, dans le sens du *Donec gratus eram* d'Horace.
³ « Ce mot, en italien *manico*, pourrait être, dit M. Lacour, l'origine de l'expression *mannequin*, tant employée au seizième siècle. »
⁴ Le tribunal de l'officialité.

et que la demanderesse eust requis separation de sa fille et de son gendre, et que, par ses raisons, elle eut dit que la premiere nuict de leurs nopces ledict gendre ne voulut ou ne peut[1] oncq faire l'œuvre de mariage à sa fille, et qu'il estoit chastré ; adonq le gendre, au contraire, se deffend très bien, et dit qu'il estoit aussi bien fourny de lance que sa femme de cul, et ne demandoit autre chose que luitter[2], mais sa femme n'y voulut oncques entendre et feit la cane[3], au moyen de quoy il n'avoit peu rien faire Adonc l'official demanda à la jeune espousée si elle l'avoit refusé, et elle luy dit que ouy, au moyen qu'il l'avoit si gros, et qu'elle craignoit (comme encores faisoit) qu'il la blessast, car elle esperoit en après plustost la mort que la vie. Quand la mere eut entendu cette confession, et que, par tels moyens, elle devoit estre condamnée, elle supplia le juge d'asseoir les despens sur sa fille, attendu qu'elle avoit esté cause de ce procès. Toutesfois, par sentence, monsieur l'official condamna la pauvre jeune fille à prester son beau et joly instrument à son mary, pour y besongner et faire ce qu'il devoit avoir fait la nuit precedente, et sans despens, attendu les qualitez des parties.

NOUVELLE CXXIV.

Comment un Escossois fut guary du mal de ventre, au moyen que luy donna son hostesse.

Il n'y a pas longtemps qu'un Escossois, ayant desjà servy à la garde du roy de France[4], et lequel avoit, dès sa jeunesse, gousté quelque peu des bonnes lettres, voyant que le Roy caressoit

---

[1] Quelques éditions portent : *sut*.
[2] Pour : *lutter*. Ce mot est toujours écrit *luyter* dans les *Cent Nouvelles nouvelles*. Noël Du Fail, qui vivait un siècle plus tard, dit encore, dans le chap. I de ses *Propos rustiques :* « Estoient les jeunes faisant exercices d'arc, de luytes, de barres. »
[3] C'est-à-dire : elle eut peur. Le peuple se sert encore du verbe *caner*, qui a le même sens que *faire la cane*.
[4] C'est-à-dire : ayant fait partie de la garde écossaise, qui était chargée spécialement de veiller sur la personne du roi.

les personnes doctes¹, et, d'autre part, consid... ...t le moyen qu'il avoit de vaquer à l'estude pendant le temps qu'il estoit hors de quartier et de service, il choisit le logis d'une bonne femme vefve, et là se logea pour quelque temps. Un jour, se sentant mal de sa personne et n'ayant la langue si à delivre² pour se faire entendre à autruy (comme il faisoit à son hostesse, à laquelle il demandoit conseil sur son mal), il luy dit : « Ma dam', moy ha grand mal à mon boudin. » Son hostesse, qui entendoit assez bien qu'il disoit le ventre luy faire mal, et que, pour recouvrer prompt allegement, il luy demandoit son advis, elle luy dit qu'il falloit qu'il fît ses prieres et oraisons à monsieur S. Eutrope, lequel on dit guarir de tel mal³. L'Escossois, ayant entendu cela, et sentant son ventre aller de pis en pis, ne voulut mettre en mespris le conseil de son hostesse, ains, suyvant iceluy, s'en alla à l'eglise la plus prochaine qu'il rencontra, et se mit en prieres et oraisons telles, qu'il sembloit à ceux qui l'oyoyent que le saint deust promptement venir à luy. D'adventure, pendant qu'il estoit en telle meditation, il se trouva un bon frippon, lequel estoit caché derriere l'image de sainct Eutrope⁴ et contemploit les allans et venans avec leurs contenances; et, ayant remarqué les mines que faisoit cest Ecossois, il commença à crier : « Tru, tru, tru⁵, pour Jehan d'Escosse et son bagaige ! » L'Escossois, qui entendit ces paroles, jetées assez rudement, pensa que ce fust quelque malin qui le voulsist empescher⁶ en ses devotions; à raison de quoy, après qu'il eust remarqué le lieu d'où pouvoit estre partie ceste voix qu'il avoit entendue, il print sa flesche et son arc, et vous descoche rasibuz

---

¹ Variante : *voyant que le roy s'y addonnoit*. — C'est François I⁺, qui aimait véritablement les lettres et qui *caressa* en effet les *personnes doctes*, jusqu'à ce que les tristes nécessités de la politique l'eussent forcé de se montrer rigoureux à l'égard de quelques écrivains, que leur zèle pour la Réforme avait compromis. Si cette Nouvelle est de Des Periers, elle doit être antérieure aux poursuites judiciaires dirigées contre l'imprimeur du *Cymbalum*, en 1538.

² C'est-à-dire : si dégagée, si déliée.

³ C'était l'hydropisie que saint Eutrope se chargeait de guérir dans ce bon temps, où chaque maladie se trouvait sous la protection spéciale d'un saint.

⁴ Variante : *estoit pendu au derriere de saint Eutrope*.

⁵ Terme de mépris et de menace, qu'on employait au moyen âge pour exciter la populace à courir sus à quelqu'un, et surtout à un truand, à un lépreux, à un voleur.

⁶ Variante : *troubler*.

l'image du sainct. Le frippon, qui estoit derriere, craignant que l'Escossois redoublast son coup, se print à descendre de l'escalier de bois où il estoit monté; mais il ne peust s'enfuyr si secrettement, qu'il ne feit un bruit qui effroya tellement l'Escossois (lequel pensoit que ce fust le sainct qui se mist à le poursuivre, afin de le punir de l'offence qu'il avoit faicte[1]), qu'il entra en telle frayeur, qu'il en perdit incontinent son mal, et depuis vesquit gay comme Perot[2].

NOUVELLE CXXV.

Des epitaphes de l'Aretin, surnommé le Divin[3], et de son amie Magdeleine.

L'Aretin, non l'Unique[4], mais celuy qui a usurpé le surnom de Divin, s'est aussi donné arrogamment le titre de *Fleau des princes*, estant du tout enclin à mesdisance. En quoy il n'espargnoit, comme on dit en commun proverbe, ny roy ny roc[5] : car il escript, en une preface d'une sienne comedie italienne, que le roy très chrestien François premier du nom luy avoit enchaisné

---

[1] Il y a seulement, dans quelques éditions : *le poursuivre et le chastier*.
[2] Cette Nouvelle se termine autrement dans d'autres éditions : *que depuis il ne se sentit saisy du mal de ventre*. — L'expression proverbiale *gai comme Perot* se trouve deux fois dans les contes attribués à Des Periers, ici et dans la Nouvelle CVI[e]. Henri Estienne emploie aussi cette expression, ch. xvi de l'*Apologie pour Hérodote*. Mais Rabelais écrit *guaillard comme un pere*, liv. IV, chap. xxiv.
[3] Pietro Aretino, natif d'Arezzo (1492), fameux satirique, qui força tous les princes de son temps à acheter son silence, composa dans sa jeunesse les ouvrages les plus licencieux et les plus impies, dans sa vieillesse les plus dévots et les plus mystiques. Il avait fait graver une médaille à son effigie, avec cette légende : *Il divino Aretino*. Il se vantait, d'ailleurs, d'être aussi puissant que Dieu, auquel il ne croyait pas.
[4] Bernardo Accolti dit *Aretino*, parce qu'il était originaire d'Arezzo, fils du célèbre historien Benedetto Accolti, fut surnommé l'*Unico*, à cause de son merveilleux talent pour improviser en vers; et pourtant on ignore l'époque de sa naissance et de sa mort. Il était en grand honneur à la cour du pape Léon X; mais ses poésies imprimées ne justifient guère sa réputation. Il signait *vostro unico Aretino*, en écrivant à l'Aretin, qui n'était pas de sa famille, quoique né, comme lui, à Arezzo.
[5] Cette expression proverbiale est empruntée au jeu des échecs, où la *tour* se nommait autrefois *roc*; le mot *roquer* est resté dans le vocabulaire du jeu.

la langue d'une chaisne d'or¹, faite en façon de langues, qu'il luy avoit envoyée, afin qu'il n'escrivist de luy comme il avoit fait de plusieurs autres seigneurs. Mesmement, en un des dialogues qu'il a faicts, il introduit deux courtisanes², recitant l'une à l'autre les moyens par lesquels elles estoyent parvenues aux richesses, et comme par leur saige conduite et maintien gracieux elles s'estoyent entretenues en honnestes compagnies ; à raison de quoy, estant l'une d'elles decedée de son temps, il luy dressa l'epitaphe tel que s'ensuyt, lequel depuis a esté fort divulgué :

EPITAPHE.

De Magdaleine icy gisent les os,
Qui fut des v... si friande en sa vie,
Qu'après sa mort, tous bons seigneurs supplie,
Pour l'asperger, luy pisser sur le dos.

Or il est mort n'a pas long-temps, ce preud'homme Aretin³, auquel les Florentins, ses compatriaux, ont fait cestuy epitaphe, digne de luy et de son atheisme :

EPITAPHE DE L'ARETIN.

Qui giace l'Aretino, amaro tosco
D'el seme humano, di cui la lingua trafisse
E vivi e morti, di Dio mal' non dice
E si scuso con dir' : No lo conosco⁴.

¹ Dans une de ses lettres au roi de France (nov. 1553), on lit : « *Ecco tre anni sono che mi prometteste la catena di cinque libre d'oro, e non credo che sia pur dubbio ne la venuta del Messia de i Gieudei, poi che pur venne di lingue smaltate di vermiglio, e con breve nel cui bianco è scritto : lingua ejus loquetur mendacium.* » L'Arétin avait déjà fait allusion, trois ans auparavant, dans le *Marescalco* (III° acte, scène v) et dans la *Cortigiana* (III° acte, scène vii), à cette chaîne d'or ou à une autre que François 1ᵉʳ lui fit remettre à Venise.
² C'est le *Ragionamento della Nanna e della Antonia, fatto in Roma sotto una ficaia*, édition originale de la première partie des *Ragionamenti*, publiée à Paris en 1534, in-8.
³ « Les éditeurs qui se sont succédé depuis deux siècles, dit M. Lacour, avaient lu *Avertin*; nous avons cru devoir rétablir *Arétin*, d'après les premiers textes. » L'Arétin étant mort en 1556, douze ans après Des Periers, il est impossible que ce dernier ait eu part à cette Nouvelle, qu'il faut attribuer à l'un de ses éditeurs de 1565.
⁴ M. Lacour cite une variante de cette épitaphe :

Qui giace l'Aretin, poeta Tosca,
Che d'ognun disse majo che di Dio,
Scusando si col dir' : Io n'ol conosco.

Elle fut ainsi traduite en latin :

TRADUCTION.

Icy gist l'Aretin, qui fut l'amer poison
De tout le genre humain; dont la langue fichoit
E les vifs et les morts; contre Dieu son blason
N'addressa, s'excusant qu'il ne le cognoissoit.

NOUVELLE CXXVI [1].

De la harangue qu'entreprint de faire un jeune homme en sa reception [2] de conseiller, et comment il fut rembarré.

Ce jeune homme, ayant esté envoyé aux universitez pour y apprendre la Loy civile et s'en servir en temps et lieu, au gré et contentement de son pere, fut là entretenu assez souefvement et delicatement Advint que, se baignant en ses aises et delices, il rejetta au long ses codes et digestes, pour imprimer en son cerveau l'idée d'une amye, et, se paissant en tel object, convertit ses leçons en lecture de Petrarque et autres telz prodiges d'honneur. Pendant ce temps, son pere alla de vie à trespas. De quoy adverti, les parens et amys du jeune homme, pensant qu'il fust un sçavant docteur et qu'il eust profité passablement en la Loy, luy manderent la mort de son père et l'advertirent qu'il estoit temps qu'il esleust l'estat et vacation qu'il vouloit ensuyvre, et que à ce faire [3] ilz se monstreroient ses amys. Le jeune homme, se rangeant sur leur conseil et advis (encore qu'il n'eust estudié en la Loy), print son chemin vers la maison de feu son pere. Après qu'il eut visité ses amys, et qu'il fut asseuré des biens que son pere luy avoit delaissez, il luy vint en l'entendement d'achepter un estat de conseiller en la Court

Condit Aretini cineres lapis iste sepultos,
Mor ales atro qui sale perfricuit:
Intactas Deus est illi, causamque rogatus.
Hanc dedit : Ille, inquit, non mihi notus erat.

[1] Cette Nouvelle a été réimprimée avec beaucoup de variantes, depuis l'édition de 1565; nous donnons seulement quelques-unes de ces variantes.
[2] Variante : pretendant se faire recepvoir.
[3] Variante : choisist moyen de se pourveoir d'estat ou office, à quoy faire, etc.

de parlement[1]. A cela s'accorderent ses amys; et, pour amitié qu'ilz avoient eu avec son pere, ilz luy promirent d'en faire demande au roy François premier, duquel, comme très fideles serviteurs, estoient reciproquement cheriz. Un jour qu'ilz estoient avec le Roy, ilz luy firent demande de cest estat de conseiller; ce qu'il leur octroya, et leur en furent delivrées lettres. De cela bien joyeux, en advertirent le jeune homme, et luy feirent sçavoir[2] comme il se devroit gouverner, quand il se presenteroit à la Court. Le jeune homme, suyvant en tout et partout leur conseil, feit ses dilligences et appresrz. Bref, il presente ses lettres d'estat; elles furent leues en plaine Chambre. Peu de temps après, la Court, ayant esté certiorée de l'insuffisance du suppliant, le renvoya aux estudes[3]. De ce bien estonné, il s'en retourne vers ses parens et amys, et les supplie de faire entendre au Roy le reffuz qu'on luy avoit fait en la Court de parlement. Le Roy en fut adverty. Il manda incontinent à Messieurs de la Court ce qu'ilz allassent par devers Sa Majesté[4]. La Court de parlement delegue deux conseillers d'icelle, lesquels elle chargea de faire telles remonstrances que de raison. Apres qu'ilz se furent presentez devant le Roy, afin d'entendre sa volonté, il leur demanda pourquoy ilz faisoient reffuz de recevoir ce jeune homme en leur compaignie, veu qu'il luy avoit fait don de cest office de conseiller. Les deleguez luy feirent entendre leur charge, et dirent que la Court estoit assez informée de son insuffisance, et pourtant ne le pouvoit honnestement admettre. Le Roy, ayant receu ceste remonstrance pour saincte et raisonnable, en sceut bon gré à Messieurs de la Court, et ne s'en soucioit plus. Quelques jours après, le jeune homme reprend ses erres de supplication, et importune tellement ses amys, qu'ilz furent persuadez supplier derechef le Roy de mander à la Court de le recevoir, se submettant à l'examen requis en tel cas; luy remonstrant au surplus qu'il estoit homme pour luy faire service à l'advenir; joinct aussi que le pere du jeune homme avoit esté

---

[1] Toutes les charges étaient vénales à cette époque.
[2] Variante : *auquel ilz donnerent a entendre...*
[3] Variante : « Après qu'elles eurent esté leues et que la Court eut esté informée du personnage qui les presentoit demandant à estre receu, il fut reffusé, et pour cause. »
[4] Variante : *qu'ilz eussent à venir parler à luy.*

son officier par un long temps et avoit acquis bon bruit[1] pendant sa vie. Le Roy, entendant ces remonstrances aussi, et se souvenant de celles que luy avoient fait Messieurs de la Court sur ce fait, il commanda derechef qu'il fust receu. La Court de parlement s'y opposa et feit secondes remonstrances. Ce nonobstant, le Roy voulut qu'il fust receu. Et, comme Messieurs de la Court remonstroient que le jeune homme estoit leger d'entendement et fol, il leur dit : « Et bien, puis qu'ilz sont si grand nombre de saiges et sçavans personnages, ne sçauroient-ilz souffrir un fol entr'eux ? » A ceste parolle, les deleguez se departent et rendent la Court certaine de la volonté du Roy. Le jeune homme, se promettant en luy-mesme d'estre parvenu à son attente, et que à ceste heure il seroit receu, se presente derechef à la Court et demande à estre examiné selon l'ordonnance. La Court commande à un des huissiers le faire entrer et conduire en une chaire que, pour ce faict, on luy avoit preparée. Après qu'il fut monté et qu'il eut bien ruminé ce qu'il vouloit dire, il commença sa harangue par un verset du Psalme 118, et dit ainsi : *Lapidem quem reprobaverunt ædificantes, hic factus est in caput anguli*, c'est-à-dire :

> La pierre, par ceux rejettée
> Qui du bastiment ont le soing,
> A esté assise et plantée
> Au principal endroit du coing[2].

Voulant par là conner à entendre à la Court qu'elle n'avoit deu le mepriser ainsi qu'elle avoit fait. Ce qu'ayant entendu un des anciens de la Court, auquel ne plaisoit gueres la temerité de ce jeune homme, se leva, et, faisant responce digne à telle outrecuidance, respondit ce qui s'ensuit : *A domino factum est istud, et est mirabile in oculis nostris*. C'est-à-dire :

> Cela est une œuvre celeste
> Faicte pour vray du Dieu des dieux,
> Et un miracle manifeste,
> Lequel se presente à noz yeux.

[1] Bonne renommée.
[2] Ces vers sont empruntés à la traduction des Psaumes de Th. de Bèze, laquelle ne fut publiée que longtemps après la mort de Des Periers.

Par ceste responce, il reprima tellement l'audace du jeune homme, que depuis il ne luy advint de haranguer de telle sorte en une si honneste compaignie.

NOUVELLE CXXVII.

D'un chevalier aagé qui feit sortir les grillons [1] de la teste de sa femme par une saignée, et laquelle auparavant il ne pouvoit tenir soubz bride qu'elle ne luy feist souvent des traits trop gaillards et brusques [2].

C'est un grand bien en mariage de congnoistre les imperfections les uns des autres et de trouver les remedes pour eviter tant de riottes [3] et debatz qui adviennent ordinairement en la pluspart des mesnages, comme en celuy d'un fort gentil chevalier de la Tuscane, lequel, après avoir emploié la fleur de sa jeunesse au fait des armes, de la chasse et des lettres pareillement, s'advisa un peu tard à soy ranger ès liens de mariage : qui fut enfin avec une belle et jeune damoiselle, laquelle il traicta fort gracieusement en toutes choses, fors qu'au deduict d'amours, auquel il se portoit assez laschement, à cause de son aage. Mais la nouvelle mariée n'eut congnoissance par quelque temps de ce deffaut, sinon par communication d'autres bonnes commeres qu'elle frequentoit, et lesquelles elle ouyt deviser du passetemps dru et menu qu'elles recevoient de leurs jeunes marys. Cela l'esmeut à en vouloir sentir pareille fourniture que les autres. Mais, pour y parvenir avecques couverture de son honneur, en addressa la plaincte à sa propre mere, laquelle, après quelques remonstrances au contraire (de la conscience blasmée du moyen), ne la pouvant à plain destourner de ceste intention ainsi dictée, pour rompre ce coup, luy dit : « Ma fille,

---

[1] Au figuré : les fantaisies, désirs, ardeurs d'amour. On trouve, dans les *Cent Nouvelles nouvelles*, le mot *crignons* employé dans le même sens que *grillons*.

[2] Cette Nouvelle est imitée du vieux roman d'Erasto, *Historia septem sapientum Romæ* (édit. goth. sans date, in-4, au verso du fol. 15.)

[3] Variante : *qui servent à eviter les inconveniens de tant de riottes.* — *Riotte* querelle, dispute ; du bas latin *riotta*.

puis que je ne voy autre unguent qui puisse adoucir vostre mal, je vous diray : Il y a des hommes de diverses humeurs et complexions, qui se taillent et font cheoir les cornes par fer ou par poison ; aucuns les portent patiemment, et, comme ilz ont meilleur estomach, ilz digerent les pillules de cocuage facilement, sans mot sonner. Pour ce, il faut que vous essayez la patience de vostre mary par quelques traits legers et de peu d'importance. » A ces propos, la fille respond qu'elle ne vouloit aucunement user des finesses requises en tel cas, que d'attraire [1] à sa cordelle [2] un personnage de disposition gaillarde et de bonne reputation, soubz le manteau duquel soit couverte la reputation, telle qu'estoit celle de son capellan [1]. La mere luy chargea de tenter ainsi la douceur du chevalier, et, selon icelle, donner bon ordre au demourant. La fille luy promet de n'y tarder gueres de ce faire [2]. Ce pendant que le gentilhomme son mary estoit à la chasse, elle print en main une coignée et entre en son jardin, et là se print à abattre un beau laurier, lequel avoit esté planté là de la main de son mary, et, pour cette consideration, l en estoit jaloux et passoit volontiers le temps soubz cet ombrage, en attendant que les viandes ordonnées pour traicter ses amis fussent assaisonnées. Pour vous le faire court, voilà l'arbre par terre ; voicy venir le mary : elle luy en fait coucher des branchages au feu, qui furent incontinent apperceuz par luy. Toutesfois, avant que d'en mener bruict, remit son manteau sur ses epaulles et va sur le lieu, pour mieux s'en asseurer. Il ne faut point demander, après qu'il eut veu la fosse fresche, s'il fut bien troublé ; car il s'en retourna plein de menaces et demanda à sa femme qui estoit celuy qui luy avoit joué ce bon tour, et elle luy fit responce qu'elle l'avoit fait pour le rechauffer à son retour de la chasse, et pour avoir entendu cet arbre conforter la vieillesse. Pour cette fois elle l'appaisa, et pensoit luy avoir fait avaler sa colere aussi douce que sucre. Cela fait, le lendemain matin elle en advertit sa bonne mere, laquelle luy dit que c'estoit bon commencement, mais qu'il falloit encore essayer davantage, comme à luy tuer la

---

[1] Variante : *et encore moins attraire*.
[2] C'est-à-dire : attacher à son service.
[1] Chapelain ; en bas latin, *capellanus*.
[2] Variante : *pour cela exploiter*.

petite chienne qu'il aimoit tant : ce qu'elle entreprint de faire, et le fit à l'occasion que ceste petite chienne, retournant de la ville d'avec son maistre, toute boueuse se jetta sur le lict, où la dame avoit, par exprès, mis une riche couverture; et, comme on l'eut chassée de là, elle s'en vint sauteler sur la robbe de madame, laquelle, feignant avoir gasté ses beaux habits, empoigna un cousteau, et, en la presence de son mary, luy en couppa la gorge. Ce ne fut pas encore assez au jugement de la mere, si, après l'arbre inanimé et la chienne morte, elle n'offençoit d'abondant[1] son mary en quelques personnes des plus cheries de luy, et ce qu'elle feit pareillement : car elle renversa (en un banquet qu'il faisoit à la fleur de ses amis) la table, qui estoit chargée de viandes, et, se voulant excuser, dit qu'elle avoit ce fait par mesgarde et voulant prevoir au service. Sur ces indignations, la nuict donna conseil au gentilhomme de l'empescher lever du lict; l'empescha bon gré mal gré[2], et luy remonstra qu'il falloit qu'elle s'y tinst encores pour quelques remedes qu'il luy avoit apprestez pour la guarir. Elle, en se deffendant, disoit qu'elle se trouvoit en bonne disposition et gaillarde en son esprit. « Je le croy ainsi, dit-il, et trop de quelques grains : à quoy convient remedier d'heure. » Lors, luy ramentevant les trois honnestes tours qu'elle luy avoit jouez consecutivement, nonobstant les remonstrances et menaces qu'il luy avoit faites à chascune fois, par lesquelles il avoit juste crainte de quelque quatriesme pire que tous les autres precedans, envoie querir un barbier, auquel il fit entendre ce qu'il vouloit qu'il executast : c'est assavoir que, pour certaines considerations qu'il luy taisoit, son plaisir et intention estoit qu'aussi tost qu'il luy auroit presenté sa femme, il ne fist faute d'executer sa charge, s'il vouloit luy complaire. Le barbier, après avoir entendu tel propos, s'enhardit de demander au gentilhomme quelle estoit sa volonté: de laquelle il fut incontinent asseuré. Le gentilhomme, après avoir fait allumer un grand feu en une chambre de son logis où l'attendoit le barbier, s'en

---

[1] De plus, en outre.
[2] « Le texte de cette Nouvelle jusqu'à cet endroit, dit M. Lacour, a été reproduit d'après une édition sans date de Galiot du Pré. Nous n'avons point relevé toutes les variantes des éditions subséquentes : elles sont trop nombreuses, trop fautives. »

va en la chambre de sa femme, qu'il trouva toute habillée (faignant d'aller veoir sa mere, à laquelle, peu de jours auparavant, elle avoit decelé l'impuissance de son mary, luy requerant au surplus la vouloir addresser au combat amoureux qu'elle avoit entreprins contre un champion de son aage). De ce adverty, le gentilhomme, redoublant de fiel et courroux (qu'il desguisa au mieux qu'il peut), luy va dire : « M'amye, certainement vous avez le sang trop chaud, qui vous cause par son ebullition tous ces caprices et inconsiderez tours que faites tous les jours. Les medecins, à qui j'en ay parlé et consulté, sont d'avis qu'il convient vous saigner un peu, et disent cela pour vostre santé. » La damoiselle, entendant ainsi parler son mary et ne s'estant encor apperceue de son entreprinse, se laissa conduire où il voulut. Il la mena en la chambre où le barbier l'attendoit, et luy commanda s'asseoir le visage devant le feu, et fit signe au barbier qu'il prinst son bras dextre et luy ouvrist la veine; ce qu'il fit. Tandis que le sang decouloit du bras de ceste damoiselle, son mary, qui sentoit oculairement les grillons s'affoiblir, commanda fermer ceste veine et ouvrir celle du bras senestre : ce qui fut pareillement fait. Tellement que la pauvre damoiselle resta demy morte. Le gentilhomme, bien joyeux d'estre parvenu à fin de son entreprise, la fait porter sur un lict, où elle eut tout loisir d'apprendre à ne plus fascher son mary[1]. Si tost qu'elle fut revenue de pasmoison, elle envoye un de ses gens vers sa mere : laquelle, ayant apprins du messager toutes les traverses et algarades qu'elle avoit joué à son mary, et se doutant (la bonne dame !) qu'au moyen de ce sa fille la voulust semondre de la promesse que (outre son gré) elle luy avoit faite, s'en va la trouver au lict, et commença à dire : « Et bien, ma fille, comment vous va? Ne vous faschez point : vostre desir sera bientost accomply, touchant ce que m'avez recommandé. — Ha! ma mere, respondit-elle, je suis morte; telles passions ne trouvent plus fondement en moy; si bien y a

---

[1] C'est à la suite d'un pareil traitement que la tradition fait mourir la comtesse de Châteaubriant, Françoise de Foix, ancienne maitresse de François Ier, victime de la vengeance tardive de son mari. Un jour, *six hommes masqués saignèrent la comtesse aux bras et aux jambes et la laisserent mourir en cet état*. (P. L. Jacob, bibliophile, *Dissertations sur quelques points curieux de l'histoire de France*. Paris, Techener, 1858, in-8, n° 1.)

opere mon mary, auquel je me sens aujourd'huy plus tenue du bon chemin où il m'a remise par sa prudence, que de l'honneur qu'il m'avoit premierement faict de m'espouser; et, si Dieu me rend ma santé, j'espere que vivrons en bon et heureux mesnage. » L'histoire racompte qu'ilz furent depuis en mutuel amour et loyaulté, au grand contentement l'un de l'autre.

NOUVELLE CXXVIII.

De deux jouvenceaux Sienois, amoureux de deux damoiselles espagnolles : l'un desquelz se presenta au danger[1] pour faire planchette[2] à la jouissance de son amy, et qui luy tourna à grand contentement et plaisir[3].

A Siene y avoit deux jeunes hommes de fort bonne maison, voysins et nourriz ensemble, et de mesme marchandise : ce qui engendra une très grande et intrinseque amitié entr'eux. Ilz se delibererent un jour de faire un voyage en Espagne pour le trafiq de leurs marchandises. Après qu'ilz eurent quelque temps sejourné à Valence en Espagne, ilz devindrent extrememement amoureux de deux gentifemmes espagnolles, mariées à de nobles chevaliers du païs. Les deux Sienois se nommoient, l'un Lucio, et l'autre Alessio. Lucio estoit plus advisé en l'amour de sa dame Isabeau, que son compaignon n'estoit en la poursuite de sa choisie, et lesquelles ne cedoient en mutuelle amitié à la fraternité des deux Italiens. Or dura ce pourchas d'amour entr'eux l'espace de deux ans qu'ilz furent à negotier en Valence, sans qu'ilz peussent parvenir plus avant que aux simples caresses de la veue et œillades, plus pour le respect qu'ilz avoient aux chevaliers, qu'au danger où ilz se fussent mis en païs estrange, s'ilz eussent attenté de plus près parembassades,

---

[1] C'est toujours le vieux mot gaulois, *dangier*, qui personnifiait le jaloux, le mari, l'ennemi des amours, dans les romans et les poésies du moyen âge.

[2] Expression proverbiale, signifiant : seconder, favoriser, aider.

[3] Cette Nouvelle, imitée du Parabosco (*Novelle*, giorn. I, nov. II), a été plus tard encadrée par Scarron dans sa Nouvelle tragi-comique, la *Précaution inutile*, et mise en vers par La Fontaine, dans son conte du *Gascon puni* (liv. II, conte XIII).

missives, resveilz[1] et aubades. Il advint un jour que la damoiselle Isabeau entra en une eglise, où le passionné Lucio s'estoit mis à couvert de la pluye. De bonheur, en se pourmenant par l'entour de l'eglise, il apperceut sa dame assise en un coing et accompagnée d'une seule servante, qui fut aussi à propos comme s'il y eut esté mandé. Ceste rencontre luy donna hardiesse de s'approcher d'elle, et la salua gracieusement. Elle luy rendit salut avec une modestie assaisonnée d'une sourde gayeté. La servante, qui par aventure estoit du conseil secret et bien apprise, se leva d'auprès sa maistresse, comme pour aller regarder quelque image Lucio, bien joyeux de ceste commodité de pouvoir manifester ses passions à sa dame, commença sa harangue ainsi que s'ensuit : « Madame, je croy que ne soyez ignorante de l'amour desmesuré qui depuis deux ans entiers me tient prisonnier de vostre beauté, à laquelle il ne s'est peu descouvrir, pour la reverence de vostre honneur. Aussi suis-je asseuré qu'avez assez ouy dire combien ce feu d'amour, si longuement clos et couvert en ma poitrine, l'a embrasée, ne trouvant en moy issue pour s'evaporer. Je ne fay doubte que le dieu Cupido ne soit appaisé et contenté à la fin par le sacrifice continuel de mes longs soupirs, larmes et travaux, et que, pour en recouvrer allegeance, il ne m'ait preparé ceste oportunité, en laquelle je vous requiers, Madame, en briefves parolles que le lieu et le temps peuvent souffrir, pitié, mercy et misericorde. » La dame Isabeau, non moins passionnée d'ardeur amoureuse que Lucio, luy respondit : « Mon amy (puis que vostre courtoisie, honnesteté et constance ont merité ce nom), je vous prie de vous asseurer d'amour reciproque en mon endroit, et que la commodité seule en a jusques aujourd'huy retardé le mutuel contentement. Toutesfois, je suis deliberée d'employer tous mes sens à nous moyenner bientost une heureuse rencontre qui puisse assouvir noz longs desirs : de laquelle je ne failliray à vous donner bon et seur advertissement. » Lucio, l'en remerciant un genoil en terre, n'oublia de luy ramentevoir son compaignon Alessio, pour lequel elle luy promit pareillement qu'elle feroit office de bonne amye envers sa compaigne, pour le merite de son amour constante. La survenue du peuple, à l'heure du service, les fit de-

---

[1] Sérénades.

partir fort enviz [1]. Bref, Lucio vole pour porter ces nouvelles à son amy Alessio, et ne passerent deux jours qu'ilz receurent un message de eux trouver environ les deux heures de nuict au logis de madame Isabeau : à quoy ilz ne faillirent d'une seule minute d'horloge. Là les attendoit madame Isabeau, laquelle, après la porte ouverte aux poursuyvans, s'arresta à deviser avec Lucio et luy dit que son mary, ayant depuis quelque temps renoncé à la suyte de la court et au plaisir de la chasse, l'avoit par si long temps frustrée de l'occasion de leur entreveue, non moins desirée de son costé que du sien; mais qu'à la fin, vaincue d'extreme affection, elle avoit voulu hazarder ce larrecin de Venus, si luy et son compaignon avoient en eux la hardiesse d'en accomplir le dessein : c'est à sçavoir, que Alessio se despouilleroit à nud et iroit en son lict près de son mary tenir sa place, tandis que Lucio demeureroit pour deviser avec elle. Alessio (quelque grande amitié quasi fraternelle qu'il portast à Lucio) trouva cela de dure et difficile entreprise, si la damoiselle Isabeau ne l'eust renforcé par promesse de guerdon [2] qu'elle luy avoit moyenné envers sa compaigne, outre le profond sommeil de son mary, qui ne se fust resveillé jusques au jour. Or, tout ce qu'elle persuadoit à Alessio estoit afin que, se remuant dedans le lict, son mary sentit sa jambe, ou quelque autre partie humaine, qu'il penseroit estre elle. Quoy ! le vous feray-je long? Alessio, persuadé par l'un et par l'autre, se despouille, non sans grande frayeur, et s'en va tenant Isabeau par la robbe, et se couche doucement en sa place, se gardant de tousser et cracher si près de son hoste. Cependant Lucio et Isabeau jouent leurs jeux paisiblement en une autre chambre du logis. Le pauvre Alessio, se voyant près la personne du chevalier, sans qu'il osast se remuer, trembloit, tombant en diverses pensées; maintenant il disoit que la damoiselle les trahissoit tous deux, le livrant le premier à la gueulle du loup; maintenant estimoit, si elle les traitoit de bonne volonté, qu'elle s'oublioit entre les bras de son amy, le laissant en ce grand et eminent danger jusques à la pointe du jour; à laquelle heure il est tout esbahy, qu'il les veid entrer en la chambre, après qu'ilz

---

[1] A contre-cœur, malgré eux.
[2] Prix d'un service, récompense.

eurent fait un grand tintamarre d'huys ; et, approchans de la courtine, luy demanderent comme il avoit reposé celle nuict. A l'instant, la damoiselle Isabeau leva la couverture du lict, qui fit apparoir à Alessio s'amye couchée auprès de luy en lieu de l'ennemy, et n'avoit (la tendrette!) non plus remué ni cligné l'œil que luy. De cela furent fort louez les deux amans : c'est à sçavoir, Alessio pour le danger où il se mit, afin d'avancer l'entreprinse de son amy, et son amye, à raison de ce qu'elle s'estoit si honnestement contenue estant couchée après de luy : qui fut occasion de les laisser prendre quelque demy once de plaisir au combat amoureux. On dit que cette couple d'amans entretint son credit pendant le temps que les mariz servoient leur roy pour un mesme quartier.

NOUVELLE CXXIX.

D'une jeune fille surnommée *Peau d'Asne*, et comment elle fut mariée par le moyen que luy donnerent les petits formiz [1].

En une ville d'Italie, il y avoit un marchand, lequel, après qu'il se veid passablement riche, delibera de se reposer et achever joyeusement le demourant de sa vie avec sa femme et ses enfans, et pour ceste consideration se retira en une metairie qu'il avoit aux champs. Or, pource qu'il estoit homme d'assez bonne chere et qu'il aymoit la gentillesse d'esprit, plusieurs bons personnages le visitoient, et entr'autres un gentilhomme d'ancienne maison et son voysin, lequel, pour le desir qu'il avoit de joindre quelques pieces de terre du marchand avec les siennes, luy fit à croire qu'il desiroit grandement que le mariage se fist de son fils avec la puisnée de ses filles, nommée Pernette, pourveu qu'il l'advançast en quelque chose. Le marchand, entendant assez bien où tendoit le gentilhomme, qui le mocquoit, l'en remercia gracieusement, comme celuy qui n'eust

[1] Cette Nouvelle est tout à fait différente du conte de Perrault, lequel paraît avoir une origine beaucoup plus ancienne.

jamais pensé tel bien luy devoir advenir. Toutefois, ces propos parvenuz aux oreilles du filz du gentilhomme et de la fille du marchand, ilz oserent bien, chascun endroit soy [1], sonder les cœurs et les affections l'un de l'autre ; ce qui fut conduit si dextrement, que, de propos familiers, ilz se promirent mariage et se resolurent d'en avertir leurs parens. Quelque temps après, le fils du gentilhomme s'addressa au pere de Pernette, lequel il combatit avec telles raisons emmiellées de promesses de l'advantager en son propre, qu'il le rengea à sa volonté et qu'elle luy demoureroit à femme, pourveu que sa mere y consentist. Or il faut entendre que les sœurs de Pernette estoient jalouses de son ayse et de ce qu'elle marchoit la premiere ; tellement que, pour divertir leur pere de sa promesse, elles luy mirent à sus [2] choses et autres. D'autre part, la mere, qui se repentoit de l'avoir jamais portée en son ventre, ne voulut consentir à ce mariage, si avant toutes choses Pernette ne levoit de terre, et avec sa langue, grain à grain, un boisseau plein d'orge, que à ceste fin elle luy feroit espandre. Outre-plus, le marchand, voyant que ce mariage ne plaisoit à sa femme, et prenant pied [3] à ce que ses autres filles luy avoyent dit, voulut que dès lors en avant Pernette ne vestist autre habit qu'une peau d'asne qu'il luy achepta, pensant, par ce moyen, la mettre en desespoir et en desgouster son amy. Pernette, au contraire, redoubloit son amour par la rigueur qu'on luy tenoit, et se promenoit souvent vestue de ceste peau. Ce qu'entendant son amy, il s'en va vers le marchand : lequel, faisant bonne mine et plus mauvais jeu, luy dit qu'il luy vouloit tenir promesse, mais que sa femme vouloit telle chose (qu'il luy compta) estre faicte. Pernette, oyant ces propos, se presente à son pere et luy demande quand il vouloit qu'elle se mist en besogne. Son pere, ne pouvant honnestement rompre sa promesse, luy assigna jour. Elle n'y faillit pas. Comme elle estoit environ [4] ces grains d'orge, ses pere et mere faisoient soigneuse garde si elle en prendroit deux en une fois, afin de demourer quittes de leurs promesses ; mais, comme la constance rend les personnes asseurées, voicy un

---

[1] Vis-à-vis de soi.
[2] Mirent en avant.
[3] S'arrêtant, s'attachant.
[4] Auprès de.

nombre de formiz, qui se trainerent où estoit cest orge, et feirent telle diligence avec Pernette (et sans qu'on les apperceust), que la place fut veue vuyde. Par ce moyen, Pernette fut mariée à son amy, duquel elle fut caressée et aymée comme elle avoit bien merité. Vray est que, tant qu'elle vesquit, le sobriquet *Peau d'Asne* luy demoura.

FIN DES NOUVELLES RECREATIONS ET JOYEUX DEVIS.

CYMBALUM MUNDI

EN FRANCOIS

CONTENANT

QUATRE DIALOGUES POETIQUES

FORT ANTIQUES

JOYEUX ET FACETIEUX

Ενγε Σοφοι.
I. M.

Probitas laudatur et alget

MDXXXVII

THOMAS DU CLEVIER

A SON AMY

PIERRE TRYOCAN S. [1].

Il y a huyct ans ou environ [2], cher amy, que je te promis de te rendre en langage françois le petit traité que je te monstray, intitulé Cymbalum mundi [3], contenant quatre Dialogues poetiques, lequel j'avoys trouvé

[1] C'est-à-dire, en expliquant l'anagramme, qui devait exiger du Clenier, au lieu de du Clevier, sur le manuscrit de l'auteur : Thomas Incrédule à son ami Pierre Croyant, S. La lettre S signifie : Salut. C'est Eloy Johanneau, qui a le premier expliqué cette anagramme ; il a trouvé par là, pour ainsi dire, la clef des énigmes du Cymbalum. « En faisant attention au nom de Thomas, dit-il dans sa Lettre à M. le baron de Schonen, j'ai deviné que du Clevier était l'anagramme d'incrédule, et Tryocan celle de croyant, épithètes qui conviennent très-bien, la première à Thomas, l'incrédule, qui ne voulut pas croire que Jésus-Christ était ressuscité ; la deuxième, à Pierre, le chef des croyants, qui, après l'avoir renié à la passion, le confessa après la résurrection, et au vicaire de saint Pierre, au pape »

[2] Le Cymbalum mundi ayant paru au mois de mars 1538 et cette épître portant ainsi une date certaine, c'est à l'année 1529 ou 1530 que Bonaventure Des Periers fait remonter l'origine de ce livre.

[3] C'est le nom de Thomas, que prend l'auteur de cet ouvrage, qui m'a fait connaître l'origine et la signification du titre de Cymbalum mundi. La voici : ayant remarqué que l'apôtre Thomas était surnommé Didyme, ainsi que le dit l'Evangile de saint Jean (ch. xi, v. 16, Thomas qui dicitur Didymus), et qu'il y avait un grammairien célèbre d'Alexandrie, du même nom de Didyme, qu'on surnommait Cymbalum mundi, à cause du bruit qu'il faisait, par ses nombreux ouvrages, qu'on disait monter jusqu'à trois mille cinq cents, j'ai pensé que c'est parce que Des Periers prend le nom de Thomas, que c'est parce qu'il fait l'incrédule comme cet apôtre, dans ce petit livre, qu'il lui a donné le titre de Cymbalum mundi, la Cymbale retentissante du monde, æs sonans aut cymbalum tinniens, comme le dit saint Paul de lui-même (I Corinth., ch. xiii, v. 1), et comme Tibère le disait d'Apion le grammairien, selon Pline, dans son épître dédicatoire, n° 20 : Apion, grammaticus hic quem Tiberius Cæsar Cymbalum mundi vocabat,

en une vieille librairie d'ung monastere qui est auprès de la cité de Dabas[1], de laquelle promesse j'ay tant faict par mes journées, que je m'en suis acquité au moins mal que j'ay peu. Que si je ne te l'ay rendu de mot selon le latin[2], tu doibs entendre que cela a esté faict tout exprès, affin de suyvre le plus qu'il me seroit possible les façons de parler qui sont en nostre langue françoise : laquelle chose cognoistras facilement aux formes de juremens qui y sont, quand pour me Hercule, per Jovem dispeream . . . . Ædepol, per Stygem, proh Jupiter, *et aultres semblables, j'ay mis ceux-la dont nos bons gallands usent, assavoir :* morbieu, sambieu, je puisse mourir[3], *comme voulent plustost translater et interpreter l'affection*[4] *de celuy qui parle, que ses propres paroles; semblablement, pour* vin de Phalerne, *j'ay mis* vin de Beaulne, *à celle fin qu'il te fust plus familier et intelligible. J'ay aussi voulu adjouster à* Proteus maistre Gonin[5],

cum publicæ famæ tympanum potius videri posset; « Apion le grammairien, que Tibère appelait la *Cymbale du monde,* et qui pourrait paroître plutôt un mauvais tambourin. » (E. J.)

[1] Je pense que ce doit être la ville de Lyon, que l'auteur habitait alors. *Dabas* doit être pour *d'à bas :* on a dit et écrit: *abas,* en un seul mot, pour *à bas,* en espagnol *abaxo,* en italien *abbasso* et même *dabbasso,* en bas, au-dessous, en descendant, comme *aval* pour *aval;* de plus, c'est ainsi qu'on lit *çabas* en un seul mot, dans le premier Dialogue : « Juno, dit Mercure descendu du ciel, m'a donné charge, en passant, que je luy apporte quelque ceincture à la nouvelle façon, s'il en y a point *çabas.* » C'est ainsi que Voltaire a dit : « Les trois gueules du chien de *là-bas,* » pour de l'enfer. La cité de Dabas étant celle de Lyon, qui est *d'à bas* ou en aval de la Saône, par rapport à l'Ile-Barbe, alors le monastère voisin de la cité de *Dabas* serait celui de l'Ile-Barbe, qui était dans une île de la même rivière, en amont de Lyon. Ce qui le confirme, c'est : 1° la Relation que Des Periers a écrite en vers, d'un *Voyage que la Cour fit de Lyon à Nostre-Dame de l'Isle* (-*Barbe*), le 15 mai 1539; c'est 2° que dans le premier Dialogue il fait passer Mercure par la rue des Orfevres et par la rue des Merciers, qui sont deux rues de la vil'e de Lyon, et descendre dans le cabaret du *Charbon-Blanc,* qui a donné son nom à une rue de la même ville. (E. J.)

[2] Il ne serait pas impossible que l'original latin du *Cymbalum* eût existé réellement. La Monnoye, Prosper Marchand, Eloy Johanneau et M. Lacour ne sont pas de cette opinion ; mais on pourrait trouver quelques bonnes raisons à l'appui de notre sentiment à cet égard, qui était, au reste, celui de La Croix du Maine et du P. Mersenne.

[3] Ces serments reviennent à chaque page et ne sont rien moins qu'édifiants. Les protestants sévères, entre les mains desquels tomba le *Cymbalum,* ne furent pas les derniers à s'en apercevoir, et ce motif, avec d'autres aussi graves, leur fit rejeter le livre comme impie. Ronsard ne nous apprend-il pas que ces farouches puristes s'observaient jusqu'à ne jurer jamais que *certes!* (Œuvres, édit. in-fol., 1623, p. 1358 verso) serment fort anodin, qui leur venait en droite ligne de la cour de Charles VII, où le bonhomme Alain Chartier n'employait guère que cette exclamation : *ace-tes!* M. Lacour.)

[4] L'intention, la pensée.

[5] On appelle ainsi proverbialement un maître fourbe, un fripon, un faiseur de

pour mieulx te declairer que c'est que PROTEUS. *Quant aux chansons que* CUPIDO *chante au troysiesme Dialogue, il y avoit au texte certains vers lyriques d'amourettes, au lieu desquelz j'ay mieulx aymé mettre des chansons de nostre temps, voyant qu'elles serviront autant à propos que lesditz vers lyriques, lesquelz (selon mon jugement), si je les eusse translatez, n'eussent point eu tant de grace. Or je te l'envoye tel qu'il est, mais c'est soubz condition que tu te garderas d'en bailler aulcune copie, à celle fin que de main en main il ne vienne à tomber en celles de ceulx qui se meslent du fait de l'imprimerie : lequel art (où il souloit apporter jadis plusieurs commoditez aux lettres), parce qu'il est maintenant trop commun, faict que ce qui est imprimé n'a point tant de grace et est moins estimé, que s'il demouroit encore en sa simple scripture* [1], *si ce n'estoit que l'impression fust nette et bien correcte. Je t'envoiray plusieurs autres bonnes choses, si je cognoy que tu n'ayes point trouvé cecy maulvais. Et à Dieu, mon cher amy, auquel je prie qu'il te tienne en sa grace et te doint ce que ton petit cueur desire* [2].

tours de passe-passe. Ce nom, devenu proverbial, était celui d'un magicien fameux, qui vivait à cette époque et qui fit de singulières expériences de son savoir-faire à la cour de François I*er*. Brantôme, qui parle de lui avec admiration, ne dit pas que ses sortiléges lui aient porté bonheur. On voit que le nom de ce charlatan était déjà proverbial au moment où le *Cymbalum* fut écrit. Ce *bateleur* italien, qui figure dans la CX* des Nouvelles attribuées à Des Periers (voy. plus haut, p. 261), est nommé *Gonnelle* dans l'*Apologie pour Hérodote*.

[1] Ce passage prouverait que le *Cymbalum* a été imprimé sans l'aveu de l'auteur, sur une copie subreptice ; on peut être certain, en tous cas, que Des Periers n'a pas corrigé la première édition de son livre, qui commence par une faute d'impression : *du Clevier*, pour *du Clenier*.

[2] Avant de commencer la lecture des Dialogues, les lecteurs doivent se précautionner contre les fatigues que leur pourraient occasionner les fréquents anachronismes qu'ils y trouveront : ainsi Jupiter charge Mercure de commissions dont il ne peut guère s'acquitter qu'environ seize siècles l'une après l'autre, ou bien il fait parler de Sapho à Hylactor, qui, ayant été chien d'Actéon, aurait dû, pour la connaître, avoir vécu tout au moins sept cents ans. (M. LACOUR.)

CYMBALUM MUNDI

DIALOGUE PREMIER[1].

LES PERSONNAGES :

MERCURE, BYRPHANES, CURTALIUS, L'HOSTESSE[2].

MERCURE[3].

Il est bien vray qu'il m'a commandé que je luy feisse relier ce Livre tout à neuf; mais je ne sçay s'il le demande en ais

---

[1] Dans les éditions du dix-huitième siècle, chaque Dialogue est précédé d'un argument ou sommaire, que Prosper Marchand y avait ajouté et qui ôte quelque chose de la physionomie de l'ouvrage, sans avoir une utilité réelle.

[2] Le premier de ces personnages, Mercure, est Jésus-Christ, dans l'idée de l'auteur; l'hôtesse n'est autre que Marthe, à qui l'Église donne le nom d'*hôtesse de Jésus-Christ*. (Voy. le *Martyrologe* de Chastelain, p. 575 et 527.) Le second et le troisième nous paraissent de fantaisie : il n'y a aucune raison pour reconnaître, dans l'un, Benoît Court, jurisconsulte lyonnais, auteur de commentaires sur les *Arrêts d'amour* de Martial d'Auvergne, ou Hilaire Courtois d'Evreux, avocat au présidial de Mantes, et, dans l'autre, Claude Rousselet (*Byrphanes* est composé de βυῤῥός, pour πυῤῥός, roux, d'où Burrhus, Byrrhus et Pyrrhus, noms propres, et de φαίνω, briller), de Lyon, auteur d'épigrammes latines ; ou le Rosso, dit maître Roux, célèbre peintre employé par François Ier à Fontainebleau ; ou encore cent écrivains ou artistes. Mais nous nous rangerions assez volontiers du parti de ceux qui verraient dans ces deux noms, Byrphanes et Curtalius, des allusions aux Grecs et aux Latins, dont le Christ venait renverser les autels. (M. LACOUR.)

[3] Mercure, le messager des dieux, qui descend du ciel à Athènes pour y faire relier tout à neuf, de la part de Jupiter, le *Livre des Destinées*, est Jésus-Christ, le Messie, l'envoyé de Dieu, qui descend sur la terre et va à Jérusalem porter la loi nouvelle, la loi de vie éternelle, y publier l'Evangile. « Le poëte comique, dit Celse à Origène (*in Orig.*, liv. VI, n. LXXVIII), a écrit que Jupiter envoya Mercure aux Athéniens et aux Lacédémoniens ; toi, chrétien, ne penses-tu pas être plus ridicule, quand tu assures que le Fils de Dieu a été envoyé aux Juifs? » E. J.

de bois ou en ais de papier¹. Il ne m'a point dict s'il le veult en veau ou couvert de veloux. Je doubte aussi s'il entend que je le fasse dorer, et changer la façon des fers et des cloux, pour le faire à la mode qui court². J'ay grand peur qu'il ne soit pas bien à son gré. Il me haste si fort et me donne tant de choses à faire à ung coup que j'oublie l'une pour l'autre. Davantage, Venus m'a dict je ne sçay quoy, que je disse aux jouvencelles de Cypre, touchant leur beau tainct. Juno m'a donné charge, en passant, que je luy apporte quelque dorure, quelque jaseran³ ou quelque ceincture à la nouvelle façon, s'il en y a point çà-bas⁴. Je sçay bien que Pallas me demandera si ses poetes auront rien faict de nouveau. Puis, il me fault aller mener à Charon xxvii ames de coquins, qui sont morts de langueur ce jourd'huy par les rues, et treze qui se sont entretuez aux cabaretz, et dixhuict au bordeau : huict petitz enfans que les Vestales⁵ ont suffocquez, et cinq druydes⁶ qui se sont laissez mourir de manie et male-rage. Quand auray-je faict toutes ces commissions? Où est-ce que l'on relie le mieux? A Athenes, en Germanie, à Venise ou à Romme? Il me semble que c'est à Athenes⁷. Il vault mieux que je y descende; je passeray par la rue des Orfevres et par la rue des Merciers, où je verray s'il y a rien pour madame Juno. Et puis, de-là, je m'en iray aux libraires, pour chercher

¹ C'est-à-dire : en carton, qui se fabriquait encore avec des feuilles de papier collées les unes sur les autres.
² Depuis le commencement du siècle, on avait abandonné les anciennes reliures en ais de bois, chargées de clous d'argent et de cuivre, et de lourds fermoirs de métal; les reliures les plus estimées, dont la librairie de Lyon paraît avoir donné le modèle (voy. les éditions des Gryphius avec leurs reliures primitives), étaient alors en veau brun ou fauve, avec ces dorures légères et ces fers à froid si élégants, qu'on admire et qu'on imite encore aujourd'hui.
³ Chaîne, bracelet ou collier en mailles d'or plates et serrées. On dit aujourd'hui *jaseron*, au lieu de *jazeran*, qui a signifié une cotte de maille, au treizième siècle.
⁴ Ici-bas, sur la terre.
⁵ Trait satirique contre les religieuses, que l'auteur appelle *vestales* par ironie. Les infanticides, en effet, étaient presque aussi fréquents que les grossesses, dans les couvents de filles. Henri Estienne, dans son *Apologie pour Hérodote* (édit. de Le Duchat, t. I, p. 80), démontre que les nonnains sont plus sujettes que les autres femmes à faire périr les enfants qu'elles mettent au monde.
⁶ Épigramme contre les sorbonnistes et les docteurs en théologie, taxés de démence et de folie furieuse, à cause de leurs censures contre les écrits suspects d'hérésie.
⁷ Lyon, qui était véritablement l'Athènes de la France au seizième siècle, rivalisait avec Paris sous le rapport des lettres et des arts. Voy. la Bibliographie

quelque chose de nouveau à Pallas. Or me convient-il garder surtout que l'on ne sache de quelle maison je suis : car où les Atheniens ne surfont la chose aux aultres que deux foys autant qu'elle vault, ilz me la vouldroyent vendre quatre foys au double.

Byrphanes. Que regardes-tu là, mon compaignon¹ ?

Curtalius. Que je regarde? Je voy maintenant ce que j'ay tant de foys trouvé en escript, et que je ne pouvois croire.

Byrphanes. Et que dyable est-ce?

Curtalius. C'est Mercure, le messager des dieux, que j'ay veu descendre du ciel en terre².

---

lyonnaise, publiée par M. de Montfalcon, dans son *Nouveau Spon*. Pierre Grosnet, qui a rimé le Blason et louange de la noble ville et cité de Lyon, dit que jadis :

> ..... Ceste ville royalle
> De Gaule estoit la cité capitalle,
> Plaine de sens et de tous chascuns arts...

¹ Il est certain que l'auteur a voulu mettre en scène deux de ses contemporains sous les sobriquets de *Byrphanes* et de *Curtalius*. Nous avons, comme nos devanciers, cherché quels pouvaient être ces personnages, et nous pensions les avoir reconnus, en lisant, dans l'*Histoire ecclésiastique des Églises réformées*, par Théodore de Bèze (t. I, p. 14), le passage qui concerne Girard Roussel, dit Ruffi, et Courault ou Courtault, « excellens prescheurs, annonçant la vérité un peu plus hardiment qu'on n'avoit accoustumé. » Mais, après avoir relu en entier le Dialogue où figurent Byrphanes et Curtalius, nous nous sommes convaincu que *Byrphanes* désignait un voleur, et *Curtalius* un courtisan. Il nous a paru presque certain que Bonaventure Des Periers faisait allusion à la nouvelle version de la Bible en français que Pierre Robert Olivetan avait publiée à Neufchâtel en 1535 et à laquelle Des Periers ne fut pas étranger. (Voy. la Notice.) « Par le corbieu! dit Byrphanes après avoir volé le livre; nous sommes riches ! Nous trouverons tel libraire qui nous baillera dix mil escus de la copie! » On sait qu'Olivetan s'empara, sans façon, de la traduction des docteurs de Louvain et ne fit que la revoir d'après les notes de Jacques Lefevre d'Estaples et de Calvin. On peut croire que Des Periers lui reprochait de s'être attribué tout l'honneur d'un ouvrage qui ne lui appartenait pas. Dans l'*Apologie du Translateur*, adressée à ses frères fidèles en Notre-Seigneur, qu'il nomme : *Bilerme Cusemeth, Cephas Dioroses* et *Antoine Almeutes*, Olivetan déclare qu'il a entrepris sa traduction, « voyant des exemplaires du viel et du nouveau Testament en langue vulgaire, qui estoient, entre nous, escrits à la main depuis si longtemps, qu'on n'en a point de souvenance, ne pouvoir servir qu'à peu de personnes. » On accusa donc avec raison l'*humble et petit traducteur* de s'être approprié le travail d'autrui.

² La descente de Mercure sur la terre, envoyé par Jupiter pour faire relier le *Livre des Destinées*, a trop de ressemblance avec la mission du Fils de Dieu, venant parmi les hommes relier l'ancienne Loi à la nouvelle et joindre ainsi l'Evangile à la Bible, pour qu'on hésite à reconnaître Jésus-Christ sous le masque de *Mercure* dans les deux premiers Dialogues du *Cymbalum*.

Byrphanes. O! quelle resverie! il le te semble, povre homme! Tu as cela songé en veillant. Sus, sus, allons boire, et ne pense plus à telle vaine illusion.

Curtalius. Par le corbieu¹! Il n'y a rien plus vray; ce n'est pas mocquerie. Il s'est là posé, et croy qu'il passera tantost par ici. Attendons ung petit². Tien, le voys-tu là?

Byrphanes. Il ne s'en fault gueres que je ne croye ce que tu me diz, veu aussi que je voy la chose à l'œil. Pardieu! voilà ung homme acoustré de la sorte que les poetes nous descripvent Mercure. Je ne sçay que faire de croire que ce le soit.

Curtalius. Tay-toy; voyons ung petit, qu'il deviendra. Il vient droit à nous.

Mercure. Dieu garde les compaignons! Vend-on bon vin ceans? Corbieu! j'ay grand soif³.

Curtalius. Monsieur, je pense qu'il n'en y a point de meilleur dedans Athenes. Et puis, Monsieur, quelles nouvelles?

Mercure. Par mon ame! Je n'en sçay nulles. Je viens icy pour en apprendre. Hostesse⁴, faictes venir du vin, s'il vous plaît!

Curtalius. Je t'asseure que c'est Mercure sans aultre; je le cognoys à son maintien, et voylà quelque cas⁵ qu'il apporte des cieulx. Si nous vallons rien⁶, nous sçaurons que c'est, et luy desroberons, si tu m'en veulx croire.

---

¹ C'est-à-dire: par le corps de Dieu.
² Un peu, un petit moment.
³ Ne reconnaissez-vous pas encore là Jésus-Christ, qui dit, en entrant au Cénacle: « La paix soit avec vous! N'avez-vous pas quelque chose ici à manger? J'ai un grand désir de manger cette pâque avec vous : où est le lieu où je la puisse manger?... » qui donne des ordres semblables, aux noces de Cana : « Emplissez les cruches d'eau; puisez-en et portez-en au maître d'hôtel...; » et qui enfin dit sur la croix : « Sitio! J'ai soif! » mot que Rabelais a aussi parodié (liv. I, ch. vI), quand il fait dire à Grandgousier : « J'ai la parole de Dieu en bouche : Sitio. » (E. J.) — On croit voir, dans tout ce passage, une allégorie de la Cène des protestans, appelée Manducation, laquelle fut établie par Calvin, vers cette époque, aux caves de Saint-Benoît, dans un faubourg de Poitiers : « Le pain et le vin, disait-il, proposés en la Cène du Seigneur, ne sont que des arrhes et comme un sceau qui confirme et assure toutes les promesses que le Christ nous a faites. » Voy. l'Histoire de la naissance, progrez et décadence de l'hérésie, par Florimond de Rœmond, p. 891 et suiv.)
⁴ C'est la Chrétienté ou la communion chrétienne, pour donner suite à l'allégorie.
⁵ Objet, bijou; allusion à l'italien cazzo. On peut croire aussi que l'imprimeur aura mis cas au lieu de sac, d'autant plus que c'est ce dernier mot qui reparaît plus loin.
⁶ Quelque chose; rien ou plutôt riens était déjà vieux en ce sens, du temps

BYRPHANES. Ce seroit à nous une grande vertu et gloire, de desrober non seulement ung larron, mais l'auteur de tous larrecins, tel qu'il est [1].

CURTALIUS. Il laissera son pacquet sur ce lict, et s'en ira tantost veoir, par toute la maison de ceans, s'il trouvera rien mal mis à point, pour le happer et mettre en sa pouche [2] ; cependant nous verrons que c'est qu'il porte là.

BYRPHANES. C'est très bien dict à toy.

MERCURE. Le vin est-il venu ? Çà, compaignons, passons de là en ceste chambre, et allons taster du vin.

CURTALIUS. Nous ne faisons que partir [3] de boire ; toutesfois, Monsieur, nous sommes contens de vous tenir compaignie et de boire encor avec vous.

MERCURE. Or, Messieurs, tandis que le vin viendra, je m'en voys ung petit à l'esbat ; faictes reinsser des verres ce pendant, et apporter quelque chose à manger.

CURTALIUS. Le voys-tu là, le galand ? Je cognois ses façons de faire. Je veulx qu'on me pende, s'il retourne qu'il n'ayt fouillé par tous les coings de ceans, et qu'il n'ayt faict sa main [4], comment que ce soit, et t'asseure bien qu'il ne retournera pas si tost. Pour ce, voyons cependant que c'est qu'il a icy, et le desrobons aussi, si nous pouvons.

BYRPHANES. Despeschons-nous donc, qu'il ne nous surprenne sur le faict.

CURTALIUS. Voicy ung livre.

BYRPHANES. Quel livre est-ce ?

CURTALIUS. *Quæ in hoc libro continentur :*
Chronica rerum memorabilium quas Jupiter gessit antequam esset ipse. Fatorum prescriptum, sive eorum quæ futura sunt certæ dispositiones.

---

de Des Periers ; on le rencontre, à chaque page, dans les *Cent Nouvelles nouvelles.*

[1] Les *libertins* ou *carpocratiens* soutenaient, avec quelques bonnes raisons, que la morale de l'Évangile était prise çà et là dans les écrits des philosophes païens.

[2] Pour : *poche*, suivant l'étymologie latine (*punga*) et le patois lyonnais.

[3] Finir, cesser.

[4] C'est-à-dire : qu'il ne se soit garni la main ; qu'il n'ait fait quelque bonne prise.

Catalogus Feroum immortalium qui cum Jove vitam victuri sunt sempiternam [1].

Vertubieu! voicy ung beau livre, mon compaignon! Je croy qu'il ne s'en vend point de tel dedans Athenes. Sçays-tu que nous ferons? Nous en avons ung de là, qui est bien de ce volume, et aussi grand : va le querir, et le mettons en son sac en lieu de cestuy cy, et le refermons comme il estoit ; il ne s'en doutera jà.

BYRPHANES. Par le corbieu! nous sommes riches! Nous trouverons tel libraire qui nous baillera dix mil escuz de la copie. C'est le livre de Jupiter, lequel Mercure vient faire relier (comme je pense), car il tombe tout en pieces de vieillesse. Tien, voylà ce uy que tu diz, lequel ne vault de gueres mieulx, et te prometz que, à les veoir, il n'y a pas grand'difference de l'ung à l'aultre [2].

CURTALIUS. Voyla qui va bien : le pacquet est tout ainsi qu'il estoit ; il n'y sauroit rien cognoistre.

MERCURE. Sus, beuvons, compaignons! Je viens de visiter le logis de ceans, lequel me semble bien beau.

BYRPHANES. Le logis est beau, Monsieur, pour cela qu'il contient.

MERCURE. Et puis, que dit-on de nouveau?

CURTALIUS. Nous n'en sçavons rien, Monsieur, si nous n'en apprenons de vous.

MERCURE. Or bien, je boy à vous, Messieurs.

BYRPHANES. Monsieur, vous soyez le très-bien venu : nous vous allons pleiger [3].

MERCURE. Quel vin est-ce cy?

CURTALIUS. Vin de Beaulne.

MERCURE. Vin de Beaulne? Corbieu! Jupiter ne boit point de nectar meilleur.

---

[1] On a cru reconnaître, dans ce titre, les différents livres qui composent la Bible : la Genèse, les Rois, les Prophètes, les Machabées, etc. On pourrait y voir plutôt la désignation des Evangiles, des Actes des Apôtres, et de l'Apocalypse dans le *Catalogus Heroum immortalium qui cum Jove vitam victuri sunt sempiternam*.

[2] Le livre que Byrphanes et Curtalius mettent à la place du livre de Jupiter, et qui *ne vault gueres mieulx*, c'est la Mythologie païenne, comme on le voit dans le troisième Dialogue du *Cymbalum*.

[3] Faire raison, le verre à la main ; du bas latin *plegiare*, cautionner.

BYRPHANES. Ce vin est bon ; mais il ne fault pas acomparager[1] le vin de ce monde au nectar de Jupiter.

MERCURE. Je reny bieu[2], Jupiter n'est point servy de meilleur nectar[3].

CURTALIUS. Advisez bien que c'est que vous dictes : car vous blasphemez grandement, et diz que vous n'estes pas homme de bien, si vous voulez soustenir cela, voire, par le sambieu !

MERCURE. Mon amy, ne vous colerez pas tant. J'ay tasté des deux, et vous dys que cestuy-cy vault mieulx.

CURTALIUS. Monsieur, je ne me colere point, ny je n'ay point beu de nectar, comme vous dictes qu'avez faict, mais nous croyons ce qu'en est escript et ce que l'on en dict. Vous ne devez point faire comparaison de quelque vin qui croisse en ce monde icy au nectar de Jupiter[4]. Vous ne seriez pas soustenu en ceste cause.

MERCURE. Je ne sçay comment vous le croyez, mais il est ainsi comme je vous diz.

CURTALIUS. Je puisse mourir de male mort, Monsieur (et me pardonnez, s'il vous plaist), si vous voulez maintenir ceste opinion, si je ne vous fais mettre en lieu où vous ne verrez voz pieds de troys moys[5], tant pour cela que pour quelque chose que vous ne cuydez pas que je sache. (Escoute, mon compagnon, il a desrobé je sçay bien quoy là hault en la chambre. Par le corbieu ! il n'y a rien si vray.) Je ne sçay qui vous estes, mais ce n'est pas bien faict à vous de tenir ces propos-là ; vous vous en pourriez

---

[1] Pour : *comparer*.

[2] C'est-à-dire : Je renie Dieu.

[3] Ne croyez-vous pas entendre Jésus-Christ qui dit à ses apôtres, en faisant la Cène avec eux et leur présentant le calice : « Buvez-en tous, car le vin de cette coupe est mon sang, le sang du Nouveau Testament. » (E. J.)

[4] Le dogme de la Cène calviniste ne fut pas accepté sans de violents débats qui avaient été déjà soulevés par les opinions de Wiclef et de Zuingle. Dans le premier *concile calviniste* tenu à Poitiers vers 1534, Calvin ne manqua pas de mettre sur le tapis sa doctrine sur la transsubstantiation « Son principal propos fut sur la réalité du Corps au sacrement. » Voy. l'ouvrage de Florimond de Rœmond, p. 892. « Les autres accordent que le cors et l'âme sont nourris du cors de Nostre-Seigneur, non que le cors soit véritablement mangé, mais que cela se fait par imputation et par foi » Luther avait dit, en parlant de la Cène : « On n'aura pas de débat avec moi pour savoir si le vin y reste ou non ; il me suffit que le sang y est, qu'il soit fait du vin, comme Dieu voudra ; et plutôt que je ne voulusse n'avoir que du vin comme les zuingliens, j'aimerois mieux du pur sang comme les papistes. » (Florimond de Rœmond, p. 191.)

[5] C'est-à-dire : dans un cul de basse-fosse, une prison obscure.

bien repentir, et d'autres cas que vous avez faictz il n'y a pas long temps; et sortez de ceans hardyment[1]; car, par la morbieu! si je sors premier que vous[2], ce sera à voz depens. Je vous ameneray des gens qu'il vauldroit mieulx que vous eussiez à faire à tous les diables d'enfer que au moindre d'eulx.

Byrphanes. Monsieur, il dict vray : vous ne devez point ainsi vilainement blasphemer; et ne vous fiez en mon compagnon que bien à point. Par le corbieu! il ne vous dict chose qu'il ne face; si vous luy eschauffez gueres le poil[3].

Mercure. C'est pitié d'avoir affaire aux hommes! Que le grand diable ayt part à l'heure que mon pere Jupiter me donna jamais l'office pour traficquer et converser[4] entre les humains! Hostesse, tenez, payez-vous, prenez là ce qu'il vous fault. Et bien, estes-vous contente?

L'hostesse. Ouy, Monsieur.

Mercure. Madame, que je vous dye ung mot à l'oreille, si vous plaît. Sçavez-vous point comment s'appellent ces deux compaignons qui ont beu delà avec moy?

L'hostesse. L'ung s'appelle Byrphanes, et l'aultre Curtalius.

Mercure. C'est assez; adieu, madame. Mais pour le plaisir que m'avez faict, tant de m'avoir donné de si bon vin que de me dire les noms de ces mechans, je vous promectz et asseure que votre vie sera allongee de cinquante ans en bonne santé et joyeuse liberté, oultre l'institution et ordonnance de mes cousines les Destinées.

L'hostesse. Vous me promettez merveilles, Monsieur, pour ung rien; mais je ne le puis croire, pour ce que je suis bien asseurée que cela ne pourroit jamais advenir. Je croy que vous le vouldriez bien; aussy feray-je de ma part, car je seroye bien heureuse de vivre si longuement en tel estat que vous me dictes. Mais si[5] ne s'en fera-il rien pourtant.

Mercure. Dictes vous? Ha! vous en riez et vous vous en moc-

---

[1] Promptement, sur-le-champ.
[2] Avant vous.
[3] Expression proverbiale qui vient peut-être de ce que le poil des chats jette des étincelles électriques, lorsqu'on le frotte avec la main. On dit aujourd'hui dans le même sens : *échauffer la tête*.
[4] Vivre, habiter, fréquenter; du latin *conversari*.
[5] Aussi, néanmoins.

quez? Non, vous ne vivrez pas tant voirement, et si serez-tout le temps de vostre vie en servitude, et malade toutes les lunes jusques au sang [1]. Or voy-je bien que la maulvaistié [2] des femmes surmontera celle des hommes. Hardiment [3], il ne s'en fera rien, puisque vous ne l'avez pas voulu croire [4]. Vous n'aurez jamais hoste (quelque plaisir que luy ayez faict), qui vous paye de si riches promesses [5]. Voylà de dangereux maraudz! Tudieu! je n'euz jamais plus belle paour, car je croy qu'ilz m'ont bien veu prendre ce petit ymage [6] d'argent [7] qui estoit sur le buffet en hault, que j'ay desrobé pour en faire un present à mon cousin Ganymedes, lequel me baille tousjours ce qui reste en la coupe de Jupiter après qu'il a pris son nectar. C'estoit de quoy ilz parloient ensemble. S'ilz m'eussent une foys pris, j'estoye infame, moy et tout mon lignage celeste. Mais si jamais ilz tumbent en mes mains, je les recommanderay à Charon, qu'il les face ung petit chommer sur le rivage [8], et qu'il ne les passe de trois mille ans. Et si [9] vous joueray encores un bon tour, messieurs Byrphanes et Curtalius, car, devant que je rende le Livre d'immortalité à Jupiter mon pere, lequel je vays faire relier, j'en effaceray vos

---

[1] Allusion au flux mensuel des femmes.

[2] Méchanceté.

[3] C'est-à-dire : Oui-da, vraiment. Nous avions pensé d'abord que *hardiment* était synonyme de *courage!*

[4] Ne vous semble-t-il pas entendre les promesses de la vie éternelle, que Jésus-Christ fit à la Samaritaine auprès du puits de Jacob, à la ville de Jérusalem, à toute la Judée, si elle croyait en lui; et Jésus-Christ qui dit à la Samaritaine : « Celui qui boira de l'eau que je lui donnerai n'aura jamais soif; l'eau que je lui donnerai deviendra en lui une fontaine qui rejaillira jusque dans la vie éternelle. » Et la Samaritaine qui lui répond, en doutant : « D'où avez-vous donc de l'eau vive? » Ne vous semble-t-il pas entendre toute la Judée répondre aux promesses de la vie éternelle, que lui fait Jésus-Christ, si elle croit en lui, avec la même incrédulité que l'Hôtesse à Mercure? (E. J.)

[5] Dans le reste de ce couplet, Mercure se parle à lui-même en *à parte*.

[6] *Image* était alors du genre masculin, quoique le mot latin *imago* soit féminin.

[7] Dans cette image d'argent, dont le vol manqua avoir pour Mercure des suites qui auraient pu le rendre infâme, ne pourrait-on pas voir une allusion à cette image d'argent que François Ier avait posée lui-même en 1528, dans une procession solennelle, en place d'une image de pierre de la Vierge, qui avait été mutilée à Paris au coin des rues des Rosiers et des Juifs? (E. J.) — Rien n'était plus fréquent, à l'origine du protestantisme, que l'enlèvement ou la mutilation des images en pierre, en bois ou en métal, qui se voyaient depuis des siècles exposées, sur la voie publique, à la vénération du peuple.

[8] Du Styx et de l'Achéron.

[9] Ainsi.

beaux noms, si je les y trouve escriptz, et celuy de vostre belle Hostesse, qui est si desdaigneuse qu'elle ne veult croire ny accepter que l'on luy face du bien.

CURTALIUS. Par mon ame, nous lui en avons bien baillé [1] ! C'estoit ainsi qu'il falloit besongner, Byrphanes, afin d'en vuyder la place. C'est Mercure luy-mesme, sans faillir [2].

BYRPHANES. C'est luy sans autre, voyrement. Voyla le plus heureux larcin qui fust jamais faict, car nous avons desrobé le prince et patron des robeurs [3] : qui est ung acte digne de memoire immortelle ; et si avons recouvert [4] ung livre, dont il n'est point de semblable au monde.

CURTALIUS. La pippée [5] est bonne, veu que au lieu du sien nous lui en avons mis ung qui parle bien d'autres matieres. Je ne crains que une chose : c'est que si Jupiter le voit et qu'il trouve son livre perdu, il n'en fouldroye et abysme tout ce povre monde icy, qui n'en peult mais, pour la punition de nostre forfait. Il n'y auroit gueres à faire, car il est assez tempestatif [6], quand il se y met. Mais je te diray que nous ferons. Pource que je pense que tout ainsi que rien n'est contenu en ce livre qui ne se face, ainsi rien ne se faict qui n'y soit contenu. Nous regarderons seulement si cestuy nostre larcin y est point predict et pronostiqué, et s'il dict point que nous le rendrons quelquefoys [7], à celle fin que nous soyons plus asseurez du faict.

BYRPHANES. S'il y est, nous le trouverons en cest endroict, car voicy le titre : *Fata et eventus anni*.....

CURTALIUS. St, st. Cache ce livre, car j'oy Ardelio [8] qui vient,

---

[1] On dit encore : nous la lui avons baillé belle ; nous lui en avons donné à garder !

[2] N'est-ce pas ainsi que saint Pierre et les apôtres reconnaissent Jésus-Christ, après la Cène qu'il a faite avec eux dans le cénacle ; que leurs yeux furent ouverts ; que les Juifs le reconnaissent pour Dieu après sa passion ? « En vérité, cet homme était fils de Dieu ! » disaient ces derniers. (E. J.)

[3] Voleur ; c'est le vieux mot du treizième siècle, *robeor*.

[4] Pour : *recouvré*.

[5] Tromperie, ruse.

[6] Pour : *tempétueux*, orageux.

[7] Un jour.

[8] Eloi Johanneau dit que ce nom latin, dérivé d'*ardeo*, signifie un boute-feu, un brouillon, un homme remuant, qui se mêle de tout ; selon lui, ce doit être Luther ou Calvin, « ou peut-être même François Ier, qui soutenait en Allemagne les protestants contre Charles Quint et y attisait même le feu de la discorde par ses intrigues et par son argent. » Selon nous, cet Adelio, dont le nom désigne un

lequel le vouldroit veoir. Nous le verrons plus amplement une autre foys tout à loysir.

DIALOGUE II[1].

PERSONNAGES:

TRIGABUS, MERCURE, RHETULUS, CUBERCUS, DRARIG.

TRIGABUS[2].

JE puisse mourir, Mercure, si tu es qu'ung abuseur, et fusses-tu filz de Jupiter troys foys ; affin que je te le dye, tu ez un caut[3]

---

curieux, qui veut tout faire et tout savoir, représente peut-être Antoine Ardillon, abbé de Fontenay-le-Comte, ami de Budé, de Rabelais et de J. Bouchet, un des précurseurs de la Réforme et très-savant dans les lettres grecques et latines.

[1] Ce Dialogue est peut-être le plus remarquable des quatre, à considérer sa hardiesse et sa violence. L'auteur y tourne en ridicule toutes les croyances reconnues de son temps; le Christ, déjà par lui transformé en fripon, va se voir maintenant proclamé tel; Luther, chef de la Réforme, n'est pas représenté d'une façon moins satirique que son antagoniste d'un instant, Martin Bucer : catholiques et protestants tombent dans le même sac ; Des Periers se joue également des uns et des autres. Il y a longtemps, du reste, que l'allégorie est devinée; ces réflexions, écrites par La Monnoye, contiennent de trop curieuses réticences, pour que nous ne les réimprimions pas : « Si j'osois débiter ici mes soupçons, je dirois que Mercure jouë dans ces Dialogues un rôle bien odieux pour le Christianisme. Je dirois, par exemple, qu'on prétend ici ridiculiser Celui qui nous apporta, descendant des Cieux, la vérité éternelle; vérité qui, par les divisions qu'elle a causées, a (s'il est permis de le dire) bouleversé tout l'univers : permettant qu'à cause d'elle il se remplit de schismes, d'hérésies, d'opinions extravagantes, etc. Je dirois encore que la suite du discours que Trigabus tient ici est une raillerie impie et outrée de ce que cette vérité a opéré, quand elle a commencé de s'établir ici-bas, et qu'on a affecté d'y mêler des contradictions et des opérations ridicules pour le mieux détruire. Si ces soupçons avoient lieu, adieu la sainteté du Cymbalum et du pieux dessein de ruiner le paganisme ! » Edit. du Cymbalum mundi de 1735, p. 175. (M. LACOUR.)

[2] La Monnoye a trouvé dans ce nom l'anagramme de Garbitus (Matthias), qui était alors professeur de langue grecque à l'Université de Tubingen et qui composait des poésies latines, tout en commentant Hésiode. Mais nous préférons nous rattacher à l'opinion de Falconet, qui ne voit dans Trigabus qu'un nom forgé à plaisir et tiré du vieux mot gabeur, pour dire grand railleur, trois fois moqueur. Nous avions pensé cependant que Des Periers avait pu vouloir désigner ainsi le grand Érasme, à cause de son Éloge de la Folie, Moriæ encomium.

[3] Fin, adroit, rusé; du latin cautus.

varlet. Te souvient-il du bon tour que tu feiz? Oncques puis ne fuz-tu icy. Tu en baillas bien à noz resveurs de philosophes!

Mercure. Comment donc?

Trigabus.- Comment? Quand tu leur dis que tu avois la Pierre philosophale [1] et la leur monstras, pour laquelle ilz sont encore en grant peine, dont ilz t'importunerent tant par leurs prieres, que toy, doubtant à qui tu la donneroys entiere, vins à la briser et mettre en pouldre, et puis la repandiz par l'areine du theatre [2] où ilz estoyent disputans (comme ilz ont de coustume), à celle fin que ung chascun en eust quelque peu; leur disant qu'ilz cherchassent bien, et que s'ilz pouvoient recouvrer d'icelle Pierre philosophale, tant petite piece fust elle, ilz feroient merveilles, transmueroyent les metaulx, rompryent les barres des portes ouvertes, gariroyent ceulx qui n'auroyent point de mal, interpreteroyent le langage des oyseaulx, impetreroient [3] facilement tout ce qu'ilz vouldroyent des dieux, pourveu que ce fust chose licite et qui deust advenir, comme après le beau temps la pluye, fleurs et serain au printemps, en esté pouldre et chaleurs, fruictz en automne, froid et fanges en hyver [4]; bref, qu'ilz feroyent toutes choses et plusieurs aultres [5]. Vrayement, ilz n'ont cessé depuis ce temps de fouiller et remuer le sable du theatre, pour en cuyder trouver des pieces. C'est un passetemps que de les voir esplucher. Tu dirois proprement que ce sont pe-

---

[1] C'est-à-dire : que tu apportois la vraie religion, la vérité absolue en fait de dogme religieux.

[2] C'est-à-dire : l'arène théologique, le concile, l'école.

[3] Obtiendraient. Allusion à la parole de Jésus-Christ : *Petite et accipietis*.

[4] N'est-ce pas là une dérision évidente des miracles de Jésus-Christ, des promesses qu'il fit à ses apôtres et à tous ceux qui croiraient à son Evangile? N'est-ce pas une ironie de ce qu'on lit dans ce livre sacré, que Jésus allait annonçant l'Evangile, guérissant toutes les maladies; qu'alors il appela les douze apôtres, qu'il leur donna pouvoir sur tous les esprits impurs, afin de les chasser, et de guérir toutes sortes d'infirmités, de rendre la santé aux malades, l'ouïe aux sourds, la vue aux aveugles, de ressusciter les morts; qu'il leur promit que tout ce qu'ils demanderaient à son père en son nom, il le leur donnera? « Voici, leur dit-il après sa résurrection, les miracles que feront ceux qui auront cru : ils chasseront les démons en mon nom; ils parleront de nouvelles langues; ils feront mourir les serpents, et, s'ils boivent du poison, ils n'en recevront aucun mal; ils imposeront les mains sur les malades, et ils leur rendront la santé. » (E. J.)

[5] Allusion aux thèses ridicules de certains savants qui se faisaient fort de disserter *de omnibus rebus et de quibusdam aliis*.

liz enfans qui s'esbattent à la pouldrette¹, sinon quand ilz viennent à se batire.

Mercure. Et bien, n'en y a-il pas eu ung qui en ayt trouvé quelque piece?

Trigabus. Pas ung, de par le dyable! Mais il n'y a celuy qui ne se vante qu'il en a grande quantité ; tellement que si tout ce qu'ilz en monstrent estoit amassé ensemble, il seroit dix foys plus gros que n'estoit la Pierre en son entier.

Mercure. Il pourroit bien estre que pour des pieces d'icelle Pierre philosophale, ilz auroient choisy parmy le sable du sable mesmes, et si n'y auroit pas gueres à faire, car il est bien difficile de les cognoistre d'entre le sable, pource qu'il n'y a comme point de différence².

Trigabus. Je ne sçay ; mais j'ay veu plusieurs affermer³ qu'ilz en avoient trouvé de la vraye, et puis bientost après doubter si c'en estoit, et finablement jetter là toutes les pieces qu'ilz en avoient, pour se mettre à en chercher d'aultres. Puis, de rechef, après en avoir bien amassé, ne se pouvoient asseurer ny persuader que c'en fust. Tellement que jamais ne fut exhibé ung tel jeu, ung si plaisant esbatement, ny une si noble fable⁴ que ceste-cy. Corbieu! tu les nous as bien mis en besòngne, noz veaulx de philosophes!

Mercure. N'ay pas⁵?

Trigabus. Sambieu! je vouldroie que tu eusses veu ung peu le desduit, comment ilz s'entrebattent par terre, et comment ilz ostent des mains l'ung de l'autre les myes d'areine⁶ qu'ilz trouvent; comment ilz rechignent entre eulx, quand ilz viennent à confronter ce qu'ilz en ont trouvé. L'ung se vante qu'il en a plus que son compaignon ; l'autre lui dict que ce n'est pas de la vraye. L'ung veult enseigner comme c'est qu'il en fault trouver, et si n'en peut pas recouvrer luy-mesmes; l'aultre luy respond qu'il le sçait aussi bien et mieulx que luy. L'ung dict

---

¹ C'est-à-dire : qui jouent avec du sable.
² En d'autres termes : pourquoi chercher à distinguer la religion catholique des autres religions chrétiennes, puisqu'il n'y a pas de différence? (M. Lacour.)
³ Pour : *affirmer*.
⁴ Comédie; en latin *fabula*.
⁵ Pour : *n'est-ce pas?*
⁶ Ce sont sans doute des morceaux de sable aggloméré et adhérent que ces philosophes prennent pour des débris de la Pierre philosophale.

que pour en trouver des pièces il se fault vestir de rouge et vert; l'aultre dict qu'il vauldroit mieulx estre vestu de jaune et bleu [1]. L'ung est d'opinion qu'il ne faut manger que six fois le jour avec certaine diette [2]; l'aultre tient que de dormir avec les femmes n'y est pas bon [3]. L'ung dict qu'il fault avoir de la chandelle, et fust-ce en plain mydi; l'aultre dict du contraire. Ilz crient, ilz se demeinent, ilz se injurient, et dieu sçait les beaulx procès criminelz qui en sourdent. Tellement qu'il n'y a court, rue, temple, fontaine, four, molin, place, cabaret, ny bourdeau, que tout ne soit plein de leurs parolles, caquetz, disputes, factions et envies. Et si en y a aulcuns d'entre eulx qui sont si outrecuidez et opiniastres, que, pour la grande persuasion qu'ilz ont que l'areine par eulx choisie est de la vraye Pierre philosophal, promettent rendre raison et juger de tout, des cieulx, des champs Elisiens, de vice, de vertu, de vie, de mort, de paix, de guerre, du passé, de l'advenir, de toutes choses et plusieurs aultres; tellement qu'il n'y a rien en ce monde dequoy il ne faille qu'ilz en tiennent leurs propos, voire jusques aux petis chiens des garses des druydes, et jusques aux poupées de leurs petis enfans. Il est bien vray qu'il y en a quelques ungs (ainsi que j'ay ouy dire), lesquelz on estime en avoir trouvé des pieces; mais icelles n'ont eu aucune vertu ne propriété, sinon qu'ilz en ont transformé des hommes en cigales [4], qui ne font aultre chose que cacqueter jusques à la mort; d'aultres, en perroquetz injurieux [5], non entendans ce qu'ilz jargonnent; et d'aultres, en asnes propres à porter gros faix et opiniastres à endurer force coups de bastons [6]. Bref, c'est le plus beau passetemps et la plus joyeuse risée, de considerer leur façon de faire, que l'on vit oncques et dont l'on ouyt jamais parler.

Mercure. A bon escient [7]?

Trigabus. Voire, par le corbieu! Et si tu ne m'en veulx croire,

---

[1] Allusion aux différents costumes des religions ou ordres religieux.
[2] Allusion aux jeûnes de l'Eglise catholique.
[3] Allusion au célibat des prêtres, des moines et des religieuses.
[4] Ces *cigales* sont les gens d'Eglise qui chantent au chœur jour et nuit.
[5] Ces *perroquets* sont les prédicateurs en chaire.
[6] Ces *ânes* sont les fidèles qui se laissent mener au bâton de la crosse épiscopale ou abbatiale.
[7] Est-il vrai? Est-ce tout de bon?

vien-t'en, je te meneray au theatre ¹, où tu verras le mistere, et en riras tout ton beau saoul.

Mercure. C'est très bien dict, allons-y ; mais j'ay grand paour qu'ilz me cognoissent.

Trigabus. Oste ta verge ², tes talaires ³ et ton chapeau ; ilz ne te cognoistront jamais ainsi.

Mercure. Non, non ; je feray bien mieulx : je m'en vays changer mon visage en aultre forme. Or me regarde bien au visage, pour veoir que je deviendray.

Trigabus. Vertu bieu ! qu'est cecy ? quel Proteus ou maistre Gonin tu es ! Comment ! tu as tantost eu changé de visage ! Où tu estois un beau jeune gars, tu t'es faict devenir ung vieillard tout gris. Ha ! j'entendz bien maintenant dont cela procede : c'est par la vertu des mots que je t'ay veu cependant mormonner ⁴ entre tes levres ⁵. Mais, par le corbieu ! si faut-il que tu m'en monstres la science, ou tu ne seras pas mon amy ; je payeray tout ce que tu vouldras. S'il advient que je sache une foys cela, et que je prenne tel visage que je vouldray, je feray tant, que l'on parlera de moy. Or je ne t'abandonneray jamais, que tu ne le me ayes enseigné. Je te supplie, Mercure, mon amy, apprens-moy les parolles qu'il fault dire, afin que je tienne cela de toy.

Mercure. Vraiement, je le veulx bien, pource que tu es bon compaignon ; je le t'enseigneray, avant que je parte d'avec toy. Allons premierement aux areines ⁶, et puis après je te le diray.

Trigabus. Or bien, je me fie en ta parolle. Voy-tu cestuy-là qui se promène si brusquement ? Je vouldrois que tu l'ouysses un

---

¹ C'est l'École, théâtre des disputes théologiques.
² Baguette, caducée.
³ Talonnières ; en latin : *talaria*.
⁴ On disait aussi : *momonner, marmonner* et *marmouser*, pour *marmotter* ; ce mot, selon qu'il est écrit, vient de *marmot, marmouset, marmon*, et *momon*, ou masque
⁵ Ne reconnaissez-vous pas encore là une parodie de la Transfiguration de Jésus-Christ, une ironie du Fils qui est égal à son Père et aussi *vieux* que lui, et surtout de la transsubstantiation, et des paroles de la sainte Cène et de la Messe, qui opèrent un changement pareil ; paroles et cérémonies mystiques que Jésus-Christ apprit, en effet, à ses apôtres, avant de les quitter pour remonter au ciel ? (E. J.)
⁶ C'est-à-dire : aux écoles de théologie.

petit raisonner. Tu ne vis oncques en ta vie le plus plaisant badin ¹ de philosophe. Il monstre je ne sçay quel petit grain d'areine et dict, par ses bons dieux, que c'est de la vraye Pierre philosophale, voire et du fin cueur d'icelle. Tien, là ; comment il torne les yeulx en la teste ! Est-il content de sa personne ! Voy-tu comment il n'estime rien le monde au prix de soy !

MERCURE. En voyla ung aultre qui n'est pas moins rebarbatif que luy ². Approchons-nous ung petit, et voïons les mines qu'ilz feront entre eulx, et oyons les propos qu'ilz tiendront.

TRIGABUS. C'est bien dict.

RHETULUS ³. Vous avez beau chercher, messieurs ; car c'est moy qui ay trouvé a feve du gasteau ⁴.

CUBERCUS ⁵. Mon amy, ne vous glorifiez jà tant. La Pierre philosophale est de telle proprieté, qu'elle pert sa vertu, si l'homme presume trop de soy, après qu'il en a trouvé des pieces. Je pense bien que vous en avez ; mais souffrez que les autres en cherchent et en aient aussi bien que vous, si leur est possible. Mercure, qui la nous a baillée, n'entend point que nous usions de ces reproches entre nous, mais veult que nous nous entraymions l'un l'autre comme freres ⁶ ; car il ne nous a pas mis à la queste

---

¹ Plaisant, fou.

² Il désigne Luther, qui n'avait pas l'abord trop bienveillant.

³ La Monnoye avait trouvé dans ce nom l'anagramme de *Thurelus*, Pierre Thurel, d'Autun, principal du collége de Dijon, fameux astrologue, loué par les uns, ridiculisé par les autres ; mais un autre commentateur, Falconet ou Lancelot, a découvert que cette anagramme cachait le nom de *Lutherus*. Il suffit de reconnaitre ici la présence de Martin Luther, pour deviner le sens profond et ingénieux de ce Dialogue.

⁴ Expression preverbiale qui équivaut à celle-ci encore usitée : Trouver le mot de l'énigme. Jean de Meung dit aussi : *Tu treuves au gastel la febve*, et Clément Marot : *Trouver la febve en leur tourtel* ; allusion au gâteau des Rois.

⁵ La Monnoye avait trouvé l'anagramme de *Bucerus* (on écrivait *Buccerus*), sans comprendre que Bucer et Luther étaient mis en face ici, se disputant l'un l'autre la découverte de la vérité évangélique. Martin Bucer, né à Strasbourg en 1491, s'était montré d'abord un des plus actifs coopérateurs de la réforme luthérienne, mais il voulut bientôt établir pour son compte une doctrine qui se rapprochait de celle de Zuingle et qui ne fut acceptée qu'un moment par les églises helvétiques. Il se réconcilia toutefois avec Luther, en 1536, avant de passer en Angleterre, où il mourut en 1551, et les chefs des deux partis opposés firent la Cène en commun à Vittemberg, pour témoigner de la sincérité de leur rapprochement.

⁶ Allusion à la morale évangélique, qui ordonne aux chrétiens de s'aimer entre

d'une si noble et divine chose, pour dissension, mais plustost pour dilection. Toutesfoys (à ce que je voy) nous faisons tout le contraire.

Rhetulus. Or, vous avez beau dire, ce n'est que sable, tout ce que vous autres avez amassé.

Drarig[1]. Vous mentez par la gorge. En voylà une piecè, qui est de la vraye Pierre philosophale, mieulx que la vostre.

Rhetulus. N'as-tu pas de honte de presenter cela pour Pierre philosophale? Est-il pas bon à veoir que ce n'est que sable? Phy, phy, oste cela!

Drarig. Pourquoy me l'as-tu faict tumber? Elle sera perdue. Je puisse mourir de male rage, si j'estoie homme de guerre, ou que j'eusse une espée, si je ne te tuoye tout roide, sans jamais bouger de la place! Comment est-il possible que je la puisse trouver maintenant? J'avois tant pris de peine à la chercher, et ce meschant, mauldit et abominable, la m'a fait perdre!

Rhetulus. Tu n'as pas perdu grand' chose, ne te chaille.

Drarig. Grand' chose! Il n'y a tresor en ce monde, pour lequel je l'eusse voulu bailler. Que males furies te puissent tourmenter! O traistre, envieux que tu es, ne me pouvois-tu aultrement nuyre, sinon de me faire perdre en ung moment tous mes labeurs depuis trente ans? Je m'en vengeray, quoy qu'il tarde.

Cubercus. J'en ay quinze ou seze pieces[2], entre lesquelles je

eux comme des frères. « Le commandement que je vous fais, dit Jésus à ses apôtres, c'est que vous vous aimiez les uns les autres. »

[1] L'anagramme de *Girard* était facile à trouver, mais il était plus difficile de découvrir quel est le personnage que Bonaventure Des Periers a eu l'intention de faire comparaître ici sous le nom de *Drarig*. Ce pourrait être Jean Girard, imprimeur à Genève, savant théologien, ami de Calvin, ou bien André Girard, né à Ypres, professeur de théologie à Marpurg, mort en 1564, que Théodore de Bèze a placé parmi les *Vrais portraits des hommes illustres en piété et doctrine* (Genève, 1581, in-4). Mais nous pensons que c'est Girard Roussel, dit Ruffi, à qui nous avions déjà songé dans l'explication du nom de *Byrphanes*, docteur en théologie, confesseur ou plutôt confident de la reine de Navarre, qui le faisait prêcher publiquement à Paris et qui ouvrit les portes de sa prison, quand on se préparait à lui faire son procès. Devenu évêque d'Oléron, malgré ses préludes hérétiques, il ne mourut qu'en 1560. Si c'est lui que Des Periers a mis en scène, on peut juger qu'ils étaient ennemis, quoique tous deux fussent attachés à la maison de Marguerite d'Angoulême. Au reste, Girard Ruffi avait pris une part très-active aux premiers travaux de la réformation en France; depuis, il *s'abâtardit peu à peu*, suivant l'expression de Théodore de Bèze, qui parle de lui dans l'*Histoire ecclésiastique des Eglises réformées*.

[2] Ce sont les Evangiles apocryphes.

suis bien asseuré qu'il en y a quatre (pour le moins) qui sont de la plus vraye qu'il est possible de recouvrer [1].

TRIGABUS. Or ça, Messieurs, dictes nous (s'il vous plaist) que c'est que vous autres philosophes cherchez tant tous les jours parmy l'areine de ce theatre?

CUBERCUS. A quoy [2] faire demandez-vous? Sçavez-vous pas bien que nous cherchons des pieces de la Pierre philosophale, laquelle Mercure mit jadis en pouldre, et nous la repandit en ce lieu?

TRIGABUS. Et pourquoy faire de ces pieces?

CUBERCUS. Pourquoy faire, dea? Pour transmuer les metaulx, pour faire tout ce que nous vouldrions, et impetrer tout ce que nous demanderions des dieux.

MERCURE. Est-il bien possible?

CUBERCUS. S'il est possible? En doubtez-vous?

MERCURE. Voire, j'en doubte, car vous qui avez dict n'a gueres que vous en aviez pour le moins quatre pieces de la vraye, pourriez bien faire, par le moyen de l'une (si toutes ne les y voulez employer), que vostre compaignon pourroit facilement recouvrer la sienne, laquelle l'aultre luy a faict perdre, dont il est demy enragé? Et moy, qui n'ay point d'argent, vous prieray voluntiers que ce fust vostre bon plaisir de me convertir en escuz quinze livres de monnoye (sans plus) que j'ay en ma bourse; vous n'y sçauriez rien perdre, il ne vous pourroit couster que le vouloir, ou la parolle, si tant estoit que ces pieces (que vous avez) eussent tant d'efficace [3] que vous dictes.

CUBERCUS. Je vous diray, Monsieur, il ne se fault pas prendre ainsi. Vous devez entendre qu'il n'est pas possible que la Pierre soit de telle vertu, qu'elle estoit jadis, quand elle fut brisée nouvellement par Mercure, pource qu'elle est toute esventée, depuis le temps qu'il la respandue par le theatre. Et si vous dy bien ung point, qu'il n'est ja besoing qu'elle monstre sa valeur, quand

---

[1] Ce qu'il y a de plus remarquable ici, c'est que *Cubercus* ou Bucer désigne clairement, par les quinze ou seize pièces de la Pierre philosophale, les livres de la Bible, et par les *quatre pièces pour le moins qui sont de la plus vraie*, les quatre grands Prophètes ou plutôt les quatre Evangiles, dont il avait publié les explications. (E. J.)

[2] Pourquoi.

[3] Pour : *efficacité*.

ainsi seroit qu'elle l'auroit encores. Et davantage, Mercure luy peult soustraire et restituer sa vertu, ainsi qu'il luy plaist.

MERCURE. Il n'est ja besoing, dictes-vous? Et pourquoy vous rompez-vous donc la teste, les yeux et les reins, à la chercher si obstinement?

RHETULUS. Non, non, ne dictes point cela; car elle est autant puissante et vertueuse, qu'elle fut jamais, nonobstant qu'elle soit esventée, comme vous dictes. Si ce que vous en avez ne monstre point par œuvre et par effect quelque vertu, c'est bien signe que ce n'en est point de la vraye. Quant au regard de ce que j'en ay, je vous advertiz bien d'ung cas, que j'en fay ce que je veulx : car non seulement je transmue les metaulx, comme l'or en plomb (je vous dy le plomb en l'or), mais aussi j'en fay transformation sur les hommes, quand par leurs opinions transmuées, bien plus dures que nul metal, je leur fay prendre autre façon de vivre : car, à ceulx qui n'osoient n'a gueres regarder les Vestales, je fay maintenant trouver bon de coucher avec elles[1]; ceulx qui se souloient habiller à la Bouhemienne, je les fay acoustrer à la Turque[2]; ceulx qui par cy devant alloient à cheval, je les fay troter à piedz; ceux qui avoient coustume de donner, je les contrains de demander[3]. Et si fay bien mieulx, car je fay parler de moy par toute la Grece; tellement qu'il en y a telz qui soustiendront jusques à la mort, contre tous, que j'en ay de la vraye; et plusieurs autres belles choses que je fay par le moyen d'icelles pieces, lesquelles seroient trop longues à racompter. Or ça, bon homme, que te semble-il de noz philosophes?

[1] Luther s'étant marié avec une religieuse (Catherine de Bohra), son exemple fut suivi par une foule de moines et de moniales, qui jetèrent le froc aux orties pour se marier ou pour vivre en concubinage.

[2] C'est-à-dire, sans doute, qu'il traite mal (*à la turque*) ceux qui sont attachés aux doctrines de Jean Huss (*habillés à la bohémienne*). Eloi Johanneau pense que cela doit s'entendre des moines et des prêtres catholiques, et non des Hussites, dont il avait entièrement changé le costume, la règle et la manière de vivre : « Peut-être y a-t-il là, ajoute-t-il, une allusion à l'alliance que François I*er* venait de faire avec le Grand Turc? »

[3] Ce passage est une longue allusion aux plus importantes réformes apportées par Luther. Tant de maisons furent ruinées par ses doctrines! tant d'autres furent enrichies! tant d'ecclésiastiques se marièrent à son exemple! tant de moines jetèrent le froc aux orties et rentrèrent dans la vie privée! Pourquoi a-t-on pensé que les vêtements turcs et bohémiens s'appliquaient à autre chose qu'à ce bouleversement général? (M. LACOUR.)

MERCURE. Il me semble qu'ilz ne sont gueres sages, Monsieur, ne vous aussi.

RHETULUS. Pourquoy?

MERCURE. De se tant travailler ¹ et debattre pour trouver et choysir, par 'areine, de si petites pieces d'une pierre mise en pouldre, et de perdre ainsi leur temps en ce monde icy, sans faire autre chose que chercher ce que à l'adventure il n'est pas possible de trouver, et qui (peult estre) n'y est pas. Et puis, ne dictes-vous pas que ce fust Mercure qui la vous brisa et respandit par le theatre?

RHETULUS. Voire, ce fust Mercure.

MERCURE. O povres gens! vous fiez-vous en Mercure, le grand aucteur de tous abuz et tromperie ²? Sçavez-vous pas bien qu'il n'a que le bec, et que par ses belles raisons et persuasions il vous feroit bien entendre des vessies, que sont lanternes, et de nuées, que sont poilles d'airain? Ne doubtez-vous point qu'il ne vous ait baillé quelque aultre pierre des champs, ou, peult estre, de l'areine mesmes, et puis qu'il vous ayt faict à croire que c'est la Pierre philosophale, pour se mocquer de vous, et prendre son passetemps des labeurs, coleres et debatz, qu'il vous voit avoir en cuydant trouver la chose laquelle n'est point?

RHETULUS. Ne dictes pas cela, Monsieur, car, sans faillir, c'estoit la Pierre philosophale. On en a trouvé des pieces, et en a-l'on veu certaines experiences.

MERCURE. Vous le dictes, mais j'en doubte; car il me semble que, si cela fust, vous feriez choses plus merveilleuses, veu la proprieté que vous dictes qu'elle a. Et mesmement, comme gens de bon vouloir que vous estes, pourriez faire devenir tous les povres riches, ou, à tout le moins, vous leur feriez avoir tout ce qui leur est necessaire sans truander ³.

RHETULUS. Ces belistres ⁴ sont de besoing au monde, car si tous

---

¹ Tourmenter, fatiguer.

² Nous avons dit que Mercure n'était autre que Jésus-Christ; Bonaventure Des Periers ne paraît pas ici lui accorder même la probité d'un philosophe : le protestant a disparu, le *libertin* se montre seul. Voy. notre Notice.

³ Gueuser, demander l'aumône, vivre en *truand*. Ce mot vient du bas latin *trutanus, trudanus, truhanus*.

⁴ Gueux, mendiants. On a cherché l'étymologie de ce mot dans toutes les langues, et l'on a trouvé en chemin les imaginations les plus absurdes. *Belistre* vient de *balestrius*, goujat qui servait les machines de guerre au moyen âge.

estoient riches, l'on ne trouveroit point à qui donner pour exercer la belle vertu de liberalité.

Mercure. Vous trouveriez aysement les choses perdues et sçauriez les cas dont les hommes doubtent, affin de les mettre d'appointement[1], selon la verité, laquelle vous seroit bien cognue.

Rhetulus. Et que diroyent les juges, advocatz et enquesteurs? Que feroient-ilz de tous leurs codes, pandectes et digestes, qui est une chose tant honneste et utile?

Mercure. Quand il y auroit quelqu'un qui seroit malade, on vous manderoit, et vous ne feriez que mettre une petite piece d'icelle Pierre philosophale sur le patient, qu'il seroit gari incontinent.

Rhetulus. Et de quoy serviroient les medecins et apoticaires, et leurs heaulx livres de Galien, Avicenne, Hippocrates, Egineta[2] et autres, qui leur coustent tant? Et puis, par ce moyen, tout le monde vouldroit tousjours guerir de toutes maladies, et jamais nul ne vouldroit mourir, laquelle chose seroit trop desraisonnable.

Trigabus. En voyla ung lequel semble avoir trouvé quelque chose. Tenez, comment les aultres y accourent d'envie et se mettent à chercher au mesme lieu?

Rhetulus. Ils font très bien de chercher, car ce qui n'est trouvé se trouvera[3].

Mercure. Voire. Mais, depuis le temps que vous cherchez, si n'est-il point de bruit que vous ayez faict aulcun acte digne de la Pierre philosophale : qui me faict doubter que ce ne l'est point; ou, si ce l'est, qu'elle n'a point tant de vertu que l'on dict, mais que ce ne sont que parolles, et que vostre Pierre ne sert que à faire des comptes.

Rhetulus. Je vous ay ja dict plusieurs cas, que j'ay faicts par le moyen de ce que j'en ay.

Mercure. Et puis, qu'est-ce que cela? Le grand babil et hault caquet que vous avez en est cause, et non pas vostre grain de sable. Vous tenez cela tant seulement de Mercure, et non aultre chose, car, tout ainsi qu'il vous a payez de parolles, vous fai-

---

[1] C'est-à-dire : de les accorder.
[2] Paul d'Egine, fameux médecin du septième siècle ; ses ouvrages de médecine étaient alors aussi répandus et aussi accrédités que ceux d'Hippocrate et de Galien.
[3] C'est le mot de l'Évangile · *Quærite et invenietis.*

sant acroire que c'estoit la Pierre philosophale, aussi contentez-vous tout le monde de belle pure parolle. Voila dequoy je pense que vous estes tenuz à Mercure.

TRIGABUS. Je puisse mourir, si j'estoye que du Senat [1], si je ne vous envoyoye bien tous à la charrue, aux vignes ou en galleres! Pensez-vous qu'il faict beau veoir ung tas de gros veaux perdre tout le temps de leur vie à chercher des petites pierres, comme les enfants? Encores, si cela venoit à quelque proffit, je ne diroys pas; mais ilz ne font rien de tout ce qu'ilz cuydent, qu'ilz resvent et promettent. Par le corbieu! ilz sont plus enfans que les enfans mesmes, car des enfans encor en faict-on quelque chose et s'en sert-l'on aulcunement. S'ilz s'amusent à quelque jeu, l'on les faict cesser aiseement pour les faire besongner; mais ces badins et resveurs de philosophes, quand ilz se sont une foys mis à chercher des grains d'areine parmy ce theatre, pensant trouver quelque piece de leur belle Pierre philosophale, on ne les peult jamais retirer de ce sot jeu de barbuc et perpetuelle enfance; ains vieillissent et meurent sur la besongne. Combien en ay-je veu qui devoyent faire merveilles? Ouy dea, des naveaux [2], ils en ont belles lettres!

RHETULUS. On n'en trouve pas des pieces ainsi que l'on vouldroit bien; et puis Mercure n'est pas tousjours favorable à tous.

MERCURE. Je le pense.

RHETULUS. Or, Messieurs, il ne vous desplaira point si je prens congé de vous, car voyla monsieur le sénateur Venulus [3], avec lequel j'ay promis d'aller souper, qui m'envoye querir par son serviteur.

MERCURE. A Dieu donc, Monsieur!

[1] Ce n'est pas la diète de Ratisbonne ou le sénat de Genève, comme le suppose Eloi Johanneau; c'est la Cour du Parlement de Paris, qui se traduisoit en latin par *senatus*.

[2] C'est-à-dire, au figuré : des bagatelles, des billevesées.

[3] Venulus, dans le huitième livre de l'*Enéide*, est un des chefs des Latins, qui, ayant été envoyé en ambassade dans la Grande Grèce pour engager Diomède à s'unir aux Latins dans la guerre contre les Troyens, en revint, sans y avoir réussi. Alors les Troyens seraient les luthériens, et les Latins les calvinistes, dans l'idée de l'auteur. (E. J.) — Les commentateurs se sont égarés en cherchant à reconnaître une physionomie sous chacun des noms inventés par Des Periers. Pour les uns, Venulus est le masque de Calvin; pour d'autres, celui d'un conseiller au Parlement, bien confus de l'honneur qu'on lui veut faire; pourquoi ne pas voir tout naturellement un artifice, à l'aide duquel le poëte va terminer son Dialogue? (M. LACOUR.)

Trigabus. Voila de mes gens! il sera assis au hault bout de la table [1], on luy trenchera du meilleur, il aura l'audivit [2] et le caquet par dessus tous, et Dieu sçayt s'il leur en comptera de belles!

Mercure. Et tout par le moyen de ma Pierre philosophale?

Trigabus. Et quoy donc? Quand ce ne seroit jà que les repues franches [3] qu'ilz en ont, ilz sont grandement tenus à toy, Mercure.

Mercure. Tu voy de quoy sert mon art. Or il me fault aller faire encor quelque message secret, de par Jupiter mon pere, à une dame, laquelle demeure auprès du temple d'Apollo; et puis il me fault aussi ung petit veoir ma mye, devant que je retorne : à Dieu [4]!

Trigabus. Tu ne me veulx donc pas tenir promesse?

Mercure. Dequoy?

Trigabus. De m'enseigner les motz qu'il fault dire pour changer ma trongne et mon visage en telle forme que je vouldray.

Mercure. Ouy dea, c'est bien dict. Escoute en l'oreille.

Trigabus. Comment? Je ne t'oy pas. Je ne sçay que tu dis; parle plus hault.

Mercure. Voilà toute la recepte, ne l'oblie pas.

Trigabus. Qu'a-il dict? Par le sambieu! je ne l'ay point entendu, et croy qu'il ne m'a rien dict, car je n'ay rien ouy. S'il m'eust voulu enseigner cela, j'eusse faict mille gentillesses, je n'eusse jamais eu paour d'avoir faulte de rien, car quand j'eusse eu affaire d'argent, je n'eusse faict que transmuer mon visage en celluy de quelqu'un à qui ses tresoriers en doibvent, et m'en feusse allé le recevoir pour luy; et, pour bien jouyr de mes amours et entrer sans danger chez ma mye, j'eusse pris

---

[1] Il y a peut-être ici une allusion à la belle figure que Luther faisait à table, où il passait volontiers de longues heures, pérorant et buvant d'autant. Ses entretiens pendant les repas ont été recueillis et publiés en allemand par un de ses disciples; H. P. Rebenstock les a traduits en latin, sous ce titre : *Colloquia, meditationes, consolationes, consilia, judicia, sententiæ, narrationes, responsa, facetiæ D. Martini Lutheri, in mensa prandii et cænæ.* (Francof., 1571, in-8.) M. Gust. Brunet, de Bordeaux, a fait paraître une traduction française de ce singulier ouvrage.

[2] Crédit de se faire écouter.

[3] Ce sont les bénéfices ecclésiastiques et les revenus de l'autel papiste.

[4] Allusion à Jésus, fils de Dieu, qui, dans l'Évangile, rappelle souvent à ses disciples qu'il doit bientôt retourner vers son Père.

souvent la forme et la face de l'une de ses voisines, à celle fin que l'on ne m'eust cogneu, et plusieurs aultres bons tours que j'eusse faicts. O la bonne façon de masques que c'eust été, s'il m'eust voulu dire les mots et qu'il ne m'eust point abusé! Or je reviens à moy-mesmes et cognois que l'homme est bien fol lequel s'atend avoir quelque cas de cela qui n'est point, et plus malheureux celuy qui espere chose impossible.

DIALOGUE III.

PERSONNAGES :

MERCURE, CUPIDO, CELIA, PHLEGON, STATIUS, ARDELIO.

MERCURE.

Encores suis-je grandement esmerveillé comment il[1] peult avoir si belle patience! Le forfaict de Lycaon[2]. pour lequel il fit jadis venir le deluge sur la terre, n'estoit point tant abominable que cestuy-cy. Je ne sçay à quoy il tient qu'il n'en a desja du tout fouldroyé et perdu ce malheureux monde, de dire que ces traistres humains non seulement luy ayent osé retenir son livre, où est toute sa prescience, mais encores, comme si c'estoit par injure et mocquerie, ilz luy en ont envoyé ung au lieu d'icelluy, contenant tous ses petits passetemps d'amours et de jeunesse, lesquelz il pensoit bien avoir faictz à cachette de Juno, des dieux et de tous les hommes. Comme quand il se feit Taureau, pour ravir Europe; quand il se desguisa en Cygne, pour aller à Læda; quand il print la forme d'Amphytrion, pour coucher avec Alcmena; quand il se transmua en pluye d'or pour jouyr de Danaë; quand il se transforma en Diane, en Pasteur, en Feu, en aigle, en serpent[3], et plusieurs

---

[1] Dieu le père ou Jupiter, et peut-être, par allusion détournée, François Ier.

[2] La Fable raconte que Lycaon, roi d'Arcadie, faisait mourir tous les étrangers qui passaient dans ses Etats, et qu'il offrit un affreux repas de chair humaine à Jupiter, qui le foudroya.

[3] Jupiter se métamorphosa en Diane, pour Calypso; en pasteur, pour Mnémosyne; en feu, pour Egine; en aigle, pour Ganymède et pour Astérie; en serpent, pour Proserpine.

aultres menues follies, qu'il n'appartenoit point aux hommes de sçavoir, et encore moins les escrire[1]. Pensez, si Juno trouve une foys ce livre, et qu'elle vienne à lire tous ces beaulx faictz, quelle feste elle luy menera! Je m'esbahis comment il ne m'a getté du hault en bas, comme il fit jadis Vulcanus, lequel en est encor boiteux du coup qu'il print et sera toute sa vie. Je me fusse rompu le col, car je n'avois pas mes talaires aux piedz pour voler et me garder de tumber. Il est vray que ce a esté bien ma faulte en partie; car je y devoye bien prendre garde, de par dieu! avant que l'emporter de chez le relieur. Mais qu'y eusse-je faict? C'estoit la veille des Bacchanales, il estoit nuict. Et puis, tant de commissions que j'avois encores à faire me troubloyent si fort l'entendement, que je ne sçavoye que je faisoye. D'aultre part, je me fioye bien au relieur, car il me sembloit bien bon homme; aussi est-il, quand ne seroit ja que pour les bons livres qu'il relie et manie tous les jours. J'ay esté vers luy depuis. Il m'a juré avec grandz sermens qu'il m'avoit rendu le mesme livre que je luy avoye baillé, dont je suis bien asseuré qu'il ne m'a esté changé en ses mains. Où est-ce que je fuz ce jour là? Il m'y fault songer. Ces meschans avec lesquelz je beu en l'hostellerie du Charbon Blanc le m'auroyent-ilz point desrobé et mys cestuy-cy en son lieu? Il pourroit bien estre; car je m'absentay d'eulx assez long-temps, cependant qu'on estoit allé tirer le vin. Par mon serment, je ne sçay comment ce vieulx rassoté[2] n'a honte! Ne pouvoit-il pas avoir veu autresfoys dedans ce livre (auquel il cognoissoit toutes choses) que icelluy livre debvoit quelquefoys devenir[3]? Je croy que sa lumiere l'a esblouy: car il falloit bien que cestuy accident y fust predict, aussi bien que tous les aultres, ou que le livre fust faulx. Or, s'il s'en courrousse, qu'il s'en deschausse[4]! Je n'y sçaurois que faire. Qu'est-ce qu'il m'a baillé icy en memoire? « De par Jupiter l'altitonnant, soit faict un Cry public

---

[1] Il s'agit sans doute des *Métamorphoses d'Ovide*, que Clément Marot avait entrepris de translater en rimes, par ordre du roi.

[2] Radoteur. C'est le Père éternel, qu'on représente toujours sous les traits d'un vénérable vieillard à longue barbe blanche.

[3] C'est-à-dire : ce que ce livre devait un jour devenir. Allusion railleuse à la prescience de Dieu.

[4] On prononçait *chousse*, par assonance proverbiale. C'est comme si Mercure disait : *qu'il aille se coucher!*

par tous les carrefours d'Athenes, et, s'il est besoing, aux quatre coings du monde, que s'il y a personne qui ayt trouvé ung livre intitulé : *Quæ in hoc libro continentur : Chronica rerum memorabilium quas Jupiter gessit antequam esset ipse. Fatorum præscriptum, sive eorum quæ futura sunt certæ dispositiones. Catalogus Heroum immortalium qui cum Jove vitam victuri sunt sempiternam*, ou s'il y a quelqu'un qui sache aulcune nouvelle d'icelluy livre, lequel appartient à Jupiter, qu'il le rende à Mercure, lequel il trouvera tous les jours en l'Academie, ou en la grande Place, et icelluy aura pour son vin[1] la premiere requeste qu'il luy fera. Que s'il ne le rend dedans huict jours apres le Cry faict, Jupiter a deliberé de s'en aller par les douze maisons du ciel, où il pourra aussi bien deviner celuy qui l'aura que les astrologues; dont fauldra que icelluy qui l'a le rende, non sans grande confusion et punition de sa personne. » Et qu'est cecy? « Memoire à Mercure de bailler à Cleopatra, de par Juno[2], la recepte qui est cy dedans ce papier ployée, pour faire des enfans, et en delivrer avec aussi grand joye que quand on les conceoit, et apporter ce qui s'ensuyt... » Voire dea, apporter! Je le feray tantost, attendez-vous y! « Premierement, ung perroquet qui sache chanter toute l'*Iliade* d'Homère[3]; ung corbeau qui puisse causer et haranguer à tous propos ; une pie qui sache tous les preceptes de philosophie; ung singe qui joue au quillard[4]; une guenon pour luy tenir son miroir le matin, quand elle s'accoustre; ung miroir d'acier de Venise[5], des plus grandz qu'il pourra trouver; de la civette, de la ceruse, une

---

[1] C'est-à-dire : pour sa récompense; *pourboire*.

[2] *Juno* paraît être ici le masque de la vierge Marie, selon M. Lacour; mais nous penserions plutôt que, Cléopatra étant Catherine de Médicis, qui avait épousé le duc d'Orléans, Henri de Valois, en 1533, et qui ne lui avait pas encore donné d'enfant en 1538, Junon, dans cette hypothèse, serait seulement la déesse *sopetère*, comme on disait alors, qui présidait aux accouchements, ou Louise de Savoie, mère du roi et grand'mère du Dauphin. Ce fut le savant médecin Ambroise Paré qui donna, dit-on, à la jeune Dauphine une recette infaillible contre la stérilité.

[3] C'est peut-être une allusion maligne à la traduction complète en vers françois que préparait alors Hugues Salel.

[4] Jeu de quilles.

[5] Les anciens se servaient de miroirs de métal poli, en argent, en acier, en or même. Les miroirs de cristal, dont l'invention était alors récente, se fabriquaient à Venise. C'est donc par plaisanterie que Des Periers associe le nom de Venise à un miroir d'*acier*.

grosse¹ de lunettes, des gandz perfumez; le carequant de pierrerie, que faict faire²; les *Cent nouvelles nouvelles*³; Ovide, de l'Art d'aymer⁴, et six paires de potences⁵ d'hebene. » Je ne puisse jamais remonter aux cieulx, si je faiz rien de tout cela ! Et voyla son memoire et sa recepte en pieces : elle yra chercher ung autre vallet que moy. Par le corbieu! comment me seroit-il possible de porter toutes ces besongnes là hault? Ces femmes icy veulent que l'on leur face mille services, comme si l'on estoit bien tenu à elles; mais au diable l'une qui dye : « Tien, Mercure, voila pour avoir un feutre de chappeau? » Et puis, qu'est cecy? « Memoire à Mercure de dire à Cupidon, de par sa mere Venus⁶ (ha! est-ce vous, Vénus? vous serez obeye vrayement), que, le plus tost qu'il pourra, il s'en voise⁷ tromper et abuser ces Vestales (lesquelles cuydent estre si sages et prudentes), pour leur remonstrer ung petit leur malheureuse follie et temerité⁸; et que, pour ce faire, il s'adresse à Somnus, qui luy prestera voluntiers de ses garsons⁹, avec lesquelz il yra de nuyct à icelles Vestales, et leur fera taster et trouver bon

---

¹ Un paquet de douze douzaines.

² Quoique l'édition originale du *Cymbalum* porte : « Qui fait faire les *Cent Nouvelles nouvelles*, » nous avons cru devoir rétablir le sens, en substituant *que* à *qui*, et en changeant la ponctuation de la phrase, où il s'agit d'un collier (*carequan*) de pierreries, que Junon fait faire chez quelque joaillier.

³ Le recueil des *Cent Nouvelles nouvelles*, imprimé pour la première fois en 1486, par Antoine Verard, avait eu cinq ou six éditions depuis; la dernière avait paru à Lyon chez Olivier Arnoullet, en 1532. La petite cour de la reine de Navarre aimait les bons contes, et l'on doit supposer que l'ouvrage rédigé par Antoine de La Sale n'y était pas moins apprécié que le *Décaméron* de Boccace, qui avait donné à Marguerite l'idée de son *Heptaméron*.

⁴ C'est le titre de la plus ancienne traduction du poëme *de Arte amandi* (Paris, Nicolas Bonfons, in-16, sans date). Cette traduction abrégée, en vers de huit syllabes, semble avoir été composée au commencement du seizième siècle; il en existe plusieurs éditions.

⁵ Béquilles.

⁶ Il y a ici une allusion évidente à la jolie épigramme de Clément Marot : *De Cupido et de sa dame*.

⁷ Il s'en aille.

⁸ Des Periers dit à peu près des religieuses ce que son ami Clément Marot disait des moines dans l'*Amour fugitif*:

> Outrecuidées sectes
> Seures se font d'avoir de Dieu la grâce
> Et de garder chose qu'humaine race
> Ne peut de soy....

⁹ Les Songes, fils du Sommeil.

en dormant ce qu'en veillant elles ne cessent de blasmer; et qu'il escoute bien les propos de regretz et repentances que chascune tiendra à part soy, pour luy en mander toutes nouvelles bien au long et le plus tost qu'il luy sera possible. Item, dire à ces dames et damoyselles, qu'elles n'oublient pas leurs touretz de nez[1], quand elles yront par la ville; car ilz sont bien bons pour se rire et moscquer de plusieurs choses que l'on voit, sans que le monde s'en aperçoive. Item, advertir ces jeunes filles qu'elles ne faillent pas d'arrouser leurs violettes devers le soir, quand il fera seicheresse, et qu'elles ne se voisent pas coucher de si bonne heure, qu'elles n'ayent receu et donné le bon soir à leurs amys; et qu'elles se donnent bien garde de se coiffer sans miroir, et qu'elles apprennent et recordent souvent toutes les chansons nouvelles; qu'elles soyent gracieuses, courtoises et amyables aux amans; qu'elles ayent plusieurs *Ouyz* aux yeulx, et force *Nenniz* en la bouche[2]; et que surtout elles se facent bien prier; à tout le moins, que par leurs dictz elles ne viennent point si tost à declairer leur volunté, ains qu'elles la dissimulent le plus qu'elles pourront, pource que c'est tout le bon, la parolle faict le jeu. » Bien ; il n'y aura point de faulte, si je treuve Cupidon. Encores des commissions? Ha ! c'est madame Minerve[3]. Je cognois bien son escripture. Certes, je ne luy vouldroye faillir, pour perdre mon immortalité! « Memoire à Mercure de dire aux poetes, de par Minerve, qu'ilz se deportent de plus escrire l'ung contre l'autre, ou elle les desadvouera[4], car

[1] Demi-masque, sorte de *loup* en peau parfumée, généralement de couleur noire, à l'aide duquel les dames de qualité se préservaient du hâle le haut de leur visage; il remplaçait le voile que les femmes avaient porté auparavant. Les miniatures des manuscrits de ce temps-là nous offrent quelques curieux spécimens de cette mode italienne, qui s'était propagée à la cour de France. Il est souvent question de ces *touretz de nez* dans l'*Heptaméron* de la Reine de Navarre, qui les avait adoptés pour son usage, comme on le voit dans les miniatures du beau manuscrit de son poëme de la *Coche*, décrit dans la notice de l'édition de l'*Heptaméron*, publiée par J. Leroux de Lincy.

[2] Allusion à la célèbre épigramme de Clément Marot, intitulée : *De Ouy et Nenny*.

[3] C'est probablement Marguerite d'Angoulême, reine de Navarre, que les poëtes avaient surnommée Minerve ou Pallas.

[4] Allusion à la querelle poétique qui venait de diviser en deux camps tous les poëtes français, les uns attaquant et insultant Clément Marot, à l'exemple de François Sagon, les autres le défendant et le glorifiant, à l'exemple de Bonaventure Des Periers, qui avait composé l'*Apologie pour Marot absent*. Voyez la No-

elle n'en ayme ny appreuve aucunement la façon ; et qu'ilz ne s'amusent point tant à la vaine parolle de mensonge, qu'ilz ne prennent garde à l'utile silence de verité[1] ; et que, s'ilz veullent escrire d'amour, que ce soit le plus honestement, chastement et divinement qu'il leur sera possible, et à l'exemple d'elle. Davantage, sçavoir si le poete Pindarus a riens encores mis en lumiere, et recouvrer tout ce qu'il aura faict; et apporter tout ce qu'il pourra trouver de la façon des painctres Apelles, Zeuxis, Parrasius et aultres de ce temps, mesmement touchant le faict de broderie, tapisserie, et patrons d'ouvrages à l'esguille. Et advertir toute la compaignie des neuf Muses, qu'elles se donnent bien garde d'ung tas de gens qui leurs font la court, faisans semblant les servir et aymer, mais ce n'est que pour quelque temps, afin qu'ilz acquerent bruyt et nom des poetes, et que par le moyen d'elles (comme de toutes aultres choses, dont ilz se sçavent bien ayder) ilz puissent trouver accès envers Plutus, pour les richesses duquel elles se sont veu souvent estre mesprisées et abandonnées : dont elles devroyent bien estre sages doresnavant[2]. » Vrayement, madame Minerve, je le feray, pour l'amour de vous. Qui est cestuy-là qui vole là? Par dieu! je gage que c'est Cupido. Cupido!

Cupido[3]. Qui est-ce là? Hé! bon jour, Mercure! Est-ce toy? et puis, quelles nouvelles? Que se dict de bon là hault en vostre court celeste? Jupiter est-il plus amoureux?

Mercure. Amoureux, de par le diable ! Il n'a garde pour le present, mais la memoire et souvenance de ses amours luy torne maintenant en grand ennuy et fascherie.

---

tice en tête de ce volume, et les pièces de ce *Différend* dans le t. VI de l'édition de Clément Marot publiée par Lenglet-Dufresnoy.

[1] Le *mensonge*, c'est le catholicisme; la *vérité*, c'est la religion nouvelle.

[2] Des Periers semble faire ici allusion à un poëme d'Almaque Papillon, intitulé : *La victoire et triomphe d'Argent contre le dieu d'Amour naguere vaincu dedans Paris*. Charles Fontaine avait déjà répondu à ce poëme, avec lequel sa Réponse est imprimée (Lyon, Fr. Juste, 1537, in-16).

[3] On peut croire que Bonaventure Des Periers a déifié sous ce nom son ami Clément Marot, auteur du *Temple de Cupido* et d'une foule de poésies à la gloire du dieu de l'amour. Au reste, M. Lacour remarque avec beaucoup de justesse « que le but de l'auteur, dans une partie de ce Dialogue, est de prouver que l'amour a plus d'influence sur l'humanité que n'importe quelle religion. » C'était là, d'ailleurs, la doctrine que prêchaient à livre ouvert les chefs de la secte des *libertins*, Clément Marot, Étienne Dolet, François Rabelais et Bonaventure Des Periers.

Cupido. Comment donc?

Mercure. Pource que ces paillars humains en ont faict ung livre, lequel de male adventure je luy ay apporté au lieu du sien, où il regardoit tousjours quand il vouloit commander quel temps il devoit faire, lequel j'estoye allé faire relier ; mais il m'a esté changé. Je m'en voys pour le faire crier à son de trompe, affin que s'il y a quelqu'un qui l'ayt, qu'il le rende. Il m'en a bien cuidé manger [1].

Cupido. Il me semble que j'ay ouy parler d'ung livre, le plus merveilleux que l'on vit oncques, que deux compaignons ont, avec lequel (ainsi qu'on dict) ilz disent la bonne adventure à ung chascun [2], et sçavent aussi bien deviner ce qui est à venir, que jamais fit Tyresias, ou le chesne de Dodone. Plusieurs astrologues briguent pour l'avoir ou en recouvrer la copie ; car ilz disent qu'ilz feroient leurs ephemerides, prognostications et almanachs [3], beaucoup plus seurs et veritables. Et davantage, ces gallantz promettent aux gens de les enroler au livre d'immortalité, pour certaine somme d'argent [4].

Mercure. Voire, par le corbieu! c'est ce livre-là sans aultre! Il n'y a que danger qu'ilz n'y escripvent des usuriers, rongeurs de povres gens, des bougres, des larrons, et qu'ilz en effacent des gens de bien, pource qu'ilz n'ont que leur donner. Jupiter en auroit bien, de par le diable! Et où les pourray-je trouver?

Cupido. Je ne t'en sçaurois que dire, car je ne suis point curieux de ces matieres-là. Je ne pense sinon à mes petitz jeux, menuz plaisirs et joyeux esbattemens, et entretenir ces jeunes dames ; à jouer au cachemouchet [5] au domicile de leurs petits cueurs, où je picque et laisse souvent de mes legeres flesches ; à voltiger par leurs cerveaulx et leur chatouiller leurs tendres mouelles et de-

---

[1] On diroit aujourd'hui : Il a pensé me dévorer.

[2] On se servait de la Bible pour tirer des horoscopes. Voy. dans Rabelais les chapitres x et xii, liv. III, consacrés aux *sorts virgilianes*, qu'on obtenait, par le même procédé, en ouvrant au hasard les saintes Ecritures.

[3] C'étaient là les publications en vogue. Rabelais avait déjà fait paraître plusieurs Almanachs calculés sur le méridien de Lyon et sa fameuse *Prognostication pantagrueline*. Des Periers avait aussi rimé la *Prognostication des Prognostications*, pour se moquer des pronostics et des pronostiqueurs.

[4] Allusion à la vente des indulgences, vente un peu ralentie, il est vrai, depuis que Luther l'avait mise au pilori, mais encore très-productive pour la Cour de Rome.

[5] Jeu de cache-cache ou de cligne-musette.

licates entrailles; à me monstrer et promener dedans leurs ryans yeulx, ainsi qu'en belles petites galleries; à baiser et succer leurs levres vermeilles; à me laisser couler entre leurs durs tetins, et puis de là me desrober et m'en aller en la vallée de joyssance, où est la fontaine de Jouvence, en laquelle je me joue, je me rafreschy et recrée et y faiz mon heureux sejour.

Mercure. Ta mere m'a icy baillé ung memoire pour t'advertir de quelque chose. Tien, tu le verras tout à loisir et feras le contenu, car j'ay grand haste; adieu.

Cupido. Tout beau, tout beau, seigneur Mercure !

Mercure. Vertubieu ! tu me arracheras mes talaires ! Laissemoy aller, Cupido, je te prie. Je n'ay pas si grande envie de jouer, que toy.

Cupido.
　　Pour tant que je suis jeunette,
　　Amy, n'en prenez esmoy :
　　Je feroys mieulx la chosette,
　　Qu'une plus vieille que moy [1].

Mercure. Ha ! que tu as bon temps ! tu ne te soucyes gueres s'il doit plouvoir [2] ou neiger, comme faict nostre Jupiter, lequel en a perdu le livre.

Cupido.
　　　　Tousjours
　　Les amoureux auront bons jours,
　　Tousjours, et en tout temps,
　　Les amoureux auront bon temps [3].

Mercure. Voire, voire, nous en sommes bien !

Cupido.
　　Il y a, madamoiselle,
　　Il y a je ne sçay quoy.,....

Qui est ceste belle jeune fille que je voy là-bas en ung verger seullette ? Est-elle point encore amoureuse ? Il fault que je la voye en face. Nenny, et toutesfoys, je sçay bien que son amy languit pour l'amour d'elle. Ha ! vous aymerez, belle dame sans mercy, avant qu'ayez marché trois pas.

---

[1] Imitation de la trente-sixième chanson de Cl. Marot.

　　Pourtant si je suis brunette,
　　Amy, n'en prenez esmoy :
　　Autant suis ferme et jeunette
　　Qu'une plus blanche que moy.

[2] Pour : pleuvoir.

[3] Cupido répète des airs qui se chantaient alors à la cour.

CELIA[1]. O ingrate et mescognoissante que je suis! En quelle peine est-il maintenant pour l'amour de moy? Or cognois-je à ceste heure (mais las! c'est bien trop tard) que la puissance d'amour est merveilleusement grande, et que l'on ne peult eviter la vengeance d'iceluy. N'ay-je pas grand tort d'ainsi mespriser et escondure cestuy qui m'ayme tant, voire plus que soy-mesmes? Veulx-je tousjours estre autant insensible qu'une statue de marbre? Vivray-je tousjours ainsi seullette[2]? Helas! il ne tient qu'à moy; ce n'est que ma faulte et folle opinion. Ha, petiz oysillons, que vous me chantez et monstrez bien ma leçon! Que Nature est bonne mere, de m'enseigner, par voz motetz[3] et petitz jeux, que les creatures ne se peuvent passer de leurs semblables! Or vous feroys-je voluntiers une requeste: c'est que vous ne m'importunissiez plus par voz menuz jargons, car j'entendz trop ce que vous voulez dire, et que ne me feissiez plus voir les spectacles de voz amoureux assemblemens, car cela ne me peult resjouyr, ains me faict juger que je suis la plus malheureuse creature qui soit en ce monde. Helas! quand re-

---

[1] « L'auteur, dit La Monnoye, donne à cette belle inhumaine le nom de Célie, peut-être à l'occasion de la maîtresse d'Angerianus, nommée Célie, des rigueurs de laquelle le poëte se plaint. » Mais les poésies amoureuses de Girolamo Angeriano étoient à peine connues en France à cette époque, avant qu'on les eût réimprimées à Paris; on ne voit pas, d'ailleurs, ce que Bonaventure Des Periers avoit de commun avec le poète napolitain. Il vaudrait mieux supposer que le nom de Celia doit être écrit Cælia, et que l'auteur a pris comme type de la virginité cette belle Romaine, appelée Clelia virgo par les historiens romains, laquelle, envoyée en otage à Porseana, qui assiégeoit Rome, passa le Tibre à la nage et vint se réfugier parmi ses concitoyens. Des Periers a voulu représenter sous ce nom quelque belle et vertueuse dame qu'il aimait en secret et à laquelle il n'osait déclarer son amour. Celia pourrait être encore la Délie de Maurice Scève, poëte de Lyon, qui a composé et publié, en 1544, un poëme en l'honneur de cette dame, qu'il surnomme objet de la plus haute vertu. Nous avons trouvé une dédicace « honneste et vertueuse dame Cælie de Romirville, en tête de la Louenge des Femmes, invention extraite du commentaire de Pantagruel sur l'Androgine de Platon. (Lyon, J. de Tournes, 1551, in-8.) N'est-ce pas notre Celia du Cymbalum?

[2] Ces mots nous confirment dans l'opinion que Célie est une religieuse repentante d'avoir pour les cloîtres abandonné l'amour. (M. LACOUR.) — Il y eut, en effet, à cette époque, un relâchement général dans les mœurs des couvents. On ne voyait que moines défroqués courant le monde : « A leur exemple, dit Florimond de Rœmond (p. 917), plusieurs nonnains incontinentes prennent la clé des champs, déchirent leur voile pour prendre un mary ou faire pis. On jetoit des petits bulletins ou des livrets propres pour les séduire, par-dessus les murailles de leurs cloîtres, ou, par le moyen des contreporteurs, on leur faisoit tomber en main ce qu'on jugea propre à de telles amorces. »

[3] Chansons.

viendra-il, mon amy? J'ay grand paour que je ne lui aye esté si farouche, qu'il ne retourne plus. Si fera, s'il m'a autant aymée ou ayme encores comme je l'ayme maintenant. Il me tarde bien que je ne le voy. S'il revient jamais, je luy seray plus gracieuse et luy feray bien ung plus doulx racueil et meilleur traictement que je n'ay pas faict par cy-devant.

CUPIDO.   Va, va, de par dieu! va, dict la fillette,
Puisque remede n'y puis mettre......

Or elle est bien, la bonne dame; elle en a ce qu'il luy en fault.

MERCURE. N'est-ce pas pitié? Soit que je vienne en terre, ou que je retourne aux cieulx, tousjours le monde et les dieux me demandent si j'ay ou si je sçay rien de nouveau. Il fauldroit une mer de nouvelles pour leur en pescher tous les jours de fresches. Je vous diray, à celle fin que le monde ayt de quoy et que j'en puisse porter là hault, je m'en voys faire, tout à ceste heure, que ce cheval-là parlera à son palefrenier, qui est dessus, pour veoir qu'il dira. Ce sera quelque chose de nouveau, à tout le moins. Gargabanado, Phorbantas, Sarmotoragos[1]. O qu'ay-je faict! J'ay presque proféré tout hault les parolles qu'il faut dire pour faire parler les bestes. Je suis bien fol, quant je y pense. Si j'eusse tout dict, et qu'il y eust icy quelqu'un qui m'eust ouy, il en eust peu apprendre la science.

PHLEGON LE CHEVAL[2]. Il a esté ung temps que les bestes par-

---

[1] Eloi Johanneau veut découvrir ici une allusion aux paroles sacramentelles de la messe, mais nous croyons plutôt que, par ces mots qui n'ont pas de sens, Des Periers se moque des formules magiques dont les charlatans faisaient usage alors pour en imposer au vulgaire dans leurs évocations magiques.

[2] Suivant M. Lacour, « le cheval Phlégon personnifie le bas clergé, ou simplement les moines, alors esclaves de la papauté et des abbés commendataires, dont le rôle est joué par le palefrenier Statius. » Suivant nous, ce cheval représente le peuple, en général. Eloi Johanneau voit encore autre chose dans cette bête de somme : « Phlégon, dit-il, est un cheval qui parle et se plaint de celui qui est monté dessus. Son nom grec, qui est celui d'un des quatre chevaux du Soleil, est le participe présent de φλέγω, brûler, enflammer, embraser, mettre en feu, être ardent. Il signifie donc un alezan brûlé, ardent, et doit désigner le peuple, qui, comme ce cheval qui rue et parle, se révolta, en Saxe d'abord, puis dans presque toute l'Allemagne septentrionale, contre Charles-Quint, pour soutenir la doctrine de Luther, et fit entendre ses doléances ou plutôt ses remontrances à la diète de Spire, en 1529, où les luthériens acquirent le nom de *protestants*, pour avoir *protesté* contre les actes de cette assemblée et de celle de Ratisbonne; et à celle d'Augsbourg, en 1530, où ils présentèrent leur confession de foi, et dans laquelle il fut ordonné encore, par un édit de l'Empereur, de suivre

loyent¹; mais, si le parler ne nous eust point esté osté, non plus qu'à vous, vous ne nous trouveriez pas si bestes que vous faictes².

Statius³. Qu'est-ce á dire cecy? Par la vertubieu, mon chèval parle!

Phlegon. Voire dea, je parle. Et pourquoy non? Entre vous hommes, pource que à vous seulz la parolle est demourée, et que nous povres bestes n'avons point d'intelligence entre nous, par cela que nous ne pouvons rien dire, vous sçavez bien usurper toute puissance sur nous, et non seulement dictes de nous tout ce qu'il vous plait, mais aussi vous montez sur nous, vous nous picquez, vous nous battez; il fault que nous vous portions, que nous vous vestions, que nous vous nourrissions; et vous nous vendez, vous nous tuez, vous nous mangez. D'ond vient cela? C'est par faulte que nous ne parlons pas. Que si nous sçavions parler et dire noz raisons, vous estes

---

la religion de l'Eglise romaine, lequel fut suivi de la ligue offensive et défensive de Smalkade entre les princes protestants, à laquelle s'associa François I⁺. Ce qui confirme mes conjectures sur le sens de cette allégorie, c'est que Charles-Quint disait, comme vous savez, qu'il parlerait espagnol à Dieu, français aux hommes, italien à sa maîtresse, anglais aux oiseaux, allemand aux chevaux ou à son cheval, et que ce mot célèbre devait être connu de Des Periers. »

¹ Rabelais fait dire à Panurge (liv. II, ch. xv) : « Au temps que les bestes parloient (il n'y a pas trois jours)... » Puis, il rapporte le burlesque entretien d'un lion et d'un renard dans la forêt de Fontainebleau.

² Voici un trait historique qui prouve que Des Periers entend ici le peuple, qui avait été muet jusqu'à ce que l'Evangile, prêché par Luther et Calvin, lui eût rendu la parole. « L'empereur Charles-Quint, dit Cayet dans son *Histoire de la guerre sous le règne de Henri IV*, demandant à François I⁺ combien valait le revenu de quelques villes de France par où il avait passé : « Ce que je veux ! » dit le roi. Laquelle parole étant depuis rapportée à l'empereur Maximilien, ce prince lâcha ce trait, comme en passant : « Le roi de France est donc le roi des bêtes ! » (E. J.)

³ Sans avoir rien découvert sous le masque de Statius, La Monnoye a donné cependant une excellente note qui n'autorisait pas Eloi Johanneau à faire de ce valet d'écurie un roi ou empereur, François I⁺ ou Charles-Quint : « Parmi les anciens Latins, c'étoit un nom de valet, comme l'a remarqué Aulu-Gelle, liv. IV des *Nuits attiques*, chap. xx, où, de plus, il rapporte ce fait que notre auteur a eu en vue, savoir que les censeurs, dans une revue qu'ils faisoient des chevaliers romains, ayant demandé à l'un d'eux, pourquoi, frais et dodu comme il étoit, son cheval étoit si maigre : « C'est, leur répondit-il, que je prends moi-même soin de ma nourriture, et que je me repose de celle de mon cheval sur mon valet Statius. » Le jurisconsulte Masurius Sabinus, dont Aulu-Gelle cite tout au long le passage, ajoute que, la réponse du chevalier ayant paru peu respectueuse, il avoit été dégradé et mis au rang des taillables. »

tant humains (ou devez estre) que, après nous avoir ouy, vous nous traicteriez aultrement, comme je pense.

STATIUS. Par la morbieu! il ne fut oncques parlé de chose si estrange que ceste-cy. Bonnes gens, je vous prie, venez ouyr ceste merveille; aultrement, vous ne le croiryez pas : par le sang bieu, mon cheval parle!

ARDELIO[1]. Qu'y a-il là, que tant de gens y accourrent et s'assemblent en ung troupeau? Il me fault voir que c'est.

STATIUS. Ardelio, tu ne sçais pas? Par le corbieu, mon cheval parle!

ARDELIO. Diz-tu? Voyla grand merveille! Et que dict-il?

STATIUS. Je ne sçay, car je suis tant estonné d'ouyr sortir parolles d'une telle bouche, que je n'entends point à ce qu'il dict.

ARDELIO. Metz pied à terre, et l'escoutons ung petit raisonner. Retirez-vous, Messieurs, s'il vous plait; faictes place, vous verrez aussi bien de loing que de près.

STATIUS. Or ça, que veulx-tu dire, belle beste, par tes parolles?

PHLEGON. Gens de bien, puis qu'il a pleu au bon Mercure de m'avoir restitué le parler[2], et que vous en voz affaires prenez bien tant de loysir de vouloir escouter la cause d'ung povre animau[3] que je suis, vous devez sçavoir que cestuy mon palefrenier me faict toutes les rudesses qu'il peult, et non seulement il me bat, il me picque, il me laisse mourir de faim, mais....

STATIUS. Je te laisse mourir de faim?

PHLEGON. Voire, tu me laisses mourir de faim.

STATIUS. Par la morbieu! vous mentez; et, si vous le voulez soustenir, je vous couperay la gorge[4].

---

[1] Ce personnage est déjà nommé à la fin du premier Dialogue, voy. ci-dessus, p. 312, et la note. L'idée nous vient à l'instant, eu égard au ton solennel du personnage, disant à ceux qui l'entourent : « Retirez-vous, Messieurs, s'il vous plait, faites place. » que Bonaventure Des Periers a peut-être voulu désigner le roi lui-même, sous le nom d'*Ardelio*, qui fait allusion à son emblème de la salamandre au milieu des flammes.

[2] Il est certain que le protestantisme, qui cherchait des appuis dans le peuple, travailla d'abord à son affranchissement moral, à sa régénération sociale : « La liberté, douce poison des hommes, dont on faisoit montre à la jeunesse, dit Florimond de Rœmond (p. 901), estoit un doux et agreable apast pour les attirer à cette religion nouvelle. Le ventre goulu trouva de bons avocats pour plaider en cause. »

[3] Pour : *animal*.

[4] « Allusion aux anathèmes de la papauté, » selon M. Lacour, qui ne s'arrête pas

ARDELIO. Non ferez, dea. Seriez-vous bien si hardy de ruer ung cheval qui sçait parler? Il est pour faire ung present au roy Ptolomée, le plus exquis qu'on vist jamais ; et si vous advertiz bien que tout le tresor de Cresus ne le pourroit pas payer. Pour ce, advisez bien que vous ferez et ne le touschez point, si vous estes sage.

STATIUS. Pourquoy dict-il donc ce qui n'est pas vray?

PHLEGON. Te souvient-il point, quand dernierement on t'avoit baillé de l'argent pour la despence de quatre chevaulx que nous sommes, que tu faisois ton compte ainsi : « Vous avez force fein et force paille, faictes grand chere ; vous n'aurez que pour tant d'aveine le jour : la reste sera pour aller banqueter avec m'amye [1]. »

STATIUS. Il t'eust mieulx vallu que tu n'eusses jamais parlé ; ne te soucyes [2] !

PHLEGON. Encores ne m'en chault-il de tout cela, mais quand je rencontre quelque jument, au moys que nous sommes en amour (ce qui ne nous advient qu'une foys l'an), il ne me veult pas souffrir monter sur elle, et toutesfoys je le laisse bien tant de foys le jour monter sur moy. Vous, hommes, voulez ung droict pour vous, et un aultre pour voz voisins. Vous estes bien contens d'avoir tous voz plaisirs naturelz, mais vous ne les voulez pas laisser prendre aux aultres, et mesmement à nous, povres bestes. Combien de foys t'ay-je veu amener des garses en l'estable pour coucher avec toy? Combien de fois m'a-il fallu estre tesmoing de ton beau gouvernement? Je ne te vouldrois pas requerir que tu me laissasses ainsi amener des jumens en l'estable pour moy, comme tu amaines des garses pour toy ; mais, quand nous allons aux champs, tu le me pourrois bien laisser faire [3], en la saison, à

à cette opinion un peu aventurée de Johanneau : « Voilà, dit ce commentateur, des allusions bien claires aux diètes de Worms, de Spire, de Ratisbonne et d'Augsbourg, aux plaintes et à la révolte des protestants contre Charles-Quint, et aux menaces que leur fait ce prince, s'ils veulent soutenir à main armée leurs remontrances. »

[1] On sait qu'à cette époque beaucoup de monastères ne comptaient plus qu'un petit nombre de moines, qui vivaient dans la privation, tandis que les abbés jouissaient de revenus immenses. (M. LACOUR.)

[2] C'est-à-dire : ne t'inquiète pas, n'aie pas peur.

[3] Les Latins disaient aussi : facere, dans le sens érotique ; les Espagnols disent : pacerlo. Les Français étaient plus riches dans l'emploi du verbe faire. Voy. les Erotica verba, dans les édit. de Rabelais, publiées par de l'Aulnaye.

DIALOGUE III.

tout le moins ung petit coup. Il y a six ans qu'il me chevauche, et si ne m'a pas encores laissé faire cela une povre foys [1].

ARDELIO. Par dieu! tu as raison, mon amy, tu es le plus gentil cheval et la plus noble beste que je veiz jamais. Touche là ; j'ay une jument qui est à ton commandement. Je la te presteray voluntiers, pour ce que tu es bon compaignon et que tu le vaulx [2]. Tu en feras ton plaisir, et, de ma part, je serois très aise et joyeulx si je pouvois avoir de ta semence, quand ce ne seroit jà que pour dire : Voyla de la race du cheval qui parloit.

STATIUS. Par le corbieu! je vous en garderay bien, puisque vous vous estes meslé de parler si avant. Sus! sus! allons, et vous deliberez de trotter hardiment, et ne faictes point la beste, si vous estes sage, que je ne vous avance bien de ce baston.

ARDELIO. A Dieu, à Dieu, compaignon; te voyla bien peneux [3] de ce que ton cheval a si bien parlé à toy.

STATIUS. Par la vertu bieu! je l'accoustreray bien, si je puis estre à l'estable, quelque parleur qu'il soit!

ARDELIO. Or jamais je n'eusse creu qu'ung cheval eust parlé, si je ne l'eusse veu et ouy. Voila ung cheval qui vault cent millions d'escuz. Cent millions d'escuz! On ne le sçauroit trop estimer. Je m'en voys compter le cas à maistre Cerdonius [4], lequel ne l'oblira pas en ses annalles.

---

[1] Rabelais s'est souvenu des plaintes du cheval Phlegon dans l'Apologue de l'âne et du roussin (liv. V, ch. VII) : « Nous ne ousons ceans seulement roidir le bout, voyre fust-ce pour uriner, de paour d'avoir des coups : du reste, ayses comme roys. »

[2] Les plaintes qu'on vient d'entendre sont claires : la réponse d'Ardelio (Luther) ne l'est pas moins : il annonce qu'il va rendre possible le mariage des prêtres par la Réforme dont il est l'auteur. (M. LACOUR.)

[3] Pour : penaud.

[4] Ce nom, dérivé du grec κέρδος, gain, lucre, désigne un annaliste à gages, suivant La Monnoye. Eloi Johanneau propose de reconnaitre sous ce nom Jean Bouchet, auteur des Annales d'Aquitaine, ou Jean Bourdigné, auteur de l'Histoire aggregative des annales et chronique d'Anjou, parce que ces annales n'avaient été compilées que par amour du gain. Jean Bourdigné était chanoine d'Angers; Jean Bouchet, procureur à Poitiers. Celui-ci, ami de l'abbé Ardillon, qui a composé et signé les préfaces de plusieurs livres de ce fécond écrivain, ressemblerait assez à maitre Cerdonius. Mais on doit plutôt supposer que Des Periers avait en vue l'Italien Paolo Emili, Paulus Æmilius, qui, pendant plus de trente ans, fut pensionné par Louis XII et François Iᵉʳ, pour écrire en latin académique une histoire de France, qu'il n'eut pas le temps d'achever, étant mort en 1529, et dont il publia seulement dix livres, sous ce titre : De rebus gestis Francorum. Paul Émile, en sa qualité d'étranger, était un objet d'envie, de a

MERCURE. Voyla desja quelque chose de nouveau, pour le moins. Je suis bien ayse qu'il y avoit belle compaignie de gens, Dieu mercy! qui ont ouy et veu le cas. Le bruit en sera tantost par la ville, quelqu'un le mettra par escript, et, par adventure, qui y adjoustera du sien pour enrichir le compte. Je suis asseuré que j'en trouveray tantost la copie à vendre vers ces libraires. Ce pendant qu'il viendra quelques autres nouvelles, je m'en voys faire mes commissions, et specialement chercher la trompette de la ville pour faire crier s'il y a personne qui ayt point trouvé ce diable de livre.

DIALOGUE IV[1].

DE DEUX CHIENS

HYLACTOR ET PAMPHAGUS[2].

HYLACTOR.

S'IL plaisoit à Anubis que je peusse trouver ung chien lequel sceust parler, entendre et tenir propos comme je fay, que je

---

part de tous les gens de lettres français, qui lui reprochaient de s'être mis à la solde du roi.

[1] M. Lacour remarque avec raison que ce Dialogue est complétement étranger aux précédents : « Des Periers y fait preuve, dit-il, d'autres sentiments; il s'amende. Le christianisme, dont il vient de se moquer, ne sera plus, en général, l'objet de ses sarcasmes; il s'attaquera particulièrement au catholicisme et prendra en main la défense de la Réforme, dont la plupart de ses amis suivent les enseignements. »

[2] Ce sont les noms des chiens d'Actéon, dans la Fable; voyez Ovide, Métamorph., liv. III, cap. III. Hylactor veut dire, en grec, aboyeur; et Pamphagus, dévorant tout. Eloi Johanneau s'est efforcé de prouver que « Hylactor est Clément Marot, qui était d'un naturel fougueux et imprudent, et Pamphagus, Des Periers, qui pensait comme lui, mais qui était plus réservé, plus discret. » M. Lacour dit que « Des Periers paraît avoir eu le dessein de mettre en scène deux moines défroqués, partisans de la Réforme, ou même les chefs des grandes querelles religieuses Luther et Calvin. » On peut supposer, en effet, avec quelque vraisemblance, que les chiens Pamphagus et Hylactor représentent Luther et Calvin, qui, en dévorant la langue de Jésus-Christ (Actéon), c'est-à-dire l'Evangile, ont appris la parole évangélique et la répètent aux hommes, sans pouvoir se faire entendre d'eux. Cette explication, que nous avons donnée le premier, concorde assez bien avec tous les détails de ce Dialogue, dans lequel la

seroye ayse¹ ! Car je ne me veulx pas avancer de parler, que ce ne soit à mon semblable. Et, toutesfoys, je suis bien asseuré que si je vouloye dire la moindre parolle devant les hommes, que je seroye le plus heureux chien qui fut jamais. Je ne sçay prince ne roy en ce monde, qui fust digne de m'avoir, veu l'estime que l'on pourroit faire de moy. Si j'en avoye tant seulement dict autant que j'en vien de dire en quelque compaignie de gens, le bruyt en seroit desjà jusques aux Indes, et diroit-l'on partout : « Il y a en ung tel lieu ung chien qui parle. » On viendroit de tous les quartiers du monde là où je seroye, et bailleroit-l'on de l'argent pour me veoir et ouyr parler. Et encores ceulx qui m'auroyent veu et ouy gaigneroyent souvent leur escot à racompter, aux estrangers et aux pays loingtains, de ma façon et de mes propos. Je ne pense pas que l'on ayt veu chose plus merveilleuse, plus exquise, ne plus delectable. Si me garderay-je bien, toutesfoys, de rien dire devant les hommes, que je n'aye trouvé premierement quelque chien qui parle comme moy, car il n'est pas possible qu'il n'en y ayt encores quelqu'un au monde. Je sçay bien qu'il ne me sçauroit eschapper si petit mot, que incontinent ilz ne courussent tous à moy pour en ouyr davantage. Et peult estre que, à ceste cause, ilz me voudroyent adorer en Grece, ainsi que l'on a faict Anubis en Egypte, tant y sont les humains curieux de nouveauté. Or encores n'ay-je rien dict et ne diray entre les hommes, que je n'aye trouvé quelque chien qui ayt parlé à moy. Toutesfoys, que c'est une grand peine de se taire, mesmement à ceulx qui ont beaucoup de choses à

Réforme est évidemment annoncée par les *Lettres venues des Antipodes*. La conduite des deux réformateurs est indiquée par les noms de Pamphagus et d'Hylactor : Luther, qui fait une large curée à la chasse de la *beste romaine*, selon les expressions du temps, et qui veut dévorer l'Église catholique tout entière ; Calvin, qui prêche partout sa doctrine et qui parcourt la France, en appelant le peuple à la révolte religieuse. Cependant il ne faut pas oublier que *Pamphagus* est le surnom qu'on avait donné à Rabelais (voy. les Épigrammes de Joachim Du Bellay, de Ronsard, etc., en latin et en français), et que le nom d'*Hylactor* répond parfaitement à la réputation de braillard imprudent et indiscret, que s'était faite Étienne Dolet, ami de Bonaventure Des Periers. On doit remarquer aussi que le caractère défiant et réservé, attribué ici à Pamphagus, ne convient nullement à Luther, mais bien à Rabelais, qui, malgré toutes les hardiesses de ses livres, évita de tomber dans les griffes de l'inquisition et sut toujours échapper aux fâcheuses conséquences des poursuites judiciaires.

¹ Hylactor invoque Anubis, parce que ce Dieu de l'ancienne Égypte était représenté avec une tête de chien.

dire, comme moy! Mais voicy que je fay : quand je me trouve seulet et que je voy que personne ne me peut ouyr, je me prens à dire à part moy tout ce que j'ay sur le cueur, et vuyde ainsi mon flux de ventre, je vous dy de langue, sans que le monde en soit abreuvé. Et, bien souvent, en allant par les rues à l'heure que tout le monde est couché, j'appelle pour mon passetemps quelqu'un de noz voisins par son nom et lui fay mettre la teste à la fenestre et crier une heure : « Qui est là? » Après qu'il a prou crié, et que personne ne lui respond, il se colere, et moy, de rire ! Et quand les bons compaignons de chiens s'assemblent pour aller battre le pavé, je m'y trouve voulentiers, affin que je parle librement entre eulx, pour veoir si j'en trouveray point qui entende et parle comme moy, car ce me seroit une grande consolation, et la chose que plus je desire en ce monde. Or, quand nous jouons ensemble et nous mordons l'ung l'autre, je leur dy tousjours quelque chose en l'oreille, les appellant par leurs noms et surnoms, en leur demandant s'ilz parlent point : de laquelle chose ilz sont aussi estonnez que si cornes leur venoyent : car, voyans cela, ilz ne sçavent que penser, si je suis homme desguisé en chien ou chien qui parle. Et affin que je die tousjours quelque chose et que je ne demeure sans parler, je me prens à crier : Au meurtre! bonnes gens, au meurtre! » Adonc tous les voisins s'esveillent et se mettent aux fenestres. Mais, quand ilz voyent que ce n'est que mocquerie, ilz s'en retournent coucher. Cela faict, je passe en une aultre rue, et crie tant que je puis : « Aux larrons! aux larrons! les boutiques sont ouvertes! » Ce pendant qu'ilz se lievent, je m'en voys plus avant, et quand j'ay passé ung coing de rue, je commence à crier : « Au feu! au feu! le feu est en vostre maison! » Incontinent vous les verriez tous saillir en place, les ungs en chemises, les aultres tous nudz, les femmes toutes deschevelées, cryans : « Où est-ce? où est-ce? » Et quand ilz ont prou esté en ceste sueur et qu'ilz ont bien cherché et regardé par tout, ilz trouvent à la fin que ce n'est rien : dont s'en retournent achever leurs besongnes et dormir seurement. Puis, quant j'ay bien faict toutes les follies de mes *nuictz attiques*, jusques au chapitre : *Qui sunt leves et importuni loquutores* [1], pour mieulx

---

[1] Bien, suffisamment, profitablement.
[2] C'est le titre du chapitre xv du premier livre des *Noctes atticæ* d'Aulu-Gelle.

passer le demourant de mes phantaisies ; ung peu devant que le jour vienne, je me transporte au parc de noz ouailles[1] faire le loup en la paille [2]; ou je m'en voys desraciner quelque arbre mal planté, ou brouiller et mesler les filetz de ces pescheurs, ou mettre des os et des pierres au lieu du tresor que Pycargus [3] l'usurier a caché en son champ; ou je voys pisser aux potz du potier et chier en ses beaulx vases; et, si d'adventure je rencontre le guet [4], j'en mors trois ou quatre pour mon plaisir, et puis je m'en fuy tant que je puis, criant : « Qui me pourra prendre, si me prenne! » Mais, quoy qu'il en soit, si suis-je bien marry, que je ne trouve quelque compagnon, lequel sache aussi parler. Toutesfoys si ay-je bonne esperance d'en trouver, ou il n'y en aura point au monde. Voyla Gargilius [5] avec tous ses chiens, qui s'en va à la chasse. Je m'en voys esbattre avec eulx, affin de sçavoir s'il n'y en a point en la compaignie quelqu'un qui parle. « Dieu gard les compagnons! Dieu gard, Espagnol [6], mon amy! Dieu gard mon compagnon levrier! » Ouy

---

[1] Eloi Johanneau voit ici le *prêche* calviniste, qui commençait à se fonder, en effet, dans plusieurs villes de France, notamment à Paris; à Bourges, à Poitiers, à Angoulême, etc. Mais le *parc des ouailles* représente plutôt les petites églises qui s'élevaient secrètement à l'instigation de Calvin et de ses apôtres.

[2] Expression proverbiale, qui signifie : se tenir coi, ne pas souffler mot.

[3] Nom grec d'une espèce d'oiseau de proie qui ravage les basses-cours, et que le peuple appelle *jean le blanc*; *pygargus*, en grec, signifie *cul blanc*. « On n'a pas remarqué, dit M. Lacour, l'allusion tant soit peu impie de ce passage, pour n'avoir pas réfléchi que *jean le blanc* était aussi le nom dérisoire que certains huguenots donnaient, au seizième siècle, à l'hostie consacrée. Voy. la *Légende véritable de Jean le blanc*, dans le *Cabinet jésuitique*, publié en 1677. »

[4] Il ne s'agit pas sans doute du guet de Paris, auquel Panurge jouait de si bons tours (voy. liv. II, ch. xvi, du *Pantagr.*), mais, comme le dit Eloi Johanneau, de l'inquisition et de ses suppôts.

[5] Nom d'un chasseur dans les poésies d'Horace. Eloi Johanneau, qui fait d'Actéon François I*er* ou le Dauphin Henri, pour avoir occasion de ramener Diane de Poitiers sous le masque de la déesse de la chasse, veut reconnaître le mari de cette belle dame, Louis de Brezé, grand-veneur de France, dans le personnage de Gargilius. Il est vrai qu'Eloi Johanneau n'avait vu que Clément Marot et Bonaventure Des Periers lui-même, dans les deux chiens *Pamphagus* et *Hylactor*, qui seraient ainsi deux poètes de cour, valets de chambre du roi de France et de la Reine de Navarre. Cette interprétation, assez spécieuse à certains égards, diminuerait beaucoup la portée de ce quatrième Dialogue.

[6] Pour : *épagneul*, ainsi nommé parce que cette espèce de chien est originaire d'Espagne. N'est-il pas probable que Des Periers a voulu désigner ici Michel Servet, qu'on nommait l'*Espagnol*, parce qu'il était né à Villanova en Aragon? Servet s'était déjà posé en réformateur *libertin*, dans ses livres contre le dogme de la sainte Trinité et contre la divinité du Christ (*de Christianismi restitutione*).

dea! ils sont tous muetz; au diable le mot que l'on sçauroit avoir d'eulx! N'est-ce pas pitié? Puisque ainsi est que je n'en trouve pas ung qui me puisse respondre, je vouldrois sçavoir quelque poison ou herbe qui me feist perdre la parolle et me rendist aussi bien muet qu'ilz sont. Je seroye bien plus heureux que de languir ainsi du miserable desir que j'ay de parler, et ne trouver oreilles commodes pour ce faire. Et, toy, compaignon, ne sçaurois-tu rien dire? Parlez à des bestes. Dy, hé, matin, parles-tu point?

Pamphagus. Qui appelles-tu matin? Matin toy-mesmes!

Hylactor. Hé mon compaignon, mon amy, pardonne-moy, s'il te plaist, et m'accolle, je te prie. Tu es celuy que j'ay le plus desiré et cherché en ce monde, et voyla ung sault pour l'amour de Diane, qui m'a rendu tant heureux en ceste chasse, que j'y ay trouvé ce que je cherchoye. En voyla encor ung autre pour toy, gentil Anubis, et cestuy-là pour Cerberus, qui garde les enfers. Dy-moy tor nom, s'il te plaît?

Pamphagus. Pamphagus.

Hylactor. Est-ce toy, Pamphagus, mon cousin, mon amy? Tu cognois donc bien Hylactor?

Pamphagus. Vo re dea, je cognois bien Hylactor : où est-il?

Hylactor. C'est moy.

Pamphagus. Par ta foy? Pardonne-moy, Hylactor, mon amy; je ne te pouvoye recognoistre, car tu as une oreille couppée [1], et je ne sçay quelle cicatrice au front que tu ne souloit pas avoir; dont t'est venu cela?

Sa querelle avec Calvin datait de cette époque, et Calvin avait à cœur de se venger de lui.

[1] Cette oreille couppée, cette cicatrice au front, que Hylactor n'avait pas coutume d'avoir, doivent faire allusion aux persécutions à mort, qu'il avait éprouvées en 1537 (1554) pour cause d'opinions religieuses, et pour sa traduction des Psaumes. (E. J.) — Parmi les supplices réservés à ceux de la nouvelle religion, l'*essorillement* était, en effet, l'un des plus communs. Des Periers fait ici une allusion générale aux cruautés des catholiques. (M. Lacour.) — On comprend que Calvin ait été en butte, de son vivant, aux plus atroces calomnies, non-seulement de la part des catholiques, mais aussi de celle de ses anciens amis, qui se brouillèrent avec lui, à cause de son caractère difficile et de sa sévérité de principes. On répandit le bruit qu'il avait été, dans sa jeunesse, condamné à être marqué d'un fer rouge (*fleurdelysé*) et même essorillé, pour avoir commis un crime infâme à Noyon, ce qui l'aurait forcé à changer de nom plusieurs fois, afin d'effacer la trace de cette affaire déshonorante. Il est possible que les *libertins*, contre lesquels Calvin conserva toujours tant d'animosité, se soient faits les échos complaisants de ces odieux mensonges.

Hylactor. Ne t'en enquiers plus avant, je te prie : la chose ne vauldroit pas le racompter; parlons d'autre matiere. Où as-tu esté, et qu'as-tu faict, depuis que nous perdismes nostre bon maistre Acteon?

Pamphagus. Ha! le grand malheur! tu me renouvelles mes douleurs. O! que je perdiz beaucoup en sa mort, Hylactor, mon amy! car je faisoye grande chere, lors, où maintenant je meurs de faim.

Hylactor. Par mon serment! nous avions bon temps quand je y pense. C'estoit ung homme de bien que Acteon et vray gentilhomme, car il aymoit bien les chiens. On n'eust osé frapper le moindre de nous, quoy qu'il eust faict; et, avec cela, que nous estions bien traictez : tout ce que nous pouvions prendre, feust en la cuisine, au gardemanger ou ailleurs, estoit nostre, sans que personne eust esté si hardy de nous battre ou toucher, car il l'avoit ainsi ordonné pour nous nourrir plus liberalement [1].

Pamphagus. Helas! il est vray. Le maistre que je sers maintenant, n'est pas tel, il s'en fault beaucoup; car il ne tient compte de nous, ny ses gens ne nous baillent rien à manger la pluspart du temps; et toutes les foys que l'on nous trouve en la cuisine, on nous hue, on nous hare [2], on nous menace, on nous chasse, on nous bat, tellement que nous sommes plus murdris [3] et deschirez de coups que vieux coquins [4].

---

[1] Avant l'affaire des Placards (novembre 1534), les protestants n'étaient pas mal vus à la cour, qui semblait avoir de vives sympathies pour la nouvelle doctrine : « Si ceux auxquels Dieu avoit ouvert les yeux à Paris, dit Théodore de Bèze, se fussent contenus en attendant mieux, il y a grande apparence que peu à peu le Roy mesme eût commencé de gouster quelque chose de la vérité, ayant été gaigné jusques à ce poinct, tant par la Reyne de Navarre que par les deux freres de la maison Du Bellay. » (Histoire ecclésiastique des Égl ses reformées, p. 15.)

[2] On crie haro contre nous.

[3] Pour meurtris.

[4] N'est-ce pas là une allusion bien claire à la persécution qu'éprouvèrent les gens de lettres, les savants, les courtisans même de François Ier, de son fils le Dauphin Henri II et de la Reine de Navarre sa sœur, pour leurs opinions religieuses? (E. J.) — Cette persécution, dite des Placards, commença en novembre 1534, à cause de certains articles d'un style fort aigre et violent contre la messe, qui furent placardés dans les rues de Paris et jusque sur la porte de la chambre du roi. François Ier entra dans une telle fureur, dit Théodore de Bèze, qu'il se délibéra de tout exterminer. Le lieutenant-criminel reçut ordre de poursuivre impitoyablement les hérétiques, et « il usa de toute diligence, de sorte qu'en peu de temps il remplit les prisons d'hommes et de femmes de toute qualité. » Théodore

Hylactor. Voyla ce que c'est. Pamphagus, mon amy, il fault prendre en patience. Le meilleur remède que je sache pour les douleurs presentes, c'est d'oublier les joyes passées, en esperance de mieulx avoir; ainsi que, au contraire, le souvenir des maulx passez, sans crainte d'iceulx, ny de pis, faict trouver les biens presens bien meilleurs et beaucoup plus doulx. Or sçais-tu que nous ferons, Pamphagus, mon cousin? Laissons-leur courir le lievre, et nous escartons, toy et moy, pour deviser ung petit plus à loisir.

Pamphagus. J'en suis content ; mais il ne nous fault gueres demourer.

Hylactor. Tant peu que tu vouldras; peult estre que nous ne nous reverrons de long temps. Je seray bien ayse de te dire plusieurs choses et d'en entendre aussi de toy. Nous voicy bien ; ilz ne nous sçauroient veoir en ce petit boscage, et puis leur gibbier ne s'adresse pas par deçà[1]. Cependant je te demanderoye voluntiers si tu sçais point la cause pourquoy toy et moy parlons, et tous les aultres sont muetz, car je n'en trouvay jamais qui me sceust rien dire, fors que toy, et si en ay beaucoup veu en mon temps.

Pamphagus. N'en sçais-tu rien? Je te la voys dire. Te souvient-il quand nos compaignons Melanchetes, Theridamas et Oresitrophus[2] saillirent sus Acteon, leur bon maistre et le nostre, le-

---

de Bèze cite plusieurs *écoliers bien instruits* et quelques *domestiques du roi*, qui eurent la précaution de quitter Paris et même la France pour laisser passer l'orage.

[1] L'auteur de l'*Histoire de la naissance de l'hérésie* donne des détails très-précieux sur la manière dont Calvin et ses apôtres, cachés à Poitiers en 1556, avaient entrepris *de gagner les ames et déniaiser le monde*. « Il fut arrêté entre eux que Vernou feroit la conquête à Poitiers et aux environs ; que les autres deux tiendroient la campagne... Ces deux prindrent les champs, et selon leur bonne coûtume empruntèrent des noms nouveaux et inconnus. L'un se fit appeler le Bonhomme, et parce qu'il avoit été lecteur des Institutes en la Ministrerie, Calvin et les autres le nommoient *M. le Ministre*. Celui-ci, allant par païs, faisoit quelques prières en secret, enseignoit comme il falloit faire la manducation du Seigneur, comme cet homme de Dieu, disoit-il, lui avoit appris, et autre... Le troisième se nommoit le Ramasseur, comme celui qui vouloit entreprendre de ramasser les brebis égarées du Seigneur. Ce Ramasseur employa plus de vingt ans à ce métier, allant trottant et furetant partout, portant les nouvelles de la vérité. » Ce passage curieux a beaucoup de rapport avec quelques faits indiqués dans ce Dialogue

[2] Les noms de ces trois chiens d'Actéon se retrouvent aussi dans Ovide ; le premier veut dire : qui a le poil noir ; le second : qui dompte les bêtes ; le troi-

quel Diane avoit nouvellement transformé en cerf, et que nous aultres accourusmes et luy baillasmes tant de coups de dentz, qu'il mourut en la place [1]. Tu dois sçavoir, comme j'ay depuis veu en je ne sçay quel livre qui est en nostre maison [2].

HYLACTOR. Comment! tu sçais donc bien lire! Où as tu appris cela?

PAMPHAGUS. Je te le diray après, mais escoute cecy premierement. Tu doys entendre que quand ung chascun de nous faisoit ses effortz de le mordre, d'adventure je le mordy en la langue, laquelle il tiroit hors la bouche, si bien que j'en emportay une bonne piece que j'avallay. Or dict le compte que cela fut cause de me faire parler; il n'y a rien si vray, car aussi Diane le vouloit. Mais, pource que je n'ay point encores parlé devant les hommes, on cuyde que ce ne soit qu'une fable; toutesfoys, si est-on tousjours après pour trouver les chiens qui mangerent de la langue d'Acteon cerf; car le livre dict qu'il y en eust deux, dont j'en suis l'ung.

HYLACTOR. Corbieu! je suis donc l'autre, car j'ay souvenance que je mangeay ung bon loppin de sa langue; mais je n'eusse jamais pensé que la parolle me fust venue à cause de cela.

PAMPHAGUS. Je t'asseure, Hylactor, mon amy, qu'il en est ainsi que je le te dy, car je l'ay veu en escript.

sième: nourri dans les montagnes. Eloi Johanneau propose de reconnaître, « sous ces noms grecs de chiens de chasse, Melancthon (terre noire), Zuingle et Osiander, ou des gens de lettres de la cour de François I*r* et de celle de la Reine de Navarre, partisans des nouvelles doctrines de Luther et de Calvin, mais qui se taisaient et qui n'écrivaient pas. »

[1] Selon nous, Actéon serait le Christ, dont l'Eglise, — ici Diane, — a fait un Dieu. Plus bas, par la langue d'Actéon, Des Periers entend les Evangiles, sur lesquels furent d'abord concentrés les efforts des nouveaux réformés, pour en rétablir le vrai sens. Ajoutons que l'auteur semble prédire, en appuyant sur la mort d'Actéon, que la Réforme aura été le dernier soupir de la religion chrétienne, et qu'en livrant les Evangiles au libre examen on a rendu impossible tout culte à leur héros. Cette interprétation, beaucoup moins spécieuse qu'elle ne le paraît et tout à fait dans l'esprit de Des Periers, nous a été suscitée par une note de M. P. Lacroix. (M. LACOUR.)

[2] Il s'agit sans doute d'un de ces livres que les novateurs répandaient sous le manteau pour propager les idées de la Réforme et qui étaient toujours écrits en français. C'étaient des livres de prières, des évangiles, des psaumes, etc. On pourrait penser que Des Periers fait allusion ici à l'*Institution de la religion chrétienne* de Calvin; mais ce traité célèbre, qui avait paru en latin en 1536, ne fut traduit en français que plusieurs années après, quoique la dédicace à François I*er* soit datée du mois d'août 1535. Il est possible cependant que la première édition française ait été détruite, sans qu'un seul exemplaire soit venu jusqu'à nous.

Hylactor. Tu es bien heureux de te cognoistre ainsi aux livres, où l'on voit tant de bonnes choses. Que c'est un beau passe-temps! Je vouldroye que Diane m'eust faict la grace d'en sçavoir autant que toy.

Pamphagus. Et je vouldroye bien que je n'en sceusse ja tant, car dequoy sert cela à ung chien, ny le parler avec? Un chien ne doibt autre chose sçavoir, sinon abayer aux estrangers, servir de garde à la maison, flatter les domestiques, aller à la chasse, courir le lievre et le prendre, ronger les os, lescher la vaisselle et suivre son maistre.

Hylactor. Il est vray; mais, toutesfoys, si faict-il bon sçavoir quelque chose davantage; car on ne sçait où l'on se trouve. Comment, tu n'as donc point encore donné à entendre aux gens que tu sçais parler?

Pamphagus. Non.

Hylactor. Et pourquoy?

Pamphagus. Pour ce qu'il ne m'en chault; car j'ayme mieulx me taire.

Hylactor. Toutesfoys, si tu voulois dire quelque chose devant les hommes, tu sçais bien que les gens de la ville non seulement te iroyent escouter, s'esmerveillans et prenans plaisir à te ouyr; mais aussi ceux de tout le pays à l'environ, voire de tous costez du monde, viendroyent à toy, pour te veoir et ouyr parler. N'estimes-tu rien veoir à l'entour de toy dix millions d'oreilles qui t'escoutent, et autant d'yeulx qui te regardent en face?

Pamphagus. Je sçay bien tout cela. Mais quel prouffit m'en viendroit davantage? Je n'ayme point la gloire de causer, affin que je le te dye, car, avec ce que ce me seroit une peine, il n'y auroit si petit coquin à qui il ne me faillist[1] tenir propos et rendre raison. On me tiendroit en chambre, je le sçay bien; on me froteroit, on me pigneroit, on m'accoustreroit, on m'adoreroit, on me doreroit, on me dorelotteroit; bref, je suis bien asseuré que l'on me vouldroit faire vivre autrement que le naturel d'ung chien ne requiert. Mais...

Hylactor. Et bien, serois-tu pas content de vivre ung petit à la façon des hommes?

Pamphagus. A la façon des hommes! Je te jure par les trois

---

[1] Pour : *fallût*.

testes de Cerberus, que j'ayme mieulx estre tousjours ce que je suys, que plus avant [1] ressembler les hommes en leur miserable façon de vivre, quand ne seroit jà que pour le trop parler, dont il me fauldroit user avec eulx.

Hylactor. Je ne suis pas de ton opinion. Vray est que je n'ay point encores parlé devant eulx. Mais, sans cela que [2] j'avoye en phantasie de trouver premierement quelque compagnon qui sceut parler comme nous, je n'eusse pas tant mis à leur dire quelque chose; car j'en vivroye mieulx, plus honorablement et magnifiquement. Ma parolle seroit préferée à celle de tous les hommes, quoy que je disse : car, incontinent que j'ouvriroye la bouche pour parler, l'on feroit faire silence pour m'escouter. Ne sçay-je pas bien que c'est que des hommes? Ilz se faschent voulentiers des choses presentes, accoustumées, familieres et certaines, et ayment tousjours mieulx les absentes, nouvelles, estrangeres et impossibles. Et sont si sottement curieux, qu'il ne fauldroit qu'une petite plume qui s'eslevast de terre le moins du monde, pour les amuser tous quantz qu'ilz sont.

Pamphagus. Il n'y a rien si vray, que les hommes se faschent d'ouyr parler l'ung l'aultre et vouldroyent bien ouyr quelque chose d'ailleurs que d'eulx-mesmes. Mais considerez aussi qu'à la longue il leur ennuiroit de te ouyr causer. Ung present n'est jamais si beau ne si plaisant qu'à l'heure qu'on le presente et que avec belles parolles on le faict trouver bon ; on n'a jamais tant de plaisir avec Lycisca [3] que la première foys que l'on la couvre; ung collier n'est jamais si neuf que le premier jour qu'on le met : car le temps envieillit toutes choses, et leur faict perdre la grace de nouveauté. Auroit-on prou ouy parler les chiens, on vouldroit ouy parler les chatz, les beufs, les chevres, les ouailles, les asnes, les porceaulx, les pulces, les oyseaulx, les poissons, et tous aultres animaulx. Et puis qu'auroit-l'on davantage, quand tout seroit dict? Si tu consideres bien, il vault mieux que tu soys encores à parler, que si tu eusse desja tout dict.

Hylactor. Or je ne m'en pourrois pas tenir longuement.

Pamphagus. Je m'en rapporte à toy. On te aura en fort grand

---

[1] C'est-à-dire : ressembler davantage aux hommes.

[2] C'est-à-dire : si ce n'eût été que...

[3] Nom dérivé du grec, qui signifie : petite louve ; chienne de chasse ou lice née d'une chienne et d'un loup.

admiration pour ung temps; on te prisera beaucoup; tu mengeras de bons morceaulx, tu seras bien servy de tout, excepté que l'on ne te dira pas : « Duquel voulez-vous? » car tu ne boys pas de vin, comme je croy[1]. Au reste, tu auras tout ce que tu demanderas, mais tu ne seras pas en telle liberté que tu desireroys; car bien souvent il te fauldra parler à l'heure que tu vouldrois dormir et prendre ton repos; et puis, je ne sçay si à la fin on ne se faschera point de toy. Or il est temps de nous retirer par devers noz gens, allons-nous en à eulx; mais il fault faire semblant d'avoir bien couru et travaillé, et d'estre hors d'haleine.

Hylactor. Qu'est-ce que je voy là au chemin?

Pamphagus. C'est ung paquet de lettres qui est tumbé à quelqu'un.

Hylactor. Je te prie, desplie-le, et regarde veoir que c'est, puisque tu sçais bien lire?

Pamphagus. « Aux Antipodes superieurs. »

Hylactor. Aux Antipodes superieurs! Je croy qu'il y aura quelque chose de nouveau.

Pamphagus. « Les Antipodes inferieurs, aux Antipodes superieurs[2]. »

Hylactor. Mon Dieu, qu'elles viennent de bien loing!

Pamphagus. « Messieurs les Antipodes, par le desir que nous avons de humainement converser avec vous, à celle fin d'apprendre de voz bonnes façons de vivre et vous communiquer des nostres, suyvans le conseil des astres, avions faict passer par le centre de la Terre aulcuns de noz gens, pour aller par devers vous; mais, vous, ayans aperceu cela, leur avez estouppé le trou de vostre costé, de sorte qu'ilz fault qu'ilz demeurent aux entrailles de la Terre. Or nous vous prions que vostre bon plaisir soit leur donner passage, autrement nous vous en ferons sortir par de là de tant de costez et en si grande abondance, que vous ne sçaurez auquel courir. Tellement que ce que l'on vous prie faire de grace et amour, serez contrains souffrir par force, à vostre

---

[1] C'est-à-dire, suivant M. Lacour: Car tu n'admets pas la présence réelle dans le vin de la Cène.

[2] Les chrétiens, suivant Des Periers, se trouvant aux antipodes de la vérité, ces Lettres arrivent directement des lieux qu'elle habite. On croiroit cet épisode imité de Pline, qui dit, à la fin du livre II, qu'on trouva dans le tombeau de Dionysodore une lettre de ce géomètre adressée *ad superos*. (M. Lacour.)

grande honte et confusion, et à Dieu soyez. Vos bons amys, les Antipodes inférieurs. » Voyla bien des nouvelles [1] !

HYLACTOR. C'est mon, et merveilleuses !

PAMPHAGUS. Escoute : on me husche ; il m'en fault aller. Nous lirons le demeurant des Lettres une aultre foys.

HYLACTOR. Mais où est-ce que tu les mettras ? Cache-les là en quelque trou de cette pyramyde [2] et les couvre d'une pierre : on ne les trouvera jamais ; et puis aujourd'huy à quelque heure, si nous sommes de loysir, ou demain, qui est le jour des Saturnalles [3], nous les viendrons achever de lire, car j'espere qu'il y aura quelques bonnes nouvelles. Aussi bien, te veulx-je apprendre plusieurs belles fables que j'ay oy racompter autrefois, la fable de Prometheus, la fable du grand Hercules de Lybie, la fable du Jugement de Pàris, la fable de Saphon, la fable de Erus qui revesquit [4], et la chanson de Ricochet [5], si d'adventure tu ne la sçais.

[1] Ces Lettres tombées du ciel rappellent peut-être les placards qui avaient causé tant de trouble et de persécution en France au mois de novembre 1534, lorsqu'ils furent affichés dans les rues de Paris et des principales villes du royaume. Ces placards, imprimés à Neufchâtel, en Suisse, par l'entremise de Guillaume Farel, étaient dirigés contre le sacrifice de la messe et se terminaient ainsi : « Tous les evesques et prestres sont de faux prophetes, damnables, trompeurs, apostats, loups, faux pasteurs, idolastres, seducteurs, menteurs, blasphemateurs, execrables, meurtriers des ames, renonceurs de Jesus-Christ, traistres, larrons, ravisseurs de l'honneur de Dieu, plus detestables que les diables. »

[2] Cette pyramide représente peut-être le symbole de l'Immortalité ; c'est le quarternaire ou premier nombre solide, dont l'unité fait la base dans le langage des philosophes hermétiques.

[3] Vous voyez que l'auteur veut faire croire que ces Lettres trouvées la veille des Saturnales (libertates decembris) sont des lettres de carnaval, et que les belles fables qu'Hylactor doit apprendre, c'est-à-dire expliquer, dans un autre Dialogue à Pamphagus, pour s'en moquer, sont de même aloi ; tandis que ces fables font allusion aux plus importants mystères, aux plus grands miracles de la religion des juifs et de celle des chrétiens. (E. J.)

[4] Voici, sur ces différentes allégories, l'opinion du savant Eloi Johanneau :

« La fable de Prométhée doit être celle de la création du premier homme, puisque la fable des Grecs nous apprend que Prométhée forma, comme le dieu des Juifs, le corps du premier homme avec de la boue détrempée.

« Par celle du grand Hercule de Libye et de ses douze travaux, l'auteur a sans doute voulu faire allusion à Jésus-Christ et à ses douze apôtres. C'est par une

[5] Le jeu du ricochet consiste à jeter sur une rivière ou un étang une pierre plate, qu'il faut faire ricocher deux ou trois fois à la surface de l'eau ; on a donc appelé chanson de ricochet celle où le même mot revient souvent. M. Lacour croit voir ici une allusion aux prières de l'Eglise catholique, dites litanies, et au chapelet.

PAMPHAGUS. Tu m'en bailles bien! Je suis tout bercé de telles matieres. Hastons-nous, je te prie, et nous taisons, que noz gens, qui sont icy près, ne nous oyent parler.

HYLACTOR. Je ne parleray donc meshuy? Si feray; par Diane, si je puis estre en nostre maison, car je ne m'en pourroie plus tenir. A Dieu donc.

---

allusion sembla ble à François Iᵉʳ, à qui on donnait le nom d'*Hercule* et le surnom de *Grand*, sforce, et qui avait conquis le Milanais sur Sforce, surnommé le *Maure*, que Rabelais dit dans le *Fanfreluches antidotées*, strophe V :

> En cest arrest le courbeau fut pelé
> Par Hercules qui venoit de Lybie.

ainsi que je crois l'avoir prouvé dans mon commentaire sur ce petit poëme jusqu'alors inintelligible.

« Par la fable du *Jugement de Paris*, il voulait peut-être faire allusion au *Jugement dernier*. Mais les deux autres fables dont il se proposait de s'entretenir, et qu'il gardait pour la bonne bouche, sont bien autrement importantes. La fable de *Saphon* est évidemment celle de *Psaphon*, et non pas de *Sapho*, comme l'a cru un commentateur qui a pris de là occasion de faire à tort un reproche à l'auteur d'avoir péché contre l'unité des temps. Voici cette fable qu'Hylactor avait promis d'apprendre à Pamphagus, et qui, en effet, est peu connue : Psaphon, dieu de la Libye, avait appris à quelques oiseaux à répéter ces mots : Μέγας θεὸς Ψάφων, Psaphon est un grand dieu ; et il les lâcha ensuite dans les bois, où, à force de les entendre répéter, les peuples crurent qu'il était inspiré des dieux et lui rendirent les honneurs divins. Ce stratagème, auquel Psaphon dut sa divinité, a eu, comme le remarque M. Noel dans son *Dictionnaire des noms propres*, plus d'un imitateur, et il a presque toujours réussi. Elien raconte le même trait d'Hannon (*Hist. nat.*, liv. XIV, ch. xxxii). Quand on a la clef des Dialogues de Des Periers, de l'esprit dans lequel ils sont écrits, on ne peut s'empêcher de croire qu'il ait voulu faire ici un rapprochement de Psaphon avec l'Homme-Dieu et ses apôtres.

« Quant à la fable de *Erus qui reresquit*, il y a encore ici une allusion évidente à Jésus-Christ, qui ressuscita le troisième jour. « Des Periers, dit un de « ses annotateurs, pourrait bien avoir en vue quelque chose de plus réel que la « fable d'Érus, mais qu'il n'ose pas dire ouvertement, non plus que tout ce qu'il « se contente d'insinuer dans ces Dialogues. » Voici cette fable : Macrobe (liv. I, ch. I et II, du *Songe de Scipion*) parle d'un soldat pamphylien, nommé *Erus*, qui ressuscita douze jours après sa mort. Elle est aussi rapportée par Platon (liv. X de sa *République*, par Plutarque, par Cicéron et par Valère-Maxime. Platon suppose qu'un certain arménien, nommé *Her*, est ressuscité, et met dans sa bouche la doctrine de la métempsycose. Macrobe dit qu'Hérus ressuscita dix jours après sa mort. (Voy. édit *Variorum*, p. 118.) Mais le nombre de jours ne fait rien à l'affaire, pas plus que le nombre de pas que fit saint Denis après avoir été décapité, et qui a fait dire si plaisamment à madame Du Deffand, qu'en pareil cas il n'y a que le premier pas qui coûte; ce qui suffirait seul pour prouver que c'est une fable allégorique, et que le nom de *Erus*, *Hérus* est en rapport avec elle, et signifie un mort enterré, un homme mort déifié, un *héros*, soit qu'il vienne de ἥρως ou de ἔρεως par contraction ou par apocope. »

Pamphagus. Et n'oublie pas de bien ouvrir la bouche et tirer la langue, affin de faire les mines d'avoir bien couru.

Pamphagus[1]. Ce follastre Hylactor ne se pourra tenir de parler, affin que le monde parle aussi de luy. Il ne sçauroit dire si peu de parolles, qu'il n'assemblist tantost beaucoup de gens, et que le bruit n'en coure incontinent par toute la ville : tant sont les hommes curieux et devisans voluntiers des choses nouvelles et estrangeres !

[1] Hylactor s'est éloigné et Pamphagus reste seul.

FIN DU CYMBALUM MUNDI

TABLE DES MATIÈRES

Avertissement de l'éditeur...	i
Notice sur Bonaventure des Periers.	xiii
Lettre de Prosper Marchand sur le *Cymbalum mundi*.	xlvii
Les Nouvelles Récréations et joyeux devis. — Première partie.	1
Deuxième partie. — Nouvelles attribuées à Des Periers.	251
Le Cymbalum mundi.	297

PARIS. — IMP. SIMON RAÇON ET COMP., RUE D'ERFURTH, 1.

www.ingramcontent.com/pod-product-compliance
Lightning Source LLC
Chambersburg PA
CBHW050913230426

43666CB00010B/2143